성과관리

외국 제도편

공동성 엮음

공동성 · 구교준 · 김선아 · 민나온 · 박기찬
박노욱 · 박상규 · 박성민 · 박중훈 · 송상훈
신완선 · 양승범 · 오철호 · 윤기웅 · 윤지웅
이정욱 · 임도빈 · 임성일 · 정문기 · 조문석
최상옥 · 최영출 · 홍형득

도서출판 대영문화사

머리말

지난 20년 동안 미국과 한국에서 성과관리를 연구하고 가르쳐 왔다. 미국 정부성과관리 재탄생의 시발지인의 실리콘 밸리 서니베일(Sunnyvale) 시와 이웃한 캘리포니아 주립대학교(SJSU)에서 15여년을 성과관리 연구자이자 자문가로서 활동했으며, 이후 2005년에 한국 대학으로 옮겨왔다. 그 당시 한국에서는 이미 성과관리가 왕성하게 추진되고 있었기 때문에 저자도 늦게나마 한국의 성과관리제도 구축 및 개선과정에 참여할 수 있었다. 다양한 노력에도 불구하고, 종합적으로는 많은 한계를 느낀 시기였다.

당시 한국에서는 BSC(Balanced Scorecard)가 유행하여 '성과관리=BSC의 적용'으로 인지되고 있었다. BSC의 창시자인 카플란(Robert Kaplan)과 노튼 (David Norton)이 부담스럽게 느낄 정도로 한국은 BSC의 추종자가 되어가고 있었던 것이다. 무엇보다도 짧은 시간에 많은 것을 이루고자 하는 우리의 욕심은 성과관리의 몸집을 점점 더 거대하게 만들었다. 또한 일부 정부기관이 기관의 장기적 발전 혹은 국가적 발전에 저해되는 것을 알면서도 성과평가를 잘 받는 것에 치중하는 모습을 보면서, 성과관리의 전문가로서 절망을 느끼기도 했다.

이미 너무나 커져버린 성과관리제도를 종합적으로 손보기에는 어려운 상태에 있다고 해도 과언이 아니다. 문제점을 알면서도 고치지 못하는 상태가 된 것이다. 실제로 공무원의 입장에서는 안 할 수 없는, 하지만 제대로 하기 위해서는 시간과 개인적 실익이 부족한 과업이 바로 성과관리일 것이다. 이제는 최고 의사결정자가 관심을 가지고 대대적인 수정을 요구해야 한다. 그렇지 않으면 한국의 성과관리는 과거 지향적인 보상 및 처벌 수단으로 전락할 수 있다.

한국 중앙정부는 약 10년 간 성과관리를 진행해 왔다. 하지만 아직 성과관리의 '성과'를 말하기는 어렵다. 성과관리를 통해 좋아진 것은 무엇인가? 성과관리를 하지 않았다면 한국의 경제는 과연 나빠졌을까? 성과관리를 하지 않았다면 국민 개개인의 삶은 과연 나빠졌을까? 성과관리를 하지 않았다면 한국 공무원의 역량은 나빠졌을까? 저자는 무엇보다도 이렇게 묻고 싶다. '한국 정부는 과연 성과관리를 하기는 한 것인가?' 소리는 요란했지만, 제대로 된 성과관리를 했다고 보기 어렵다.

저자의 판단에 성과관리를 제대로 하는 기관은 거의 없다. 대부분 미래 지향적 성과관리보다는 과거 지향적 성과평가를 하고 있다. 따라서 한국에서의 성과관리는 성과평가라 해도 과언이 아니다. 물론 미래 지향적 성과관리에서 성과평가는 꼭 필요한 부분이다. 다만 우리의 성과평가는 편협한 성과의 개념을 적용하고 있다는 점이 우려된다. 성과의 개념이 경제성·효율성·효과성에 치우쳐 있어 공공 부문의 핵심적 가치라 할 수 있는 공익성(doing the right thing)이 제대로 평가되지 않고 있다. 따라서 해야 할 일을 하는 공무원은 도리어 무능하다는 평가를 받기 쉽다. 아니, 해야 할 일이 무엇인지 많은 공무원이 알고 있지만, 개인적으로 불이익을 받을 수 있기에 오히려 모르는 척하게 되는 경우가 생기는 것이다. 중요한 문제는 성과평가제도가 공무원의 이러한 행태를 부추긴다는 것이며, 그보다 더 큰 문제는 의사결정자들이 그리고 학자들이 이러한 문제의 심각성을 제대로 알지 못하고 있다는 것이다.

위의 문제점을 극복하기 위해서는 대통령, 국회의원, 공무원, 외부 전문가 모두가 성과관리의 기본 취지를 정확히 이해하고, 이를 실제 제도에 어떻게 구현할 수 있는가에 대한 경험적 지식을 체계적으로 축적하는 데 노력을 기울여야 한다. 이를 위해 한국의 주요 성과관리제도 및 운용 실태와 이에 준하는 외국 제도 및 운용 실태를 효과적으로 학습할 수 있는 책이 필요하다. 이 책은 이러한 요구를 충족하기 위한 노력에서 시작되었다. 아직은 부족한 점이 많지만, 이제는 누군가 해야 할 일이기에 부끄

러움을 무릅쓰고 시작했다. 앞으로 계속 수정하고 보완하여 좀 더 나은 개정판을 출간할 계획이다.

이 책이 만들어지는 과정에서 실무와 학계에 계신 많은 분의 헌신적인 도움이 있었다. 이분들께 감사의 말씀을 드린다. 특히 실무집필진 선정 및 행정적 지원을 아낌없이 해준 국무총리실의 이진원 과장과 성제훈 연구관에게 감사드린다. 또한 수많은 편집과 교정에 기꺼이 힘을 보태준 국정관리대학원의 김진영, 조경훈, 김성민, 이명우, 박한솔 군에게도 감사의 뜻을 전한다.

끝으로 이 책을 망설임 없이 출판하기로 결정하신 대영문화사 임춘환 사장 및 출판사 관련자 모두에게 감사의 마음을 표한다.

2013년 1월
엮은이 공동성

차 례

Chapter 01

정부 성과관리 -미국*

이 장은 미국의 성과관리제도의 발전 과정에 대한 논의를 바탕으로 최근 오바마 행정부의 「정부성과와 결과법 현대화법(Government Performance and Results Act Modernization Act of 2010, GPRAMA)」의 특징을 분석한다. 특히 이 장은 본격적인 성과관리 체제가 도입된 클린턴 행정부의 「정부성과와 결과에 관한 법률(Government Performance and Results Act, 1993)」, 부시 행정부의 대통령관리 어젠다(The President's Management Agenda: PMA)와 사업평가 도구(Program Assessment Rating Tool: PART), 그리고 GPRAMA의 특성을 비교하여 최근 미국에서 운영 중인 성과관리제도의 운영 방향을 기술하는 데 초점을 둔다.

제 1 절 연혁

초기 미국의 성과관리제도는 성과와 예산을 연계하려는 시도에서 시작되었다. 연방정부 예산에 대해 매년 의회의 승인을 받도록 요구한 「예산회계법(Budget and Accounting Act, 1921)」의 제정, 그리고 성과주의 예산제도를 처음 제안한 1949년 후버위원회(Hoover Commission)[1]의 권고안 등이 이러한 초기의 시도라고 할 수 있

* 이정욱: 연세대학교 행정학과 교수, 법학전문대학원 겸직교수
조문석: 연세대학교 행정대학원 박사 수료

다. 특히 후버위원회의 '성과예산제도(Performance Budget)'는 예산에 관한 논의의 중심을 기존의 투입 중심에서 기능, 활동, 비용, 달성도로 옮길 것을 권고했다. 이 권고안은 임금, 임대, 공급 등과 같은 지출 항목 중심으로만 예산을 기술하는 관행에서 벗어나 정부 기능과 활동을 통해 예상되는 산출을 구체적으로 기술할 것을 요구했다(GAO, 1997). 그러나 후버위원회의 권고안을 비롯한 미국의 초기 성과관리 노력은 '성과'의 개념을 명확히 제시하지 않았으며, '성과'를 관리하기 위한 체계적인 제도의 도입이 수반되지 않았기 때문에 현대적인 의미의 성과관리제도라고 보기는 어렵다.[2)]

표 1-1 미국 성과관리제도의 주요 연혁

성과관리제도	시기	행정부	주요 내용
후버위원회 성과예산제도 (performance budgeting)	1949	트루먼 (H. S. Truman)	예산 구조를 투입 중심에서 기능, 활동, 사업 중심으로 재편
계획예산제도(PPBS)	1965–1969	존슨 (L. B. Johnson)	주요 사업에 대한 의사결정 기능 향상, 균형비용(trade off cost),[3)] 대안적 사업의 효과성 등을 고려
목표에 의한 관리(MBO)	1973–1974	닉슨 (R. M. Nixon)	조직 내부의 의사소통 기능 제고, 책무성 강화
영기준예산(ZBB)	1977	카터 (J. Carter)	의사결정 단위, 의사결정 패키지, 의사결정 패키지의 우선순위를 중심으로 예산이 투입되는 사업을 재검토
정부성과와 결과에 관한 법률(GPRA)	1993	클린턴 (B. Clinton)	전략계획, 연간성과계획, 성과보고 등을 이용하여 예산 과정에서 기관의 목표와 결과를 의회에 보고
사업평가 도구(PART)	2002	부시 (G. W. Bush)	대통령관리 어젠다(PMA)의 일환으로 예산사업에 대한 표준화된 평가 도구의 개발 및 적용

자료: Bouchaert & Halligan(2008: 371-372)에서 재구성.

1) 제2차 세계대전 이후 연방정부의 규모 감축 및 효율성 향상을 위한 행정개혁을 목적으로 설치된 임시자문위원회이다. 공식적인 명칭은 정부행정기구에 관한 위원회(Commissions on Organization of the Executive Branch of the Government)이다. 위원회의 주요 목적은 뉴딜정책, 제2차 세계대전 등을 거치며 확대된 연방정부를 대상으로 개혁안을 제시하는 것이었으며, 1949년 행정기구 간소화, 예산 시스템 현대화 등과 같은 과학적 행정개혁 내용이 포함된 288개 권고안을 의회에 제시했다.

2) 부캐르트와 핼리건(Bouchaert & Halligan, 2008)에 의하면 일반적으로 성과관리 체계가 부재한 상황에서는 '성과'는 매우 모호하고 일반화된 개념으로 인식되고, 목표에 대한 체계화된 관리가 이루어지지 않는 경향이 있다.

3) 균형 비용은 특정 사업의 비용이 증가하면 다른 사업에 투입되는 비용은 감소하는 것을 의미한다. 예를 들어 정부가 투입하는 자원의 총량이 정해져 있을 경우 사업 A에 대한 비용이 증가하게 되면, 사업 B에 투입되는 비용은 A사업에 투입되는 비용이 증가한 만큼 줄어든다.

이후 활동과 기능을 중심으로 예산서를 작성하도록 요구하는 「예산 및 회계절차법(Budget and Accounting Procedure Act, 1950)」이 통과되고, 행정부가 주도하는 기존의 재정지출제도를 폐지함으로써 예산결정 과정에서 의회의 역할이 강화되는 계기를 마련한 「의회예산 및 지출통제법(Congressional Budget and Impoundment Control Act, 1974)」이 제정되는 등 향후 본격적 의미의 성과관리제도가 도입·운영되는 데 직·간접적인 영향을 미친 주요한 변화가 있었다.

현대적 의미의 체계화된 성과관리제도는 1960년대 존슨(Lyndon B. Johnson) 행정부 주도하에 도입되었던 계획예산제도(Planning, Programming, and Budgeting System: PPBS)이다. 계획예산제도는 장기적 목표를 설정하고 이를 바탕으로 예산을 편성하는 제도로 사업계획과 목적 그리고 예산을 체계적으로 연계시키는 제도이다(Hitch, 1965; 원구환, 2012). 단년도주의 예산 체계에서는 중장기적인 관점에서 정부사업을 조망하기 어렵다는 한계가 있었는데 계획예산제도는 기존의 예산 체계에서 분절적으로 운영되던 계획과 예산을 연계하여 이와 같은 한계를 극복하고자 했다는 측면에서 의미를 지니고 있었다(원구환, 2012). 그러나 계획예산제도는 제도가 지닌 구조적 복잡성과 중앙집권적 특성, 계량화의 한계, 환경적 유동성에 대한 대응의 어려움으로 인해 폐기되었다(하연섭, 2010; 원구환, 2012).

이후 1970년대 닉슨(Richard M. Nixon) 대통령 시기 운영된 목표에 의한 관리(Management by Objectives: MBO)와 영기준예산제도(Zero Based Budgeting: ZBB), 그리고 1980년대 생산성향상운동에 이르기까지 정부성과관리를 위한 다양한 제도를 도입·적용하려는 노력이 있었으나 성공적이진 못했다. 목표에 의한 관리는 하향식(top-down) 기획예산제도의 한계를 극복하고 조직목표에 대한 구성원의 수용성 제고를 위해 구성원의 참여를 토대로 한 조직목표의 설정, 예산과 목표의 연계성, 환류를 특징으로 한다. 그러나 목표에 의한 관리는 목표 설정 과정에서 참여를 제고하기 위한 인식이 뒷받침되지 않았고, 단기적인 목표에 치우쳐 있었다. 또한 영기준예산제도는 정부사업에 대한 체계적인 평가를 통해 사업별 우선순위를 설정하여 이를 기준으로 예산을 편성하는 제도이다. 그러나 영기준예산제도는 모든 정부사업을 체계적으로 평가하기 위한 분석 방법 등이 뒷받침되지 않고, 서로 다른 성격을 지닌 사업을 비교하기가 어렵다는 한계점을 지니고 있었다(원구환, 2012).

이처럼 1980년대까지 시도되었던 다양한 성과관리제도는 지속적으로 유지되지 못했으며, 1980년대 이후부터는 성과관리 및 성과와 예산을 연계하려는 노력에 대한 회의론이 대두되었다(Joyce, 2011). 레이건(Ronald Reagan) 행정부가 들어서면서 정부 규모를 전반적으로 감축하려는 노력이 전개되었고, 이로 인해 정부 업무와 관련된 자료의 활용은 상대적으로 간과되는 경향이 있었다(Joyce, 2011).[4]

1993년 「정부성과와 결과에 관한 법률(Government Performance and Results Act: GPRA)」은 미국 성과관리제도의 새로운 패러다임을 가져왔다. GPRA는 1980년대 이후 실추된 연방정부에 대한 신뢰 회복을 목적으로 도입되었다. 연방정부의 비대함과 방만한 운영에 대한 비판이 지속적으로 제기되면서 1990년대 초반부터 체계적인 성과관리제도의 필요성에 대한 논의가 시작되었고, 이러한 논의를 체계적으로 제도화한 것이 클린턴(Bill Clinton) 행정부 시기에 제정된 GPRA이다.

GPRA는 연방정부의 미션, 목표, 전략과 목표 달성 여부를 평가할 수 있는 방법을 구축했다는 측면에서 기존의 기획예산제도(PPBS), 영기준예산제도(ZBB), 목표에 의한 관리(MBO)와 차별화된다. GPRA는 정책집행과 관련하여 정부기관의 책무성을 강조하면서, 목표 달성 여부와 관련된 예산지출의 효과성과 효율성에 대한 정보를 의회에 제공하여 의사결정의 질을 향상시키고자 했다(이근주, 2001; 공동성 외, 2011).

GPRA는 각 연방정부기관이 자신들의 성과 목표가 무엇이고, 이를 달성하는 방법과 성과목표의 달성 정도를 측정하는 방식을 의회에 보고할 것을 요구하고 있었다(U.S. Congress, 1993). GPRA에 의거하여 연방기관은 성과목표, 성과목표 달성전략, 성과측정 방식을 보고하기 위해 전략계획서(Strategic Plan), 연간성과계획서(Annual Performance Plan), 성과보고서를 의회에 제출해야 했다. 또한 관리예산처(OMB)는 연방정부기관 전반에 걸친 성과계획 및 전략계획 수립을 총괄했다. GPRA는 성과계획부터 측정 및 평가에 이르는 전반적인 성과정보를 생성하고 이를 의회에 보고하여 정부의 신뢰를 회복하고 책무성을 확보하기 위한 최초의 시도라는 측면에서 의미가 있었다.

---

4) 이 시기까지 미국의 성과관리제도의 역사는 '성과예산제도(performance budgeting)'의 역사, 그리고 좀 더 엄밀히 말하면 '성과정보 예산제도(performance-information budgeting)'이다. 조이스(Joyce, 2011)가 지적한 바와 같이, 성과예산제도는 단순히 성과와 예산을 연계하는 방식에 초점을 둔 의미인 반면 성과정보예산제도는 정부의 사업활동을 통해 성과정보를 생성하고, 이를 활용하여 다음 예산편성 과정에 활용하는 전반적인 관리 과정이다. 미국 연방정부에서 1980년대까지 도입·활용한 제도들은 후자의 성격을 강하게 갖는다.

클린턴 행정부는 '기관의 사업'을 중심으로 한 성과관리에 초점을 두었다. 이와는 달리 부시(George W. Bush) 행정부는 1,000여개에 달하는 연방정부의 '사업'에 초점을 둔 성과분석 중심의 성과관리제도로 전환했고, 사업 단위 평가제도를 운영하기 위해 표준화된 평가 도구인 PART를 개발하여 운영했다(GAO, 2008). PART는 부시 행정부 시기 대통령관리 어젠다(President's Management Agenda: PMA)의 핵심적인 요소 중 하나로 재정적자 해결을 위한 성과정보의 생성에 초점을 맞추고 있었다. PART는 개별 사업을 중심으로 한 성과측정에 초점을 두었다. PART의 특징 중 하나는 정부사업을 4개 영역으로 구분하고, 이에 대해 평가 점수를 부여하여 효과적인 사업과 그렇지 않은 사업을 구분하고자 했다는 점이다. 이는 모든 연방정부 사업에 대한 포괄적인 평가 체계를 적용하고자 시도했다는 점에서 의미를 지니고 있었지만, 서로 다른 성격을 지닌 사업에 동일한 평가 기준을 적용하는 문제, 사업이 지니고 있는 가치와 사업을 둘러싼 이해관계 등 환경적 요소를 간과하고 있다는 한계가 있었다. 또한 PMA의 과제 중 하나를 실천하기 위해 OMB 주도로 개발된 PART는 성과관리 과정에서 의회와 이해관계자의 역할이 상대적으로 간과되었다는 문제점도 제기되었다.

오바마(Barrack Obama) 행정부가 출범한 미국의 성과관리제도는 의회에 대한 보고 체계를 강화하고 정보공개를 강화하는 등 책무성을 강화하는 방향으로 성과관리제도를 정비했다. 오바마 행정부는 범정부 성과목표를 강조하고, 기관성과목표, 기관전략목표를 범정부 목표와 연계하는 방향으로 제도를 개혁하고자 했다. 특히 오바마 행정부는 성과관리제도 관련 정보공개의 내용과 범위의 확대를 시도했다는 측면에서 부시 행정부와 차별화된 성과관리제도를 운영하고자 했다(공동성 외, 2011).[5]

2010년 제정된 「정부성과와 결과법 현대화법(Government Performance and Results Act Modernization Act of 2010: GPRAMA)」은 클린턴 행정부와 부시 행정부의 성과관리제도 운영 과정에서 축적된 경험을 바탕으로 기존 성과관리제도의 한계를 극복하기 위해 도입되었다. GPRAMA는 1993년 GPRA 이후 미국 성과관리제도 운영 과정에서 축적된 경험을 바탕으로 하고 있으며, 다양한 측면에서 제도적인

5) 그러나 오바마 행정부의 성과정보 공개 노력에도 불구하고 실질적으로 성과정보 공개 범위가 확대되었는지 여부는 불확실하다(Yang, 2012).

변화를 가져왔다. 그 대표적인 예가 최고성과담당관(Chief Performance Officer) 직위의 신설이다. 범정부 성과목표 수립과 운영을 주도하는 최고성과담당관은 각 정부기관과 협의하여 성과목표를 설정하고 지속적으로 이를 관리하며, 성과관리 현황을 대통령에게 보고할 책임을 지닌다.

오바마 행정부는 부시 행정부의 성과관리정책을 큰 틀에서 수정하고자 했고, 범정부 성과목표를 설정하여 이를 바탕으로 개별 기관의 성과목표를 연계하고자 했다. 또한 오바마 행정부는 GPRAMA에 의거하여, 사업의 성공과 실패를 평가하고 이에 대한 기관별 대응 방안을 마련하도록 했으며, 관리예산처(OMB)가 이를 총괄 및 감독하도록 했다. GPRAMA는 실패한 사업에 대한 단계적 개선 방향을 검토하고, 기존의 관리 방식을 바꾸거나 성과를 향상시키기 위한 계획을 수립하도록 요구한다(공동성 외, 2011). 또한 GPRAMA는 연방정부기관이 최종적인 목표 달성에 실패할 경우 사업예산을 삭감하거나 폐지를 검토할 수 있는 법제도적 기반을 제공한다는 측면에서 의미를 지니고 있다(Kamensky, 2011a). 예를 들어, GPRAMA는 2011년 회계연도 6월 30일까지 연방정부 예산안에 제시된 우선순위 성과목표를 대상으로 분기별 사업 진행 상황을 검토하고, 2012년 2월까지 OMB 주관 하에 연방정부 우선순위 성과목표를 발표하고, 연방정부 우선순위 목표에 따라 기관 전략목표, 기관 성과계획, 기관 우선순위 목표를 수정하도록 했다. 또한 GPRAMA는 2012 회계연도 6월까지 연방정부기관에 대한 분기별 사업 진행 상황에 대한 검토할 것을 요구하고 있으며, 2014년 2월까지 새로운 성과 전략주기에 의거하여 성과계획 집행을 완료할 것을 요구하고 있다(GAO, 2011).

제 2 절 미국 성과관리제도의 특징

이 절에서는 1990년대 이후 오바마 행정부에서 GPRAMA가 제정되기 이전까지, 클린턴 행정부의 GPRA, 부시 행정부의 대통령관리 어젠다(PMA)와 사업평가 도구(PART)를 중심으로 미국 성과관리제도의 도입 배경, 특징, 문제점과 한계에 대해 다룬다.

후버위원회 이후 오바마 행정부에 이르기까지 성과관리제도는 일련의 발전 과정을 거쳐 왔다. 부캐르트와 핼리건(Bouchaert & Halligan 2008)에 의하면, 성과관리제도의 발전 단계는 크게 네 단계로 구분이 가능하다. 첫 번째 단계는 성과행정(performance administration) 단계로 성과에 대한 정의가 모호하고 성과와 측정 간의 연계성이 결여되어 있으며, 성과측정은 법적으로 규정한 행정 과정의 일부로 운영된다. 따라서 성과행정 단계에서는 주로 투입과 행정적인 과정 자체에 초점을 맞추고 있다. 두 번째 단계는 기능별 성과관리(management of performance) 단계로 효율성과 생산성 중심의 성과행정으로부터 한 단계 나아가 조직구조와 기능에 더 많은 초점을 두고 있다. 기능별 성과관리로 전환되면서 투입 중심의 행정 과정적 관리로부터 결과와 효과성 차원으로 성과의 범위가 확대되었다. 세 번째 단계는 통합성과관리(performance management)로 단순한 기술적·기능적 차원의 성과관리를 넘어 한 단계 높은 수준의 포괄적인 성과관리에 초점을 맞추고 있다. 통합성과관리 단계에서는 성과정보가 지니는 의미에 대해 관심을 가지기 때문에, 성과측정 체계의 정당성, 관리 과정에서 성과정보를 활용한 의사결정, 성과 달성 여부에 대한 판단 등이 중요한 요소로 등장한다. 마지막 단계인 성과 거버넌스(performance governance)는 부캐르트(G. Bouchaert)와 핼리건(J. Halligan)이 제시한 성과관리 유형 중 가장 이상적인 단계로 사회적인 요소를 포괄하는 매우 광범위한 성과관리 체계이다. 그러나 현재 시점을 기준으로 성과 거버넌스가 구현되는 국가는 부재한 상황이다(Bouchaert & Halligan, 2008).

부캐르트와 핼리건(Bouchaert & Halligan, 2008)의 네 가지 성과관리 발전 단계를 기준으로 할 때 미국의 성과관리제도는 성과관리에 대한 관심이 줄어들었던 1980년대를 전후로 GPRA 이전의 성과관리제도와 이후의 성과관리제도로 구분할 수 있다. 클린턴 행정부 이전 성과관리제도는 예산과 성과를 체계적으로 연계하려는 시도에 바탕을 두고 있었으며, 성과에 대한 개념을 확립하고 효율성과 생산성 제고에 초점을 두고 있었다. 그러나 이 시기 도입되었던 성과관리제도는 주로 기술적이고 기능적 차원에 국한되어 있었고, 성과관리 과정을 통해 생성된 정보를 종합적으로 활용하기 위한 제도적 장치가 구축된 것은 아니었다. 특히 GPRA 이전의 성과관리제도는 각 기관이 수행하는 개별 정부사업을 대상으로 한다는 측면에서 이 시기 성과관리제도는 부캐르트와 핼리건(Bouchaert & Halligan, 2008)의 기준에 의하면 기능별 성과관리에 가깝다고 할 수 있다. 반면 GPRA의 제정은 기존의 성과관리제도와는 달리 체계적이고 정당성이 확보된 성과측정 체계를 구축하고, 성과관리 과정에서 확보된 정보를 예산편성 과정을 포함한 의사결정 과정에서 적극적으로 활용하고, 최종적으로 성과의 달성 여부의 판단을 요구하고 있다는 점에서 통합성과관리제도로의 전환을 의미한다고 할 수 있다.

1 클린턴 행정부: GPRA

GPRA의 제정은 연방정부에 대한 시민들의 신뢰 회복을 목적으로 제정되었다. 클린턴 행정부 당시 시민들은 납부하는 세금에 비해 적절한 공공 서비스를 제공받지 못하고 있다는 생각이 팽배했으며 연방정부에 대한 불신이 상당히 심각한 수준이었다. 최초에 GPRA의 제안은 공화당 상원의원 로스(William Roth)에 의해 이루어졌다. 이 당시 제안된 법안은 「성과표준 및 목표에 관한 법(Federal Program Performance Standards and Goals Act of 1990)」이었다. 이 법안은 2년 간의 공청회와 심의를 거쳐 다듬어졌으며, 클린턴 행정부가 등장하면서 공식적으로 의회의 승인을 받았다.

GPRA는 연방정부기관이 수행하는 사업을 주기적이고 체계적으로 측정하고 이를 통해 연방정부의 사업을 좀 더 효율적으로 관리하기 위해 제정되었다. GPRA는 각 기관으로 하여금 전략계획서(Strategic Plan), 성과계획서(Performance Plan), 성과보고서(Performance Report)를 작성하여 의회에 제출할 것을 요구하고 있다. GPRA에 의하면, 연방기관은 5년간의 기관 목표와 그 실행 전략에 대한 내용을 담은 전략계획서를 OMB와 의회에 제출해야 하고, 이를 3년 주기로 갱신해야 한다. 전략계획서에는 기관의 임무, 중장기 목표와 연간 성과목표, 그리고 이를 달성하기 위한 방법에 대한 내용을 포함하고 있다. GPRA는 연방기관이 전략계획서를 작성하는 과정에서 의회 및 이해관계자와의 협의를 의무화했고 이들의 의견과 제안을 계획에 반영하도록 했다. 또한 성과계획서는 성과목표를 설정하고 결과(outcome)를 중심으로 측정 가능한 형태의 지표 및 기준이 제시되어야 한다(원종학 외, 2011). 성과보고서에는 성과계획서에 제시된 성과목표와 실제 달성한 성과를 비교하여 목표 달성 여부에 대한 평가 결과가 포함되어야 한다. 또한 성과보고서에는 성과목표를 달성하지 못했을 경우 그 원인과 향후 성과목표 달성을 위한 계획을 담고 있어야 한다(원종학 외, 2011).

GPRA의 운영 과정은 성과목표 설정, 성과측정, 성과보고의 세 단계로 구성된다. 첫 번째인 성과목표 설정 단계에서는 목표 달성을 위한 활동, 핵심 과정, 자원 배분과 관련된 사항이 결정된다. 성과목표 설정 단계에서는 이해당사자 및 조직을 둘러싼 환경을 평가하고 평가 결과를 활용하여 정부기관의 임무와 바람직한 방향을 제시한다. 두 번째는 성과측정 단계이다. 성과목표가 설정되면 평가하기 위한 측정지표를 설정하고 성과측정을 위한 자료의 수집과 측정 방법이 선택된다. 세 번째는 성과보고 단계로, 수집된 성과정보를 이용하여 조직의 목표 달성 여부를 평가하고 평가 결과를 보고하고 활용하는 과정이 이루어진다(공동성 외, 2011).

2 부시 행정부: 대통령관리 어젠다, 사업평가 도구

부시 행정부의 성과관리 체제는 기본적으로 대통령관리 어젠다(The President's Management Agenda: PMA)와 사업평가 도구(PART)에 바탕을 두고 있다. 부시 행정부의 성과관리는 PMA와 PMA의 구성 요소 중 하나인 PART에 근거한 하향식 접근 방법을 취하고 있다(Joyce, 2011).[6] 부시 행정부의 정부 성과 개혁 작업은 인적 자원에 대한 전략적 투자, 정부 경쟁력 강화, 재정 성과 향상, 전자정부, 예산과 성과의 통합으로 정리될 수 있다(OMB, 2001). 클린턴 행정부와는 달리 부시 행정부는 개별 기관을 중심으로 하는 사업평가보다는 사업을 중심으로 한 평가활동에 초점을 맞추었으며, OMB가 개발한 PART를 이용한 사업 단위 평가를 시도했다. 부시 행정부 시기의 성과개혁은 대통령관리 어젠다와 사업평가를 위한 도구인 PART의 도입이었다.

6) 클린턴 행정부 시기의 주요 성과관리제도인 GPRA는 각 기관이 개별적으로 성과목표를 설정하고 이를 달성하기 위한 전략계획 및 달성도를 확인하기 위한 측정지표를 설정하여 보고하도록 요구한다는 점에서 상향식이라고 볼 수 있으나, 부시 행정부의 PMA와 PART 평가는 OMB 주도로 이루어진다는 점에서 하향식 접근 방식이라고 할 수 있다.

1) 대통령관리 어젠다(PMA)

부시 행정부는 2001년 8월 OMB를 통해 대통령관리 어젠다(The President's Management Agenda: PMA)를 발표했다. PMA는 시민이 중심이 된 정부, 결과 지향, 시장에 기반을 둔 경쟁을 통한 혁신의 제고라는 세 가지 원칙을 표방했다(OMB, 2002). OMB는 PMA를 발표하면서 ① 민간 부문 인적 자원의 공공 부문 유입, ② 민간 부문 간의 경쟁력 강화, ③ 책무성과 재정투명성 향상, ④ 전자정부 활용, ⑤ 성과와 예산 간의 연계라는 다섯 가지 우선순위 과제를 제시했다(공동성 외, 2011; Gueorguieva et al., 2009).

PMA는 이와 같은 과제를 바탕으로 연방정부의 사업과 운영을 평가하고 개선하고자 했다(Bruel, 2007). 특히 PMA의 다섯 번째 과제는 성과와 예산을 연계하는 것이었으며, 이는 PART를 통해 좀 더 구체화되었다. PMA는 기본적으로 각 부문의 성과 달성 정도를 신호등 방식으로 빨간등(실패), 노란등(부분 달성), 파란등(달성)의 세 가지 방식으로 평가했고, OMB는 각 기관의 정책집행 과정에 대한 검토를 바탕으로 예산과 성과관리 간의 연계성을 확보하고자 했다(Bruel & Kamensky, 2008).

PMA는 연방정부 사업 성과를 향상시키는 데 부분적으로 영향을 미친 것으로 평가된다. 실제 일부 기관은 PMA 평가 결과 괄목할 만한 향상을 이루었다. 예를 들어, 국무부는 2001년 PMA 평가에서 최하 등급을 받았으나, 2008년에는 최상위 등급으로 향상된 것으로 나타났다(Joyce, 2011). 그러나 PMA는 다음과 같은 측면에서 몇 가지 근본적인 문제점을 안고 있었다. 첫째, PMA를 평가 점수가 상황에 따라 조작이 가능하고 자의적인 평가가 이루어질 여지를 남겨둔다는 점이다. 또한 어떤 방식으로 점수를 부여하는지에 대한 명확한 방법론이 없었다. 둘째, 시간이 흐름에 따라 각 기관은 어떻게 하면 OMB로부터 좋은 평가점수를 얻을 수 있는지를 학습했다. 마지막으로 가장 중요한 문제는 PMA 평가가 매우 관대하게 이루어졌다는 점이다. 2008년도 PMA 평가에서 약 90% 이상의 기관이 '적절함' 이상의 등급을 받았다(Joyce, 2011).

2) 사업평가 도구(PART)

성과와 예산을 연계하는 PMA의 다섯 번째 과제를 실천하기 위해 부시 행정부는 연방정부기관 평가를 목적으로 하는 사업평가 도구(PART)를 개발했다. PART는 2002년 처음 소개되었으며, 시범사업을 거쳐 2004 회계연도부터 예산편성 과정에 활용했다(Gueorguieva et al., 2009; 공동성 외, 2011).[7] OMB가 주도하여 개발한 PART는 기본적으로 예산분석에 활용할 목적을 지니고 있었다. 전략계획, 성과계획, 성과보고를 포함하는 성과관리의 전반적 과정을 다루는 GPRA와는 달리 PART는 사업성과 측정에 초점을 맞추고 있었다(Radin, 2006). 그러나 PART가 예산편성 과정에서 사업 성과를 분석하기 위한 목적으로 개발되기는 했지만, PART 평가 결과와 예산이 직접적으로 연계되는 것은 아니었다(OMB, 2004).

PART는 예산과 성과 간의 연계라는 기본적인 목표 외에도, 사업을 통한 목표 달성 여부의 확인, 매년 주기적이고 장기적으로 이루어지는 계량화된 측정, 결과 달성 여부와 관련한 자료의 수집을 목적으로 하고 있었다. 또한 PART를 설계하는 과정에서 매년 연방정부사업의 20%를 평가하여 2004회계연도부터 2008회계연도 기간 동안 모든 연방정부사업을 평가하고자 했다.

PART는 연방정부사업에 대한 표준화된 측정 도구이다. PART는 25개의 기본적인 질문으로 구성되어 있으며, 평가 영역별로 사업 목적, 설계, 전략계획, 사업관리, 사업 결과에 대한 세부 문항이 제시되고 있다. 관리예산처는 4개 부문 중 사업 목적과 설계 부문에 20%, 전략기획 부문에 10%, 사업관리에 20%, 사업 결과에 50%의 가중치를 부여하고 있다(Gueorguieva et al., 2009).

PART는 재화와 서비스 제공 과정의 메커니즘에 따라 연방정부 사업을 일곱 가지 유형으로 분류했다. 연방정부 사업은 정부직접제공사업(Direct Federal), 경쟁적 보조금사업(Competitive Grant), 포괄보조금(Block, Grant) 또는 공식에 따른 보조금(Formula Grant)사업, 규제사업(Regulatory), 자본자산 및 자본 획득(Capital Assets and Acquisition)사업, 신용사업(Credit), 연구개발(Research and Development) 사업으로 구분하여 각 유형에 적합한 추가적인 질문에 응답하도록 하고 있다(Gueorguieva et al., 2009). 평가자는 각 질문에 대해 예/아니오의 응답을 하게 되고, 문항별 점수를 합산하여 총점을 계산한다.[8]

---

7) PART는 2003 회계연도에 63개 사업을 대상으로 시범적으로 적용되었으며, 2004 회계연도부터 연방정부 전체 사업 중 20%에 해당하는 231개 사업을 대상으로 확대되었다. 2005 회계연도에는 PART 평가가 적용되는 사업이 20% 추가되었다.

표 1-2 PART의 평가 영역 및 평가 영역별 평가 기준

부문	평가 기준
1부문: 목적과 설계	1.1 사업 목표는 분명한가? 1.2 사업이 구체적으로 현존하는 문제를 다루는가? 1.3 연방정부, 주정부, 지방정부 사업과 중복되지 않게 설계되었는가? 1.4 사업설계가 사업의 효과성이나 능률성을 저해하지 않는가? 1.5 사업의 대상 집단이 명확하게 정의되고, 지원이 수혜자에게 적절히 배분될 것으로 기대하는가?
2부문: 전략계획	2.1 사업의 목적을 반영하는 장기 성과목표가 설정되어 있는가? 2.2 장기 성과목표에 대한 목표치와 일정표가 설정되어 있는가? 2.3 장기적 목표로 나아가는 구체적인 연간 성과목표가 설정되어 있는가? 2.4 매년 성과측정의 기본선과 의욕적인 목표치가 설정되어 있는가? 2.5 사업의 개선과 효과성 · 적절성을 평가하는 독립적이고 종합적인 사업평가가 적절히 시행되는가? 2.6 성과목표를 달성하기 위해 예산과의 연계성은 충분한가?
3부문: 사업관리	3.1 신뢰할 수 있는 성과 정보를 수집하고 성과 개선에 활용하는가? 3.2 연방정부 관리자 및 사업 참여자(보조금 지급 대상, 외부 계약자, 비용 분담기관 기타)에 대해 비용 · 일정 · 성과에 대한 책임이 부과되는가? 3.3 자금이 적시에 배정되고 원래의 목적에 사용되는가? 3.4 사업 집행의 효율성과 비용효과성을 개선하기 위한 조치가 이루어지는가? 3.5 관련된 다른 사업과 효과적인 협조와 조정이 가능한가? 3.6 재무관리가 잘 이루어지는가? 3.7 경영상의 결정을 해소하기 위한 조치가 취해졌는가?
4부문: 사업 성과	4.1 장기 성과목표 달성에 적절한 진척을 보이고 있는가? 4.2 연간 성과목표를 달성하고 있는가? 4.3 매년 성과목표를 달성하는 데에 효율성이 개선되었는가? 4.4 유사 사업 및 민간사업에 비해 성과가 양호한가?

자료: 정주택 외(2007: 173)에서 재인용.

PART는 4개 영역별로 0점부터 100점을 부여하여 결과를 평가하여 효과적 사업은 85점부터 100점, 적절한 사업(moderate)은 70점부터 84점, 보통(adequate)은 50점부터 69점, 비효과적 사업은 0점부터 49점으로 평가한다. PART의 평가 결과가 정부

8) 그러나 이러한 방식은 평가자의 주관성이 관여할 가능성이 높아 일관성이 떨어지는 평가 결과가 존재한다는 약점을 가진다(Joyce, 2011).

표 1-3 GPRA와 PART 비교

비교 영역	GPRA	PART
초점	단위 기관 및 조직	사업
주관기관	의회와 행정부	행정부(OMB)
접근 방식	상향식, 사업 단위에서 시작	하향식, OMB의 성과측정 승인
요구 사항	전략계획, 성과계획, 성과보고	성과측정
측정	성과 결과 중심	효율성 중심

자료: Radin (2006: 123).

예산편성과 자동적으로 연계되지는 않으며, PART 평가 결과에 의해 비효과적으로 평가된 사업이 더 많은 투입을 필요로 하는 경우도 있다. 따라서 PART 평가 결과는 사업이 지니고 있는 가치와 사업을 둘러싼 이해관계를 바탕으로 예산편성 과정에서 우선순위를 설정하는 일종의 기준으로 활용이 가능하다고 볼 수 있다(Bruel & Kamensky, 2008; 공동성 외, 2011).

PART 평가 과정은 OMB가 주관하며 평가 과정에서 연방기관의 의견을 수렴한다. 연방기관은 PART 평가 질문지를 작성하고, 사업 성과를 증명할 수 있는 자료와 이에 대한 설명을 제시한다. 이 과정이 마무리되면 OMB는 PART 평가서를 검토하고 개별 연방기관에 소명 기회를 부여한다.

한편 PART의 제도적 특성은 GPRA와 비교를 할 때 더욱 명확히 파악할 수 있다. 첫째, PART는 GPRA와 비교하여 성과관리 초점, 제도를 운영하는 기관, 요구 사항 등에서 상대적으로 폭이 좁다. 특히 GPRA가 법적 기반을 토대로 운영되는 성과관리 제도인 반면, PART는 PMA라는 정책 이니셔티브의 일부로서 도입되었다. 둘째, GPRA가 일반적인 성과 향상을 목적으로 하는 반면, PART는 성과와 예산을 연계하려는 목적을 지니고 있다는 측면에서 자원 배분에 초점을 두고 있었다. 또한 GPRA는 연방정부기관에 초점을 맞추고 있는 반면, PART는 사업에 중점을 두고 있었다. 셋째, 성과관리제도 운영에 관여하는 기관도 GPRA가 PART에 비해 넓다. GPRA는 연방기관으로 하여금 전략계획서(Strategic Plan)를 의회에 제출하도록 요구하고 있고, 의회와 이해관계자들이 기관이 제출한 전략계획서를 검토하도록 하고 있기 때문에 성과관리 과정에서 행정부와 의회가 모두 개입하고 있다. 반면, PART의 운영은 OMB가 주관한다. 마지막으로, GPRA와 PART의 성과지표 개발 주체도 다른데,

GPRA의 경우 기관 스스로 성과지표를 개발하도록 요구하고 있으나, PART 성과지표는 OMB가 설계한다. 또한 PART 성과지표는 효율성에 초점을 맞추고 있는 반면, GPRA는 다양한 차원의 성과지표를 개발하도록 요구하고 있다(Gueorguieva et al., 2009; Radin, 2006: 122-123).

3 GPRA와 PART의 의의 및 한계

클린턴 행정부와 부시 행정부의 성과관리제도는 정부사업의 성과 향상에 초점을 두고, 성과 향상을 목적으로 구체적인 사업집행 전략을 요구했으며, 전자정부를 활용하여 시민과 고객을 강조했다는 측면에서 의미를 지닌다(Bruel & Kamensky, 2008). 클린턴 행정부는 GPRA를 통해 성과관리 체계를 제도화하여 비용 절감을 추구했고(Bruel & Kamensky, 2008),[9] '결과'를 강조하는 기조는 연방정부기관 전반에 걸쳐 적용되는 포괄적인 성과관리 체계를 구축하는 데 기여했다(Bruel & Kamensky, 2008). 부시 행정부의 성과관리 체계에서도 '결과'에 대한 강조가 지속되었고, 아울러 기관으로 하여금 예산 항목의 범위 내에서 사업성과 목표와 성과 자료에 중점을 두도록 했다(Newcomer & Caudle, 2011). 또한 성과정보 구축과 관련하여 클린턴 행정부가 GPRA를 통해 성과정보 확보 및 활용 체계를 제도화했다면, 부시 행정부는 기관 성과를 향상시키고 결과에 대한 책무성을 제고하기 위한 체계화된 정보의 활용을 시도했다(Bruel & Kamensky, 2008).

그러나 클린턴 행정부와 부시 행정부의 성과관리제도는 성과관리제도 간 연계성 확보, 연방기관의 성과관리 역량, 성과정보 활용의 측면에서 다음과 같은 한계를 지니고 있었다(Newcomer & Redburn, 2008).

첫째, 클린턴 행정부와 부시 행정부를 거쳐 운영된 성과관리제도의 가장 큰 문제점은 각 행정부에서 도입된 성과관리제도 간의 연계성 부족이었다. 성과 측정과 사업평가는 연방기관, OMB, 의회가 차년도 예산을 배분하는 과정에서 중요한 정보를 제공하고 성과를 향상시키기 위한 잠재적인 기반을 제공한다. 이 두 가지 과정에서는

---

9) 클린턴 행정부의 비용 절감 전략의 결과 42만 명 이상의 연방 공무원이 감축되고, 250개 사업이 폐지되었으며, 16만 쪽에 달하는 내부 규제가 폐기되었다.

다양한 선택 과정이 요구되기 때문에 어떠한 선택을 할 것인가를 판단하기 위한 기준이 필요하다(Newcomer & Redburn, 2008). 클린턴 행정부에서 도입된 GPRA가 각 기관 성과계획서, 전략계획서, 성과보고서 작성 등을 의무화했지만, 구체적으로 어떤 지표를 활용하여 측정할 것인지에 대한 기술적인 지침은 제공하지 않고 있었다(Newcomer & Caudle, 2011).

부시 행정부에서 개발된 사업평가 도구(PART)는 표준화된 성과측정지침이 결여된 GPRA의 한계를 보완한다는 점에서 의미가 있었다. PART를 이용한 평가는 책무성 향상과 사업 성과 제고라는 두 가지 서로 다른 목적을 추구하고 있었다. 일반 대중과 의회가 요구하는 성과정보와 기관이 내부적으로 필요로 하는 정보는 근본적으로 차이가 있다. 이는 성과 자료를 이용하는 과정에서 전략적 의사결정을 목적으로 활용할 것인지 아니면 운영상의 의사결정을 목적으로 할 것인지의 문제와 연계된다. 연방기관이 사업을 기획하고 자원을 배분하기 위해 필요로 하는 정보와 입법부가 새로운 사업을 승인하고 기존 사업의 지속 여부를 판단하는 데 이용하는 자료는 다르다. 만일 성과정보가 전략적 의사결정을 위한 목적에 치우쳐 있다면 일선 관리자들이 평가에 참여하고 이를 지원하는 수준은 낮아질 가능성이 높다. 그런데 이러한 두 가지 조건을 모두 충족시키기 위한 자료 수집 과정은 너무 많은 비용이 소요되므로 기관의 전략적 목적, 정책적 의사결정, 예산 배분, 기관 운영 과정에서 어느 정도 활용 가능한 수준에서 타협이 이루어진다(Newcomer & Redburn, 2008).

이와 관련하여 PART는 크게 두 가지 결함을 지니고 있었는데, 하나는 평가를 검토하기 위한 시간이 충분하지 않다는 것이고, 다른 하나는 PART 평가 결과를 토대로 예산을 배정할 때 무엇에 우선순위를 두어야 하는지가 불분명하다는 것이다. PART에 의한 측정과 각 기관의 전략계획을 토대로 이루어지는 핵심 성과측정 간에는 근본적인 차이가 있었다. 즉, GPRA를 기반으로 한 기관의 전략계획과 PART 간의 연계성은 매우 낮았다는 것이다(Newcomer & Redburn, 2008).

GPRA의 성과측정과 PART를 이용한 측정은 분절적으로 이루어지기 때문에 서로 다른 결론에 도달할 가능성이 있었다. 이는 PART가 사업에 초점을 두는 반면, GPRA는 더 높은 수준의 기관이나 부서 수준에서 성과를 평가하기 때문이다(Joyce, 2011). 실제로 PART 평가점수와 GPRA 평가가 서로 다른 결론을 도출하는 사례가 제시된다.[10]

두 번째 문제는 사업성과 평가에 참여하는 각 기관 구성원들의 역량과 관련되어 있다. 성과정보 생성을 위한 평가와 측정에 투입되는 자원과 평가 과정에 참여하는 구성원들의 역량은 평가를 통해 생성되는 성과정보의 질과 직결되는 문제이다. 그러나 대부분의 정책 영역에 대한 평가 결과 생성된 정보의 질과 일관성은 적절하지 않은 것으로 나타났다. 또한 사업평가는 정책과 사업의 효과성을 평가하는 것이 원칙이지만 평가를 위해 더 많은 자원을 투입해야 하는 문제점도 지적되었다. 이로 인해 수집된 성과정보가 실제로 정부의 성과를 반영하는지 여부에 대한 회의론이 제기되었고, 사업평가를 통해 생성된 정보를 실제로 의사결정에 활용하는 경우도 극히 드물었다. 또한 성과보고에 대한 과도한 요구는 사업에 투입되어야 할 인적 자원과 제한된 재정자원을 다른 목적에 사용하도록 유도하는 결과를 낳았다(Newcomer & Redburn, 2008).

세 번째 문제는 성과평가 결과의 활용 문제이다. 사업평가를 포함한 성과정보는 조직 내부와 외부의 이해관계자들을 대상으로 하고 있다. OMB는 PART를 개발하는 과정에서 의회가 이를 적극적으로 활용하기를 기대했고, 예산 과정을 정당화하는 수단으로 이용하고자 했다. 그러나 의회는 PART의 평가 결과에 별다른 관심을 가지지 않았다. 또한 일반 대중이 관심을 가질 만한 포괄적인 정보의 생성도 OMB가 기대한 바대로 이루어지지 않았다(Newcomer & Redburn, 2008).

PART는 연방기관조직 내부적인 차원에서 이용하여 조직구성원들이 성과 향상에 관심을 가지도록 할 목적도 지니고 있었다. 결과에 초점을 두고 사업 관리를 강조하여 더 나은 결과와 효율적인 업무 수행을 기대했으나, 부시 행정부 시기 수행되었던 PART 평가 결과가 이러한 조직 내부적인 목적을 달성하는 데 기여했는지 여부는 불명확했다(Newcomer & Redburn, 2008). 그럼에도 OMB는 예산 검토 과정에서 PART 점수를 공공연하게 활용했으며, 이로 인해 성과측정 과정에서 OMB와 연방기관 간에 새로운 긴장이 유발되었다(Newcomer & Caudle, 2011; Brass et al.,

---

10) 예를 들어, 공동체개발포괄보조금 사업(Community Development Block Grant: GDBG)에 대한 PART 평가점수는 비효과적(ineffective)인 것으로 나타났으나, 2000년부터 2005년 사이 GPRA 평가 결과에 의하면 목표를 초과 달성했다. 또한 TVA 전력사업(Tennessee Valley Authority's Power Program)은 PART에서 전반적으로 효과적(moderately effective)인 것으로 평가되었으나 2000년과 2004년도 GPRA 평가에서 각 연도 성과목표의 60% 수준만을 달성한 것으로 나타났다(Gueorguieva et al., 2009).

2010). 또한 PART의 경우, 연방정부사업의 원래 의도를 벗어난 평가 기준이 적용되는 문제점도 제기되었다. 예를 들어, 공동체개발포괄보조금(CDBG) 사업의 경우 '자족 기능을 지닌 도시공동체(viable urban community)' 구축을 목표로 하고 있었다. 그러나 이 사업은 포괄보조금의 용처를 매우 광범위하게 지정하고 있었기 때문에 '자족 기능을 지닌 도시공동체'에 대한 세부적인 목표를 정의하기 어려웠다(OMB, 2005). 따라서 PART에서 사업목표에 대한 정의를 구체화하려는 시도는 사업의 원래 의도에 부합하지 않는 것이었다(Gueorguieva et al., 2009).

이러한 문제점에도 불구하고 클린턴 행정부와 부시 행정부는 GPRA가 제공한 성과관리제도의 법제도를 바탕으로 '결과' 중심의 성과관리의 기반을 마련했다는 점에서 의미를 지닌다(GAO, 2004). 클린턴 행정부와 부시 행정부의 성과관리제도 중 일부는 오바마 행정부에서 수정을 필요로 했다. 예를 들어, 클린턴 행정부는 기관의 전략계획, 성과계획, 성과 보고 체계를 구축하여 좀 더 '임무 지향적인' 체계를 확립하고자 했고, 부시 행정부는 '사업' 중심의 성과관리 체제로 전환을 시도했다(Kamensky, 2011a). 이후 오바마 행정부는 결과 중심의 성과관리 체계를 운영하는데 '기관'이나 '사업' 모두 적절한 단위가 아니라고 보았다. 그러나 부시 행정부에서 도입되어 기관 간 성과관리 연결망을 구축한 성과향상담당관(Performance Improvement Officer: PIO) 제도와 같이 일부 성과관리제도는 오바마 행정부 성과관리제도의 기반이 된 것들도 있었다(Kamensky, 2011a). 또한 비록 한계는 있었으나 1990년대 이후 클린턴 행정부와 부시 행정부의 사업성과 투명성 정책은 오바마 행정부가 '투명하고 공개된 정부(Transparent and Open Government)' 정책을 수립하는 데 밑바탕이 되었다(Obama, 2008; Kamensky, 2011a).

제 3 절 오바마 행정부의 성과관리제도

1 개요

오바마(Barrack Obama) 행정부는 대통령 후보와 인수위 시기부터 정부 성과 향상을 위한 몇 가지 구상을 갖고 있었다. 먼저, 2008년 당시 대통령 후보였던 오바마는 범정부 성과목표와 기관 간 성과목표를 설정하고 이를 관리하며 주기적으로 대통령에게 보고할 책임을 지닌 최고성과담당관(Chief Performance Officer: CPO) 직위를 만들고자 했다. 또한 오바마는 정부사업을 독립적으로 평가해서는 안 되고 동일한 목표와 대상을 지닌 사업의 맥락을 고려하여 평가가 이루어져야 한다고 주장하면서 PART 평가제도에 대한 재검토 필요성을 제기했다. 마지막으로, 오바마는 정부사업의 성공과 실패에 따라 단계별 조치가 필요하며, 사업 결과에 따라 기존 사업을 개편하고 새로운 집행계획 수립과 예산재배분 과정이 이루어져야 한다고 보았다(Obama, 2008).

오바마 행정부의 성과관리 체계는 정부기관 내부의 성과관리제도와 연방정부 차원에서 OMB가 직접적으로 개입하는 성과관리제도의 두 가지 과정으로 이루어져 있다(박노욱, 2012). 오바마 행정부에서는 부시 행정부보다 의회의 역할에 더 많은 초점을 두고 있다. 특히 성과관리 체계에서 주정부뿐만 아니라 지방기관, 정부보조사업을 수행하는 하위 기관까지 성과관리의 범위에 포함시키고 있다. 이때 관리예산처의 개입 방식은 각 부처의 중점 성과 목표에 대한 모니터링 및 관리와 모든 부처에 공통적으로 적용되는 경영목표 관리이다(박노욱, 2012).

오바마 대통령은 분절적이고 독립적인 성과관리제도를 만들기보다 정부 전반에 걸친 성과관리제도를 하나의 체계로 엮고자 했다. 오바마 대통령은 기존 GPRA와 PART와 같은 기존의 성과관리제도에 대해 "잘 이용하지 않는 성과정보 생성을 지나치게 강조하고 있다"고 비판적인 입장을 취하고 있었다(Newell, 2009; Yang, 2011). 이러한 노력이 반영된 대표적인 예가 투명하고 개방적인 정부(Transparent and Open Government) 정책이었으며, 오바마 대통령은 이 정책을 통해 투명성, 참여, 협력을 강조했다(Obama, 2009). 그는 또한 부시 행정부 시절 도입된 「낙오학생방지법(No Child Left Behind Act)」의 문제점을 극복할 방안에 관한 구상을 제시하면서, 목표 달성 자체보다는 성과 향상의 측면을 더욱 강조할 것을 제안했다(Dillon, 2010).

OMB의 성과관리제도 개혁 어젠다는 여러 기관이 연계된 사업에 대한 성과관리 체계 확립, 일반 대중이 이용할 수 있는 성과정보의 생성, 증거에 기반한 영향 평가 및 평가 인프라 구축, 기관 우선순위 목표 설정 등에 초점을 맞추고 있었다(Orszag,

2009; Zeints, 2010). 성과 향상에 대한 오바마 행정부의 강조는 OMB의 성과 향상 담당조직에만 국한된 문제가 아니었다. 오바마 대통령은 범정부적인 성과 향상 체제를 대폭적으로 개혁하고자 했다. 이와 같은 노력의 일환으로 오바마 행정부는 성과정보의 투명성 확보, Performance.Gov 구축, 항목별 검토를 통한 예산 감축, 사업평가 지원 체계 구축, 행정 유연성 확대 등과 같은 관련 정책을 제시했다. 특히 오바마 대통령은 취임 초기 의료보험 개혁, 재정위기 대처, 식품 안정성 제고 등과 같은 핵심 정책을 추진하기 위해 여러 정부부처가 연계된 정책에 대한 조정 권한을 지닌 여러 명의 '차르(Czar)'[11]를 임명했다 (Kamensky, 2011a).

오바마 행정부 성과관리제도의 핵심은 2010년 의회를 통과한 「정부성과와 결과에 관한 법률(GPRA)」을 수정한 「정부성과와 결과법 현대화법(GPRAMA)」이었다. 이 법안은 부시 행정부에서 도입된 성과향상담당관(PIO)을 법적으로 제도화했으며, 목표 설정 및 성과 검토 과정에서 의회의 역할을 강조했다 (U.S. Congress, 2010c).[12] GPRAMA는 GPRA 이후 17년 동안 축정된 경험을 바탕으로 이루어진 것이다. GPRAMA는 기관의 계획, 사업, 성과정보를 좀 더 잘 연계하고, 정부구조를 구체적으로 규정하여 성과관리 체계를 좀 더 정교하게 만들고자 했다. 또한 GPRAMA는 연방정부의 우선순위 목표를 설정하고 이와 연계된 기관 간(crossagency) 혹은 기관 수준(agency level)의 우선순위 성과목표를 분기별로 검토하도록 하고, 좀 더 명확한 사실에 바탕을 두고 결과를 지향하는 의사결정 체계와 사업집행 체계를 확립할 것을 요구했다 (Kamensky, 2011a).

---

11) 차르는 특정 정책을 담당하는 미국 고위 공무원을 미디어나 언론에서 지칭하는 표현으로 공식적인 명칭은 아니다. 차르라는 호칭은 루스벨트 대통령 시기부터 사용되었으며, 일부 고위공무원이 실제 공식 명칭보다는 차르라는 호칭으로 지칭되고 있다. 예를 들어, 2009년 경제회복자문위원회(Economic Recovery Advisory Board)의 위원장으로 임명된 폴 볼커(Paul A. Volcker)는 경제 차르(economic czar)로 불린다. 오바마 행정부의 경우 30명 이상의 '차르'가 임명된 것으로 알려져 있으며, 너무 많은 차르를 임명한다는 비판을 받았다 (Harder, 2009). 미 의회는 대통령의 차르 임명 권한을 줄이고자 시도했으나, 대신 GPRA 수정안을 통해 정부간 정책을 조정하는 기관 간 목표담당관(goal owner)을 임명할 권한을 부여했다 (Kamensky, 2011a).

12) 이 밖에 최고운영담당관(Chief Operating Officer), 사업향상담당관(Program Improvement Officer), 범정부성과향상위원회(Government-wide Performance Improvement Council), 범정부성과 웹사이트(Government-wide Performance Web Site) 등과 같은 기존의 제도가 법적으로 공식화 되었다.

2 오바마 행정부의 성과관리전략

오바마 행정부는 취임 초기 모든 연방정부기관이 의미 있는 성과 향상을 달성하기 위해 다음과 같은 전략을 제시했다.13) 오바마 행정부의 성과관리전략은 다음과 같은 세 가지 요소로 구성되어 있다. 첫째, 우선순위 목표 설정을 통한 성과 향상 체계 구축이다. 오바마 행정부는 범정부 성과목표를 바탕으로 높은 수준의 성과를 달성하고자 했다. 둘째, 사업평가 강화를 통한 재정건전성 확보이다. 오바마 행정부는 연방정부 사업에 대한 심층평가제도를 도입하여 현재 진행 중인 연방정부 사업 및 부처 간 협력 사업에 대한 평가 결과를 토대로 지출 구조조정에 활용하고자 했다. 셋째, 오바가 행정부의 성과관리 전략은 낭비적 지출을 절감하는 데 초점을 맞추었다. 오바마 행정부는 각 부처별 사업에 대한 비용편익 분석을 실시하여 정책사업의 효과성 및 효율성을 검토하여 예산 배정에 활용하고자 했다(OMB, 2011; 공동성 외, 2011).

1) 우선순위 성과목표 설정

오바마 행정부는 각 연방 기관으로 하여금 우선순위 성과목표(priority goals)를 설정하여 이를 기준으로 자원과 노력을 투입하도록 유도하고자 했다. 각 연방 기관은 다양한 사업을 수행하고 있고 사업별 결과와 성과를 도출하기 위한 압박에 일상적으로 노출되어 있었다. 이로 인해 개별 기관이 추구해야 할 핵심 목표가 배제되고 특별한 이유 없이 중복되는 사업에 매몰되는 비효율적인 업무구조가 형성되었을 뿐만 아니라 분명한 사업 성과도 기대하기 어려운 상황이었다. 오바마 행정부는 이러한 문제점을 개선하기 위해 각 기관의 핵심 성과 목표를 설정하여 이에 집중할 것을 요구했다(Zeints, 2010).

2011 회계연도부터 각 연방 기관의 기관장들은 결과 중심의 소규모 우선순위 목표를 설정했다. 우선순위 목표를 설정하는 기준은 12개월에서 24개월 안에 달성 가능하고 명확한 측정이 가능해야 한다는 것이다. 또한 우선순위 목표를 달성하기 위해

13) 오바마 행정부의 성과관리전략은 오바마 대통령 취임 초기 성과관리제도 구축 과정에서 제시된 기본적인 방침이다. 이하는 연방최고성과담당관(Federal Chief Performance Officer)이었던 자인츠(Zeints, 2010)의 보고서를 중심으로 오바마 행정부의 기본적인 성과관리전략을 논의했다.

새로운 자원이나 법률을 요구해서는 안 되도록 했다(Zeints, 2010).

연방 기관의 기관장들은 우선순위 성과목표를 달성하기 위해 선임 '목표담당관(goal leader)'을 임명하고, 이들로 하여금 핵심 지표와 이정표로 구성된 목표 달성 경로를 설계하도록 했다. 목표담당관은 목표달성도에 대한 검토를 분기별로 수행하고, 성과분석을 실행하여 성과 향상을 위한 적절한 지침을 제시하도록 했다. 각 기관은 검토된 분기별 성과를 OMB에 보고하고, 사업의 진행 상황, 문제점, 향후 계획 등을 연방 웹페이지 Performance.gov에 게시하도록 한다. OMB는 각 기관으로부터 사업별 성과를 보고받아 이를 취합하고 성공적인 사례를 분석한다(Zeints, 2010).

2) 사업평가 강화

오바마 행정부는 실질적이고 이용 가능한 정보를 활용한 사업평가를 강화하고자 했다(Kamensky, 2011a). 실증적인 정보는 정부사업이 의도했던 목표를 달성했는지 여부를 평가하고 지속적인 향상 지침을 제시하기 위한 핵심적인 요소이다. 오바마 행정부는 엄격한 성과평가를 바탕으로 정부사업을 설계하고 운영하는 조직문화를 구축하고자 했다. 이를 위해 오바마 행정부는 성과측정과 관리를 강화하기 위해 평가 인프라 구축을 강화하고자 했다(Zeints, 2010).[14]

3) 성과관리를 통한 낭비적 지출의 절감

전통적으로 성과관리의 중요 목표 중 하나는 불필요한 지출을 줄이는 것이었다. 적절한 성과를 도출하지 못하는 사업, 기한이 지난 사업, 중복되는 사업의 제거는 정부사업의 낭비적 요소를 제거하기 위한 중요 과제로 등장했다. 일부 사업은 과거에는 의미를 지니고 있었지만, 더 이상 필요로 하지 않는 경우가 있으며, 어떤 경우에는 비정부 부문에서 수행하는 것이 더 효과적일 수 있고, 단순하게 비효율적으로 운영되는 사업도 있다. 오바마 행정부는 성과관리제도와 사업효과성 평가 체계 개선이 정부자원 투자 효율성을 제고하는 데 기여한다고 보았다. 2010회계연도와 2011회계연도

---

14) 2011년 회계연도 예산안에서 오바마 대통령은 연방정부사업에 대한 엄격한 평가를 강조했다. 각 기관은 새로운 평가제도 운영을 위해 약 100만 달러를 책정했으며, 평가활동을 위한 추가적인 예산 편성을 요청했다. 또한 OMB는 각 기관에 대해 기금을 배분하면서 2012년 회계연도 기금 운선순위가 엄격한 평가에 초점을 맞추고 있다는 점을 제시하고 있다(Zeints, 2010).

에, 오바마 행정부는 개별 사업을 검토하여 약 200억 달러의 예산을 삭감했다. 또한 이전 행정부에서 자발적 감축 사업의 비율이 15~20% 수준이었던 반면, 2010회계연도에 오바마 행정부에서 자발적으로 감축한 사업의 비율은 60%에 달했다. 오바마 행정부는 2012회계연도에서 낭비적 지출 절감 노력을 더욱 강화했다.[15] 각 기관은 최하순위 사업(총 지출의 5% 규모)을 선정하여 사업을 종료하거나 예산 규모를 감축할 것을 요구받았다.

오바마 행정부는 이러한 낭비적 지출 절감 노력의 일환으로 과도한 부동자산을 처분하고자 했다. 미국 연방정부는 미국에서 120만 개의 건물, 구조물, 토지를 보유한 가장 거대한 부동산 자산을 소유하고 있으며, 가장 많은 에너지를 소비하는 조직이다. 현재 연방정부는 필요 이상으로 많은 부동산 자산을 보유하고 있으며, 1만 4,000개의 건물 및 구조물을 초과 보유하고 있고, 55,000여개에 달하는 부동자산의 이용률이 매우 낮거나 혹은 전혀 이용하지 않고 있는 상황이었다. 이러한 문제를 해결하기 위해 오바마 대통령은 2012년 6월 각 연방 기관이 불필요한 부동자산을 처분하도록 하는 협정서에 서명했으며, 부동산 처분을 통해 30억 달러에 달하는 비용 절감을 달성하고자 했다 (Zeints, 2010).

3 「정부성과와 결과법 현대화법(GPRAMA)」[16]

1) GPRAMA의 주요 목표

GPRAMA의 개정은 GPRA가 제정된 이후 17년 만에 이루어진 것이다. GPRAMA

---

15) 2009년 연방정부 보고에 의하면, 부적절한 정부 지출이 약 1,100억 달러에 달하는 것으로 나타났다. 부적절한 지출은 잘못된 대상자에게 지출이 이루어지거나, 지출액이 잘못되거나 혹은 지출 근거가 빈약한 경우가 대부분이었다. 오바마 행정부는 이러한 문제점을 교정하기 위해 2012년까지 부적절한 지출의 규모를 500억 달러 이하로 줄이는 목표를 세웠다. 2011년 11월, 오바마 대통령은 이와 같은 정부 지출의 부적절성 문제를 시정하라는 대통령령을 시달했으며, 동년 6월 「부적절한 지출 감축과 회복법(Improper Payment Elimination and Recovery Act)」에 서명했다. 또한 오바마 대통령은 각 기관으로 하여금 낭비적인 지출을 줄이기 위한 혁신적인 해결 방안을 도출하도록 요구했고, 정부 지출의 적절성을 확보하기 위해 범정부적인 "지출거부목록(Do Not Pay List)"을 작성했다.

16) 이 절은 GPRAMA에 관한 Licht(2011)의 보고서와 Brass(2012)의 보고서, GAO(2011b) 보고서를 중심으로 정리한 것이다.

는 기관이 제출하는 세 가지 종류의 보고서(전략계획서, 성과계획서, 성과보고서)에 대한 기존 GPRA 규정에 변화를 주었으며, 여러 기관을 포괄하는 정책 영역에서 목표 설정과 성과 측정에 초점을 맞추었다. 또한 GPRAMA는 정책 집행 기간 동안 목표 및 측정의 활용에 초점을 둘 것을 요구했고, 인터넷을 이용한 보고 일부 목표와 관리 임무에 대한 개인의 책임 요구 등의 변화를 가져왔다. 또한 GPRAMA는 기관의 전략목표 설계 기간을 대통령의 임기와 일치시키도록 요구했다. 기존의 GPRA는 5년 기간의 전략 목표를 설정하고 매 3년마다 사업을 검토할 것을 요구했다. 반면 GPRAMA는 대통령의 임기에 맞추어 전략목표 설정 기간을 4년으로 정하고, 매 4년마다 검토하도록 하고 있다. 이는 대통령의 임기와 전략목표 설정 주기를 일치시켜 정부정책 주기와 성과관리 주기의 일관성을 확보하기 위함이었다.

GPRAMA의 특징 중 하나는 부시 행정부와 비교하여 연방정부 기관의 성과관리 제도에서 의회의 역할이 더욱 강조되고 있다는 점이다. 의회는 정부의 성과를 감독하고 이를 판단하는 데 어려움을 겪어 왔다. 미국 헌법에 의하면, 의회는 법률에 의거하여 기관을 설치하고, 이들의 임무와 목표를 설정하며, 운영 방식, 우선순위 설정, 자원 투입 수준에 대한 결정 과정에 관여할 수 있다. 의회는 연방행정기관과 OMB의 활동에 영향을 미칠 수 있으며, 정책문제를 감시하고 연구하는 역할도 수행할 수 있다. 이러한 활동을 수행하는 과정에서, 의회는 연방 기관의 공공정책 집행 방식에 영향을 미치기 위해 필연적으로 대통령과 협력하거나 혹은 경쟁해야 한다(Brass, 2011).

GPRAMA는 이러한 문제점을 개선하기 위해 행정부-의회-이해관계자가 관여하는 범정부적인 기획 및 보고 체계를 확립하는 데 초점을 맞추었다. 또한 성과관리 과정에서 리더십과 책무성을 확보하기 위해 연방정부 수준에서 OMB와 성과향상위원회(Performance Improvement Council)의 역할, 그리고 기관 수준에서 기관장, 성과향상담당관(Performance Improvement Officer), 성과목표담당관(goal leader)을 법률로써 공식화했다(Licht, 2011; GAO, 2011b).

GPRAMA의 목표는 크게 두 가지이다. 첫째, GPRAMA는 의사결정 과정에서 성과정보를 좀 더 적극적으로 활용하는 데 초점을 맞추었다. 이를 위해 GPRAMA는 성과정보의 효율적 이용을 위한 성과정보 분석 역량을 향상시키고, 성과정보에 대한 의사소통 빈도를 높일 것을 요구했다. 둘째, GPRAMA는 범정부적인 성과관리 체제 구축을 요구하고 있다. 이는 기존의 개별 사업과 조직의 업무 수행이 분절적으로 이루어지고 있고, 이로 인해 개별 기관이 보고하는 성과보고와 다른 기관의 성과보고 간의 연계가 이루어지지 않고 있다는 문제 의식에 바탕을 두고 있다(Licht, 2011; GAO, 2011b).

GPRAMA의 주요 특징은 다음과 같다. 첫째, GPRAMA에서는 기존 GPRA의 전략계획서(Strategic Plan), 성과계획서(Performance Plan), 성과보고서(Performance Report)의 기본적인 틀을 유지하고 있지만, 범정부성과계획서와 구분하기 위해 명칭을 기관전략계획서(Agency Strategic Plan), 기관성과계획서(Agency Performance Plan), 기관성과보고서(Agency Performance Update)로 변경했으며, 몇 가지 추가적인 요구 사항을 제시하고 있다. 둘째, GPRAMA는 기관 수준의 새로운 성과관리규정으로 기관 우선순위 목표를 설정하고 이를 분기별로 검토할 것을 요구하고 있다. 셋째, GPRAMA는 범정부적인 차원의 우선순위 목표, 성과계획 작성 및 성과목표에 대한 분기별 검토를 요구하고 있으며, 성과 웹사이트를 활용하여 공지하도록 하고 있다(Brass, 2012).

2) 성과관리 담당 공무원 및 조직의 공식화

GPRAMA는 새로운 성과관리제도에 참여하는 담당 인력 조직을 규정하고 있다. GPRAMA는 각 담당관과 조직이 성과관리 과정에서 생성되는 산물과 과정에서 특정한 의무를 수행하도록 요구하고 있다.

(1) 최고운영담당관(Chief Operating Officers)

GPRAMA는 연방정부 부기관장(deputy head) 혹은 이에 준하는 직위에 있는 자에게 최고운영담당관 직책을 부여할 수 있도록 하고 있다. GPRAMA는 최고운영담당관의 역할을 “기관의 관리 및 성과 향상에 대한 책임”으로 규정하고 있으며, 이와 관련한 세부 기능을 규정하고 있다. 예를 들어, 최고운영담당관은 기관장을 도와 GPRAMA를 집행하고, 기관 우선순위 목표에 대한 분기별 검토를 수행하며, 조달과 같은 임무 달성 지원 기능을 향상시키기 위한 감독의 책임을 지닌다(Brass, 2012).

(2) 성과향상담당관(Performance Improvement Officers)

성과향상담당관은 원래 부시 행정부에서 대통령령으로 설치가 지시된 것이다

(Newcomer & Caudle, 2011). GPRAMA는 각 기관장으로 하여금 1인의 선임 공무원을 성과향상담당관으로 임명하도록 하여 성과향상담당관직에 대한 법적 근거를 마련했다. GPRAMA는 성과향상담당관의 자격 요건에 대한 특별한 규정을 두고 있지 않지만, 기관의 성과향상담당관직에는 주로 고위공무원이 임명된다. 성과향상담당관은 최고운영담당관에 보고 의무가 있다(GAO, 2011; Brass, 2012; Newcomer & Caudle, 2011). GPRAMA가 규정하는 성과향상담당관의 1차적인 의무는 기관장과 부기관장을 도와 목표 설정, 기획, 성과측정 등의 업무를 보좌하는 것이다. 또한 성과향상담당관은 기관 성과목표의 달성도를 검토하는 작업을 보조하며, 개인별 성과 포상을 위한 성과측정 방법의 개발과 이용을 돕는다.

(3) 성과향상위원회(Performance Improvement Council)

성과향상위원회는 성과향상담당관과 마찬가지로 부시 행정부에서 대통령령으로 처음 지시되었으며, GPRAMA는 성과향상위원회 설치와 관련한 법적 근거를 제공한다. 성과향상위원회의 참여 구성원은 OMB의 관리담당부국장(Deputy Director for Management: DDM)을 의장으로, 최고재무당당관(Chief Financial Officers), 법에 규정된 24개 주요 기관과 기타 기관의 성과향상담당관, 그리고 OMB의 관리부국장이 지정한 사람들로 이루어진다(Brass, 2012). 성과향상위원회의 1차적인 의무는 GPRAMA에 규정된 사항과 관련하여 OMB를 보조하는 것으로 OMB 관리부국장의 지시를 받는다. OMB 관리부국장은 위원회 어젠다와 업무 수행 방식을 결정한다. 또한 위원회는 범정부적인 성과 문제와 관련하여 OMB 국장과 대통령에게 자문을 제공한다. GPRAMA는 위원회 활동 및 어젠다와 관련된 사항을 외부에 공개할 것을 요구하고 있지 않다.

GPRAMA는 성과향상위원회에 참여하는 24개 최고재무담당관 법에 규정된 기관과 기타 기관으로 하여금 OMB 부국장의 요청에 의거하여 최대 2명까지 지원 업무를 수행하는 인력을 파견할 수 있다. OMB는 이 규정을 바탕으로 48명 이상의 지원 인력을 확보할 수 있다(Brass, 2012).

(4) 특정 목표 및 주제에 책임을 지닌 담당관

GPRAMA는 특정 성과 주제와 관련하여 개별 담당자를 임명하도록 요구하고 있다. 기관 성과목표와 기관 우선순위 목표에 대해서는 목표담당관(goal leader)[17]을 임명하도록 하고 있으며, 연방정부 우선순위 목표에 대해서는 수석담당관(Lead Government Official)이 책임을 지닌다. 또한 GPRAMA는 기관성과계획서 작성 시 기관이 직면한 관리적 과제를 책임질 기관담당관(agency leader)을 임명하도록 하고 있으며, 미달성 목표를 향상시키기 위해 선임담당관(senior official)을 지정하여 개별 목표에 대한 성과 향상 전략을 감독하도록 요구하고 있다(Brass, 2012).

3) 기관 수준의 성과관리 체계

GPRAMA는 GPRA와 마찬가지로 기관[18] 수준에서 전략계획서, 성과계획서, 성과보고서를 작성하여 OMB와 의회에 제출하도록 요구하고 있으며, 연방정부 수준의 성과계획과 구분하고 범정부 목표와의 연계성을 강조하기 위해 명칭을 변경했다(Brass, 2012; GAO, 2011). 기관 수준 성과관리 체제에서 GPRAMA에서 새롭게 규정된 사항은 기관 우선순위 목표를 설정하고, 이에 대한 분기별 검토를 요구하고 있다는 점이다.

(1) 기관전략계획서(Agency Strategic Plan)

기관전략계획서는 GPRA의 전략계획(Strategic Plan)의 범정부 목표와 연계한 기관의 전략계획을 강조하기 위해 명칭을 변경한 것이다. GPRAMA는 연방기관으로 하여금 기관전략계획서를 웹페이지에 게시하도록 요구하고 있다. 기관전략계획서는 대통령 임기 2년차가 시작되는 시점에 매 4년 주기로 제출되는 계획서이며, 대통령

---

17) 목표담당관(goal leader)은 기관의 목표 달성 책임을 지닌 담당 공무원을 의미하며 기관성과계획에 명시되어야 한다. 목표담당관과는 별개로 GPRAMA는 기관의 우선순위 목표 달성을 책임질 담당 공무원도 지정하도록 요구하고 있다. GPRAMA는 특정 정부 목표를 책임지는 담당관에 대해서는 목표담당관이라는 용어를 사용하지 않고 있다. 이러한 경우에 해당되는 사항은 연방정부 성과계획에 명시된 연방정부 성과목표이며 이를 담당하는 공무원은 수석 정부담당관(lead government official)이다. 또한 GPRAMA는 성과목표 달성 과정에서 제기되는 주요한 관리 과제를 담당할 책임관으로 기관담당관(agency official)을 지정할 것을 요구하고 있다. 기관이 성과 목표를 달성하지 못할 경우 성과향상계획(Performance Improvement Plan)을 작성해야 하는데, 고위공무원(senior official)이 이를 담당하고 있다(Brass, 2012).

18) GPRAMA에 의하면 행정부에 소속된 거의 모든 부서가 그 적용 대상으로 하고 있지만, 중앙정보국(Central Intelligency Agency), 정부책무성국(Government Accountability Office), 미국우정공사(United States Postal Service), 우정규제위원회(Postal Regulatory Commission)는 예외로 지정하고 있다. GPRA도 동일한 정의를 내리고 있다.

예산안 제출 시기와 동일하다. 이 계획서에는 기관의 주요 기능 및 운영과 관련한 일반 목표 및 목적이 포함되어야 하며, 일반 목표와 목적이 연방정부 우선순위 목표에 기여하는 방식과 목표와 목적이 도출되는 과정에서 의회와의 협의를 통해 어떤 부분이 반영되었는지에 대한 기술이 포함되어야 한다(Brass, 2012; GAO, 2011).

GPRAMA는 GPRA와 마찬가지로 기관전략계획서에서 기관의 주요 기능 및 운영과 관련된 일반적인 목적과 목표를 확인하고, 이를 달성하기 위한 구체적인 전략과 목표 달성 여부를 확인하기 위한 측정 방법을 기술하도록 요구하고 있다. GPRAMA는 여기에 새로운 요구 사항을 추가했는데, 그 중 가장 중요한 부분은 기관이 특정 목표를 달성하기 위해 업무를 수행하는 방법을 반드시 기술해야 한다는 것이다(Brass, 2012).

GPRAMA는 기관의 전략목표 갱신 시기를 대통령의 임기와 일치시키도록 하고 있다. 기관의 전략 목표는 4년을 주기로 이루어지며, 매 4년마다 갱신되어야 한다. 각 기관은 대통령 임기 첫 해(2월 첫 번째 월요일)에 검토 계획을 제출해야 하며, 이는 대통령이 연간 예산을 제출하는 시기와 동일하다. GPRAMA 체제로 넘어가면서 2013회계연도 예산안을 제출하는 2012년 2월까지 기관 전략목표를 제출해야 하며, 이후 각 기관은 대통령 임기 첫 해가 마무리되는 2014년 2월까지 기관 전략목표를 검토하여 보고해야 한다(Brass, 2012).

GPRAMA는 기존 GPRA와 마찬가지로 기관으로 하여금 기관 전략목표를 설계하는 과정에서 의회 및 이해관계자를 참여시켜야 한다. 그러나 GPRAMA는 기관이 의회와 협의하는 방식에 대해 좀 더 세부적인 요구 사항을 담고 있다. 전략목표를 설계하고 조정하는 과정에서, 2년에 최소 1회 이상 각 기관은 의회와 협의를 거쳐야 하며, 협의 과정에서 야당과 여당의 의견을 모두 검토해야 한다. 또한 연방기관은 매 2년마다 기관 사업과 연관된 의회 위원회와 협의해야 하며, 이는 전략목표 갱신 여부와 무관하게 진행된다. 또한 기관 전략목표를 설계하는 과정에서 각 기관은 이해관계자의 의견과 제안 사항을 고려하여 이를 반영해야 한다(GAO, 2012).

(2) 기관성과계획서(Agency Performance Plan)

기관성과계획서 기관 수준에서 대통령 예산안 제출 시기에 맞추어 각 기관이 매년 제출하는 2년 단위 계획서이다. 이 계획은 다음 회계연도의 성과목표를 포함하고 있으며, 현재 회계연도의 갱신된 성과목표를 담고 있다. GPRAMA는 기관성과계획의 성과목표가 기관전략계획에 기술된 일반목표 및 목적을 달성하는 데 기여하고, 연방정부성과계획(Federal Government Performance Plan)에 기재된 연방정부 성과목표에 어느 정도 기여하는지 밝히도록 요구하고 있다. 기관성과계획서에는 성과지표를 활용하여 성과목표를 달성하는 방식에 대한 정보가 제시되어야 하고, 관리 과정에서 제기되는 주요 과제와 우선순위가 낮은 사업활동을 명시해야 한다.

기관전략계획서와 마찬가지로 기관성과계획서는 GPRA의 연간성과계획서(Annual Performance Plan)의 명칭이 변경된 것이다. 각 기관은 GPRAMA에 의거하여 기관성과계획을 매년 웹페이지에 공지해야 한다. 기관성과계획은 기관의 예산안과 함께 제출된다.[19] 기관성과계획서에는 기관의 사업활동이 모두 포함되어 있어야 한다.

GPRAMA는 기관성과계획서를 작성하여 하나 이상의 성과목표를 설정하도록 요구하고 있다. 기관성과계획에는 성과목표의 달성 여부를 측정하고 평가하기 위한 성과지표가 포함되어 있어야 한다. 이 지표는 효율성(efficiency), 산출(output), 결과(outcome) 등과 같은 다양한 형식으로 이루어져 있다. 또한 기관성과계획에는 성과목표 달성을 책임질 '목표담당관'이 명시되어 있어야 한다(Brass, 2012).

기관성과계획은 GPRA의 연간성과계획과 마찬가지로 다음 회계연도에 대한 내용을 담고 있어야 하고, 기관의 예산주기와 일치해야 한다. GPRAMA에서 새롭게 추가된 사항은 기관전략계획이 현재의 회계연도 주기에 대한 내용도 담고 있어야 한다는 것이다. 기관성과계획은 현재 회계연도와 다음 회계연도를 포괄하는 2년 주기의 계획서로, 성과목표 달성도를 확인하기 위해 전년도 기관성과계획에 포함된 현재 회계연도에 대한 정보도 포함하고 있어야 한다(Brass, 2012).

(3) 기관성과보고서(Agency Performance Update)

기관성과보고서는 2개 연도의 실제 기관 성과를 비교한 결과이다. 기관성과갱신서는 GPRA의 사업성과보고서(Program Performance Report)와 유사하지만, 연간 이

19) 「1921년 예산회계법(Budget and Accounting Act of 1921)」에 의거, 모든 행정기관은 의회에 예산을 제출하기에 앞서 대통령에게 예산요구서를 제출해야 한다. OMB가 대통령을 대신하여 예산안을 취합하는 역할을 담당한다. OMB가 기관의 예산요구서와 기관성과계획을 받으면, OMB는 대통령의 정책 선호를 고려하여 예산안 및 성과계획 수정을 지시한다. 나중에 의회는 일부 행정기관에 대통령의 조정을 거치지 않고 예산안을 직접 의회에 제출할 수 있는 권한을 부여했다(하연섭, 2010).

루어지던 성과 보고를 주기적 보고로 전환했다는 점에서 가장 큰 차이가 있다(GAO, 2012). 또한 GPRA와는 달리 GPRAMA는 미달성 목표에 대해 OMB의 개입을 규정하고 있다.

GPRAMA는 기관성과계획서에 제시된 성과지표를 이용하여 성과목표와 실제 성과 결과를 비교하기 위해 기관성과보고서를 요구하고 있다. 과거의 성과목표를 달성하지 못할 경우, 기관성과보고서에는 성과목표를 달성하지 못한 이유와 향후 성과목표를 달성하기 위한 계획이 제시되어야 한다. 또한 성과목표를 달성하기가 여의치 않은 경우 그 이유에 대한 설명도 포함되어야 한다. 기존의 GPRA는 사업성과보고 체제를 통해 성과자료 제출을 1년 주기로 하도록 했으나, GPRAMA는 행정적 업무 부담이 가중되지 않는 수준에서 좀 더 자주 성과 자료를 제출하도록 하고 있고, 매년 기관 성과 변동 사항에 대한 내용을 기관 웹사이트에 공시할 것을 요구하고 있다(Brass, 2012).

GPRAMA는 기관성과보고서를 회계연도 종료 이후 150일 이내에 제출하도록 요구하고 있다. 실제로 대부분의 경우 각 기관은 150일보다 이른 시기에 기관성과보고서를 제출하고 있으며, OMB 지침에 의거할 경우 기관 성과 갱신은 회계연도가 종료된 이후 수 주 이내인 11월에 기관 성과 갱신을 완료하고, 차년도 2월에 기관성과계획 및 예산안과 함께 첨부하여 제출한다. 기관성과갱신서에 비밀 유지가 요구되는 사업활동 및 정보가 포함되어 있을 경우 기관장은 해당 내용에 대한 보안 등급을 분류하여 그 사항을 기관성과계획에 첨부해야 한다(Brass, 2012).

(4) 기관 우선순위 목표(Agency Priority Goals)

GPRAMA는 정부기관[20]으로 하여금 매 2년마다 세부 성과목표를 설정하여 제출할 것을 요구하고 있다. 이 목표가 기관 우선순위 목표이며, 연방기관은 기관 우선순위 목표 달성을 담당하는 목표담당관(goal leader)을 지정해야 한다. GPRAMA는 2013회계연도 기관성과계획이 시작되는 시기부터 기관 우선순위 목표를 요구하고 있다. OMB는 기관 우선순위 목표 설정 과정에서 각 기관이 개발하는 목표의 수를 결정하고, GPRAMA에 의거한 우선순위 목표를 선택하며, 이를 달성하기 위한 시기별 계획을 작성하는 등의 핵심적인 역할을 수행한다(Brass, 2012).

---

20) 최고재정담당관(Chief Financial Officer)이 배치된 기관과 OMB가 지정한 기관을 의미한다.

GPRAMA는 이러한 기관 목표가 기관의 최고 우선순위를 반영할 것을 요구하고 있다. 기관의 최고 우선순위는 기관장이 결정하며, 연방정부 우선순위 목표(Federal Government Priority Goals)와 기관전략계획 설정 과정에서 의회와 기관 간의 협의 사항[21])을 고려한다.

GPRAMA는 기관장과 부기관장이 분기별 우선순위 진행 사항을 검토할 것을 요구하고 있다. 분기별 우선순위 진행 사항 검토는 매 분기마다 기관 우선순위 목표를 어느 정도 달성했는지를 확인하는 데 초점을 둔다. 이는 오바마 행정부의 '우선순위 성과목표(high-priority performance goal)' 정책과 연계된 것으로 검토 작업은 대면(對面) 회의를 통해 이루어진다.

분기별 검토 작업은 2011회계연도 예산안을 근거로 2011회계연도 3분기부터 시작되었다. GPRAMA에 의하면, 각 기관은 2013회계연도 기관성과계획을 제출한 이후 기관 우선순위 목표를 바탕으로 검토 작업을 수행해야 한다. 또한 GPRAMA는 기관 우선순위 목표를 의회나 일반 대중에게 공개할 것을 요구하고 있지 않다. 다만 기관 우선순위 목표에 대한 정보의 일부는 OMB가 담당하는 웹사이트에 게시할 것을 요구하고 있다(Brass, 2012).

(5) 미달성 목표에 대한 조치

GPRAMA에 의하면, OMB는 각 기관이 기관성과계획에 제시된 성과목표를 달성했는지 여부를 결정하고, 달성하지 못한 목표를 판단해야 한다. 이와 같은 결정 과정에서, 각 기관과 OMB는 미달성 목표에 대한 보고와 대응 계획을 수립해야 한다. GPRAMA 체제에서 기관 우선순위 목표는 이와 같은 절차에 포함되어 있는데, 이는 기관 성과목표가 기관성과계획에 포함되어야 하는 성과목표이기 때문이다(Brass, 2012).

GPRAMA는 OMB로 하여금 각 기관의 사업 및 활동이 성과목표를 충족했는지 여부를 판단하도록 하고 있다. 만일 성과목표를 달성하지 못한 경우, OMB는 이를 파악하여 해당 사항에 대해 정부기관의 장, 상원 국토안보 및 정부업무위원회, 하원의 감독 및 정부개혁위원회, 그리고 GAO에 보고하도록 하고 있다.

---

21) GPRAMA는 개별 기관 혹은 OMB가 기관 우선순위 목표를 설정하는 과정에서 의회나 이해관계자와의 협의를 요구하고 있지는 않다.

1차 연도에 성과 목표를 달성하지 못했을 경우, 기관장은 OMB에 성과 향상을 위한 계획서를 제출하고, 이를 책임질 담당공무원(senior officer)을 지정한다. 2차 연도에도 연속으로 성과목표를 달성하지 못했을 경우, 성과목표 달성을 위한 집행 계획을 의회에 제출해야 하며, 여기에는 목표 달성을 위해 필요한 자원이 포함되어야 한다. OMB가 3년 연속으로 성과목표를 달성하지 못했다고 판단할 경우, 60일 이내에 성과 향상을 위한 권고안을 하원에 제출해야 한다. 여기에는 성과목표 달성을 위해 필요한 법률적·제도적 지원, 예산 종료 및 삭감을 위한 집행계획을 포함된다(GAO, 2011).

4) 연방정부 수준의 성과관리 체계

(1) 연방정부 우선순위 목표(Federal Government Priority Goals)

GPRAMA는 범정부 연간 성과계획서를 작성하도록 요구하고 있으며, 성과계획서 안에 연방정부 우선순위 목표를 제시하도록 하고 있다. 연방정부 우선순위 목표는 대통령 임기에 맞추어 4년 주기로 설정되기 때문에 기본적으로 장기적 차원의 목표이다. 연방정부 우선순위 목표는 다음과 같은 범정부기관을 아우르는 결과 지향적 목표와 관리적 차원의 목표로 구분된다. 결과 지향적인 목표는 여러 기관이 연계된 제한된 수의 정책 영역 내에서 결과 지향적인 목표를 설정한다. 관리지향적 목표는 재정관리, 인적자원관리, 정보기술관리, 조달 및 획득관리, 부동자산 관리와 연계되어 있다(Brass, 2012).

GPRAMA는 연방정부 우선순위 목표 설정 시기를 대통령 임기 첫 해가 지난 이후 차년도 예산안을 제출하는 시기와 일치하도록 하고 있다. 이 목표는 매 4년 주기로 갱신 및 검토되어야 한다. GPRAMA는 2013회계연도 예산서와 함께 잠정적인 연방정부 우선순위 목표를 제출하도록 요구하고 있다. OMB는 연방정부 우선순위를 조정하기 위해 '주기적으로' GPRAMA가 지정한 의회 위원회의 야당 및 여당과 주기적으로 협의해야 한다. 또한 OMB는 연방정부 우선순위 설정과 관련하여 2년에 최소 1회 이상 관련 의회 위원회와 협의해야 한다(Brass, 2012).

(2) 연방정부 성과계획서(Federal Government Performance Plan)

GPRAMA에 의하면, OMB는 각 기관과 협의하여 연간 연방정부 성과계획을 수립해야 한다. OMB는 2013년 회계연도 예산서와 함께 연방정부 성과계획을 의회에 제출해야 한다. 연방정부 성과계획서는 각각의 연방정부 우선순위 목표에 대한 연방정부 성과목표를 하나 이상 수립하고 있어야 한다. GPRAMA에 의하면, 수석정부담당관(Lead Government Official)이 각 연방정부 우선순위 목표에 대한 달성 책임을 지도록 요구하고 있다(Brass, 2012).

연방정부 성과계획은 기관 성과계획과 마찬가지로 계획이 제출되는 시기를 기준으로 다음 회계연도와 현재 회계연도의 2개 연도를 포괄한다. GPRAMA는 OMB로 하여금 매 회계연도 기간 동안 연방정부 우선순위 목표의 우선순위 진행 상황에 대한 분기별 검토 작업을 수행하도록 요구하고 있다. 분기별 검토는 2012회계연도 3분기부터 시작하도록 요구하고 있다(Brass, 2012; GAO, 2011b).[22)]

5) 성과정보의 공개 및 보고

(1) 성과정보 공개

GPRAMA는 OMB로 하여금 2012년 10월 1일까지 성과 관련 웹사이트를 구축하도록 요구했다. 이 웹사이트는 의회 및 일반 대중이 접속할 수 있고, 검색 및 컴퓨터를 이용한 이용이 가능해야 한다. 웹사이트에 포함되는 정보는 다음과 같다. GPRAMA가 규정하는 두 종류의 우선순위 목표(기관 우선순위 목표와 연방정부 우선순위 목표)에 대해, 웹사이트는 우선순위 목표가 의회와의 협의를 어느 정도 반영했는지 여부에 대한 내용을 공지해야 한다. 대통령 예산서가 제출됨과 동시에 연방정부 성과계획에 대한 정보가 공시되어야 한다. 웹사이트에는 기관전략계획, 기관성과계획, 기관 성과 갱신에 대한 정보가 공시되어야 하고, 각 기관이 수행하고 있는 '사업(program)'에 대한 구체적인 정의가 제시되어야 한다(Brass, 2012).

(2) 보고목록 작성

오바마 행정부의 성과관리전략 중 하나는 각 기관 간 중복 사업을 확인하여 효율성을 확보하고자 하는 것이었다(Joyce, 2011). GPRAMA는 이를 위해, 각 기관이 의

---

22) GPRAMA는 분기별 우선순위 검토 사항에 대해 의회 및 일반 대중에 그 내용을 공개할 것을 요구하고 있지 않다. 다만 연방정부 우선순위 목표에 대한 정보의 일부를 OMB가 개발한 웹사이트에 포함시키도록 하고 있다.

표 1-4 GPRA와 GPRAMA 비교

구분		GPRA	GPRAMA
제도적 기반		- 대통령령에 의거 성과향상담당관, 성과향상위원회 규정	- 성과향상담당관, 성과향상위원회, 최고운영담당관의 직위와 활동에 대한 법적 근거 마련 - 개별 성과목표 주제(예. 기관 우선순위 목표)와 관련하여 목표담당관, 기관담당관, 수석담당관, 선임담당관 등을 지정할 것을 규정
전략계획	시기	- 매 3년마다 갱신 - 최소 5년 기간 포함 - 의회와 협의 - 이해관계자 포함 - OMB 및 의회에 제출	- 새로운 대통령 임기가 시작된 이후 4년마다 갱신 - 최소 2년마다 의회 위원회와 협의 - 대통령과 의회에 보고 및 온라인상에 공시
전략계획	내용	- 미션 - 전략목표 - 전략 및 자원 - 성과목표와의 연계성 - 목표 달성에 영향을 주는 외부 요인 - 사업평가	- 연방정부 성과 우선순위와의 연계성 - 조정 및 협력 통합 - 기관 우선순위 목표 - 의회 투입 요소와의 통합
성과계획	시기	- 대상: 차기회계 연도 - 시기에 대한 규정은 없음 - OMB에 제출	- 현재 회계연도 및 차기 회계연도 - 현재 시점의 대통령 예산서 - 대통령과 의회에 보고 및 온라인상에 공지
성과계획	내용	- 측정 가능한 형태의 성과목표 - 모든 사업활동 - 전략 및 자원 - 성과측정 - 실제 결과와 성과목표 비교 - 자료의 타당성 검증 수단	- 기관 전략목표, 성과 우선순위, 연방정부 성과목표 간의 연계성 - 조정 및 협력 - 사업 및 활동 기여 - 성과측정 균형 - 자료 정확성 및 신뢰성 - 관리 과정에서의 도전 - 우선순위가 낮은 사업
성과보고	시기	- 회계연도 종결 이후 150일 이내 - 대통령과 의회에 제출	- 회계연도 종결 이후 150일 이내, 중요 성과에 대해 수시 보고 - 온라인 공시
성과보고	내용	- 계획된 성과와 실제 성과 간의 비교 - 3년간 경향 - 전년도 성과 대비 현재 성과 평가 - 미달성 목표에 대한 설명 및 계획 - 사업평가 결과 핵심 발견 사항 요약	- 5년간 성과 경향 - 자료 정확성 및 신뢰성

자료: GAO(2011a).

회에 보고하는 모든 종류의 계획과 보고서 목록을 작성할 것을 요구하고 있다. 이 목록 작성을 통해 각 기관은 더 이상 쓸모가 없거나 중복된 보고서의 비율을 확인해야 한다. GPRAMA는 OMB로 하여금 이 최소 비율을 결정하도록 하고 있으며, GPRAMA가 시행되는 첫 해에 최소 10% 이상을 설정하도록 요구하고 있다. 또한 연방 기관은 이 목록을 OMB에 제출해야 한다. 한편 GPRAMA는 기관이 작성하는 보고서가 더 이상 쓸모가 없는지 여부와 향후 다른 보고서와 통합되거나 혹은 폐기되어야 하는지 여부를 결정하기 위해 해당 의회 위원회와 협의를 거치도록 하고 있다 (Brass, 2012).

6) 성과관리 역량

GPRAMA는 연방정부의 성과관리 역량 향상을 위한 목적으로 인사관리처(Office of Personnel Management: OPM)로 하여금 목표 개발, 사업 평가, 성과정보 분석 및 활용이라는 세 가지 기능의 수행에 필요한 역량을 규정하도록 했다. OPM은 2011년 5월 성과향상위원회(Performance Improvement Council)와 OMB 소속 성과 및 인사관리국(Office of Performance and Personnel Management)과 함께 핵심 역량 규정작업에 착수했으며, 성과관리와 직접적으로 연계된 세 가지 직책(성과향상담당관, 성과향상지원관(Performance Improvement Staff, 목표담당관)과 관련하여 <표 1-5>와 같은 역량을 규정했다.[23]

표 1-5 역할별 핵심 역량(예시)

기능 역할별 핵심 역량		
성과향상담당관 (Performance Improvement Officer)	성과향상위원회 지원 인력 (Performance Improvement Staff)	목표담당관 (Goal Leader)
책무성	책무성	책무성
창의성 및 혁신	세부 사항에 대한 주의력	창의성 및 혁신
의사결정	고객 서비스	고객 서비스

23) 세부적인 핵심 역량에 대한 정의는 베리(Berry, 2012)를 참조하라.

외부 인식	영향력/협상력	의사결정
영향력/협상력	정보관리	외부 인식
리더십	조직 인식	영향력/협상력
구두 의사소통	조직성과 분석	리더십
조직 인식	파트너링	구두 의사소통
파트너링	성과측정	조직 인식
성과측정	기획 및 평가	파트너링
정치적 상식	문제 해결 능력	기획 및 평가
문제 해결 능력	추리력	문제 해결
기술적 신뢰성	기술적 경쟁력	전략적 사고력
비전	서면 의사소통	비전
서면 의사소통		구두 의사소통

자료: Berry (2012).

제 4 절 오바마 행정부의 성과관리제도 평가

1 오바마 행정부 성과관리제도의 기여

GAO(2011b)에 의하면, GPRAMA는 성과관리제도에 다음과 같은 기여를 할 것으로 예상되었다. 첫째, GPRAMA는 범정부적인 목표 설정을 통해 여러 연방 기관이 개입되어 있는 사업을 확인하고, 이를 조정할 것을 요구하고 있어 정부 서비스의 효율성을 높일 것으로 기대되었다. 둘째, GPRAMA는 재정, 인적 자원, 정보기술, 조달과 획득, 그리고 부동자산의 다섯 가지 핵심 관리 영역에서 장기적인 목표를 설정할 것을 요구하고 있어 관리 기능 향상에 기여할 것으로 예상되었다. 셋째, GPRAMA는 성과정보의 공개, 우선순위 목표달성도에 대한 분기별 보고, 기관 간 성과 자료 구축 등을 요구하는 등 성과정보의 적극적인 구축과 활용을 강조하고 있어, 의사결정 과정에서 성과정보의 활용이 좀 더 활성화될 것으로 기대되었다. 넷째, GPRAMA는 최고운영담당관(Chief Operating Officer: COO)과 성과향상담당관(Performance Improvement Officer: PIO)을 공식화하여 성과 목표 달성을 위한 지속 가능한 리더십을 확보하도록 요구하고 있다. 마지막으로 GPRAMA는 성과목표와 전략목표를 설정하는 과정에서 기관이 의회와 협의하도록 요구하고 있는데, 이는 성과에 대한 의회의 관심을 제고하고 의회의 성과정보 활용을 장려할 것으로 예상되었다(GAO, 2011b).

2 오바마 행정부 성과관리 체제의 도전과 과제

1) 성과관리 리더십의 지속가능성

오바마 행정부는 자체적인 성과관리 어젠다를 제시하고 있지만 이러한 개혁이 과거의 성과관리 노력과 어느 정도 차별화되는지를 고려해야 한다. 과거와 비교하면 GPRA 이후 부시 행정부의 성과관리제도를 거치면서 미국의 성과관리제도는 지속적인 향상을 이루어 왔다. 오바마 행정부는 사업 중심에서 기관 중심의 성과관리제도로 전환했다. 이는 분명 부시 행정부의 성과관리제도와 차별화되는 부문이지만, 오바마 행정부의 방식이 부시 행정부의 하향식 접근 방법보다 우월한지 여부는 아직 불확실하다(Redburn & Newcomer, 2008; Joyce, 2011).

새로운 성과관리 체제하에서 기관장은 자신들이 성과 향상을 위한 지속적인 감독과 평가 과정에 시간과 자원을 할애하고 있다는 것을 보여주어야 한다. 또한 성과관리제도 운영에 참여하는 담당 공무원들은 기관 전략목표와 성과목표, 그리고 OMB와 GPRAMA가 요구하는 지침에 의거하여 사업을 관리하고 보고서를 작성해야 할 의무를 지닌다. GPRAMA는 기존 제도와 차별화되는 성과관리제도의 기반을 마련했지만 성과관리제도를 운영하고 보고하는 데 따르는 새로운 부담을 낳았다. 특히 OMB는 분기별로 우선순위 목표와 관련된 정보를 제공할 것을 요구하고 있으며, 이는 개별 기관에 상당한 부담으로 작용할 것으로 보인다(Newcomer & Caudle, 2011; Yang, 2011). 이러한 이유로 인해 개별 기관이 GPRAMA에 의거한 성과관리 체제를 어느 정도 유지할 수 있을지에 대한 의문이 제기되는 상황이다(Joyce, 2011; Newcomer & Caudle, 2011; Yang, 2011).[24]

---

24) 양(Yang, 2011)은 GPRAMA가 최고성과관리담당관과 성과향상담당관, 목표담당관을 임명하여 성

2) 우선순위 성과목표의 한계

오바마 행정부는 장기적인 관점에서 우선순위 성과목표를 설정하고 있지만, 연방기관 입장에서는 12개월에서 24개월로 설정된 단기적인 목표에 치중할 여지가 남아있다(Joyce, 2011). 이는 특정 성과측정 체계가 선택될 경우 성과목표 달성을 위해 투입되는 기관의 자원과 노력이 제한된 성과지표에 매몰되는 것과 유사한 맥락이다(Behn, 2007). 기관은 우선순위 성과목표를 달성하기 위해 다른 중요한 기관 목표에 투입되어야 할 자원을 우선순위 성과목표에 투입할 수 있다(Newcomer & Caudle, 2011). 또한 GPRAMA는 2년 안에 달성 가능한 우선순위 성과목표를 설정하고 성과달성 여부를 확인할 수 있는 지표를 제시할 것을 요구하고 있다. 이 경우, 성과 달성에 이르기까지 오랜 시간이 소요되는 사업이나 계량적인 성과지표를 제시할 수 없는 사업이 기관의 주요 정책목표에서 배제될 가능성이 제기될 수 있다(Joyce, 2011).

3) 의사결정 과정에서 성과정보의 활용 가능성

오바마 행정부는 포괄적인 평가를 수행하는 PART와는 달리 세부적인 부분에 초점을 맞추어 평가하도록 하고 있다. PART는 분명 지나친 단순성으로 인해 많은 세부 내용을 간과하는 문제점이 있었지만, 이러한 평가 결과가 향후 미래 정책결정에 어떻게 사용될지에 대해서는 지켜봐야 할 문제이다(Joyce, 2011). 성과정보를 통합하는 과정에서 관리예산처가 성과자료를 연계하여 활용하도록 요구하고 있으나, 각 기관별 예산안 제출과 성과보고가 실질적으로 연계되는지도 여전히 불명확하다(Necomer & Caudle, 2011). 이와 더불어 OMB 직원들이 성과관리 자료 수집 및 관리 과정에서 이를 활용할 수 있는 역량을 충분히 갖추었는지에 대해서도 의문이 제기되고 있어, 평가와 관련한 교육훈련 및 지원 확보가 요구되는 상황이다(Newcomer & Caudle, 2011).

4) 의회의 개입

OMB가 성과관리정책을 주도한 부시 행정부와는 달리 오바마 행정부에서는 의회

과목표 달성 과정을 감독하고 책임지도록 하고 있다는 점에서 조직 내부적인 측면에서 여전히 하향식 접근이 이루어지고 있다고 보고 있다.

의 역할이 과거보다 강조되고 있다. 또한 오바마 행정부는 경우 정부 성과관리 과정에서 행정부 외에도 의회, 지방정부, 시민 등과 같은 외부적 통제장치를 더욱 적극적으로 활용하고 있는 것으로 나타났다(Hall & Jennings, Jr., 2011). 그러나 이와 같은 제도적 장치가 제대로 작동하기 위해서는 행정부뿐만 아니라 의회의 변화도 필요하다. GPRAMA가 전략계획서 및 성과계획서를 작성할 때 의회와의 협의를 요구하고 있지만, 의회가 이를 조정하기 위해서는 의회 위원회 구성에 변화가 요구된다. 예를 들어, 미국환경청(Environmental Protection Agency)과 국토안보부(Department of Homeland Security)는 70개 이상의 위원회에 보고하고 있고, 이들 위원회가 지닌 우선순위는 서로 다르다. 이 때문에 의회와의 협의가 효과적으로 작동하기 위해서는 의회의 내부적 조정 장치를 마련해야 한다(Kamensky, 2011b).

5) 기관 간 협력과 OMB의 조정

GPRAMA의 핵심적인 사항 중 하나는 여러 기관이 참여하는 사업에 대한 우선순위 목표를 설정하도록 요구하고 있다는 것이다. OMB 지침에 의하면, 개별 기관은 여러 기관이 연계된 정책 이슈에 접근할 때 좀 더 전략적이고 통합적인 접근 방법을 취할 것을 요구하고 있다. 이 경우 기관장들은 사업목표 달성을 위해 다른 기관과 조정 및 협력을 하는 과정에서 자신들의 조직 문화를 혁신적으로 변화시킬 필요성이 제기된다(Newcomer & Caudle, 2011). 또한 여러 기관이 연계된 사업의 성과목표 달성을 위해 OMB 주관 하에 주기적으로 성과향상위원회를 운영하도록 하고 있지만, 여러 기관의 성과정보를 취합하고 평가할 수 있는 OMB의 역량은 여전히 불확실하다(Newcomer & Caudle, 2011).

6) 투명성 정책

오바마 행정부는 경우 정부부처 간의 사업성과 연계성을 강화하기 위해 범정부적인 성과 향상을 바탕으로 개별 정부 사업의 투명성을 확보하고자 시도했다는 점에서 의미를 지닌다. 오바마 행정부의 경우 GPRAMA를 통해 의회 및 시민을 대상으로 하는 외부적 책무성을 중요시했다(Hall & Jennings, Jr., 2011)는 점에서 하향식 성과관리전략을 강조한 부시 행정부의 성과관리정책과 차별화된다. 또한 오바마 행정부는 정부 성과관리 과정과 관련된 전반적인 내용을 웹페이지를 통해 공개하도록 했다는 점에서 부시 행정부와 비교하여 성과정보 공개의 범위가 넓다고 할 수 있다.

그러나 현재 시점에서 실제로 각 항목별 자료가 계획대로 갱신되고 공개되는지 여부는 지켜봐야 할 문제이다. GPRAMA는 OMB와 기관이 수립하는 두 종류의 우선순위 목표에 대한 검토 결과를 분기별로 공시하도록 요구하고 있지 않고 있다. 그러므로 검토 결과와 관련된 정보는 온라인에 게시되지 않을 가능성이 높다(Brass, 2012). 또한 평가 결과를 웹사이트에 공개하는 것만으로 실질적인 투명성이 확보되는지 여부는 알 수 없다. 여전히 평가가 어떻게 이루어지는지는 공개되지 않고 있다(Joyce, 2011).

참고 문헌

공동성・박중훈・이정욱(2011). 정부업무 성과관리제도 발전 방안 연구. 서울: 국무총리실.

원구환(2012). 재무행정론. 서울: 대영문화사.

원종학 외(2011). 주요국의 성과관리제도. 한국조세연구원 성과관리센터.

이근주(2001). 미국 GPRA의 현황과 평가. 한국행정연구, 10(1): 19-39.

하연섭(2010). 정부예산과 재무행정. 서울: 다산출판사.

Berry, J. (2012). Government Performance Results Modernization Act of 2010 Functional Competencies. Memorandum for Chief Human Capital Officers.

Bouckaert, G. & Halligan, J. (2008). *Managing Performance: International Comparisons*. New York: Routledge.

Brass, C. T. (2012). Changes to the Government Performance and Result Act(GPRA): Overview of the New Framework of Products and Processes. Congressional Research Service (CRS) Report for Congress 7-5700 (R-42379).

Brass, C. T., Williams, E. D. & Nunez-Neto, B. (eds.) (2010). Congress and Program Evaluation: An Overview of Randomized Controlled Trials(RCTs) and Related Issues. Congressional Research Service Report. Washington, D.C.

Bruel, J. D. & Kamensky, J. M. (2008). Lessons from Clintons's "Reinventing Government" and Bush's "Management Agenda" Initiatives. *Public Administration Review*, 68(6): 1009-1026.

Dillon, S. (2010, March 13). *Obama Calls for Major Change in Education Law*. New York Times.

Gueorguieva, V., Accius, J., Apaza, C., Bennett, L., Brownley, C., Cronin, S., &

Preechyanud, P. (2009). The Program Asessment Rating Tool and the Government Performance and Results Act: Evaluating Conflicts and Disconnections. *The American Review of Public Administration*, 39: 225-245.

Hall, J. L. & Jennings, E. T. Jr. (2011). The American Recovery and Reinvestment Act (ARRA): A Critical Examination of Accountability and Transparency in the Obama Administration. *Public Performance & Management Review*, 35(1): 202-226.

Harder, A. (2009, March 13). Obama's "czars": An Executive Power Grab? National Journal.com.

Hitch, C. J. (1965). *Decision Making for Defence*. Burkerly and Los Angeles: University of California Press.

Joyce, P. G. (2011). The Obama Administration and PBB: Building on the Legacy of Federal Performance-Informed Budgeting? *Public Administration Review*, 71(3): 356-367.

Kamensky, J. (2011a). The Obama Performance Approach: A Midterm Snapshot. *Public Performance and Management Review*, 35(1): 133-148.

―――(2011b). *GPRA Modernization Act of 2010 Explained*. IBM Center for the Business of Government.

Licht, B. (2011). The GPRA Modernization Act. SWIAF/SEIAF/MPIAF Joint Conference.

Newcomer, K. & Caudle, S. (2011). Public Performance Management Systems: Embedding Practices for Improved Success. *Public Performance and Management Review*, 35(1): 108-132.

Newcomer, K. & Redburn, F. (2008). *Achieving Real Improvement in Federal Policy and Program Outcome: the Next Frontier*. Washington, D.C.: National Academy of Public Administration.

Obama, B. (2008, September 22). The Change We Need In Washington. Campaign Speech, Green Bay, Wisconsin.

―――(2009, January 21). Transparency and Open Government. Memorandum for the Heads of Departments and Agencies.

Office of Management and Budget(OMB) (2005). House Considers CDBG but Avoids Attacking PART. Retrieved Februrary 6, 2007.

Redburn, F. S. & Newcomer, K. (2008). *Achieving Real Improvement in Program Performance and Policy Outcomes*: The Next Frontier. Washington D.C.: National Academy of Public Administration.

U.S. Government Accountability Office(GAO) (1997). Reforming Budgeting: Past Initiatives Offer Insights for GPRA Implementation. (GAO/AMID-97-46).

―――(GAO)(2004). Results-oriented Government: GPRA has established a solid foundation for achieving greater results. GAO-04-38 (March).

―――(GAO)(2008). Lessons Learned for the Next Administration on Using Performance Information to Improve Results. (GAO-08-1026T).

―――(GAO)(2011a). Government Performance: GPRA Modernization Act Provides Opportunities to Help Address Fiscal, Performance, and Management Challenges. (GAO-11-466T).

―――(GAO)(2011b). Updated Performance Management Framework Provides Opportunities for COngress to Address Government Performance Issues. (GAO-12-215R).

Yang, K. (2011). The Sisyphean Fate of Government-wide Performance Accountability Reforms: Federal Performance Management Efforts and Employee's Daily Work, 2002-2008. *Public Performance and Management Review*, 35(1): 149-176.

Zeintz, J. D. (2010). The Accountable Government Initiative-an Update on Our Performance Management Agenda.

Chapter 02

정부 성과관리-영국*

제 1 절 제도의 도입 배경

영국 정부 부문의 성과관리제도는 2010년 5월 보수당(Conservative Party)과 자민당(Liberal Democratic Party)의 연합정부가 출범한 이래로 그동안 약 14년 동안 지속되어 왔던 성과관리제도에 큰 변화를 주고 있다. 영국에서의 성과관리(performance management)는 정부정책 성과의 측정, 모니터링, 보고, 예산과의 연계, 그리고 시스템 운영 등 정책 성과와 관련된 관리 전반을 포함하는 의미로 사용된다. 이러한 의미의 성과관리는 30년 전인 1980년대 초반에 이미 지방정부와 국가보건 서비스(National Health Service: NHS) 분야에서 지엽적으로 시작되었고, 1980년대 후반과 1990년대에 초에 점차 중앙정부로 확대되었다. 1998년도에는 모든 공공활동의 전반에 걸쳐서 사실상 보편적인 제도로 자리 잡게 되었다. 즉, 1998년부터 공공서비스협약(Public Service Agreements: PSA)제도로 일컬어지는 성과관리제도는 2011년 7월에 발간된 「정부서비스 개방 백서(Open Public Service White Paper)」의 내용에 따라 큰 변동을 겪게 되었다. 2012년 8월 현재 영국의 향후의 성과관리제도의 틀이 구체화된 단계가 아니기 때문에 이 책에서는 1998년부터 2012년까지 시행되어 온 성과관리제도의 틀을 중심으로 설명하기로 한다.

---

* 최영출: 충북대학교 행정학과 교수, 사회과학연구원 원장

한편, 영국의 공공 부문에 종사하는 직원은 2011년 기준으로 약 6백만 명 되는데, 영국 전체 고용자 수의 약 20%에 이른다. 이 공공 부문 종사자의 약 8.2%에 해당하는 49만 명 수준이 중앙정부에 근무하고 있으며, 이들이 국가공무원이고, 나머지 약 550만 명 중에 지방정부에 2백만 명, NHS에 2백만 명 정도 근무하며 나머지는 우리나라의 공사와 공단에 해당하는 공공조직(public bodies)에 종사한다. 성과관리제도는 국가 및 지방공무원뿐만 아니라 공사와 같은 공공조직에 다 같이 적용되고 있는데, 성과관리제도가 공공 부문 전반에 완전히 갖추어진 시기가 바로 1997년 노동당 정부의 출범 후인 1998년이다.

영국의 정부 차원에서 성과관리 정책의 발전은 1997년 노동당 정부의 출범 때부터 제도적으로 정착되었다고 할 수 있다. 그 이전에도 정책이나 기관의 개별 분야에서 지엽적으로 성과관리가 이루어졌다 하더라도 1997년을 출발점으로 삼는다 (Talbot, 2010: 4-6).

그 이유는 첫째, 경제적 배경이다. 1997년 노동당 정부가 들어서면서 정부의 지출 규모가 급속히 증가하게 되었다. 보수당 정부 시절 정부예산이 GDP의 37% 수준이던 것이 노동당 정부에 들어오면서 43% 수준으로 급격히 증가하게 되었다. 이렇게 정부지출이 증가하게 되면서 정부 지출의 성과관리 측면이 더욱 강조되었다.

둘째, 재정적 측면이다. 1997년 노동당 정부가 들어오면서 소위 '지출검토제도(Spending Review)'가 도입되었다. 이는 영국 재무부(HM Treasury)가 개별 부처와 향후 3년 동안 해당 부처가 수행해야 할 사업에 대해 합의하고 해당 사업의 성과목표를 제시하도록 하는 제도이다. 향후 3년 동안 해당 부처가 사용할 수 있는 예산이 미리 정해지며 동시에 해당 부처의 예산 융통성을 증가시켜 준다. 아울러 해당 부처는 '공공서비스협약'이라는 문서를 통해 3년 동안 수행할 사업의 목적, 구체적 목표, 그리고 수행 조치들을 명확히 수립하도록 요구된다. 이러한 재정적 제도 변화가 성과관리의 시행을 요구하게 된 것이다.

셋째, 정치적 측면이다. 1997년에 출범한 노동당 정부는 2010년 보수당과 자민당이 연합정부를 수립하기까지 약 13년 동안 안정적 정치 운영이 가능하게 되었다. 이 기

1) 2011년 3월 31일 현재 영국 중앙공무원은 498,433명이며, 2010년에 비해 29,456명 감소했다(Civil Service Statistics 2011).

간 동안 성과관리 정책이 일관성을 유지한 채 지속될 수 있었기에 제도가 정착될 수 있었다. 이러한 정치적, 경제적, 재정적 배경으로 인해 1997년부터 영국에서 성과관리제도는 안정적으로 발전될 수 있었다.

제 2 절 성과관리제도의 변천 과정

영국의 성과관리제도는 1997년부터 제도적으로 정착되었다고 볼 수 있으나 그 이전 시기에도 일부 지엽적으로 유사 제도들이 있어 왔다. 이와 관련하여 탤벗(Talbot, 2010: 4-11)은 아래와 같은 몇 가지 단계로 구분한다.

1 초기의 성과관리제도 단계(1980년대~1990년대 중반)

1980년대 이전에도 공공기관의 성과를 측정하고 결과를 보고하는 실험적 조치들은 있었다고 하더라도 현재 개념의 정책성과 관리정책은 1980년대 초기에 시작되었다고 보는 견해에 일반적으로 동의한다. 이 기간에는 주로 지방정부, 중등학교, 고등교육기관, 그리고 국유산업의 성과측정, 보고 및 관리들에 대한 조치들이 있었다. 그러나 이 당시의 성과관리 조치들은 체계적인 정부정책이라기보다는 매우 초보적이고 우발적 수준이라고 할 수 있다.

그러나 1980년대 후반부터는 중앙정부가 공공기관들로 하여금 성과 결과를 체계적으로 보고하도록 하는 조치들을 시작했다. 이러한 조치들 속에는 1988년부터는 모든 신규 창설 공공기관들로 하여금 '핵심 성과지표(Key Performance Indicators)'를 보고하도록 하는 것, 1990년대 초반부터는 비부처 공공기관(Non-Departmental Public Bodies)에 대해 비슷한 조치를 부과, 1992년부터는 지방정부로 하여금 약 200개의 성과측정치를 보고하도록 부과, 그리고 경찰, 소방, 교도서, 초등 및 중등학교, 고등교육 등 비지방정부 서비스에 대해 이러한 조치가 해당되도록 확대하는 것 등이 포함된다. 이러한 과정은 계속 확대되어 1990년대 중반까지는 성과보고 조건을 요구받지 않은 공공기관들은 거의 없게 되었다. 이것은 몇 가지 이유 때문에 이 시기는 대단히 중요한 의미를 가진다. 첫째, 이는 대부분의 공공 서비스가, 1990년대 중반 이전에 이미 다양한 형태로 성과측정을 받고 있었다는 것을 의미한다. 둘째, 다양한 공공 서비스 환경에서 성과측정, 보고, 그리고 관리 체계에 대한 상당한 수준의 경험이 있었다는 것이다. 셋째, 성과측정치를 설정하거나(Audit Commission) 또는 그러한 체제를 감사하고 분석하는(National Audit Office) 경험을 가진 감사 및 조사기관들이 있었다는 것이다. 넷째, 1990년대 중반까지는 성과 체제 등에 대한 학술적 분석을 위한 하나의 '산업'이 형성되었다는 것이다.

2 산출 및 성과분석제도 단계(1994~1998년)

영국 정부는 1998년에 공공 서비스 합의문 제도의 도입과 더불어, 성과측정 및 보고제도를 체계적으로 적용했다고 생각하지만, 사실은 1997년 이전 보수당 정부가 산출 및 성과분석제도(Output and Performance Analysis: OPA)라고 불리는 제도를 개별 부처에게 도입한 바 있다. 이 OPA 제도는 1994년 자원계정 및 예산제도의 도입에 관한 정부녹서(Green Paper: 자문서)에서 제시되었다. 이 제도는 개별 부처가 소위 '산출 및 성과분석' 결과를 제출하도록 하는 것인데, 이는 개별 부처의 목적, 이러한 목적에 소요되는 비용, 사용된 비용으로 얻어지는 것(산출과 성과)을 포함한다. 그러나 이 OPA 제도는 1998년 노동당 정부의 공공서비스협약제도(PSA)가 도입되면서 폐지되었다.

3 공공서비스협약제도 단계(1998~2011년)

1997년 집권한 노동당 정부는 공공지출 결정이 행해지고 집행되는 방법을 개혁하는 일에 집중했다. 특히, 노동당 정부는 자원이 배분되는 방법, 단년도가 아닌 중기연도(mid-term), 그리고 지출 결정보다도 지출의 결과에 더 초점을 두는 시스템을 만드는 데 관심을 가졌다. 특히, 성과 측면에서 초기(1997년에서 1998년 초기)에는 정부 업무의 성과를 측정하기 위해 이전 정부의 산출 및 성과분석제도(OPA)를 계속 유지할 계획으로 있었으나, 1998년 후반부에 공공서비스협약제도(PSA)가 성과분석제도(OPA)를 대체하도록 했다. PSA는 2개의 계약서라고 할 수 있다. 즉, 하나는 재무부(HM Treasury)와 개별 지출 부처와의 사이에 합의하여 만들어지는 계약서이면서 동시에 정부와 국민 및 국회와의 사이에서 서비스 측면에서 무엇을 전달할 것인가에 대한 계약서이기도 하다. 그러나 이 계약서는 국회의 동의를 구하는 것은 아니며 정부가 정부의 의도를 진술한 성격을 가진다.

그러나 2010년 5월 총선에서 노동당이 패하고 보수당과 자민당이 연합정부를 구성하게 되었고, 이로 인해 영국의 성과관리제도의 핵심인 공공서비스협약제도에도 변화가 생기게 되었다. 연합정부는 향후 4~5년 동안 공공지출을 대폭 축소하는 데 기본적으로 초점을 두고 있다. 그리고 이 연합정부(보수당+자민당)는 현재의 성과관리제도의 초석을 다졌던 정부가 바로 과거의 보수당 정부(1979~1997)이고 그 보수당 정부가 현재 성과관리제도(Output and Performance Analysis: OPA)의 기초를 다졌던 것임에도 불구하고 현재의 제도에 대단히 비판적이다. 그 결과, 지금까지 해 왔던 3년 단위의 예산 검토를 4년 단위로 변경하고 이전의 지출 검토에서 빼두었던 '연례관리예산제도(Annually Managed Expenditure)'의 내용 상당 부분을 다시 포함하는 제도로 변경했다. 이 제도의 핵심은 예산 지출 검토를 기존의 3년 단위에서 4년 단위로 변경하고 아울러 지출 검토 부분 중 성과관리 부분, 즉 공공서비스협약제도와 부처전략목적제도(Departmental Strategic Objectives: DSO)를 폐지하는 것이다. 대신에 개별 부처의 비즈니스 플랜을 수립하도록 했다. 이 비즈니스 플랜은 개별 부처의 개혁계획의 상세 내용을 다루고 있도록 하며, 2015년까지 4년 동안 개별 부처의 비전과 우선순위, 향후 2년 동안의 개혁을 집행할 구체적 행동 및 데드라인을 포함한 구조적 개혁 내용을 담도록 하고 있다. 아울러 공공 서비스와 개별 부처 활동의 비용과 영향에 대한 데이터를 발표할 관련 핵심 지표를 포함하도록 하고 있다. 따라서 2010년 출범한 연합정부는 이전의 정부들이 성과관리와 관련하여 추진해 왔던 3년 단위의 지출 검토 제도 및 이와 연계한 공공서비스협약제도를 대신하는 비즈니스 플랜 제도를 도입하여 추진하고자 하고 있다.

4 성과제도 개편 단계: 비즈니스 플랜 작성(2012~2015년)

2011년 7월 영국의 보수당과 자민당의 연합정부는 「공공 서비스 개방 2012 백서(Open Public Service 2012)」를 발표했다. 이 백서는 영국의 중앙정부가 추진해 오던 공공 서비스 분야의 개혁 내용 전반을 새로 개편하고자 하는 것으로서 모든 영국 국민이 가장 수준 높은 공공 서비스 혜택을 받을 수 있도록 하는 것이 주요 목표이다. 이를 위해 여러 가지 개혁 내용이 들어 있는데(HM Government, 2011), 그 중에서 성과관리와 관련된 것은 비즈니스 플랜(business plan) 제도의 도입이다. 이는 이전 정부가 추진해 오던 공공서비스협약제도와 3년 단위의 지출검토제도 및 부처전략목표제(Departmental Strategic Objectives: DSO)를 폐지하는 대신, 개별 부처로 하여금 개별 부처가 수행하는 공공 서비스 및 개별 부처 활동의 비용과 영향을 보여줄 수 있는 주요 지표(key indicators)를 비즈니스 플랜에 포함시키도록 한 것이다.

<표 2-1>은 교육부(Department for Education)의 비즈니스 플랜 내용 중 일부이며, 이를 통해 비즈니스 플랜의 구조적 내용을 간단히 살펴볼 수 있다(DfE, 2012). 교육부에서는 2012~2015년 동안 6개의 중요 정책을 추진하도록 되어 있다(DfE, 2012: 4). 첫째, 우수학교의 수를 증가시키고 공정한 재정 지원제도를 도입, 둘째, 학교 교과과정 및 자격 조건의 개혁, 셋째, 관료적 행태 축소 및 책임성 증진, 넷째, 어린이들과 함께 공부하는 전문가 훈련 및 개발, 다섯째, 파운데이션[2] 연령 아이들에 대한 지원제도 도입, 여섯째, 장애 어린이 및 가정에 대한 지원책 개선 등이다. 이러한 6개의 중요 정책 각각에 대해 달성하기 위한 구체적 조치, 시작 및 종료 시기 등을 자세히 제시해 두고 있다.

<표 2-1>에서 보는 바와 같이, 개별 부처는 자기 부처의 중요 사업을 제시하고 이들 사업을 위한 구체적 조치 및 세부 조치와 시작 및 종료 시기 등을 제시하도록 되어 있다. 아울러 이 비즈니스 플랜 속에 소요 예산, 직원 수의 배치 등 상세 내역을 부록에서 다루도록 하고 있다. 이러한 비즈니스 플랜에 따라 개별 부처의 성과관리를 도모하고자 하는 것이 이 제도의 주요 내용이라고 할 수 있다. 다만, 이 제도를 성과관리와 어떻게 연계시킬지는 아직 미지수이며, 「공공 서비스 개방 백서 2012」의 구체

2) 파운데이션 연령 아이들은 0세에서 5세까지를 말하며, 조기 교육제도의 필요성과 관계된다.

표 2-1 영국 교육부의 비즈니스 플랜(2012~2015): 중요 정책 1의 사례 (우수학교 수 증가 및 공정한 재정 지원제도 도입)

조치 내용	세부 조치	시작	종료	비고
1.1 Academy[3]의 수 확대	• 2013년에 Academy로 전환할 부실한 학교 확인 및 새로운 후원자 짝짓기	시작됨	2013년 4월	
	• 최악으로 부실한 초등학교들을 Academy 학교 지위로 전환	시작됨	2012년 12월	
	• Academy 지위로 전환할 초등 및 중등학교 수 확대	시작됨	2015년 12월	
1.2 새로운 Free-School[4] 도입	• Free School을 수립하고 운영하는 데 교훈적인 내용을 담은 문서 발표	2012년 9월	2012년 9월	
	• 제2차 Free School 승인	시작됨	2012년 9월	
	• University Technical College 승인	시작됨	2012년 9월	
	• 성공적인 Free School 승인	시작됨	2012년 7월	
	• 성공적인 UTC 승인	시작됨	2012년 7월	
1.3 장애인들에 대한 새로운 Pupil Premium 제도 도입	• 장애인 학생들의 성취도 향상 우수사례 확인	시작됨	2012년 9월	
	• Pupil Premium[5] 제도 운영 결과 평가	2012년 9월	2013년 2월	
	• 장애인 학생들에 대한 여름학교 서비스	2012년 7월	2012년 9월	
	• 장애인 여름학교 운영 평가	2012년 6월	2013년 1월	
	• Pupil Premium이 어떻게 사용되는지에 대한 온라인 평가 결과 발표	2012년 9월	2012년 9월	
1.4 학교 세입에 대한 복잡한 지원 체계 개혁	• 전국 학교의 부동산에 대한 정보 제공을 위해 조사 실시	시작됨	2013년 10월	
	• Priority School Building Programme에 의한 학교 개교	2014년 9월	2014년 9월	
	• 학교 부동산 관련 규정 개정	시작됨	2012년 9월	
1.5 수준 높은 대안적 서비스 제공	• 첫 번째 대안적 Free School 개교	시작됨	2012년 9월	
	• 직원 채용과 예산 사용에서 자율성 확보	시작됨	2013년 4월	
	• 소외된 학생들에 대한 새로운 접근 방법 적용	시작됨	2014년 4월	

자료: Department for Education (2012).

---

3) Academy란 중앙정부로부터 직접 재원을 지원받고 지방자치단체로부터는 독립한 학교로서 주로 중등학교가 해당된다. 영국의 경우 초중등학교는 지방자치단체 관할이라서 지자체로부터 지원을 받는 것이 원칙이나 부실한 학교들을 중앙정부가 지원하고 대신 커리큘럼 등을 중앙정부가 통제하는 것이다. 2000년 블레어(Tony Blaire) 행정부가 처음 도입했고, 2012년 7월 현재 1,957개로 늘어났다. 이 Academy에 대해서는 개인이나 법인이 후원할 수 있다.

4) Free School이란 2010년 연합정부가 들어서면서 도입된 제도로서 학부모, 교사, 자선단체 및 기업이 그들 자신의 학교를 수립하도록 허용하는 제도로 2011년 현재 24개의 학교가 개교된 바 있다.

5) 저소득층 학생들에 대한 추가적인 지원제도.

적인 후속 조치가 나와야 알 수 있을 것이다.

5 성과관리제도 변천 과정 요약

영국의 경우 공공 부문에서의 성과관리제도는 1980년대부터 각 서비스 영역별로 지엽적으로 이루어졌다 하더라도 체계적인 종합적 제도는 1997년 노동당 정부가 들어선 다음해인 1998년부터 소위 공공서비스협약제도의 정착으로 시작되었다고 할 수 있다. 이 제도는 예산의 지출 검토 제도와 더불어 성과관리의 두 트랙으로 이루어져 왔으며 2010년까지 유지되어 왔다. 2010년 5월에 실시된 총선에서 보수당과 자민당의 연합정부가 수립된 이후 지금까지 유지되어 오던 성과관리의 골격, 즉 공공 서비스협약제도와 각 부처전략 목표제도를 폐지하기로 했으며, 대신에 개별 부처의 비즈니스 플랜제도를 통해 성과관리를 추진하기로 되어 있다. 다만, 2011년 7월에 발표된 「공공 서비스 개방 2012 백서」에는 2015년 이후 새로운 성과관리제도가 다시 만들어질 것을 예고하고 있다. 따라서 이하에서는 1998년부터 실시되어 왔던 영국의 성과관리 시스템인 공공서비스협약제도를 중심으로 살펴보기로 한다.

제 3 절 관리제도의 현황과 운영 방식: 공공서비스협약제도(PSA)를 중심으로

1 개관

영국의 성과관리제도는 공공서비스협약이라는 제도적 틀 속에서 발전되어 왔기 때문에 이 제도를 살펴보는 것이 가장 중요하다. 공공서비스협약제도는 영국의 내각사무처(Cabinet Office)가 국가의 중요 정책 영역을 설정하고 이 영역에 대해 성과 타깃(performance target)을 설정하며 이 성과 타깃의 달성 결과를 예산과 연계시키는 제도이다. 중요 정책 영역의 수 및 성과 타깃의 수는 고정된 것이 아니고 정부예산

지출 규모를 설정할 때마다 매년 그 수가 약간씩 차이가 난다. 가령, 1998년도의 정부의 중요 정책 영역 수는 35개였으며, 35개 영역의 세부적인 성과 타깃의 수는 약 600여개에 달했다. 그러나 정책 영역이나 성과 타깃의 수는 일정하지 않고 예산지출 검토를 하는 때마다 다르다. 영국은 정부예산 지출 규모를 매년도에 설정하는 단년주의 방식이 아니라 3개 연도의 예산[6]을 미리 정하고 경제 사정에 따라 약간 수정을 가하는 중기예산제도이기 때문에 매 3년마다의 예산지출 검토 시마다 성과 타깃의 수도 달라지는 것이다.[7] 영국의 성과관리제도는 기본적으로 하향(top-down) 방식이며 성과목표 설정 및 성과평가 결과를 예산 과정과 연계시킨다는 점에서 국제적 벤치마킹 대상이 되어 왔다(Talbot, 2010: ix).

2 성과와 평가의 관계

영국에서의 성과관리(performance management)란 다양한 형태의 관리통제를 통해 개인 및 조직상의 성과를 모니터하고, 측정하며 조정하기 위해 설계된 일련의 관리활동으로 정의된다. 여기서, 성과관리는 조직상의 성과관리와 개인들의 성과관리를 통합하는 의미로 사용된다(The Scottish Government, 2008: 1). 영국의 공공 부문에서는 아직도 '성과(performance)'라는 말이 많이 사용되며, '모니터링 및 평가(monitoring and evaluation)'라는 말은 상대적으로 잘 사용되지 않는다. 그 이유는 영국 중앙정부의 정책이 평가적 접근 방법 대신에 성과에 주로 초점을 두어 왔기 때문이다. 영국의 중앙정부에서 평가는 언제나 크게 관심을 가지지 않은 부분이다. 그리고 1997년 이후 '증거에 바탕을 둔 정책'이라는 기본 원칙 에 따라 평가적 활동이 분명히 증가해 온 사실에도 불구하고 여전히 '성과'가 중요한 접근 방법으로 유지되어 온 것이 사실이다. 영국에서 성과와 평가는 서로 중복되는 부분이 있다고 하더라도 서로 다른 부분으로 인식되어 왔다. 영국에서 평가는 정책에 초점을 두는 반면에 성과는 조직에 초점을 둠으로써 서로의 초점을 완전히 다르게 해 왔다. 시간 범위와 적용 방법들도 서로 달랐다. 탤벗(Talbot, 2010)은 성과와 평가를 몇 가지 기준

6) 2011년부터는 3년도 중기예산에서 4년도 중기예산제도로 변경되었다.

7) 예를 들어 2004년도에는 성과 타깃의 수가 120개로 줄었다.

표 2-2 성과와 평가 구분

구분	평가	성과관리
초점	정책과 프로그램	조직
시간	일회성	주기적-대부분 연례적, 반복적
방법	질적 방법(주로 사용) 및 양적 방법의 혼용	주로 질적 방법
주체	대개 정책 부서에 의해 수행	주로 재정 부서, 또는 인사 부서에 의해 수행

자료: Talbot (2010: 12).

에 의해 구분하는데, 이를 정리하면 <표 2-2>와 같다.

어쨌든 영국에서는 평가 대신에 성과관리, 혹은 성과 모니터링 등의 용어가 제도적으로 많이 사용되어 왔고, 이는 조직을 초점으로 하며, 일회성이 아니라 반복적이고 주로 질적 방법을 많이 사용한다는 점, 그리고 주로 재정 부서-영국에서는 재무부가 주체가 되어 공공서비스협약제도(PSA)라는 이름으로 운영되어 왔다는 점을 특징으로 한다. 이하에서는 PSA 제도에 대해 자세히 살펴보기로 한다.

3 공공서비스협약제도(PSA)의 주요 내용과 절차

영국의 PSA 제도를 이해하기 위해서는 이 제도가 시행되는 절차 중심으로 살펴볼 필요가 있다. 주요 내용 및 절차를 간추려 보면 다음과 같다.

1) 기본 원칙

PSA의 틀은 네 가지 기본 원칙에 바탕을 두고 있다(HM Treasury, 2002). 첫째, 정부에 의해 설정된 명확한 산출 중심적 국가 목표, 둘째, 공공 서비스 공급자에게 책임의 위임, 지역 현장의 수요가 충족되도록 혁신할 수 있는 재량권 및 인센티브를 공급자에게 부여, 셋째, 책임성 증진을 위해 감사와 조사를 위한 독립적이고 효과적인 장치 수립, 넷째, 국가적 차원 및 지방적 차원에서 성과에 관한 정확한 정보 및 무엇이 성취되는지에 대한 투명성 확보 등이다. 이러한 PSA의 기본 원칙은 그 이후 몇 개의 원칙이 추가되었는데 그 중 하나는 정부의 서비스 개선 의지가 야심적이어야 한다는 것이다. 예를 들면, 10%의 개선 목표를 설정 후 종국적으로 9%만 달성했다고 해도 이것은 야심적이지 못한 목표를 설정(예를 들어 8% 개선)하고 이를 달성하는 것보다 훨씬 양호하다는 것이다. 또 다른 추가적인 원칙은 증거, 분석, 그리고 성공 사례들을 통합하여 활용하는 것이다.

2) PSA의 구조 및 설정 과정

(1) PSA의 기본구조

PSA의 구조는 목표(aims), 목적(objectives), 성과 타깃(performance targets), 그리고 책임 주체 등으로 구성되어 있다. 여기에 성과 타깃이 어떻게 측정되는지 및 이러한 성과 타깃을 구체화하기 위한 서비스 전달 플랜을 포함한다. 우선, 여기서 목표는 개별 부처의 역할에 대한 언급을 의미한다. 목적은 개별 부처가 무엇을 성취해야 하는가를 광범위하게 설정하는 것이다. 하나의 목표 밑에 복수의 목적이 설정되어 있으며, 하나의 목적 밑에는 단일의 성과 타깃도 있고, 복수의 성과 타깃도 있다. 성과

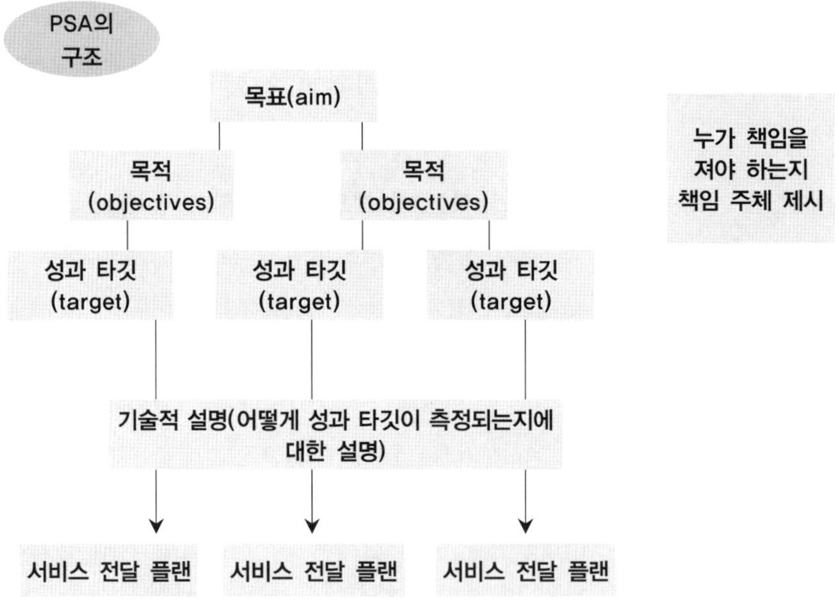

그림 2-1 영국 공공서비스협약(PSA)의 기본 구조

자료: Noman (2008: 5).

타깃은 대부분의 목적에 대해(반드시 모든 목적을 의미하는 것은 아님) SMART식의 달성 목표를 설정하는 것을 말한다. 여기서 SMART란 구체적이고(specific), 측정 가능하며(measurable), 성취 가능하고(achievable), 타당한(relevant) 것이어야 하며, 시간 설정적(timed)이어야 한다는 것을 의미한다. 즉, 성과 타깃을 설정할 때 SMART 원칙에 따라서 제시되어야 한다는 것이다. 성과 타깃이 설정되면, 이러한 성과 타깃이 어떻게 측정되는지에 대한 기술적인 설명이 제시된다. 아울러 개별 부처에서는 이러한 성과 타깃을 어떻게 달성시킬 지에 대한 구체적인 서비스 전달 플랜을 작성하게 되는 구조이다. 이러한 PSA의 구조를 제시해 보면 [그림 2-1]과 같다.

(2) PSA의 설정 과정

이하에서는 좀 더 구체적으로 PSA 설정 과정을 살펴보기로 한다. 위에서 언급한 바와 같이, 영국의 중앙정부에서 성과관리의 핵심은 PSA이다. 영국 중앙정부의 모든 부처는 재무부(HM Treasury)와 협의를 통해 각 부처의 공공 서비스 합의문을 합의하여 작성한다. 이 PSA는 재무부가 내각사무처 및 모든 개별 부처와 예산의 규모와 내용을 놓고 상호 협의하여 개별 부처가 수행할 사업의 주요한 우선순위를 설정하는 것인데, 이 PSA 주관 부처가 재무부이다. 이때 검토되는 예산제도를 지출 검토(spending review)라고 하는데 매 3년마다 수행되어 왔고, 2011년 이후에는 매 4년마다 수행되기로 되어 있다. 이 과정에서 재무부와 각 부처는 부처의 사업 우선순위, 예산 등을 교섭한다. 합의된 우선순위 및 사업 내용들은 이 PSA라는 합의문 속에 포함되며 지출 검토가 완료될 때 공표된다. 각 부처의 PSA는 여러 개의 목적(objective), 성과 타깃(target) 및 기술서(technical note)를 포함한다. 이 기술서는 각 타깃 달성을 위한 사업 진전 과정이 어떻게 측정될 수 있는지를 설명해 주는 역할을 한다.

PSA에 포함되어 있는 타깃은 각 부처의 주요 우선순위에 초점을 두고 있는데, 영국 20개 주요 중앙부처의 PSA 수는 매 예산의 지출 검토 때마다 바뀌고 있다. 예를 들어, 2005년에서 2008년까지의 예산 속에서는 PSA 수가 110개 정도 되었으나, 2011년에서 2015년까지는 30개로 줄어들었다. 이 PSA는 개별 부처의 향후 3년 동안의(2011년 이후에는 향후 4년 동안) 수행 목표 및 성과목표를 담고 있다고 할 수 있다. PSA에 포함되어 있는 목표들은 예산의 규모와도 관련되며 개별 부처의 영향력 증가와 관련되기 때문에 자기 부처의 PSA 속에 포함될 목적의 수를 증가시키려는 경향이 있다(Neely, 2004). 이 PSA는 개별 부처당 몇 개씩 설정한다는 개념이 아니라 재무부가 내각사무처 및 개별 부처와의 합의를 거쳐, 국가 전체 차원에서 설정하는 것이다. 이 설정된 PSA가 개별 부처에 단독으로 관련되는 것도 있고 복수 부처에 관련되는 것도 있기 때문에 주관 부처(lead department)를 설정하게 된다. 각 부처는 이 PSA를 달성하기 위해 자기 부처의 개별적 수행 절차 및 구체적 계획을 수립하도록 되어 있으며, 이를 부처전략목표(Departmental Strategic Objectives)라고 한다.

하나의 예로서 목표(aim), 목적(objective) 및 타깃(target)에 대해 영국 교육부의 2005년도의 PSA 사례를 들어 설명해 볼 수 있다(Hill, 2005). 교육부 PSA에 의하면, 영국 교육부의 목표는 "모든 사람에게 교육, 훈련 및 작업을 통해 사람들의 잠재력을 실현시킬 수 있는 기회를 부여하고 이를 통해 포용적이고 공정한 사회 및 경쟁력 있는 사회를 건설하는 것"이라고 되어 있다. 목적은 "모든 젊은이가, 급속히 변화하는 세상 속에서, 평생학습, 노동 및 시민생활을 위한 안전한 토대를 그들에게 줄 수 있는 기술, 태도 및 능력을 가지고 16세에 도달하도록 보장해 주는 것"이라고 되어 있다. 이에 기초하여 성과 타깃은 '2007년까지 16세 이상 학생들의 92%가 일정한 수준(가령, GCSEs 시험에서 5개 과목 이상에서 일정한 등급을 받는 것)의 학력 수준을 달성하는 것' 등으로 되어 있다. 한편, 2011~2015년 동안의 영국 중앙정부의 PSA 수는 30개인데, 가령, 영국 경제의 생산성 향상(Raise the Productivity of the UK Economy), 영국의 과학과 혁신 증진(Promote Science and Innovation in the UK) 등 30개로 되어 있다.

(3) PSA의 구성 요소 간 관계

PSA를 좀 더 잘 이해하기 위해서는 PSA에 포함되어 있는 구성 요소 간의 관계를 운영 주체 중심으로 좀 더 살펴보는 것이 필요하다.

① 재무부가 예산지출제도(Spending Review)를 통해 3년도 예산안[8]을 확정할 때 내각사무처의 향후 정부 운영 방향 및 개별 부처의 향후 사업 등을 고려하여 중요한 국가 운영 방향을 설정한다. 이것은 PSA의 목표가 되며, 2011~2015년 동안의 PSA 수는 30개이다.

8) 2012년도 영국 정부예산은 6,980억 파운드로서 한화로 약 1,396조 원 정도이다.

② 설정된 개별 사업별로 개별 PSA가 만들어지는데, 단독 부처가 관련되면 문제가 없겠으나 2개 이상의 부처가 관련되는 경우 주관 부처를 선정한다. 이 주관 부처와 관련 부처 및 재무부가 상호 협의하여 복수의 목적을 설정하며, 이러한 목적이 어떻게 성과로 측정될지 성과 타깃을 설정한다. 성과 타깃은 수치화되어 계량적인 측정지표 역할을 한다.

③ 성과 타깃이 설정되면 향후 이러한 성과 타깃을 어떤 자료로 측정할지, 누가 자료를 제출해야 할지 등을 기술한 상세한 기술적 설명서(technical note)가 작성된다.

④ 개별 부처들은 해당 PSA 달성을 위해 자기 부처가 수행해야 할 업무 내용 및 업무 절차, 타깃의 달성 방법을 구체적으로 정한 부처전략목표(DSO)를 작성한다. 여기에는 개별 부처들의 서비스 전달 방법과 성과측정 방법들을 포함한다.

⑤ 개별 부처들이 매년 분기별로 개별 PSA 가 어느 정도 달성되고 있는지 진척 상황을 재무부에 보고하고 연도 전체의 진척 상황을 보고한다.

⑥ 재무부는 이를 보고받아서 내각의 해당 관할위원회(Cabinet Committee)에 보내고 해당 위원회에서는 진척 상황을 정기적으로 모니터링하며, 업무 추진 시 관련 부처 간 갈등이 생긴다거나 하는 경우 주관 부처로 하여금 이를 해결하도록 주선한다.

⑦ 재무부는 개별 부처 및 주관 부처로부터 연차보고서를 받아서 평가하며, 그 결과를 다음 연도의 예산지출 검토 시에 반영한다.

4 성과관리 운영조직

1) 개관

영국의 성과관리제도의 운영조직은 기본적으로 권력의 균형에 바탕을 두고 있으며 몇 가지 특징을 가지고 있다(Talbot, 2010: 8-10). 첫째, 집행부 권한이 강하다. 여기서 집행부란 내각과 성과관리 담당 공무원 조직을 말한다. 내각과 공무원 조직부서는 다른 선진 국가와는 달리 강력한 재량권과 행정 권한을 가지고 있다. 대부분의 경우,

이들은 행정적 수단을 통해 성과관리 대상 기관들에 성과 관련 자료 요구 조건을 설정하는 것과 같은 조치를 취할 수 있다. 둘째, 의회는 성과관리와 같은 제도 운영에서 권한이 약하다. 따라서, 미국과 같은 나라와는 달리, 성과를 모니터한다거나 성과결과를 검토하는 것, 성과 타깃을 설정하는 것과 같은 문제에서는 권한 행사 정도가 약하다. 셋째, 영국 정부는 성과 보고 조건들을 설정하고 모니터하도록 제3의 감사기관이나 조사기관을 창설하거나 또는 이들 기관의 권한을 강화시켰다. 예를 든다면, 1992년에 지방정부 성과관리를 위해 감사위원회(Audit Commission)로 하여금 지방정부의 성과측정치를 설정하고, 수집하며 분석하도록 위임한 바 있다. 보건과 교육분야도 일련의 관련 감사 및 조사기관들로 하여금 성과측정치를 모니터하도록 권한이 부여된 바 있다. 넷째, 영국의 사법기관들은 성과관리에 관련된 행정적 결정에 관여하는 것을 꺼려 왔다. 비록 최근에는 이러한 경향이 다소 바뀌고 있다고 하더라도 여전히 사법적 관여의 수준은 상대적으로 낮은 편이다. 다섯째, 성과관리에 관한 핵심적 조직으로서는 수상실(Prime Minister's Office), 내각사무처(Cabinet Office), 재무부(HM Treasury) 등 3개이며 부수적으로 관련 기관이 있다. 수상실과 내각사무처 사이의 관계는 다소 모호한 경우가 있으나 이들 기관과 재무부[9]와의 관계는 명확히 구분된다.

2) 운영조직

(1) 재무부(HM Treasury)

영국 재무부(HM Treasury)는 전통적으로도 권한이 강한 조직이지만 특히, 예산에 대한 지출 검토 제도(Spending Reviews)와 공공서비스협약제도(PSA)의 도입으로 국내 정책과 관련해서는 대단히 권한이 강력하다. 재무부는 예산 과정을 통해 개별 부처들의 예산지출계획을 변경할 수 있고, 거부도 할 수 있다. 재무부는 지출 검토 제도와 PSA 제도 아래에서 개별 부처의 예산 규모를 설정하고, PSA의 내용도 조정하게 되며, PSA의 주관 부처도 지정해 준다. 즉, PSA에 2개 이상의 부처가 관련되는 경우 주무부처를 설정해 주며, 이 주무부처가 PSA에 관련되는 유관 부처를

9) 영국 재무부는 경제와 재정 기능을 통합하여 관할하는 부처로서 전통적으로 매우 강력한 권한을 가지고 있으며, 수상으로부터도 상당한 독립성을 가지고 있다 (Talbot, 2010: 18).

대신해서 정치적 책임을 진다. 이 과정에서 재무부는 수상실과 밀접히 연계하면서 성과관리와 관련한 주요 정책 이슈를 다룬다. 아울러, 재무부는 개별 부처로부터 개별 부처의 PSA 성과정보들을 보고받으며, 이 보고 내용은 의회에서 활용된다.

(2) 수상실 서비스 전달연구단

수상실도 성과관리에 관여하는 바 2002년에 창설된 수상실 내의 서비스전달연구단(Delivery Unit)이 재무부와 수상실의 가교 역할을 수행한 바 있으며, 지금은 재무부 내의 조직으로 기능이 이관되었다. 초기의 이 부서 업무는 네 가지 정책 분야의 PSA-보건, 교육, 범죄, 및 교통-에서 설정된 성과 타깃 결과들을 분석하고 서비스 전달 능력을 개선하기 위해 개별 부처와 공동으로 업무를 수행하는 것이었다. PMDU는 각 부처에 의해 수집된 성과 데이터 및 국립통계청(Office of the National Statistics)으로부터 온 정보를 광범위하게 이용했으며, 후에는 PSA 성과 타깃을 설정하는 데에도 관여하게 되었다.

(3) 내각사무처

내각사무처(Cabinet Office)는 여러 가지 방법으로 성과관리 업무에 관여하게 되었는 바, 첫째는 전반적인 성과전략의 형성, 둘째는, 성과관리의 바탕이 되는 '증거에 바탕을 둔 정책' 형성의 토대 마련, 셋째는 성과 증진을 위한 서비스 전달 체계 개편 등이었다. 내각사무처는 수상의 정책 방향을 총괄적으로 설정하고 부처 간 업무 조정 등의 역할을 하는 부처인데, 성과관리 업무가 중앙정부 차원에서 중요하기 때문에 이 업무의 방향 설정 등을 총괄하는 것은 당연한 것이었다. 다만, 이 업무를 추진하는 과정에서 성과관리를 예산과 연계시키는 실무를 수행하던 재무부와는 협력 관계를 유지한다. 이 내각사무처에는 전략단(Strategy Unit)이 있는데, 이 전략단에서는 부처 간 경계를 넘는다던지 장기적인 성격의 문제들, 그리고 정교한 분석을 요하는 실질적인 문제들을 다루었다. 성과관리와 관련하여 이 전략단이 기여한 가장 큰 공헌은 지출 검토 제도와 예산계획 과정을 통해, 정부가 정책의 우선순위를 설정하는 것을 지원해 주는 것이었다. 정책의 우선순위는 PSA 과정에서 가장 중요한 것 중의 하나이며, PSA의 숫자 및 PSA의 순위 번호가 정책의 우선순위를 말해 준다.[10]

---

10) 2011~2015년 동안의 예산 과정에서 PSA 수는 30개이며, PSA1은 영국 경제의 생산성 향상, PSA2는 2020년까지 영국 국민들의 기술 기반을 수립하는 것이며, 이 과정에서 국민들의 기술력 증진,

(4) 정부사회연구원

정부사회연구원(Government Social Research Service)의 창설은 정책평가 업무에 대한 강조를 의미하는 것이었다. 수상실의 서비스전달연구단이나 내각사무처의 전략단과는 달리, 정부사회연구원은 중앙집중식의 기관이라기보다는 정부 전체에 걸치는 사회과학 연구자 및 평가자들의 전문적 네트워크 성격을 지니고 있다. 이 기관의 가장 큰 역할은 성과관리와 관련된 평가 및 분석과 관련하여 지침서적인 역할을 한 'Magenta Book'[11]의 제작이라고 할 수 있다. 이 GSRS는 성과관리 및 평가에 직접 관련된 기관이라기보다는 개별 부처나 청을 대신하여 실제 평가를 수행하는 사람들 사이의 아이디어 교환을 위한 네트워크 역할을 수행했다.

(5) 개별 부처

개별 부처들은 재무부와 PSA를 합의하고 작성한 후 자기 부처의 성과 데이터를 수집하고 이를 재무부 및 의회에 보고해야 한다. 동시에, 개별 부처들은 재무부와 PSA를 수립하는 것처럼 개별 부처의 산하 공공기관들과도 PSA를 수립한다. 개별 부처의 PSA와 관련한 성과 결과는 다음 연도의 예산 편성 시에 재무부에 의해 반영된다. 한편, 개별 부처들은 매년 부처의 보고서를 통해 자기 부처의 업무에 대해 지출계획과 성과를 매년도 2회(2분기와 4분기)에 발표하는데, 이 보고서에는 개별 부처들의 목표 달성을 위해 소요되는 자원과 인력이 상세히 제시되고 개별 부처들의 PSA와 관련하여 거둔 성과를 표로 제시하도록 되어 있다.

(6) 감사원

감사원(National Audit Office)은 성과관리와 관련하여 두 가지 기능을 수행한다. 하나는 PSA 운영 과정에서 보고되는 개별 부처 및 산하기관들의 성과 데이터가 적정한지를 검토하는 것이며, 두 번째는 중앙정부 업무 중 매년 50~60개의 중요 사업을 선정하여 자체 성과평가 기준에 의해 평가하고 이를 의회에 보고하는 기능을 수

PSA3은 국민 대중을 보호하고 경제 성장에 기여하도록 하는 공정한 이민정책, ……PSA30은 국제협력 향상을 통해 갈등의 영향을 줄이는 것 등 모두 30개이다.

11) Magenta Book은 영국의 중앙부처가 개별 부처의 정책이나 프로젝트, 프로그램을 평가할 때 따라야 할 절차 및 방법론을 제시한 것으로서 지방정부나 다른 공공기관에서도 평가를 할 때 이용하는 지침서이다. 매 연도마다 계속 보완되고 업데이트되어 이용되어 오고 있다 (HM Treasury, 2011; http://www.gsr.gov.uk/professional_guidance/magenta_book/index.asp).

행한다. 이 경우 평가 대상이 되는 사업의 선정 기준은 의회의 공공회계위원회(Public Account Committee)에서 감사하도록 제시하는 사업이나 의회에서의 토론이나 신문, 방송 등 언론에서 쟁점 사항으로 다루고 있는 사업 중에서 선정하여 성과평가를 수행한다. 감사원에서 수행하는 성과평가는 집행 과정의 성과 모니터링적인 성격이 아니라 사업이 종결된 뒤 공공 서비스의 성과에 대한 심도 있는 평가를 수행하는 사후평가적 성격을 가지고 있다.

3) 운영자원

영국 정부 내의 성과관리 담당 인력은 성과관리제도의 운영과 발전을 위해 활동하는 인력들이라고 할 수 있다. 예를 들어, 수상실 서비스전달연구단(PMDU)은 정부 활동에 대한 성과목표들을 어떻게 작성하고, 또 이를 어떻게 정부 활동에 적용할 것인가에 관한 많은 지식과 실제 사례를 얻어내는 데 기여한 바 있다. 또 마찬가지로, 내각사무처의 전략단(Strategy Unit)도 공적 가치(public value)에 관한 논의를 통해 성과관리에 관한 개념적 토론을 촉진시켰다. 이러한 지원 부서들의 운영자원은 <표 2-3>에서 보는 바와 같다.

<표 2-3>에서 제시된 자료는 영국 정부의 성과관리제도를 뒷받침하기 위한 정책부서 및 지원 부서의 인력자원을 제시한 것이다. 이 밖에도 재무부(Treasury)가 공공 서비스 합의문을 개별 부처와 작성하고 이에 근거하여 개별 부처의 예산 규모 설

표 2-3 성과관리 담당조직의 운영자원

부서	설명	직원 수
전략 단위 (Strategy Unit)	전략단은 탄력적인 충원 방식을 활용. 일부 직원은 장기 근무하나 일부 직원은 다른 기관에서 파견 형태로 와서 특별 프로젝트 수행을 위해 근무	100-150명
수상실 서비스전달 연구단(PMDU)	PMDU는 여러 중앙부처의 근무자들로 충원. 고도의 분석기술을 갖춘 높은 수준의 유능한 공무원들로 충원	35-49명 (현재는 재무부로 편입되었음)
정부 사회과학 연구원(GSRS)	정부정책을 모니터하고 평가하기 위한 정책자료 및 증거를 제공하고자 하는 정부기관. 정부부처 및 공공기관의 정책평가 관련자들의 네트워크 형태임.	1,000 명 수준의 네트워크

자료: Talbot (2010: 27).

정을 하기 때문에 이 부서의 인력들도 중요한 기능을 수행하고 있다. 재무부 장관은 내각 내에서 공공 서비스 및 지출위원회를 주재하면서 PSA 주관 부처 장관들로 하여금 공공 서비스 개선 및 서비스 달성 목표에 책임을 지도록 독려한다. 재무부의 본부 전체 인력 규모는 2012년 3월 31일 현재 1,178명이며, 이 중 공공지출국 및 공공서비스국의 성과 관련 부서에 근무하는 공무원들 중에서 성과관리 담당 인력들이 포함된다.

4) 인센티브와 제재

개별 부처가 PSA에서 정해진 성과 타깃을 달성하지 못했을 때 장관이나 부처에 대해 재무부가 부과하는 공식적 또는 법적 제재는 없다. 재무부는 공공지출의 균형과 패턴에 대한 근본적인 검토를 하는 지출 검토 제도를 통해 PSA에 설정된 기준과 비교하여, 개별 부처들의 성과를 평가한다. 즉, 개별 부처들이 PSA를 달성하기 위해 무슨 투자와 개혁 조치를 취했으며, 앞으로의 도전과 기회에 대처하기 위해 필요한 추가 조치를 취하고 있는지 등을 평가하면서 성과를 검토한다.

PSA 성과는 규칙적으로 검토되며, 재무부 장관의 평가보고서에 기초하여 개별 부처 장관이 내각 내의 '공공 서비스 및 지출소위원회(Subcommittee of the Cabinet on Public Services and Expenditure)'를 통해 책임을 진다. 그러나, 성과 타깃에 몇 % 미달되었다고 하여 미달된 %만큼 곧바로 예산에 연동시키는 공식(formula)은 없다. 다만, 이는 정치적 고려 사항이며 여러 가지 상황을 종합적으로 고려하여 개별 부처의 예산 규모 설정 및 세부 내역 설정에 반영된다는 것이다. 그럼에도 불구하고, 개별 부처들은 공식적인 프로그램과 방법론을 자기들의 PSA를 유지하는 데 활용하면서, PSA에서 설정한 성과 타깃을 달성하기 위해 최선을 다하고 있다. 이 과정을 통해 재무부는 다음 번의 지출 검토제 기간 동안에 해야 할 새로운 목표 및 우선순위를 설정하며 개별 부처가 할당받아야 할 예산 규모도 설정하게 된다.

그러나, 전술한 바와 같이, 하나의 부처가 충족하는 성과 타깃 비율과 개별 부처에 할당되는 지출 사이에 기계적인 반영 공식은 없으며, 예산 규모 등은 종합적으로 고려하여 설정된다.

제 4 절 성과와 한계

1 성과

영국의 성과관리제도는 지난 30년을 거쳐 오면서 공공 서비스 전역에 걸쳐 확산되어 있다. 그동안 시행되어 온 성과관리제도는 골격은 유지되겠지만 다소 변화될 것으로 예상된다(HM Government, 2011). 즉, 2012~2015년 예산지출이 종료된 이후인 2015년 이후에는 또 새로운 성과관리제도로 바뀔 것으로 예상된다. 따라서 이 절에서는 2010년까지 진행되어 온 제도를 중심으로 성과와 한계를 살펴보기로 한다. 영국의 성과관리제도가 발전되어 오면서, 이제는 사실상 공공 서비스의 모든 영역에 있는 기관은, 일반 국민이 얻을 수 있는 성과 데이터를 만들어야 할 법적, 행정적 의무가 있다. 적어도 이론적으로 성과 산출은 이제 공공 부문의 의사 결정에서 핵심적인 부분이 되어 있다. 이와 관련하여 성과 데이터를 만들고, 모니터하며, 이를 분석하는 능력 또한 상당히 발전되어 왔다. 그러나 불행하게도 중앙정부로부터나 아니면 학계에서도 이러한 성과관리제도에 대한 종합적 평가작업은 이루어지지 못했다. 그래서 이러한 사정을 감안해 볼 때 최선의 방안은 다양한 자료 원천(source)으로부터 온 증거와 분석을 종합해서 판단해 보는 것이다(Talbot, 2010: 29; Norman, 2008; 11).

먼저 성과적인 측면을 보면, 첫째, 영국의 경우, 중앙정부 부처로부터 일선 행정기관에 이르기까지 모든 것을 포함하는 종합적 성과 모니터링 시스템을 성공적으로 구축했다는 점이다. 이 시스템은 이제는 공공 분야 전역에 걸쳐 있고 시간이 감에 따라 정교해지고 있다. 둘째, 영국의 성과관리 시스템은 점차 산출 중심(outcome focused)으로 되어 왔다는 점이다. 비록, 일부 수준에서는 여전히 산출, 과정 그리고 심지어 투입에 대한 모니터링 요소를 포함하고 있다고 하더라도 전반적인 측면에서는 '산출' 중심이 되어 왔다. 셋째, 영국의 성과관리제도는 광범위한 정책 분야, 특히 보건, 교육, 교도행정 등과 같은 대규모 자금이 소요되는 정책 분야의 실제 성과에서 상당한 개선이 이루어졌다. 특히, 서비스 전달 부분에서의 개선이 두드러졌다. 넷째, 성과측정치 작성 및 모니터링은 처음에는 중앙정부가 직접 수행했으나 이후에는 제3의 감사 및 조사기관에 위임되어 수행됨으로써 공정성 확보 면에서도 개선이 이루어졌다고 할 수 있다.

2 한계

위에서 언급한 성과가 있었다 하더라도 한계도 발견된다.

첫째, 성과평가 대상이 되는 기관들에 의해 야기된 산출 왜곡 현상과 일종의 '게임' 현상 사례가 있었다는 사실이다. 이 문제는 왜곡이 일어났던 일부 분야에서 발생된 데이터의 질(質) 문제와 관련된다. 이러한 사실에 대해 일부에서는 왜곡 현상 자체가 과장되었다고 주장하기도 한다.

둘째, 성과와 관련하여 정치적 우선순위 및 성과 달성 시기를 바꾸는 문제들이, 성과 모니터링과 관련한 역기능적 문제를 야기했다. 무엇이 측정되며, 어느 정도 기간 동안 측정할 것인지, 어떤 방법으로 결과들이 발표될 것인지 등에 대한 불안정성이, 성과 데이터에 대한 심각한 공공 불신을 초래했다.

셋째, 의회는 변화하는 성과관리 정책에 적응하지 못했고, 성과 모니터링 데이터를 효과적으로 이용하기 위해 감시 역할을 할 수 있어야 했으나 이러한 역할을 수행하지 못했다는 점이다.

넷째, 성과관리 정책의 대중적 영향이 무엇이었는지가 불명확하다는 점이다. 공공서비스의 실제 성과와 정부 신뢰 및 공공 서비스에 대한 만족도 사이에 무슨 관계가 있는지에 대한 단순하고도 직접적인 증거가 없다.

다섯째, 데이터 관련 문제이다. 즉, PSA가 수립되는 단계에서 측정 문제에 대한 관심이 적었던 관계로 측정지표 설정 등의 불합리성이 발견되었다는 점이다.

제 5 절 한국에 대한 시사점

영국의 성과관리제도는 개별 분야별 성과관리제도 시행을 포함하면 거의 30년 동안 시행되어 왔으며, OECD 국가 중 가장 선도적이라고 평가받아 왔다. 1998년 공공분야 전역에 걸쳐서 종합적인 성과관리 체계가 만들어진 이후에도 성과 타깃의 수 설정, 개별 부처의 역할 등 지엽적인 측면에서는 계속 바뀌어 왔다. 2010년까지는 3년 단위의 예산 지출 검토를 시행하던 것을 2011년부터는 4년 단위 예산제도를 가지는 것도 같은 맥락이다. 그러나 전반적인 관점에서의 영국 성과관리제도는 시행착오를 거치면서도 꾸준히 발전되어 왔다고 할 수 있다.

그 결과 많은 나라의 벤치마킹 대상이 되기도 했으며, 정치적·정책적 환경이 다르다 하더라도 우리나라에 줄 수 있는 정책적 시사점은 발견될 수 있다고 하겠다. 몇 가지를 제시해 본다면, 첫째는 부처 단위 사업의 성과평가가 아니라 국가정책상 우선순위 중심으로 사업을 선정하고 이의 성과를 평가하는 제도이다. 대부분의 국가정책은 여러 부처가 관련될 수밖에 없는데 이 경우, 부처이기주의, 부처할거주의 등으로 사업이 제대로 추진되지 못하는 경우가 많다. 그러나, 기본적으로 영국의 경우는 국가정책의 내용 중심으로 사업성과 평가 단위를 선정하기 때문에 부처할거주의 같은 문제를 극복할 수 있다는 점이다. 복수의 부처들이 관련되는 경우, 이 사업에 대한 주관 부처가 선정되어 주관 부처가 책임지고 사업의 성과를 올리도록 요구받는다.

둘째, 사업의 성과가 단년도가 아니라 다년도 즉, 3~4년도에 걸쳐서 예산이 배정되고 사업 성과가 설정되기 때문에 사업 추진의 일관성이 있다. 이는 비록 예산제도의 차이로 인한 것이기는 하지만, 성과 설정 및 측정에 용이하다.

셋째, 성과 타깃 설정 시 달성이 용이한 목표를 설정하는 것이 아니라 도전적으로 달성하도록 요구받고, 비록 달성이 어렵다 하더라도 도전적 목표 설정에 높은 가치를 부여하여 정성적으로 고려된다.

넷째, 중앙정부 차원의 성과관리 대상 사업들은 30개 핵심 사업으로 압축되어 있어 국민적 관심을 끌기 쉽고 선택과 집중 원리에 따른 성과관리가 실질적으로 가능하다. 즉, 너무 많은 사업을 성과관리 대상으로 선정함으로써 발생하는 초점 및 자원의 분산을 방지할 수 있다.

다섯째, 성과 타깃의 경우 SMART 원칙에 따라 대단히 구체적이고 계량적이어서 성과와 대비하여 달성 여부를 평가하기 용이하게 설정되어 있다는 점을 들 수 있다.

참고 문헌

DWP (2007). Public Service Agreement for 2005-2008. Technical Note. Department for Work and Pensions.

Department for Education(DfE) (2012). Business Plan 2012-2015: Department for Education.

Hill, A. (2005). Developments in the Measurement of Public Sector Performance. HM Treasury.

HM Government (2011). Open Public Services 2012 White Paper.

HM Treasury (2002). Opportunity and Security for All: Investing in an Enterprising, Fairer Britain (New Public Spending Review: Public Service Agreements 1999-2002), presented to Parliament by the Chief Secretary to the Treasury by Command of Her Majesty, December, Cm 4181, London.

——— (2010). The Spending Review Framework. HM Treasury Cm 7872.

——— (2011). The Magenta Book: Guidance for Evaluation. HM Treasury.

Mackie, Bobby (2008). Performance Management In A Government Context: A Literature Review. Scottish Government Social Research.

National Audit Office (2010). Taking the Measure of Government Performance. HC 284 Session 2010-2011.

Neely, A. & Adams, C. (2002). The performance prism. *Financial Times*. London: Prentice Hall.

Noman, Zafar (2008). Performance Budgeting in the United Kingdom. *OECD Journal on Budgeting*, Vol. 8, No. 1. pp. 1-16.

Talbot, Colin (2010). Peformance in Government: The Evolving System of Performance and Evaluation Measurement, Monitoring, and Management in the United Kingdom. ECD Working Paper Series.

Chapter 03

정부 성과관리-캐나다*

제 1 절 서론

캐나다는 미국, 영국, 호주 등과 함께 정부개혁의 선도 국가로 평가받고 있는 나라이다. 캐나다 정부개혁의 주목적은 캐나다 국민을 위한 서비스 질을 향상시키는 것이었고, 이를 위해서는 정부의 관리 역량과 책무성 강화에 중점을 두어야 한다는 요구가 내·외부적으로 제기되었다. 이에 캐나다 정부는 오랜 시간에 걸쳐 조직개편, 인사개혁, 재정개혁 등을 단행했다(윤은기, 2000: 31).

특히, 일련의 정부개혁 활동은 신공공관리론(NPM)의 기조에 따라 진행되었다. 신공공관리론의 주요 특징으로는 첫째, 민간 부문의 관리 도구 도입(경쟁 원리 도입)을 통한 공공 부문의 전문적 관리 강화, 둘째, 결과에 대한 관리 및 통제 강화, 셋째, 명확한 성과 기준 및 지표 제시 등을 제시할 수 있다. 신공공관리론의 이러한 특징을 바탕으로 캐나다 정부개혁에서 조직개편 및 인사개혁의 주된 도구로 활용되었던 것이 성과관리라 할 수 있다.

따라서, 정부개혁의 목표를 달성하기 위해 활용되었던 캐나다의 조직 및 개인 성과관리 체계에 대한 이해는 우리나라의 바람직한 국정관리를 위한 성과관리 체계 구

* 박성민: 성균관대학교 행정학과·국정관리대학원 교수
김선아: 성균관대학교 국정관리대학원 박사과정

성에 의미 있는 정책적 함의를 제공해 줄 것이라 생각된다. 이에 이 장에서는 캐나다 연방정부의 조직 성과관리와 개인 성과관리에 대한 사례분석을 진행했다. 조직 성과관리의 경우 자체평가와 메타평가로 구분하여 살펴보았으며, 개인 성과관리의 경우 고위공무원 성과관리 프로그램으로 논의를 한정했다. 고위공무원이 국정관리에서 핵심적인 역할을 담당한다는 점을 고려할 때 이는 적절한 접근이라 생각된다. 또한 캐나다의 경우 2006년에 고위공무원단 제도를 처음 도입했던 우리나라보다 훨씬 이전부터 제도를 도입하여 운영해 왔기 때문에 사례 분석을 바탕으로 많은 시사점을 얻을 수 있을 것이라 생각된다.

이에 제2절에서는 정부개혁의 흐름에서 캐나다의 조직·개인 성과관리가 어떻게 발전되어 왔는가에 대해 살펴보았으며, 제3절에서는 현재의 조직·개인 성과관리가 어떤 방식으로 이루어지고 있는가에 대해 살펴보았다. 또한 이러한 내용을 바탕으로 제4절에서는 현행 제도의 성과 및 한계에 대해 논의했으며, 제5절에서는 이들의 내용을 종합적으로 정리하며 마무리했다.

제 2 절 캐나다의 조직·개인 성과관리제도의 발전 과정

캐나다에서는 1970년대에 '관리실무와 통제(management practice and control)'를 개선할 목적으로 성과평가제도를 도입했다. 특히 1997년 재무원이 평가정책(evaluation policy)을 공표하고 평가정책으로서 평가단을 설치하면서 체계적인 성과평가가 자리 잡게 되었다. 캐나다의 경우 1980년대부터 1990년대까지의 겪었던 재정위기와 2000년대 중반 예산사업과 관련된 대규모 스캔들로 인해 정부의 책무성 확보에 대한 요구가 증폭되었고, 국정관리에서 성과관리를 한층 강화하는 계기가 되었다.

이러한 흐름 속에서, 캐나다 정부는 조직의 성과 향상 및 책임성 확보를 위해서는 조직에서 가장 핵심적인 역할을 담당하는 인적 자원에 대한 성과관리가 무엇보다 중요할 것이라고 판단했다(윤수재·임동진, 2009: 273). 이에 1999년 '고위공무원단에 대한 성과관리 프로그램(Performance Management Program for Executives)'을 구축했다. 이는 정부의 주요 정책 및 프로그램과 국민에 대한 고위공무원의 책임성을 확보하기 위함이었다. 정부의 책임성 강조는 2000년에 발간된 「캐나다 국민을 위한 결과(Results for Canadians)」와 「결과에 대한 관리(Managing for Results)」에서 다시 한 번 확인할 수 있다. 「캐나다 국민을 위한 결과」는 시민 중심(citizen focus), 공공 서비스 가치(public service values), 결과에 대한 관리(managing for results), 지출에 대한 책임(responsible spending) 등 네 가지 관리 책무(four management commitments) 키워드를 바탕으로 구성되어 있다(Treasury Board of Canada Secretariat, 2000). 또한 「결과에 대한 관리」는 위에서 제시한 네 가지 키워드를 바탕으로 좀 더 효과적이고 통합적인 성과관리 체계 구축을 위한 다양한 방안을 제시하고 있다(President of the Treasury Board, 2000).

이에 캐나다의 성과관리 체계는 범국가적 방침에 의해 설정된 현대적 공공 서비스 관리의 비전을 일련의 관리기대치(Management Expectation)로 구체화시키려는 의도를 가지고 구성되었다고 볼 수 있다. 특히 캐나다 연방정부에 대한 조직 성과관리 체계 구성과 개인 성과관리 체계 구성은 재정위원회 사무처(the Treasury Board of Canada Secretariat: TBS)의 주도하에 이루어지고 있다. TBS는 정부 운영의 재무, 인사 및 행정에 관한 정책을 수립하고 각 부처와 기관에서의 집행을 감독하고 점검하는 책임을 지고 있다. 그뿐만 아니라 성과평가의 원칙과 방향을 설정하고, 지침을 개발・전달하며, 평가의 집행을 감독하고 결과를 검토하고 있다. 즉, TBS가 성과관리 시스템에 대한 개발 및 관리, 조정, 감독 기능 등 총괄 업무를 담당하고 있으며, 기능별로 다른 부서를 총괄적으로 평가하는 독립된 기관은 별도로 존재하지 않는다.

TBS는 2001년에 '캐나다 정부의 평가정책과 기준'을 승인하여 상위 평가와 자체 감사 기능을 분리하고 평가의 범위를 제반 사업과 정책, 조치를 포함하는 것으로 확대했다. 또한 평가활동을 결과 중심적 관리 활동과 연계시켜 평가 분야를 관리 업무에 접목시키기 위한 기준을 설정했다. TBS의 주도하에 지속적으로 성과관리 체계가 개선되었고, 2003년에는 조직 성과관리의 기반이 되는 '관리 책무성 모형(Management Accountability Framework: MAF)'이 공표되었다.

2003년 MAF 공표 이후 조직 성과관리의 연도별 주요 특징을 살펴보면 <표 3-1>과 같다. Round Ⅰ은 2003년 관리 책무성 모형을 공표한 첫 단계로서 28개의 부처 평가가 실시되었다. 이후 2004년~2005년(Round Ⅱ)에는 35개 기관 평가, 2005년~2006년(Round Ⅲ)에는 50개 기관 평가, 2006년~2007년(Round Ⅳ)과 2007년~2008

년(Round Ⅴ)에는 54개 기관 평가 등 지속적으로 평가 규모가 확대되었다. 그뿐만 아니라 TBS는 MAF를 바탕으로 진행되는 조직 성과관리의 효과성과 신뢰성, 타당성 제고를 위해 2008년~2009년(Round Ⅵ)에 외부 기관에 의해 진행되는 첫 번째 메타평가를 실시했다. 메타평가는 5년을 주기로 실시되는 평가로서 향후에도 지속적으로 진행될 예정이다. TBS는 매년 실시되는 자체평가와 5년 단위로 실시되는 메타평가 결과를 바탕으로 다양한 관점에서의 환류 과정을 통해 지표와 측정치를 지속적으로 개선·발전시키고 있다. 특히, 2010년~2011년(Round Ⅷ)에는 MAF 평가지표에 대한 대대적인 개선작업이 이루어졌다. 2010년 이전에는 MAF에서 제시한 10개의 평가 요소와 평가 영역을 동일하게 구성하여 평가에 적용했으나, 2010년~2011년

표 3-1 MAF 공표 이후 조직 성과관리의 연도별 주요 특징

단계	연도	내용
Round Ⅰ	2003~2004	• 관리 책무성 모형(MAF) 공표 • 27개 기관 평가
Round Ⅱ	2004~2005	• 관리 책무성 모형 수정 지표(indicators) 및 수정 측정치(measures) 발표 및 적용 • 35개 기관 평가
Round Ⅲ	2005~2006	• 관리 책무성 모형 수정 지표(indicators) 및 수정 측정치(measures) 발표 및 적용 • 50개 기관 평가
Round Ⅳ Round Ⅴ	2006~2007 2007~2008	• 관리 책무성 모형 영역(area of management)과 측정치(lines of evidence) 지속적인 수정 및 개발 • 54개 기관 평가
Round Ⅵ	2008~2009	• MAF 5개년 계획 종합평가 실시
Round Ⅶ	2009~2010	• MAF 5개년 종합평가에 대한 메타보고서 출판
Round Ⅷ	2010~2011	• 관리 책무성 모형 영역을 기존 10개 항목 내에서 15개 평가 영역(area of management)으로 세분화 및 59개 증거(lines of evidence) 개발 • 46개 기관 평가
Round Ⅸ	2011~2012	• 관리 책무성 모형 영역(area of management)과 측정치(lines of evidence) 지속적인 수정 및 개발: 기존 15개 영역을 14개로 축소, 53개 증거 구성 • 42개 기관 평가

자료: Treasury Board of Canada Secretariat (2012).

(Round Ⅷ) 평가부터 평가 영역을 15개로 세분화했다. 15개의 평가 영역은 10개 요소 내에서 상호 의존적이며, 현대 관리의 통합적 성격을 강조하여 구성했다. 현재(Round Ⅸ: 2011년~2012년) 15개의 평가 영역을 14개로 축소하여 운영하고 있다.

제 3 절 캐나다의 성과관리 체계

1 조직 성과관리

이 절에서는 현재 운영되고 있는 캐나다의 조직 성과관리 체계에 대해 살펴보고자 한다. 앞에서 제시된 바와 같이 캐나다 성과관리는 예산 당국인 재정위원회 사무처(TBS)의 주도 하에 이루어지고 있다. 특히 조직 성과관리는 일종의 기관평가이자 장관평가라고 할 수 있는 1년 단위의 부처평가와, 5년 단위의 메타평가 등 두 가지 유형으로 구분할 수 있다.

1년 단위로 이루어지는 부처평가는 캐나다 재정위원회 사무처(TBS)가 2003년에 공표한 '관리 책무성 모형(MAF)'을 바탕으로 이루어지고 있으며, 이는 각 부처가 자체적으로 실시하는 자체평가 형식으로 진행된다. TBS가 MAF를 도입한 주된 목적은 다양한 성과관리 접근 방식을 통합·조정하여 제시하고 공직 관리 비전을 합리적인 관리 기대치로 전환시키기 위함이다. 즉, MAF는 공공 서비스 관리자들에게 관리와 개선을 위한 종합적이고 통합적인 모형을 제공함으로써 바람직한 관리의 강화에 기여한다.

이러한 목적을 달성하기 위해 MAF는 10가지 요소를 바탕으로 이를 평가하기 위한 일련의 평가지표(indicators/areas of management)와 증거(lines of evidence) 및 측정치(measures)로 구성되어 있으며, 각각의 평가 항목들은 캐나다 연방정부의 행정 관리 역량 향상을 지향하고 있다.[1] 2011-2012년(Round Ⅸ) 평가지표를 기준으로

1) 2007년부터 TBS는 지표와 측정치의 용어를 'indicator'와 'measures' 대신 'area of management'와 'lines of evidence'로 대체하여 쓰기 시작했다.

현재 총 14개의 관리 영역과 53개 증거를 바탕으로 10개 요소를 평가하고 있다.

반면, 자체평가 형식으로 이루어지는 1년 단위 조직평가와 달리 5년 단위로 이루어지는 메타평가는 평가의 객관성과 신뢰성을 높이고자 정부기관이 아닌 다국적 컨설팅 기업(PricewaterhouseCoopers LLP)에 의한 평가가 이루어지고 있다. 메타평가는 MAF 평가의 관련성(relavance), 결과성(success), 비용효과성(cost-effectiveness) 측면에서 이루어지고 있다.

TBS는 부처평가와 메타평가 결과를 종합적이고 다각적인 측면에서 검토하여 매년 평가지표를 개선·발전시키고 있다. 그 결과 MAF는 시간의 흐름에 따라 성과를 측정할 수 있는 명확한 지표와 척도를 사용함으로써 관리자와 부처 사무차관 및 중앙행정기관 등이 업무의 진행 상태를 평가하고 관리 결과에 대한 책무성을 강화하는 데 기여하고 있다. 그뿐만 아니라 MAF는 인력관리의 현대화, 서비스 개선, 통합위험관리 및 현대적 감사 기능 등 기존의 재정위원회 사무처의 관리 기본 틀을 통합함으로써 관리 개선을 위한 조치들 간의 연계를 명확히 하는 데 기여했다.

이러한 내용을 바탕으로 캐나다 조직 성과관리를 좀 더 구체적으로 살펴보면 다음과 같다.

1) 부처평가

(1) 평가 목적

1년 단위로 각 부처 내에서 자체평가 형식으로 이루어지고 있는 부처평가의 경우 다음의 평가 기준과 원칙을 바탕으로 운영되고 있다.

TBS가 제시한 자체평가 제도의 평가 기준 및 원칙은 다음과 같다.

첫째, 엄격하고 객관적으로 평가한다.

둘째, 관리 능력보다 관리 결과에 초점을 둔 결과 위주의 관리를 실시한다.

셋째, 관리자들의 책임성을 강조한다.

넷째, 성과측정에서 효과성보다 능률성에 일차적인 초점을 둔다.

TBS는 이러한 평가 원칙을 바탕으로 이루어진 자체 평가 결과를 다음의 영역에서 활용하고 있다.

첫째, 부처 평가 결과는 효율적인 성과관리에 대한 종합적 개관을 제공한다.

둘째, 관리자들의 업무지침 및 관리 개선의 우선순위에 대해 의사소통을 가능하게

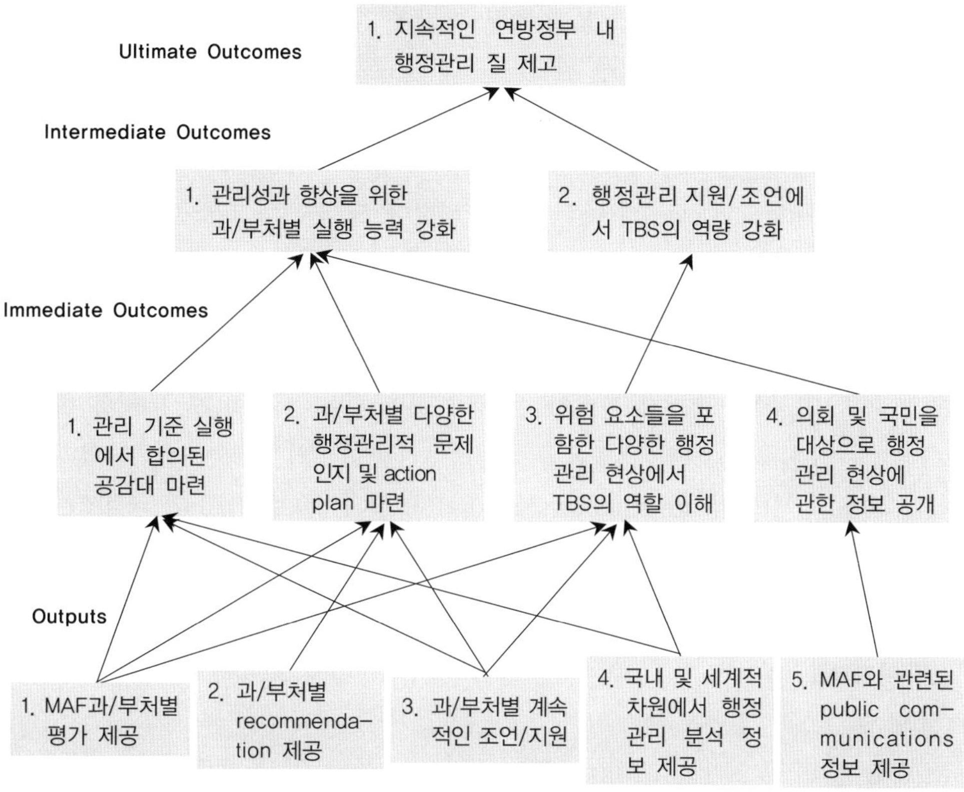

그림 3-1 MAF의 전략적 기획 및 결과 모형

자료: Treasury Board of Canada Secretariat (2009b).

하는 점검목록을 제공할 수 있다.

셋째, TBS가 수행하는 지출 및 관리 심의의 5년 주기 내에서 관리에 대한 평가의 틀을 구성하는 기반을 제공한다.

넷째, 부처관리의 계획과 성과에 대한 의회 보고를 개선하는 데 활용된다.

이러한 내용을 바탕으로 MAF에 의한 부처평가제도의 효용성을 [그림 3-1]과 같이 4단계로 구분하여 살펴볼 수 있다.

첫째, 산출(output) 단계이다. 각 과와 부처는 MAF를 기초로 자체평가를 실시하게 된다. 그리고 이러한 평가 결과를 바탕으로 과・부처 단위의 권고 제공 및 계속적인 조언과 지원이 가능해진다. 그뿐만 아니라 부처평가 결과를 종합・분석하여 국내 및 세계적 차원에서의 행정관리 분석 정보 제공이 가능해지며 MAF와 관련된 공공 의사소통 정보를 제공할 수 있게 된다.

둘째, 즉각적인 성과(immediate outcomes) 단계이다. MAF로 인해 관리 기준 실행에 합의된 공감대 형성이 가능해졌으며, 과·부처별 다양한 행정관리적 문제의 인지 및 활동 계획(action plan)의 마련이 가능해졌다. 또한 위험 요소들을 포함하여 다양한 행정관리 현상에서 TBS의 역할을 이해할 수 있게 되었으며, 의회 및 국민을 대상으로 행정관리 현상에 관한 정보 공개가 가능해졌다.

셋째, 중간 성과(intermediate outcomes) 단계이다. MAF를 통해 관리성과 향상을 위한 과·부처별 실행 능력을 강화할 수 있게 되었으며, 각 과와 부처에, 좀 더 효과적인 행정관리를 위한 지원과 조언을 제공하는 데 TBS의 역량이 강화되었다.

넷째, 최종 성과(ultimate outcomes) 단계이다. 결과적으로 MAF의 공표 및 MAF에 기초한 부처 평가는 지속적으로 연방정부 내 행정관리의 질을 제고하고 국민에 대한 책임성을 강화하는 데 기여했다.

(2) 평가제도 운영

① 평가 요소[2)]

MAF는 ① 공공 서비스 가치(public service values), ② 국정관리와 전략적 방향(governance and strategic directions), ③ 학습, 혁신 및 변화관리(learning, innovation and change management), ④ 결과와 성과(results and performance), ⑤ 정책과 프로그램(policy and programs), ⑥ 인적 자원(people), ⑦ 국민 중심의 서비스(citizen-focused service), ⑧ 위험관리(risk management), ⑨ 스튜어드십(stewardship), ⑩ 책무성(accountability) 등 열 가지 기본 평가 요소(the ten elements of the framework)를 바탕으로 구성되어 있다 ([그림 3-2] 참조).

부처평가에서는 평가 영역별 자료를 다양한 경로를 통해 수집된다. 평가 자료원(source of evidence)은 설문조사, 과·부처별 제출 서류 및 계획서, 보고서, 성과관리 계약서, 행정 데이터 시스템에 누적된 자료, 과·부처별 프로젝트 관리 능력 평가서 및 보고서, TBS 제출 서류 등 다양하게 구성되어 있는데, 이는 평가의 신뢰성 및 타당성 확보를 위한 노력이라 볼 수 있다.

---

2) 2009년 자료를 바탕으로 작성했다.

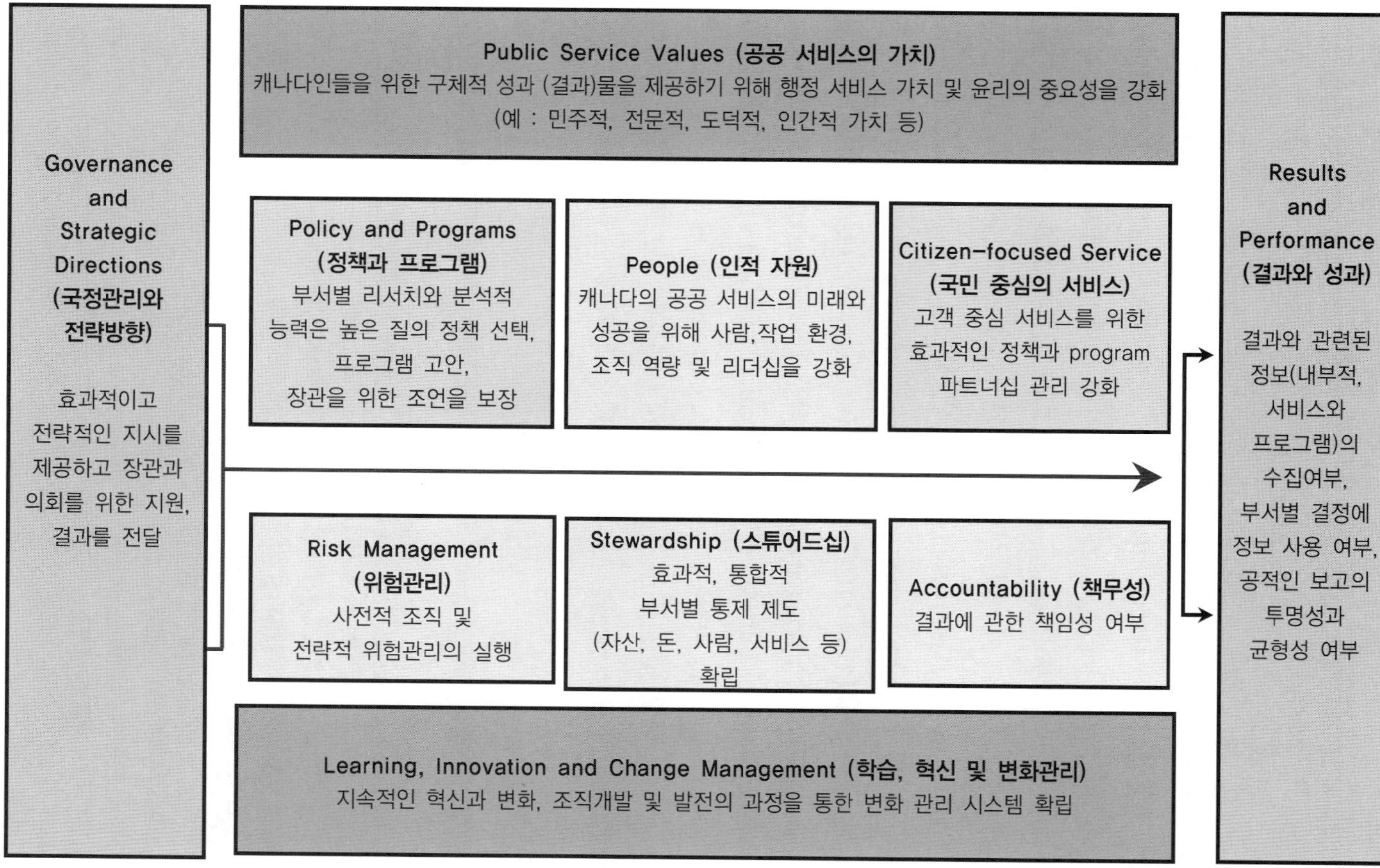

그림 3-2 관리책무성 모형

자료: Treasury Board of Canada Secretariat (2009b).

(3) 평가 지표[3)]

위에서 살펴본 관리 책무성 모형의 10개 요소를 바탕으로 실제 평가에 활용되는 평가 영역과 평가 지표가 개발되었다. 2010년 이전까지는 평가 요소와 평가 영역이 동일하게 구성되었으나, 2010년~2011(Round Ⅷ)년 평가부터 평가 영역이 15개로 세분화되었다. 15개의 평가 영역은 10개 요소 내에서 상호 의존적이며, 현대 관리의 통합적 성격을 강조하여 구성되었다. 따라서 10개 요소 내에서 15개 평가 영역(area of management)이 구성되어 있으며, 각 평가 영역별 증거(line of evidence)가 존재하고, 각 증거별로 하위 측정치(measure)로 구성되어 있다. 2011년~2012년(Round Ⅷ) 평가 지표 기준, 14가지 주요 평가 영역은 ① 가치와 윤리(values and ethics), ② 결과를 위한 관리(managing for results), ③ 국민 중심의 서비스(citizen-focused service), ④ 내부 감사(internal audit), ⑤ 평가(evaluation), ⑥ 재정관리와 통제(financial management and control), ⑦ 안전관리(management of security), ⑧ 통합된 위기관리(integrated risk management), ⑨ 인적 자원 관리(people management), ⑩ 정부 조달(procurement), ⑪ 정보관리(information management), ⑫ 정보기술(information technology), ⑬ 자산관리(asset management), ⑭ 투자 계획과 프로젝트 관리(investment planning and management of projects) 등으로 구성되어 있다. 각 영역별 증거(line of evidence)를 살펴보면 <표 3-2>와 같다.[4)]

표 3-2 MAF 평가 지표

평가 영역 (area of management)	증거 (line of evidence)		반영 비율
가치와 윤리	문화	조직은 공공 서비스 가치와 윤리를 반영하고 지원	30%
	리더십	리더는 가치와 윤리의 촉진 및 지원을 실증적으로 보여줌	40%
	국정관리	조직은 가치 및 윤리 체계와 구조를 지원	30%
결과를 위한 관리	전략적 성과(SO)와 프로그램 활동 양식(PAA)의 품질		15%
	성과 측정 체계(PMF)의 품질		40%

3) 2011년~2012년 평가 자료를 바탕으로 작성했다.

4) 2011년~2012년 평가부터 기존의 15개 평가 영역 중 '국정 관리와 계획(governance and planning)'이 평가 영역에서 제외되었다.

<table>
<tr><td rowspan="2"></td><td colspan="2">성과보고서의 품질</td><td>25%</td></tr>
<tr><td colspan="2">관리, 자원, 결과 구조(MRRS) 정보가 계획 수립과 의사결정을 지원하는 데 활용되는 정도</td><td>20%</td></tr>
<tr><td rowspan="3">국민 중심의 서비스</td><td colspan="2">좋은 서비스 관리</td><td>55%</td></tr>
<tr><td colspan="2">고객 서비스 지향</td><td>20%</td></tr>
<tr><td colspan="2">대중과 고객의 관점과 수요를 고려하는 정도</td><td>25%</td></tr>
<tr><td rowspan="2">내부 감사</td><td>지속가능성</td><td>내부 감시 서비스의 효과적인 전달을 지속시키기에 적절하고 전문적이며, 충분한 능력이 있음</td><td>-</td></tr>
<tr><td>성과</td><td>내부 감시 체계는 위험 관리와, 개선, 국정관리 과정의 개선에 기여</td><td>-</td></tr>
<tr><td rowspan="4">평가</td><td colspan="2">평가보고서의 품질</td><td>-</td></tr>
<tr><td colspan="2">국정관리와 평가 기능의 지원</td><td>-</td></tr>
<tr><td colspan="2">직접 프로그램 지출의 평가 범위</td><td>-</td></tr>
<tr><td colspan="2">의사결정 지원 및 보고에서 평가의 활용</td><td>-</td></tr>
<tr><td rowspan="4">재정 관리와 통제</td><td colspan="2">계획 주기의 성과</td><td>16%</td></tr>
<tr><td colspan="2">운영 주기의 성과</td><td>33%</td></tr>
<tr><td colspan="2">보고 주기의 성과</td><td>24%</td></tr>
<tr><td colspan="2">계획, 운영, 보고 주기 내에서의 성과의 지속 능력</td><td>27%</td></tr>
<tr><td rowspan="5">안전관리</td><td>국정관리와 계획</td><td>안전관리는 노동자, 정보, 자산을 보호함으로써 정부의 효율성에 기여하며, 정부의 운영 및 서비스의 연속성을 보장함</td><td>-</td></tr>
<tr><td>능력과 프로세스</td><td>적절한 자원, 사람, 프로세스를 보유한 안전적 조직은 부처의 안전적 계획 집행과 부서의 효과적인 안전관리를 지원함</td><td>-</td></tr>
<tr><td>모니터링, 성과 측정과 보고</td><td>보안 위험 · 정책 준수 · 보안 제어 구조의 효과성에 대한 지속적인 모니터링, 성과측정, 보고</td><td>-</td></tr>
<tr><td>결과</td><td>현재의 보안 실태 및 보안정책의 진행 정도에 대한 평가</td><td>-</td></tr>
<tr><td>리더십</td><td>조직은 리더십을 제공하고, 혁신을 보여주며, 정부 전반의 안전 프로그램에 기여함</td><td>-</td></tr>
<tr><td rowspan="3">통합된 위기관리</td><td colspan="2">국정관리와 리더십</td><td>25%</td></tr>
<tr><td colspan="2">집행</td><td>50%</td></tr>
<tr><td colspan="2">결과와 지속적인 개선</td><td>25%</td></tr>
<tr><td rowspan="4">인적 자원 관리</td><td colspan="2">직원참여</td><td>11.76%</td></tr>
<tr><td colspan="2">다양성과 고용 공정성</td><td>11.76%</td></tr>
<tr><td colspan="2">공무원의 개발과 발전</td><td>11.76%</td></tr>
<tr><td colspan="2">성과관리와 인재관리</td><td>11.76%</td></tr>
</table>

	작업량과 인력 계획 효과성		11.76%
	선발 및 채용		11.76%
	공식적 언어		11.76%
	조직적 맥락		5.88%
정부 조달	국정관리, 리더십, 계획		50%
	능력, 집행, 결과		50%
정보관리	정보관리 국정관리		–
	전략적 계획과 집행		–
	실행		–
	정보에 대한 접근		–
	개인 정보 보호 정책		–
	ATIP 국정관리와 역량		–
정보기술[5]	리더십	IT관리자의 통제 범위와 부처, 지방정부, 국가적 국정관리위원회 상호간의 협력과 공유	–
	계획	IT 계획과 국정관리 구조에서의 IT 관리자의 역할	–
	가치	가치– 핵심적인 내적 · 외적 IT 파트너십 전략, IT 계획의 진보, 이전 MAF의 권고 사항 해결	–
자산관리	물적 재산관리 체계는 적시에 물적 재산관리 의사결정을 지원		60%
	물적 자원관리 체계는 적시에 물적 자원관리 의사결정을 지원		40%
투자 계획과 프로젝트 관리	투자계획		50%
	프로젝트 자원의 효과적 관리		25%
	프로젝트 결과의 효과적 관리		25%

자료: Treasury Board of Canada Secretariat (2012).

2) 메타평가

(1) 평가 목적

TBS는 MAF를 바탕으로 진행되는 부처평가의 효과성 및 신뢰성과 타당성 재고를 위해 5년 단위의 메타평가를 진행하고 있다. 특히 이러한 메타평가는 평가 과정 및 결과의 객관성 확보를 위해 정부기관이 아닌 다국적 컨설팅 기업(PricewaterhouseCoopers LLP)에 의한 평가가 진행되고 있다.

5) 2011년~2012년 평가에서는 평가 항목에 포함되지 않아서 2010년~2011년 평가 자료를 참고했다.

(2) 평가제도 운영

MAF 메타평가의 기본 모형은 [그림 3-3]과 같다. MAF 메타평가의 주요 평가 이슈는 성과의 관련성, 결과성, 비용효과성 등 세 가지 측면으로 이해할 수 있다. 이러한 이슈를 바탕으로 4개 영역(four strategic questions)의 전략적 질문 문항이 구성되어 있으며, 영역별 평가 질문은 23개(23 evaluation questions)로 구성되어 있다. 이를 구체적으로 살펴보면 다음과 같다.

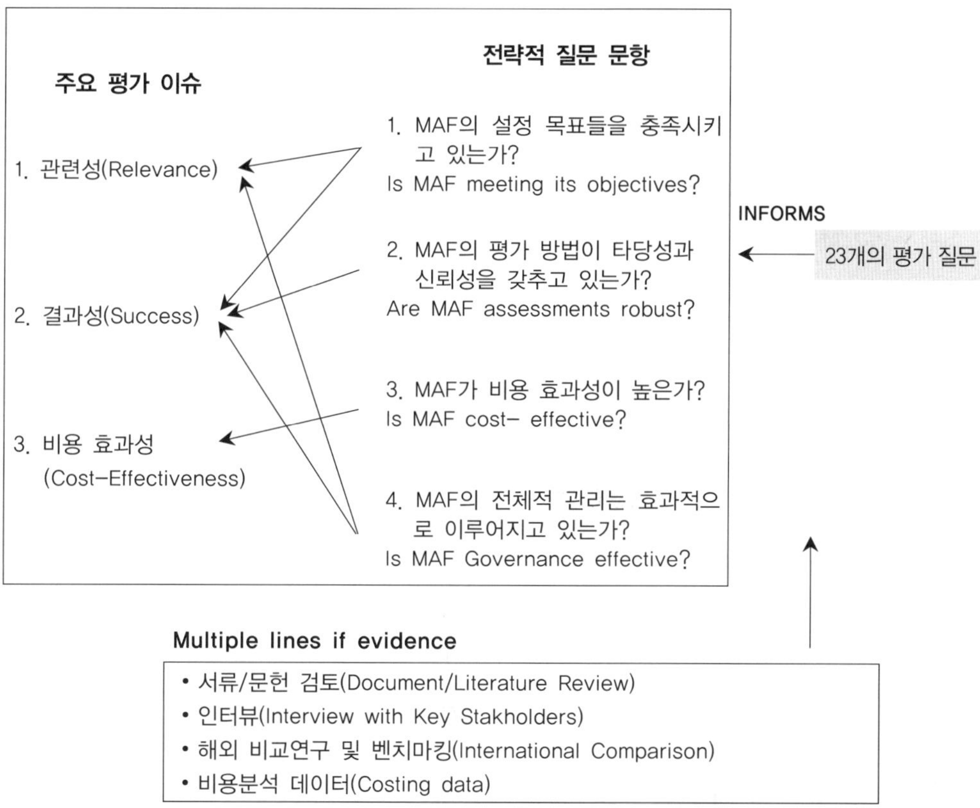

그림 3-3 MAF 메타평가의 기본 모형

자료: Treasury Board of Canada Secretariat (2009b).

① 타당성 · 합목적성 측면

－질문 예시(실제 9개 평가 질문으로 구성)

• MAF의 설정 목표들이 잘 실현되고 있는가?
• MAF 목표들이 적절히 기술되어 있는가? 기술된 목표의 내용들을 광역화 혹은 단순화시켜야 하는가?
• MAF가 적절한 평가의 역할을 함과 동시에 궁극적으로 행정관리 향상에 기여하고 있는가?
• MAF가 넓은 의미의 행정의 요소들을 포함하여 측정해야 하는가? (예를 들면 정책 개발, 리더십, 관리보고 시스템 등)

② **신뢰성 · 공정성 · 정확성 측면**

–질문 예시(실제 9개 평가 질문으로 구성)
• MAF의 평가 방법이 신뢰성 공정성, 그리고 합리성을 갖추고 있는가?
• 연방정부의 관리평가에 어느 정도의 신뢰성과 정확성 있는 기준들을 제시하고 있는가?(예를 들면, MAF 평가의 결과들이 연방정부 부서의 성과들을 정확히 반영하고 있는가?)
• MAF의 평가에 근거 중심의 평가 척도를 어느 정도 사용해야만 하는가?
• 현재의 평가 방식이 적절한가?
• 현재의 평가 방식이 MAF가 의도한 결과를 얻을 수 있는 가장 효율적이고 효과적인 방법인가?
• MAF 결과들이 효과적으로 소통되고, 사용되고 보고되고 있는가?

③ **비용 효과성 측면**

–질문 예시(실제 2개 평가 질문으로 구성)
• MAF가 비용 효율성이 높은가? 높은 수준의 VFM (질적 효과성 및 적절성)을 제공하고 있는가? 이에 따른 투입과 효과의 정도를 증명할 수 있는가?
• 요구되는 부서의 자원/투자와 적절한 부서 성과를 이루기 위한 노력 간의 관계에서 최적의 균형점은 무엇인가?

④ **평가 설계적 측면**

–질문 예시(실제 3개 평가 질문으로 구성)
• MAF의 전체적 관리는 효과적으로 이루어지고 있는가? (Is MAF governance

effective?) MAF의 역할과 책임, 시스템, 그리고 다양한 승인 절차는 효율적이고 효과적인가?

- TBS는 정부기관의 관리와 성과를 측정하기에 적절한 기관인가? (e.g., does TBS have adequate capacity and level of experience?) 제3의 참여기관을 고려해야 하는가? 그렇다면 어떤 기관들이 포함되어야 하는가?
- 각 부서 차관들 간의 체계적이고 투명한 언어적 소통을 어떻게 확립할 것인가?

특히, 메타평가에서는 평가의 타당성 확보를 위해 자료 수집원을 다원화하고 있다. 평가를 위한 자료는 서류/문헌 검토(Document/Literature Review), 인터뷰(Interview with Key Stakeholders), 해외 비교연구 및 벤치마킹(International Comparison), 비용 서베이와 비용분석(Cost Survey and Analysis), 라운드(Round)별로 수정된 지표와 척도(측정치) 비교 등 다양한 방식에 의해 이루어지고 있다.

2 개인 성과관리

다음에서는 현재 운영되고 있는 캐나다의 개인 성과관리 체계에 대해 살펴보고자 한다. 특히, 개인 성과관리는 '캐나다 고위공무원 성과관리 프로그램(Performance Management Program for Executives)'을 중심으로 살펴보고자 한다. 캐나다 고위공무원 성과관리 프로그램은 다음의 세 가지 목적을 바탕으로 시행된다. 첫째, 명확한 목표 설정과 업적에 대한 엄격한 평가를 통한 우수 성과의 장려, 둘째, 성과에 대한 인정과 보상, 셋째, 성과 관리에 대한 일관성 있고 공평한 체계를 제공하기 위함이다(Treasury Board of Canada Secretariat, 2009a).

1년 주기로 시행되는 고위공무원 성과관리 프로그램의 일정은 <표 3-3>에서 보는 바와 같다. 성과관리 프로그램의 일정은 부처 및 개인 단위의 책무가 설정되고 논의되는 1월~3월, 성과계약서의 초안이 작성되는 4월~5월, 성과계약서 작성의 마무리 및 전년도 성과 보상금이 처리되는 5월, 성과 보상금 지급이 보고되는 6월, 성과계약서를 평가하고 조정이 이루어지는 6월~7월, 연중 성과 환류가 이루어지는 8월~9월 등 6단계로 구분할 수 있다.

고위공무원 성과관리 프로그램의 흐름은 [그림 3-4]에서 보는 바와 같이 5단계로 구

표 3-3 고위공무원 성과관리 프로그램의 일정

1월~3월	• 고위공무원 위원회에 의해 부처 단위의 핵심 책무가 설정되며 경영진에 전달됨 • 개인 단위의 책무와 성과 측정은 초안이 구성되고 공유되며 관리팀과 함께 논의됨
4월~5월	• 성과계약서 초안 작성 • 모든 해당 연도의 EX 성과계약서는 서명됨
5월	• 지난 해의 책무평가는 EX와 관리자에 의해 완료됨 • 부처 단위의 평가 과정은 해당 연도가 끝나는 3월 31일의 성과 평가 순위 산정의 일관성과 형평성 유지함 • 관리자에게 피드백이 제공되며 양측에 의해 성과계약서 작성 마무리 • 지난 해의 성과 보상금(급여 변동 범위, 위험 수당) 지급 처리
6월	• 지난 해의 성과 보상금 지급 결과는 규정에서의 요청대로 보고됨
6월~7월	• 성과계약서가 평가되며 조정이 이루어짐
8월~9월	• 연중 성과 환류
1월~3월	• 주기 다시 시작

자료: Treasury Board of Canada Secretariat (2009a).

분해 볼 수 있다.

첫 번째는 책무(commitments) 단계로서, 정책과 프로그램, 관리, 리더십 역량 등 기대되는 결과에 대한 성과계약서(performance agreements)를 작성하는 단계이다. 두 번째는 평가(assesement) 단계로, 성과 대상(what)으로서 성취한 결과에 대한 평가와 성취 방법(how)으로서 주요 리더십 역량에 대한 평가가 이루어지는 단계이다. 즉, 고위공무원 평가는 실제 무엇을 이루어냈는가에 대한 내용뿐만 아니라 이것을 어떻게 이루어냈는가에 대한 내용을 종합적으로 고려하여 이루어진다. 세 번째는 등급 산정(rating)의 단계로서, 매우 뛰어난 목표 달성(surpassed), 초과 충족(succeeded +), 충족(succeeded), 미흡한 충족(succeeded -), 미충족(did not meet) 등 5단계로 구분된다. 네 번째는 성과급 지급의 단계로서, 경제적 증가(economic increase), 급여 변동 범위 내 지급, 위험 수당(at-risk pay) 지급, 상여금(bonus) 지급 등의 유형으로 구분하여 살펴볼 수 있다. 마지막은 성과 환류(performance feedback)의 단계로서 이는 연중(mid year)과 연말(year end)에 제공된다.

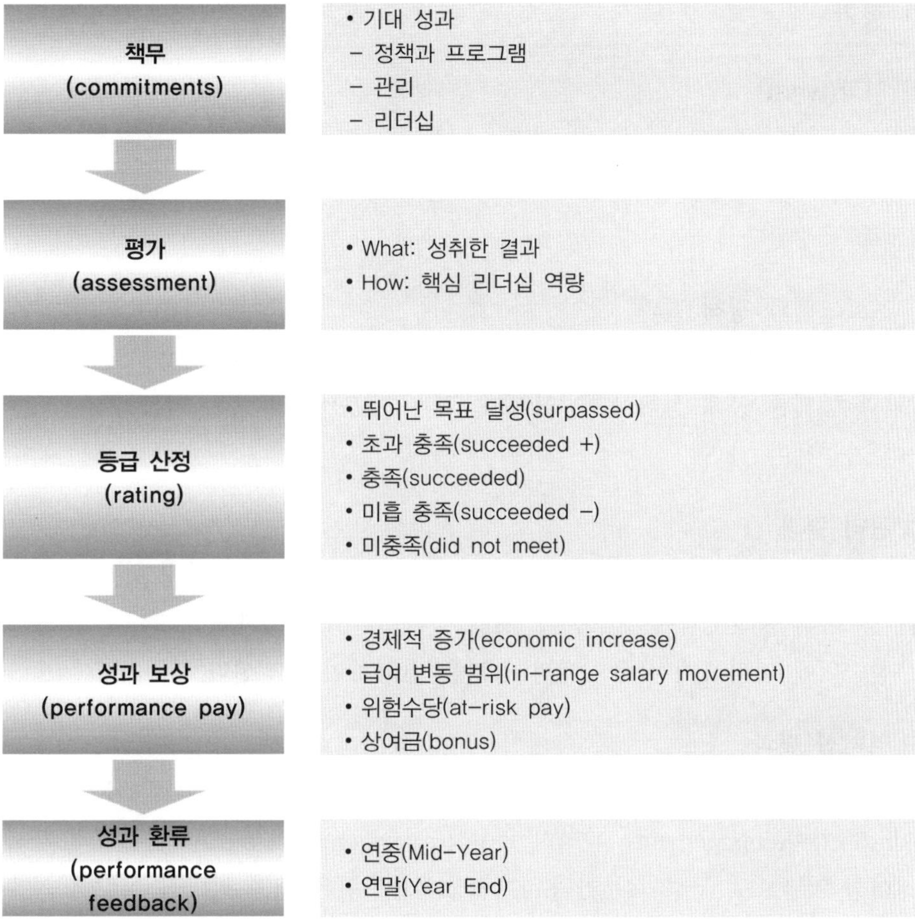

그림 3-4 고위공무원 성과관리 프로그램의 흐름

자료: Treasury Board of Canada Secretariat (2009a).

1) 책무

책무(commitments) 단계는 성과계약서(performance agreements) 작성을 기반으로 한다. 성과계약은 고위공무원과 직속 상관 사이에 기대되는 성과 주기에 대한 상호 이해를 바탕으로 작성되며, 이것은 정책과 프로그램, 관리, 리더십과 관련된 5개~6개 이상의 성과 측정 지표로 구성되어 있다.

2) 평가

(1) 결과(what)

성과 대상(what)으로서 성취한 결과(results)에 대한 평가(assessment)는 프로그램과 정책(program and policy), 관리(management), 리더십(leadership) 등 세 가지 영역으로 구성된다.

① 프로그램과 정책 결과

성과계약서는 조직의 사업 계획을 기초로 작성된다. 고위공무원은 이것을 자신의 영향력과 통제를 통해 성취할 수 있으며, 결과 지향적이고 측정 가능하거나 명백한 입증이 가능해야 한다.

② 관리 결과

특별 관리 결과에 관한 성과계획서는 인적 자원 관리에 대한 특정 참조 업무를 포함하여 조직의 우선순위에 기초한다. 이에 성과계약서는 성과 주기를 중심으로 조직의 우선순위에 따라 1개 혹은 2개의 영역을 반영하여 결정된다.

③ 리더십 결과

리더십 결과의 평가는 가치와 윤리(values and ethics), 전략적 사고(strategic thinking), 참여(engagement), 관리의 우수성(management excellence) 등 네 가지 핵심 리더십 역량으로 구성되어 있다. 모든 고위공무원은 핵심 리더십 역량에 의해 표현된 것처럼 기대되는 행위에 의해 평가받으며 관련된 하위 역량은 그들의 성과 달성 수준에 의해 확인된다.

(2) 방법(how)

Government of Canada(2006)의 '핵심 리더십 역량(Key Leadership Competencies)'에서는 고위공무원에게 기대되는 효과적인 행태(effective behavior)와 비효과적인 행태(ineffective behavior)를 구분하여 제시함으로써 공무원에 올바른 정보를 제공하고 있다. 특히, 효과적인 행태로 제시되고 있는 성취 방법(how)으로서의 핵심 리더십 역량에 대한 평가는 가치와 윤리, 전략적 사고, 참여, 관리의 우수성 등 네 가지 영역으로 구성된다. 각 역량별 주요 내용을 살펴보면 <표 3-4>과 같다. 가치와 윤리

표 3-4 핵심 리더십 역량[6)]

역량	내용
가치와 윤리 (values and ethics)	• 진실성과 존중을 통한 봉사 – 개인 행동에 규칙을 비롯하여 가치와 윤리 포함 – 부처 관례에 규칙을 비롯하여 가치와 윤리의 통합 – 자신과 부처의 활동에 시민과 고객에 대한 책무를 반영 – 용감한 조언과 자신의 잘못을 인정할 줄 아는 행위 – 부처의 정책과 프로그램에 조직의 가치를 반영 – 공식언어(OL)와 고용평등(EE)정책을 바탕으로 2개 국어 사용, 포괄적이고 다양한 부처 문화 구축 및 촉진 – 괴롭힘과 차별을 벗어난 안전, 건강, 부처 존중 문화 구축 및 촉진 – 투명성과 공정성 모델
전략적 사고 (stratefic thinking)	• 분석과 아이디어를 통한 혁신 ① 분석 – 법률 제정과 ADM 역할에 대한 철저한 이해에 따른 frames 문제와 질문 – 부분 이슈에 대한 DM, 정부, 국가, 지방, 세계, 기술적 관점의 탐색 – 중요하고 민감한 문제를 인지하고 이것을 우선순위와 연계 – 판단 시에 중요한 요소와 사소한 요소를 구분 – 문제점을 분석하고, 정직한 환류와 실수를 통해 배우는 자세 추구 – 해결책을 개발하기 이전에 철저하게 문제점을 분석 ② 아이디어 – 차관에게 양질의 판단과 정책 조언을 제공 – 집단과 차관 비전의 정교화에 기여 – 자신의 권한 면에서 비전을 분명히 표현 – 비전통적인 문제에 대한 혁신적인 해결책 개발 – 변화의 범위와 속도 관리에 대한 전략 개발 – 단기·장기적으로 효과적인 전략 개발 – 건설적인 정책 질의 장려 – 세부 정보 없이 가능성 내다보기 – 필요에 따라 분석과 협의에 기초한 믿을만한 전문적 판단 발휘 – 타인으로부터 가르치고 배움
	• 사람, 조직, 파트너의 동원 – 중앙 정부 기관, 타 부처, 고객, 시민, 연합, 중앙·지방 또는 다른 정부 수준의 공무원과 함께 효과적인 관계와 네트워크 구축

6) 캐나다 공무원의 핵심 리더십 역량은 직위별(deputy minister, assistant deputy minister, director general, director, manager, supervisor)로 세분화되어 제시되어 있었다. <표 3-4> 핵심 리더십 역량은 assistant deputy minister의 내용을 바탕으로 작성했다.

참여 (engagement)	- 조직과 네트워크 전반에 걸친 의사소통 연계망 제공 - 솔직하고 명확한 의사소통 장려 - 부서, 팀, 개인적 참여의 입장에서 의사소통하고 외부 맥락을 이해 - 정식하고 건설적인 환류를 추구하고, 이를 제공함으로써 신뢰를 보여주고 끌어냄 - 타인의 의견을 적극적으로 경청하고, 타인에게 미치는 영향을 이해 - 상생(win-win) 해결책 협상과 타협의 결과에 영향을 미치며 갈등을 해결함 - 합의 형성, 위기에 대한 지시와 같이, 맥락에 대한 조정적 접근 - 열정적으로 헌신하는 개인에게 우수성에 대한 헌신을 격려 - 공유된 목적을 제공하기 위해 부처 및 공공 서비스 ADM 공동체와 협업 - 활발한 공개 토론을 위한 개방되고 긍정적인 환경 구축
관리의 우수성 (management excellence)	• 활동관리, 인적 자원 관리, 재무관리 ① 활동관리(action management) - 부처, 부서, 부문에서의 결과를 극대화시키는 변화를 주도함 - 자신의 부서뿐만 아니라 전체 부처를 위한 청지기로서의 활동 - DGs를 위한 우선순위, 중대 시점, 타임라인, 성과 측정, 명확한 책무성, 성과 계약의 확인 및 전달 - 전략적 위험관리 체계의 설계 및 관리 - 국가와 지역의 우선순위, 계획, 성과의 조정 - 우선순위와 자원의 조정 - 계획, 집행, 모니터링, 평가, 보고로 부서 사업계획을 완수 - 부서의 관례로 관리자, MAF, 연방 법률, 규제, 정책을 통합 - 부서 관리자 책임과 의무 이행 - 계획과 활동에 대한 인적자원, 재정, IT, IM, 소통 안건을 통합 - 목표와 계획의 변경은 우선순위와 상태의 변화를 반영 - 필요하다면, 불완전한 정보에도 불구하고 행동 방침에 전념 - 의사결정, 긴급한 활동 시작, 위기 상황에서의 평정 유지 - 오류를 인지하고 인정하며 수정함 ② 인적 자원 관리(people management) - 연속적 계획을 위한 인적 자원 전략 계발 - 특정 주제 혹은 위기 안건을 다루는 전문가 팀 구성 - 명확한 기대, 관찰, 평가. 보상, 성과 향상 체계 수립 - 개인의 업적과 최선의 노력에 대한 인정 - 정직한 환류 제공, 학습 장려, 계약 불이행 관리 - 인적 자원 문제를 결정적이고 효과적으로 해결 - DG 공동체에 대한 지원 및 중요성의 인정 - 팀에서 상호 보완적인 강점의 균형 - 부서 전반에 리더십 구축 - 평가, 경력 계획 및 경력 개발을 통한 인적 자원의 개발 - HR 프로토콜을 변경하기 이전에 지원 부서와 상의 - 엄격한 HR 체계의 구현 및 HRM 책임과 의무 이행

	③ 재정관리(financial management) - 투명한 자원 할당과 지속적인 재분배 문화 확립 - 사업계획과 재무관리 체제를 조정 - 재정 규제를 처리하는 데 필요한 혁신적인 접근 촉진 - 관리 과정의 통합과 모든 과정 검토 권장 - 감사와 평가 결과에 대한 검토와 반응 - 지속적으로 성과를 감시하고 효율성을 추구 - 부서 재정관리를 위한 책임과 의무의 이행 - DM에 객관적이고 신뢰할 수 있는 보고를 적시에 제공 - 재정 프로토콜을 변경하기 이전에 지원 부서와 상의

자료: Government of Canada (2006).

역량은 진실성과 존중을 바탕으로 구성되어 있으며, 전략적 사고 역량은 분석과 아이디어를 통한 혁신을 주요 내용으로 하고 있다. 또한 참여 역량은 사람, 조직, 파트너의 동원을 주요 내용으로 하고 있으며, 관리의 우수성 역량은 활동관리, 인적 자원관리, 재무관리 등을 주요 내용으로 하고 있다.

3) 등급 산정

성과 등급 산정(rating)은 성과계약서에 대한 고위공무원 각자의 성과뿐만 아니라 그들이 직면한 관련 문제의 범위와 복잡성에 의존하여 결정된다. 또한 등급 산정은

표 3-5 성과평가 등급 산정

등급	내용
뛰어난 목표 달성 (surpassed)	• 기대 성과 이상을 잘 달성했음
초과 충족 (succeeded +)	• 기대 성과를 초과 달성했음 • 기대 성과 달성은 관련된 다른 고위공무원 직무 수준보다 범위가 넓고 복잡한 수준에 위치해 있음
충족 (succeeded)	• 기대 성과를 완전히 달성했음
미흡한 충족 (succeeded –)	• 기대 성과를 완전히 달성하지 못했음 • 관련된 다른 고위공무원 직무 수준보다 범위가 좁고 덜 복잡한 성과를 설정했음
미충족 (did not meet)	• 기대 성과를 달성하지 못함

자료: Treasury Board of Canada Secretariat (2009a).

무엇을 달성했는가뿐만 아니라 그들이 어떻게 성과를 달성했는가를 반영하여 결정된다. 결과의 달성에 주요 리더십 역량을 입증하는 것은 인정되고 보상된다. 전반적으로 성과평가 영역은 뛰어난 목표 달성, 초과 충족, 충족, 미흡한 충족, 미충족 등 5단계 의해 평가된다(<표 3-5> 참조).

효과적인 성과관리 프로그램은 다음과 같은 우수 비율 분포를 통해 입증되고 있다. [그림 3-5]에서 보는 바와 같이 '뛰어난 목표 달성(surpassed)' 등급은 전체의 20% 이상을 넘지 않고 있으며, '초과 충족(succeeded+)' 등급과 '충족(succeeded)' 등급은 전체의 65% 이상을 넘지 않고 있다. 또한 '미흡한 충족' 등급은 전체의 10% 이하를 넘지 않고 있으며, '미충족(did not meet)' 등급은 전체의 5% 이하를 넘지 않고 있다.[7] '탁월'과 '우수'로 평가받은 공무원이 94% 이상이었던 도입 초기 당시인 2003년과 비교했을 때[8] 평가 체계가 합리적으로 개선되어 정착되었음을 의미하는 것이다.

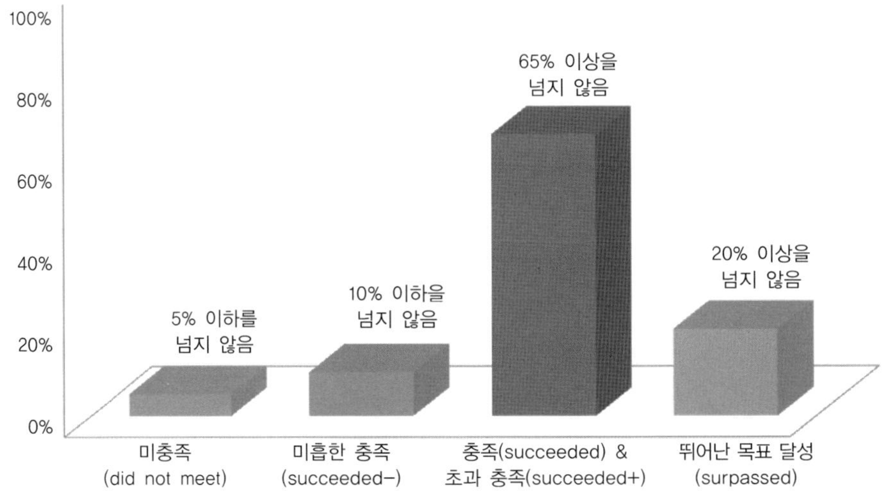

그림 3-5 등급 산정 분포도

자료: Treasury Board of Canada Secretariat (2009a).

7) 일반적으로 모든 고위공무원이 고위공무원 성과관리 프로그램의 적용 대상이 되지만 경우에 따라, 시간 불충분 등과 같은 다양한 이유로 일부의 고위공무원이 성과 평가에서 제외되기도 한다 (Treasury Board of Canade Secretariat, 2009a).

8) 서울신문, 2006월 6월 29일자 기사 참조.

4) 성과급 지급[9)]

고위공무원 성과관리 프로그램은 성과에 기초한 보상을 받을 수 있는 기회를 제공한다. 이러한 성과급 지급(performance pay)은 다음의 네 가지 형태로 운영된다.

(1) 경제적 증가

경제적 증가(economic increase)는 고위공무원 유지 및 보상에 관한 자문위원회(Advisory Committee on Senior Level Retention and Compensation)에 의해 매년 권장되며 기본급의 증가를 반영한다. 이에 대한 적격 조건은 보편적으로 성과계약의 달성에 의해 결정된다. 또한 경제적 증가는 성과가 평가될 수 없는 경우에는 지급되지만, 성과가 달성되지 못한 경우에는 지급되지 않는다.

(2) 급여 변동 범위

최대 범위까지의 급여 범위를 통한 변동은 성공적인 성과 달성을 통해 가능하다. 성공적인 성과 달성에 대한 정상적인 인상 범위는 연간 5% 이내이며, 목표 성과 달성 수준에 따라 더 높거나 낮은 비율이 결정된다. 급여 변동 범위(in-range salary movement) 내 지급은 기대 성과를 달성하지 못할 경우에는 지급되지 않는다.

(3) 위험수당

위험수당(at-risk pay)의 일시불 지급은 기본급여의 비율과 상응하여 결정되며, 매년 성과 달성의 정도에 기초하여 재지급된다. 이 일시불 지급의 총량은 성과평가 각 섹션 아래 표기된 내용을 바탕으로 성과 달성의 수준에 의해 달라진다. 이 지급은 개인의 기본급은 증가시키지 않지만 연금 산정을 위한 평균 급여에는 포함된다. 위험급여는 개인의 급여 범위와 관계없이 지급받을 수 있지만 기대 성과를 달성하지 못할 경우에는 지급되지 않는다.

(4) 상여금

상여금(bonus)의 일시불 지급은 위험수당 이외에 기대 성과에 대한 뛰어난 목표 달성을 이룬 경우 지급된다. 위험수당과 마찬가지로 상여금은 개인의 기본급은 증가

---

9) 급여 변동 범위 내 지급, 위험 수당, 상여금 산정에 활용되는 기초 급여는 성과 주기의 마지막 날인 3월 31일을 기초로 한다. 또한 경제적 증가는 차기 회계연도에 적용되며, 이는 급여 변동 범위 내 지급이 적용된 급여를 기초로 한다.

표 3-6 개인의 성과 등급에 따른 성과 보상 제공

평가 등급	경제적 증가	급여 변동 범위	일시불 지급	
			위험 수당	상여금
뛰어난 목표 달성	O	O	O	O
초과 충족	O	O	O	X
충족	O	O	O	X
미흡 충족	O	O	O	X
평가 불가	O	X	X	X
미충족	X	X	X	X

자료: Treasury Board of Canada Secretariat (2009a).

시키지 않지만 연금 산정을 위한 평균 급여에는 포함된다. 또한 상여금은 개인의 급여 범위와 관계없이 지급받을 수 있다.

이상에서 살펴본 성과 보상의 유형을 개인의 성과 달성 수준에 따른 제공 여부로 구분해 보면 <표 3-6>과 같다.

5) 성과 환류

성과 환류(performance feedback)의 주안점은 성장하고 건설적인 환류를 공유하고, 성과 강화를 위한 권고 사항을 포함시키는 것에 있다. 직속 상관은 성과 주기 내내 줄곧 성과 환류를 제공함과 동시에 성과 주기의 연중 평가와 연말 평가에 중점을 둔다.

제 4 절 성과관리제도의 성과와 한계

1 조직 성과관리제도의 성과 및 한계

이 사례분석에서는 캐나다 연방정부의 조직 성과관리를 MAF를 기반으로 실시되고 있는 1년 단위의 부처평가와, 이러한 부처평가의 효과성 및 신뢰성과 타당성 제고

를 위해 실시되는 5년 단위의 메타평가로 구분하여 살펴보았다. 부처평가의 경우 현재 제10회(Round X: 2012~2013) 평가가 진행 중이며 메타평가의 경우 현재까지 제1회(2008년~2009) 평가가 시행되었다. 부처평가와 메타평가의 결과를 바탕으로 캐나다 조직 성과관리의 성과 및 한계를 도출해 보았다(Treasury Board of Canada Secretariat, 2009b).

먼저, 캐나다 조직 성과관리의 성과를 살펴보면 다음과 같다.

첫째, MAF 평가 결과에 대한 신뢰성 확보 측면이다. 캐나다 조직·인사 성과관리의 주무 기관인 TBS는 자체평가로 실시되는 부처평가 결과를 점검할 때 타당성 있고 정확한 검토 체계(review process)를 구성하여 운영하고 있다. 즉, TBS는 조직 성과관리의 일환으로 실시되는 자체평가의 기준, 절차 방법에 대한 가이드라인 제시뿐만 아니라 결과에 대한 검토 체계를 운영함으로써 평가 결과에 대한 신뢰성 및 공정성 확보에 기여했다.

둘째, MAF 평가 도구에 대한 신뢰성 확보 측면이다. TBS는 부처평가와 메타평가 결과를 종합적이고 다각적인 측면에서 검토하고 환류 과정을 거침으로써 MAF 지표와 측정치를 지속적으로 개선·발전시키고 있다. 이를 통해 MAF 지표 측정의 안정성이 증가했다.

셋째, 캐나다 중앙정부의 관리 역량 향상 측면이다. TBS는 MAF를 기초로 실시되는 자체평가 결과를 종합적으로 검토하여 모범 사례(best practices)를 발굴하여 제시한다. 즉, 바람직한 조직 운영을 위해 참고가 될 수 있는 최적의 조직관리 모형을 제시함으로써 범부처 차원의 효율성 향상 및 책무성 확보에 기여하고 있다.

이를 통해 현재 캐나다에서는 기능별로 다른 부서를 총괄적으로 평가하는 독립된 성과관리기관이 별도로 존재하지 않지만, TBS가 연방정부의 조직 성과를 측정하기 위해 적절한 역할을 수행하고 있다는 결론에 도달할 수 있다.

반면, 캐나다 조직 성과관리의 한계를 살펴보면 다음과 같다.

첫째, 평가 체계의 일괄 적용 문제이다. 현재 조직 성과관리 평가지표는 MAF에서 제시된 10개 요소를 바탕으로 15개 평가 영역으로 구성되어 있다. TBS에 의해 마련된 이러한 지표가 연방정부 내 모든 중앙행정기관에 일괄적으로 적용되고 있어 조직의 규모, 구조, 문화, 업무 특성 등과 같은 조직 특성이 제대로 반영되지 못하고 있다는 점이 한계로 지적된다. 이에 각각의 조직 특성을 고려한 '맞춤형 평가 방식(a tailored assessment approach)'이 요구되고 있다.

둘째, TBS로의 보고 의무(reporting requirements) 부담과 보고서의 양에 대한 문제이다. 현재 제도상으로는 조직에게 부여되는 보고 의무와 보고서의 양이 적정 수준 이상으로 설정되었다는 점이 문제점으로 지적되고 있다. TBS로의 보고는 성과관리 체계 중 일부를 차지하는 일련의 절차일 뿐, 그 자체가 목적이 되어서는 안 된다. 적정 수준 이상으로 조직에게 보고 의무가 부과될 때, 보고를 위한 평가로 변질될 우려가 크며. 이는 소규모 조직의 경우 더욱 그러하다. 이에 보고 의무 부담과 보고서의 양을 현실적인 수준으로 경감할 필요가 있다.

셋째, 측정 방식상의 문제이다. 현재 MAF는 주관적인 평가 척도(rating scale)로 구성되어 있으며, 질적 방법에 의해 측정되고 있다. 이로 인해 분석 결과의 객관성 결여 문제가 발생한다(공동성 · 박중훈 · 장지호 · 윤기웅, 2007). 따라서 분석 및 평가 결과에서의 객관성 확보를 위해서는 기존의 주관적 평가 척도와 함께 객관적 평가 척도를 개발하여 적용할 필요가 있으며, 측정을 할 때 양적 · 질적 방법을 함께 적용할 필요가 있다.

넷째, 과정 중심의 측정 지표의 구성 문제이다. '캐나다 국민을 위한 결과'에서 4대 키워드로 제시되었던 '결과에 대한 관리'는 캐나다 성과관리의 지향 목표이기도 하다. 그러나 현재 구성된 측정지표 중 약 35% 이상이 결과중심지표(outcome-based indicators) 대신 과정중심지표(process-based indicators)로 구성되어 있어 개선이 필요할 것으로 판단된다.

이 밖에도 연방정부 내 MAF 조직평가를 실행할 때 비용 효과성에 대한 검증이 미비하다는 점 등이 캐나다 조직 성과관리 체계의 한계로 지적되고 있다.

2 개인 성과관리제도의 성과 및 한계

이 사례분석에서는 캐나다 연방정부의 개인 성과관리를 '고위공무원에 대한 성과관리 프로그램'을 중심으로 살펴보았다. 1999년 프로그램이 도입된 이래로 규정된 프로그램 일정에 따라 매년 성과관리가 이루어지고 있다. 성과관리 프로그램 운영 내용을 바탕으로 캐나다 개인 성과관리의 성과 및 한계를 도출해 보았다(윤수재 · 임동진, 2009).

먼저, 캐나다 개인 성과관리의 성과를 살펴보면 다음과 같다.

첫째, 평가 체계 운영의 적절성이다. 캐나다의 경우 우리나라와 마찬가지로 고위공무원 성과관리 프로그램을 일반 공무원 성과관리와 구별하여 운영하고 있다. 고위공무원과 일반공무원 간의 업무 특성 차이, 부여되는 지위와 권한 등과 같은 차이점을 고려할 때 이는 적합한 판단이라고 생각된다. 그뿐만 아니라 핵심 리더십 역량을 바탕으로 평가되는 '성취 방식(how)'에 대한 평가의 경우 고위공무원 단 내에서 직위별 특성을 감안하여, 차별화된 지표를 개발・적용함으로써 평가의 적실성을 높이는 데 기여했다.

둘째, 조직 성과와 개인 성과와의 연계이다. 고위공무원은 조직 성과 차원과 개인 성과 차원을 구분하여 성과계약서를 작성하게 되는데, 이때 조직 성과는 정부의 주요 정책 및 프로그램을 고려하여 이를 달성하기 위한 고위공무원의 개인의 성과 목표로 설정하고 있다. 즉, 조직 성과와 개인 성과를 밀접하게 연계시킴으로써 정부 운영 시 고위공무원의 책무성을 강화했다.

셋째, 결과 중심의 측정지표 운영이다. 조직성과 평가 측정지표의 경우 약 35% 이상이 과정 중심의 측정지표로 구성되어 있어 문제점으로 지적되었던 반면 고위공무원 개인 성과평가 측정지표의 경우 조직 목표와 개인 목표와의 연계 정도, 정책・인사・재무 측면의 책임성 등 성과의 결과 측면이 더욱 강조되었음을 확인할 수 있었다.

넷째, 성과평가 결과와 연계된 다양한 보상 프로그램의 운영이다. 캐나다 고위공무원 성과평가에 따른 보상 체계의 경우 경제적 증가, 급여 변동 범위, 위험 수당, 상여금 등 다양한 형태의 보상 기회를 제공하고 있다. 평가와 보상의 명확한 연계 및 보상 유형의 다양화는 동기부여를 통한 개인의 성과 향상에 기여할 뿐만 아니라 업적이 중심이 되는 조직문화를 구축함으로써 정부의 역량 향상에도 기여한다고 판단된다.

반면, 캐나다 개인 성과관리의 한계를 살펴보면 다음과 같다.

첫째, 개인 성과관리 체계는 조직 성과관리와 비교했을 때, 개인의 성과 달성도만이 주요 고려 사항으로 다루어지고 있었을 뿐, 측정 방식과 측정 지표의 적절성에 대한 논의가 부재했다. 즉, 평가 도구의 신뢰성 및 타당성을 제고하기 위한 과정이 결여되어 있었다. 향후 적절한 환류 과정의 보장, 메타평가의 활용 등, 평가 지표의 개선을 위한 제도적 보완이 필요할 것이라 생각된다.

둘째, 장기적 목표 경시 문제이다. 성과계약서를 작성할 당시 매년 변화되는 상황을 고려하여 고위공무원이 달성해야 할 주요 목표가 설정되고 있으나 1년 단위로 평가가 이루어지기 때문에 가시적이고 단기적인 목표에 치우칠 가능성이 존재한다. 따라서 이를 견제할 수 있는 방안의 마련이 필요하다.

셋째, 평가 프로그램 운영 일정의 일괄 적용 문제이다. 현재 캐나다 고위공무원의 성과관리 프로그램은 1년 주기 운영 일정을 6단계로 구분하여 일괄적으로 적용하고 있다. 그러나 성과계약서 작성의 시기 및 평가 시기를 소속 부처 자율에 맡겨 결정할 수 있도록 함으로써 제도의 적합성을 높이는 것이 더욱 바람직하리라 판단된다.

제 5 절 결론

이상으로 캐나다의 조직·개인 성과관리제도의 발전 과정, 현재의 제도 운영 방식 및 성과와 한계 등 제도 전반에 대해 살펴보았다. 특히, 제4절 제도의 성과 및 한계 부분은 향후 우리나라의 성과관리 체계를 개선·발전시키는 데 중요한 의미를 제공할 수 있을 것이라고 생각된다. 캐나다의 조직·개인 성과관리의 성과 및 한계를 간단히 요약하면 다음과 같다.

조직 성과관리 측면에서는 평가 결과에 대한 검토 체계 구성을 통한 신뢰성 및 공정성 확보, 지속적인 평가 지표의 개선을 통한 지표의 측정적 안정성 확보, 모범 사례 발굴을 통한 관리 역량 향상 등이 성과로 제시되었다. 반면 평가 체계의 일괄 적용에 따른 조직 '맞춤형 평가 방식'의 부재, 적정 수준 이상으로 설정된 보고 의무 부담과 보고서의 양, 평가 척도 및 질적 분석 방법에 따른 객관성 결여, 결과보다는 과정을 강조하는 과정 중심의 측정지표 구성, 비용효과성에 대한 검증 미비 등이 한계로 제시되었다.

개인 성과관리 측면에서는 평가 지표 다원화를 통한 평가 체계 운영의 적절성 확보, 조직 성과와 개인 성과와의 연계를 통한 고위공무원의 책무성 강화, 결과 중심의 측정지표 운영, 성과평가 결과와 보상 체계 간의 연계 및 보상 방식의 다원화 등이 성과로 제시되었다. 반면, 평가 도구에 대한 적절성 검토 과정 부재, 상위 목표 및 장기적 목표와의 연계성 결여, 평가 프로그램 운영 일정의 일괄 적용 문제 등이 한계로 제시되었다.

우리나라와 비교했을 때 캐나다에서는 조직과 개인의 성과관리에서 제도 운영 방식의 체계성 확립 및 제도 자체의 타당성과 신뢰성을 확보하기 위한 다양한 노력을 전개하고 있음을 확인할 수 있었다. 위에서 제시된 몇 가지 한계점에도 불구하고, 캐나다 사례의 경우 정부개혁이 지향하는 관리 역량 향상 및 책무성 강화를 위해 성과관리제도가 바람직한 도구로서 활용되어 왔음을 보여주었다. 이러한 캐나다의 사례는 좀 더 효율적인 국정관리를 위해, 지속적이고 다각적인 측면에서의 변화가 요구되는 우리나라에 많은 시사점을 제공하는 사례라고 볼 수 있다.

참고 문헌

공동성・박중훈・장지호・윤기웅(2007). 정부업무평가의 메타평가 및 개선 방안 연구. 정부혁신시리즈 2007-01. 행정자치부・행정연구원.

박희봉・백종섭・임승빈(2004). 각국의 주요한 인사제도 개혁과 중앙인사행정 관장기구 역할에 관한 비교연구. 한국인사행정학회보, 3(1): 119-152.

심광호(2012). 공공감사의 성과측정에 관한 연구. 정부학연구, 18(1): 79-116.

윤수재・이광희・홍재환(2008). 성과관리제도에 대한 해외 사례 비교분석: 영국, 캐나다, 뉴질랜드. KIPA 연구보고서, 2008-05: 1-338.

윤수재・임동진(2009). 중앙행정기관 성과관리시스템의 실태분석 및 개선 방안 연구. KIPA 연구보고서, 2009-05: 1-429.

윤은기(2000). 행정윤리를 통한 캐나다 개혁정책의 고찰. 한국정책연구, 2(1): 15-4.

———(2003). 캐나다 정부혁신과 특별운영기관의 분석을 통한 신공공관리론의 적실성에 관한 연구. 한국행정학회 추계학술발표논문집, 615-632.

이광희・윤수재(2012). 성과관리와 평가 체계의 관계에 대한 비교 연구: 캐나다와 한국 사례를 중심으로. 행정논총, 50(10): 37-65.

Government of Canada(2006). *Key Leadership Competencies*. 1-21.

President of the Treasury Board(2000). *Managing for Results*. 1-53.

Treasury Board of Canada Secretariat(2000). *Results for Canadians: A Management* Framework for the Government of Canada. 1-37.

——— (2007). *Gold Standard.*

Treasury Board of Canada Secretariat (2008). Directive on the Performance Management Program for Executives.

——— (2009a). *Guidelines on the Performance Management Program for Executives* 2009-2010.

——— (2009b). *Treasury Board of Canada Secretariat Five-Year Evaluation of the MAF Final Report.* 1-70.

——— (2012). *MAF Methodology and Results.*

Chapter 04

정부 성과관리-호주*

제 1 절 성과평가 및 관리제도의 도입 및 연혁

호주 정부의 본격적인 성과평가와 관리제도는 당면한 경제위기를 극복하기 위해 1980년대 중반 이후 정부개혁의 일환으로 본격적으로 시작되었다(최정수 외, 2006). 1983년 집권한 노동당 정부는 1970년대에 시작되어 1980년대 중반까지 지속된 비교적 느슨하고 자율적인 평가제도를 경제위기 하에서 성과 증진과 공공 지출을 억제하기 위한 수단으로서, 공공 부문의 개혁 차원에서 강화하고 본격적으로 실시하게 되었다. 호주의 성과관리제도는 성과관리 및 평가 결과가 예산과 긴밀하게 연계하는 데 특징이 있고, 이를 운영하는 데에도 재정부가 평가의 전반적인 조정 및 촉진 활동을 수행하는 등 주도적인 역할을 담당했다(원종학 외, 2011).

호주의 성과관리제도는 기본적으로 부처별 자율평가 방식을 채택하여 그에 대한 책임을 부여하고 있는데, 연방정부 차원에서의 전반적인 성과관리제도의 운영과 관리의 주관은 1988년 이후 재정부가 중심이 되어 평가전략을 수립 및 운영하고 있다. 평가전략은 모든 사업을 3~5년 단위로 평가하고, 각 부처는 3년 단위의 '포트폴리오 평가계획'을 작성하여 매년 11월 재정부에 제출하도록 요구되고 있다. 또한 각 부처의 신규 정책제안서에도 평가계획서를 포함시키며, 자체평가를 통해 작성된 평가보

* 박중훈: 한국행정연구원 선임연구위원(기획조정본부장)

고서를 매년 의회에 공식적으로 제출 및 공개하도록 요구되고 있다(김주애, 2012).

이러한 호주 정부의 성과평가 및 관리제도는 1996년 보수연합정당의 집권과 1997년 「재정관리책임법(Financial Management and Accountability Act)」의 제정을 계기로 기존의 재정부 중심의 중앙집권적 관리 시스템에서 각 부처의 장을 중심으로 한 부처별 자율적 평가 시스템으로 전환하게 되었다. 특히 1999~2000 회계연도에 성과 중심의 접근을 위해 발생주의 방식의 예산 및 회계제도를 도입함과 더불어, '결과 및 산출 체계(Outcomes and Outputs Framework)'로 구성된 성과 중심 관리 체계로 대표되는 본격적인 성과관리 체제가 확립되었다(Chan et al., 2002). 이러한 성과관리 체계는 부처의 정책활동에 대한 성과 차원에서 책임성 강화, 공공과 민간 부문 사이의 공정한 경쟁 관계 확립, 연방정부의 투명성 확보 등에 초점을 두고 추진되고 있다.

한편 2007년 노동당 정부가 다시 집권하면서 과거 재정부가 재편된 재정규제완화부(Department of Finance and Deregulation)를 중심으로 성과관리의 중앙집권적 시스템이 재도입되어 다시 범정부 차원에서의 평가전략이 강화되고 각 부처의 자율성이 약화되기에 이르렀다. 즉, 노동당 정부하에서 재정규제완화부, 내각부, 재무부의 정책 역량이 강화되었으며, 각 부처는 최소 5년 단위로 재정규제완화부, 총리 및 내각부, 재무부, 공공서비스위원회의 외부 평가를 받는 것으로 운영되고 있다. 특히 2009년 '결과 및 사업 체계(Outcomes and Programs Framework)'의 도입으로 재정규제완화부는 각 부처와 결과 및 사업 체제에 대한 자문 역할을 강화하고 있다(김주애, 2012).

제 2 절 성과관리제도를 규정하고 있는 법령과 관계 기관

1 성과관리제도를 규정하고 있는 법령

호주 연방정부에서 실시하고 있는 성과관리제도의 근거가 되고 있는 법률은 기본적으로 「재정관리책임법」이나 그 밖에도 다음에 제시되는 다양한 내용의 법률이 근거로 작용하고 있다.

○ **재정관리책임법**

호주 연방정부의 정책평가 및 성과관리제도의 핵심적인 근간으로서의 법률은 1997년 제정된 「재정관리책임법(Financial Management and Accountability Act 1997)」이다. 이 법률은 연방정부기관의 재정관리 권한의 하부 이양에 관한 법률로서 공공자금 및 자산의 효율적·효과적·윤리적인 관리를 위해, 그리고 연방정부 내 각 부처의 장으로 하여금 예산 편성 및 집행 과정에서의 효율성 제고를 위해 재정관리 및 성과평가에 대한 권리와 의무를 규정하고 있다. 즉, 각 기관의 최고책임자로서의 기관장은 재무 장관의 명령에 의거하여 매년 성과계획서로서의 예산설명서와 성과보고서로서의 연도보고서를 작성하여 제출할 것이 요구되고 있다(원종학 외, 2011).

○ **공공서비스법**

「공공서비스법(Public Service Act 1999, 2000)」은 호주 정부가 대(對)국민 공공서비스를 생산·제공하는 공공기관 직원들을 효과적이고 공정하게 고용 및 관리하고, 그들에 대해 효과적인 리더십을 발휘할 수 있도록 하는 법적 틀이다. 이 법률은 책임운영기관장, 공공서비스위원장, 능력보호위원장 등의 권한을 비롯하여, 기능 수행상의 책임과 더불어 호주 공공 서비스 직원의 권리와 의무, 공공 서비스 담당자들의 대우 및 행위와 관련된 필수 요건 등을 규정하고 있다. 또한 발생주의 예산 및 발생주의 예산 배정으로의 전환과 더불어 성과 및 산출에 기반을 둔 기관 운영과 기관 책임자의 예산에 대한 융통성과 책임성 강화 등을 주요 내용으로 규정하고 있다(원종학 외, 2011).

○ **감사원장법**

「감사원장법(Audit General Act 1997)」은 감사원의 설립과 기능을 포괄적으로 규정하고 있는 바, 그 일환으로 수행되는 성과관리 차원에 대한 활동의 근거를 제공하고 있다. 성과와 관련하여 감사원은 통상적으로 감사관들을 통해 성과감사를 비롯하여 기타 보고나 자문 업무를 수행하는데, 특히 공기업이나 책임운영기관 및 그 부속기관을 대상으로 한 성과감사의 수행시에 감사보고서를 작성하여 의회는 물론 관련 장관에게 전달할 것이 요구되고 있다.

○ **공기업법**

「공기업법(Commonwealth Authorities and Companies Act 1997)」은 연방정부로

부터 재정적 및 법적으로 독립된 책임운영기관을 포함한 공기업에 대한 재정, 회계 및 조직관리 등의 차원에서 책임성 확보를 위한 평가의 근거를 제공하는 법이다.

2 성과관리 관련 기관 및 역할

호주 공공 부문에서 성과평가와 관리를 위한 정부업무평가제도는 연방정부, 주정부, 지방정부에 따라 매우 다양하고 자율적으로 이루어지고 있다. 호주 공공 부문에서의 성과평가 및 관리는 기본적으로 각 기관을 중심으로 한 자체평가 형태로 행해지고 있는 바, 전정부 차원에서 평가를 직접 주관하고 수행하는 기관은 없는 실정이며, 아울러 지방정부의 경우에도 각각의 주정부에서 전담하여 자체적으로 접근하고 있다. 하지만 각 기관 중심의 자율적 성과평가에도 불구하고 각 부처가 성과평가 및 관리와 관련하여 준수해야 할 기본적인 사항을 마련하여 시달하는 등 평가제도 운영 측면에서 주도적인 역할을 수행하는 기관이 법령을 통해 규정하고 있는 바, 호주 성과관리 체계를 담당하는 핵심 조직은 재무부이며, 발생주의에 기반을 둔 성과예산을 편성하고 관련 보고 체계를 집행하고 유지하는 역할을 수행한다. 한편 호주 정부는 예산에 대한 감시 기능을 강화하기 위해 감사원을 설립하여 성과관리지침을 정책부서에 제공하고 재무보고에 대한 평가와 감독 활동을 통해 행정부 성과를 의회에 보고하는 역할을 담당하고 있다.

○ **재정규제완화부**

재정규제완화부(Department of Finance and Deregulation: DoFD; 구 재정부·재정행정부)는 과거 재정부 및 재정행정부의 후신으로 범정부 차원에서 성과관리의 주무기관이라고 할 수 있다. 성과관리의 주무기관으로서의 재정규제완화부는 재정관리책임법에 기초하여 성과관리제도의 운영과 관련하여 필요한 정책 차원의 지침과 제도적인 틀을 제공하고, 재정관리 차원에서 평가의 총괄기관 역할을 수행하고 있는 바, 그 구체적인 역할을 보면 다음과 같다(원종학 외, 2011).

첫째, 각 부처의 성과평가 및 관리와 관련하여 수행하는 기능으로 각 부처의 연도별 평가계획을 심사·조정하고 수행한 자체평가 결과를 취합하여 공표하며, 또한 심사평가 기법에 대한 자문, 평가 담당자 훈련 및 각 부처의 주요 심사 평가조정위원회의 일원으로 참여하는 등 지원 역할을 수행한다.

둘째, 정부 지출에 대한 컨설팅과 더불어 새로운 정책 제안에 대해 내각과 수상에게 기관 및 부처사업의 성과정보에 관한 조언을 한다.

셋째, 2006년 통합적이고 체계적인 성과주의 체제의 확립을 위해 도입된 전략적 검토 단위에 기초하여 예산 과정에서 우선순위가 높고, 대규모·복합적인 사업 지출에 대해 부처 최고책임자에게 정보를 제공한다.

○ **감사원**

감사원(Australian National Audit Office: ANAO)은 독립된 기관으로서 감사 기준을 제정하고, 정부부처·공사·국영기업에 대해 재무감사 및 성과감사를 실시하는 기관이다. 감사원의 구체적인 역할을 보면 다음과 같다.

첫째, 성과감사를 통해 공공조직 및 사업, 기능의 경제성, 효과성, 효율성 등을 검토하고, 성과주의 경영 체제에 대한 감사를 실시하며, 감사원의 회계·성과감사 결과는 의회에 보고하여 의회의 책임성을 강화한다.

둘째, 감사원의 주직 구성은 2011년을 기준으로 감사 기능별로 결산감사 서비스 그룹(Assurance Audit Services Group)과 성과감사 서비스 그룹(Performance Audit Services Group) 등 2개의 서비스 그룹으로 구분되며, 지원 부서로 조직관리부서(Corporate Management Branch)와 전문서비스부서(Professional Services Branch)를 두고 있다(박노욱 외, 2008; 원종학 외, 2011).

제 3 절 성과관리의 주요 내용

1 성과관리의 구성 요소

호주 연방정부의 성과관리제도는 1999~2000 회계연도에 도입한 발생주의 방식에 의한 예산 및 회계제도를 기반으로 하며, 이는 '결과 및 산출 체계'로 대표되고 있다.

호주 정부에서의 성과관리제도 도입 목적은 성과 중심의 관리 체제 확립, 부처의 책임성 강화, 공공 부문과 민간 부문 사이의 공정한 경쟁 관계 수립, 연방정부의 투명성 제고 등에 기반을 두고 있다(원종학 외, 2011).

성과관리는 부처 내부 경영 현황과 의회에 제출할 성과 관점의 사업 정보를 담고 있는 성과계획서로서의 예산설명서(Portfolio Budget Statements: PBS)와 부처예산안에 포함된 정보들을 담고 있는 성과보고서로서의 연도보고서(Annual Report)를 통해 이루어지고 있다. 각 부처는 예산서와 성과계획서가 결합된 예산안을 통해 부처가 추구하는 궁극적인 성과목표를 제시하고, 실질적인 성과계획서로서의 예산설명서를 통해 구체적으로 다음과 같은 사항을 제시하고 있다(고영선 외, 2004).

○ **부처의 임무**

○ **임무 달성을 위해 추구하는 결과(outcome)**

○ **결과 달성에 필요한 산출(output) 및 관리 항목(administered item)**

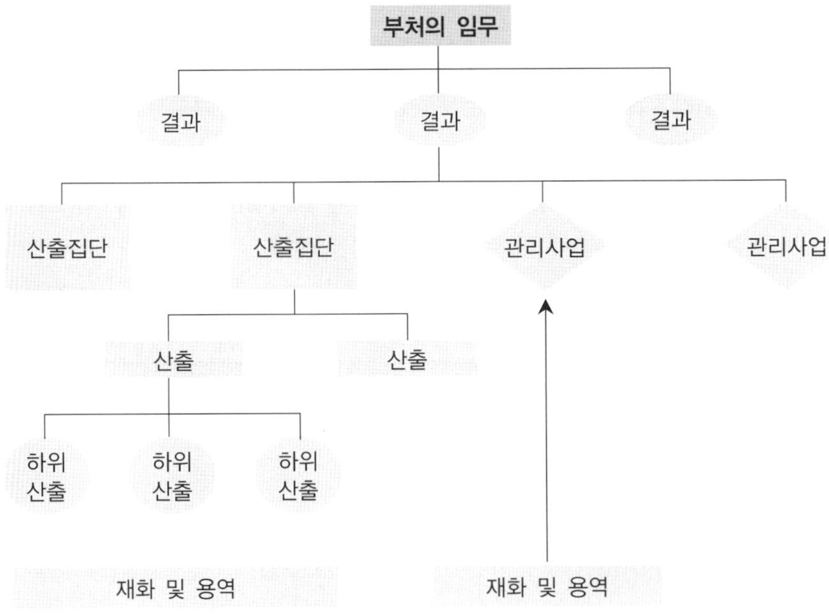

그림 4-1 호주 연방정부의 결과 및 산출 체계

자료: DOFA(2000)의 내용을 정리. 고형선 외(2004)에서 재인용.

임무는 기관의 존립 및 활동의 근거로서 기관이 수행해야 할 기본적인 역할 내지는 목표 상태를 의미하는 것이다. 결과는 정부가 각 정책 분야에서 추구하거나 기대하는 궁극적인 효과로서의 영향을 말하는데, 성과관리의 일반적인 체계에서 '전략목표'에 해당한다. 한편 산출은 결과를 낳기 위해 각 부처가 생산하는 재화와 용역을 의미하는데, 이러한 산출은 여러 산출을 묶어 산출집단(output group)을 설정하거나, 하나의 산출을 여러 개의 하위 산출(sub-output)로 구분이 가능하다. 그리고 관리 항목은 법적으로 규정된 보조금·출연금·사회보장급여 등과 같이 부처의 재량에 의한 직접적인 통제는 불가능하지만 추구하는 결과에 영향을 미치는 산출의 형태를 의미하고 있다(고영선 외, 2004).

표 4-1 성과정보의 요건

요건	내용
균형감과 명료성	- 성과정보는 정책집행의 결과물, 산출물, 운영 항목을 포괄적이고 균형적으로 포함해야 함 - 성과정보는 체계적으로 정의하여 쉽게 이해할 수 있어야 함 - 성과정보는 비용효과적으로 측정 및 관리할 수 있는 성과지표를 통해 제시되어야 함
전략적 정보	- 공개된 성과정보는 최상위 전략목표 해당하는 것으로 책무성 요구에 부응함과 동시에 유의점을 제시해야 함 - 성과정보는 정확한 진단과 개선에 도움이 되는 세부적인 내부 관리정보도 함께 제공되어야 함
목표치	- 성과정보는 현재의 성과가 구체적으로 설정된 기준점이나 목표, 수준 등과 대비하여 질적 혹은 양적으로 어느 정도에 달했는지를 보여주었을 때 효과적임 - 성과의 지속성 측면에서 목표치는 일정 수준 확장 추세에 있는 것이 바람직함
결과물	- 결과물에 대한 성과정보는 정부가 추구하고 있는 목표 달성에 있어 해당 정책의 산출이나 운영 항목에 미친 영향과 관련됨 - 성과는 일반적으로 장기간에 걸쳐 나타나는 특성이 있으므로 이와 관련한 정보의 경우 효과성에 초점을 맞추어야 함
산출물	- 산출물에 대한 정보는 정책집행을 통해 생산된 제품이나 서비스의 질, 양, 비용 등과 연계되며 집행의 효율성을 보여주기 위해 제시됨
관리 항목	- 관리 항목에 대한 정보는 해당 기관 산출물의 질, 양, 비용으로 제시됨
지속 관리	- 성과정보는 시계열적으로 비교되었을 때 가장 효과적이지만, 산출물은 경험, 수요 변화, 신뢰성 있는 정보의 취득가능성 등에 따라 변화할 수 있으므로 적합성이 유지되도록 규칙적으로 점검될 필요가 있음

자료: DOFA (2003).

예산설명서상 이러한 요소는 우리나라를 포함한 여타 국가에서의 성과계획서 구성 요소와 비교해 볼 때, 결과는 기관 활동이 궁극적으로 실현하고자 하는 최상위이자 궁극적인 목표로서의 전략목표를 의미하고, 산출 및 관리사업은 전략목표를 구현하기 위한 하위 차원의 성과목표를 의미하고 있다고 할 수 있다. 이러한 성과관리의 핵심 요소들, 즉 임무, 결과, 산출, 관리사업의 구성 체계와 상호간의 관계는 [그림 4-1]에서 제시한 바와 같다.

한편 재정규제완화부가 규정하고 있는 성과정보의 요건은 정책 관계자가 올바른 의사결정을 할 수 있도록 지원하는 데 목적을 두고 있는 바, 산출과 관리 항목들이 정부가 최종적으로 달성하고자 하는 결과에 어느 정도 기여하는지를 제시할 것이 요구되고 있다.

2 성과관리제도의 운영

① 성과계획서로서 '예산설명서'의 작성과 운영

성과관리를 구성하는 핵심 요소이자 전제는 성과계획인 바, 성과계획서로서 '예산설명서'는 회계연도 개시 약 4~5개월 전에 작성되어 제출된다. 의회는 각 부처가 제출한 예산설명서상 '결과와 산출 및 관리사업'에 대한 설명을 바탕으로 예산을 심사하여 의결하며, 확정된 예산설명서는 회계연도 개시와 함께 각 부처의 업무 활동에 대한 실질적인 가이드라인으로 작용하고 있다. 각 부처는 사전에 확정된 성과계획서로서 예산설명서에 입각하여 업무 활동을 수행하는 바, 전략기획/성과관리 담당부서는 개별 사업부서들이 제출하는 자료 등을 근거로 연중 성과를 모니터링하고 있다.

② 성과보고서로서 '연도보고서'의 작성과 운영

회계연도가 종료하면 4개월 이내에 예산설명서에 제시한 성과목표의 실제 달성도를 평가하여 각 부처의 '연도보고서'에 담아 성과관리 총괄기관으로서의 재정규제완화부에 보고할 것이 요구되고 있다. 재정규제완화부는 각 부처에서 제출한 연도보고서를 종합하여 정부의 연도보고서를 작성하고 있다. 재정규제완화부는 각 부처가 작성·제출한 성과보고서로서의 연도보고서를 통해 각 기관 사업에 대한 예산 집행의 정확성, 책무성 및 효과성, 재정적 관리 및 보고 등의 모니터링을 수행한다.

한편 의회에서는 각 부처가 작성하여 제출한 연도보고서에 기초하여 공개 회의를 열어 공무원들에게 직접 질의도 하고 자료 요구도 하여 성과평가를 제대로 했는지, 그 달성도를 제대로 보고했는지, 예산설명서와 연차보고서상 불일치는 없는지 등을 점검하게 된다. 이러한 과정을 통해 검증을 마친 각 부처의 연도보고서는 대외적으로 국민에게 공개된다.

③ 성과정보에 대한 확인과 공개

성과평가 및 관리제도하에서 연방기관들은 기관 활동에 대한 책임성을 확보하기 위해 성과정보를 공개해야 할 의무를 지니고 있다. 결과로서의 성과정보는 효과성 정보, 효과에 대한 성과 및 산출 구조, 효과지표와 결과물 간의 연계성, 성과지표의 수 등과 같은 내용이 포함되어야 하며, 산출물 정보는 산출지표의 수와 더불어 양과 가격에 대한 구체적인 정보가 포함되어야 한다(최정수 외, 2006). 호주의 성과관리에 확인과 관리는 외부감사, 내부감사와 내부통제로 구성되고 있다. 감사원이 담당하고 있는 외부감사는 성과관리와 관련된 정보 및 자료를 수집하여 재정적 가치로 환산하는 업무를 의미한다. 감사원은 포트폴리오 예산보고서에서 제공하는 성과정보가 지나치게 포괄적이라는 문제 제기와 함께 2002/2003 회계연도부터 기존의 재정통제 및 감사보고를 사업 지원 과정에 대한 감사보고서로 대체했다(원종학 외, 2011). 이는 공공기관이 제출하는 사업 과정을 검토하여 책임성, 통제, 순응 장치의 효율성과 효과성을 확보하기 위한 수단이다.

내부감사는 감사위원회가 담당하며, 1997년도 제정된 재무관리책임법에 근거하여 각 기관이 내부 감사위원회를 두고 성과정보 및 관리 업무를 수행하기 위한 자체감사를 시행할 것이 요구되고 있다. 마지막으로 내부통제는 모든 공공 부문 구성원으로 하여금 사업 운영과 효과에 대한 책임을 질 수 있도록 자체적으로 점검 및 확인하도록 하는 것을 의미한다.

④ 평가 결과의 활용

호주 정부의 경우 성과평가와 관리를 예산과 연계하여 매우 계획적이고 치밀하게 전개하고 있다고 볼 수 있다. 이러한 성과평가 및 관리는 예산 요구와 밀접하게 연계하여 계획이 수립되고 사후적으로 예산 집행에 대한 검증의 일환으로 성과 내용이 제시되고 확인되어 대외적으로 공개되고 있다. 하지만 성과평가 및 관리에 대한 이러한 치밀한 접근과 성과정보의 생산에도 불구하고 평가 결과로서의 성과정보가 기관 차원의 정책활동이나 자원에 대한 관리에 제도적으로 정형화되게 반영되거나 활용되는 접근은 이루어지지 않고 있다. 예산의 배정이나 정책활동은 매우 정치적인 특성을 포함하고 있는 바, 평가 결과로서의 성과정보와 직접적으로 연계되도록 하는 것이 오히려 기관장이나 집권당의 활동 영역에 한계로 작용될 수 있기 때문이다. 아울러 기관 내적인 관리 측면에서의 반영이나 활용은 기관장을 중심으로 한 기관 차원의 영역으로 기관장을 중심으로 한 자율적이고 재량적인 영역으로 인정되고 있는 바, 별도의 획일화된 기준이나 제도가 적용되지 않고 있다.

하지만 성과평가 결과로서의 성과정보 활용을 뒷받침하는 이러한 제도화가 이루어지지 않고 있다고 성과평가 내지는 성과정보가 국정관리에 아무런 실질적인 역할을 하지 못한다는 것은 절대 아님을 명심할 필요가 있다. 기본적으로 범정부 차원은 물론 각 기관에서는 대 의회 및 국민과의 관계에서 예산 및 정책활동을 통해 무엇을 지향하고 무엇을 실현하고자 목표하고 있는지가 설정 및 제시되고, 나아가 연도별 활동의 종료와 더불어 계획 대비 성과가 평가되고 그 구체적인 내용이 의회에 제시되어 국민에게 공개됨으로써 예산의 운영과 정책활동에 책임을 다하는 모습을 확보하는 계기로 작용하고 있는 것이다.

3 예산설명서와 연도보고서를 통해 본 성과관리 사례

1) 관세국경보호청 사례

① 성과계획서로서의 예산설명서 구성 내역

관세국경보호청(Australia Customs and Border Protection Service)의 성과계획서를 의미하는 예산설명서는 법무부의 예산요구서의 일부로 구성되어 있다. 관세국경보호청의 예산설명서는 1개의 결과(outcome)와 5개의 산출(output)로 구성되고 있는 바, 하나의 결과를 달성하기 위한 전략, 비용 및 자원 배분 계획과 더불어 이를 실현하기 위한 하위 단위 구체적 목표로서의 산출을 제시하고 있다.

표 4-2 호주 관세국경보호청 2010-11 예산설명서 구성 체계 및 내용

Section 1. 개요 및 자원
- 1.1 전략
- 1.2 자원
- 1.3 예산 조치

Section 2. 결과 및 성과 계획
- 2.1 정보
  - 결과 1 전략
    - 비용 및 자원
    - 결과 1의 구성
    - 산출 1. 여객 처리 촉진(Passenger facilitation)
    - 산출 2. 무역 촉진(Trade facilitation)
    - 산출 3. 국경보호 감시(Border protection and enforcement)
    - 산출 4. 민간 해상활동 감시 대응(Civil maritime surveillance and response)
    - 산출 5. 국경 관련 세입 징수(Border-related revenue collection)

Section 3. 예산 관련 설명 및 조치서
- 3.1 예산설명표
- 3.2 예산 조치된 재무설명서

자료: Attorney-General's Portfolio Budget Statements 2010-11.

예산설명서와 연도보고서상의 각 산출은 '① 목적, ② 비용, ③ 전달물, ④ 주요 성과지표' 등으로 설명되는데, 이는 각 부처 간 동일한 체제하에서 예산 대비 성과에 대한 비교가 가능하게 하기 위한 목적에서 이루어지고 있다. 관세국경보호청은 기관의 유일한 결과인 "합법적 무역과 여행 지원, 국경 세입 및 무역 통계 정보 수집"을 위해 다섯 개의 산출을 설정하고 있는 바, ① 여객 처리 촉진, ② 무역 촉진, ③ 국경보호 감시, ④ 민간 해상활동 감시 대응, ⑤ 국경 관련 세입 징수 등이 그것이다.

② 성과평가보고서로서의 연도보고서

관세국경보호청 연도보고서는 연초에 작성한 성과계획서로서의 예산설명서에 입각하여 기관 내에서 자체적으로 성과를 평가하여 그 내용을 제시하는 성과보고서이다. 좀 더 구체적으로 연도보고서는 관세국경보호청 2010-11의 예산설명서와 추가예산설명서에서 설정한 결과 목표와 5개의 산출 목표를 대비한 실질적인 성과 내역을

설명하고 있다. 이러한 연도보고서는 국회, 교육·연구기관, 언론 및 일반 국민에게 지난 일 년 동안 관세국경보호청이 이루어낸 성과를 제공하고 알리는 데 그 목적을 두고 있다.

결과(outcome)

- 합법적 무역과 여행 지원
- 국경 세입 및 무역 통계 정보 수집

산출 1 (output 1)	산출 2 (output 2)	산출 3 (output 3)	산출 4 (output 4)	산출 5 (output 5)
• 여객 처리 촉진	• 무역 촉진	• 국경 보호 및 감시	• 민간 해상활동 감시 및 대응	• 국경 관련 세입 징수

그림 4-2 호주 관세국경보호청 2010-11 결과-산출 구성 체계

자료: Attorney-General's Portfolio Budget Statements 2010-11.

표 4-3 호주 관세국경보호청 2010-11 연도보고서 구성 체계 및 내용

Part1. 개요
- 1.1 역할 및 기능
- 1.2 조직 구조
- 1.3 연차보고서 구조

Part2. 국경 위험
- 2.1 국경 위험 요인

Part3. 업무 성과
- 3.1 산출 1. 여객 처리 촉진
- 3.2 산출 2. 무역 촉진
- 3.3 산출 3. 국경 보호 감시

3.4 산출 4. 민간 해상활동 감시 대응
3.5 산출 5. 국경 관련 세입 징수

Part 4. 내부 요인
4.1 내부 요인의 기능

Part 5. 관리 및 책임

Part 6. 재무보고서

부록
참고 자료

자료: AUSCUS's Annual Report 2010-11.

성과보고서로서의 연도보고서는 계획 대비 성과 수준만을 제시하는 데 한정되지 않고, 예산 및 정책활동을 통해 목표를 실현하기 위한 활동을 수행하는 과정에서 작용하는 내외적 여건과 요인 등과 더불어 관리상의 책임, 그리고 나아가 예산집행 및 관리 측면에 대한 재무보고서 등을 제시하고 있다.

2) 건설교통부 성과관리 사례

① 성과계획서로서의 예산설명서 구성 내역

호주 건설교통부 2010-11 예산요구서는 부(部) 산하기관인 해양안전청, 교통안전청, 민간항공안전청의 예산설명서가 포함되어 있으며, 각 기관의 예산설명서는 개요, 결과 및 성과계획, 설명표와 예산 조치된 재무설명서 등으로 구성되고 있다.

호주 연방정부 내 건설교통부 2010-11 예산설명서상 가장 핵심적인 요소로서의 목표 체계는 2개의 결과 목표를 설정하고, 이를 실현하기 위한 구체화된 하위 차원의 목표로서의 산출을 각각 제시하고 있는 바, 그 내용은 <표 4-4>와 같다.

건설교통부는 결과 1을 '호주 전역의 교통 인프라 향상'으로 설정하고 이를 실현하기 위한 하위 단위의 구체화된 목표로 산출을 '인프라 투자'를 설정하고 있으며, 결과 2는 '교통 이용자를 위한 효율적이고 지속적이며, 안전하고 경쟁력 있는 교통 시스템 구축'으로 설정하고 이를 위한 구체화된 하위 단위의 목표로서 산출을 '① 교통안전,

표 4-4 호주 건설교통부 2010-11 예산설명서 구성 체계 및 내용

○ **개요**

○ **자원 및 성과계획**
건설교통부(인프라, 교통, 지역 개발 및 지방정부 소관)
Section 1 기관 개용 및 자원
1.1 전략적 방향
1.2 기관 자원
1.3 예산 산정
Section 2 결과 및 성과계획
2.1 결과 및 성과정보

Section 3 설명표 및 예산 조치된 재무설명서
3.1 설명표
3.2 예산 조치된 재무설명서

○ **해양안전청**
○ **교통안전청**
○ **민간항공안전청**
○ **기타: 용어 설명, 약어 설명, 색인**

자료: Infrastructure, Transport, Regional Department and Local Government Portfolio Budget Statement 2010-11.

② 해상교통, ③ 도로교통, ④ 항공교통'의 네 가지로 설정하고 있는 바, [그림 4-3]과 같은 형태로 제시될 수 있다.2) 아울러 예산설명서는 연도보고서는 각 산출에 대해 관세국경보호청과 동일하게 ① 목표, ② 비용, ③ 전달물, ④ 주요 성과지표 등의 차원에서 설명하고 있다.3)

한편 예산설명서에는 각 산출을 단위로 예산 지출이 의무화된 관리 항목을 설정하고 있는 바, 구체적인 내용은 <표 4-5>와 같다. 또한 건설교통부 예산설명서

2) 호주 건설교통부 2010-11 예산설명서에는 지방 및 지역 개발·발전을 위한 결과 3(Outcome 3)이 설정되어 있었으나, 2010년 Administrative Arrangement Order(AAO)에 의거 새로운 부서로서 '지역개발 및 지방정부부(DRARDLG)'가 설립되어 이전됨으로써 건설교통부 연도보고서 2010-11에서 결과 3은 제외되었다.
3) 각 산출 단위에서의 이러한 제시 내용은 성과보고서로서의 연도보고서에서도 동일하게 유지되고 있는 바, 각 요소에 대한 결과로서의 실적을 제시하고 있다.

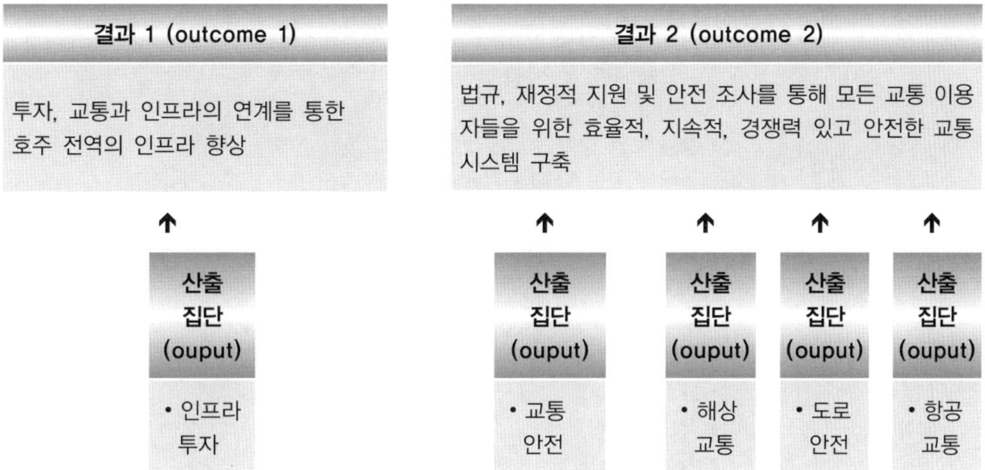

그림 4-3 건설교통부 예산설명서상 2010-11 Outcome-Output Framework

자료: Infrastructure, Transport, Regional Department and Local Government Portfolio Budget Statement 2010-11.

2010-11에 포함되어 있는 소속기관으로서의 해양안전청의 성과계획은 상위 차원의 결과 목표에 근거하여 '선박의 안전 및 환경 보호와 사고 조사 및 구조'라는 산출 목표를 설정하고, 이를 다시 '선원과 선박 안전 및 환경 보호'와 '조사 및 구조 활동'이라는 세분화된 두 개의 하위 산출로 구성하고 있다. 해양안전청의 가장 상위 차원에

표 4-5 건설교통부 2010-11 예산설명서상 관리 항목

결과	산출	관리 항목
결과 1 인프라	산출 1.1 인프라 투자	• 공공 시설물 프로그램 – 공공 시설물 프로그램 투자 – 공공 시설물 문제 프로젝트 – 공공 시설물 건설을 위한 중장비 차량의 안정성 및 생산성 – 도로 복구 – Off-Network Projects • 공공 시설물 설립 계획

결과 2 교통 시스템	산출 2.1 교통안전	• 항공 보안 개선 - 국제 항공 보안 향상 - 지역 승객 검색 • 항공 보안 강화 - 국제 관문 공항의 기술 최적화 - 지방 및 국내선 공항 보안 - 항공화물 공급망 보안
	산출 2.2 해상교통	• Bass Strait Passenger Vehicle Equalisation Scheme • 국제 해상기구에의 기여 • 고속도로 교통 요금 • 국가 교통위원회 • 국가 교통 개혁 • OECD 도로 교통에 기여 • 오일 공해 보상 기금 • Tasmanian Freight Equalisation Scheme • Tasmanian Wheat Freight Scheme • CAC법에 의한 지불
	산출 2.3 육상교통	• keys2drive • 도로안전협회에의 기여 • 지역 스쿨버스 내 안전벨트
	산출 2.4 항공교통	• 공항 임차 기업의 주차 벌금 환급 • 포트스트리트 고등학교 소음 차단 • 애들레이드 공항 소음 개선 이행 • ICAO에 대한 기여 • 호주 통관 항공 요금 지불 체계 • 지역 항공 접근성 • 시드니 웨스트 공항-임대부동산 • CAC법에 의한 지불 - CASA

자료: Infrastructure, Transport, Regional Department and Local Government Portfolio Budget Statement 2010-11.

서 목표로서의 결과는 결과 관련 산출과 해양 안전청의 성과를 평가 및 모니터하기 위해 사용된 성과지표와 지표상 구체적인 목표 수준의 설정을 통해 설명되고 있다.

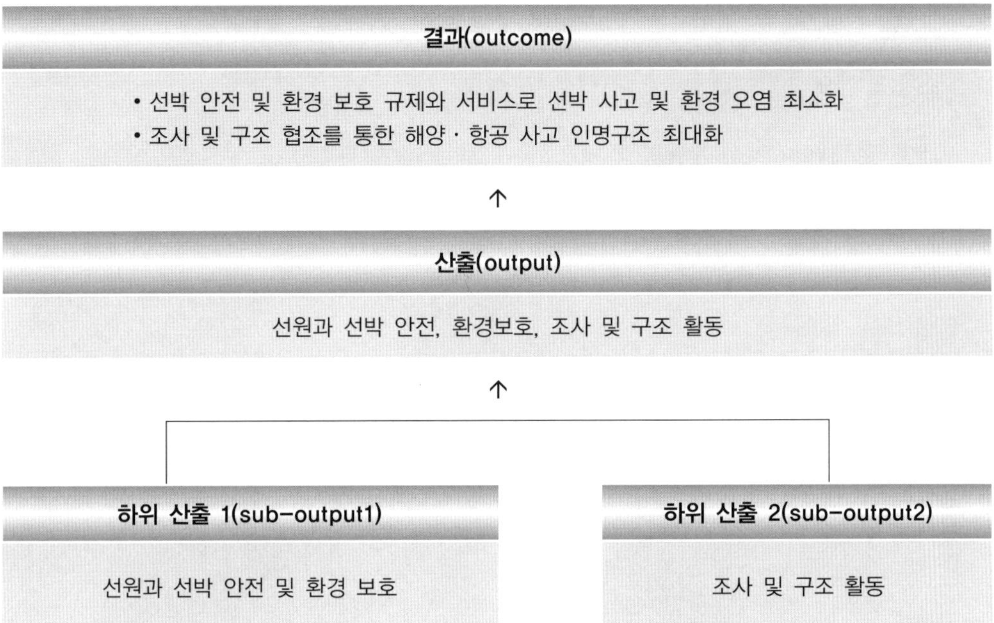

그림 4-4 해양안전청 예산설명서 2010-11 Outcome-Output Framework

자료: Infrastructure, Transport, Regional Department and Local Government Portfolio Budget Statement 2010-11.

② 성과보고서로서의 연도보고서 구성 내역

호주 건설교통부 2010-11 연도보고서는 해양안전청, 교통안전청, 민간항공안전청의 연도보고서가 포함되어 있지 않고, 이들 산하기관은 기관별로 연도보고서를 발행하고 있다. 여타 기관과 마찬가지로 건교부의 연도보고서 역시 기본적으로 기관에 대한 소개 및 개요와 더불어 성과 보고를 중심으로 구성되고 있는 바, 가장 핵심적인 구성 요소와 내용은 역시 성과 보고이다. 성과 보고는 기본적으로 성과계획으로서의 예산설명서에서 제시된 결과-산출의 목표 체계에 따라 설정된 주요 성과지표에 입각하여 제시되고 있다.

건설교통부의 연도보고서는 예산설명서에서와 같이 '결과'와 각 결과에 대한 개별적인 '산출과 관리 항목'을 포함하고 있다. 이때, 각 산출별 성과는 '목적, 비용, 전달물' 측면에서 제시되고 있는 바, 비용으로서의 투입된 예산은 관리비용과 부서 차원의 사업비로 구분하여 '연초 배정된 예산', '집행 결과', '예산과 집행과의 차이'로 구

표 4-6 건설교통부 2010-11 연도보고서 구성 체계 및 내용

○ **소개 및 개요**

1. 연간 검토(Year in review)
장관 보고(Secretary's report)
재무 성과(Financial performance) 2010-11

2. 부처 개요
수상 및 의회
집행부
조직구조
The portfolio

○ **성과보고**
3. 인프라(결과 1)
결과 및 산출(Outcome and programs)
산출 1.1 - 인프라 투자 (Program 1.1-Infrastructure investment)

4. 교통(결과 2)
결과 및 산출 (Outcome and programs)
산출 2.1 - 교통안전 (Program 2.1-Transport security)
산출 2.2 - 해상교통 (Program 2.2-Surface transport)
산출 2.3 - 도로안전 (Program 2.3-Road safety)
산출 2.4 - 항공교통 (Program 2.4-Air transport)

5. 호주 인프라(INFRASTRUCTURE AUSTRALIA)
산출 1.1 - 인프라 투자 (Program 1.1-Infrastructure investment)

6. 관리 및 책무(MANAGEMENT AND ACCOUNTABILITY)

부록
재무 보고서
주요 용어 및 색인

자료: Department of Infrastucture and Transport's Annual Report 2010-11.

분하여 제시하고 있다. 또한 목적, 성과지표 및 전달물에 대한 결과로서 달성 여부는 다음과 같은 형태로 설명하고 있다.

–달성(Achieved): 모든 목표 수준을 충족 및 초과 달성
–상당 부분 달성(Substantially Achieved): 목표 수준 대부분 충족되었으며, 몇몇 사항은 진행 중임
–부분적 달성(Partially Achieved) : 일부 목표는 충족되었으나, 몇몇 사항은 진행 중임
–미달성(Not Achieved) : 설정된 목표 수준에 최소 진행 및 미진행

건설교통부가 연도보고서를 통해 제시하고 있는 성과정보의 구체적인 형태와 내용은 <표 4-7>과 같다. 즉, 산출 단위로 설정된 주요 성과지표별로 지표에 대한 설명과 더불어 구체적인 성과정보(자료)를 내용으로 하는 결과와 관리 항목의 결과를 설명하고 있다.

표 4-7 건설교통부 2010-11 연도보고서상 성과정보 예시(산출 2 단위)

주요 성과지표	결과 2010-11
산출 2.1 교통안보	
교통안보에 영향을 미치는 위협과 보안 리스크 환경을 뒷받침하는 활동	• 항공 화물 보안 위협에 대한 규제적 조치로서 당면한 위협과 보안 취약성을 완화하고자 장기 전략 개발을 위한 주요 정부기관과 평가 및 대응 • 현재의 교통 보안 위협 및 위험 환경에 대한 합의 및 이해를 위해 부처는 국가안전보장위원회 및 관련 산업 분야와 교류 • risk-based transport security regulatory framework의 기반이 되는 500개 이상의 위협 평가 및 정보보고서의 분석 • 교통 보안 위험 평가 절차의 강화와 보안 계획 및 프로그램의 발전 및 평가 추진 강조
효과적 · 지속 가능한 교통 안보를 달성하기 위한 정책 및 규제적 활동	• 규제활동 2,958건(항공 및 해양, 항공화물 산업 감사 485건 포함) • 규제 불이행 682건(산업 관계자 불이행에 대한 즉각적이고 적절한 후속 조치) • 호주 교통 보안 규정 위한 협의에 대한 조사 33건(위반 통지 2건, 경고조치 1건) • 항공교통보안법 2004(Aviation Transport Security Act 2004)에 의거 시행명령 1건, Compliance Control Directions 2건 조치 • 예멘 항공화물 준사고에 대한 조치의 일부로서, 2010년 10월~2011년 6월까지 항공교통보안법 2004(Aviation Transport Security Act 2004)에 의거 특별 안보 명령 362건, Vary Transport Security Program에 의한 명령 94건 공표 • Hand-wand 40개 교육과정 교육기관과 협정, 교육 이수자 271명 • 2010년 9월 11일부로 항공교통보안개정법 2010(The Aviation Transport Security Amendment(2009 measure No.2) Act 2010) 발효 • 2011. 03. 23. 항공교통(화물) 보안 개정 법안 2010(The Aviation Transport Security Amendment(Aircargo) Bill) 의회 제출 • ASIC 및 MSIC제도의 관리에 ANAO 보고서에 공식 답변 제출

교통 보안 context는 국내외적으로 호주의 이익 증가에 영향	• 항공화물 보안 협정 강화를 위한 국제적 움직임에 적극 참여. ICAO에서 열린 포럼에서 항공 화물 보안 관련 최근 국제적 기준의 방향 설정에 참여. 국제 교통 보안 규제기관 및 국제 항공화물 보안 기준 강화를 위한 협력 전략을 촉진하고자 하는 산업 분야와 함께 쌍무적 · 다자간 협력 • 신뢰성 있는 정보 공유망을 통해 교통 인프라에 대한 위험 완화 조언뿐만 아니라 국가적으로 일관된 접근 방식으로 발전시키기 위해 주 및 재판 관할 기관과 협력 • 부처의 해외 기관을 통해 생산적인 관계 발전. 태평양 교통 보안 연락 사무소와 지역 및 국제적 포럼 적극 참여 • 2011. 07. APEC 항공 보안 탐지견 워크숍(APEC Aviation Security Canine Screening Workshop) 공동 주최
산출 2.2 Surface Transport	

자료: Department of Infrastucture and Transport's Annual Report 2010-11.

성과보고서로서의 연도보고서는 성과와 예산을 연계한 산출에 기초한 투입예산을 다음과 같은 형태로 제시하고 있다. 즉, 산출 단위별로 법령 등에 근거하여 직접적이고 경직적인 관리비용과 부서 차원에서 운영하는 사업비로 구분하여 예산 대비 집행결과가 제시되고 있는 것이다. 산출과 연계하여 제시되는 예산은 부처 및 기관에 배정된 예산이 각 성과의 도출을 위해 어떻게 활용되고 있는지를 제시하는 것으로 그 내역은 연초의 예산설명서와 추가 예산설명서에서 제시된 규모와 일치하게 된다.

표 4-8 건설교통부 2010-11 산출 대비 투입 예산 제시 (단위: 천 달러)

	예산	집행 결과	차이
산출 2.1 교통 보안			
관리 항목 비용	6,669	886	-5,783
Department expenses	78,734	80,043	+1,309
총 산출 비용	85,403	80,929	-4,474
산출 2.2 Surface transport			
관리 항목 비용	373,447	361,894	-11,553
Department expenses	15,577	18,199	+2,622
총 산출 비용	389,024	380,093	-8,931

산출 2.3 도로 교통			
관리 항목 비용	13,984	6,349	-7,635
Department expenses	19,485	18,507	-978
총 산출 비용	747,006	724,487	-22,519
산출 2.4 항공 교통			
관리 항목 비용	185,463	185,090	-373
Department expenses	45,951	42,363	-3,588
총 산출 비용	0	0	0
Total for Unallocated expenses	7,696	11,156	+3,460
결과 2 총 비용 (Outcome2 totals by appropriatioin type)	747,006	724,487	-22,519
관리 항목 비용	577,520	541,730	-35,790
Department expenses	169,486	182,757	+13,271
결과 2 총 비용	0	0	0
평균 인력 수	747	748	+1

자료: Department of Infrastucture and Transport's Annual Report 2010-11.

한편 예산설명서에서 설정되어 제시된 관리 항목에 배정된 예산 또한 연도보고서에서 관리 항목별로 효과로서의 결과와 더불어 집행 내역을 <표 4-9>와 같이 제시하고 있다.4)

표 4-9 산출 2.1의 관리항목 관련 성과와 예산집행 내역 제시 (단위: 천 달러)

관리 항목	결과	예산	집행 결과	차이
항공 보안 증대		955	779	-176
국제 항공 보안 향상	• 주요 지역 조정자, 국제적 조직 및 사업 관계자와 협약	42	29	-13
지역 여객 검색	• 지역 여객 검색 프로그램은 예산 범위 내에서 정기적으로 관리. Hand-Wands 사용 40개 교육과정 개최 및 271명 참여	913	750	-163
항공 보안 강화		5,714	107	-5,607

4) 산출 단위로 설정된 관리 항목은 연방정부를 대신해 부처가 감독 및 관리에 의해 발생되는 항목으로서 관리비용으로 보조금, 수입, 압류, 수수료 및 벌금 등을 포함.

국제 관문 공항의 최첨단 과학기술	• 2010. 12. 국제선 폭발물 수색 탐지 장비 가이드라인 공개 • 2011. 02. 액체 용기 검색 및 Multi-View X-ray 가이드라인 공개 폭발물 수색 탐지 장비, 액체 용기 검색 및 Multi-View X-ray 프로그램 관련 신청 접수	914	107	-807
지역 및 국내선 항공 보안	• 2010. 11. 국내선 폭발물 수색 탐지 장비 가이드라인 공개 • 2011. 12. 신규 진입 지방 공항 가이드 라인 공개 폭발물 수색 탐지 장비, 액체 용기 검색 및 신규 진입 지방 공항 프로그램 관련 신청 접수	4,800	0	-4,800
항공 화물 공급 체계의 안전 확보	• 2010-11 회계연도에 배정된 예산 없음	0	0	0
산출 지원(program support)		78,734	80,043	+1,309
총 산출 비용		85,403	80,929	-4,474

자료: Department of Infrastucture and Transport's Annual Report 2010-11.

제 4 절 호주 정부의 성과관리의 특징과 한계

1 호주 성과관리제도의 특징

호주의 성과관리제도상 특징은 다음과 같은 몇 가지로 요약될 수 있다.

첫째, 호주의 성과관리제도의 가장 큰 특징은 평가총괄 부처에 의한 중앙집중적인 평가측정 및 관리 시스템이 적용되는 것이 아니라 각 기관에서의 기관장 중심의 자율적인 평가측정 및 관리가 접근되고 있다는 점이다. 하지만 성과관리 총괄기관인 재무부의 간접적이고 보조적인 역할이 크게 작용하고 있는 바, 기본적인 평가틀과 제출되어야 할 내용 등을 제시하고 각 부처의 성과계획서로서의 예산설명서와 성과보고서로서의 연도보고서에 대한 충실한 검토에 입각한 의견을 제시하고 있다.

둘째, 성과평가 및 관리 기능이 예산편성 및 관리 기능과 밀접하게 연계 및 통합되어 이루어지고 있다는 점이다. 예산관리를 담당하고 있는 재무부가 성과관리 총괄기관으로서의 역할을 수행하는 점에서 볼 수 있듯이, 성과평가와 관리 기능이 예산관리 기능과 연계되어 운영되고 있는 것이다. 기관의 연도별 성과계획을 의미하는 계획서는 예산설명서를 통해 제시되고 있는 바, 모든 성과계획과 정보는 예산과의 관계에서 설정되어 있다. 그 결과 예산설명서는 모든 사업의 수행에 대한 계획과 더불어 평가계획이 수반되고 있으며, 사업활동이 지향하고 있는 목적으로서 '결과(outcome) 및 산출(output)'이 예산과 연계되어 제시되고 있다. 이러한 예산과 성과의 연계를 통해 외부에 의한 획일화된 평가나 점수화가 아니라도 예산 요구와 편성 과정에서 관련된 성과정보가 절대적 근거로서의 역할을 수행하고 있다.

셋째, 호주의 성과관리는 외형적으로는 기관을 단위로 접근되고 있지만, 실질적으로는 특정한 목표 내지는 결과를 중심으로 접근되고 있다는 점이다. 즉, 부처(기관)별 성과계획과 관리는 예산설명서에서 제시되고 있는 바와 같이, 크게 'Outcome-Output-Departmental Output & Administered Item-성과지표'의 체계를 통해 파악되고 관리되고 있는 것이다. 이는 곧 기관에서 계획하는 활동 및 예산이 좀 더 효과적으로 목표의 성취에 이바지할 수 있도록 기관의 궁극적 목표와 하위 차원에서의 목표 및 구체적인 활동 등으로 하향식으로 구체화되어 접근되고 있는 것이다. 이러한 목표 체계 하에서 그 내용을 직접적으로 반영하는 성과지표가 설정되고, 해당 성과지표를 통한 구체적인 성과정보가 산출되어 제시되는 것이다. 이러한 구조하에서 성과측정 및 관리가 각 기관 내에서 자율적으로 이루어지고 기관 간 상대적 비교를 전제하지 않지만 파악되고 제시된 성과 수준은 매우 중요한 의미를 제시하게 되는 것이다.

2 호주 성과관리제도의 한계

호주의 성과관리제도상 기본적으로 미국 등과 유사한 체제를 지니고 있으나, 여타 국가와는 달리 예산과의 연계성이 크게 강조되고, 나아가 기관보다는 정책활동 영역에 따른 결과와 산출물 등 목표 체계가 구체화되어 성과가 파악 및 관리되고 있는 점에서 차이와 더불어 강점이 있다고 하겠다. 이러한 차이와 강점에도 불구하고 호주의 성과평가 및 관리제도는 다음과 같은 측면에서 한계가 지적될 수 있다.

첫째, 범정부 차원에서의 결과를 중심으로 한 목표 체계의 구체화와 이들 결과 및 산출물에 초점을 둔 성과의 파악과 관리로 인해 각 기관 단위에서의 기관 내 부서 단위 등에 대한 성과 파악과 관리에 한계가 있다. 즉, 예산설명서와 연도보고서를 통해 관리되는 성과는 기관의 성과를 대외적인 관점에서 파악하고 제시하는 데 매우 유리한 측면이 있으나, 기관 내적으로 하위 부서 단위에서의 성과 파악과 성과와 연계된 활동상의 한계를 파악하는 데 어려움이 예상된다. 그 결과 비교적 엄정한 성과계획과 평가에도 불구하고 기관 내적인 관리 차원에서의 한계와 문제점을 규명하고 개선하는 데 한계가 있다.

둘째, 호주의 성과관리는 예산과 매우 밀접하게 연계되고 있고, 심지어는 예산 가운데 법령에 근거하여 집행이 경직화된 관리 항목을 구분하고 있으나, 사업의 성과를 투입 예산이나 비용 관점에서 충실하게 생산하지 못하고 있다. 이는 산출물이나 성과지표와의 관계에서 예산 지출이나 관리 항목을 직접적으로 연계하는 데 어려움이 있는데서 비롯된다.

셋째, 예산편성 과정에서 재무부에 의한 각 기관의 목표 체계(결과-산출물-성과지표 등)에 대한 점검과 관리가 비교적 치밀하게 이루어지고 있지만, 연도별 사업활동 수행 이후 각 기관에서 예산설명서에서 제시한 내용에 입각하여 성과를 파악하고 제시하는 성과보고서로서의 연차보고서에 대한 검토와 관리는 치밀하게 이루어지는 데 한계가 있다. 그 결과 과연 각 기관에서 제시한 성과정보가 객관적이고 공정하게 기관의 성과 수준을 파악 및 제시하고 있는지에 대한 의문이 제기될 수 있다.

참고 문헌

고영선 · 윤희숙 · 이주호 (2004). 공공부문의 성과관리. 한국개발연구원 연구보고서, 2004-02.
김주애 (2012). 주요국 정부업무 자체평가지표 비교연구: 한국 중앙행정기관 자체평가지표 개선을 위한 시사점. 한국행정학회 제1회 월례발표회 자료.
박노욱 외 (2008). 성과관리 예산제도의 국제비교. 한국조세연구원 성과관리센터 연구보고서.
박중훈 · 이광희 (2008). 성과정보의 내용 및 생산 방법의 적절성에 관한 연구: 정부업무평가

제도의 '주요 정책과제평가'를 중심으로. 한국행정연구원 연구보고서, 2008-04.
원종학 외 (2011). 주요국의 성과관리제도. 한국조세연구원 성과관리센터 연구보고서.
Australia Government Attorney-General's Portfolio Budget Statements 2010-2011.
Australia Customs and Border Protection Service Annual Report 2010-2011.
Australia Infrastructure, Trnasport, Regional Development and Local Government Portfolio Budget Statement 2010-2011.
Australia Government Department of Infrastructure and Transport Annual report 2010-2011.
Department of Finance and Administration, "The Outcome and Outputs Framework," November 2000.

Chapter 05

정부 성과관리-프랑스*

제1절 서론

국가들이 행정개혁에 대해 관심을 가지게 된 것은 매우 오래된 일이지만, 프랑스의 행정개혁은 독특한 형태로 발전하게 된다. 프랑스에서 '국가'가 가지는 의미는 다른 나라와는 다르다. 프랑스는 유럽에 위치한 어느 나라보다 중앙집권화된 국가로서, 행정이 사회의 전반에 미치는 영향력이 매우 큰 나라이다. 이는 나폴레옹식 전통(Napoleonic tradition)으로 대표되는 강력한 정부로서의 특징을 말한다. 이와 관련하여 같은 맥락에서 가이 브레이방(Guy Braibant, 2000)은 프랑스의 전통적인 행정 모델을 단순하고, 국가적이고, 중앙집권적이며, 계층화되어 있고, 비밀스럽고, 또한 합법적이라는 여섯 개의 형용사로 표현한 바 있다. 이러한 역사적인 맥락에서 당시 유행했던 신공공관리론을 도입하는 데에는 행정환경, 개혁 능력, 추진 방향 등이 유사하지 않았기 때문에 영국이나 미국의 성과관리와는 다른, 독특한 프랑스만의 제도를 가지게 되었다(Politt, 2001: 472).

이러한 프랑스의 성과관리의 예는 우리나라에도 중요한 시사점을 제시한다. 우리나라도 프랑스와 같이 강력한 중앙집권적인 행정문화와 전통을 간직해 온 국가이기

* 임도빈: 서울대학교 행정대학원 교수
민나온: 서울대학교 행정대학원 박사과정

때문이다. 이를 통해 우리나라가 직면하고 있는 상황이나 문제점 등에 대해 프랑스에서는 어떠한 관점을 통해 접근하고 있는지를 알고, 그 결과를 간접적으로 경험할 수 있으며, 이를 통해 우리나라의 성과관리에 대한 여러 가지 아이디어를 제공할 수 있기 때문이다. 따라서 이 장에서는 프랑스의 성과관리 체계를 살펴본다. 이 과정에서 프랑스의 독특한 성과관리제도가 어떠한 경로를 거쳐 발전되어 왔는지, 현재는 어떠한 형태를 가지고 있는지, 그리고 어떠한 성과를 이루었고 어떠한 점이 보완되어야 할지를 구체적으로 살펴보기로 한다.

제 2 절 프랑스 성과관리의 과거, 현재, 그리고 미래

여기에서는 프랑스 성과관리제도의 변천 과정을 살펴보되, 1950년대에서 1960년대에 해당하는 '잠재기', 1980년대에 해당하는 '도입기', 1990년대에 해당하는 '형성기', 그리고 2000년대 이후에 해당하는 '전성기'의 네 가지 시기로 구분해 살펴본다.

1 잠재기: 1950~60년대

프랑스에서는 이미 약 50년 전부터 성과관리를 위한 노력이 시작되었다고 볼 수 있다. 1946년에 정부가 제공하는 서비스의 비용-효과를 분석하는 일을 전담하는 기구(Comitécentrale d'enquête sur les coûs et rendements des service de l'Etat)가 설립되었으며, 1959년에는 행정조직과 행정이 사용하는 수단들의 타당성을 검토하는 기구(Service central d'organisation et methodes)가 창설되었다(임도빈, 1994). 또한 1950년대 말에는 장 물랭 클럽(Club Jean Moulin)에 4명의 행정개혁론자들(Michel Debré, François Bloch Lainé, Pierre Mendés France, Edgar Faure)이 모여 지방자치를 포함한 행정개혁 문제를 주장했고, 1967년에는 PPBS가 부분적이나마 도입된 바 있다(임도빈, 1994). 이러한 시도들은 정부효율화라는 구호에 따라 이루어진 것은 아니지만, 신공공관리론과 성과관리의 논리 도입 이전에도 이와 유사한 노력이 있었다는 점이 흥미로우며, 따라서 1990년대 이후 도입된 성과관리가 완전히 새로운 것은 아니었음을 의미한다.

2 도입기: 1980년대

1980년대에 들어서는 고객 지향적(customer-oriented) 행정을 달성하기 위한 정책들이 나타나기 시작했다. 1988년에는 최초로 특정법 자체의 효과를 평가하기 시작했으며, 이는 구체적으로 「재취업을 위한 최소소득법(revenu minimum d'insertion)」의 제정으로 나타났다(임도빈, 1998). 동법 제52조에는 4년간의 실험 기간이 끝나면 평가보고서를 제출하도록 명시했고, 이에 따라 1989년 9월 6일자 정부령에 따라 평가위원회가 구성되었으며, 또한 이러한 평가 업무는 4년 동안 지속적으로 이루어졌다(임도빈, 1998).

3 형성기: 1990년대

1990년대에 들어 성과관리가 법제화하면서 본격적인 성과관리가 이루어지기 시작했다. 1980년대 이전에 이루어진 프랑스의 행정개혁은 관료제의 특징에서 기인하는 문제와 정부 자체에 초점을 맞춘 것은 아니었다. 그러나, 1989년 이후 관리적 비효율성을 타파하고 효과적인 정부로 다시 태어나기 위한 노력이 프랑스에서도 시작하기에 이르렀다. 신공공관리론을 부분적으로 도입하기에 이른 것이다. 이를 위한 일환으로 정책평가를 위한 정부령(décret n. 90-82)을 통해 정책평가제도를 전면적으로 도입하기에 이른다. 시행령을 통해 각부에 평가 위원회 설립했으며, 이러한 평가위원회에서는 '평가'라는 개념을 정의 하고 방법을 명시하는 역할을 했다. 부처 간 위원회, 평가조사 비용을 위한 기금, 평가전문가 이사회 등을 두었고, 11명으로 구성되는 평가전문 이사회는 정책평가기금을 사용한 평가에 대해 다시 그 질을 평가하는 작업을 담당했다(임도빈, 1998). 그러나 이것은 걸음마 단계였고 각 부가 책임을 회피하는 경향이 있었기 때문에 연구 속도가 느렸고 활동이 제한되어 비판을 받곤 했다

(Méthodes d'évaluation des Politiques Publiques, 2011: 9).

한편, 제대로 된 평가가 이루어지기 시작한 것은 1998년 11월에 「공공정책평가에 관한 수상령」이 제정 및 시행되면서부터이다. 이 시행령에 근거하여 총리실 내에 국가계획위원회(Commissariat Générale du Plan)가 설립되어 평가 기능을 강화했고, 이러한 국가계획위원외 내에 자문기구인 '국가평가위원회(Conseil National de l'evaluation: CNE)가 설치되었다. 이를 통해 경험을 축적함으로써 효율성을 제고할 수 있었다. 즉, 이러한 국가평가위원회는 1990년 설립된 부처 간 평가위원회(Comite Interministerial de l'evaluation: CIME)가 8년 만에 이루어낸 것을 4년 만에 이루어 냈다. 그러나 이 시기에도 각부 상호간의 문제는 여전히 존재했으며, 평가에는 행정 관련 평가만 시행되었을 뿐, 입법 관련 평가는 시행되지 않는다는 문제점이 있었다 (Méthodes d'évaluation des Politiques Publiques, 2011: 10).

4 전성기: 2000년 이후

이러한 성과관리의 기조는 2000년대까지도 이어지고 있으며, 그 방향은 행정절차의 간소화와 행정조직의 유연성, 그리고 효과성 강화 등이다(Ministére de la Fonction Publique et de la Réforme de l'Etat, 2001: 17, 23). 특히 니콜라 사르코지(Nicholas Sarkozy) 대통령 정부는 2007년 5월 강력한 정부로의 복귀를 주장하면서 국가개혁을 단행했으며(réforme de l'Etat)(임도빈, 2008: 123), 사르코지 대통령 당선 이후 도입된 각종 기법과 LOLF 제정에 의해 프랑스의 성과관리는 전성기를 이루게 되었다.

구체적으로 살펴보자면, 2000년부터 2006년에 걸쳐 입법과 관련하여, 국회가 상하원을 아우르는 평가관리사절단을 설치했다. 그러나 이는 원래 목적대로 기능하지는 못했고, 따라서 프랑스 국회는 MEC를 만들었으나 이와 관련한 명백한 수단을 갖추지는 못했다(Méthodes d'évaluation des Politiques Publiques, 2011: 10). 2006년에는 「재정성과통합관리법(LOLF)」과 함께 성과라는 개념이 등장했으며, 2007년 공공정책의 관점과 공공정책의 평가에 관한 부처가 설립되었다. 그러나 이 부처는 2009년 1월에 폐지되었다.

제 3 절 재정성과통합관리법(LOLF)에 의한 성과관리

1 재정성과통합관리법(LOLF)의 도입 배경

「재정성과통합관리법(Loi Organique relatives aux Lois des Finances: LOLF)」은 프랑스 최초의 성과관리 통합법으로서 2001년 8월 1일에 제정되어 약 5년 동안의 준비 기간을 거쳐 2006년 1월부터 시행되고 있다. 사업예산제도에 부합하도록 전체 예산구조를 개혁하자는 취지에 좌파 정당과 우파 정당 모두가 동의하면서 만장일치로 통과되었다. 이러한 개혁은 예산의 내용과 예산 관련 서류의 디자인에서부터 국회의 예산 승인 과정과 행정부의 예산지출에서의 책임성 담보에 이르기까지 예산과 관련한 모든 부분을 건드리는 것이어서(Bobay, 2008) LOLF를 기반으로 하여 공공정책의 전반적인 검토가 이루어지게 되었다.

LOLF의 도입 목적은 크게 두 가지로 나누어 볼 수 있다. 첫째, 예산의 투명성과 책임성을 제고하기 위함이다. LOLF 도입 이전의 예산 프레임워크는 책임성이 결여되어 있었고, 지출의 목적이나 성과에 대한 고려가 이루어지지 않았다는 측면에 대해 많은 비판이 있어 왔다. 이에 따라 새로운 예산제도인 프로그램 예산 도입을 통해 새로운 인센티브를 제공하고 통제를 가능케 하여 공공관리자들이 '더 나은 비용 관리(Controlling really for spend more and take less)'를 할 수 있도록 했다(La Performance dans le secteur public: Outils, acteurs et stratégies, 2009: 32). 또한 공공정책마다 책임자를 명시하고, 각각의 기능과 목적 하에 지출이 이루어지도록 함으로써 책임성을 담보할 수 있도록 하고, 정책별 할당된 예산의 공개와 실제로 지출된 내역을 보고서로 공개하도록 함으로써 투명성을 제고하도록 했다. 한편, 일단 사업에 예산이 할당되고 나서는 변화하는 환경과 충격에 대응하여 공무원들이 예산을 미세 조정(fine-tune)하는 것이 허락되는데, 이는 행정부에 대한 통제를 강조하는 것뿐만 아니라, 동시에 사업 수행 시에 행정부의 재량을 높이기 위한 의도가 들어 있는 것이다.

두 번째 목적은 국회의 역할 강화이다. 이전에는 국가가 예산과 관련한 결정을 하는 데에 한계가 많았다. 예산계획은 행정부의 소관으로 여겨져 중요 예산의 경우에는 국회가 예산 할당량에 대해 제동을 건다든가 변화를 줄 수 있는 여지가 거의 없었으며, 예산을 수정한다고 해도 각각의 정책에 대해 소량의 예산만을 수정할 수 있을 뿐, 예산 총량을 변화시킬 수는 없었다. 그러나 LOLF 도입 이후 국회는 'First Euro-based Appropriation Rule'에 따라 전체 예산의 크기를 수정할 수 있게 되었다(Bobay, 2008). 국회에 더 많은 승인 권한을 줌으로써 행정부와 입법부 간의 견제와 균형을 제고하기를 기대한 것이다. 실제로 2005년 이전에는 전년도 예산 중 94%의 예산안이 차년도에도 그대로 갱신된 데에 비해, LOLF 집행 이후인 2006년 이후에는 모든 예산안 100%에 대해 국회에서 승인에 대한 논의가 이루어진 것(Bobay, 2009)으로 미루어보아 프랑스의 예산제도의 획기적인 변화였음을 짐작할 수 있다.

2 기본 방향

프랑스 재무부에서는 광의의 성과관리와 협의의 성과관리를 나누어 접근하고 있다. 광의의 성과관리는 '공공정책 평가'로서 정책문제를 인지하고 목표를 설정하며, 정책집행으로 인한 산출물과 결과를 평가하여 다시 정책문제 및 정책 수요로 대입하는 모든 과정을 말한다. 반면에 협의의 성과관리란 이 과정 중에서 정책목표와 정책수단 사이에 적절한 관계가 있는지를 의미하는 경제성, 정책 수단과 산출물 사이의 관계, 즉 비용 대비 편익을 의미하는 효율성, 그리고 목표가 얼마만큼 달성되었는가를 의미하는 효과성 등 세 가지가 달성되었는지를 뜻하는 '관리통제'이다. 그러나, LOLF를 통해 프랑스의 정부가 이루고 싶었던 성과관리란 협의의 성과관리를 의미하는 것이 아닌, 정책문제가 발생하고 해결되는 일련의 과정에서 접근하는 성과관리임을 천명하고 있다.

또한 프랑스 성과관리의 기본 방향으로서 『공공정책에 관한 평가 보고서』(2011)는 다음과 같은 일곱 가지의 의문을 통해 성과관리의 기본적인 취지와 평가 방향, 그리고 틀을 제시하고 있다. 첫째, "우리는 무엇을 해야 하는가?" 둘째, "요구와 기대는 무엇인가?" 셋째, "기존의 방식을 계속해야 하는가?" 넷째, "누가 해야 하는가?" 다

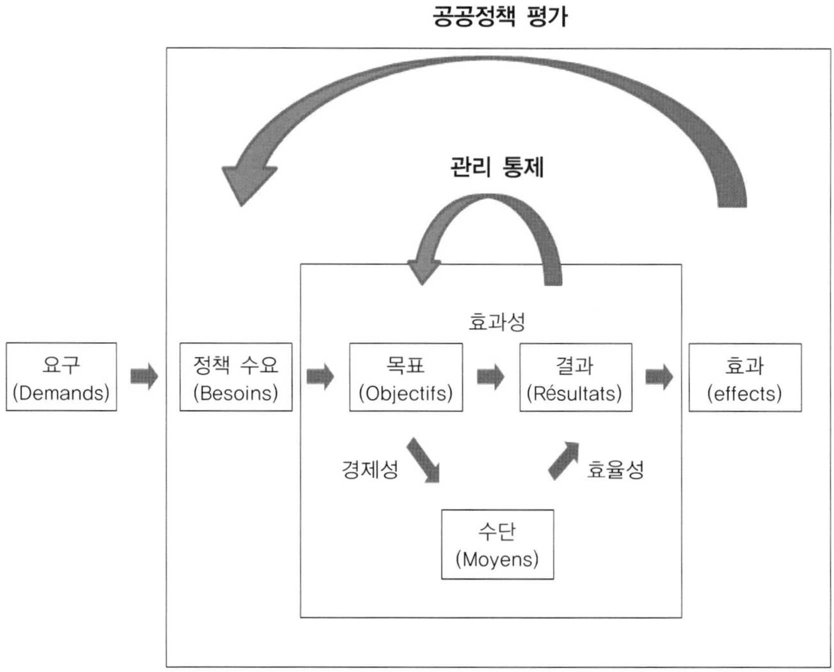

그림 5-1 공공정책의 평가

자료: Ministére des Finances.

섯째, "어떻게 하면 효율적이고 경제적으로 할 수 있는가?" 여섯째, "누가 지불하는가?" 일곱째, "변화의 시나리오는 무엇인가?" 등에 대한 체계적인 검토를 통해 공공정책에 대한 검토를 수행한다는 것이다(Méthodes d'évaluation des Politiques Publiques, 2011: 11).

3 성과관리 체계

1) 성과관리의 전 과정

전체적인 프랑스 성과관리의 과정은 [그림 5-2]와 같다. 크게 이전 연도 예산 집행 평가, 당해 연도 예산 집행, 차년도 예산 준비의 세 가지 시기로 나누어 생각할

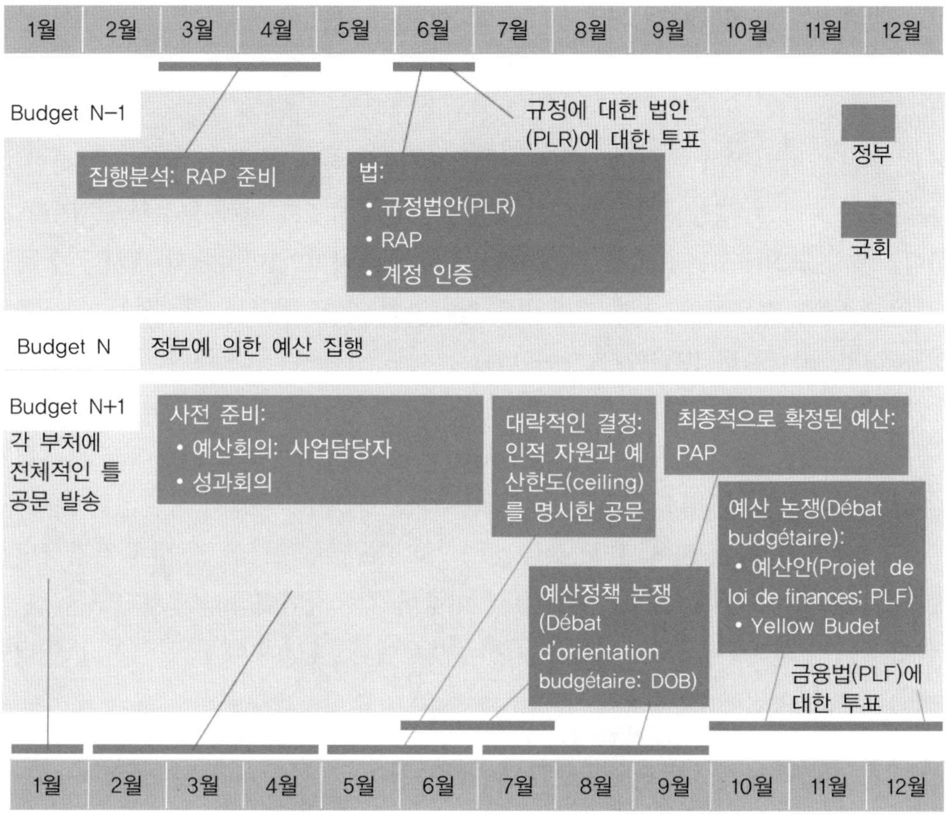

그림 5-2 프랑스 성과관리의 전 과정(timetable)

자료: Hernandez (2008).

수 있다. 일단 이전 연도 예산 집행에 대한 평가(Budget N-1)이다. 정부 각 부처에서는 3월과 4월에 걸쳐 이전 연도에 사업별로 지출한 내역과 세부 목표 및 지표 등에 대한 보고서인 RAP를 작성한다. 6월에는 정부부처가 제시한 예산지출 보고서에 대한 국회의 검토가 이루어진다. 지출한 내역에 대한 사후평가(Ex post evaluation)가 이루어지는 것이다. 다음 연도(Budget N)가 되면 이전에 결정된 대로 정부의 예산집행이 이루어진다. 또한 차년도(Budget N+1)에 집행할 예산에 대한 준비를 한다. 1월에는 각 부처에 예산안을 제출할 것을 알리고 각 부처에 공통적으로 적용될 전체적인 틀(framework)을 포함한 공문을 발송한다. 이러한 틀을 바탕으로 각 부처는 2월부터 4월에 걸쳐 각 사업을 담당하는 공무원들이 사업 집행을 위해 필요한 예산이 얼마나 필요한지를 결정하는 예산회의를 하고, 성과 목표와 수단, 지표 등을 결정하는 성과회의를 개최하여 확정한다. 5월과 6월에는 필요한 인력과 예산의 상한(ceiling)을 정하는 대략적인 결정을 하고, 이러한 한도 내에서 7월부터 9월까지 각 사업에 들어갈 세부적인 인력과 예산을 편성하여 확정한다. 또한 이러한 구체적인 내용은 나중에 제대로 집행되었는지를 평가할 수 있는 지표와 함께 보고서(PAP)로 작성한다. 한편, 국회에서는 6월과 7월에 걸쳐 좀 더 거시적인 안목에서 부처들이 제출한 사업 및 공공정책이 필요한 것인가를 평가하여 승인 여부를 결정하는 예산정책 논쟁을 하며, 10월부터 12월까지는 예산의 각 세부 항목에 대해 예산의 삭감 여지를 찾는 예산 논쟁을 하게 된다. 이러한 과정에서 정부와 국회는 예산안이 제대로 편성된 것인지에 대한 사전평가(Ex ante evaluation)를 한다. 그런데 여기에서 사후평가보다 사전평가가 훨씬 비중있게 다루어지는 것을 알 수 있다.

주의할 것은 Budget N-1, Budget N, 그리고 Budget N+1의 작업이 각각 1년을 소요하는 작업이 아니라, 한 해 내에 함께 이루어지는 작업이다. 즉, 차년도 예산 준비와 당해 연도의 예산 집행, 그리고 이전 해의 예산 집행에 대한 분석이 1년 내에 모두 함께 이루어지는 것이다.

2) 3중 예산 체계: 미션-프로그램-실행행위

LOLF의 도입에 따라 정부예산안은 3개의 정책 수준별로 편성된다. 가장 높은 수준의 정책이라 할 수 있는 미션(la mission), 미션을 실현하는 수단인 프로그램(les programmes), 그리고 프로그램을 직접 실현시키는 실행행위(les actions)가 그것이다. 원칙적으로 미션은 넓은 의미의 공공정책에 해당하고, 사업은 특정 부처와 관계된 그 공공정책의 일부분에 해당한다(Méthodes d'évaluation des Politiques Publiques, 2011: 12). 34개의 미션과 132개의 프로그램으로 이루어진다. 각 프로그램에는 평균 5개의 세부 목표가 있으며, 이러한 목표는 평균 두 가지의 지표를 포함한다. 총합 1,300개의 지표들과 600개의 세부 목표가 포함되어 있다. 각 미션은 여러 개의 사업으로 세분화되고, 각 사업에는 책임자의 직위와 성명을 제시하도록 하고 있다(Méthodes d'évaluation des Politiques Publiques, 2011: 12). 몇 개의 미션과 그에 속한 프로그램을 예를 들어 살펴보면 <표 5-1>과 같다.

표 5-1 미션 및 프로그램

미션	프로그램
발전 및 경제규제	기업의 발전
	테크놀로지의 보존과 통제, 그리고 산업의 발전
	금융부채 관리
	사유재산 보호 및 그에 대한 규제
환경적이고 지속 가능한 발전 및 인프라	환경오염으로 인한 오염 예방
	생물 다양성 및 환경관리
	환경정책 지원 및 지속 가능한 발전
정의	행정적 정의
	사법적 정의
	교정행정
	청소년의 사법적 보호
미디어	언론
	시청각
운송	고속도로
	도로 안전
	육지 및 해양 운송
	해양 안전
	기상학

자료: Bobay (2009).

3) 성과지표

(1) 성과지표의 의의

성과관리의 과정 중 가장 핵심은 성과지표를 개발하는 것이라 할 수 있으며, 따라서 이러한 성과지표에 대해 좀 더 자세히 살펴볼 필요가 있다. 로리노(Lorino, 2001)에 의하면 성과지표란 "개인이나 집단을 불문하고 행위자들이 목표를 달성하기 위한 가격을 산출하거나 결과를 평가할 수 있도록 하는 데에 도움을 주는 첫 번째 정보"이다. 사업 집행의 기준이 되고, 나중에 당해 사업의 성과를 평가하기 위한 기준으로 제일 먼저 고려되는 요소인 것이다. 수많은 지표가 있을 수 있는데 그 중 어떠한 지표를 선택하느냐가 중요하다. Organic Law 제51조에 의하면 "특정 지표에 의해 측정된 관련 비용, 목표, 그리고 예상되는 결과가 모두 정당화된다"라고 밝힘으로써 향후 공공 부문에서 도입하게 될 지표의 도입이 의무적인 사항임을 규정하고 있다(La Performance dans le secteur public: Outils, acteurs et stratégies, 2009: 34). 지표가 결과를 구성한다고 해도 과언이 아니다.

(2) 좋은 성과지표의 기준

이렇게 성과지표의 중요성이 크기 때문에 지표를 선정할 때는 신중을 기해야 한다. 프랑스 정부에서는 LOLF의 세부 지표들이 충족해야 할 몇 가지 기준을 제공하고 있으며, 실제로 지표를 개발할 때에도 이러한 기준을 염두에 두고 있다(Méthodes d'évaluation des Politiques Publiques, 2011: 10-11).

먼저 프로그램을 평가하기 위한 지표들에는 여러 가지가 있을 수 있겠으나, 일단 실현 가능(réalisations)해야 한다. 이러한 실현가능성은 수행할 만큼의 경제적인 여유가 있는가에 대한 재정적인 실현가능성과 법적으로 집행 가능한가에 대한 사법적인

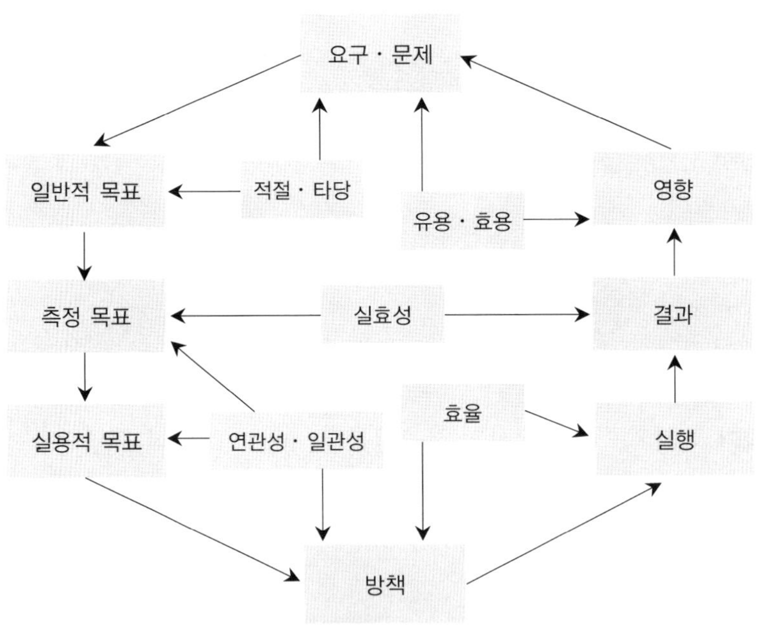

그림 5-3 지표의 기준

자료: Méthodes d'évaluation des Politiques Publiques(2011: 10).

실행가능성을 모두 표현하는 개념이다. LOLF의 지표들은 바로 이러한 점에서 행위 지표(indicateur d'activité)라 할 수 있다. 도로 안전 또는 교통사고 다발지역의 감소를 예로 들자면, 인프라 또는 사용된 경비와 같은 서비스에 의해 실행된 입찰 경쟁 수 같은 것이 실현 가능한 지표(indicateur de réalisation)가 될 수 있고, 과속에 대해서는 설치 무인탐지기의 수가 이러한 실현 가능한 지표로 들 수 있을 것이다(Méthodes d'évaluation des Politiques Publiques, 2011: 10).

둘째, 공공정책 평가는 특정 기준에 따라 변화하며, 이것은 적절성(pertinence)과 관련이 깊다. 이는 일어난 문제들에 대해 적절한 정책 대응을 취했는가를 의미한다.

셋째, 적절한 정책이 행해졌는지를 살펴본 다음에는 정부의 대응과 전개된 수단들 간의 연관성(cohérence)을 측정하고, 또한 결과가 정책목표에 부합하는가를 살펴보는 실효성(efficacité) 또는 그것이 결과들과 사용된 경비를 충당케 하는가와 관련한 효율성(efficience)의 문제가 있다. 예를 들어, 고용정책의 효율성은 모면한 실업 비용 또는 창출된 일자리 비용을 측정하는 것이고, 그것을 다른 정책 또는 다른 나라의 것과 비교하는 것이다.

넷째, 사회적 유용성(utilité sociale)이란 현재의 정책 수요와 정책문제에 대해 효과적으로 대응하는지를 알아보는 것이다. 이것은 사회적 분야에서의 근본적인 기준에 대한 것이다. 그것이 교묘하게 평가되기 어렵다고 밝혀지더라도 말이다.

또 다른 기준으로서 '국민(citizen)', 공공 서비스의 '사용자(users)', '납세자(taxpayer)'의 세 가지 유형이 제시되고 있다(<표 5-2> 참조). 앞서 제시한 기준이 공공정책 평가를 아우르는 지표로서의 기준이라면, 이것은 관리통제의 관점에서 좀 더 미시적인 관점에서의 기준을 제공하는 것이다. '국민'의 관점에서는 사회적·경제적 효과성을 목표로 하며, '사용자'의 관점에서는 행정 서비스의 질을 목표로 한다. 마지막으로 납세

표 5-2 성과지표 분류 체계

관점	목표	목표의 예	지표의 예
시민	사회경제적 효과성	건강: 유방암 검진 시간의 감소	유방암이 감지되기 전까지 평균 검진 경과 시간
사용자	서비스의 질	경찰: 경찰 개입 시간의 감소	경찰의 평균 순찰 시간과 평균 현장 도착 시간
납세자	능률성	도로: 유지 비용의 감소	km당 평균 유지 비용

자의 관점에서는 효율성을 중시한다. 이렇게 효과성, 질, 효율성을 아우를 수 있는 지표를 구성해야 하는 것이다. PAP와 RAP에서도 이러한 지표 구성에 따라 적절히 안배하여 지표를 구성할 것을 지시하고 있다(Bobay, 2008).

(3) 지표 개발의 과정

LOLF의 세부 지표들은 전문가 및 일반 시민이 참여한 가운데 민주적 토론의 기회를 부여함을 통해 수립하고 있다. 일단 첫 모임에서 만나 큰 목표에 대해 동의를 구하고 합의를 한다. 두 번째 미팅에서는 각 세부 목표에 대한 내부적 축(internal grid)을 그리는데, 이때에는 각 사업 영역과 관련하여 전문성을 갖추었다고 생각되는 팀이나 주체가 지표를 개발한다. 그리고 나서 축 안의 여러 개의 칸 안에 들어갈 지표를 정하는데, 중요한 것은 이러한 지표 중 80%는 기존 과정에서 존재했던 것이라는 점이다. 나머지 20%의 지표는 최근에 문제로 떠오르고 있는 사회적인 이슈들을 기반으로 하여 생성한다. 이러한 지표의 경우에는 그 문제를 담당하는 팀들의 수장이 모여서 결정하거나, 워크숍을 하거나 여러 가지 행정적인 미팅을 통해 결정한다. 그리고 다른 부처나 팀에서 지표에 대한 의견을 교환하기도 하며, 이러한 과정을 통해 지표가 수정되는 경우도 있다(Méthodes d'évaluation des Politiques Publiques, 2011: 71). 이렇게 설정된 지표에 대해 다시 확인하는 작업을 거친다. 이러한 성과지표의 개발 과정을 통해 미루어볼 때 합의의 과정이 중시되는 것을 알 수 있다. 미션과 사업은 공공과 민간 부문의 감사 및 회계 전문가 약 200명으로 구성된 25개의 실무팀(équipes d'audit)에서 관장하는 것으로 되어 있다. 이러한 과제 선정은 어느 한 주체가 중심이 되어서 하는 것이 아니라, 과제에 대한 평가성 사정(evaluability assessment)을 먼저 하고, 이에 대한 감사와 연구의 병행을 통해 최종 과제를 선정하고 있다(공병천, 2005).

그러나, 현실에서의 중요 문제가 성과지표를 통해 진정 정책에 반영되는가 하는 것은 또 별개의 문제이다. 프랑스 공무원을 인터뷰한 결과 현실에서의 정책 우선순위와 심각성 등등이 제대로 반영되지 않는다고 공통적으로 답했다는 연구 결과도 있다(Méthodes d'évaluation des Politiques Publiques, 2011: 72).

(4) 성과지표의 예시

이제 구체적으로 2008년 만들어졌던 지표를 예를 들어 살펴보겠다(<표 5-3> 참

표 5-3 성과지표: '이용자 만족도'의 경우

	단위	2005 실현	2006 실현	2007 예측	2007 실현	2008 예측	2010 목표
인가받지 못한 곳의 물리적 상태에 관한 점수(고속도로 밖)	/10점	7.30	7.10	7.30	7.10	7.30	7.30
인가받지 못한 곳의 물리적 상태에 관한 점수(고속도로)	/10점	8.55	8.35	8.65	8.45	8.50	8.55
인가받은 곳의 물리적 상태에 관한 점수	/10점	9.10	9.10	9.10	9.30	9.20	9.20
인가받지 못한 곳의 사용자 서비스에 관한 점수(고속도로 밖)	/10점	6.80	6.45	6.80	6.35	6.50	6.80
인가받지 못한 곳의 사용자 서비스에 관한 점수(고속도로)	/10점	7.80	7.65	7.80	7.80	7.80	7.80
인가받은 곳의 사용자 서비스에 관한 점수	/10점	8.60	8.45	9.00	8.65	8.80	9.00

자료: 2008 Budget Act.

조). 2008년에 '친환경적이고 지속 가능한 발전 및 인프라'라는 미션이 있었고, 이러한 미션에 따른 프로그램 중 하나가 '고속도로'였다. 이를 달성하기 위해 여러 가지 세부 목표가 있었는데, 이 중 하나가 '고속도로의 안전 및 품질 제고'이다. 또한 이 성과목표를 달성하기 위한 성과지표 중 하나가 '이용자 만족도(user satisfaction)'였고, 이는 CREDOC란 연구소에 의해 측정되었다. 이용자 만족도는 도로 유지, 청소, 서비스, 교통 상태 등과 관련된 각각의 항목에 대해 10점 만점 중 이용자들의 인식 점수를 평균하여 측정한다. 성과지표는 당해 연도뿐만 아니라 3~4년 전부터의 지표에 대한 점수의 추세를 보여주며, 미래의 성과지표에 대한 목표도 설정하여 보여준다.

'친환경적이고 지속 가능한 발전 및 인프라'의 미션 내의 또 다른 성과지표를 살펴

표 5-4 성과지표: '수자원의 보존'의 경우

	단위	2005 실현	2006 실현	2007 예측	2007 실현	2008 예측	2010 목표
전체 EPT 경찰 활동 대비 수자원 감소를 위한 활동의 비율	%	15	14	20	16	18	2009년에 20
수자원 개발 및 관리를 위한 스키마의 범위	%	20	25	.	30	35	2012년에 70

자료: 2008 Budget Act.

보자(<표 5-4> 참조). 프로그램명은 '환경 보호 및 위험 예방'이며 하위 목표는 '수자원과 관련된 통합적인 관리의 제공'이다. 이러한 목표 달성을 위해 개발된 지표 중 네 번째 지표가 '수자원의 보존'이었다.

4) 성과평가 기구

(1) 부처 내 평가기구(Ministries Inspectorate)

프랑스 정부의 성과평가는 부처 내 자체평가가 주가 되어 이루어진다는 특징을 가지고 있다. 부처별로 수행하는 정책 과제가 다르므로, 정책 목표도 다르고 이에 따른 성과지표도 다르다. 또한 중요도, 정밀도, 독립성의 정도도 다르다(Prud'homme, 2008). 장관 직속기관으로 설치되었으며, 부처 내에서의 행정감사, 행정지도, 직무감사, 자체평가 등의 기능을 수행한다(배준구, 2008: 357).

(2) 범부처 기구

그러나 이렇게 부처별로 성과평가가 따로따로 이루어지게 되면 정부 전체 차원에서는 성과평가의 큰 틀을 그리고 조정할 수 없는 문제가 생기게 된다. 하나의 정책에 여러 부처가 관련되어 있는 경우도 많기 때문이다. 따라서 각 부처 내 자체평가가 주를 이루더라도, 성과평가 시 관련 모든 부처의 전 과정을 조율하고 조정할 수 있는 범부처 평가기구가 필수적이다.

① 국가계획청(Commissariat General du Plan)

반 세기 동안 사전-사후 평가를 담당해 왔다. 5년마다 주요 정책 이슈를 논하기 위해 위원회를 구성하는데, 이 위원회는 한 달에 한번 만나 과거와 앞으로의 정책 등에 대해 논의한다. 국가계획청은 약 50명 정도의 전문가들로 구성되어 그 규모가 작은 편인데, 5년이 지날 때마다 그때그때 가장 중요한 정책문제를 담당하는 20여개의 위원회를 만들어 냈고, 각 위원회는 각 부처, 공무원, 기업가, 국회, 학계 등으로부터 온 약 30명의 공무원으로 구성되었다(Prud'homme, 2008). 이들은 무보수로 일했으며 2년 동안 한 달에 한 번씩 모여 기존의 정책과 미래에 가능한 정책에 대해 논의했다. 국가평가위원회에서 수행하는 국정 과제에 대한 평가 업무를 행정적으로 지원하고, 중앙부처 및 지방자치단체의 평가 과제 선정에 대한 정보를 제공하며, 평가계획을 구체화하는 업무를 수행한다. 구체적으로는 주요 국정 과제 평가 업무가 종료된 이후 전반적인 평가 과정에 대해 종합보고서를 수상에게 제출하고, 평가결과보고서를 출판 및 공개하는 역할을 담당한다. 기획청은 주로 정책평가위원회가 평가계획서를 작성하는 과정에서 평가와 관련된 예산을 제안하며, 정책평가위원회는 이러한 제안을 바탕으로 예산을 심의 및 확정하여 수상에게 제출한다(배준구, 2008: 358). 그런데 국가계획청은 2005년도에 폐지되고 전략분석위원회(Counseil d'Analyse Stratégique)가 수립되어 이와 비슷한 역할을 수행하고 있다.

② **국가평가위원회**(Counseil National de l'Evaluation: CNE)

1998년 설립된 국가평가위원회는 부처 간 평가위원회(Comité Interministériel de l'Evaluation and Counseil National de l'Evaluation: CIME)가 폐지되면서 그 자리를 대체한 위원회이다. 부처 간 평가위원회에는 따로 배정된 직원은 없었으며 예산도 적었다. 결국 소정의 목표를 달성하지 못하고 실패작으로 평가되며 국가평가위원회로 대체되기에 이르렀다(Prud'homme, 2008).

국가평가위원회는 국가계획위원회 산하에 속한 부서로, 전일제 직원은 없다. 주로 과정평가, 사후평가 등을 통해 정부 및 지방자치단체의 정책 과제, 공공기관의 공공정책 등에 대한 성과평가 업무를 담당하고 있다. 수상 직속 평가기관인 국가정책평가위원회는 14인의 위원으로 구성되며, 위원은 3년의 임기 이후 1회 연임 가능하다(배준구, 2008: 357). 구체적으로 과정평가는 정책집행의 과정에서 수행되며, 사후평가는 정책목표와 정책 수단 사이의 효과성을 측정하는 데에 주목적을 지니고 있다.

③ **특설위원회**(Ad hoc committee)

정부가 정책평가와 새로운 정책의 추천을 목적으로 특설위원회를 구성하는데, 대체로 고위공무원, 산업, 언론, 학계인들로 구성되며 초당적인 성격을 가졌다(Prud'-homme, 2008). 이들이 작성한 보고서는 구속력을 갖지 않았지만 완전히 무시할 수는 없는 영향력을 지녔다.

(3) 회계감사원(Cour des comptes)

회계감사원은 행정기관에 속하지만 독립성과 특수한 신분을 보장받고 있는 감사통제기관으로서 국가재원이 투입되는 정책과 기관의 회계 업무에 대한 평가 및 감사 기능을 수행한다(배준구, 2008: 358). 회계감사원은 2008년 개정된 헌법에 따라 공공정책의 평가 부분에서 의회와 정부를 보좌한다고 규정되어 있고, 2007년 12월에는 대통령에 의해 회계감사원이 공공정책 감사 및 평가기관의 권한, 수단 및 조직 선정을 위한 종합적 검토에 착수하도록 요구받았다(Perret, 2006: 85).

5) 성과정보의 공개

모든 미션과 프로그램에 대해 두 가지 형식의 보고서를 제출하도록 하고 있다. PAP(Project Annual de Performance)는 LOLF에 의해 가을에 제출하는 보고서로서, 매년 가을 발간하며 모든 미션별 프로그램의 목적, 세부 목표 및 성과지표 등의 정보를 포함한다. 또한 국회에서 통과되어 할당된 예산을 항목별로 자세히 기술하도록 하고 있어 각 프로그램별로 어떻게 예산이 할당되고 앞으로 어떻게, 어떤 사업에, 어떤 사업비의 명목으로 활용될 것인지 자세히 알 수 있다.

PAP가 사전적인 성격의 보고서였다면, RAP(Rapport Annual de Performance)는 어떻게 예산을 집행했는지 그 결과를 보여주는 보고서이다. 매년 봄에 발간하고 지출 내역을 자세히 보고하도록 하고 있다.

4 지방정부: 계획계약에 의한 성과관리

중앙정부와는 다르게 LOLF는 지방자치단체의 경우에는 적용되지 않는다. 대신 공공정책평가에 관한 1998년 11월 18일의 정부령에 의해 중앙행정기관, 지방자치단체, 공공기관 등의 정책을 통합적으로 평가하도록 하는 법적 기반을 갖추었고, 1993년 12월 수상 회람은 국가와 지역(région) 간 계획계약에 대한 평가를 의무화하도록 제도화했다(Perret, 2006: 73-81).

1) 계획계약의 도입 배경

중앙집권적인 시스템이 갖추어져 있는 프랑스에서는 국가 전체의 사업을 우선적으로 주도하기 쉽다. 그러나 프랑스에서는 국가 전체적인 차원에서 다루어야 할 사업과 지방자치단체 차원에서 다루어야 할 사업을 나누어 이를 동시에 추진하고 양자 간의 균형을 유지하고자 계획계약을 도입했다. 특히 1982년 지방분권 이전에는 지역의 사업이라 해도 국가가 주도적으로 사업에 관여하기가 쉬웠지만, 지방분권 이후 광역자치단체였던 지역(région)이 권역자치단체로 승격된 이후에는 국가 주도 하에 사업을 추진하기가 어려워졌다. 지역이 계획의 수립권과 집행권을 가지게 되었기 때문이다. 이렇게 자방자치단체가 독자적인 권한을 가지게 되면서, 지자체의 협력 여부가 국가 전체에 큰 영향을 미치게 되었고(배준구, 2008: 360), 이에 따라 계획계약을 도입하게 되었다.

2) 계획계약의 과정

계획계약은 범부처 차원의 국토정책결정기구인 DIACT의 지침 마련에서 시작하여, 정부의 지역(région) 지사와 지자체의 대표인 지역 의회 의장이 서명함으로써 수립된다(배준구, 2008: 360). 1983년 1월 21일 정부령(décret)에 의하면, 계획계약은 계획 초안(avant-projet)과 계획안(projet)을 심사하고 승인하는 두 단계로 나누어 이루어진다.

계획계약이 수립된 후 이를 수행하기 위해 시행공동위원회가 설립된다. 여기에서는 계약사업의 시행을 조정하고, 기술적·재정적 조건을 당사자에게 알리기 위해 1년에 1회 이상 회의를 개최한다(배준구, 2008: 361). 또한 이러한 계획계약은 사업 시행 중이라도 전체적인 수정이나 부분적인 수정이 모두 가능한데, 단 이때에는 정부와 지역 간의 공동의 합의가 있어야 한다. 또한, 중간에 어느 한 당사자의 요구에 의해 해지될 수도 있다.

한편, 계획계약에 대한 평가는 중앙정부와 지역의 두 가지 차원으로 나누어 이루어진다. 중앙정부에 대해서는 매년도 2차 정기회기 개최 시 사업 시행 기간 중 행해진 사업 전체를 평가하고, 계획계약의 집행을 보고하는 보고서를 국회에 제출한다(배준구, 2008: 363). 또한 정부는 2차 연도부터 계획계약의 성과와 관련한 상세한 보고서를 작성해야 한다. 앞서 언급한 국가평가위원회(CNE)가 중앙정부에 대한 평가를 수행한다. 지역의 경우에는 국토계획·발전지역협의회(conférence régionale de l'aménagement et du développment du terrioire: CRADT)의 특별 분과인 지역평가위원회(comité de pilotage de l'évaluation)가 구성되어 평가를 수행한다. 위원회는 두 명의 대표인 지역 의회의 국장과 지역청의 사무처장을 포함하여 의회의원 및 전문가로 구성된다(배준구, 2008: 363).

제 4 절 시사점 및 한계

1 시사점

프랑스의 성과관리는 우리나라에 어떠한 시사점을 줄 수 있는가. 우리나라와 프랑스는 강력한 중앙집권의 전통을 가지는 국가주의적 나라라는 특징을 공통적으로 가진다. 이러한 공통점을 바탕으로 하여 우리나라보다 먼저 성과관리를 도입하고 시행해 온 프랑스의 경험을 통해 배울 수 있는 점이 있을 것이다. 한마디로 요약하면 성과관리제도를 프랑스에 맞게 변화시켰다는 것이다. 성과관리의 성공적인 정착은 그 나라가 처해 있는 정치 행정적인 환경에서 비롯되는 요인들에 의해 결정된다(Curristine, 2008). 신공공관리론(NPM)의 도입이 만병통치약은 아니며 각국에 맞게 변형시켜야 한다고 이야기는 하지만 말처럼 쉬운 것은 아니고, 현실에서는 NPM을 '어떻게' 도입하는지에 대해 고찰 없이 영미권의 제도를 그대로 수용해온 것이 사실이다. 우리나라도 예외는 아니어서 NPM을 성급하게 받아들이고 맹목적으로 추종해 왔다.

그러나 프랑스는 맥락과 문화를 중시한다는 점에서 다른 국가들과는 다르다. '프랑스적인 성과관리'로 변형시키며 프랑스만의 독특한 성과관리 체제를 가지고 있는 것이다. 즉, 기본적으로 국가의 역할을 강조하는 그동안의 기조를 유지하는 선 안에서, 시장이 주도하는 미국식 NPM이 아닌 국가가 주도하는 프랑스식 NPM을 만들어 냈다는 데에 의미가 있는 것이다. 좀 더 구체적으로 본다면 행위자와 구성원 간의 합의를 중시하고, 집권을 유지하는 동시에 분권을 시행하며, 부처에 자율권을 주면서 부처 간 조정 메커니즘을 이루는 방식이다.

1) 합의 중시

프랑스에서는 "인간이 무엇을 할 수 있을 때, 금지하거나 강제하지 않는다"는 톨레랑스(tolérance)의 개념이 오랫동안 지켜져 왔다. 항상 심도 있는 토론과 논의 과정을 거치는 것도 이와 무관하지 않을 것이다. 성과관리의 도입과 그 시행 과정에서도 예외는 아니다. 이는 공공 부문의 성과관리의 지침서로서 성과관리의 도구, 행위자 및 전략을 다룬 보고서 「la Performance dans le secteur public: Outils, acteurs et stratégies」의 구성을 통해서도 알 수 있다. 보고서의 시작부터 약 40페이지에 걸쳐 먼저 왜 성과관리를 도입해야 하는지, NPM이 과연 공공정책의 평가 도구로 적합한지에 대해 설명하고 있다. 이는 전체 보고서 분량인 120페이지의 1/3에 해당하는 것으로, 공공문제를 정책문제로서 받아들이고 새로운 기법을 도입하는 과정에서 구성원들 간 담론 형성을 당연시하는 프랑스 국민의 성향을 알 수 있다. 당위적으로 '해야 한다'가 아니라 '왜 해야 하는지'에 대한 충분한 설명과 설득의 과정이 있고 난 다음에 구성원들의 합의를 모색하고, 새로운 제도의 도입은 나중에 이루어지는 것이다.

또한 성과관리의 추진 과정에서도 가급적이면 다양한 그룹이 참여하여 의견을 내고 조율할 수 있도록 한다. 특히 미션과 프로그램을 설정하고 지표를 개발할 때에도 여러 행위자가 참여하는 반면, 성과평가 시에는 오히려 자체평가가 주를 이루고 외부 참여자의 역할은 미미한 것을 볼 수 있었는데, 이를 통해 다른 어느 단계보다 초기 단계에서의 토론과 합의를 중시함을 알 수 있다. 첫 단추를 잘 끼우면 그 다음 단계는 무난히 진행되리란 생각이 깔려 있는지도 모르겠다. 이는 NPM 도입 시 별 논의 없이 이를 맹목적으로 받아들였던 우리나라의 경험에 비추어보았을 때 생각할 여지를 많이 남긴다.

2) 집권과 분권

프랑스의 성과관리는 다분히 중앙집권적이지만, 한편으로는 분권적인 특징도 갖는다. 프랑스의 성과관리는 중앙정부를 중심으로 이루어진다. 사업도 중앙정부에 집중되어 있다. 그러나 지자체와의 관계에서는 일방적으로 중앙정부가 명령하는 관계가 아니라, 계획'계약'을 통해 사업을 시행하고 사업의 성과를 관리하고 있다. 계약을 통해 관계를 맺는다는 것은 기본적으로 지자체가 수해하는 사업을 존중함을 의미한다. 대등한 관계가 유지되는 것이다. 집권과 분권을 양립 불가능한 두 가지의 기준으로 여기지 않고, 두 가지가 함께 존재할 수 있음을 보여준다.

우리나라의 경우에도 2004년 4월부터 시행되고 있는 「국가균형발전특별법」에서 프랑스의 계획계약을 벤치마킹하여 지역발전투자협약제도를 도입한 바 있다(임도빈,

2008: 372). 그러나 우리나라는 이를 제대로 도입하지 못하고 여전히 반쪽짜리 제도에 머물러 있다. 이러한 점에서 프랑스의 계획계약을 다시 면밀히 검토할 필요가 있다.

3) 부처의 자율성 중시 및 부처 간 정책 조정 메커니즘

프랑스의 성과관리 과정에서는 각 부처, 사업별로 서로 다른 지표가 사용되고 성과평가 또한 부처 내에 존재하는 자체평가를 통해 주로 이루어진다. 이러다 보니 여러 부처가 관련되는 사업이나, 꼭 그러한 사업이 아니더라도 범부처적인 관점에서 각기 나누어져 있는 평가 시스템을 하나로 조율할 필요가 있다. 2008년 기준 34개의 미션 중에 거의 1/3에 해당하는 11개 미션이 여러 부처가 관련되는 미션이다. 이러한 상황에서는 통합적으로 사업을 관리하는 조정자의 역할이 필수적이다. 수상이 주로 부처 간의 정책을 조정하는 역할을 수행하며 범부처 기구의 경우에도 여러 부처 간 겹치는 정책목표와 사업 등을 조율하는 역할을 한다. 프랑스의 상위 평가기구인 총리실 주관의 평가는 자체평가의 내실화 원칙 하에서 이루어지는 평가로 중복평가 문제가 야기되지 않고, 과제의 성격에서 이해되고 있는 바와 같이 평가를 통한 기관 간 비교에 목적이 있는 일반화되고 획일화된 과제 선정 원칙은 허용되지 않고 있다(공병천, 2005). 우리나라의 경우에도 각 부처 별로 성과목표에서부터 추진사업, 평가 체계 등이 산재되어 있어 부처 간 벽이 높고 통합이 잘 이루어지지 않는 모습을 보인다. 좀 더 장기적이고 총체적인 안목에서 일괄적으로 성과관리 과정의 전반을 담당할 주체가 필요하다.

2 한계

프랑스의 성과관리 과정의 강점을 찾고 우리나라에 줄 수 있는 함의를 찾는 것도 좋지만, 프랑스 성과관리의 문제점을 살펴보는 것 또한 우리나라 성과관리제도의 발전을 위해 필요한 작업이다. 어떠한 국가이든, 어떠한 제도이든 장점이 있으면 단점도 있기 마련이다. 다른 국가에서 이루어지고 있는 제도를 도입하거나 벤치마킹하는 데에 문제점을 알고 도입하는 것과 모르고 도입하는 데에는 큰 차이가 있기 때문이다.

1) 평가 결과의 반영

프랑스 성과관리 체계의 가장 큰 문제점은 역시 성과평가의 결과가 잘 반영되지 않는다는 점이다. 일반적으로 성과 평가한 내용은 인사고과에 반영되어 승진 등의 기준으로 사용되거나 성과급 등을 포함한 보수의 산정 기준으로 활용된다. 그러나 프랑스의 성과관리에 대해서는 프랑스 정부 발간 보고서 등에서 평가 결과를 활용하여 성과관리의 인센티브를 높인다고 기술하고 있을 뿐, 구체적으로 어떻게 활용되는지는 언급하지 않고 있다. 특히 부처 내 자체평가가 주를 이루는 프랑스에서는 평가를 하는 기관과 평가를 받는 대상이 동일하기 때문에, 제대로 된 평가를 할 유인이 거의 없기 때문에, 평가 결과를 활용하고 다음 목표설정에 반영하려는 추진력이 미약하다(Nioche & Poinsard, 1985). 이는 비단 프랑스에서만 나타나는 현상은 아니고 성과관리를 도입한 OECD 국가들이 공통적으로 노정하고 있는 문제 중 하나이다(OECD, 2008). 물론 평가한 내용이 활용이 안 되더라도 평가 그 자체를 통해 투명성을 높일 수 있다는 점에서 의미가 있다. 그러나, 성과정보의 공개만으로 만족할 수는 없으며, 성과관리의 궁극적인 목표는 객관적인 정보를 배치하고 그것들을 공공 프로그램 및 자원의 할당과 관계된 의사결정을 내리는 데 사용하는 것이라는 점을 잊으면 안 된다.

그렇다면, 성과정보의 활용을 위해 어떻게 동기부여를 해야 하는가? OECD(2008)에 의하면, 성과관리와 예산을 연계시키기 위한 OECD 회원국들의 대응은 세 가지 정도로 나눌 수 있다. 첫째, 금전적인 보너스나 페널티를 적용하는 것, 둘째, 재정적·관리적 유연성을 증가시키거나 감소시키는 것, 그리고 마지막으로 평가 결과가 좋은 부처의 경우에는 칭찬을 하고, 나쁜 결과를 가져온 부처의 경우에는 비난하는 방법이다. 많은 경우에 재정관련 부처들은 금전적인 유인을 사용하지는 않는데, 이는 이러한 조치가 오히려 왜곡된 유인을 가져올 수도 있기 때문이다. 낮은 성과가 부처의 잘못 때문이 아닌 경우도 있을 수 있는데 이 경우 금전적인 처벌을 가한다고 해서 그 부처가 개선할 수 있는 점은 아무것도 없다. 한편 낮은 성과를 가져온 사업에 대해 예산을 삭감하는 경우도 있는데, 바로 우리나라의 경우가 그렇다. 성과가 낮은 사업에 대해 10%의 예산 삭감을 감행한 적이 있는데, 이러한 방법은 성과정보의 질이 높고 정확하다는 보장이 없어 위험한 방법이라 할 수 있다. 이런 의미에서 세 번째 방법인 '낙인'이 가장 바람직한 방법이라 할 수 있다. 영국이나 호주에서는 이미 이러한 방법을 사용하고 있는데, 명예를 중시하고 평판을 중시하는 공무원들에게 공개적으로 칭찬을 하거나 비판을 하는 것은 아주 효과적인 유인이 될 수 있으며, 이러한 비금전적인 방법이 금전적인 방법보다 더 효과적일 수 있다. 특히 우리나라와 같은 국가에서는 더욱 그러할 것이다.

물론, 성과 관련 정보가 정확히 측정이 되는가는 별개의 문제이다. 성과정보가 입법권과 행정권 사이에서의 정치다툼의 쟁점에서 객관적일 수 있는가 자문해 볼 수 있다(OECD, 2008). 그러나, 이러한 문제에도 불구하고 우리는 성과에 관한 양적·질적 정보들의 형태를 제공하는 것이 적어도 실속 없는 증거로 일관하는 것보다는 낫다는 결론을 내릴 수 있다.

우리나라의 경우, 프랑스와는 반대로 성과평가 결과의 공개가 지나친 부처 간 경쟁과 순위매기기 싸움으로 변질되는 경향이 있다. 각 부처의 성과평가를 통해 부처별로 성과평가 점수를 산출하고, 이를 통해 부처를 서열화하게 되면, 부처들은 부처별 비교에서 좋은 점수를 받는 문제에만 매달리게 된다. 본래의 정책 목표 달성은 뒷전이 되고 '평가를 위한 평가'에만 몰두하게 되는 것이다. 성과지표 산출 시부터 달성이 쉬운 지표 중심으로 지표를 선정하고, 점수화가 쉬운 양적 지표에만 치중하게 된다. 또한 정책집행 시에도 점수를 잘 받을 수 있는 방법을 구해 목적과 수단이 대치되는 동조 과잉 현상을 야기하게 된다. 따라서 부처 간 성과 순위를 도출하고 지나친 경쟁을 유도하는 것보다는 OECD에서 권고하는 바와 같이 '낙인'의 전략을 쓰는 것이 한 가지 방법이 될 수 있을 것이다.

2) 공무원의 수용

길고 긴 합의 과정을 거쳤다고는 하나, 성과관리가 공무원들에게 잘 와닿지 않는 것은 프랑스도 우리나라와 마찬가지인 것으로 보인다. 보통 미션이나 프로그램의 설정이 높은 직급의 공무원을 위주로 이루어지고, 이 과정에 하위 직급의 공무원들은 배제되는 것이 하나의 이유가 될 수 있을 것이다. 그러나, 실제로 정책을 집행을 하는 주체는 상위직보다는 하위직이다 보니 집행 시에 문제가 생기는 것이다. 프랑스의 어떤 공무원은 인터뷰를 통해 "몇 년 동안 MBO(management by objectives)가 전 정부 때 세워지고 한동안 지속되더니.. 이제는 성과라니.. 뭐가 다르죠? 이건 똑같아요(La Performance dans le secteur public: Outils, acteurs et stratégies, 2009:

77).”라고 말했다고 한다. 파리 지역(région)에 근무하는 공무원의 경우에도 이렇게 관리의 기본적인 방향에 대해 공감하지 못하는 것으로 보이는데, 또 다른 인터뷰를 통해 성과관리가 실제로 집행 수준으로 내려갔을 때에 LOLF의 시행에 대한 관료들의 여러 반대에 부딪혔고, 관료들은 이러한 방식이 지나치게 기업적이며, 관리의 기준이 여전히 모호하다는 등의 비판을 끊임없이 제기했음을 알 수 있었다(La Performance dans le secteur public: Outils, acteurs et stratégies, 2009: 77). 새로운 제도의 도입에 대한 반발은 어찌 보면 어느 국가에나 존재하는 문제라고 생각할 수도 있다. 적응할 만하면 또다시 바뀌는 제도에 적응해야 하는 공무원의 입장에서는 당연할지도 모른다. 그러나 정책을 집행하는 것은 공무원이라는 사실을 주지할 때, 어떻게 하면 이들의 반발을 최소화할 수 있을지에 대한 방안을 강구해야 한다. 따라서 이 문제는 동기부여와 적절한 유인 제공으로 회귀한다.

제 5 절 결론

LOLF를 제정하는 데 공헌했던 사람 중의 한 명인 램버트(Alain Lambert)는 LOLF가 “합의적이고 암묵적인 작은 쿠데타(coup d'État)”라고 밝히고 있다(Lambert, 2006). 최근 50여년에 걸쳐 프랑스에 성과관리 체제가 정착하게 되었지만, 중요한 것은 프랑스에서의 성과관리 및 행정개혁은 기존 행정 체제를 급격하게 변화시키는 개념이 아니라, 어디까지나 기존의 관료제를 보완하는 선에서의 개혁이라는 것이다. 즉, 프랑스의 성과관리는 고객 지향적인 행정이나, 행정의 능률성 제고를 위한 변화가 영국이나 미국 등과 같은 적극적인 개념이 아니라 소극적인 개념으로 이해해야 하며(윤광재, 2009), 이렇게 프랑스만의 독특한 성과관리 제도를 이룩했다는 점에서 의미가 있다.

루뱅(Rouban, 2008)은 한 국가의 제도나 개혁 등을 살펴볼 때 무엇이 ‘행정적 전통(administrative tradition)’이고 무엇이 ‘변화’할 수 있는 부분인가를 나누어 접근해야 한다고 한다. 국가주의적인 특징을 행정적 전통으로 인정하고, 이러한 역사적·사회적 토대를 근간으로 하여 변화를 시도하는 프랑스의 성과관리는, 무엇이든 개혁의 대상으로 삼고 바꾸려고만 하는 우리나라에게 시사점을 제공한다고 할 수 있겠다.

참고 문헌

공병천(2005). 한국과 프랑스의 정책평가제도 비교연구. 한국정책학회보, 14(3): 183-206.

배준구(2007). 프랑스의 지역혁신정책. 한국지방정부학회 학술대회자료집, 2007(3): 5-19.

———(2008). 프랑스의 공공정책 과정. 오시영 편저, 프랑스의 행정과 공공정책. 서울: 법문사.

윤광재(2008). 프랑스의 인문 · 사회적 환경. 오시영 편저. 프랑스의 행정과 공공정책. 서울: 법문사.

———(2009). 프랑스의 행정개혁에 관한 연구. 한국행정학회 비정기학술발표논문집, 17: 1-15.

임도빈(1994). 프랑스의 행정개혁. 한국행정연구, 3(1): 1090-1115.

———(1998). 프랑스와 한국의 행정개혁 비교. 한국행정학보, 32(4): 67-80.

———(2008). 프랑스의 행정조직 및 행정문화. 오시영 편저. 프랑스의 행정과 공공정책. 서울: 법문사.

———(2011). 비교행정 강의. 서울: 박영사.

홍재환 · 윤수재 · 공병천 · 윤기석 · 김용훈 · 유홍림 · 장지호(2005). 정책평가제도에 대한 외국 사례연구: 영국, 프랑스, 호주, 일본을 중심으로. KIPA 연구보고, (2005): 1-222.

Blanc (1993). *Le Pari de la Résonsabilité*. Paris: la documentation française.

Bobay, F. (2008). Performance Budgeting in France and Public Service Delivery. International Conference on Performance Budgeting(PB).

———(2009). Performance Budgeting in France. Seminario International: Istemas de Monitoreo y Evaluacion Presupuestal y Presupuesto por Resultados. Lima, Perú.

Crozier, M. (1977). *On ne change pas la Société par Décret*, Paris: Grasset.

Curristine, T. (2005). Government Performance: Lessons and Challenges. *OECD Journal on Budgeting*, 5(1): 127-151.

———(2005). Performance Information in the Budgeting Process: Results of the OECD 2005 Questionnaire. *OECD Journal on Budgeting*, 5(2): 87-131.

Direction générale de la fonction publique (2006). *La fonction publique de l'État, La documentation française*, Paris, Annual Report.

Hernandez, N. (2008). *Budget Cycle in French Research Development and Innovation Policies*. I

Kletz, F. (2009). La Performance dans le secteur public: Outils, acteurs et stratégies,

L'expérience de la Ville de Paris.
Lambert, A. (2006). La LOLF: levier de la réforme de l'État. *Revue Française d'Administration Publique*, 117: 11-14.
Lorino, P. (2001). Le Balanced Scorecard revisité: Dynamique stratégique et pilotage de performance, exemple d'une enterprise énergétique, Actes du 22° Congrès de l'A. F. C. (Association Francophone de Comptabilté), Mets, 17-19.
Ministére de la Fonction Publique et de la Réforme de l'Etat (2001). *La Fonction Publique et de la Réforme de l'Etat Rapport annual mars 2000-mars 2001*. Paris: La Documentation Française.
Nioche, J. & Poinsard, R. (1985). Public Policy Evaluation in France. *Journal of Policy Analysis and Management*, 5(1): 58-72.
OECD (2008). *Budget et Performances*: Guide de l'utilisateur. OECD: Paris.
Perret, B. (2006). De l'échec de la RCB à la LOLF, *Revue Française d'Administration Review,* 117: 50-42.
Prud'homme, R. (2008). *Policy Evaluation in France: A Tentative Evaluation.*
Rouban, L. (2008). Reform without doctrine: Public management in France. *International Journal of Public Sector*, 21(2): 133-149.
Studer, N. (2011). *Méthodes d'évaluation des Politiques Publiques: Actes du Séminaire.*
Ministère des Finance (www.minefi.fr).

Chapter 06

사업 성과평가-미국*

제 1 절 서론

정부의 성과, 즉 정부가 어떻게 하면 좀 더 효율적으로 또는 효과적으로 업무를 수행할 수 있는지에 대한 관심은 정부가 생겨나면서부터 존재해 왔다고 볼 수 있다. 특히, 정부에서 가장 중요한 의사결정이라고 할 수 있는 예산결정 과정에 성과정보를 활용하려는 노력은 이미 오래전부터 있었다. 그러나 전 세계적으로 성과예산제도 개혁 열풍이 불어닥친 것은 1980년대 이후라고 볼 수 있다(Politt & Bouckaert, 2004). 특히, 오스본과 게블러(Osborne & Gabler, 1992)의 『정부재창조(*Reinventing Government*)』 저서 출간 이후 본격적으로 불붙은 신공공관리론의 영향으로, 전 세계 각국 정부는 다양한 성과관리제도 및 성과예산제도를 도입했다. 미국의 정부성과와 결과에 관한 법률(Government Performance & Results Act of 1993: GPRA), 영국의 공공서비스협약(Public Service Agreement: PSA), 호주의 포트폴리오 예산제도(Portfolio Budget Statement: PBS) 등이 그 대표적인 예라고 볼 수 있다.

이러한 여러 개혁 노력 중 이 장은 미국의 사업성과평가제도 및 성과예산제도 개혁 노력에 대해 집중적으로 살펴본다. 미국 연방정부의 성과예산제도는 1940년대 후

* 공동성: 성균관대학교 행정학과·국정관리대학원 교수, 사회과학연구원 원장
윤기웅: 성균관대학교 사회과학연구원 선임연구원, 글로벌리더학부 강사

반 후버위원회에서부터 시작되었고, 기획예산제도(Planning, Programming, Budgeting System: PPBS), 목표관리제도(Management by Objective: MBO), 영기준예산제도(Zero Base Budgeting: ZBB), GPRA, 사업평가 도구제도(Program Assessment Rating Tool: PART) 등 이후의 개혁 노력들은 그 성패 여부와 상관없이 다른 국가의 모델이 되어 왔다(Blöndal et al., 2003). 따라서 미국 성과예산제도(또는 사업성과평가제도)의 개혁 노력 및 그 과정을 살펴보는 것은 세계 각국, 특히 한국 성과예산제도(또는 사업성과평가제도)의 수정 및 발전에 많은 도움을 줄 수 있다는 점에서 의미가 있다.

제 2 절 미국 성과예산제도의 역사

1 성과예산제도의 의의

성과를 측정하고 측정한 결과를 인사 · 조직 · 사업관리에 활용하려는 노력은 오래 전부터 지속되어 왔다. 특히 정부의 경우 이러한 노력은 대부분 영국의 재무성(HM Treasury)과 같은 재무부나 미국의 관리예산처(Office of Management and Budget: OMB)와 같은 예산실에 의해 주도적으로 이루어져 왔다. 따라서 정부 성과관리 개혁의 주요 관심사는 예산의 효율적 활용이었고, 대다수의 정부 성과관리제도는 성과예산제도의 형태로 이루어졌다고 볼 수 있다. 현재까지 각 국가별로 무수히 많은 성과예산제도가 등장했다가 소멸되었고, 이에 성과예산제도(Performance Budgeting)를 지칭하는 용어 자체도 결과주의 예산제도(results-based budgeting), 성과주의 예산제도(performance-based budgeting), 결과물 위주 예산제도(outcomebased budgeting) 등 다양하다(OECD, 2007). 따라서 성과예산제도를 구체적으로 정의하기가 매우 어렵기는 하지만, 광의로는 성과예산제도를 성과정보를 활용하여 예산을 편성하는 모든 제도라고 정의할 수 있다(Caiden, 2007; Hilton & Joyce, 2007).

이러한 성과예산제도는 성과정보를 활용하는 방식에 따라서, 다시 보고용 성과예산제도(presentational performance budgeting), 간접적 성과예산제도(indirect performance budgeting), 직접적 성과예산제도(direct performance budgeting)로 분류할 수 있다(Curristine, 2005). 각 유형별 정의는 다음과 같다.

> 보고용 성과예산제도란 성과정보가 예산 결정 시 단순히 참고자료만으로 이용되는 제도를 의미한다. 간접적 성과예산제도란 성과가 다른 정보와 함께 예산결정에 영향을 미치는 제도를 의미한다. 즉, 성과가 예산결정에서 중요한 역할을 하기는 하지만, 예산액을 직접적으로 결정하는 것은 아니다. 현재 대다수의 OECD 정부는 간접적 성과예산제도를 채택하고 있다. 직접적 성과예산제도는 성과평가 결과가 예산 결정에 직접적으로 영향을 미치는 제도로서 성과가 예산액을 결정하는 제도이며, 현재 OECD 국가 중 특정 부문(specific sectors)에서만 제한적으로 활용되고 있다(윤기웅·공동성, 2012b: 166, 재인용).

이러한 세 가지 유형 중 어떤 형태의 성과예산제도라 하더라도, 레드번 외(Redburn et al., 2008)에 따르면, 그 목적은 결과에 대한 책무성(accountability for results)과 경험으로부터의 학습(learning from experience)에 있다고 할 수 있다. 구체적으로 살펴보면, 첫째, 성과예산제도는 각 사업 또는 업무별 성과와 예산을 명시함으로써, 납세자들로 하여금 자신들의 세금이 어떻게 활용되고 있고 얼마나 효율적으로 사용되고 있는지를 알 수 있도록 도와준다. 또한 좀 더 성과가 좋은 사업 또는 업무에 예산을 배정함으로써 좀 더 효율적인 예산 활용이 되도록 노력하는 데 도움을 줄 수 있는 정보를 제공한다. 둘째, 성과 목표 및 성과정보의 활용은 정부로 하여금 과거의 경험으로부터 배울 수 있는 것을 가능케 한다. 즉, 단순히 시행착오에 의한 학습이 아니라 좀 더 체계적인 분석을 통해 사업 집행에 장애가 되는 요소를 밝히고 이를 해결하는 방법을 모색함으로써 결과적으로 성과 향상에 기여할 수 있다.

2 부시 행정부 이전의 성과예산제도 개혁 노력

미국 연방정부의 성과예산제도에 대한 관심은 1912년 태프트위원회(Taft Commission)의 권고, 예산회계법(Budget and Accounting Act of 1921)의 제정[1] 등과 같이 이전부터 존재하고 있었지만(Redburn et al., 2008), 그 역사는 1949년 제1차 후버위원회(Hoover Commission)의 권고에서 시작되었다고 보는 것이 일반적인 견해라고 할 수 있다. 당시 예산제도인 품목별 예산제도(line-item budgeting)는 예산 명세를 각 품목으로 분류하고 있었기 때문에,[2] 실제 어느 활동에 어느 정도의 비용이 소요되는지를 파악할 수가 없었고 이는 사업이나 활동의 성과(비용 대비 효과)를 파악하는 데 장애 요소가 되었다. 이에 후버위원회는 예산 명세를 기능, 활동, 과제별로 분류하는 성과예산제도를 권고했다 (Mosher, 1954). 그리고 이러한 후버위원회의 권고는 PPBS, MBO, ZBB 등 다양한 개혁 노력들을 이끌었다 (Ammons, 1995). 그러나 이러한 제도들은 행정부의 개혁안일 뿐, 의회의 합의 또는 동의를 얻지 못했기 때문에 결국 실패 또는 제한적 성공으로 끝나고 말았다 (Nathan, 2001; Blöndal et al., 2003; Kong, 2005).

이후 한동안 연방정부 차원에서의 성과예산제도 개혁 노력은 주춤했다가, 1990년대 초 냉전의 종식 및 경기 침체로 인한 정부예산 축소로 좀 더 효율적인 예산 운용에 대한 필요성이 증대했고 그에 따라 성과예산제도에 대한 관심이 다시금 고개를 들기 시작했다. 1993년 제정된 GPRA가 대표적인 제도라고 할 수 있다. 동법은 의회가 입법하고 클린턴(Bill Clinton) 대통령이 서명한 의회의 합의하에 만들어진 최초의 성과예산제도의 법적 틀로, 거의 20년간(클린턴 행정부와 부시 행정부) 유지되었다. 이러한 현상에 대해 다양한 설명이 가능할 수 있겠지만, 포스너와 팬턴(Posner & Fanton, 2008)의 연구를 참조하여 두 가지만 제시하면 다음과 같다. 첫째, 과거의 개혁 노력과 달리 GPRA는 의회의 지지를 받아 법문화되었기 때문에 오랜 기간 지속될 수 있었다. 둘째, 과거의 개혁 노력들은 예산 과정과 관련성이 적은 반면, GPRA는 성과를 예산과 연계시킨다는 것을 명문화했다.

법의 전문에 따르면, 동법은 연방정부사업의 비효율적인 운영으로 인해 정부에 대한 국민의 신뢰가 감소했고 이를 극복하고자 도입되었다. 그리고 연방정부사업의 비효율적인 운영이 사업 목적의 불명확성 및 사업성과정보의 불충분성에서 기인한다고

1) 이 법에 의해 현재 미국 성과예산제도에서 주도적인 역할을 하고 있는 두 기관인 예산국(the Bureau of Budget, 현재 OMB)과 감사실(General Accounting Office, 현재 Government Accountability Office)이 만들어졌다 (Redburn et al., 2008).

2) 물론 현재에도 여전히 품목별 예산제도를 가장 많이 활용하고 있다.

판단했다(Frederickson & Frederickson, 2006). 따라서 이를 개선하기 위해 GPRA는 각 기관들로 하여금 5년간의 전략계획(3년마다 갱신) 및 연간성과계획을 의회에 제출하도록 의무화했을 뿐만 아니라 계획 대비 성과를 측정한 연간성과보고서를 제출하도록 했다. 또한 이러한 전략계획 및 목표들, 성과보고서는 각 기관의 예산보고서와 연계되도록 했다(Long & Franklin, 2004).

GPRA는 시행착오를 최소한으로 하기 위해, 6년간의 준비 기간 및 시범사업을 실시했고, 구체적인 과정은 다음과 같다:

> 1994년에서 1996년까지는 24개 연방정부기관을 대상으로 성과계획서 및 성과보고서 시범사업을 실시했고, 세출 규모 2천만 달러 이상의 연방정부기관에 대해 1997년부터 전략계획서를, 1998년부터는 연례성과계획서, 1999년부터는 성과보고서를 OMB에 제출하도록 했다. 전면 시행 시점인 1999년부터 세출 규모 2천만 달러 이상인 75개 연방행정기관은 5년 주기로 전략계획서를 제출하고, 성과계획서는 예산요구서와 함께 예산 회계연도 이전 9월까지 보고토록 했으며, 성과보고서는 과거 3년간의 성과 자료와 함께 OMB에 제출하도록 했다. 또한 전략계획서는 3년마다 갱신함으로써 새로운 사업환경과 정보를 전략계획이 수용하도록 조치했다(감사원 평가연구원, 2006: 24).

3 부시 행정부 이후의 성과예산제도 개혁 노력: PMA와 PART

GPRA는 연방정부 내에서 ZBB 이후 시들해진 성과관리에 대한 관심을 다시금 증폭시키고 성과중심문화를 형성하는 데 기여했지만,[3] 실제 성과 향상 또는 합리적 예산 배정에 도움이 되었는지에 대해서는 여전히 의문시되었다. 즉, 실제 GPRA는 각 기관의 엄청난 양의 보고서만 산출했을 뿐, 실제 관리 의사결정 또는 예산 결정에 유용한 정보는 산출되지 않았다(OMB, 2003). 이와 관련하여 블뢴달 외(Blöndal et al., 2003)는 GPRA의 문제점을 <표 6-1>과 같이 여섯 가지로 요약했다.

이에 부시 행정부는 GPRA를 보완하고 성과정보와 예산 간 연계를 좀 더 강화하기 위해 '대통령관리 어젠다(President's Management Agenda: PMA)' 중 하나인

3) 2004년 GAO(2004a)의 연구에 따르면, GPRA에 따라 기관이 작성하는 보고서 품질은 점차 향상되고 있는 것으로 나타났다.

표 6-1 GPRA의 문제점

①	주요한 한 가지 문제는 기관이 경험을 얻고 있고 목표를 더 잘 정교하게 하지만, 여전히 목표들을 빈번하게 바꾸는 경향이 있다는 것이다. 이것은 시간적으로 일관되게 비교될 수 있는 성과자료의 양을 제한한다. 비록 GPRA가 1999년에 생산된 자료부터 시작해서 6년간 요구되었지만, 기관들에 의해 사용된 성과 측정치의 설정은 계속해서 진화하고 변했다.
②	GPRA는 기관 및 부서가 전략기획을 설정할 때 의회와 상의할 것을 권고하지만, 의회는 공식적으로 계획을 변경하거나 승인할 권리가 없다.
③	GPRA는 성과평가를 하는 대신 관리적 재량(management flexibility)을 줄 수 있도록 규정하고 있으며, 이를 위해 5개 이상의 기관들을 시범 사업(1995년, 1996년)에 참여토록 규정하고 있으나, 실제로 시범사업에 참여한 기관은 하나도 없다.
④	내부관리 프로세스도 바뀌지 않았다. 개별 관리자 및 직원이 개별적으로 결과에 대해 책임지지 않기 때문에 형식적으로 흐르고 있다. 즉, 대부분의 기관들은 법에서 요구하는 대로 요구해 사항을 단순히 보고할 뿐이다.
⑤	기관들이 더 많은 성과자료를 생산하고 있지만, 이에 대한 비용효과성 및 유용성은 의문시된다.
⑥	성과정보가 행정부 자체에서도 예산편성 시에 폭넓게 활용되지 않는다. 무엇보다도 강조할 것은 의회는 성과정보를 단순히 활용하지 않을 뿐만 아니라 그럴 계획도 가지고 있지 않다.

자료: Blöndal et al.(2003: 32-35); 공동성 외(2007a: 100-101) 재인용.

'예산과 성과 연계 개혁안(Budget and Performance Integration: BPI)'을 2001년에 발표했다(Moynihan, 2008). 이듬해인 2002년에는 이를 지원할 수 있는 사업평가 도구인 PART를 도입했다. 도입 초기에는 일부 기관을 대상으로 128개 사업에 대한 시범적인 평가를 실시했고(Daniels, 2002), 2003년부터는 모든 기관에 PART를 확대 적용했다.

PART는 사업의 성과를 평가하는 체계적 도구로서, 사업의 계획, 집행, 성과 등 사업 전반에 대한 포괄적이고 체계적인 평가를 통해, 좀 더 효율적인 예산 활용이 되도록 하는 데 그 목적이 있다고 할 수 있다.[4] 매년 전체 연방정부 사업 중 1/5에 해당하는 사업을 평가하는 제도로, 2003년부터 2008년까지 약 1000여개의 사업을 평가했다.[5] 2009년에는 부시 행정부에서 오바마 행정부로 정권이 교체되었고, 그 결과

4) 그러나 휴즈(Hughes, 2006)에 따르면, 이러한 명목적 목적 외에 다른 숨은 정치적 목적이 있다고 볼 수 있다. 즉, 그에 따르면 의회가 가지고 있는 예산편성 권한을 행정부로 옮기려는 부시 행정부의 정치적 의도가 담겨져 있다는 것이다.

5) 2003년에는 2003년 234개의 사업평가를 시작으로, 2004년 2004년 399개, 2005년 607개, 2006년 793개, 2007년 977개, 2008년 1016개 사업을 평가했다. 여기에서 사업의 수는 누적된 결과이다. 예를 들어, 2004년의 평가 결과에는 2003년에 평가된 사업 중 폐지되거나 통합된 사업을 제외한 나머지 사

PART제도도 과거의 개혁노력과 마찬가지로 폐지되었다. 대신 오바마 행정부는 "3~4개의 핵심적인 성과 목표를 선정하고 이를 집중적으로 관리하는 핵심 성과목표 관리제도(High Priority Performance Goal Initiative)"를 도입했다(윤기웅·공동성, 2012b: 169). 또한 20여년 동안 지속되어 온 성과관리제도의 법적 틀인 GPRA는 2010년에 「정부성과와 결과법 현대화법(Government Performance and Result Act Modernization Act of 2010, GPRAMA)」으로 개정되었다. 이후부터는 이러한 다양한 성과관리 개혁 노력 중 미국의 PART제도에 대해서만 자세히 서술하기로 한다.

제 3 절 PART

1 평가 방식 및 절차

PART[6]는 사업성과 향상 및 예산편성에 유용한 정보를 제공하기 위해 만들어진 사업성과평가 도구로서, 기본적으로 자율평가 방식을 취하고 있다. 즉, 각 기관이 소관 사업을 먼저 자율적으로 평가하고 그 평가 결과를 OMB가 확인·점검하는 방식으로 평가가 이루어진다.[7]

PART 평가 절차의 구체적인 내용은 다음과 같다. 첫째, OMB가 평가 질문 문항, 가중치, 답변 방식 등의 내용을 포함하고 있는 PART 지침을 각 기관에 하달한다. 둘째, OMB와 각 기관은 당년도에 평가 또는 재평가할 사업[8]을 선정한다. 셋째, 선

업의 평가 결과가 포함되어 있다.

6) 기본적으로 이 장의 내용은 2005년과 2007년에 발간된 OMB의 PART 지침서를 참고했다. 참고한 지침서는 다음과 같다: OMB(2005), Guidance for Completing the Program Assessment Rating Tool(PART); OMB(2007), Guide to Program Assessment Rating Tool(PART). 그 밖의 내용에 대해서는 인용 출처를 제시했다.

7) 한국 재정사업 자율평가제도의 경우에도 미국 PART와 동일하게 각 부처가 자율평가하고 그 결과를 기획재정부가 확인·점검하는 자율평가 방식을 취하고 있다.

8) PART 평가를 하기 위해서는 우선적으로 평가 대상인 사업이 정의되어야 한다. 기본적으로는 공식적인 예산서(formal budget structure)상 사업활동(program activity)으로 사업을 정의하지만, 이러한 사업활동 중에는 실제 하나의 사업으로 관리하는 것이 적정하지 않은 경우들이 있다. 이런 경우

정된 사업에 대해 각 기관은 소관 사업을 자율적으로 평가한 뒤 평가보고서를 OMB에 제출한다. 넷째, OMB는 제출된 PART 보고서를 확인 및 검토하고 점수 재조정을 통해 평가 결과 초안을 산출한다. 다섯째, 재조정된 평가 결과에 대해 각 기관 담당자에게 의견을 제시할 수 있는 기회를 제공하고, 협의 후에 최종적인 PART 결과를 산출한다. 마지막으로, OMB가 대통령 예산편성안과 각 평가 항목별 점수, 평가등급, 핵심성 과지표, 관리적 문제 및 개선 노력, 예산권고안 등의 내용을 포함한 1장 분량의 PART 결과 요약표[9]를 의회에 제출한다 (Moynihan, 2008). 각 단계별 일정표는 <표 6-2>와 같다.[10]

표 6-2 평가 절차 및 기간

월	예산 과정	PART 평가 과정
02	연방부처는 OMB에 예산제출 준비를 시작한다.	연방부처와 OMB는 평가 대상 사업을 선정한다. 연방부처는 자료를 수집하고 PART 질문 항목에 답변한다.
03-06		OMB와 연방부처는 서로 협력하여 PART 평가를 1차 완료한다.
06-07		OMB는 PART 답변이 PART 지침에 따라 작성되었는지를 확인하는 내부 품질 검토(Internal Quality Review)를 수행한다.
07-08		연방부처는 PART 결과에 대한 이의신청(Appeals)을 제기한다. 심의위원회(Appeals Board)에서 심의를 거쳐 분쟁을 해결한다.

OMB와 각 연방정부기관들은 협의를 통해 무엇이 사업인지를 결정한다. 이때 기준이 되는 것은 예산 자원배분 또는 관리상의 의사결정 수준으로, 공식적인 예산서 상 여러 개의 사업으로 분류되어 있다 하더라도 그 사업들이 동일한 목표를 가지고 있거나 또는 상호 연관되어 있는 경우에는 하나의 사업으로 묶는다. 그러나 이러한 경우에도 관리 목적 또는 비교분석목적상 구분할 필요가 있을 경우에는 개별 사업으로 분류한다.

9) PART 결과의 요약표는 각 항목별 점수, 평가 등급, 핵심 성과지표, 관리적 문제 및 개선, 예산권고안 등의 내용을 포함한다 (Moynihan, 2008).

10) 미국 PART의 경우 지침 하달에서부터 최종평가결과보고서 산출 및 보고까지 1년여의 기간이 걸리는 반면, 한국 재정사업 자율평가제도의 경우 당년도 1월부터 6월까지 6개월 정도 걸린다.

09	연방부처는 OMB에 예산서를 제출한다.	OMB는 심의위원회의 의사결정을 반영하여 PART 결과를 확정한다. OMB는 PART 요약본 초고를 준비하고 이행 조치(follow-up actions)를 권고한다.
09-11	OMB는 연방부처의 예산서를 평가한다. OMB는 예산권고안 작성에 PART 정보를 사용한다.	
11	OMB 예산안이 연방부처로 '환류'한다.	
11-12	연방부처는 예산 심의를 요청한다. OMB, 예산재검토위원회(Budget Review Board) 그리고 백악관 정책담당관 등이 분쟁을 해결한다.	연방부처는 새로운 PART 평가 및 재평가를 위해 9월 30일에 끝난 재정 회계연도의 신규성과 정보를 제공한다. 연방부처는 과거 평가에서 지시된 이행 조치의 실행 상태를 설명한다. 연방부처는 당해 연도 세출 및 예산연도 자금 배분 의사결정을 반영한 자금배분 정보를 최신 자료로 보고한다.
12-01	OMB와 연방부처는 예산안을 지지할 수 있는 근거 자료를 준비한다. 근거 자료는 적절한 성과정보를 사용하고 있음을 강조한다.	OMB는 PART의 자금 배분 정보가 최종 예산 결정을 반영하고 있음을 확인한다. OMB는 과거 PART 평가에서 지시한 이행 조치의 실행 상태를 평가한다.
02	예산요구서가 발표된다.	PART 결과가 발표된다.

자료: 감사원 평가연구원(2006: 41).

2 PART의 구성: 평가 항목 및 질문 문항

PART는 사업의 목적 및 설계, 전략적 기획, 사업관리, 사업 성과 및 책무성 등 4개 평가 항목으로 구성된다. 그리고 각 평가 항목은 5~10개의 공통 질문 문항 및 사업 유형별 질문 문항으로 구성된다(<표 6-3> 참조).[11] 각 질문 문항에 대해 기본적으로 "예/아니오"로 답변하고,[12] 각 질문 문항에 대한 답변 근거를 제시할 수 있어야

11) 공통 질문 문항의 수는 미국 PART의 경우 25개인 반면, 한국 재정사업 자율평가제도의 경우 초기에 15개 질문 문항으로 구성되어 있다가 2012년 현재 11개 질문 문항으로 감소했다. 따라서 한국 재정사업 자율평가제도가 미국 PART에 비해 평가 부담이 다소 적다고 볼 수 있다.

12) 단, 사업 성과 및 책무성 항목의 5개 질문 문항에 대해서만 "예/상당한 정도/어느 정도/아니오"로 답변할 수 있다. 또한 질문 문항이 사업을 평가하는 데 적절하지 않을 경우에는 '적용 불가'라는 답변이 가능하다.

한다. 명목적 가중치는 네 개의 평가 항목 중 사업 성과 및 책무성 항목이 50점으로 가장 크고, 전략적 기획이 10점으로 가장 작다. 기본적으로 각 항목 내 질문 문항의 가중치는 원칙적으로 동일하다.[13] 예를 들어, 사업 성과 및 책무성 항목은 5개의 질문 문항으로 구성되어 있는데, 각 질문 문항의 가중치는 50/5=10으로 10점이라고

표 6-3 PART 제도의 공통 질문

평가 항목	공통 질문
I. 사업의 목적 및 설계 (20점)	1. 사업의 목적이 분명한가? 2. 사업이 현존하는 상황을 분명히 파악하고 있고, 이를 구체적으로 진술하고 있는가? 3. 다른 사업과 중복 또는 유사하지 않도록 설계되었는가? 4. 사업 효과성/효율성을 저해/제한하는 문제점이 없도록(또는 극복할 수 있도록) 설계되었는가? 5. 사업이 사업의 목적에 직접적으로 부합되고, 자원이 의도된 수혜자에게 효율적으로 전달되게 설계되어 있는가?
II. 전략적 기획(10점)	1. 사업이 구체적이고 장기적인 성과지표를 가지고 있으며, 이러한 지표들은 사업의 목적에 부합되고 산출(outcome) 지표로 구성되어 있는가? 2. 사업의 성과목표치는 실현가능성이 있고 야심찬 것이며, 장기적인 성과목표치와 연계되어 있는가? 3. 사업이 연차별 성과지표를 가지고 있으며, 사업의 장기적 목적을 달성하는 과정을 보여주고 있는가? 4. 사업이 기준치와 야심찬 목표치를 가지고 있는가? 5. 관련/협조기관이 사업의 장기적 및 연차별 목표치를 달성하기 위해 협조하기로 했는가? 6. 현존하는 상황과 관련하여 사업의 효과성을 평가하고 사업의 성과 개선을 위한 자체평가가 주기적으로 이행되고 있는가? 7. 예산요구액이 연차별 및 장기적 성과목표와 분명하게 연계되어 있고, 자원 수요가 충실하고 투명하게 제시되어 있는가? 8. 전략기획상의 결점을 수정하기 위한 의미 있는 조치를 취했는가?
III. 사업 관리(20점)	1. 해당기관은 적시적이고 신뢰할 수 있는 성과정보를 주기적으로 수집하는가? 여기서 성과정보는 핵심 협력자/기관의 성과정보를 포함한다. 또한 이러한 정보를 사업의 관리 및 성과 향상을 위해 활용하는가? 2. 사업의 관리자 및 협력자는 비용, 일정, 성과 실적치에 대해 책임을 지는가? 3. 자금이 적시적이고 의도했던 목적을 위해 사용되었는가?

13) PART의 경우 각 항목의 질문 문항은 원칙적으로 동일하게 가중하나, 사업의 특성을 고려하는 차원에서 사업에 맞춰 개별적으로 가중치를 바꿀 수 있다. 다만, 조작가능성을 방지하기 위해, 가중치의 변경은 평가 전에 이루어져야 한다.

	4. 사업 집행에서 효율성 및 비용효과성을 측정하고 향상시키기 위한 절차가 있는가? 5. 관련 사업과 효과적으로 협력하고 조정하는가? 6. 효과적인 재무관리를 실천하는가? 7. 관리상의 문제점을 파악하는 의미 있는 조치를 취해 왔는가?
IV. 사업 성과 및 책무성(50점)	1. 사업의 장기 성과목표를 달성할 수 있다고 판단할 만한 진전이 있는가? 2. 사업 및 관련된 협력 사업은 연차 목표를 달성했는가? 3. 효율성 및 비용효과성을 매년 달성했는가? 4. 다른 유사사업과 비교해서 우월한 성과를 달성했는가? 5. 사업 전반에 걸친 독립적 평가의 결과가 긍정적인가?

자료: OMB (2007); 공동성 외 (2007b: 30).

볼 수 있다.

총점은 이러한 질문 문항별 점수의 합으로 결정되고 100점 만점으로 계산된다. 총점은 다시 우수(85점 이상), 다소 우수(84~70점), 보통(69~50점), 미흡(50점 미만) 결과 미제시(Results not Demonstrated: RND) 등 5등급으로 분류되어 공표된다. 마지막으로 이러한 평가 결과는 OMB가 행정부 예산안을 편성할 때 기본 자료로 활용된다.

PART 제도는 전략적 기획과 사업관리를 강조하기 때문에, 두 항목의 일부 질문 문항은 배점이 가장 큰 사업 성과 및 책무성 항목의 질문문항과 논리적으로 연계되어 있다. 예를 들어, 성과지표가 적절하지 않거나 사업 집행에서 효율성 및 비용

표 6-4 전략적 기획/집행과 성과의 논리적 연계: PART

	Q2-2	Q2-3	Q2-4	Q2-5	Q4-1	Q4-2	Q4-3
Q2-1= "No"	무조건 "No"	"Yes"를 받기 위해서는 어떻게 연간 성과목표가 장기 결과 및 목적에 기여하는지를 설명해야 함.		Q2-1="No" 이고 Q2-3="No" 이면 무조건 "No"	적절한 결과(또는 산출)측정이 가능하지 않다면, 무조건 "No"		
Q2-3= "No"			무조건 No"			무조건 "No"	

Q2-1= "Yes", Q2-2= "No"					"어느 정도" 이상의 등급을 받을 수 없음		
Q2-3= "Yes", Q2-4= "No"						"어느 정도" 이상의 등급을 받을 수 없음	
Q3-4= "No"							무조건 "No"

자료: OMB (2007); 공동성 외 (2007b).

효과성을 달성하지 못할 경우, 그 사업은 성과 항목에서 높은 배점을 받을 수 없다.[14] 전략적 기획 및 사업관리 항목의 질문 문항과 성과 항목의 질문문항 간 논리적 연계는 <표 6-4>와 같다.

3 사업 유형

PART의 평가 대상 사업들은 집행 주체 또는 전달 체계(mechanism)에 따라 독특한 특성을 가지고 있는데 이를 동일하게 평가할 경우 문제가 생길 수 있고, 이를 보완하기 위해 PART는 평가 대상 사업을 일곱 가지 유형으로 분류하고 있다. 일곱 가지 유형은 연방정부 직접사업(Direct Federal Programs: DF), 경쟁적 국고보조금 사업(Competitive Grant Programs: CO), 공식에 의한 보조금사업(Block/Formula Grant Programs: BF), 규제사업(Regulatory-Based Programs: RG), 자산 및 서비스 구매사업(Capital Assets and Services Aquisition Programs: CA), 신용사업(Credit Programs: CR), 연구 및 개발사업(Research and Development Programs:

14) 반면, 한국 재정사업 자율평가제도의 경우 미국 PART의 전략적 기획 항목에 해당한다고 볼 수 있는 성과계획 항목은 성과 항목과 논리적으로 연계되어 있으나, 집행 항목과 성과 항목 간에는 논리적인 연계가 존재하지 않는다.

표 6-5 사업 유형 및 각 유형의 정의

사업 유형	정의
DF	서비스가 주로 연방정부 공무원에 의해 제공되는 사업(예: Visa 업무)
CG	경쟁적인 절차를 거쳐 지방정부나 관련 조직/개인에게 재정을 지원하는 사업(예: 보건소)
BF	일정한 공식에 의해 지방정부나 관련 조직/개인에 재정을 지원하는 사업
RG	법/시행령/세부지침의 집행 또는 해석 등을 통해 미션을 달성하는 사업(예: 식품안전)
CA	자산(토지, 건물, 지적 재산)의 매입 또는 서비스(보수 · 유지, 정보 기술)의 구매를 통해 목표를 달성하는 사업
CR	융자, 융자 보증, 신용대출 등을 제공하는 사업
R&D	지식 창출 또는 그 지식의 적용에 초점을 맞춘 사업

자료: 공동성 외(2007a: 122-123) 재인용.

R&D)이고 각 유형별 정의는 <표 6-5>와 같다.[15] 대다수의 사업은 하나의 유형으로 분류되지만, 일부 사업의 경우에는 몇 가지 사업 유형을 동시에 가지고 있기도 하다. 이런 경우 사업의 핵심 기능을 가장 잘 반영하는 사업 유형을 기본으로 하고 다른 유형의 질문이 선택되어야 한다.

제 4 절 PART 제도의 성과 및 한계[16]

미국의 PART는 오바마 행정부의 등장과 함께 폐지되었다. 이는 정권의 성격에 따른 정치적 결단이기보다는 제도의 유용성이 크지 않았기에 초래되었다고 보는 것

15) 한국 재정사업 자율평가제도의 경우에도 SOC 사업, 시설 · 장비구매사업, 기타 직접사업, 지자체보조사업, 민간보조사업, 출연 · 출자사업, 융자사업 등 일곱 가지로 동수의 사업 유형을 가지지만, 그 유형의 내용에서는 차이가 존재한다. 특히, R&D사업은 미국의 경우 동일한 평가 체계(평가지침, 평가 과정)로 평가되는 반면, 한국의 경우 별도의 평가 체계로 평가를 하고 있다.

16) PART의 성과 및 한계에 대해 연구자들의 의견은 분분하다. PART의 옹호자들은 연방정부의 사업의 효율성을 증진하기 위한 적절한 노력했다고 기술한다(Blanchard, 2008; Breul, 2007; Redburn et al., 2008). 다른 사람들은 설계적인 측면에서는 긍정적인 측면이 있다고 지적한다(Dull, 2006; Frederickson & Frederickson, 2006; Gilmour, 2008; McMurtry, 2005; Posner & Fantone, 2008; Moynihan, 2008). 그러나 일부는 PART의 부정적인 면을 부각해서 설명하는 측면도 있다(Gueorgieva et al., 2009; Nathan, 2008; Radin, 2006).

이 좀 더 객관적이다. 이를 위해 미국 PART가 과연 사업성과관리제도 또는 성과예산제도로서의 역할을 충분히 했는지를 간단하게 논의하고자 한다.[17] 첫째, PART는 사업 성과관리제도로서 사업의 성과 향상에 기여했는지를 논의한다. 둘째, 제도의 유용성이다. 즉, PART의 주요 고객(audience)이라 할 수 있는 의회는 과연 PART 평가 결과를 어느 정도 활용하는가이다.

1 성과 향상

PART가 도입된 이후 5년간의 평가 결과를 분석한 윤기웅(2011)에 따르면, PART 결과는 매년 향상되었다고 볼 수 있다(<표 6-6> 참조). 총점의 경우 2003년 59.8점에서 2007년 65.6점으로 향상되었고, 특히 4개 평가 항목 중 '사업 성과 및 책무성' 항목에서 21.7점에서 24.3점으로 크게 향상된 것으로 나타났다. 또한 등급의 경우에도 '결과 미제시' 등급과 미흡 등급을 받는 사업의 비율이 각각 2003년 49.6%, 5.6%에서 2007년 21.3%, 2.8%로 크게 감소한 반면, 우수 또는 다소 우수 등급은 각각 2003년 6.0%, 24.8%에서 2007년 17.0%, 30.6%로 크게 증대했다.

이러한 사업평가 결과의 향상은 실제 사업 성과가 향상되었기 때문에 발생되었다고 볼 수 있지만, 평가제도에 대한 학습 효과로 인해 발생되었다고 볼 수도 있다. 즉, 사업 담당자가 PART 제도에서 요구하는 다양한 조건을 충족시키는 방법을 터득했거나, PART 평가보고서를 좀 더 잘 쓰는 방법을 터득했거나 하는 것으로 인해 PART 결과가 향상된 것이라는 것이다(Norcross & Adamson, 2007). 실제 길모어(Gilmour, 2008)의 연구에 따르면, 각 기관의 담당자들은 사업평가 결과의 향상의 이유를 좀 더 적절한 답변을 하는 방식 또는 좀 더 적합한 지표의 설정 방식의 습득에서 찾는 것으로 나타났다. 균형적으로 판단건대, 그 이유가 사업 성과 향상 또는 제도에 대한 이해 증진, 둘 중의 어느 것이라 하더라도, 시간의 경과에 따라 하나의 제

17) PART는 크게 두 가지 목적으로 도입되었다고 볼 수 있다. 첫째, 낮은 성과 및 낮은 성과에 대한 벌칙은 사업관리자로 하여금 좀 더 효율적인 집행이 가능하도록 관리상의 개선을 이끌 것이다. 둘째, PART 평가로 얻어지는 사업의 성과정보는 예산 의사결정에 활용되어 좀 더 합리적인 예산배분이 이루어지도록 할 것이다(White, 2012).

도로 정착되고 있는 것으로 볼 수 있다.

그러나 PART가 종료된 시점인 2008년 이후의 연구 결과들을 살펴보면, 실제 사업 성과 향상을 PART가 촉진시켰다고 보기는 어려울 것으로 판단된다. GAO(2008)의 연구에 따르면, 관리자들 중 26%만이 실제 PART 정보를 관리 의사결정 과정에서 활용하고, 14%만이 실제 사업 성과 향상에 PART가 기여했다고 인식하는 것으로 나타났다. 또한 OMB(2009)에 따르면, PART가 평가 자체에만 치중할 뿐, 실제 성과 향상에 도움이 되는 정보를 생산해 내지는 못했다고 인식하는 관리자들이 상당수 존재하는 것으로 나타났다. 종합하면, PART가 사업평가정보를 생산해 내기는 했지만, 그러한 정보가 실제 사업 성과 향상에 크게 기여하지는 못한 것으로 해석할 수 있다.

표 6-6 PART 결과: 점수

평가 항목 \ 연도	2003	2004	2005	2006	2007	5년 종합 (2003~2007)
사업의 목적 및 설계 [20점]	16.9	16.9	17.2	17.1	17.4	17.2
	(84.5)	(84.5)	(86.0)	(85.5)	(87.0)	(86.0)
전략적 기획 [10점]	6.7	7.0	7.2	7.3	7.5	7.3
	(67.0)	(70.0)	(72.0)	(73.0)	(75.0)	(73.0)
사업관리 [20점]	14.5	15.8	16.1	16.2	16.5	16.1
	(72.5)	(79)	(80.5)	(81)	(82.5)	(80.5)
사업 성과 및 책무성 [50점]	21.7	23.3	23.3	23.5	24.3	23.6
	(43.4)	(46.6)	(46.6)	(47.0)	(48.6)	(47.2)
총점 [100점]	59.8	63.1	63.9	64.1	65.6	64.1
	(59.8)	(63.1)	(63.9)	(64.1)	(65.6)	(64.1)
사업 수	234	399	607	793	977	3010

주: [ ]: 항목별 가중치
( ): 100점 만점 환산 점수
자료: 윤기웅 (2011: 111).

표 6-7 PART 결과: 등급

(단위: 개)

등급	2003	2004	2005	2006	2007
결과 미제시	116	148	179	191	208
	(49.6%)	(37.1%)	(29.5%)	(24.1%)	(21.3%)
미흡	13	19	22	28	27
[0~49]	(5.6%)	(4.8%)	(3.6%)	(3.5%)	(2.8%)
보통	33	82	157	220	277
[50~69]	(14.1%)	(20.6%)	(25.9%)	(27.7%)	(28.4%)
다소 우수	58	105	160	230	299
[70~84]	(24.8%)	(26.3%)	(26.4%)	(29.0%)	(30.6%)
우수	14	45	89	124	166
[85~100]	(6.0%)	(11.3%)	(14.7%)	(15.6%)	(17.0%)
합계	234	399	607	793	977
[0~100]	(100.0%)	(100.0%)	(100.0%)	(100.0%)	(100.0%)

자료: 윤기웅(2011: 115) 수정.

2 PART의 유용성: 성과와 예산 간 연계

PART 가이드라인에 의하면, PART는 좀 더 합리적인 예산 배정을 위해 활용되는 사업평가 도구이다. 따라서 PART가 제 기능을 한다면, PART 결과가 예산편성 시 활용되었을 것이다. 이미 언급했듯이 성과정보를 활용되는 방식에는 직접적, 간접적, 참고적 세 가지 방식이 있고, 우선적으로 직접적 또는 간접적으로 PART 결과가 활용되었는지를 살펴볼 필요가 있다.

이를 위해 이미 많은 연구자가 PART 결과와 예산 간 관계분석(교차분석, 단순 또는 다중 회귀분석)을 실시한 바 있고, 그 분석 결과들을 간략히 요약하면 <표 6-8>과 같다. 미국의 예산제도는 행정부 제출예산제도로서 예산결정은 ① 각 기관이 예산요구액을 제출하고 OMB가 이러한 요구액을 조정하여 행정부 예산안을 의회에 제출하는 단계와 ② 제출된 행정부 예산안에 대해 의회가 심의하여 최종적으로 예산을 확정하는 단계로 구분될 수 있다.

우선 OMB가 행정부 예산안 결정을 할 때, PART 결과가 예산편성에 활용되었는지를 살펴보는 연구에서 모두 통계적으로 유의미한 관계가 발견되었기에 PART 결과와 OMB 예산안 증감률 간에는 연관성이 있다고 해석할 수 있다. 둘째, 의회가 최종적으로 예산을 확정할 때, PART 결과가 활용되는지에 대해서는 블랜차드(Blanchard, 2008)의 연구에 따르면 초기에는 관계의 유의미성이 발견되지 않다가 후반부에 갈수록 유의미성이 발견되는 것으로 나타났다. 그러나 하인리히(Heinrich, 2012)의 연구와 윤기웅(2011)의 연구에서는 통계적인 유의미성이 발견되지 않아 그 연구 결과는 혼재되어 있다고 볼 수 있다. 따라서 통계적 상관성을 토대로 판단건대, OMB가 행정부 예산안 결정 시에는 PART가 영향을 미치고 있지만, 의회에서 PART가 영향을 미치고 있다고 볼 수 없다.

참고적인 방식으로도 활용이 되는지를 살펴보기 위해서는, 실제 면접을 통해 의원이나 의원의 보좌관들이 어떻게 활용하고 있는지를 분석해야 하고, 이에 대한 분석은 프리스코와 스톨브링크(Frisco & Stalebrink, 2008)에 의해 이루어졌다. 그에 따르면, "PART 관련 의회 위원회의 보고서를 검토[한] 결과, 대다수의 의회 구성원이 PART가 사업성과 평가 도구로서 적절하다는 평가에 대해서는 어느 정도 동의하는

표 6-8 PART 결과와 사업예산 간 상관 관계

연구자	분석한 관계	결과
GAO(2004)	2003 PART 결과 & OMB 예산안	O
Gilmour & Lewis(2006a)	2003 PART 결과 & OMB 예산안	O
Gilmour & Lewis(2006b)	2004 PART 결과 & OMB 예산안	O
Olsen & Levy(2004)	2003 PART 결과 & OMB 예산안	O
Norcross & McKenzie(2006)	2006 PART 결과 & OMB 예산안	O
Norcross & Adamson(2007)	2007 PART 결과 & OMB 예산안	O
Blanchard(2008)	(2003-2006) PART 결과 & OMB 예산안	O
	(2003-2005) PART 결과 & 의회 확정 예산	△*
윤기웅(2011)	(2003-2007) PART 결과 & OMB 예산안	O
	(2003-2006) PART 결과 & 의회 확정 예산	X

* 3년간의 평가 결과 중 2005년에만 유의하다.

주1: PART 결과 앞의 연도는 공시된 회계연도를 의미한다. 예를 들어 2003 PART란 2002 회계연도의 사업성과를 2003년에 평가하고, 그 평가 결과를 2004년 예산안에 활용하는 것을 의미한다.

주2: 각 연구자들의 분석 방법은 차이분석에서 다중회귀분석까지 다양하다. 또한 동일한 다중회귀 분석 방법을 활용했더라도 조절변수 및 통제변수의 차이가 있다.

것으로 나타났으나, PART결과에 따라 예산을 편성하는 것에 대해서는 회의적인 것으로 나타났다"(윤기웅 · 공동성, 2012b: 175. 재인용). 의회가 예산결정 시 PART 결과를 거의 활용하지 않는다는 OMB(2010)의 지적을 토대로 판단할 때, 의회의 예산결정 과정에서 PART 결과가 유용한 정보로서 역할을 하지 않았다고 볼 수 있다.

참고 문헌

감사원 평가연구원(2006). 미국 PART 제도의 정착 과정과 효과. 서울: 감사원 평가연구원.

공동성 · 박중훈 · 장지호 · 윤기웅(2007a). 정부업무평가의 메타평가 및 개선 방안 연구. 서울: 행정자치부 · 행정연구원.

공동성 · 방문규 · 윤기웅(2007b). 재정사업 평가 결과에 영향을 미치는 요인에 관한 연구: 2006년도 평가 결과를 중심으로. 한국정책분석평가학회보, 17(4): 27-56.

윤기웅(2011). Program Performance Evaluation and Budgeting: Comparing Korea-PART and US-PART. 성균관대학교 박사학위논문.

윤기웅 · 공동성(2012a). 사업평가에 영향을 미치는 요인 탐색 및 제도적 고찰. 한국정책학회보, 21(2): 91-122.

———(2012b). 성과와 예산 간 연계성 분석. 한국행정연구, 21(2): 165-197.

Ammons, D. (1995). Performance Measurement in Local Government. In D. N. Ammons (ed.), *Accountability for Performance: Measurement and Monitoring in Local Government*, 15-32. Washington: the International City/County Management Association.

Blanchard, L. A. (2008). PART and Performance Budgeting Effectiveness. In F. S. Redburn, R. J. Shea, & T. F. Buss (eds.), *Performance Management and Budgeting: How Governments Can Learn from Experience*, 67-91. New York: M. E. Sharpe, Inc.

Blöndal, J. R. (2003). Budget Reform in OECD Member Countries. *OECD Journal on Budgeting*, 2(4): 7-25.

Breul, J. D. (2007). Three Bush Administration Management Initiatives: The President's Management Agenda, Freedom to Manage Legislative Proposals, and the Program Assessment Rating Tool. *Public Administration Review*, 67(1): 21-26.

Caiden, N. (2007). Performance Management in the Public Sector. Paper Presented at 2007 UN Governance 1st Symposium.

Curristine, T. (2005). Performance Information in the Budget Process: Results of the

OECD 2005 Questionnaire. *OECD Journal on Budgeting*, 5(2): 87-131.

Daniels, M. (2002). Program Performance Assessments for the FY 2004 Budget, Memorandum for Heads of Executive Departments and Agencies. Available at: http://pbadupws.nrc.gov/docs/ML0220/ML022040093.pdf (Downloaded on 14 January 2012).

Dull, M. (2006). Why PART? The Institutional Politics of Presidential Budget Reform. *Journal of Public Administration Research and Theory*, 16(2): 187-215.

Frisco, V. & Stalebrink, O. J. (2008). Congressional Use of the Program Assessment Rating Tool. *Public Budgeting & Finance*, 28(2): 1-19.

Frederickson, D. G. & Frederickson, H. G. (2006). *Measuring the Performance of the Hollow State*. Washington D.C.: Georgetown University Press.

GAO (2004). Performance Budgeting: Observations on the Use of OMB's Program Assessment Rating Tool for the Fiscal Year 2004 Budget. Washington D.C.: Government Printing Office. GAO-04-174.

——— (2008). Government Performance: Lessons Learned for the Next Administration on Using Performance Information to Improve Results. Washington, D.C.: Government Printing Office. GAO-08-1026T.

Geuorguieva, V., Accius, J., Apaza, C., Bennett, L., Brownley, C., Cronin, S., Preechyanud, P. (2009). The Program Assessment Rating Tool and the Government Performance and Results Act: Evaluating Conflicts and Disconnections. *The American Review of Public Administration*, 39(3): 225-245.

Gilmour, J. B. (2008). Implementing OMB's Program Assessment Rating Tool: Meeting the Challenge of Performance-Based Budgeting. In F. S. Redburn, R. J. Shea, & T. F. Buss (eds.), *Performance Management and Budgeting: How Governments Can Learn from Experience*, 21-48. New York: M. E. Sharpe, Inc.

Gilmour, J. B. & Lewis, D. E. (2006a). Does Performance Budgeting Work? An Examination of the Office of Management and Budget's PART Scores. *Public Administration Review*, 66(5): 742-752.

——— (2006b). Assessing Performance Budgeting at OMB: The Influence of Politics, Performance, and Program Size. *Journal of Public Administration Research and Theory*, 16(2): 169-186.

Heinrich, C. J. (2007). Measuring Public Sector Performance and Effectiveness. In B. G. Peters & J. Pierre(eds.), *The Handbook of Public Administration*, 24-36. Los Angeles: Sage Publications Inc.

——— (2012). How Credible is the Evidence, and Does It Matter? An Analysis of the

Program Assessment Rating Tool. *Public Administration Review*, 72(1): 123-134.

Hilton, R. M. & Joyce, P. G. (2007). Performance Information and Budgeting in Historical and Comparative Perspective. In B. G. Peters & Jon Pierre (eds.), *The Handbook of Public Administration*, 247-257. Concise Paperbook Edition. London: SAGE Publications Ltd.

Hughes, A. (2006). Testimony to the Senate Homeland Security and Government Affairs Subcommittee on Federal Financial Management, Government Information, and International Security (June 13).

Kong, D. (2005). Performance-Based Budgeting: The U.S. Experience. *Public Organization Review*, 5: 91-107.

Long, E. & Franklin, A. L. (2004). The Paradox of Implementing the Government Performance and Results Act: Top-down Direction for Bottom-up Implementation. *Public Administration Review*, 64(3): 309-319.

McMurtry, V. A. (2005). *Performance Management and Budgeting in the Federal Government: Brief History and Recent Developments*. Washington D.C.: Congressional Research Service.

Mosher, F. C. (1954). *Theory and Practice, with Particular Reference on the U.S. Department of the Army*. Chicago: Public Administration Service.

Moynihan, D. P. (2008). *The Dynamics of Performance Management: Constructing Information and Reform*. Washington D.C.: Georgetown University Press.

Nathan, R. P. (2001). Introduction. In Dall W. Forsythe (ed.), *Quicker Better Cheaper?: Managing Performance in American Government*, 3-16. New York: Rockfeller Institute Press.

——— (2008). The Role of Performance Management in American Federalism. In F. S. Redburn, R. J. Shea, & T. F. Buss (eds.), *Performance Management and Budgeting: How Governments Can Learn from Experience*, 170-177. New York: M. E. Sharpe, Inc.

Norcross, E. & McKenzie, K. (2006). An Analysis of the Office of Management and Budget's Program Assessment Rating Tool (PART) for Fiscal Year 2007. A Working Paper In Government Accountability. George Mason University: Mercatus Center.

Norcros, E. & Adamson, J. (2007). An Analysis of the Office of Management and Budget's Program Assessment Rating Tool (PART) for Fiscal Year 2008. A Working Paper in Government Accountability. George Mason University: Marcatus Center.

OECD (2007). *Performance Budgeting in OECD Countries*. Paris: OECD.

Olsen, R. & Levy, D. (2004). Program Performance and the President's Budget: Do OMB's PART Scores Really Matter? Available at: http://www.mathematica-mpr.com/publications/PDFs/OMBbudgeting.pdf. (Downloaded on November 20, 2009).

OMB (2003). Rating the Performance of Federal Programs.

——— (2005). Guidance for Completing the Program Assessment Rating Tool(PART).

——— (2007). Guide to the Program Assessment Rating Tool.

——— (2009). FY2010 Analytical Perspective: Budget of the U.S. Government.

——— (2010). FY2011 Analytical Perspective: Budget of the U.S. Government.

Osborne, D. & Gabler, T. (1992). *Reinventing Government*. Lexington. MA: Addison-Wesley.

Politt, C. & Bouckaert, G. (2004). *Public Management Reform: A Comparative Analysis* (2nd ed.). New York: Oxford University Press.

Posner, P. L. & Fantone, D. M. (2008). Performance Budgeting: Prospects and Sustainability. In F. S. Redburn, R. J. Shea, & T. F. Buss (eds.), *Performance Management and Budgeting: How Governments Can Learn from Experience*, 92-113. New York: M. E. Sharpe, Inc.

Radin, B. A. (2006). *Challenging the Performance Movement*. Washington D. C.: Georgetown University Press.

Redburn, F. S., Shea, R. J., Buss, T. F., & Quintanilla, E. (2008). Performance-Based Management: How Governments Can Learn From Experience. In F. S. Redburn, R. J. Shea, & T. F. Buss (eds.), *Performance Management and Budgeting: How Governments Can Learn from Experience*, 3-18. New York: M. E. Sharpe, Inc.

White, J. (2012). Playing the Wrong PART: The Program Assessment Rating Tool and the Functions of the President's Budget. *Public Administration Review*, 72(1): 112-121.

Chapter 07

사업 성과평가-캐나다*

제 1 절 서론

캐나다는 성과관리에서 오랜 전통을 가진 국가로 인정되고 있다. 1960년대 후반부터 사업평가가 공식화되어 추진되어 온 역사를 가지고 있다. 재정성과관리를 위해 활용되는 수단은 기본적으로 모니터링과 사업평가로 볼 수 있다. 모니터링은 재정사업을 포괄적이고 체계적으로 관리하기 위한 상시적인 관리 체계이고, 평가는 좀 더 선택적으로 평가 어젠더를 설정하여 시행되는 심층분석 체계라고 볼 수 있다. 캐나다에서는 이 두 가지 개념이 확실히 구분된 것으로 이해되고 발전되었다. 캐나다에서는 이 두 가지 수단이 정보의 투명성, 책임성 확보, 그리고 성과관리를 위한 중요한 요소로 인식되고 활용되고 있다.

캐나다의 재정성과관리제도는 이 두 가지 수단을 중심으로 지난 30여년간 발전과 변화를 해 왔다. 캐나다 제도의 변천사를 살펴보고, 현황을 분석하면, 재정성과관리제도가 효과적으로 운영되기 위해 필요한 요소가 무엇인지를 파악할 수 있을 것으로 기대된다. 이 장에서는 캐나다 정부의 성과관리와 사업평가 모델의 발전 과정을 살펴보고, 제도 변화의 배경과 현재 제도의 운영 현황을 분석하여, 효과적인 재정성과관리제도 운영을 위한 정책적 시사점을 찾아보고자 한다.

---

* 박노욱: 한국조세연구원 성과관리센터 센터장(Founding Director).

2절에서는 캐나다 공공 부문의 1960년대부터 지금까지의 재정성과관리제도의 변천 과정에 대해 설명하고, 3절에서는 재정성과관리제도 운영에 관계된 중요 조직에 대해 설명한다. 전정부 차원의 조직과 각 개별 부처의 성과관리 조직에 대해서도 설명한다. 그리고 정부 내의 성과관리를 강화하기 위해 시도된 다양한 노력들에 대해서도 설명한다. 4절에서는 여덟 가지 측면을 바탕으로 캐나다의 성과관리 시스템을 특징지어서 설명한다.

5절에서는 캐나다 성과관리제도에서 생산된 정보의 활용 현황을 설명한다. 특히 최근에 성과정보와 의사결정 과정과의 연계를 강화시키고자 한 노력도 포함해서 설명한다. 6절에서는 캐나다의 성과관리 및 평가제도의 개발과 활용에 대한 경험을 요약하고 정책적 시사점을 도출한다. 특히 다음 세 가지 영역에서의 시사점을 논한다. 성과관리를 견인하는 요인이 무엇인지, 성과관리제도의 운영상의 시사점은 무엇인지, 그리고 성과관리제도 운영을 위한 정부 내의 역량 강화를 어떻게 이루어졌는지를 중심으로 정책적 시사점을 도출한다.

제 2 절 캐나다 재정성과관리제도의 변천

캐나다는 성과관리 수단으로서 사업평가를 먼저 활용했으며, 결과 중심의 모니터링 시스템을 도입한 것은 1990년대 이후이다. 그러므로 먼저 1990년대 이전의 사업평가 중심의 역사부터 살펴보자.

캐나다에서 공식화되고 중앙집중화된 사업평가가 이루어지기 시작한 것은 1969년으로 꼽힌다. 이러한 최초의 사업평가 방식은 1977년 새로운 사업평가 정책의 발표와 함께, 캐나다 정부의 현재 사업평가 모델의 근간이 된 최초의 정부 차원의 사업평가로 대체되었다.

캐나다 정부에서의 사업평가 과정의 도입은 "경영책임자에게 경영할 수 있는 자율권을 주자(let the managers manage)"는 정신과 밀접하게 연결되어 있다. 정부 내의 차관(deputy minister)들에게 자기 부처의 사업과 정책에 대해 자율권을 가지고 더욱 큰 책임성을 가지고 경영하라는 정신이다. 캐나다에서는 장관이 선거직이므로, 실질적으로 차관이 자기 부처 경영의 최고책임자라고 볼 수 있다. 캐나다에서는 Treasury Board Secretariat(TBS)가 중앙집권적인 권한을 가지고 각 부처의 차관들의 책임성을 확보하는 역할을 하며, 성과평가가 이러한 수단의 하나로 활용된다.

과거 30여년 간 이러한 사업평가의 관행이나 기준도 다양한 변화를 겪어 왔다. 공식적인 평가정책(Evaluation Policy)은 세 차례에 걸쳐 수정되었다. 그 시점은 1991년, 2001년 그리고 2009년이다.

1990년대에 들어와 의원 및 의회 위원회에서 성과정보를 좀 더 유용하고 편리하게 이용할 수 있게 하기 위해 성과 모니터링과 전략적 수준(high-level)의 보고가 증가하는 방향으로 변화했다. 매년 의회에 부처의 성과보고서(Departmental Performance Report: DPR)를 제출하도록 한 공식적인 요구는, 사업관리자에게 사업의 성과 측정과 보고에 대한 더 큰 책임성을 부과하는 결과를 가져왔다. 그리고 이러한 성과보고서 생산 과정에서 단순 투입에 대한 정보가 아니라, 산출과 결과 측정의 중요성이 부각되었다. 사업평가 관련 정책 시행 시와 동일하게 중앙기관, Treasury Board Secretariat(TBS)는 성과보고서 작성에 대한 가이드라인을 제공하고 적정성을 모니터링하는 역할을 수행했다.

공공 부문 관리 시스템을 개혁하는 과정에서 사업평가의 역할을 상당히 축소했던 다른 OECD 국가들과 달리, 캐나다는 사업평가와 성과관리가 성과측정의 도구로서 경쟁적인 관계가 아니라 서로 보완적인 관계로 인식하고 활용했다. 다른 OECD 국가들은 결과 중심의 모니터링 시스템 도입에 초점을 두면서 사업평가 기능은 축소하는 경향을 보였다.

2000년대 들어와 캐나다에서는 정부의 현대적인 경영 어젠더인 '캐나다인을 위한 결과(Result for Canadian)'를 통해 좀 더 공식적인 결과 중심의 관리 체제를 수립하게 된다. 이러한 성과관리 체제는 과정에 대한 통제 좀 더 결과 중심의 관리 체제이다. 특히 사업 운영 과정의 개선과 결과 달성에 초점을 두는 성과관리 체제가 도입된 것이다. 이러한 변화 속에서 사업평가와 성과 모니터링은 결과 중심의 성과관리, 정부의 투명성과 책임성을 확보하기 위한 중요한 수단으로 인식되었다.

이러한 변화를 촉진하기 위해 캐나다 정부는 부처 내의 평가와 모니터링 역량을 강화하고, TBS의 사업평가 기능을 활성화하는 Modern Comptrollership Initiative를 추진했다. 재정위기로 인해 1990년대를 거치면서 캐나다 정부 내의 평가 기능은 상당히 축소되었다, 2001년에 새로이 도입된 다음의 세 가지 변화는 평가 기능을 회복하고 강화하는 결과를 가져왔다. 첫 번째는 결과 중심의 평가 관련 정책(Evaluation Policy)을 새롭게 수립했다는 것이다. 둘째는 TBS 내에 평가 관련 정책센터(Center for Excellence for Evaluation: CEE)를 만들었으며, 이 센터는 범정부적으로 평가 역량을 회복하고 강화하는 과정을 촉진하는 역할을 수행했다. 셋째는 증가하는 사업평가 수요를 대응할 수 있도록 각 부처의 평가 역량과 기능을 강화는 투자 전략이 추진되었다.

2000년대를 거치면서 이러한 평가 역량의 강화와 더불어 다양하게 추가적인 범정부적인 개혁이 추진되었다. 이러한 추가적인 개혁에 대해서는 3절에서 캐나다 정부의 최근 성과관리 틀을 논하면서 설명하고자 한다.

2000년대의 이러한 변화에도 불구하고, 캐나다 정부 내에서는 사업평가나 모니터링 활동에서 한계가 있다는 인식이 지속적으로 있었다. 사업평가 측면에서는 전체 프로그램에서 사업평가가 전체 프로그램의 일부만 대상으로 수행되고 있다는 점과 프로그램의 효과성에 대한 평가 내용이 부족하다는 점 등이 문제점으로 지적되었으며, 모니터링 측면에서는 프로그램에 대한 부처 모니터링이 불충분한 성과정보를 제공하고 있다는 점이 문제점으로 지적된다. 감사원(Auditor General)에서는 2009년 「프로그램의 효과성에 대한 평가(Evaluating the Effectiveness of Programs)」라는 보고서를 통해 사업평가 전문가의 부족을 포함하여, 이러한 약점들이 M&E의 발전을 위해 해결해야 할 핵심 과제임을 지적하고 있다.

이러한 상황에서 캐나다 정부는 2007년 지출관리 시스템(Expenditure Management System: EMS)을 재도입하고, 2009년 사업평가정책을 수정했다. 새로운 평가정책의 목적은 사업평가가 프로그램 효과성에 대한 적절한 정보를 제공하는 기능을 하도록 하는 것이다. 그래서 중앙 지출관리 시스템(EMS)과 2007년 도입된 부처별 전략적 리뷰(Strategic Reviews)에 그 정보들이 활용될 수 있도록 하는 것이다.

2009년에 개정된 평가정책은 정부의 모든 직접 지출 프로그램을 평가하는 것을 다시 강조하고 있다. 그리고 이러한 평가는 사업의 적절성(relevance)과 사업의 성과(performance)에 초점을 두도록 하고 있다. 사업의 성과에 대한 초점은 세부적으로 효과성, 효율성, 경제성을 의미한다. 이러한 평가 정책은, 사업평가가 부처와 정부의 전략적 이슈를 다루는 데에 도움이 되도록 하고, 궁극적으로는 정부 지출관리와 관련된 의사결정 과정에 활용되도록 하는 데에 초점을 두고 있다.

새로운 평가정책은 과거에는 중앙정부의 평가정책의 준수의 범위에 포함되지 않았던 작은 부처를 포함하여, 모든 부처가 책임성 확보와 성과 보고에 대한 범정부적인 표준을 충실히 이행하도록 요구하고 있다.

<표 7-1>은 캐나다의 모니터링 및 평가활동의 주요한 변화 과정을 요약한 것이다.

표 7-1 캐나다의 모니터링 및 평가활동의 변화 과정

주요 특징	연도
사업평가의 실시	1969
정부 차원의 성과평가 도입	1977
평가정책의 수정	1991, 2001, 2009
성과관리 및 성과 보고를 견인하는 주요 개혁	⦿ Departmental Performance Reports(1995) ⦿ Results-based Management and Accountability Frameworks (2000) ⦿ Management Accountability Framework(2003) ⦿ Management Resources and Results Structure Policy(2006)
정부관리 수단의 변화를 가져온 주요 요인	⦿ 공공 부문 개혁 ⦿ 긴축재정 ⦿ 정부 경영 어젠더: 캐나다인을 위한 결과(Results for Canadians)
현행 평가 역량 강화 조치	⦿ 개별 부처 내의 평가 기능과 조직의 강화 ⦿ 중앙 조직인 CEE의 역할 강화
현행 성과관리 도구	⦿ 사업평가(프로그램과 정책) ⦿ 성과 모니터링 ⦿ 내부감사 ⦿ 전략적 리뷰

제 3 절 현행 성과관리 시스템 개요

캐나다의 현행 성과관리 시스템을 좀 더 상세히 살펴보기 위해, 먼저 캐나다 정부에서 성과정보를 생산하고 활용하는 목적을 살펴보자. 캐나다 정부는 공식적으로 모니터링하고 평가를 실시하여 성과정보를 생산하는 이유는 정부의 경영 어젠더를 지

원하기 위한 정보를 생산하는 것이라고 명시하고 있다. 다시 말해, 성과정보는 정부 정책이나 사업의 기획과 실행에서의 책임성 확보뿐 아니라, 학습을 통한 사업 실행 과정의 개선을 위해서도 활용되어야 한다는 것이다. 이렇게 성과정보의 역할이 포괄적이기 때문에, 캐나다에서의 성과정보는 성과에 관한 좀 더 포괄적인 정보를 제시하는 데에 초점이 있고, 제한된 수자의 성과지표 생산에 초점을 두고 있지는 않다.

캐나다의 성과관리 시스템은 다양한 사용자들에게 정보를 제공함을 그 목적으로 한다. 부처 내 운영 수준에서 성과관리 시스템은 사업 개선과 사업의 효과적인 관리를 위한 도구가 될 수 있다.

개별 부처 차원에서는 장관이 자기 부처 내의 책임성 확보와 관리를 위한 수단으로 활용되기도 한다. 캐나다에서는 차관이 각 부처의 사업과 정책에 대해 책임을 지는 구조이다. 그리고 각 부처의 성과관리 시스템에서 생산되는 정보는 부처 내 사업의 우선순위를 결정하는 전략적 리뷰(Strategic Review)에 활용되기도 한다.

범정부 차원에서는 TBS(Treasury Board Secretariat)가 성과관리제도 운영에서 중요한 역할을 한다. TBS는 예산편성의 우선순위를 정하고, 특정 프로그램에 대한 예산편성 관련 결정, 그리고 범정부 차원의 예산지출 관리를 위해 성과정보를 활용한다.

입법부 차원에서도 성과정보는 활용된다. 각 부처의 성과정보는 부처의 성과보고서(Departmental Performance Repoorts: DPR)를 직접 의회에 제출한다. 그리고 전 정부의 성과에 대한 개요(Canada's Performance)도 의회에 제출된다. 이러한 보고서의 목적은 의회와 일반 국민에 대해 정부에 대한 투명성과 책임성을 강화하는 것이다.

캐나다의 성과관리 시스템에서는 성과정보의 생산과 활용에서 각 부처와 중앙정부의 TBS가 핵심적인 역할을 수행한다. TBS는 각 부처의 성과평가와 모니터링 활동과 관련하여 적극적인 역할을 수행한다. TBS 내에 정부의 평가정책 관련 센터인 Center for Excellence for Evaluation(CEE)이 있다.

CEE에서 정부 내의 평가 기능을 지원하기 위해 다음과 같은 다양한 역할을 수행하고 있다. 첫째, 평가 역량 강화를 위해, 평가자로서 갖추어야 할 역량에 대한 프로파일, 평가자 커뮤니티 형성 전략, 평가자를 위한 인턴십 프로그램, 그리고 평가 도구를 개발하는 일을 수행한다. 둘째, CEE는 성과평가의 옹호자로서 범정부적인 평가 네트워크를 운영하고, 평가 역량을 주기적으로 모니터링한다. 그리고 사업 담당자들과 평가자들에게 평가와 관련된 다양한 지원을 제공한다. 셋째, 각 부처의 평가계획, 평가 과정, 평가 결과 등의 수준에 대한 감독 기능을 수행한다. 넷째, TBS에서 평가 결과가 의사결정 과정에 반영되는 것을 지원한다. 최근까지 캐나다의 TBS는 평가 결과를 예산편성 과정에 적극적으로 반영하고자 노력하고 있다.

2009년 도입된 새로운 평가정책(Evaluation Policy)은 TBS가 정부의 프로그램 평가계획(Government Program Evaluation Plan) 수립을 통해 범정부 차원의 평가를 수행할 수 있도록 되었다. 이러한 새로운 평가정책은 4년간의 이행기를 거쳐서 2012년에는 본격적으로 시행될 것으로 예상된다. 지금까지 성과평가는 개별 부처에서 수행되어 왔으며, TBS가 직접 사업평가를 진행시켜 본 경험은 없으므로, 큰 정책 방향의 변화라고 볼 수 있다.

또한 TBS는 공식적인 지침(guideline)을 제공하고, 성과관리 시스템과 부처 내의 성과측정 프레임워크(Performance Measurement Frameworks) 개발에 지원을 제공하고 있다. 또한 중앙정부 및 각 부처에서 매년 의회에 제공하는 성과 보고에 대한 감독 역할을 하며, 이 과정에서 의회의 제출되기 전의 모든 부처의 성과보고서(DPR)를 검토하는 역할을 한다.

개별 부처 차원에서 개별 부처의 차관(deputy head or deputy minister)은 조직의 요구와 규모에 맞는 평가 역량 구축을 위한 인력 및 예산을 제공해야 한다. 각 부처가 평가 기능을 위해 투입해야 하는 인력이나 예산에 대해 유연성을 가지고 운영할 수 있지만, TBS는 적정한 인력과 예산이 평가에 투입되고 있는지를 모니터링하고, 고위 의사결정자 수준의 평가위원회(Evaluation Committee) 운영, 연간/다년간의 평가계획, 부처 수준의 평가정책(Evaluation Policy), 그리고 신뢰성 있는 평가 결과를 도출할 수 있는 운영 과정을 수립하고 있는지를 감독한다.

각 부처는 내부에 평가조직을 가지고 있다. 이 조직이 범정부적인 평가 관련 정책을 준수하는 데에 핵심적인 역할을 수행하고, 부처 차관의 우선순위가 부처의 평가 업무에 반영되도록 한다. 평가 조직의 책임자는 차관이나 각 부처의 가장 고위 의사결정자에게 직접 보고할 수 있도록 되어 있다. 그 이유는 평가조직의 독립성을 확보하기 위해서이다.

각 부처의 차관은 부처 내 모든 프로그램을 성과정보와 연계하는 성과관리구조(Management Resources and Results Structure: MRRS)를 구축해야 하는 책임이 있다. 이는 성과관리 및 성과 보고를 위한 기초가 된다. TBS는 각 부처의 MRRS 개발 과정이 범정부의 MRRS 정책과 일치하는지 모니터링하고 조언한다. 기본적으로 성과 모니터링은 사업 담당자의 책임이다. 그리고 프로그램 논리 모형의 개발이나 적절한 성과지표의 개발을 위해서는 평가 전문가의 도움을 받기도 한다.

감사원도 성과관리 체계 및 성과보고의 질에 대한 점검을 통해 평가 및 성과 보고의 효과성을 감독하는 중요한 역할을 담당하고 있다. 캐나다의 감사원은 독립적인 조직으로 의회에 직접 보고하며, 감사원의 보고서는 공공 부문에서 성과관리/평가 체계와 활용을 활성화시키는 역할을 한다. 감사원의 보고서는 일반 국민의 조목을 받으며, TBS뿐 아니라 개별 부처에 건설적인 제언을 제시한다. 감사원은 개별 부처의 평가를 활성화하고 옹호하는 역할을 수행함으로써, 성과관리에 관한 한 TBS를 지지해왔다.

모니터링과 평가에 관계된 또 다른 핵심 기관으로 의회가 있다. 의회는 성과정보에 다양한 통로를 통해 접근할 수 있다. 그 통로는 개별 부처의 연간 성과보고서와 상위 수준의 요약 보고서인 Canada's Performance, 그리고 예산심의 과정 등이다.

캐나다의 성과관리제도는 중앙조직인 TBS와 개별 부처가 중요한 역할을 수행한다. 중앙조직인 TBS가 성과관리 관련 정책을 수립하고 지침을 개발하고 역량 강화 프로그램을 운영하지만, 성과정보의 주된 생산자는 개발 부청이다. 지금부터는 개별 부처 내부에서 성과관리가 어떤 방식으로 수행되는지 살펴보자.

개별 부처에서 성과관리에 대한 책임은 평가 전문가와 프로그램 책임자 모두에게 있다. 성과관리가 실제적으로 의사결정에 영향을 미치기 위해, 개별 부처들은 다음과 같은 사항을 개발하도록 요구받고 있다.

먼저 상시적인 성과 모니터링을 위해 Management Resources and Results Structure(MRRS)를 개발한다. MRRS는 부처의 중요한 정책 결과에 대해 하부 프로그램이 연계되어 있는지를 보여준다. 일종의 거시적인 논리모형(macro logic model)으로 볼 수 있다. MRRS에는 결과 중심의 지표들이 포함되어 있어서, 각 부처 수준의 성과 모니터링과 보고를 위한 기초적인 정보를 제공한다.

프로그램 수준에서는 Results-based Management and Accountability Framework (RMAF)를 통해 개별 프로그램 수준의 성과 모니터링을 위한 기초적인 정보를 제공한다. RMAF는 개별 프로그램의 논리모형으로 볼 수 있다.

부처 내의 사업평가를 위해서는 다음과 같은 기반이 마련되어 운영된다. 부처 내에 독립적인 평가 부서를 설치하고, 차관에게 바로 보고할 수 있도록 한다. 범부처의 평가정책과 연계된 부처 내의 평가 관련 정책을 수립한다. 이 평가정책에는 평가보고서를 일반 국민이 접근할 수 있도록 하는 내용도 포함되어 있다.

연간 평가계획과 다년도 평가계획을 적절히 수립해야 한다. 이 평가계획에는 5년 주기로 각 부처의 사업을 평가할 계획과 평가의 우선순위를 결정하기 위해 필요한 위험관리(risk assessment)도 포함된다.

고위 의사결정자 수준의 평가위원회를 수립하고 운영해야 한다. 평가위원회는 차관급의 인사가 주재하며, 부처 내의 평가를 감독하고 평가계획을 점검하고 승인하는 역할을 한다. 그리고 평가 결과와 평가 결과의 환류 과정도 점검한다.

지금까지 중앙정부의 부처 내에 성과관리와 평가를 위해 수립된 주요 조직과 하부구조를 살펴보았다. 이하에서는 캐나다의 성과관리와 평가가 유지되고 발전해 올 수 있도록 했던 주요 동력에 대해 살펴보고자 한다.

중앙정부에서 추진해 1990년대와 2000년대에 걸쳐 도입된 성과주의 기반의 정책은 모니터링과 평가의 주요한 핵심 요인이 되었다. 정부의 개정된 평가정책이나 RMAFs를 기초로 하는 결과 중심의 프로그램을 도입하는 정책과 같은 정책들은 부처 내의 성과관리와 모니터링 역량에 직접적인 영향을 미쳐 왔다. 또한 정부의 이전지출에 관한 정책(Policy on Transfer Payments)이나 의회에 제출하는 부처의 성과보고서(DPR)의 도입도 체계적인 성과정보에 대한 요구를 창출하는 데 기여했다.

지난 15년 동안 여러 가지 방법으로 캐나다 M&E 제도에 영향을 미쳤던 정부의 주요한 정책은 <표 7-2>에 정리되어 있다.

이와 더불어 감사원와 TBS의 감독 역할은 성과관리 및 평가 시스템이 원활하게 운영될 수 있도록 하는 추가적인 유인이라고 할 수 있다. 감사원은 정부 평가정책의 수행이나 성과 측정이 제대로 이루어지고 있는지에 대해 감사를 수행한다. 그 결과는 의회로 보고되며, 미디어를 통해 널리 알려진다.

이뿐 아니라, 각 부처의 다양한 활동에 대한 감사를 통해서도 성과관리의 중요성에 대해 간접적으로 압력이 가해진다. 각 부처와 개별 사업의 감사를 통해 부처의 업무와 사업관리에서 투명성과 책임성의 중요성이 부각된다.

TBS에서도 성과관리 및 평가에 대해 체계적인 감독과 모니터링을 수행한다. CEE

표 7-2 성과관리와 평가를 견인 역할을 한 캐나다 정부의 주요 정책들

정책(도입 시기)	성과관리와 평가활동에 미친 영향
캐나다인을 위한 결과 (Government Management Agenda, Results for Canadians, 2000)	• 네 가지 기준에 근거하여 개발됨: 시민 중심, 가치 추구, 결과 지향, 책임 있는 지출 • 모니터링과 평가는 성과 창출을 위한 주요 정책 수단으로 인정됨
연방 책무성 강화법 (Federal Accountability Act, 2006)	• 프로그램의 성과 분석에 대한 중요도 증가 • 모든 보조금과 분담금 사업에 대하여 5년 주기로 점검할 것을 요구
경영 자원 및 결과 구조 (Management Resources and Results Structure, MRRS, 2005)	• 모든 부처에 대해 부처가 달성하고자 하는 결과와 모든 프로그램이 연계될 수 있는 성과관리 틀(corporate performance framework) 개발을 요구 • 적절한 성과측정과 부처 전체 모니터링 시스템 개발에 대한 기초를 제공
성과계획과 부처 성과보고서 (1990년대 중반)	• 각 부처에서 매년 의회에 공식적으로 보고하는 근거 • 각 부처 성과에 대한 관심과 투명성 제고 • 각 부처의 결과 지향적인 모니터링과 보고 시스템을 개선할 수 있는 공통의 틀과 인센티브 제공
정부의 평가정책 (1977; 1991, 2001, 2009 세 차례 개정)	• 전 부처에 걸친 체계적이고 포괄적인 사업평가에 대한 책임, 역할, 기대의 명확화 • 일관된 높은 수준의 기준과 규범 제공 • 부처의 모니터링 수행 및 평가 활용의 근거
이전 재원에 대한 정책 (2000; 2008 재개정)	• 모든 보조금과 분담금 사업을 평가하는 공식적인 제도 도입 • 사업의 성과관리 체계의 공식화 • 프로그램 관리자에게 성과관리에 대한 책임성 부여
성과 기반 관리와 책무성 제도(Resuts-based Management and Accountability Frameworks, RMAF, 2000)	• 성과관리와 사업평가 계획에 대한 이해와 기대 확립 • 모니터링과 평가 역량의 기초 제공 • 결과 지향적 성과 측정 방법의 기초를 제공
전략적 지출 검토(Strategic Expenditure Reviews)(2007)	• 성과가 낮고 우선순위가 낮은 사업을 식별하기 위해, 모든 지출 사업에 대해 4년을 주기로 사업의 적절성과 사업의 성과 검토를 요구 • 사업평가를 포함한 객관적인 증거에 기반한 성과정보 활용
지출관리 시스템(Expenditure Management System, 2007)	• 우선순위를 반영하는 지출 계획을 지원하는 틀 제공 • 성과와 value for money에 초점
행정관리 책임제도(Management Accountability Framework, MAF)(2003)	• 중앙부처의 성과관리와 평가 관련 요구 사항 준수 여부를 모니터링할 수 있는 수단 제공 • 연간 평가 결과는 모든 부처의 차관급 책임자의 성과급에 반영

를 통한 개별 부처의 사업평가 활용 및 실시에 대한 모니터링, DPRs을 통한 실적보고 등 모든 부처는 TBS에 의한 감독을 받는다. 그리고 매년 MAF(Management Accountability Framework)를 통해 개별 부처의 성과관리 및 평가 관련 역량을 서로 비교하여 평가하고, 이를 통해 개선점을 도출하고, 각 부처 고위 의사결정자의 성과급에 반영하기도 한다.

제 4 절 성과관리 모델의 주요 특징

1 모니터링과 평가의 병렬적 강조

캐나다 성과관리 및 평가 시스템의 첫 번째 특징은 모니터링과 평가 두 가지를 균형 있게 강조한다는 점이다.

각 부처의 차관은 부처의 성과를 제고하기 위해 성과에 대한 모니터링과 사업평가를 활용하도록 요구받고 있다. 부처의 사업 담당자는 결과 중심의 모니터링 체계에 대한 책임을 지고 부처 내 평가 담당자는 평가에 대한 입증 책임을 진다. 모니터링을 통해 얻은 성과 정보는 사업에 대한 심도 있는 평가를 위한 기초 자료로 활용된다. 부처의 대부분의 평가는 2009년 신평가정책(the new 2009 Evaluation Policy)에 따라 부처 내 평가 부서에 의해 이루어졌다. 최근 실시된 전략적 리뷰(Strategic Review)는 그 자체로는 전형적인 평가 체계라고 볼 수는 없지만 성과정보와 다른 다양한 통로를 통해 수집된 정보들을 체계적으로 수집하고 분석하는 활용의 한 방법이라고 볼 수 있다.

모니터링과 평가 모두 TBS의 관리를 받으며 매년 부처 보고 형태로 의회에도 제출된다. TBS는 사업 담당자와 평가 담당자에게 모니터링과 평가에 관한 적절한 가이드를 제공하기 위해 상당한 투자를 하고 있다.

2 개별 부처 내에 평가조직 존재

캐나다 성과관리 모델의 두드러진 특징 중의 하나는 각 부처 내부에 평가조직이 있으며, TBS의 지원과 감독을 받는다는 것이다. 캐나다의 성과관리는 '관리 권한 부여'와 그에 대한 '책임 부여'가 동시에 이루어진다는 특징이 있다. 모니터링과 평가는 이러한 '관리 권한'과 '책임'의 동시 부여가 원활하게 작동하도록 돕는 중요한 수단이 된다.

TBS는 성과관리 관련 규칙을 정할 뿐 아니라, 부처의 역량 강화를 지원한다. 그리고 TBS 내의 CEE는 평가 관련 중심 조직으로서 범정부적인 역할을 수행한다.

1990년대 들어 의회를 비롯한 외부에 대한 성과 보고의 중요성이 커지면서 사업에 대한 모니터링뿐만 아니라 성과 보고를 위한 가이드를 제공할 필요성도 생겨났다. TBS는 성과에 근거한 모니터링 및 성과 보고가 원활하게 이루어질 수 있도록 지원했다. TBS의 CEE(Center for Excellence for Evaluation)는 모니터링과 평가를 위한 규칙의 설정, 부처의 모니터링 및 평가 능력 배양 지원, 부처 감독 기능까지 평가를 위한 정책센터로서 핵심적인 역할을 수행하고 있다.

3 성과관리와 평가를 위해 개발된 견실한 하부 구조

캐나다는 성과관리와 평가의 오랜 전통을 가지고 있다. 제도의 오랜 발전 과정에서 성과관리와 평가의 주요 요소가 행정정책의 일부로 공식화되어 있다. 이렇게 행정부 내에서 성과관리와 평가에 대한 주요 요소가 공식화되어 있으며, 이러한 요소들이 시간이 지나면서 강화되고 발전되어 왔다는 것이 캐나다의 강점이라고 볼 수 있다.

특히 성과관리와 평가에 관한 내용들이 법제화되지 않고, 행정부 내부의 규칙으로 설정되어 있다는 것은 중요한 함의가 있다. 입법부에서 제정된 법이라면 경직성이 있을 수 있지만, 행정부 내부의 규칙으로 설정되어 있기 때문 좀 더 유연하게 제도가 운영될 수 있다는 것이다. 경험의 축적과 상황의 변화에 따라 성과관리와 평가제도가 유연하게 변화해 왔다는 것이 캐나다 모델의 중요한 특징이다.

4 평가자의 독립성 및 중립성

캐나다의 중간 규모 이상의 모든 부처는 평가 부서를 가지고 있다. 여기서 행해지는 평가는 대부분 사업에 초점을 두고 사업의 성과, 비용 효과성, 서비스 전달 체계 적절성, 사업의 지속 여부 등을 검토한다. 2001년부터는 모든 부처 차원의 상위 정책 및 전략평가(higher-level policy or strategic evaluations)가 실시되었다.

평가의 객관성 확보를 위해서는 평가자의 독립성 확보가 중요하다. 부처 내 평가결과의 객관성 확보를 위해 캐나다에서는 별도의 장치를 마련하고 있다. 이러한 장치 중 일부는 부처 내에 설정되어 있으며, 일부는 TBS에 의해 수행된다.

부처 수준에서 설정된 장치는 다음과 같다. 각 부처의 차관은 부처 내에 중립적이고 역량이 있는 평가조직을 설치하고 운영할 책임이 있다. 그리고 평가조직은 부처의 차관에게 직접 보고할 수 있도록 해야 한다. 평가조직의 책임자는 평가의 기술적인 측면에서는 최종의 권위를 가진다. 각 부처는 고위급 인사로 구성된 부처 내의 평가위원회를 운영하고, 평가위원회는 부처의 평가계획 수립, 평가 수행, 평가 결과 환류에 관한 업무를 수행한다.

중앙조직인 TBS에 의해 수행되는 기능은 다음과 같다. 평가정책 관련 문건에서는 평가기구와 평가자의 중립성을 명시하고 있다. 평가의 중요한 기준을 네 가지로 설정하고 있다. 신뢰성 있고, 중립적이고, 시의적절하고, 전문적이면서 윤리적인 방식으로 평가가 수행되어야 한다고 명시하고 있다. TBS는 개별 부처의 사업평가 활동을 모니터링하고 감독한다. TBS는 매년 MAF(Management Accountability Framework)를 통해 각 부처의 성과관리와 평가활동의 적정성을 평가하고 있다. 감사원도 각 부처의 평가 관련 활동과 성과보고서의 수준에 대해 점검하고 의견을 제시하고 있다.

5 신뢰성 강화와 품질관리를 위한 강력한 감독 체계

성과관리와 평가의 품질과 신뢰성을 향상시키기 위해서는 감독 체계가 중요하다. 성과관리와 평가활동에서 생산된 정보에 대해 점검하고 의문을 제기하는 장치가 있어야 한다.

캐나다에서는 이러한 감독 또는 견제 장치가 세 가지 수준에서 이루어진다. 개별 평가 수행 과정, 개별 부처 수준, 그리고 범정부적인 수준이다.

여기에는 TBS의 CEE와 감사원이 감독의 중요 역할을 담당한다. 성과관리와 평가 활동의 운영 차원에서 CEE는 정부의 평가계획 및 수행을 모니터링하고, 평가의 범위 및 수준을 점검한다. TBS는 성과 모니터링을 담당하는데 부처의 MRRS-(Management Resources and Results Structure)와 성과 보고를 검토한다. 또한 2003년부터는 기관장에 대한 평가도 실시하고 있는데, 이는 MAF(Management Accountability Framework) 과정으로서 각 부처 차관의 성과급과 연계되어 있다.

TBS는 주기적으로 각 부처의 평가활동을 모니터링한다. TBS의 CEE는 2009년 평가정책 이후, 매년 각 부처의 평가 기능을 점검한 보고서를 생산하고 있다.

전 정부 차원에서는 감사원이 주기적인 성과감사를 실시한다. 성과감사는 성과관리와 평가 시스템의 효과성을 검토하는 것으로 감사원이 독립된 국회의 소속 기관이기 때문에 그 파급 효과는 크다. 1990년대에 재정적자 폭을 감축하기 위한 과정에서 각 부처의 성과관리와 평가 기능이 대폭 축소되었다. 감사원은 1993년 성과감사 보고서에서 정부 내의 성과관리와 평가 기능이 오직 부분적으로만 작동하고 있다고 기술하고 있다. 그리고 2000년 보고서에서는 전 부처의 평가 기능이 후퇴하고 있다고 기술하고 있다. 물론 감사원의 성과감사 보고서만이 2000년대에 들어서서 캐나다의 성과관리 및 평가 기능이 회복되는 데에 기여한 것은 아니지만, 상당한 부분은 감사원의 지속된 문제 제기도 기여를 했다.

6 유연한 성과관리 및 평가 시스템

캐나다 성과관리 및 모니터링 시스템의 특징 중의 하나 제도 운영의 유연성이다. 전 부처에 적용되는 획일적 접근법은 피하려고 노력하고 있다.

캐나다에서는 TBB가 중요한 정책과 지침을 개발하고, 각 부처의 활동을 모니터링 해 왔지만, 부처별 특성에 따라 제도를 운영할 수 있는 공간을 허락해 왔다. 부처별로 부처의 상황 및 특성에 맞게 평가 체계를 수립하고 운영하기 때문에, 평가에 투입되는 인력이나 예산이 부처에 따라 다르다. 예를 들어, 부처별 평가 인력도 1명부터 60명에 이르기까지 다양하다. 그리고 외부 전문가를 활용하기 위한 예산 규모도 0에서 8백만 달러에 이르기까지 편차가 크다. 그뿐만 아니라 평가의 범위나 수행 방식, 심도, 위험 요소, 우선순위, 그리고 사업의 성격에 따라 다양하다.

전 부처 차원의 일관성 있는 평가 체계를 갖추기 위해서는 조정 과정이 필요했다. 전 부처에 적용되는 기준을 개발을 위해 소수의 부처에 선별적으로 시범적으로 신규 지침의 적용을 시도한 이후에 전 부처에 적용하는 접근법을 채택했다. 과거 34년간 네 번의 평가정책 개편을 통해 전 부처의 정책들을 포괄할 수 있는 일반화된 평가 체계를 갖추게 되었다. 그 과정에서 부처의 유연한 대응과 적극성이 중요하게 작용했다.

7 성과관리 및 평가 시스템의 투명성

효과적인 성과관리와 평가 시스템이 운영되기 위해서는 성과관리와 평가활동이 조직의 일상적인 문화의 일부로 자리 잡아야 한다. 이를 위해서는 정보가 공공에게 투명하게 공개된 상황에서, 성과관리와 평가가 이루어지는 것이 중요하다.

2009년 평가정책에서 정부 부처들은 성과관리와 평가에 관련된 정보를 일반 국민에게 투명하게 공개할 것을 의무화하고 있다. 일반적인 행정 처리 과정에서 정보 공개는 물론이고, 웹상에 평가 결과를 공개함으로써 일반 대중이 쉽게 평가 결과 등에 접근하여 확인할 수 있게 되었고 부처의 책임성과 투명성이 높아졌다.

8 능력 향상을 위한 지속적 노력

부처의 성과관리를 위한 모니터링은 부처 사업 담당자의 임무이고, 사업평가는 부처 내부의 평가조직의 주된 임무이다. 그리고 부처의 고위 의사결정자는 부처 내의 성과관리와 평가를 위한 기본 체제를 수립하는 것이다. 그러므로 이들의 역량 강화가 성과관리와 평가활동의 활성화를 위해 중요하다.

평가자는 지속적인 훈련 및 교육을 통해 전문적인 평가 기법 등을 익혀야 하고, 사업 담당자는 결과 중심적 모니터링을 실시할 수 있는 능력을 기르기 위해 지속적으로 교육을 받아야 한다. 고위공직자는 실무적인 능력 배양보다는 성과관리와 평가 시스템의 지속적 발전을 위한 이해를 높이고 지속적인 관심을 가져야 한다. 수년간 캐나다에서는 TBS 주도로 이 세 그룹에 대한 교육이 이루어지고 있다.

현재 캐나다에는 정부 부처 내 500명이 넘는 성과관리와 평가 관련 종사자들이 있음에도 불구하고 외부의 전문가의 도움도 많이 받고 있다. 민간 부문 전문가의 역할도 상당히 중요하기 때문에 캐나다에서는 외부 전문가들과의 네트워크를 지속적으로 유지하고 있다. 민간 조직과 전문가 조직에서도 역량 강화 프로그램을 개발하여 운영하고 있다.

제 5 절 성과관리 및 평가 시스템의 성과

1 성과관리와 평가활동에의 투자

정부의 평가정책에 대한 공식적인 요구가 증가함에 따라 지난 십년간 캐나다 연방시스템에서 평가 분야에 대한 투자가 증가했다. 연방정부 2005~2006 회계연도에 실제로 3200만 달러가 평가에 사용되었으며, 2000년대를 지나면서 지속적으로 증가하는 추세이다. 또한 2009년 평가정책(2009 Policy on Evaluation) 수립에 따라 2010년대에는 급속도로 증가하는 양상을 보일 것으로 예상된다.

TBS에서 매해 모니터링을 하고 있지만, 부처의 고위 의사결정자들은 부처의 평가의 적절한 규모와 단계에 대한 투자를 결정하기 위한 권리를 갖고 있다. 2005년 데이터에서 부처 전체 지출에서 평가에 대한 지출은 경제 분야 0.10%, 정부활동 및 국제관계 0.11%, 사회 분야 0.18%로 나타나고 있다. 최근에는 평가하는 사업의 범위가 확장됨에 따라 더 증가되었을 것으로 예상된다.

정부부처는 부처의 평가 기능에 근거해 예산을 수립하도록 되어 있지만 재정 지원은 다양한 방법으로 채워지고 있다. 연방정부의 2004~2005년 평가 재정을 살펴보면, 3분 2는 부처의 평가 조직에 할당된 예산(A-base budget)에서 조달받고 있으며, 약 4분의 1은 평가 대상 사업 예산으로부터 조달되고 있다. 나머지는 평가조직의 예산과 평가 대상 사업 예산 사이의 비용 분담으로 이루어진다.

2 성과관리와 평가의 범위

2009년 도입된 평가정책의 핵심은 정부의 직접 사업 지출을 100%가 5년 내에 평가되도록 평가 적용 범위를 증가시키는 것이었다. 2000년대 중반에는 매해 범정부 차원에서 이루어지는 평가 범위는 모든 직접 사업 지출의 약 10%였으며, 2009~10년도에 15%로 증가했다. 새로운 정책을 도입한 정부는 매해 20%로 대상으로 하고 있으며, 계속해서 증가하고 있는 실정이다.

과거 10년 동안 정부의 직접 사업 지출의 40%를 차지하는 보조금과 분담금(G&C)으로 구성된 모든 사업은 5년 주기로 평가받도록 공식적으로 요구받았다. 이러한 사업에 대한 평가는 2000년대 이후 크게 상승했으며, 지난 3년 동안 68%의 사업이 평가를 받았다. 보조금과 분담금사업에 대한 5년 주기의 100% 평가 목표는 달성될 것으로 판단된다. 이는 재정 지원의 연장 결정을 위해 필수적으로 평가를 수행하도록 하기 때문으로 판단된다.

평가보고서의 양으로 따져보면, 연방정부 시스템에서 매해 약 230개의 평가보고서가 생산되고 있다. 정부의 평가정책은 평가에서 다루어야 할 중요한 이슈에 대한 지침을 포함하고 있다. 사업 운영의 적정성과 효과성에 대해 평가할 것을 지침에 담고 있다. 사업 운영 평가(formative evaluation)는 사업관리 측면과 사업 시행과 관련된 이슈를 다루며, 효과성 평가(summative evaluation)는 사업의 효과성 또는 영향과 관련된 내용을 이슈로 하고 있다.

2009년 평가정책에서는 사업의 적절성(relevance)과 성과(performance)를 분석하여 예산가치 극대화(value for money) 문제를 평가에서 다룰 것을 요구하고 있다. 즉, 이는 사업의 효과성, 효율성, 경제성에 대한 분석을 요구하는 것으로서, 이는 기존의 부처 평가 내용에 새로운 내용을 추가할 것을 요구하는 것이다.

최근 정부의 평가 내용은 사업 방식의 개선에 초점이 맞춰져 있다. 200개의 평가 보고서를 샘플로 보면 89%가 사업 방식 개선 문제를 다루고 있으며, 80%는 사업의 적절성, 40%는 비용효과성을 다루고 있다.

3 성과정보의 활용

M&E 정보의 사용과 수집은 TBS에서 이루어지고 있으며, 성과정보의 생산은 개별 부처에서 수행되고 있다.

앞의 <표 7-2>에 나열된 정부의 다양한 정책이 캐나다 정부 내의 성과정보 활용을 촉진하는 역할을 수행해 왔다.

개별 부처에서는 성과정보가 사업 운영과 대외적인 책무성 확보 및 보고용으로 활용된다. 사업관리자가 정기적으로 생산하는 성과 모니터링 정보와 부처의 평가 부서에서 실시하는 개별 평가는 다음과 같이 활용된다.

- 국가재무위원회(Treasury Board)에 제출
- 내각에 제출
- 부처의 계획과 우선순위에 관한 연간 보고서(매년 봄에 의회 상정)
- 부처 성과보고서(매년 가을 의회 상정)
- 지출과 모든 부처 사업의 전략적 검토를 위해 TBS에 제출

일부 부처에서는 성과관리 체제를 수립은 했으나, 모니터링용 성과정보의 생산은 지연되는 경우도 발견된다. 그리고 부처의 사업평가는 전통적으로 부처 시각에서 사업 개선에 초점을 두고 진행되어 온 경향이 있다.

2009년 도입된 평가정책에서는 부처와 중앙정부 모두의 의사결정에 도움이 되도록 하기 위해 사업의 적절성과 성과에 초점을 둔 종합적이고 체계적인 성과정보를 생산하도록 요구하고 있다.

4 성과정보와 예산의 연계

사업의 효과성 평가는 예산편성에 활용하기 위해 이루어진다. 현실에서는 보조금 및 분담금사업의 재정 지원 결정을 할 때 주로 사용되어 왔다. 그러나 보조금 및 분담금사업의 전체 예산의 40%에 지나지 않는다.

이러한 한계를 극복하기 위해 2009년 평가정책에서는 강제적으로 부처의 사업평가를 5년 주기로 100%로 확장시키는 것을 목적으로 한다. 그러한 맥락에서 예산가치 극대화(value for money)를 초점으로 두고 평가를 수행할 것을 강조하고 있다. 이러한 새로운 평가정책은 정부 지출 관리 시스템(EMS)의 근간이 되는 성과정보 수준을 크게 개선시켰다.

TBS는 성과정보와 예산과의 연계를 강화하기 위해 전략적 리뷰(Strategic Reviews)를 도입했다. 연방정부가 직접 수행하는 모든 예산사업을 4년 주기로 평가하고 있으며 2007년부터 시행되었다. 평가는 각 부처의 점검팀과 TBS의 고위 담당자도 참여하여 이루어진다. 평가 단위는 개별 조직이다.

각 부처의 성과목표 체계(Program Activity Architecture)에서 생산되는 성과정보를 활용하여 성과가 미약한 전체 예산의 5%에 해당하는 재정사업을 선별해 내도록 되었다. 계획 대비 실제 성과, 계획 대비 실제 지출, 사업 자체의 적절성, 사업의 중복성, 사업 수단의 적절성, 투자 대비 효과, 사업 운영 과정의 적정성 등의 기준으로 평가가 이루어진다. 효과도 낮고 정책적 우선순위도 낮은 사업에 대해서는 예산 삭감 권고액, 예산 삭감이 가져올 충격에 대한 대처 방안, 예산 삭감 추진 전략 등을 제시하도록 되어 있다.

전략적 리뷰의 운영 일정 및 절차는 다음과 같다. 봄에 시작해서 각 부처는 2개월 이내에 예산 당국에 1차 보고서를 제출하도록 되어 있다. 재무위원회는 부처의 보고서에 대한 의견을 제시하도록 되어 있다. 각 부처의 리뷰 과정에서 외부 전문가들도 서면 의견서를 제출한다. 리뷰의 최종 확정 과정에는 재무위원회의 역할이 크다. 부처가 제출한 리뷰 보고서가 적정하지 않다고 판단될 경우, 다시 제출할 것을 요구하기도 한다. 이러한 과정을 거쳐 부처와 재무위원회가 합의한 리뷰 보고서에는 각 부처 장관이 서명하고, 재무위원회는 보고서에서 도출된 권고 사항을 수상이 위원장인 우선순위 및 기획에 관한 내각위원회(Cabinet Committee on Priorities and Planning)에 제출한다. 그리고 매년 겨울 예산 편성 과정에 상기 권고 사항을 반영한다.

2007년부터 2010년 사이에 4번의 전략적 리뷰가 시행되었다. 이러한 전략적 리뷰를 통해, 원래 계획했던 50억 달러의 재원 재배분 목표치보다는 미달했지만, 28억 달러에 달하는 재원 재배분이 이루어졌다.

최근에는 국제적인 경제위기에 대응하는 과정에서 발생한 재정적자 문제에 대처하기 위해 예산사업과 정부조직에 대한 본격적인 점검(Strategic and Operating Review)을 수행하여, 2015년까지 균형재정에 도달하고자 하겠다는 목표를 세웠다. 67개의 부처에서 정부의 재량적 지출의 5%는 최소한 줄이도록 목표를 세우고 있으며, 각 부처에게 5%와 10% 삭감이라는 두 가지 시나리오를 제출하도록 요구하고 있다. 종전에 행한 전략적 리뷰는 각 조직의 예산사업에 대해 초점을 둔 반면, 새로운 시도인 전략·운영 리뷰(Strategic and Operating Review)는 각 조직의 예산사업도 검토하면서 조직의 생산성 향상을 통한 운영 관련 경비의 절감에 더욱 강한 초점을 두고 있다.

제 6 절 정책적 시사점

1 성과관리와 평가활동의 적절한 견인 수단 활용이 필요

성과관리와 평가활동이 적절히 수행되고 발전하기 위해서는 적절한 시기에 인적, 재정자원의 투자가 이루어져야 한다. 그리고 성과정보에 대한 수요가 존재해야 한다. 최근 캐나다에서는 성과정보에 대한 수요는 다양한 정부개혁 과제를 통해 창출되었다.

캐나다 경험에서 도출될 수 있는 성과관리와 평가활동의 견인 수단에 대한 정책적 시사점은 다음과 같다.

① 성과관리와 평가 시스템을 개발하고 활용하는 데에는 인적 기술적인 자원뿐 아

니라, 정치적인 의지와 지속적인 투자가 필요하다.

② 성숙된 성과관리와 평가 시스템을 확보하기 위해서는 몇 개월의 과제가 아니라 수년이 소요되는 과제로 계획하고 추진하는 것이 필요하다.

③ 성과관리와 평가정보는 그 자체가 목적이 아니다. 의사결정 과정과 연계되어 활용되는 것이 중요하다.

④ 모니터링과 평가를 구별하여 각각의 목적에 부합하도록 활용해야 한다.

⑤ 효과적인 성과관리와 평가 시스템을 수립하기 위해서는 모니터링과 평가를 '수행(성과 정보의 수집)'하고, 조직 내에서 성과정보를 '사용'하도록 하는 두 가지 역량을 형성시키는 것이 중요하다. 성과정보의 생산만으로는 충분하지 않고, 성과정보에 대한 수요를 창출하고 활용하도록 하는 것이 중요하다.

⑥ 성과정보를 적절히 활용하는 체제를 수립하기 위해서는 성과정보 활용과 관련하여 고위 의사결정자에게 적절한 유인을 제공해야 한다. 인센티브는 보상뿐만 아니라 준수하지 않았을 때 제재를 가하는 방식도 채택할 수 있다.

⑦ 성과관리와 평가에 대한 기대 수준을 관리하고, 성과관리와 평가에 대한 비현실적인 기대를 만들어 내지 않는 것이 중요하다. 성과관리와 평가가 의사결정에 중요한 정보를 제공할 수 있기도 하지만 일반적인 많은 정보 중에 하나라는 점을 분명히 해야 한다.

2 성과관리와 평가 시스템의 실행

성과관리와 평가 시스템의 개발과 운영에는 적지 않은 시간이 소요된다. 그리고 한 번의 개발로 끝나는 것이 아니라, 지속적으로 제도의 개선이 이루어져야 한다. 이러한 과정은 반복적인 경우가 많으며, 시간이 지나가면서 조직 내에 피로감이 축적될 수도 있다. 이러한 경우, 왜 성과관리와 평가 시스템의 운영이 중요한지에 대해 일깨워 주고 제도 운영의 동력을 제공하는 것이 필요하다.

캐나다 사례에서 볼 수 있는 성과관리와 평가 시스템의 시행과 관련된 교훈은 다음과 같다.

① 성과관리와 평가제도의 역할과 중요성에 대해 범정부적인 의사소통이 이루어져

야 한다. 의사소통을 통해 성과정보의 생산자와 수요자를 연계시키고, 실제 의사결정에 필요한 정보가 생산되도록 해야 한다.

② 공식적인 정책 문건에 기본적으로 차관, 평가 전문가, 사업관리자, 중앙부처 공무원의 역할과 의무가 명시되어야 한다.

③ 정부의 평가 기능을 담당하는 중앙정부기관의 책임기관(champion)은 성과관리와 평가 시스템에서 핵심적인 역할을 할 수 있다. 캐나다에서는 CEE가 평가정책의 이러한 핵심적인 역할을 하고 있으며, 성과관리와 평가 관련 정책을 수립하고, 관계자의 역량 강화를 돕고, 평가 수준을 관리 감독하고 있다.

④ 캐나다에서는 성과관리와 평가 시스템을 발전시키고 시행하기 위해서는 시범적용을 통해 학습하는 기간을 활용한다. 그 결과로 성과관리와 평가제도가 점진적인 접근법으로 도입되는 경향이 있다. 이러한 접근법은 성과관리와 평가 시스템 개발 기간을 연장시키지만, 학습 기간을 가짐으로써 시행착오를 줄이는 효과가 있다.

⑤ 획일적인 모델을 적용하는 것이 아니라, 각 부처별 상황을 고려하여 차별화된 시스템을 개발하고 활용하도록 하는 유연성도 필요하다. 캐나다의 TBS가 성과관리와 평가에 관한 범정부적인 지침을 개발하지만, 각 부처의 상황에 맞도록 지침을 적용할 수 있는 공간을 허용하고 있다.

⑥ 성과관리와 평가 시스템이 잘 운영되고 필요에 따라 잘 조정되는지 살펴보는 감사원의 기능도 중요하다.

3 역량 강화의 중요성

성과관리와 평가 시스템의 유지를 위해 중요한 요소는 중앙조직, 사업 부처 내에 있는 관계자들의 전문성이다. 캐나다 시스템에서는 인적 자원의 역량 강화를 위해 지속적으로 투자를 해왔다.

역량 강화 노력은 전문가 네트워크에서 도움을 받고 있다. 캐나다에서는 다음과 같은 성과관리와 평가에 관한 네트워크가 존재한다.

① 각 부처 평가조직을 중심으로 이루어지는 정부 내의 네트워크

② Canadian Evalution Society(CES)는 공공 부문, 비영리, 영리, 그리고 학계 등에 있는 전문가로 형성된 네트워크이다.

③ Performance and Planning Exchange(PPX)는 결과 중심의 성과관리에 초점을 두고, 전문가와 실무자를 아우르는 네트워크로서 작동하고 있다.

한편, TBS CEE(Center of Excellence for Evaluation)는 주요 임무 중의 하나가 성과관리와 평가 관련 역량 강화이다. 그 결과로, CEE는 성과관리와 평가와 관련된 수단, 지침, 그리고 'evergreen' 웹사이트를 운영하고 있다. 또한 CEE는 역량 강화 워크숍과 지역의 학습 관련 이벤트를 지원하고 신규 평가자들을 위한 국가 차원의 교육 프로그램을 실시하고 있다.

캐나다의 전문가 평가집단인 CES에서는 최근 평가자인증제도(Credentialed Evaluator designation)를 도입했다. 이 인증제도는 평가자가 교육을 받았고 능력 있는 평가자로서의 경험이 있다는 것을 보증하는 역할을 한다.

성과관리와 평가 관련 역량 강화를 논할 때 주의해야 하는 것은 역량 강화는 실무를 수행하는 관계자뿐 아니라, 성과정보의 수요자도 역량 강화 대상에 포함되어야 한다는 것이다. 즉, 기술적인 역량 강화뿐 아니라, 성과관리와 평가의 중요성, 주요 요소 그리고 활용 방안 등에 대한 교육도 필요하다는 것이다.

추가적으로 역량 강화에 중요한 부분은 데이터 개발과 신뢰할 수 있는 데이터 베이스의 구축이다. 통계청(Statistics Canada)과의 협력 체계 구축을 통해 국가 차원에서 필요한 성과정보를 체계적으로 생산하고 관리하는 기반을 마련하는 것이 필요하다.

참고 문헌

박노욱(2012). 재정위기 극복 과정에서의 재정성과관리제도: 국제적 동향과 시사점. 재정포럼. 한국조세연구원, 3월.

캐나다 TBS 자료

Evaluation Policy, Standards and Directives(2009): http://www.tbs-sct.gc.ca/pubs_pol/-dcgpubs/TBM_161/ep-pe_e.html

Framework for the Management of Information in the Government of Canada: http://-www.tbs-sct.gc.ca/fmi-cgi/standard-norme/qual/qualpreng.asp?format=print

Ottawa (2005). Guidance for a Strategic Approach to Results-based Management and Accountability Frameworks. http://www.tbs-sct.gc.ca/eval/pubs/RMAF-CGRR/-sarmaf-ascgrr/sarmafascgrr_e.asp

Chapter 08

사업 성과평가: 국고보조 사업-미국*1)

제 1 절 서론

정부를 둘러싼 환경의 변화, 즉 '작고 효율적인 정부'에 대한 전 세계적인 요구의 증대 또는 추세는 필연적으로 정부로 하여금 제한된 자원의 배분과 관리에 더욱 높은 관심과 실질적 대안의 모색을 촉구하게 되었다. 이는 국민의 '질적 삶'을 확보하기 위한 정부의 책무성과 투명성의 중요성에 대한 정치적·행정적 논의를 활성화시켰으며 다양한 실천적 대응 방안의 강구로 이어졌다. 성과·결과로 대별되는 정부 서비스의 질적 제고라는 대국민 정책·행정의 강조는 성과 향상의 관심 증대로 이어졌다. 특히, 국가 주요 정책의 집행에는 예산·재정의 투입이 필연적으로 요구되는 상황에서 행정부뿐만 아니라 입법부에서도 지속적으로 재정성과관리, 특히 국고보조사업의 관리와 관련하여 다양한 문제점이 제기되고 개선을 위한 요구가 증대되었다(Joyce, 2011; GAO, 2011; GAO, 2009; GAO, 2006; Conlan, 2005).

일반적으로 국고보조금 및 국고보조사업을 포함하는 재정성과관리의 강조는 세 가지 측면을 배경으로 하고 있다. 첫째, 국가재정의 악화이다. 1970년대 두 차례의 석유파동과 세계 경기의 침체로 국가 재정의 지속적 악화를 초래했다. 국가재정의 악화는

---

* 정문기: 성균관대학교 행정학과·국정관리대학원 교수

1) 성균관대 박사과정에 재학 중인 이순철 군의 헌신적인 자료 수집 노력에 진심으로 감사의 마음을 전한다.

세입 측면뿐만 아니라 세출 측면에서 효율적 관리에 대한 관심을 증대시켰다. 국고보조사업과 연관된 세출 측면에서는 정부간 보조금(grants)의 효과성 제고와 효율적 배분을 위한 성과관리 및 성과평가의 관심이 증대했다. 즉, 국가재정의 책무성, 투명성, 효율성, 효과성이 재정 성과관리의 초점으로 대두되게 된 것이다. 둘째, 연방정부 보조사업의 지속적 증가이다. 연방정부 보조금의 지원 규모 및 프로그램 종류는 1960년대 이후 지속적으로 증가해 왔다(Posner, 2003: 2). 2011년 현재 연방정부 내 23개 부처가 약 1,679개의 국고보조사업을 시행하고 있다(GAO, 2011: 4). 지원 규모 측면에서도 회계연도 1990년에 1,350억 달러에서 회계연도 2010년에는 6,080억 달러로 약 4.5배 이상 증가한 것으로 집계되었다(GAO, 2011: 3). 이는 정부 예산에 약 20%에 이르는 규모이다. 보조사업 중 세 개의 부처(Departments of Health and Human Services, Transportation, and Education)가 지원 규모 면에서 가장 큰 지출을 하고 있다.

이와같이 새로운 국고보조사업의 지속적 증가는 보조 액수의 증가뿐만 아니라 보조사업의 중복성 및 복잡성을 가중시켰다. 미 의회는 연방정부의 재정 지원 또는 보조금 지원과 관련 1999년에 연방재정지원관리개선법(the Federal Financial Assistance Management Improvement Act)[2)]을 제정했다. 이 법의 근본 취지는 연방보조금 또는 보조사업의 효과성과 성과를 향상시키는 데 있다. 이를 위해 국고보조 행정을 단순화하고 보조금 수혜자(정부 포함) 간 조정을 촉진하고자 했다.

이 연구는 미국 국고보조사업의 성과관리 및 평가를 제도적 측면을 중심으로 고찰했다. 이를 위해 2절에서는 국고보조사업과 관련된 제도의 도입 및 변천을 살펴보았다. 이를 위해 우선 국고보조사업의 개념 및 유형을 간단하게 검토했다. 다음으로 국고보조사업이 시행하게 된 역사적 맥락을 고찰한 후 1990년대 이후의 제도적 변화에 초점을 맞추어 논의를 진행했다. 3절은 국고보조사업의 성과관리를 살펴본다. 1990년대 성과관리의 중요성이 대두되며 구체적인 제도로서 1993년 「정부성과와 결과에 관한 법률(the Government Performance and Results Act of 1999: GPRA)」은 국고보조사업을 포함한 재정성과관리뿐만 아니라 전 부처적으로 성과관리의 중요성을 의회에서 명문화했다고 볼 수 있다. 하지만 이 절의 논의는 부시 정부 하의 PART와 오

2) 일몰 규정에 의해 2007년에 폐지되었다.

바마 정부 하에서 진행되어 온 국고보조사업의 성과관리 및 평가를 제도적 측면에서 고찰했다. 4절은 성과, 한계 그리고 개선 방안에 대한 기존의 논의를 중심으로 정리했다. 끝으로 결론을 통해 전반적인 성과관리제도를 평가하고 국고보조사업과 관련한 쟁점을 논의했다.

제 2 절 제도의 도입 및 변천

1 국고보조금의 개념 및 유형

국고보조금은 "연방법에 규정된 공적 목적의 지원 또는 촉진을 위해 연방정부 부처가 수혜자에게 지원하는 연방 지원"을 의미한다 (Grants.Gov, 2012). 국고보조금은 대분류 측면에서 연방정부 지원의 한 유형에 속해 있다. 연방정부의 지원 유형은 재정적·비재정적인 유형으로 대별되며, 현재 15종류(재정 지원: 7, 비재정 지원: 8)가 있다. 이러한 구분은 General Services Administration(GSA)가 발간한 '연방정부 재정지원 카탈로그(Catalog of Federal Domestic Assistance)'에 명시되어 있다. GSA는 1984년 Public Law 98-169에 의해 OMB로부터 연방정부 지원 프로그램에 관한 정보 수집 및 전파의 책임을 이전받았다. 이를 통해 GSA는 각 중앙부처가 제공한 연방정부 지원 프로그램 및 사업을 집계하고 통계를 축적하고 전파하게 되었다. 연방정부가 제공하는 지원 중 재정 지원은 일곱 가지로서 '연방정부 재정 지원 카탈로그'에 상세하게 설명되어 있다.[3] 이 중 이 연구에서 논의하는 국고보조금 및 국고보조사업은 공식적 보조금(Formula Grants)과 프로젝트 보조금(Project Grants)에 초점을 둔 사업으로 살펴볼 것이다. 이와 같은 구분은 배분 방식에서 다소 상이함을

3) 재정 지원의 유형으로 Formula Grants, Project Grants, Direct Payments for Specified Use, Direct Payments with Unrestricted Use, Direct Loans, Guaranteed/Insured Loans, Insurance를 들 수 있다. 반면 비재정적 지원으로는 Sale, Exchange, or Donation of Property and Goods, Use of Property, Facilities, and Equipment, Provision of Specialized Services, Advisory Services and Counseling, Dissemination of Technical Information, Training, Investigation of Complaints, Federal Employment 등이 포함된다.

표 8-1 국고보조금의 유형

연방 지원의 유형	설명
공식 보조금 (Formula Grants)	법률과 행정 규정에 바탕을 둔 공식에 의해 주정부나 하위정부에 지속적 속성을 지닌 활동이나 사업들에 재정적 지원을 함(Allocations of money to States or their subdivisions in accordance with distribution formulas prescribed by law or administrative regulation, for activities of a continuing nature not confined to a specific project)
프로젝트 보조금 (Project Grants)	특정 목적의 사업에 대해 일정기간 동안 지원함. 예로서, 펠로우십, 스칼라십, 교육보조금 등등 다양함(The funding, for fixed or known periods, of specific projects. Project grants can include fellowships, scholarships, research grants, training grants, traineeships, experimental and demonstration grants, evaluation grants, planning grants, technical assistance grants, survey grants, and construction grants)

자료: https://www.cfda.gov. '연방정부 재정 지원 카탈로그(Catalog of Federal Domestic Assistance)'에서 재구성.

드러낸다. 보조금의 숫자 측면에서 2011년 기준으로 '연방정부 재정 지원 카탈로그'를 살펴보면 프로젝트 국고보조사업이 1,432개, 공식적 보조사업이 209개, 혼합이 34개임을 알 수 있다(GAO, 2011: 4).

또한, 재량 및 조건에 따라 특정보조금(categorical grants)과 포괄보조금(block grants)으로 구분할 수 있다. 특정보조금은 사용 목적이 구체적으로 정해지고 다양한 제약 조건이 부과된다. 예를 들어 보조율(matching)의 부과 및 특정 조건(strings)의 요구 등 집행기관(통상적으로 연방정부)의 지나친 통제권 및 관리 감독, 프로그램의 중복성, 수혜자(기관)의 재량권 제한 등으로 비효율성, 자원 배분의 왜곡 등 많은 문제를 초래했다. 반면 포괄보조금은 특정보조금이 지닌 한계를 극복하고, 수혜 정부의 재량권을 증대시키는 특성을 가진다. 대표적으로 Community Development Block Grants(CDBG)를 들 수 있다.

2 제도의 도입 및 변화

미국의 국고보조금 제도는 오랜 역사를 가지고 있다.[4] 1862년 의회는 모릴법(the

Morill Act)을 제정하여 주정부가 토지 보조를 바탕으로 한 대학 설립을 도왔다. 이 법은 보조의 목적, 토지의 매매를 통한 수입의 사용 조건, 연간보고서의 제출 등 특정보조금의 성격을 가졌다(GAO, 2003: 2). 1933년에 제정된 「연방정부긴급구제법」은 주정부에 공공구제사업을 보조하기 위해 설립되었다. 1960년대는 교육과 복지, 도시의 슬럼 및 빈곤 퇴치와 관련하여 대폭적으로 보조 액수 및 보조 숫자를 증대시키게 되었다. 이러한 과정 속에서 연방보조금의 관리를 위한 「정부간협력법(the Intergovernmental Cooperation Act of 1968)」, 「연방지원 리뷰(Federal Assistance Review)」, 「연방관리 지침(Federal Management Circular 74-7)」, 「기금단순화법(the Joint Funding Simplication Act of 1974)」 등 일련의 제도적 기반이 마련되었다. 1980년대 들어 의회에서는 특정보조금을 통합하려는 노력이 진행되었다. 「옴니버스예산법(the Omnibus Budget Reconciliation Act of 1981)」에 의해 다수 사회 서비스 프로그램을 9개 포괄보조금으로 통합했다. 이를 통해 주와 지방정부의 재정 운용상 융통성을 부여하려 했다.

연방정부는 1990년대에 성과와 책무성을 증대시키는 구체적인 노력을 실시했다. 특히, 재정사업의 성과와 측정된 결과를 예산 배분에 연계시키고자 한 것이다. 클린턴 행정부는 취임 이후 1993년에 「정부성과와 결과에 관한 법률(GPRA)」을 제정했다. 기존에 예산 과정 및 성과관리가 투입과 과정에 강조를 두었다면 이 법률은 결과물로서의 결과(outputs)와 최종 성과물로서의 성과(outcomes)를 강조하는 관점의 전환을 추구하게 되었다. GPRA는 회계연도 1997년 말까지 각 부처로 하여금 전략계획을 작성하도록 했으며 성과계획과 예산사업이 연계되도록 했다.

GPRA는 성과관리와 관련 기본적으로 네 가지 측면을 강조했다. 첫째, 정부기관은 기관 및 조직의 임무(mission)를 명시적으로 제시할 것이 요구된다. 둘째, 기관은 장기적 목표를 담은 전략계획을 확정해야 한다. 셋째, 기관은 연간 목표와 측정을 담은 성과계획서를 준비하고, 넷째, 사업의 결과와 성과의 측정 및 평가를 담은 성과보고서를 매년 작성해야 한다.

GPRA는 그러나 성과정보의 제공이라는 목적을 일부 달성했으나 성과정보를 통한 예산 및 의사결정으로의 실질적인 연계는 미흡했다(GAO, 2011; Moynihan & Lavertu,

4) 이 문단에서 논의된 제도의 변천은 '연방정부 보조'(GAO, 2003: 2-5)에서 발췌되어 정리했다.

2012; Hilburg, 2010). 이는 미국의 예산결정 과정상의 정치·행정적 분리와도 연관된다. 즉, 중앙 행정부처와 OMB가 연계하여 산출하는 성과정보가 OMB를 통한 행정부(즉, 대통령)의 연간 예산 산정에 고려된다고 할지라도 궁극적으로 의회가 예산 결정권을 행사하는 상황에서 성과정보와 예산 배분의 연계에는 정치적 한계가 존재할 수밖에 없었던 것이다.

2000년대 초반 각종 기업의 스캔들과 더불어 부시 대통령은 정부의 책무성을 제고하고자 했다. 이와 관련, 부시 대통령은 정부의 성과관리에 더욱 높은 관심을 기울였다. 취임 이후 성과 결과를 예산에 연계하고자 하는 강한 의지를 보였는데, 2001년 President's Management Agenda(PMA)를 통해 5개 분야의 성과관리 강화를 표방했다.

- Strategic Management of Human Capital
- Competitive Sourcing
- Improved Financial Performance
- Expanded Electronic Government
- The Budget and Performance Integration(BPI) Initiative

이 중 BPI 과제는 연방재정사업에 대해 최대의 결과 또는 성과를 산출하고자 하는 목표를 가졌다(OMB, 2007: 67). 즉, 국고보조사업을 포함한 전 부처의 재정사업 성과평가 및 관리를 강조했고, 구체적인 실행 방법으로 부시 행정부에서는 Program Assessment Rating Tools(PART)를 도입했다.

부시 행정부에서 도입된 PART는 재정위기 및 정부 규모의 축소 측면에서 정부의 성과관리 개선을 통한 효율성 제고를 의도했다. 이러한 의회 중심의 예산 결정 과정에 행정부 측면의 재정성과 정보 산출과 이용의 측면도 중요하게 자리 잡고 있었다. 더불어 PART는 1993년부터 도입되어 실시되고 있던 GPRA 목표 달성을 위한 부시 행정부의 노력이라고 볼 수 있다. 이는 PART의 실행 지침에서도 명시적으로 제시되고 있다(OMB, 2007: 68).

PART는 성과 지향 기준에 따른 성과측정의 개발을 촉진하며 부처의 목표가 적절하게 야심적일 것을 규정함으로써 GPRA에서 규정된 성과측정을 강화한다. GPRA에서 요구하는 성과계획과 성과보고서에 포함되는 성과측정은 PART에서 개발되고 수정된 것들과 일치해야 한다.

투명성과 책무성을 제고하기 위한 방안으로 재정사업의 평가 결과는 2006년부터 정부 웹사이트인 ExpectMore.gov에 공지되었다. 이러한 노력을 통해 예산과 사업의 연계 및 재정사업의 투명을 제고하고자 했다. 그럼에도 불구하고 PART의 평가 결과가 입법부의 예산 편성에 반영되지 않으므로 부시 행정부 말기에는 예산과의 연계보다는 프로그램 운영의 개선으로 초점이 옮겨지게 되었다(박노욱, 2011: 54).

PART를 GPRA와 비교하면 후자가 각 부처의 목표(goals)에 초점을 두었다면 PART는 프로그램 차원으로 초점이 다소 이동되었다. PART 하에서 프로그램은 실질적으로 예산 결정이 이뤄지는 단위 또는 수준이었다(Joyce, 2011: 359).

오바마 행정부 하에서는 PART를 폐지하고 기존의 성과관리 제도를 재정비하는 노력의 일환으로 GPRA를 대폭 개선한 GPRA Modernization Act of 2010 (GPRAMA)을 통과시켰다.[5] 이 법률은 행정부뿐만 아니라 민주당과 공화당의 지지 속에 통과됨으로써 효과적인 성과관리를 통한 대(對)국민 책무성을 증대시키고자 하는 노력이 가속화되었음을 알 수 있다. 또한 의회의 역할 측면에서 더욱 적극적이고 빈번하게 외회와 소통하여 전략 및 계획 그리고 평가를 실시하도록 했다.

GPRAMA는 PART를 포함한 이전의 성과관리와 상이한 특성을 적시하고 있다 (GPRAMA of 2010 explained, 2010: 1).

- 부처를 초월하는 연방정부의 우선 목표(cross-cutting federal priority goals)와 부처 수준의 목표(agency-level priority goals)를 설정한다.
- 연방정부뿐만 아니라 부처 수준의 목표의 진행 정도에 대해 분기별 리뷰와 보고 (quaterly reviews and reporting)를 실시한다.
- 법률상으로 원활한 조정을 위한 거버넌스를 강조하고 이를 위한 새로운 지위를 만든다: chief operating officers, program improvement officers, a governmentwide performance improvement council, and a governmentwide performance

5) 1990년대 초반 이래 모든 부처의 성과관리에 대한 기본적인 내용을 담고 있는 GPRA와 최근의 변화된 GPRAMA를 전략계획과 성과계획의 측면에서 비교·고찰하면 <Appendix>와 같다.

web-site.

- 기타 사항으로 관리자에 대한 훈련을 강화하고 더 나은 실행을 위한 스케줄을 만든다.

이상의 논의는 의회와의 소통을 더욱 증진시키고, 평가가 연간 단위가 아닌 상시적으로 자료를 수집하고 분기별로 평가(reviews)를 통해 평가정보의 적실성을 높이고, 전 부처적 목표 설정 및 조정을 위해 정부 내 거버넌스 측면을 강조했다. 이러한 성과정보의 활용을 촉진하기 위해 OMB 내뿐만 아니라 각 부처에 성과총괄 담당관을 두며 실질적인 스킬과 능력을 배양하는 훈련의 제공에 강조를 두게 되었다.

요약하면, 부시 행정부 하에서는 OMB가 주관하는 재정사업의 평가를 실시하기 위한 PART라는 제도를 도입했다. PART는 부시 대통령 정부 하에서 성과관리를 위한 핵심적 실행 방안으로 자리 잡았다(Gilmour, 2007: 5). 이는 1990년대 도입되어 추진되어 오던 GPRA의 기본적 가치의 실현을 반영한다. 하지만 오바마 정부에서는 PART가 폐지되고 좀 더 전 정부적 목표의 설정 및 부처를 초월하여 목표를 연계하는 큰 방향으로 성과관리가 초점을 이동하게 된다. 이에 따라 크게는 재정사업 좁게는 국고보조사업의 성과관리에서도 다소 상이한 접근을 요구하게 되었고 구체적인 실행과 관련해서는 논의가 진행 중인 것으로 판단된다.

제 3 절 국고보조사업의 성과관리

이 절에서는 앞서 논의된 국고보조금 및 국고보조사업의 제도적 맥락의 고찰을 바탕으로 최근에 진행된 국고보조사업의 운영 방식을 구체적으로 고찰한다. 국고보조사업은 수혜 계층의 다중성(grantees and subgrantees), 유사 사업의 중첩성, 수요의 증대 등으로 복잡성이 증대되었다. 또한, 연방정부의 집행기관과 주-지방정부 등의 수혜기관 간 정보의 비대칭성으로 관리-감독 및 투명성의 이슈가 지속적으로 제기되어 왔다. 여기에서는 부시 행정부 하에서 이전 정부와는 다소 상이하게 실시된 PART를 이용한 성과관리 및 평가 방식을 고찰한다. 더불어 2008년 PART의 폐지 후 진행되고 있는 성과관리 방식을 제도적 측면에서 분석한다. 핵심은 국고보조사업은 단일 법률 또는 규칙에 의해 성과관리 및 평가가 진행되지 않는다는 점이다. 즉, 국고보조사업을 명시하는 법률의 제정과 보조사업을 집행하는 중앙 부처의 사업 지침(program guidance), 그리고 전 부처의 통일성과 일관성을 확보하기 위한 예산기관인 OMB의 지침(Circulars)이 함께 고려되어야 한다(OMB, 2004a; 2004b; 1997).

1 PART[6)]

부시 행정부의 국고보조사업을 포함한 재정사업의 성과관리의 핵심은 PART로 대표되는 성과평가제도이다. 앞서 PMA서 언급했듯이 5개의 전 정부적 성과관리 과제는 점수카드(The Executive Branch Management Scorecard)를 이용하여 진행 정도를 평가했다. 이중 PART는 특히 5개의 관리과제 중 '예산과 성과의 통합(The Budget and Performance Integration) 과제'의 평가에 핵심적 역할을 했다(OMB, 2007: 70).

PART는 기본적으로 정부의 재정사업의 전반적 효과성을 평가한다. 이를 통해 산출된 성과정보를 예산 배정에 연계하고자 하는 취지를 가졌다. 그러나 대통령의 공약사업 등 정책 우선순위 사업과 같은 특징도 중요하게 고려되는 등 PART 평가로 인해 예산의 변동이 다소 있었으나, 엄격하게 연계되지는 않았다(Moynihan & Lavertu, 2012).

평가 대상 프로그램은 OMB와 부처의 협의 하에 선정했다. 평가 단위는 단일 프로그램이 될 수 있을 뿐만 아니라 복수의 프로그램을 결합하여 하나의 평가 단위가 될 수 있도록 했다. 복수의 프로그램이 유사한 목적을 가지거나 동일한 주체에 의해 집행될 경우 등은 부처와 OMB는 협의를 통해 단일평가 단위로 분류할 수 있다. 예를 들어 Department of Health and Human Services가 제공하는 노인 서비스는 관련된 유사한 프로그램을 단일 평가 대상사업으로 분류되었다(OMB, 2007: 4). 여러 프로그램을 하나의 평가 단위로 선정하는 기준으로 다음과 같은 요소들을 고려한다(OMB, 2007: 5).

---

6) OMB(2007)가 작성한 "Guide to the Program Assessment Rating Tool(PART)"에는 구체적인 일정, 평가 질문 및 방법에 대한 설명, 측정지표 등 자세한 정보를 담고 있다. 이 절의 논의는 이를 참고했다.

• 사업의 목적(Program Purpose)
• 사업의 설계 및 집행(Program Design/Administration)
• 예산(Budgeting)
• 성과(Performance)

OMB는 현실에서 PART의 성공적 실행을 위해 정부부처와 협의하에 약 1,000여 개 대상 재정사업을 선정했다. 대상사업은 매년 약 200개씩 선정하여 평가하며, 5년을 한 단위 주기로 하여 2004년부터 시행에 들어갔다.

OMB가 제시한 PART에 대한 지침서에 설명된 사업의 유형은 일곱 가지로 분류되었다.[7] 지침서에 의하면 PART에서 제기하는 평가 질문 항목은 대체로 유사하지만 사업 유형에 따라 다소 차이가 나고 이를 반영하여 추가 평가 항목을 제시하기 위해 일곱 가지 사업 유형으로 분류하고 있다(OMB, 2007: 5). 이 연구의 분석 대상인 국고보조사업은 경쟁적 국고보조사업(Competitive Grant Program)과 포괄적/공식적 국고보조사업(Block/Formula Grant Programs)으로 분류될 수 있다. 우선 경쟁적 국고보조사업은 해당 사업에 대한 신청을 받고 심사를 거쳐 선정하는 것과 같이 엄격한 경쟁 과정을 거치게 된다. 반면, 포괄적/공식적 국고보조금은 법에 규정된 공식에 근거하여 배분되거나 수혜기관(자)의 재량적 사용을 인정하는 특성을 가지게 된다.

표 8-2 국고보조사업 유형

사업의 유형	PART 지침에 제시된 설명
경쟁적 국고보조사업 (Competitive Grant Program)	이 사업은 주정부, 지방정부나 인디언정부, 기관, 개인 또는 기타 기관들에게 재원을 지원하는 사업이다. 예로서, 헬스센터를 들 수 있다.
포괄적/공식적 국고보조사업 (Block/Formula Grant Programs)	이 사업은 주정부, 지방정부나 인디언정부, 그리고 기타 기관들에 공식적 또는 포괄적 보조금을 지원하는 사업이다. 예로서, 에너지부(Department of Energy)가 제공하는 Weatherization Assistance Program을 들 수 있다.

자료: OMB(2007: 6). Guide to the Program Assessment Rating Tool(PART)에서 재구성.

---

7) PART의 평가 대상인 일곱 개의 사업 유형 중 국고보조사업을 제외한 기타 사업의 유형은 Direct Federal ProgramsRegulatory-Based Programs, Capital Assets and Service Acquisition Programs, Credit Programs, Research and Development(R&D) Programs 등이다.

PART의 지표 체계는 예산 총괄부서인 OMB가 외부 자문위원과 대통령의 관리위원회(President Managemet Council)의 자문을 받아 설계되고 개발되었다. 구체적으로 PART의 평가지표 체계는 아래와 같이 4개의 장(section)으로 구성되어 있다.

- 1장. 사업의 목적과 설계(Program purpose and design): 20%
- 2장. 전략계획(Strategic planning): 10%
- 3장. 사업관리(Program management): 20%
- 4장. 사업의 결과/책무성(Program results/accountability): 50%

하지만 사업별 핵심 요소 또는 특징을 반영하여 점수 비중을 조정할 수 있다. 이와 같은 경우는 평가가 진행되기 전에 조정을 미리 해야 할 것이 요구된다. 또한 타당한 근거를 상세히 설명할 것이 요구되었다 (OMB, 2007: 7).

1~3장의 평가 질문에 대한 응답은 '예/아니오(Yes/No)'의 형식으로 평가되었다. 예외적으로 4장은 네 가지 스케일, 즉 예, 상당한 정도, 어느 정도, 아니오(Yes, Large extent, Small extent, No)로 목표나 성과 결과의 부분적 달성 정도를 반영하여 평가가 가능했다. 또한, 질문이 해당 사업에 적절하지 않다면 Not Applicable로 평가할 수 있다 (OMB, 2007: 13). 각 장별로 평가된 결과는 총점으로 합산된다. 총점의 계산에서 각 장은 상이한 비중을 차지하며 만점이 100%로 되어 있다. 총점은 아래와 같이 네 가지 등급으로 분류되어 최종적으로 공지되었다.

더불어 주목할 점은 평가 등급(rating)에 '결과 제시할 수 없음(Results Not Demonstrated)'이 주어질 수 있다는 점이다. 사업이 장기적 또는 성과측정을 할 수 없거나, 기본 근거(baselines)나 성과 자료가 불충분할 경우 이와 같은 등급을 부여할 수 있다.

표 8-3 평가 등급 및 구간 점수

등급	범위
Effective	85~100
Moderately Effective	70~84
Adequate	50~69
Ineffective	0~49

자료: OMB (2007: 62). Guide to the Program Assessment Rating Tool(PART)에서 재구성.

PART의 평가 결과 및 모든 정보는 2006년부터 ExpectMore.gov에 공지되었다. 그리고 PART 평가 이후 부처와 OMB는 성과를 향상시키기 위한 개선계획을 작성할 것이 요구되었다(OMB, 2007: 63). 개선계획에 따른 후속 조치의 실행 여부는 PMA Scorecard for BPI에서 표시될 뿐만 아니라 PARTWeb의 업데이트에서도 표시하여 점검되었다. PART의 종합 결과(summaries)는 PARTWeb과 연결되어 개선사항의 점검이 용이하게 되어 있다. 또한 개선계획의 업데이트도 일년에 두 번 ExpectMore.gov에 공지하도록 되어 있다. 또한 PART의 평가 결과 프로그램의 효과성을 저해하는 법률-규정이 발견되면, 부처는 문제점을 고치기 위한 법률-규정의 변경을 제안할 수 있도록 되어 있다(OMB, 2007: 1). 이와 같은 과정을 통해 내부적 성과관리 향상뿐만 아니라 외부적으로 대(對)국민 정부평가의 투명성을 증대 및 책무성도 향상시키고자 했다.

PART에서 시행한 평가 질문은 크게 공통 질문과 특정 질문으로 구성된다. 즉, 성과를 측정하기 위한 질문은 사업에 상관 없이 공통적으로 적용되는 공통 질문과 사업별로 사업의 특성을 반영한 특정 질문(specific questions)으로 구성되어 있다.[8] 이를 통해 사업평가의 적실성을 제고하고자 했다.

국고보조사업은 이상에서 논의한 지표 및 평가 체계를 기본적으로 따르면서 특정 질문을 통해 사업의 특성을 반영한 평가를 실시했다. 구체적으로 국고보조사업에 해당하는 사업은 크게 경쟁적 국고보조사업(Competitive Grant Program)과 포괄적/공식적 국고보조사업(Block/Formula Grant Programs)으로 분류할 수 있다. 이 두 프로그램에서는 아래와 같이 세부적인 질문이 제시되었다. 우선, 두 사업의 평가에서 관리·감독 및 수혜자의 성과 자료 수집 및 공개에 관한 질문은 공통적으로 적용되었다. 다만 경쟁적 국고보조사업은 사업의 특성상 수혜자의 선정에서 경쟁 과정 등이 엄밀하게 수행되고 있는지를 추가로 묻고 있다. <표 8-4>는 특정 질문과 이에 대한 목적을 구체적으로 논의하고 있다.

연례적인 PART의 추진 일정은 다소 변동이 있으나 대체로 <표 8-5>와 같은 일정을 따른다(OMB, 2007: 2).

---

8) 공통 질문의 4개의 각 장별로 5-8-7-5개의 공통 질문이 제시되어 있다 (OMB, 2007 참조). 구체적인 질문은 "Guide to the Program Assessment Rating Tool(PART)"에 자세하게 설명되어 있다.

표 8-4 국고보조사업과 관련한 특정 질문

사업의 유형	구체적 질문	목적
경쟁적 국고보조사업 (Competitive Grant Program)	국고보조금이 타당한 평가를 담고 있는 경쟁적 과정을 바탕으로 결정되었는가?	국고보조금이 경쟁적 과정을 통해 결정되었는지를 질문한다. 이를 통해 가장 수월성이 높은 신청자가 선정되고 또한 새로운 신청자가 이전의 수혜자와 공정하게 경쟁하는지를 평가한다.
	수혜자의 집행과 관련하여 충분한 관련 정보를 획득할 감독 체계가 구비되었는가?	수혜자가 어떻게 국고보조금을 집행하는지에 대해 국고보조사업 기관의 감독 정도를 평가한다.
	수혜자의 성과에 대한 자료를 매년 수집하고 있으며 시민들에게 투명하고 의미있게 이용되도록 진행되고 있는가?	성과정보를 수집하는 체계를 갖추고 있는지를 평가하고 최종적인 성과의 영향을 파악하는 정보를 제공하고 있는지를 평가한다.
포괄적/공식적 국고보조사업 (Block/Formula Grant Program)	수혜자의 집행과 관련하여 충분한 관련 정보를 획득할 감독 체계가 구비되었는가?	수혜자가 어떻게 국고보조금을 집행하는지에 대해 국고보조사업 기관의 감독 정도를 평가한다.
	수혜자의 성과에 대한 자료를 매년 수집하고 있으며 시민들에게 투명하고 의미있게 이용되도록 진행되고 있는가?	성과정보를 수집하는 체계를 갖추고 있는지를 평가하고 최종적인 성과의 영향을 파악하는 정보를 제공하고 있는지를 평가한다.

자료: OMB (2007: 45-48). Guide to the Program Assessment Rating Tool(PART)에서 재구성.

표 8-5 추진 일정

날짜	주요 내용
1월~2월	PARTWeb 준비, 교육 프로그램 제공
3월 하순	각 부처는 PART 평가 완료 및 PARTWeb에 탑재
4월 하순	OMB 리뷰 완료
5월	OMB와 각 부처 일관성 확인(consistency check), 쟁점 해결, 해결이 안 될 경우 상급기관위원회(high level appeals board)에 어필 가능
6월 하순	위원회의 결정을 반영하여 PART 수정 완료
7월	종합 결과 및 개선계획 완료
8월 초	최종 평가 결과가 ExpecMore.gov에 탑재되고 시민들이 확인 가능

자료: OMB (2007: 2). Guide to the Program Assessment Rating Tool(PART)에서 재구성.

2 국고보조사업의 성과관리제도

국고보조사업은 연방정부뿐만 아니라 다양한 수혜자층(grantees and sub-grantees)의 존재로 사업의 집행 및 성과관리·평가의 복잡성이 가중되어 왔다. 성과관리·평가와 관련 성과측정과 측정 결과를 성과관리 및 책무성 확보에 연관시키는 일관된 기준은 없다. 따라서 연방정부의 국고보조사업의 성과관리·평가는 대체로 기관의 특성 및 국고보조사업의 개별적인 특성을 고려하여 사업의 투명성과 책무성을 확보하고자 했다(GAO, 2006: 26).

국고보조사업의 성과관리·평가는 세 가지 제도적 요소가 토대를 제공한다. 첫째, 의회가 제정한 국고보조사업과 관련한 법률이 주요한 근거를 제시한다. 둘째, 집행과정에서도 국고보조금 및 국고보조사업에 대한 법적 근거가 필수적이며, 의회에서 제정한 개별법과 관련하여 각 부처도 구체적인 시행지침(guidance)을 마련한다. 셋째, 전정부적 일관성과 통일성의 확보를 위해 OMB의 지침(circulars)도 국고보조금의 집행과 국고보조사업의 수행시에 다양한 준거를 제공한다. 국고보조사업의 성과관리·평가와 관련하여 제도적 측면의 법률와 지침을 세 가지 측면을 중심으로 구체적으로 살펴보면 다음과 같다.

1) 의회에 의한 국고보조 관련 법률 제정

의회에 의한 법률의 제정은 국고보조금 및 국고보조 프로그램 시행의 출발점이다. 국고보조사업은 해당 법률의 의회 통과를 통해 구체적인 근거가 마련된다. 즉, 법률은 국고보조를 받을 수 있는 사업을 명시적으로 명문화 한다. 예를 들어 직업 및 기술교육에 관한 국고보조사업의 예를 통해 법률이 제시하는 구체적인 내용을 고찰할 수 있다(GAO, 2006: 9-10). 이 법률에는 이 국고보조사업의 목적이 명시되어 있고, 사업을 수행하는 기관과 수혜 대상기관이 제시되어 있다. 또한 매년 의회가 승인하는 절차가 요구되고, 성과관리 및 평가를 위한 기본적인 방향이 제시되고 있다. 즉, 성과지표 체계에 관한 큰 틀 또는 네 가지 분야가 정해지고 이에 관한 구체적인 측정은 집행기관인 OVAE와 주정부가 협의 하에 주정부가 실시하고 자료를 수집하도록 되어 있다. 구체적인 내용은 <표 8-8>과 같다.

표 8-6 '직업 및 기술교육에 관한 국고보조사업'의 예시

	직업 및 기술교육에 관한 국고보조사업
법적 근거	- 퍼킨스 직업 및 기술교육에 관한 법(the Carl D. Perkins Vocational and Technical Education Act of 1998: Perkins III, Pub. L. No. 105-332).
목적	- 주 및 지방의 직업 및 기술교육을 평가하고 개선함
집행기관	- The Office of Vocational and Adult Education (OVAE), 교육부
지원 규모	- 약 11억 달러 매년 의회가 승인
수혜 대상	- 주정부를 거쳐 지방 교육구(local school districts)에 제공
성과관리	- OVAE와 주정부는 협의하에 성과평가 체계를 구축함 - 주정부는 성과측정 및 자료 수집의 의무를 가짐 - 네 가지 영역의 성과지표 구축: 학문적 · 기술적 스킬 습득(academic and technical skill attainment), 완료(completion), 일선 배치 및 유지 (placement and retention), 비전통적 참여 및 완료(nontraditional participation and completion) - OVAE는 주정부와 성과측정을 협의하여 적실성 및 엄밀성을 확보함 - 제재: 1년간 성과목표 미달 성시 사업개선 계획을 주정부는 마련해야 함. 2년 연속 미달성 시 재정상의 제개를 당함. 그러나 실제 이에 해당한 경우는 없었음 - 인센티브: 목표 초과 달성의 경우 인센티브를 받음.

자료: GAO (2006: 9-10). Grants Management에서 재구성.

「연방 화재 예방 및 통제법」에 포함된 국고보조사업의 경우도 앞서 제시한 '직업 및 기술교육에 관한 국고보조사업'과 같이 소방 관련 구체적인 법적 근거를 담고 있다. 아래의 예시는 이 법률에 포함된 '소방관 지원 보조사업'과 '화재 예방 및 안전 보조사업'을 담고 있다. 이 두 보조사업은 경쟁적 보조사업(Competitive Grants Program)의 성격을 띠고 있다. 해당 지원자는 지원 과정에서 재정 수요, 비용-편익 분석 등 엄격한 지원 서류의 준비가 필요하다.

표 8-7 소방 관련 국고보조의 법률 규정의 예시

	소방관 지원 보조사업 (Assistance to Firefighters Grant Program)	화재 예방 및 안전 보조사업 (Fire Prevention and Safety Grant Program)
법적 근거	Section 33 화재 예방 및 통제법(Federal Fire Prevention and Control Act of 1974, 15 U.S.C. § 2229 (Fire Act).	Section 33 화재 예방 및 통제법(Federal Fire Prevention and Control Act of 1974, 15 U.S.C. § 2229 (Fire Act).

목적	소방관 고용, 교육, EMS 지원 등 다수 목적을 가짐	- 화재 예방 및 안전 - 소방관 안전과 관련된 R&D
집행기관	FEMA	FEMA
수혜 대상	소방서, 비영리 EMS 기관 등	- 화재 예방 및 안전보조금: 소방서, 화재 예방, 안전, 소방관 R&D에 특화된 비소방기관 - R&D보조금: 화재 예방, 안전, 소방관 R&D에 특화된 비소방기관
수혜 대상의 제한	인구 기준: - 500,000명 미만: 1백만 달러(특수한 경우 제외(waive)될 수 있음) - 500,000명-1,000,000명: 175만 달러 (특수한 경우 제외(waive)될 수 있음) - 1,000,000명 이상: 2.75달러(No waiver)	국고보조금액은 백만 달러를 초과할 수 없음
국고보조 비율 (matching)	인구 기준 - 20,000명 미만: 5% - 20,000명~50,000명: 10% - 50,000명 이상: 20%	소방서를 바탕으로 한 인구 기준 - 20,000명 미만: 5% - 20,000명-50,000명: 10% - 50,000명 이상: 20%
국고보조 과정	- 기준 개발 패널의 연간모임 실시 - 국고보조 가이드라인을 Federal Register에 공지 - 지원자는 재정 수요, 비용-편익분석, 전국적 화재사고에 관한 보고 시스템 자료, 다른 지원 등 - 동료집단 평가(Peer Review Evaluation)	- 기준 개발 패널의 연간 모임 실시 국고보조 가이드라인을 Federal Register에 공지 - 동료집단 평가(Peer review evaluation)

자료: GAO (2009: 50-53). Fire Grants에서 재구성.

2) 부처 국고보조사업의 사업지침

의회에 의한 국고보조사업과 관련한 법률 제정을 근거로 부처는 국고보조사업의 시행을 위한 구체적인 실행지침을 마련하게 된다. 실행지침은 대체로 국고보조사업의 성과관리가 여러 단계로 나뉘어 시행되어야 함을 적시하고 있다. 국고보조사업을 담당하는 부처의 국고보조금 관련 주기를 정리하면 [그림 8-1]과 같다. 국고보조금을 초점으로 한 주기는 크게 사전 단계, 수여 결정 단계, 집행 단계, 종료 단계로 나눌 수 있다(GAO, 2011: 6). 첫째, 사전 단계에서는 국고보조금(사업)을 공지하고, 신청서를 접수하고, 검토 및 결정을 한다. 둘째, 실질적인 수혜자(grantees)를 공지한다.

셋째, 실제 지급 및 집행을 실시하고, 관리·감독을 실시한다. 넷째, 결과 보고에 대한 평가·감사를 실시하고 국고보조사업을 종료한다. 이에 대한 구체적인 주기와 내용은 [그림 8-1]과 같다.

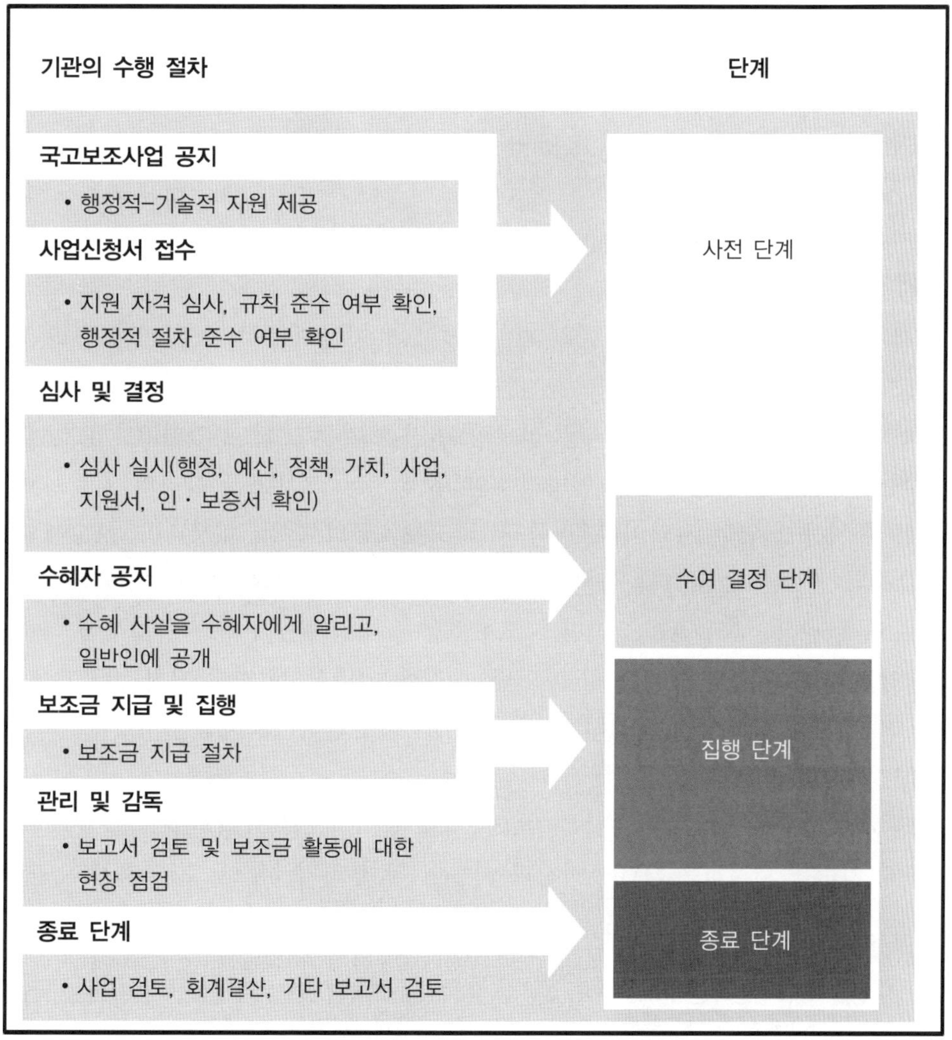

그림 8-1 국고보조금 관리의 주기

자료: GAO (2011: 6). Federal Grants에서 재구성.

3) OMB의 지침

OMB는 연방정부 전 부처의 국고보조금 관리의 일관성과 통일성을 확보하기 위해 크게 세 가지의 지침(circulars)을 작성하여 각 부처에 제공하고 있다. 특히 주정부와 지방정부와 관련하여 세 가지를 주목하여 고찰할 필요가 있다.[9]

- Circular No. A-87: Cost Principles for State, Local, and Indian Tribal Governments
- Circular No. A-102: Grants and Cooperative Agreements with State and Local Government
- Circular No. A-133: Audits of States, Local Governments, and Non-profit Organizations

우선 Circular No. A-87는 주와 지방정부에게 지급되는 연방국고보조금의 비용 산출 시 적용되는 원칙과 기준을 규정한다. 즉, 이 지침은 국고보조사업 수행 시 프로그램의 효과적 수행을 위한 비용 산정의 원칙과 기준을 담고 있다(OMB, 2004a).

둘째, Circular No. A-102는 연방정부의 부처 간 국고보조금 관리의 일관성과 통일성을 유지하기 위한 지침이다.[10] 특히, 국고보조금의 신청, 재정관리, 보고서의 작성, 그리고 종료(closeout)에 관한 일반적인 지침을 제공한다(OMB, 1997).

끝으로, Circular No. A-133연방 국고보조금을 수령하는 주와 지방정부에 대한 통일성 있는 감사를 위한 지침을 담고 있다. 이상에 언급한 세 가지 지침은 국고보조금 관련 전 부처적 통일성을 확보하기 위한 OMB 측면의 관리 지침이라고 볼 수 있다(OMB, 2004b).

요약하면 국고보조사업의 수행은 보조사업을 명시적으로 규정하고 있는 법률과 내부 통제 기준을 제시하는 OMB 지침과 더불어 각 부처가 국고보조금 지급과 관련하

---

9) 세 가지 지침은 재정적 국고보조(grants)뿐만 아니라 협력적 동의(cooperative agreements)도 적용된다. 본문에서의 논의는 국고보조에 초점을 맞추었다. 더불어 A-87은 인디언 정부(Indian Tribal Governments)에도 적용될 뿐만 아니라, A-133은 비영리기관(Non-Profit Organizations: NPG)에도 적용된다. 하지만 논의의 편의를 위해 일반정부(general purpose governments)인 주와 지방정부에 초점을 맞추어 논의를 진행했다.

10) 1987년 3월 레이건 대통령이 국고보조사업을 수행하는 부처들로 하여금 국고보조사업 관리를 위한 부처별 규칙을 준비하도록 했다. A-102는 부처의 특수성을 반영한 내용을 제외한 이슈들에 대해 부처 간 일관성을 유지하기 위한 이슈들에 대한 지침을 제공한다.

여 마련한 가이드를 준수해야 한다. 국고보조사업의 성과평가와 관련해서는 국고보조금을 지급하는 중앙 부처와 수혜자(기관)가 성과측정을 협의하에 마련하다. 이를 통해 평가의 실시 이후 국고보조사업과 국고보조금의 지급의 지속성을 판단하게 된다. 이러한 내용은 법률에 명시되어 있는 기준을 따르게 된다.

제 4 절 성과, 한계 및 개선 방안

국고보조사업의 성과 향상을 위한 노력은 정부 내 성과관리 향상을 위한 제도적 개선 및 이에 대한 실질적인 집행상의 개선 노력과 밀접하게 연관되어 있다. 따라서 국고보조사업의 성과관리 및 평가의 성과-한계-개선 방안의 논의를 위해 우선 성과 지향의 제도적 개선을 위한 일련의 노력을 고찰하고 세부적으로 국고보조사업에 초점을 맞춘 논의를 진행했다. 특히, 1990년대 초반부터 본격적으로 진행된 포괄적인 근거 규정인 GPRA를 간략하게 평가하고 부시 행정부 하의 PART를 논의한다. 더불어 최근 개정된 GPRA Modernization Act의 핵심 논의를 살펴본 후, 국고보조사업에 초점을 둔 쟁점 및 개선 방안을 검토할 것이다.

첫째, GPRA의 도입으로 연방정부의 성과 지향의 계획, 성과측정, 성과보고에 관해 법적 기반이 마련된 것으로 평가된다(Moynihan & Lavertu, 2012). GAO가 실시한 각 부처 관리자들 대상의 설문에 따르면 GPRA에 시행에 따라 부처의 성과관리의 중요성에 대한 인식이 증대했을 뿐만 아니라 성과관리에 대한 요구도 또한 증대한 것으로 나타났다. 더불어 모이니헌과 라버투(Moynihan & Lavertu, 2012)는 성과정보가 성과목표를 더욱 정치하게 할 뿐만 아니라 성과측정의 발전에 기여하는 것으로 지적하고 있다. 하지만 GPRA는 성과정보의 예산 및 의사결정의 연계에서 미흡한 것으로 평가되었다(GAO, 2011; Moynihan & Lavertu, 2012).

둘째, 부시 행정부 하의 PART는 집행부 내에서 성과관리의 개선을 촉진한 측면이 있다. 성과정보의 산출과 미흡한 성과 결과의 개선 노력은 각 부처의 성과 향상을 위한 관리적 노력을 증대시킨 것으로 평가된다. PART의 평가 결과는 OMB를 포함한 행정부의 예산 편성 과정에 다소 긍정적인 역할을 했지만, 실질적으로 입법부의 최종 예산 결정에는 거의 영향을 미치지 못했다(Moynihan & Lavertu, 2012; GAO, 2011; 2006). 이는 크게 행정부와 의회의 구조적 관계, 즉 의회의 예산 결정 권한의 우위와 관련 있으며, 또한 PART의 실행 과정에서 의회는 성과자료와 결과에 관해 실질적으로 관여하지 못하고 PART 결과에 관한 정보의 접근에도 한계가 있었던 것에 기인한다(GAO, 2006: 37). 따라서 의회의 예산 결정은 PART의 평가 결과보다는 전통적인 예산 근거 자료(budget justification documents)에 여전히 의존했다.

셋째, 오바마 행정부 하의 GPRAMA는 상시적 리뷰와 보고를 통해 성과정보의 실질적 활용을 증대시키고자 했다. 이를 위해 연간 단위로 시행되던 평가와 보고서 작성을 분기별로 전환했다. 또한 의회와의 더욱 긴밀한 관계를 강조했다. 즉, 전 부처적이거나 부처 수준의 우선순위 목표 설정 및 부처의 전략적 계획의 개발에서 의회와 더욱 긴밀한 소통을 할 것이 요구되었다. 의회도 또한 각 위원회의 담당 범위를 초월하여 조율하고 조정할 새로운 메커니즘이 필요하게 되었다.

성과관리에 대한 이상과 같은 일반적인 논의에 덧붙여 국고보조사업의 집행과 관리에서 지속적으로 제기되는 문제점의 하나는 집행기관의 관리·감독과 책무성의 확보를 들 수 있다(GAO, 2011). 즉, 지원된 국고보조금이 의도한 목적을 충실히 수행하는지, 각종 부당한 집행(예: 사기, 낭비 등)의 위험이 없는지에 대한 문제점은 보조금 지급 기관뿐만 아니라 의회 및 GAO에서 지속적으로 제기하는 이슈이다. 이와 관련하여 일련의 GAO 보고서에 따르면 연방정부의 각 부처가 어떻게 국고보조사업의 관리·감독을 위한 내부적 통제 시스템을 마련할 것인가는 중요한 도전으로 지적되었다(GAO, 2012a: 10). 이에 대한 대응으로 OMB와 국고보조사업 실행 기관이 국고보조사업 관리를 간소화(streamline)하고 있고 2013년에 이에 대한 보고서를 준비할 예정이다. 더불어 감사(the Single Audit) 과정이 효과적인 책무성 확보를 위한 기제의 하나로 지속적으로 논의되었다(GAO, 2011). GAO의 연구 결과를 바탕으로 의회가 지적하는 국고보조사업의 성과관리 개선을 위한 중요한 이슈들은 아래와 같다(GAO, 2012a: 10).

- 국고보조관리와 감독의 불일치성과 취약점을 개선하라(Reduce inconsistencies and weakness in grants management and oversight).
- 국고보조 체계 또는 과정을 단순화시켜라(Simplify processes).
- 불필요한 부담을 경감하라(Reduce unnecessary burdens).

• 거버넌스 체계를 개선하라(Improve the governance of streamlining institutions).

더불어 연방정부가 주요 수혜자(primary grantees)가 하위 수혜자(subgrantees)에 대한 더욱 적실한 관리-감독이 필요함이 지적되었다.

끝으로, GAO에서 마련한 성과정보의 적극적인 활용을 위한 제언은 다음과 같다(GAO, 2011: 4).

• 부처의 리더십의 관심과 관여가 중요하다.
• 개인, 프로그램, 그리고 부처 목표가 병렬적으로 구성되어야 한다.
• 성과정보의 유용성을 개선해야 한다.
• 성과정보를 분석하고 이용할 능력을 향상해야 한다.
• 성과정보를 더욱 상시적이고 효과적으로 소통해야 한다.

제 5 절 결론

국고보조사업의 성과관리는 정부 전체의 성과관리제도 변화의 맥락 속에서 이해될 필요가 있다. 1990년대 이래 최근 20년간 의회 및 행정부는 다양한 제도적 개선을 통해 정부 서비스의 성과 향상을 추진했다. 이전 행정부의 성과관리가 행정부의 규정 수준에 머물렀다면 1993년에 제정된 GPRA는 전 정부적 성과관리를 의회에서 민주당・공화당의 공통된 지지를 받아 법률화했다는 점이다. GPRA의 통과 이후 '정부업무에 관한 상원위원회(The Senate Committee on Government Affairs)'에서 밝히고 있듯이 이 법의 가장 큰 가치는 각 부처 관리자들이 성과정보를 각 부처의 계획 및 활동, 직원들을 지도하고 관리하는 성과관리의 향상이 주된 목적이었다(Moynihan & Lavertu, 2012: 593에서 재인용). GPRA는 의회를 포함한 다양한 이해관계자와 협의하에 각 부처가 전략계획-성과 목표들을 설정하도록 했다.

2000년대 부시 행정부 하에서 'GPRA는 좋은 의도를 가지고 있으나 성과관리의 수단으로서는 비효과적'이라는 비판을 받으며 PART를 실시하게 되었다(Moynihan & Lavertu, 2012: 593). PART는 OMB와 부처와의 협의하에 집행이 이뤄졌다. 이를 통한 성과평가도 OMB가 최종적으로 결정했다. GPRA 하에서는 성과평가와 관련

의회의 역할이 컸던 반면 PART 하에서는 행정부의 수장인 대통령이 된 것이다.

GPRA와 PART의 가장 큰 성과(성취)는 성과목표와 측정이라는 성과정보를 산출했다는 점이다. 그러나 산출된 성과정보의 실질적인 활용의 미비는 가장 큰 비판 중 하나로 지적되고 있다. 즉, 성과정보를 통한 예산의 연계는 행정부의 노력에도 불구하고, 의회의 예산 결정 과정에서 실질적으로 활용되지 못했다.

이를 개선하기 위해 오바마 행정부 하에서 제정된 GPRAMA는 의회에서 2010년 민주·공화 양당의 지지를 받고 통과되었다. GPRAMA의 가장 큰 개정 방향 중 하나로 들 수 있는 것이 실질적인 활용 증대 방안이다. 즉, 상시적 자료 수집과 연도별이 아닌 분기별 평가의 실시 그리고 실질적인 평가와 활용를 담당하고 촉진하는 담당자 (Chief Operating Officer와 Performance Improvement Officer)의 새로운 설치를 들 수 있다. 그리고 산출된 정보의 의회 및 행정부의 적극적 공유를 들 수 있다.

이러한 제도적 변화 속에 국고보조사업은 사업 규모 및 수의 지속적 증가뿐만 아니라 다양한 이해관계자(특히, 수혜 계층)의 존재로 복잡성이 증대됨에 따라 투명성 및 관리·감독의 문제가 지속적으로 제기되었다. 성과관리의 목적이 성과 향상을 위한 내부적 관리 기제의 도입 및 이러한 내부적 관리의 향상을 통해 궁극적으로 외부적 책무성을 제고하는 데 있다고 볼 때, 이러한 과정에서 중요한 가치로 투명성의 제고를 들 수 있다. 예를 들어 부시 행정부에서 시행된 ExpectMor.gov의 웹사이트는 단적인 예를 제시한다. PART의 평가 결과는 2006년부터 웹상에 고시될 뿐만 아니라, 전년도의 PART 결과를 재검토해서 권고 사항 및 큰 변화가 있는 내용 등을 재검토 및 수정하도록 되어 있다. 즉, 개선계획을 1년에 두 번씩 업데이트하고 있다. 더불어 성과계획서와 각종 성과보고서를 웹상에 등재하여 기관의 이행 상황을 국민에게 공지하여 투명성을 제고하고자 했다(OMB, 2007). 또한, 오바마 행정부에서도 USAspending.gov와 Recovery.gov와 같은 웹의 설치 등 일련의 조치를 통해 재정 성과관리 또는 국고보조사업 관리의 투명성을 제고하고자 했다(GDO, 2012b).

다음으로 관리·감독의 강화이다. 실제 국고보조금의 수혜기관이 사업의 목적에 맞게 적실한 과정을 통해 집행하는지에 대한 관리·감독은 정보의 비대칭성으로 인해 수월성을 확보하기가 쉽지 않다. 그럼에도 불구하고 GAO에서 지적하고 있듯이 간소화(streamline)를 통한 집행 및 관리·감독의 노력은 지속되고 있다. 또한 GPRAMA에서 제시한 상시적 보고 및 평가는 성과정보의 실질적 활용 증대뿐만 아니라 성과관리의 관리·감독의 효율성과 효과성을 제고에도 기여하리라 판단된다.

참고 문헌

박노욱(2011). 재정성과관리제도의 국제적 동향과 시사점: 미국·캐나다·영국을 중심으로. 연구보고서, 서울: 한국조세연구원.

Conlan, Timothy (2005). Grants Management in the 21st Century: Three Innovative Policy Responses. IBM Center for The Business of Government. Washington, D.C.

GAO (2002). *Violence Against Women Office: Problems with Grant Monitoring and Concerns about Evaluation Studies. GAO-02-641T*. Washington, D.C.: April 16, 2002.

——— (2003). *Federal Assistance: Grant System Continues to Be Highly Fragmented. GAO-03-718T*. Washington, D.C.: April 29, 2003.

——— (2006). *Grants Management: Enhancing Performance Accountability Provisions Could Lead to Better Results*. GAO-06-1046. Washington, D.C.: September, 2006.

——— (2008). *Drug-Free Communities Support Program*. GAO-08-57. Washington, D.C.: July, 2008.

——— (2009). *Fire Grants: FEMA Has Met Most Requirements for Awarding Fire Grants, But Additional Actions Would Improve Its Grant Process*. GAO-10-64. Washington, D.C.: October, 2009.

——— (2011). *Federal Grants: Improvements Needed in Oversight and Accountability Processes*. GAO-11-773T. Washington, D.C.: June 23, 2011.

——— (2012a). *Grants Management: Improving the Timeliness of Grant Closeouts by Federal Agencies and Other Grants Management Challenges*. GAO-12-704T. Washington, D.C.: July 25, 2012.

——— (2012b). *Government Transparency: Efforts to Improve Information on Federal Spending*. GAO-12-916T. Washington, D.C.: July 18, 2012.

Gilmour, John (2007). Implementing OMB's Program Assessment Rating Tool(PART): Meeting the Challenges of Integrating Budget and Performance. *OECD Journal on Budgeting*, 7(1): 1-40.

Hilburg, Michael B. (2010). Analyzing the Federal Government's Program Assessment

Rating Tool(PART) in Determining Budget Allocations. Master Thesis, Georgetown University.

Joyce, Philip (2011). The Obama Administration and PBB: Building on the Legacy of Federal Performance-Informed Budgeting? *Public Administration Review*, July/August: 356-367.

Kamensky, John (2011). The Obama Performance Approach: A Midterm Snapshot. *Public Performance & Management Review*, 35(1): 133-148.

Koontz, Thomas & Thomas, Craig (2012). Measuring the Performance of Public-Private Partnerships. *Public Performance & Management Review*, 35(4): 769-786.

OMB (1997). Circular No. A-102: Grants and Cooperative Agreements with State and Local Government. Washington, D.C.: August, 1997.

——— (2004a). *Circular No. A-87: Cost Principles for State, Local, and Indian Tribal Governments*. Washington, D.C.: May, 2004.

——— (2004b). Circular No. A-133: Audits of States, Local Governments, and Non-profit Organizations. Washington, D.C.: June 27, 2007.

——— (2007). *Guide to the Program Assessment Rating Tool*(PART). Washington, D.C.: January 29, 2007.

Rubin, Marilyn & Wiloughby, Katherine (2012). "Measuring Government Performance: The Intersection of Strategic Planning and Performance Budgeting." Paper presented at the 7th Transatlantic Conference, Dialogue on Strategic Management of Public Organizations. June 23-25, 2011, Newark, New Jersey, U.S.

Thornton, Jeremy (2012). Flypaper Nonprofits: The Impact of Federal Grant Structure on Nonprofit Expenditure Decisions. *Public Financ Review*, 1-23(onlineversion).

〈Appendix〉

전략계획과 성과관리: GPRA와 GPRAMA 비교

Topic	GPRA requirements	GPRAMA Requirements
Strategic plan content	☐ Mission statement ☐ Strategic goals ☐ Strategies and dentification of resources ☐ Relationship to Performance goals ☐ Identification of external factors that could significantly affect goals ☐ Program evaluations	☐ Relationship to federal government priority goals ☐ Interagency coordination and coll-aboration ☐ Identification of agency priority goals ☐ Description of incorporation of Con-gressional input
Strategic planning process	☐ Revised at least every 3 years and covered at least a 5-year period ☐ Consultations with Congress ☐ Submitted to OMB and Congress	☐ Revised every 4 years, approximately 1 year after the start of a new pre-sidential term ☐ Consultations with relevant Congres-sional committees at least every 2 years ☐ Made available online and to Pre-sident and Congress
Performance plan content	☐ Performance goals in objective, quantifiable, measurable form ☐ Covered all program activities ☐ Strategies and resources ☐ Performance measures ☐ Basis for comparing actual results with performance goals ☐ Means to verify/validate data	☐ Relationship to agency strategic and priority goals and federal gover-nment performance goals ☐ Coordination and collaboration ☐ Contributing programs & activities ☐ Milestones ☐ Identification of Goal leaders ☐ Data accuracy and reliability ☐ Major management challenges ☐ Identification of low-priority programs
Performance Plan Process	☐ Covered the upcoming fiscal year ☐ No set timeframe(determined by OMB) ☐ Submitted to OMB	☐ Covers 2 fiscal years - current and upcoming ☐ Timeframe concurrent with the Pre-sident's Budget ☐ Made available online; President and Congress notified

자료: Rubin & Wiloughby(2011)에서 재구성.

Chapter 09

사업 성과평가: 국고보조사업-독일*

제 1 절 독일의 이전재원에 대한 의의

독일의 재정조정제도는 소극적 재정조정과 적극적 재정조정으로 대별할 수 있다. 소극적 재정조정은 중앙과 지방 간 기능의 배분을 의미하고, 적극적 재정조정은 중앙정부와 지방자치단체에 배분된 기능을 수행하기 위해 필요한 재원을 분배하는 것을 의미한다. 따라서 국고보조금은 재원을 분배하는 적극적 재정조정제도의 일부이다.

적극적 재정조정은 다시 수직적 재정조정과 수평적 재정조정으로 나눌 수 있다. 수직적 재정조정은 단계가 다른 수준 사이의 재원의 분배이다. 다시 말하면, 중앙정부와 지방자치단체, 광역자치단체와 기초자치단체 간의 재원의 분배를 의미한다.

국고보조금은 상위 단체에서 하위 단체 내지 민간 영역에 대한 재정적 지원이기 때문에 수직적 재정조정의 범주에 포함된다. 수평적 재정조정은 동일한 수준의 단체 간의 재정력 격차를 완화하기 위한 재원이전제도를 말한다. 수직적 재정조정에는 재원이 귀속되는 방식에 따라 다음과 같은 세 가지의 제도가 있다.

<세수 분리제>

세수 분리제도에서는 중앙정부 및 지방자치단체는 독자적인 세원을 가지고, 이 세

* 송상훈: 경기개발연구원 연구위원

원에서 징수된 세수입은 오직 해당 단체에만 귀속된다. 개개의 자치단체는 이 제도하에서 재정적으로 상호 완전한 독립을 유지한다. 세수 분리제도는 과세 시 자치단체의 독자성 때문에 경기정책상 요망되는 과세정책의 조화가 제대로 이루어지지 않는다. 게다가 동등한 위치의 자치단체 간에도 재정 부담의 조정이 되지 않는다. 끝으로 이 제도하에서는 조세의 구조와 수준이 지역적으로 매우 상이하게 나타날 수 있다.

<세수 혼합제>

이 제도하에서는 자치단체의 세입 중 일부는 스스로 그리고 다른 일부는 다른 자치단체로부터 충당한다. 이러한 제도하에서는 자치단체가 독자적인 세외에 공동세의 형태로 세수를 확보할 수 있다.

공동세의 경우, 중앙정부와 지방자치단체가 동일한 세원에서 징수된 세금을 일정 비율에 따라 분할하여 귀속시킨다. 이러한 공동세는 지방자치단체의 취약한 재정력을 강화하기 위해 국세의 일부를 지방세로 이전시키는 복잡한 절차가 필요 없이 소기의 목적을 달성시킬 수 있다. 공동세의 대상으로 세수입이 많은 주요세를 대상으로 하는 것이 제도의 단순화를 위해 바람직하다.

<세수 연계제>

세수 할당제도는 자치단체가 그들에게 귀속된 재정수입을 다른 수준의 자치단체(상위 내지 하위 단체)에 부조하는 것이다. 여기에는 두 가지 방법이 있다. 즉, 위에서 아래로 (중앙정부→지방 자치단체) 혹은 아래서 위로 재원이 이전되는 것이다. 이러한 이전재원은 그 사용 목적이 정해진 경우와 정해지지 않고 용도가 자유로운 경우가 있다.

목적이 정해진 이전재원인 국고보조금은 특정 업무 및 사업에 대한 비용 공동 부담 내지 비용 지원의 형태로 나타난다. 결국 이러한 보조금제도는 자치적 성격이 희박한 재정조정제도이다. 왜냐하면 단지 한 단체(중앙정부 혹은 지방자치단체)만 세원 증가에 참여하고 보조금 수령단체는 단지 보조금만 수령하기 때문이다. 이 경우 교부단체의 자의적 판단에 의해 액수 및 대상이 결정된 경우가 빈번하다. 따라서 목적이 정해진 보조금제도는 지방자치를 위한 재정조정제도가 아니고 특정 업무 내지 산업을 지원 및 육성하기 위한 목적으로 지원하는 것이다. 따라서 국고보조금은 세수 연계제에 속한다.

이전재원은 연방정부가 연방행정의 영역을 벗어난 분야 혹은 주정부가 주행정 영역을 벗어난 분야에 대한 재원 지원이고, 이를 통해 수령단체가 기능 수행을 가능하게 한다. 즉, 지방정부에 투자나 투자 촉진을 위한 수단으로 목적을 정한 지원금 혹은 일상적인 업무 수행 목적을 위한 일반지원금으로 재원을 이전하는 것이다.

이전재원은 교부금과 보조금으로 분류할 수 있고, 교부금은 공공 영역의 범위 내에서 이루어지는 지원인 반면 보조금은 공공 영역에서 민간 영역을 지원하는 하는 것이다.

교부금과 보조금을 통합한 개념으로 지원금이라 한다.

공공 부문에 의한 지원금을 보조금이라 하고, 이는 공공의 관점에서 필요성이 인정되는 목적을 적극적으로 수행하기 위해 보조를 허용한다. 이 경우 지원에 대한 동일한 가치의 직접적 반대급부가 서로 연계되는 것은 아니다.

독일의 보조금제도는 재정 지원과 조세 감면의 형태로 나누어 추진되고 있다.

제 2 절 독일의 보조금

1 보조금 개념과 정책 기조

1) 보조금정책의 기본 원칙과 보조금 축소의 의미

장기적으로 재정정책을 집행할 수 있는 여력을 가지는 공공재정을 위해 나라살림의 건전성을 일관성 있게 지속적으로 구축해 나가야 하고, 동시에 세입과 세출이 경제 성장과 고용 창출을 뒷받침하는 구조로 될 것을 요구한다. 이는 모든 분야에서 수단의 효율적 사용이 전제된다. 이에 따라 보조금정책은 재정 지원과 조세 감면을 경제 전반에 걸친 비용편익의 관점에서 지속적으로 제도화하여 점검하고, 경제 상황에 맞게 조정하거나 감축해야 한다. 이를 통해 부채 규모에 대한 규정과 더불어 국가 재정구조의 개선에 기여해야 한다.

공공재정의 정책 수행력을 확보하기 위해 원칙적으로 모든 정책 영역별 지원금을 엄격한 부채 감소 기조의 범위 내에서 지출해야 한다. 연방정부는 재정 지원과 세제 혜택을 위해 보조금정책의 집행 기본 방침에 따른 원칙을 제공한다. 기본 방침은 보조금제도에서 투명성, 정당성과 조정 기능의 제고를 목표로 한다. 원칙의 기본적인 요소는 규칙적인 성과관리와 원칙적으로 보조금의 기한을 정하는 정책설계이다.

2012년 연방정부의 보조금보고서에 의하면, 재정·경제위기의 극복 후 재정정책의 기조는 경제 성장 위주의 재정건전화 기조를 통해 국가재정이 악화되는 것을 방지하고 앞으로 여전히 명백하게 예견되는 후속 파장을 단계별로 극복함과 아울러 나라살림의 장기적 역량을 확보하는 것이다.

이를 위해 무엇보다도 현재의 경제 회복 과정을 철저하게 관리하여 순부채 규모를 감축하고 위기 극복을 위해 급속히 증가한 부채 비율을 점진적으로 축소하는 것이 요구된다.

경제안정화 정책적 관점 외에도 사회적 시장경제 측면에서 특정 조건을 전제로 한 보조금은 재정정책의 정당한 수단이고, 성장, 분배 그리고 경쟁력 강화정책과 추가적으로 환경정책적 효과가 보조금정책에 대한 결정적 요인이다. 보조금정책의 추진은 외부 효과와 더불어 발생 가능한 후속 효과를 반드시 고려해야 한다. 보조금정책에서 한시적 기한과 축소되어 추진되는 정부 지원은 지역 간 편차의 축소에 기여하고, 동기 유발을 통해 새로운 공급자가 시장 진입을 하도록 권장하여, 새로운 진입자의 발전과 시장 점유를 촉진시키고 동시에 필요한 시장구조 개편을 달성할 수 있다.

독일은 미래 신자원을 통한 에너지 조달을 위한 사회적 기본 합의를 결정해야 할 시점에 당면해 있다. 즉, 원자력 에너지로부터 신속한 탈피는 에너지에 대한 기본 구상과 함께 에너지 조달 방식의 전환을 가속화해야 하는 것을 요구하고 있다. 기후환경 정책적으로 우선 에너지 절약을 고려한 건물의 개량을 강력이 추진하고 있다. 전기자동차는 친환경 교통 수단에 대한 문제점에 대한 해결책을 제시한다. 이러한 정책으로의 신속한 전환을 위해 보조금정책의 추진은 경제와 소비자를 위한 새로운 지원과 동기부여를 제공한다.

보조금을 지원하기 위해 항상 특별한 법적 정당성과 규칙적인 성과관리는 당연한 것이다. 왜냐하면, 장기적으로 보편적 부담에 대한 특정인에 대한 혜택은 일반적으로 다음과 같은 부정적 파급 효과를 야기하기 때문이다. 보조금 지원은 상대적 시장가격을 지속적으로 변화시켜 경제 전반의 왜곡을 불러와 자원 배분의 비효율의 원인이 되고, 경쟁력 있는 기업이 보조금 지원을 받는 기업에 의해 위협을 받을 수 있다. 또한 기득권화된 보조금 의존 경향의 위험은 정부의 필요한 조정 수단을 차단시키고 구조적 조정문제를 극복하기 위한 스스로의 노력을 후퇴시키게 된다.

이에 의한 가능한 후속 결과는 구조개혁의 지체 내지 경제 성장과 고용의 저하이다. 국가경제의 목표를 달성하기 위해 공공 수단을 통한 특정인에 대한 지원은 국민들로 하여금 심각하게 불공평하다고 인지하게 한다. 연방정부는 따라서 에너지와 기후정책 분야뿐만 아니라 모든 다른 경제 영역까지 단기적으로 중요한 보조금을 중기적으로 공공재정에서 독립적이고 시장에 바탕을 준 해결책으로 대체될 수 있는지 검토할 계획이다. 예를 들면, 기후 정책목표는 난방시장에서 소위 에너지 절약 표시인 '백색 증명서(weisse Zertifikate)'를 통해 시장에서 목표를 수행하도록 하는 방안을 들 수 있다.

특히 개별 산업 분야를 유지하기 위한 보조금과 관련하여 제기되는 논거는 다음과 같다. 성장과 고용의 촉진을 위한 기여는 보조금에 근거하고, 이를 위해 상응하는 높은 조세수입과 사회보험수입을 통해 지급된 보조금을 위한 재원 조달 규모가 결정된다는 것이다. 그러나 이는 다음과 같은 사항이 고려되지 않았다. 보조금을 위해 투입된 수단은 다른 응용 수단의 활용-예를 들면, 세율의 감소에 따른 추가적 민간 수요의 변화－을 봉쇄하고 또한 반대 방향에 의한 경우도 마찬가지다. 따라서 부정적 성장 및 고용 효과를 고려해야 한다.

경제위기 극복과 함께 신뢰할 수 있는 재정정책적 출구전략으로 지속적 보조금의 축소가 가장 우선적으로 고려되었다. 이에 따라 부채 감소를 위해 필요한 금액을 조달하고 국가 차원에서 추진하는 모든 업무를 필요성과 중요성에 따라 재검토하며, 전체 재정 효과를 위한 조치에 대해 적절한 경제성분석을 수행해야 한다.

인구구조 변화의 현실에 직면하여 우선 미래 지향적 공공재정을 위한 상당한 역량이 요구된다. 질적으로 높은 가치를 가능케 하는 공공 지출의 재편성과 미래 세대를 위해 감내할 수 있는 재정정책은 다른 부분에서 포기를 요구한다.

따라서 세출 측면에서 재정 지원의 유지는 재정 수단과 연결되어 있고, 이는 우선순위별 국가 업무 분야의 재원 조달을 위해 더 이상 활용되기 어렵다. 이 밖에도 더 이상 정당화될 수 없는 보조금의 축소는 세제 혜택 수단을 활용하는 데 필요한 재량권 행사를 가능케 하고, 세제 혜택은 민간 수요의 강화를 통해 추가적 성장 및 고용에 대한 동기를 부여한다.

사회적 시장경제의 경제질서정책의 기본 원칙에 입각한 보조금정책은 공공재정의 양적·질적 건전화를 위해 필요한 금액의 결정을 가능하게 한다.

연방정부는 보조금의 재검토를 위해 필요한 자료를 준비하여 정부가 지향한 목표에 따라 달성도를 관리하기 위해 성과를 측정해야 한다.

2) 보조금의 개념 규정

보조금보고서의 보고 대상은 1967년 이후 변화되지 않고 「안정과 성장에 대한 법률(StWG)」에 규정되어 있다. 따라서 보조금은 재정 지원의 측면에서 연방행정 영역을 벗어난 부문에 대한 연방정부의 재정 지원으로 이해된다.

연방의 보조금 개념은 법률적 위임에 따라 민간기업과 경제 분야를 위한 지원에 집중되어 있다. 「안정과 성장에 대한 법률」 12조에는 재정 지원을 기업과 경제 분야에 대한 조정, 부양 그리고 생산성을 위한 지원에 대한 연방의 수단으로 규정하고 있다. 지원이 이상과 같은 범주로 분류되지 않는 경우는 기타 성과로 파악된다. 간접적 효과를 주는 보조금 유형으로 가계에게 특정한 재화와 서비스의 가격을 직접적으로 인하하는 지원이 고려되지만, 이는 간접적 경제행위로 분류될 수 있다. 이와 같은 보조금 유형은 주택 건설에 대한 지원을 위해 효과적이고 유효한 방식이다.

기초연구와 같은 일반적인 국가 업무를 위한 연방정부의 재정 지출은 보조금으로 분류되지 않지만, 동시에 개개의 경우 이 기준에 따라 완벽하게 구분하는 것은 매우 어려울 수 있다. 또한 연방공기업에 지원되는 교부금과 보조금 내지 자본 증자도 보조금에 포함되지 않고, 연방의 재정 보증도 포함되지 않는다. 이에 대한 주원인은 전형적으로 낮은 손실 위험 때문에 재정 수단의 유출이 발생하지 않는 확률이 높다는 것이 고려된 것이다. 그러나 금융기관 구제를 위한 조치에서 연방의 보증 규모는 엄청난 증가를 보여주었고, 이에 따라 손실 가능성이 다소 증가한 것으로 나타난다. 결국 다른 영역 등에 대한 연방의 재정 보증과 기타 보증 등의 증가는 연방재무성보고서에 제시된 대로 상당히 증가하는 추세에 있다.

보조금의 특별한 기능에 따라 국가 기능의 수행을 위한 분야에 지원되는 연방의 재정 지원이 경제에 미치는 영향에 대해 재무성은 보조금보고서에 그 내용을 발표한다. 그러나 보조금 개개의 상황을 분류하는 문제뿐만 아니라 보조금 개념의 일반적 정립도 학문적 · 정치적 측면에서 논쟁이 되고 있다. 「안정과 성장에 대한 법률」의 규정에 따라 재무성의 보조금보고서는 보조금의 개념을 좁게 규정하고 있다. 민간기업과 경제 분야에 대한 지원의 포괄적 보조금 규정에 근거한 보조금 영역에 대한 다른 주장에 의해 보조금의 범주로 포함될 수 있게 하는 방식으로 연방예산에 광범위한 보조금 범위를 반영하는 것은 고려되지 않는다.

2 연방 보조금정책의 배경

1) 보조금의 법적 근거

재정 지원의 법적 근거는 행정부에 의해 공포된 모든 규정에 우선한다. 보조금보고서에 제시된 57개 재정 지원 중 39개가 규정 · 기준 · 현정에 해당되고, 재정 지원 중 13개는 예산법의 근거를 통해 결정된 법률적 특별 규정에 관련된다. 5개의 재정 지원은 예산에 의해 직접 확정된다. 세제 혜택은 이에 반해 당연히 항상 법률적 근거에 기인한다.

이상과 같은 법적 근거를 통해 국민들에 대한 혜택의 공여가 투명해진다. 즉, 지원 수단을 획득하고자 하는 잠재적 경쟁자에게 위임의 범주를 공개하게 되는 것이다. 위임 과정에 대한 세목은 통일적으로 규정되고, 이에 따라 사후 검토가 가능하게 된다. 이를 통해 국민과 행정 부서에서 관심을 가져 법적 안정성이 보장된다.

법률에 근거한 보조금은 정부와 의회에 의한 높은 행정비용 때문에 상대적으로 거의 변동되지 않거나 남용된다. 보조금은 이렇게 해서 존립 기준이 보호된다. 그러나 변화된 지원 수단이 기능 위임 과정에서 적응을 필요로 하기 때문에 보조금을 변화시키려는 동기는 종종 매년 예산 협의에서 발생된다.

취합된 재정 지원 중 총 21개에서 동시에 유럽연합의 원조 법률에 따른 원조가 문제가 된다. 이는 한편으로 원조 개념과 보조금 개념의 밀접함을 보여주지만, 다른 한편으로 두 개념을 동일시함이 잘못일 수도 있다. 예를 들면, 주택 지원과 도시 건설 지원에서 유럽연합 내의 거래와 관련된 원조는 문제가 되지 않는다.

표 9-1 보조금에 대한 법적 근거 현황

법적 근거		법률	규정, 기준 협정	매년 예산에 반영	합계
재정 지원	개수	13	39	5	57
	비율	22.8	68.4	8.8	100
조세 지원	개수	103	-	-	103
	비율	100	-	-	100

2) 정책 수단의 목표

보조금정책에 대한 기준을 통해 연방정부는 정책 수단의 평가를 위해 목표에 대한 뚜렷한 규정이 얼마나 중요한가를 명확하게 하고 있다. 뚜렷한 규정만이 목표 규정이 보조금을 통해 효율적으로 달성되었는지에 대한 판단을 가능하게 한다.

「안정과 성장에 대한 법률(StWG)」은 보조금이 기업 및 경제 분야의 유지, 조정 및 생산성(성장)에 대한 지원이라는 보조금의 목표 설정에 부합되게 분류하도록 규정한다.

이와 함께 명확하게 분류되지 않은 기타 재정 지원과 세제 혜택도 추가된다. 그러나 기본적으로 분류가 어려운 경우가 빈번하고 항상 명확한 것은 아니다.

2012년 경제 분야 부양을 위한 지원은 단지 총 재정지원의 1.4%로 매우 미미한 규모인 반면 지역경제 및 농업 육성 내지 석탄산업 지원을 위한 공동 업무가 재정 지원의 거의 절반에 해당하여 경제 분야 환경 변화 적응을 위한 지원이 핵심이다. 경제의 기술혁신 강화를 위한 재정 지원은 생산성 지원과 경제 성장 지원을 위한 것이다. 총 재정 지원에서 이에 대한 비중은 2012년 약 14.5%에 달하고, 나머지 명확하게 분류되지 않은 재정 지원은 약 10%이다.

주택건설업체 혹은 재생 에너지와 에너지 효율의 수출 권장을 위한 부채에 대한 지원이 여기에 해당된다. 간접적으로 경제를 장려하는 차원에서 민간 가계를 위한 지원 규모는 총 재정 지원의 27%에 달한다. 여기에는 특별히 이산화탄소 감소 건물 개선 프로그램과 「주택건설촉진법」에 의한 지원이 포함된다.

3) 재정 지원의 특성

보조금은 재정 지원, 융자 혹은 부채 등의 지원의 형태로 허용될 수 있고, 아울러 재정 지원의 압도적인 규모가 오늘날 보조금으로 존재하고 있다. 연방정부 예산에서 직접 지원되는 융자는 이미 오랫동안 부차적 수단으로서의 역할을 하고 있다. 연방정부가 융자 프로그램을 수행하기 위해서는 융자 업무 위탁을 해야 되고 규칙상 이자보조를 유지하는 금융기관을 이용해야 한다는 것이 문제이다. 연방정부는 이자보조금의 상당 부분을 지속시키기고, 정책 프로그램에 부합되게 다음 연도의 재정정책과 연계시킨다. 연계 효과의 범위는 부분적으로 그때그때의 약속한 해를 넘어서 10년까지이므로 연방의 중기 재정계획을 넘어선다. 지원하는 해에 연방은 다년도 예산 의무를 예산에서 그에 상응하는 기능의 위임을 근거로 동의한다. 추가적으로 합의한 것에 대한 재원 조달을 위해 그때그때의 지원 협의에 대한 설명을 다음 연도에 제시하기 위해, 보조금보고서의 자료집은 보조금을 약속한 해의 필수적인 자금 수단과 동의했거나 동의해야 할 책임 위임을 포함한다. 이는 우선 다음 연도에 약속한 규모의 지출로 이어진다.

3 보조금정책의 기준과 기준의 변화

1) 연방정부 보조금정책의 기준

연방정부는 보조금제도에서 투명성의 제고, 법적 정당성의 확보와 관리·조정 가능성을 가능하게 하는 보조금정책의 기준을 따른다. 이 기준은 책임지는 수단으로 이해되는 연방정부의 자기 약속으로 볼 수 있다. 이와 같은 방법으로 결정된 보조 금액은 좀 더 개선된 성과관리로 이어진다.

단기 경기 부양정책적 충격 처방이 특정 경제 분야의 지속적 육성을 가능하게 하지 못하기 때문에 보조금정책의 기준에 특별히 주목한다. 따라서 투자 및 투자기금과 부채 상환기금의 영역에서 대규모로 증가한 공공 부문의 부담은 새롭게 추가된 재정 지원을 통해 시간적으로 짧게 기한이 정해졌고, 아울러 이미 새로운 부채 규정을 예상하여 미래의 청산 의무가 구축되었다. 경제위기의 절정 시기에 단기적 대응 자금 조달이 경기 안정화를 방해할 수 있었다는 것을 오늘날 분명하게 보여준다.

<보조금정책의 기준>

새로운 보조금은 보조금이 다른 수단에 비해 가장 최적이고, 아울러 비용편익분석의 관점에서 효율적인 수단이라는 것을 보여줄 때 허용된다.

새로운 보조금은 재정 지원으로 우선 허용되고, 절약을 통해 다른 분야에 재원을 지원해야 한다.

새로운 재정 지원은 반드시 기한이 설정되어야 하고, 기본적으로 점차 축소하도록 설계된다.

재정 지원의 목적은 성과관리가 가능한 형태로 확정된다.

연방정부의 보조금정책은 성장, 분배, 시장 경쟁 및 환경정책적 효과에 정책방향성이 맞추어진다.

재정 지원 내지 다른 수단에서 현재의 세제 혜택이 얼마만큼 국가 예산에 덜 부담을 주는 수단이라는 것이 입증될 수 있다는 것을 검증한다.

또한 현존하고 지금까지 기한이 정해지지 않았거나 축소되도록 설계되지 않은 재정 지원에는 기한의 설정과 점진적 규모의 축소가 도입된다.

새로운 보조금은 특별히 제도의 시행에 앞서 심도 있는 검증이 이루어져야 한다. 왜냐하면 제도의 존속 경향은 기본적으로 차후의 제도 변화를 어렵게 하기 때문이다. 제도 변화는 흔히 문제가 되는 유일한 수단으로서의 특혜로 인해 다음과 같은 것을 보여준다. 즉, 경제질서법상 정책 수단이 많은 경우 기본적으로 더 작은 투입을 통해 성과를 확신하게 할 수 있는지에 대한 의문이 제기될 수 있다는 것이다. 이러한 배경과 공공예산의 지속되는 구조적 안정화 압력의 관점에서 모든 새로운 보조금은 절약을 통해 직접적, 지속적, 그리고 완전하게 충당된다.

세제 혜택은 재정지출정책처럼 많은 효과가 있기 때문에 준재정지출정책(혹은 Tax expenditure)이라 불린다. 조세 감면은 재정 지원에 반해 일련의 단점을 보인다. 세제 혜택은 증가되는 것을 제한하지 못하고, 또한 매년 예산 협의의 대상이 되지 않는다. 세입 결손의 규모는 대부분의 경우 단지 추정할 뿐이다. 세제 혜택은 기득권 유지 효과를 야기하여, 손실 발생 위험을 고착 및 지속하게 하여 조만간 더 이상 보조금으로서 받아들이지 않게 되는 추세이다. 공동세를 통해 재원 조달되는 준재정

(準財政) 지출정책(tax expenditure)은 분배 기준에 따라 세수가 귀속되는 연방, 주정부 그리고 기초자치단체가 공동으로 재원을 충당해야 하는 공동 업무와 같은 효과가 발생한다. 이 경우 법률 개정을 위해 연방 상원의 동의를 얻어야 한다. 이와 같은 모든 이유 등으로 세제 혜택은 개선 및 관리하기가 매우 어렵다는 것을 보여준다. 따라서 새로운 보조금을 보조금이 필요로 하는 한 우선적으로 재정 지원의 형태로 유지된다.

이미 시행되는 재정 지원을 위해 연방정부는 세제 혜택 대신 대부분 재정 지원을 통해 높은 책임을 감내하고 있다. 재정 지원은 보통 연방정부의 방침과 행정부의 합의를 통해 추진된다. 재정 지원의 목적은 정확하게 정의되고 지속적으로 점검한다. 만약 추구하는 목표가 달성하여 더 이상 사업을 수행하지 않거나, 목표가 추진 중인 현재의 방법에 의해 달성될 수 없고 목표 달성을 위한 더 나은 다른 방법이 존재할 때 보조금은 지체 없이 조정되어야 한다. 또한 개개의 정책 수단이 그들의 효과에서 충돌하거나 상쇄하는 것을 방지하도록 하는 것이 필요하다.

보조금은 다음과 같은 위험을 야기할 수 있기 때문에, 지속적인 점검이 필요하다. 경제 분야에 대한 지속적 보조금의 경우 국가의 지원 수단에 대한 종속성이 장기화된다. 이렇게 되어 자기책임성이 약화되고, 구조 변화에 필요한 적응력 강화의 동기부여가 사라진다. 또한 보조금의 존립 이유가 더 이상 존재하지 않음에도 불구하고 보조금을 유지하려는 경향이 높아진다. 이렇게 해서 야기된 보조금 유지를 위한 기득권 행사는 국가경제 전체적으로 후생의 감소와 납세자의 높은 부담으로 이어진다. 이와 같은 잘못된 보조금의 증가는 기한 설정과 점진적 규모 축소의 방식으로 방지될 수 있다.

모든 재정 지원에 대해 기한 설정한다는 기본 원칙은 연방정부에 특별한 책임을 부여한다. 즉, 개개의 업무는 연방정부의 결정에 의해 기한을 설정할 수 있고, 금지 법률 혹은 심지어 헌법적 규정에 근거한다. 다른 한편 바로 이러한 업무를 위해 기한이 설정된 기본 계획 내지 행정 합의가 규정되어 있다. 이는 기능 수행의 방법에 대한 규칙적 점검을 하게 하는 동기와 가능성을 제공한다. 모든 업무에 대한 기한 설정으로 지금까지 주기성이 계획되지 않았던 곳에 이상과 같은 가능성이 달성될 수 있게 된다.

2) 보조금정책 기준의 변화

앞에서 기술한 보조금정책의 기준에 따라 보조금 규정에서 기한 설정, 점진적 규모 축소, 그리고 평가가 무엇보다 강조되고 있다. 특별히 통일적으로 계획된 보조금에 대한 자료집은 보조금 기준 개선에서 가능한 투명성을 중요시하는 입장을 나타내고 있다. 개별의 재정 지원이 연방정부에 의해 결정된 기본 원칙을 얼마만큼 충족시켜야 하는가는 직접적으로 자료집을 인용해야 한다. 따라서 자료집에는 기한 설정, 점진적 규모 축소 규정의 합목적성 그리고 평가를 위한 전문 분야의 지침이 포함되어 있다.

또한 재정 및 경제위기 이후 명백하게 개선된 국가경제의 틀을 바탕으로 재정건전화 노력이 필요하고, 이는 헌법상의 재정건전화와 유럽연합의 안정과 성장 협정의 규정을 지속적으로 준수하기 위해서이다. 이러한 이유로 연방정부는 모든 국가행위의 성과관리에 높은 의미를 부과한다. 연방정부는 보조금정책의 기준에 일치시키는 것을 재정정책 전략의 기본적 방침으로 규정한다. 보조금정책을 위한 다음과 같은 예산정책적 기본 방침이 직접적 효과를 발휘한다.

국가에 위임된 모든 업무는 경제성분석과 건전화 노력에서 특정 지출 분야를 제외하는 것 없이 그 필요성에 대해 점검된다.

새로운 재정 효과를 야기하는 정책 수단은 그 효과를 종합적으로 제시할 수 있어야 하고, 기본적으로 그때그때의 예산에 필요한 재원이 조달되어야 한다. 정치적 목표 설정은 지금보다 더 강력한 질적인 요건에 맞춘다. 향후 나라살림의 중요한 핵심 가치는 반드시 연방내각에 의해 규정되고, 이에 따라 정부 내 여러 계획의 우선순위를 정하기 위한 원칙이 마련된다.

예산의 목록을 정할 때 이러한 기본 원칙에 대한 고려는 추가적 보조금정책 기준의 개선을 위한 중요한 기본이 된다. 향후 연방내각은 우선 새로운 하향(top-down) 방식의 범주에서 의무적으로 각 부처의 세입과 세출상한선 2012년 연방예산에서 2015년까지 재정계획까지 정부안을 위한 핵심 가치로 확정했다. 이를 통해 상위 정치적 목표 설정을 조기에 확정하고 명확한 우선순위를 정의한다. 개별적 정책 영역을 위한 상한선의 확정은 개별 계획의 지출구조를 정기적으로 비판적 관점에서 점검할 수 있게 하고, 지금보다 강력하게 우선순위와 후순위를 구별할 수 있게 한다. 이와 같은 방식으로 선택적으로 허용된 국가 지원의 정당성이 높아진다.

보조금에 대한 기준은 기본적으로 새롭게 도입된 보조금이나 재정 지원 및 세제 지원의 변경 시에 적용되어야 한다. 경기 부양 정책에 대한 구상에서 연방정부는 이미 EU의 규정에 따라 개별 경제 분야에 대한 목표 지향적이고 신속하고 효과적인 지원 수단을, 특히 세출 측면에서 가능한 한 경기 불황의 시기로 제한하는 것을 준수해 왔다. 이렇게 하여 경제위기 극복을 위해 동원된 거의 모든 재정 지원에 대해 기한이 설정되었다. 경제위기 당시의 수준과 비교하여 보조금 규모의 지속적인 감축을 확실하게 하기 위해 보조금 기준의 개선이 일련의 과제이다.

모든 보조금 실태에 대한 제도적 성과관리를 위해 방법론적 기본 원칙과 평가 수단은 지속적으로 점검되고 계속 발전시켜야 한다. 이를 위해 무엇보다도 과학적 연구 프로젝트를 통한 인식이 중요한 근거를 제공한다. 따라서 기한 설정, 점진적 규모 축소와 평가와 관련된 내용이 보조금 기준 개선을 위한 핵심 내용이다.

(1) 기한 설정

경기 부양 정책적 지원 수단의 범주에서 중요한 재정 지원은 재원 규모의 측면에서 투자기금과 부채 상환기금으로부터 조달되었다. 이러한 방식으로 경기부양책에 포함된 대규모의 재정 지원에서 시간적 기한 설정이 담보될 수 있게 되었다. 특히 승용차의 수요 강화를 위한 프로그램 내지 중견기업을 위한 중앙의 혁신 프로그램(ZIM)을 위해 상기한 제도가 유효했다.

재정 지원의 주요한 부분에는 빠짐없이 기한이 설정되었다. 이렇게 해서 재정 지원을 위한 법적 기한 설정은 수단적 역할을 수행하는데, 왜냐하면 재정 지원의 대부분이 보조금 기준에 근거하기 때문이다. 또한 기한이 설정된 하위 법령의 규정과 함께 법적 규정이 같이 연계되어 있다. 이는 예를 들면 공동사무에서의 경우인데, 공동사무의 존재는 헌법적으로 규정되어 있고, 공동사무는 개별의 계획 기간을 반영한 기한이 정해진 근거법 내지 협력 규칙 내에서 구체화되어 있다. 이러한 근거법 내지 협력 규칙은 지원 대상과 지원 수준을 개별적으로 확정하는 것을 가능하게 하기 때문에 공동사무는 하위 법령의 규정에 의해 기한이 설정된 정책의 일부를 이룬다.

총 38개(66.7%)의 재정 지원이 기한이 설정되어 있고, 이 중 18개(31.6%)가 재원조달의 시작 상태에 있다. 전체적으로 재정 지원의 1/3이 기한이 설정되지 않고 있다. 이에 대해서는 다양한 이유가 있다. 부분적으로 기본 방향의 결정 이후 변화 없이 계속 존립한 정치적 조치의 문제이다. 이 밖에도 개별적 조치 또한 매년 예산 결정의 원칙에 근거한 독자적인 원칙이 없이 추진되고 있다. 추진 수단의 일부분은 직접적으로 의회의 결정에 근거한다.

(2) 점진적 규모 축소

재정 지원의 점진적 축소는 다양한 형태로 구분된다. 지원의 축소는 다년간에 걸쳐 완전히 감소하는 것을 의미한다. 이와 같은 형태의 지원 축소는 보조금 수령자에게 기득권 효과를 저지하는 효과가 있다. 지원 축소는 따라서 보조금 지급자의 관점에서 지원을 위한 재원이 시간의 흐름에 따라 감소되어야 한다는 것을 의미한다. 이는 개개의 경우 고정되었거나 증가하는 지원 수준에 있는 지원 대상을 제한함으로써 달성할 수 있다.

지원 대상 및 지원 수준의 축소를 통한 감축 전환은 예산 항목의 감축에 반영되어 해당 관할지에 위임된다.

3) 기한 설정과 점진적 규모 축소의 상호 연계

기한 설정과 축소의 연계 효과에 대한 분석에서 이미 만료된 보조금의 평가는 포기된다. 왜냐하면 만료된 재원 조달은 현재의 지원 수단과 세제 혜택을 제도적으로 비교하는 것이 허용되지 않기 때문이다.

석탄 광산을 위한 지원이 기한 설정되고 아울러 축소되는 그런 재정 지원의 대표적 사례에 속한다.

수많은 재정 지원에서 기한의 설정이 제시되지만, 반드시 강제적 규모 축소가 계획되는 건 아니다. 물론 많은 계획에서 규모를 축소하는 데 반대되는 전문적인 이유가 있다. 예를 들면, 여러 정책에서 한 번의 성과가 달성되어 경제 주체별 개별 규모 축소를 위한 시작이 명확하게 주어지지 않게 된다.

4) 성과평가

보조금정책 기준에 대한 내각 결정에 따라 성과관리의 필요성이 강조되고 있다. 새로운 재정 지원 목표는 성과관리를 가능하게 하는 통일된 형태로 확정되어야 한다. 또한 존속하는 재정 지원을 위해 효율적 성과관리가 요구된다.

모든 보조금은 항상 반복적으로 연방정부 정책의 재정정책적, 경제적, 사회적, 그리고 환경적 목표 설정에 의한 필요성, 합목적성 및 연관성에 대해 점검된다. 특히 의도되고 경제적으로 상당한 의미가 있는 보조금을 삭감할 수 있는 가능성을 확보하기 위해 규칙적이고 효과적일 뿐만 아니라, 내부와 외부의 성과관리는 동시에 핵심적 의미를 가진다. 숙고하여 추진된 정책 수단이 실제로 원하는 목표 달성을 할 수 있는지와 어느 정도까지 달성할 수 있는지에 대해 효율적인 성과관리의 영역에서 점검되어야 한다. 이를 위해 어떤 성과지표를 가지고 목표달성도가 측정되어야 하는지에 대한 명확한 목표의 기술뿐만 아니라 분명한 목표의 설정이 전제되어야 한다.

이러한 것을 감당할 수 있는 효과분석은 따라서 매우 어렵다. 왜냐하면 효과분석은 어떤 개선책이 국가 개입 없이 시장에서 허용될 수 있는지에 대한 평가를 근거로 하기 때문이다. 즉, 보편적으로 유효하거나 허용될 수 있는 방법이 없고, 국가정책의 성과, 특히 보조금정책의 성과를 명확하게 판정하기 어렵기 때문이다. 그러나 평가의 질은 더 나은 분석자료를 통해 명백히 개선될 수 있다.

제도적 성과관리를 통해 지원정책을 개선할 수 있다는 개입 논리에 따라 투입지표, 산출지표, 성과지표, 그리고 효과지표를 포함한 이행지표의 적절한 제도화는 가능한 효과 연계성을 통해 얻어지고, 이러한 지표는 기본적으로 모든 정책 분야에서 지원정책에 적용될 수 있다. 기술혁신정책, 환경 및 에너지정책, 산업 및 지역경제 구조개편정책, 농업정책 및 주택 및 도시건설정책에서의 지원정책을 위해 목표와 핵심 지원정책들을 위한 가능한 효과 연계성이 제시되고, 구체적으로 제시된 지표가 적절하게 혼용된다. 지표는 다양한 보조금 수령자, 정책 조정 목표와 평가 방법 등을 위해 사용된다. 지표는 정책 프로그램에 대한 모니터링과 평가를 위한 특정 지표를 완성할 수 있게 하는 추가적 심사숙고를 위한 출발점이고 조언으로 받아들여지고 있다. 전문가들은 많은 정책 분야와 지원정책들에서 전적으로 적합한 지표가 존재하고, 이를 통해 지원정책의 중요한 효과를 묘사할 수 있음을 제시한다. 그러나 실제적으로 대부분의 경우 단지 투입과 산출지표만 끌어낼 수 있고, 이것도 경우에 따라 불완전하다. 이러한 연유로 지원정책 간의 효율성 비교는 거의 불가능하다.

개개의 지원정책 목표와 설계에 따라 다양한 종류의 성과관리가 제시된다. 성과관리는 이행 결과 분석 및 As-is 비교에 의한 목표관리에 대해 주무기관을 통해 지원수단이 규정에 부합되게 투입되었는지에 대한 점검으로 달성된다. 목표 지향적 성과관리의 전제 조건은 측정 가능한 목표에 대한 기준들이다.

또한 성과관리의 비용-편익분석이 고려되어야 한다. 특히 재정적으로 중요성이 낮은 정책 수단을 위해 단지 내부 점검만이 고려되는 경우가 자주 발생한다. 왜냐하면 외부 점검과 연계되어 의무적 자료의 준비와 작성은 상당한 노력이 필요로 하기 때문일 수도 있다. 그 밖에도 시작 시점에 있는 재원 조달의 기한이 설정된 정책 수단에서 성과관리를 통해 투입 비용이 정당성을 가지는지에 대한 문제점 인식도 발생할 수 있다.

성과관리는 내부적으로 행정부서와 관할 부처뿐만 아니라 외부적으로 연방 회계감사원와 외부 전문가에 의해 이루어진다. 이러한 성과관리 내용은 부분적으로 내부 자료로 만들어지지만, 공개적 보고서도 만들어진다. 보고서 중 일부는 모든 기능 및 성질별 분류가 함께 정리된다.

총 재정 지원의 66.7%에 해당되는 57개의 재정 지원 중 38개가 내부 내지 외부평가되었다. 평가된 재정 지원의 규모는 전체 지원 금액의 약 51%에 달한다. 외부평가를 위해 광범위하게 분포된 전문가가 투입되었다. 내부평가는 주로 짧은 시간적 간격 내에서 수행된다. 여기에는 또한 행정에서 습득된 전문지식이 활용된다. 이러한 과정은 계속 추진되는데, 이는 통일된 측정 기준이 행정 내부뿐만 아니라 외부평가를 위해 유지되게 하기 위해서이다.

제 3 절 보조금정책의 목표 설정과 성과관리

1 목표 설정과 성과관리에 대한 인식의 출발

국내외적으로 목표 설정과 성과관리의 작동문제는 보조금정책에서 중요성이 지속적으로 증가하고 있다. 목표 설정과 성과관리의 문제는 목표 지향적 보조금정책의 구성 요소로서 간주되었고, 효율적인 정책 수단의 투입에 기여할 수 있다. 목표 설정과 성과관리의 다양한 항목이 실제로 적용된다. 목표 설정과 성과관리는 특별한 어려움이 있다. 따라서 대표적인 사례로 실현될 수 있는 효과분석이 현실적으로 매우 어렵다는 것을 보여준다. 왜냐하면 효과분석은 어떤 개선책이 국가 개입 없이 시장에서 허용될 수 있는지 판단해야 하는 것에 연계되어 있기 때문이다.

부족한 재원으로 인해 국가재정의 건전화와 계속 존속하려는 경향의 재정정책을 건전화하기 위한 강한 노력으로 보조금의 축소와 억제가 전면에 대두되었다. 동시에 특별한 전제하에서 보조금은 재정정책의 합법적인 도구이고 국가의 재정정책에서 재량권이다. 보조금의 독자적 존속 기한이 정해지고 목표 달성을 위한 보조금의 조정이 되지 않을 때, 보조금은 그때그때 새로운 경제적 사회적, 그리고 환경적 문제 상황와 도전에 대해 개념 및 수단적 측면에서 탄력적으로 대응해야 할 정책의 특성을 상실한다. 왜냐하면 보조금의 효과에 대한 관리가 되지 않을 뿐만 아니라 보조금의 규모에 대해서도 정치적 억제력을 상실하게 되기 때문이다.

이러한 배경으로 보조금 정책입안자는 다음과 같은 문제점을 인식하게 되었다. 보조금이 계획된 정책의 범위 내에서 어느 정도까지 지배력을 가지고 성과를 관리할 수 있고, 계획을 변경할 수 있는가 하는 것이다. 이러한 출발점은 보조금에 대해 독일에서 자주 규칙적으로 제기되어 온 논쟁을 요구하게 되었다. 기득권 유지를 위한 심한 저항과 아울러 보조금 프로그램에 대한 외부의 정당한 비판 등이 제기되어 왔다. 또한 광범위하게 퍼진, 즉 부분적으로 경제이론적, 또 다른 부분적으로 사회 이데올로기적 관점에서 보조금은 필요한 경제질서정책 내지 자원 배분에 대한 규범을 선험적으로 볼 때 상충시키고, 단지 극단적 방법으로 제도 개선을 약속하는 다수의 제안을 정당화한다. 보조금의 포괄적 감소를 위한 가장 탁월한 방법으로 합산된 보조금의 상한선 설정, 잔디깎기 방식의 감축(일괄 감축), 법적 보조금 금지 혹은 정치와 무관한 독립적인 기관에 보조금정책 권한의 위임이 제안된다.

그러나 자원 배분적 관점에서 정당한 보조금이 있거나 있을 수 있고, 보조금에 대한 비판과 이에 따른 보조금관리는 차별화된 보조금 상태를 동일하게 차별화된 계획으로 접근하게 하지 않을 수 없다. 따라서 보조금은 정책 수단의 유형에 따라 좋은 것도 나쁜 것도 아니고, 일반적으로 필요하지도 총체적으로 무용지물이지도 않다. 보조금은 다른 수단과 다른 상태에서 보조금이 성과를 이룰 수 있는지, 보조금의 도움으로 핵심 관계자 내지 해당 기관이 주어진 목표에 대해 성과를 담보하도록 대상사업을 조정할 수 있게 하는 시장경제적 유인구조가 가능한 최소의 비용으로 개선될 수 있는지에 따라 판단되어야 한다.

보조금에 대한 국제적 조사분석은 보조금이 전적으로 정치와 상호 연계된 특별한 조치 없이 상당한 규모로 축소되어야 한다는 것을 보여준다.

보조금관리와 축소를 위해 성과가 전제되는 문제는 다음과 같은 두 가지 측면이 있다.

- 예를 들어 시급한 재정정책적 문제에 대한 대응 수단으로서 보조금 규모 감소가 자의적 감축 결정의 원인으로 귀착되어야 하고, 보조금에 대한 어느 정도까지 관리가 없을 때 어디에 보조금 감축이 문제가 되는가?
- 경우에 따라 재정정책적 위기에 대한 대응으로서의 국가 예산 운용과 관리를 위한 기구와 제도가 어느 정도로 확대되어 보조금 억제가 오늘날 체계적이고 제도화된 관리의 결과로 간주될 수 있게 해야 하는가?

근본적인 주의점은 따라서 보조금정책에서 목표 설정과 성과관리를 포괄적 효능을 가지게 제도화하는 조직 체계의 설립이다. 장기적으로 설계된 보조금 관리제도는 효율 지향적이고 장기적이고 생산성이 있을 뿐만 아니라 또한 지속되어야 할 재정정책에 대해 기여하는 것을 기대할 수 있다.

2 보조금 성과관리의 모듈

여러 국가의 다양한 경험에서 유래되어 추천된 보조금을 관리하는 방식을 모듈로 표현된다. 빈번한 재정기본법의 개혁 없이 직접적 변경을 가능하게 해주는 보조금관리를 위한 요인은 다음과 같다.

1) 모듈 '투명성'

큰 투명성인 예산투명성처럼 투명성은 재정 준칙을 유지하기 위해 가장 중요한 제도적 전제 조건 중의 하나로 유효하고, 그렇게 해서 역시 보조금 방식의 작은 투명성에서 효과와 효율 지향적인 재원이전 정책으로 평가되는 포기할 수 없는 전제 조건으로 간주된다.

실제 상태에 대한 기록이라는 측면에서 보조금투명성은 경제 안정과 성장을 위한 지원법에 따라 연방이 2년마다 발표하는 보조금보고서와 경제과학성의 지원 데이터 뱅크를 통해 국제적 비교를 하여 완전한 모범적 특성을 가진다. 그 대신에 투명성은 사전적 효과 추정과 사후의 효과관리의 측면에서 계속 발전키는 것이 필요하다. 보조금 투명성의 엄격한 효과를 얻기 위해 네 개의 처리 규정이 가능하다.

① 평가는 모든 보조금과 보조금 제안에 대해 예외 없이 추진되어야 한다.
② 평가는 원칙적으로 주심과 부심에 의해 판정되는데, 이는 병행 판정을 통해 다른 측면에서 비판적으로 점검하는 것을 의미한다. 주판정자 내지 반대 판정자는 의회와 정부로부터 독립적이다.
③ 모든 평가와 병행 판정은 기본적으로 공개된다. 동시에 결과와 예측뿐만 아니라 사용된 방법도 제시된다. 광범위하고 장기적인 적용을 유지하기 위해 동시에 비용이 가장 적게 드는 방안을 제시한다. 투명성은 자료의 다양성뿐만 아니라 명료함도 요구되기 때문에 자료의 공개는 핵심 요인이 된다.
④ 규칙적인 시간적 간격을 두고 평가 내용은 한 곳에 통합하여 보고된다. StWG에 따른 보조금보고서가 이를 위한 바람직한 포럼이고, 보고서는 법률적으로 보고 의무가 있는 것 외의 요인도 최근에는 포함하고 있다.

2) 모듈 '광범위한 효과의 보조금 점검'

광범위한 효과의 보조금 점검은 당연히 총합화와 효과 가설를 통해 추진되어야 하고, 단지 드문 경우에 계량적인 전환관리와 효과관리가 사용될 수 있다. 이 같은 빈틈은 독립적인 제삼자에 의해 개별 보조금 프로그램에 대한 과학적 평가를 수행하도록 결론짓는다.

모든 보조금을 강제적으로 같은 평가 과정 내에 둠으로써, 특별히 선호하는 보조금을 가능한 한 오랫동안 점검으로부터 벗어나게 하려는 유인이 억제된다. 이러한 점검은 해당 재무성을 통하거나 재무성의 위탁에 의해 수행될 수 있고, 이때 사용된 방법의 모니터링을 위한 투명성과 방법의 일관성에 대한 외부의 권한 있는 통일이 효과가 클 수 있다.

3) 모듈 "제도적 심층평가"

보조금의 심층평가를 제도화하기 위해 영국 무역산업부가 모범이 될 수 있다. 그곳에는 독자적인 평가 단위 조직이 독립적인 제3자에 의해 규칙적으로 시간적 간격을 두고 모든 무역산업부의 보조금 프로그램에 대해 수행된 심층평가를 동반 지원한다.

공동 핵심 지표와 가능한 범위 내에서 보조금 간의 수평적 비교를 위한 방법에 대한 원칙은 보조금 프로그램 조정을 용이하게 한다. 모든 평가보고와 공동적 방법론 자료가 공개되면 투명성은 회복된다.

외부 과학자와 컨설턴트가 포함된 특별 업무조직은 정밀한 분석을 보증한다. 평가 단위 조직은 조사를 혼자 담당하지 않는다. 예산부서의 참여는 더 자세한 관리 통제를 가능하게 한다. 평가의 노하우를 가진 재무성 측(혹은 감사원 측)의 참여는 하나의 가능한 좋은 대안이 될 수 있다.

행정적 지원과 보조금 프로그램의 운영 차원에서 2000년 8월부터 부처 간 재원 지원에 대한 벤치마킹그룹을 구성하여 상기한 방향에 대한 사전작업을 수행했다. 비슷하거나 연관된 과정들은 국민경제적·사회조직적 효과 측면에 대한 보조금 효과의 평가를 위해 노력해야만 하는 것이다.

제 4 절 평가의 기준이 되는 성과지표

1 지표 활용의 의의

지표의 활용은 1980년대 후반 이후 국제적으로 논의되어 온 정치와 행정의 현대화에 대한 핵심 요인이다. 기본적인 추세는 따라서 정치적·행정적 조절이 가능한 투입 규모에 대한 산출 규모, 성과 규모, 그리고 효과 규모에의 중요성이 증대하고 있는 것이다. 이러한 관계에서 모니터링, 관리, 성과측정, 그리고 효과분석의 방법이 활용된다.

이 같은 개혁 추세 과정에서 정보를 창출하기 위한 방법으로서의 지표는 상당한 의미가 있다. 결론적으로 지표는 결정과 조정 방법을 위해 지금까지보다 훨씬 광범위한 정보의 기반을 활용해야 하는 개혁의 핵심 요인이다. 따라서 지표는 정보 창출의 도구로서 현대 행정에서 포기할 수 없는 것이다. 이러한 점은 특히 정치와 행정 영역 외에서 제시된 성과와 효과에 대한 정보를 구체화하는 지표를 위해 유효하다. 이러한 의미에서 성과지표는 정치·행정적 조정 방식과 결정 방식을 계속 발전시키는 데 기여하는 주요한 요인이다.

지표 정의와 이용은 성과측정, 모니터링, 성과관리 혹은 평가의 시스템을 구축하는 것과 관련하여 행정 실무에서 발생한다. 연방 정책의 중요한 정책 분야를 위한 이행지표를 제안하는 노력은 따라서 연방 차원에서 많은 실질적인 개혁 과정과 논의 과정을 위해 중요한 기여를 한다. 측정지수와 지표는 연방예산 규정, 성과 지향적 예산 운영, 아울러 포괄적 평가에 따른 성과관리의 핵심 요인이다.

재정정책적으로 중요한 정책 분야에서 지원정책을 점검하기 위한 지표를 개발하기 위해 노력했고, 정책 분야는 다음과 같은 영역이다.

- 기술혁신정책
- 산업과 지역의 구조정책
- 환경 및 에너지정책
- 농업경제정책
- 주택 및 도시건설정책

지표 개발 노력을 위한 기초로서 분류법이 발전되었고, 이의 도움으로 지표가 하나의 통일된 틀 안에서 표현되고 구조화된다. 그 바탕은 효과와 연계된 표현이고, 이에 토대를 둔 체계화된 다양한 지표군이 설정될 수 있다. 효과 연계성은 정치 분야뿐만 아니라 특수한 정책 수단군의 차원에서도 표현된다.

구체적으로 개발된 지표는 각각의 정책 영역과 정책 수단을 위해 투입, 산출, 성과, 그리고 효과의 카테고리에 맞게 분류된다. 단일화된 체계화는 다양한 관점에서 지표를 체계적으로 활용하는 것을 가능하게 한다.

2 성과평가지표

성과평가지표에는 투입(input), 산출(output), 성과(outcome) 그리고 효과(effect) 지표가 있다. 투입지표는 지원 수단인 재정 규모에 따라 구축되고, 동시에 지원 수단이 상대적으로 다양한 재원으로 분류된다.

지원한 사업 수 내지 지원된 투자 규모 등과 같은 지원의 최초 효과가 산출의 영역에 포함된다. 산출지표는 주로 재정 규모 내지 재정 지원 수에 국한된다. 보완적으로 경우에 따라 지원과 연계된 총 투자가 지표로서 제시된다. 지원 사례와 더불어 그 밖에도 수혜를 받은 대상자의 수가 포함될 수 있다. 이러한 숫자는 다시 구조적 특성(분야)에 따라 분류될 수 있다. 육성정책이 차별화된 내부조직를 제시하고 다양한 종류의 정책 수단을 요구할 수 있다면, 아울러 공장 면적 등과 같은 인프라의 종류에 따른 분류 등을 의미하는 다양한 관심 부문에 대해 지원 육성 수단이 분배된다.

마찬가지로 직접적으로 측정할 수 있는 물질적 성과가 산출의 범주에 속한다. 구체적 지표는 사업의 종류에 독립적이고, 중소기업지원조합의 자문에 의한 재복구된 건물 수 내지 재사용되는 분야의 면적 등이 이 지표에 대한 대표적 사례가 된다.

성과지표로 지원 혜택에 의한 산출의 결과로 발생하는 효과를 보여주는 지표가 투입된다. 예를 들어 지원 육성이 기업과 관련이 있으면, 실행된 투자가 성과지표로서 활용된다. 기술혁신에 대한 성과지표는 등록된 특허의 수가 포함될 수 있다.

효과지표에서 개별적 지원 방식에 의해 해결되고 산업 및 지역 차원 내지 거시 차원의 정보를 활용하거나, 혹은 지원 방식에서 우선적으로 시간 지체가 함께 고려될 수 있는 지표를 우선시한다. 산업 및 지역지표 내지 거시지표에 대한 전형적인 예는 추가적 투자, 영역별 가치 창조, 재생 에너지의 비중 등이다.

모든 성과지표를 위해 동일한 방식으로 단지 총효과(Brutto-effect)가 유효하다. 개개의 효과 크기는 지원 외에도 일련의 추가적 요인에 의해 영향을 받는다. 따라서 추가적 요인을 고려한 지표에 의해 측정된 성과가 배제되는 것 없이 지원 정책 수단을 반영하게 한다. 모든 경우에 투자에 의한 성과 크기에 대한 변경 외에도 지원 결정에 따른 시간 지체도 예상해야 한다.

<표 9-2>는 정책 분야별 핵심 지표에 대한 개요이다.

표 9-2 정책 분야별 핵심 성과평가지표

투입(Input)	산출(output)	성과(outcome)	효과(effect)
기술혁신정책			
지원 수단(€), 재원 조달(EU, 연방, 주, 지자체, 기타)에 따라 구별	- 기술혁신사업의 규모 - 지원된 방식(횟수) - 기술혁신사업의 인력 (전일근무)	- 기술혁신 지출, 기업의 지출과 공공 부문의 지출을 구별 - 기술혁신인력 (전일근무) - 공개 발간/인용 (횟수) - 특허 신청(횟수) - 연구조직 설립 (횟수) - 기술집약적 분야의 창립 (횟수)	- 국내총생산(BIP)에서 연구 중심 분야의 비중(%) - 총매출에서 새로운 상품/방식에 의한 비중(%)
환경 및 에너지정책			
지원 수단(€), 재원 조달(EU, 연방, 주, 지자체, 기타)에 따라 구별	지원 사례(횟수), 경우에 따라 지원 방법, 에너지자원, 유관단체, 완료된 투자 규모(€)	- 절약된 에너지 (kWh/a) - 재생 에너지에 의한 전기와 난방 생산 능력 (kWh/a)	- 전체 전기와 난방 공급에 대한 재생 에너지의 비중(%) - 이산화탄소 감소 연간 이산화탄소 감축(t/a) - 지원효율성: 지원된 투자/지원 총액을 통한 에너지 절약 → 에너지 관련 (kWh/a), → 이산화탄소 관련 (t/€)
산업별 · 지역별 구조개선정책			
지원 수단(€), 재원 조달(EU, 연방, 주, 지자체, 기타)에 따라 구별	- 중소기업지원조합의 지원 분야에 대한 자문 횟수 - 지원된 사업/기업의 수	- 민간 투자 - 총 투자 규모 - 인프라 지원의 물질적 성과 - 지원한 분야의 매출에 대한 공공 수단의 비중	- 추가된 고용 - 추가된 가치 창출 - 생산성 향상
농업경제정책			
지원 수단(€), 재원 조달(EU, 연방, 주, 지자체, 기타)에 따라 구별	- 지원 사례의 건수 - 지원받은 기업과 시설의 수 - 참가자 수 - 특별히 보조금을 지급	- 민간투자 - 공공투자 - 인프라 지원의 물질적 성과	- 추가적 고용 - 생산성 향상 - 인구구조/연령구조 - 환경 지향적 면적지표

	한 실적(자문, 기술혁신사업, 제품 수입 등)		
주택 및 도시건설정책			
지원 수단(€), 재원 조달(EU, 연방, 주, 지자체, 기타)에 따라 구별	- 지원을 통해 달성된 주택의 수(신규 건설과 기존 주택에 따라 차별화) - 역사적 의미를 가진 재건축된 건물 수 - 개량된 주거건물의 수 - 재건축 내지 개량된 아파트와 관련된 주택 수 - 가치가 상승하거나 새로 공급된 주거 면적과 공공의 공간 - 재사용하도록 공급된 분야의 면적 - 새로 건설되거나 현대화된 사회 인프라의 시설 수 - 재건축된 주택의 수 - 규모가 조정되거나 재건축된 사회기반시설 - 지원된 비투자적 수단의 수(도시구역의 관리, 시민협동 등)	소유권자의 경제적 상황에 대한 지수(예: 연간 부동산 수익, 자산임대)	주택시장 분야: - 주택 공급과 수요 상황 - 현대화된 욕실, 화장실이 구비된 주택의 비중 - 임대료 수준, 주거비용 부담의 수준 양적 지표 (지역과 전체 도시) - 주민 수 - 이주 수 - 고용자 수 - 실업자 수와 주민 대비 비중 - 주택 수 - 빈 집 수와 비중 질적 지표(지역과 전체도시에 이주한 주민에 대한 설문) - 지역에서 장소의 적합성과 변화에 대한 평가 - 도시 건설 질의 평가

자료: ifo (2009). Entwicklung von Performanzindikatoren als Grundlage für die Evaluierung von Förderprogrammen in den finanzpolitisch relevanten Politikfeldern. Berlin.

참고 문헌

Allgemeine Nebenbestimmungen für Zuwendungen zur Projektförderung(ANBest-P) Stand: April 2006.

Brandenburg an der Havel (2006). *Finanzen und Beteiligungen.*

Bundesministerium der Finanzen (2002). *Zielvorgabe und Erfolgskontrolle in der*

Subventionspolitik Monatsbericht.

Bundesministerium der Finanzen (2010). *Bericht der Bundesregierung uber die Entwicklung der Finanzhilfen des Bundes und der Steuer- vergunstigungen für die Jahre 2007-2010*(22. Subventionsbericht).

———(2012). *Bericht der Bundesregierung* über *die Entwicklung der Finanzhilfen des Bundes und der Steuer-vergünstigungen für die Jahre 2009-2012*(23. Subventionsbericht)

———(2012). *Grundlagen der Subventionspolitik.*

Bundesumweltministerium (2012). *Erfolgskontrolle und Weiterentwicklung der Nationalen Nachhaltigkeitsstrategie.*

Institut für Stadtforschung und Strukturpolitik GmbH (2009). *Entwicklung von Performanzindikatoren als Grundlage für die Evaluierung von Förderprogrammen in den finanzpolitisch relevanten Politikfeldern.* Berlin.

Lenk, Thomas und Rudolph, Hans-Joachim (2003). *Die kommunalen Finanzausgleichssysteme in der Bundesrepublik Deutschland. Arbeitspapier* Nr. 24 universität Leipzig.

Matrei/Osttirol (2010). *Evaluierung der regionalen Wirtschaftsföorderung.* Bastian Alm.

Rosenfeld, Martin T. W. (2009). *Finanzierung kommunaler Aufgaben.* Potsdam.

Schwarting, Gunnar (2010). *Den kommunalen Finanzausgleich zukunfts-sicher gestalten Impulsreferat Gemeindekongress Sachsen.* Mainz/Speyer.

Chapter 10

사업 성과평가: 국고보조사업-영국*

제 1 절 영국의 지방정부 개관

영국의 지방정부는 헌법이 아닌 법률에 의해 그 존재와 권한을 인정받고 있다. 중앙·지방정부 간의 관계는 형식적으로는 법률이 부여하는 권한의 범위 내에서 상호 독립적이고 수평적인 권한을 갖는 것으로 설정되어 있다. 하지만 실제로는 중앙정부가 우월한 위상과 권한을 갖고서 지방정부를 통제하는 경향이 강하다.[1] 이러한 경향은 1980년대에 대처(M. Thatcher) 행정부가 강력한 정부개혁정책을 추진한 이후 뚜렷한 주류 현상으로 자리 잡고 있으며, 특히 중앙·지방 간 재정 관계 측면에서 두드러진다. 현실적으로 영국의 중앙정부는 국가재정자원(수입과 지출)을 주도하면서 거시재정 관리와 재정 운영의 효율성, 효과성, 경제성(3E) 확보 차원에서 지방정부를 적극적으로 규제하고 통제한다.

---

* 임성일: 한국지방행정연구원 선임연구위원

1) 영국의 지방자치를 우리나라와 비교할 때, 가장 크게 차이를 보이는 특징적 현상은 다음과 같다. 첫째, 지방정부의 존재와 권한이 국회가 제정하는 법률에 의해 부여된다. 둘째, 지방정부의 운영이 집행부가 아닌 지방의회에 의해 주도된다(대부분의 지역에서 지방의회는 의결기관이면서 집행기관의 정책을 결정하는 기관통합형 체제를 유지하고 있다). 셋째, 지방정부는 교육, 주택, 대인사회 서비스, 환경(쓰레기 수거·처리), 경찰, 소방 등 상대적으로 제한된 행정 서비스를 제공한다. 넷째, 지방세는 전통적으로 단일 세목(현재는 카운슬세(Council tax))에 의존하고 있고, 그 결과 지방재정의 자립도가 낮고 중앙재정 의존도가 매우 높다. 다섯째, 지방행정 서비스의 공급과 재정지출의 효율성, 경제성, 효과성(3E) 달성을 위해 많은 노력과 창의력을 경주하고 있다(임성일·최영출, 2001).

영국은 우리나라와 달리 중앙정부와 지방정부 간에 기능 및 사무와 재원 분담을 매우 분명하게 구분하고 있다. 이는 한편으로 영국이 오랜 지방자치의 역사와 경험을 가지고 있는 데 기인하지만, 또 다른 한편으로 지방정부의 수행 기능이 우리나라와 비교할 수 없을 정도로 작고 제한적인 데 기인한다. 영국의 중앙정부는 국가사무에 대해 중앙부처와 그에 속한 산하기관들이 직접 서비스를 공급하는 체제를 취하고 있어 우리나라에 비해 국고보조금과 같은 특정보조금의 종류와 사업 수가 적다.

중앙·지방정부 간의 수행 기능에 대해 간단히 언급하면 다음과 같다. 중앙정부는 국방, 외교, 사법, 해외 원조, 통화관리, 사회보장, 산업·교통 등 국가 차원의 거시 기능을 담당하고, 지방정부는 교육을 비롯하여 주민의 일상생활과 밀접한 기능(주택, 대인사회 서비스, 환경 서비스, 경찰·소방, 지역 개발, 쓰레기 처리, 소비자 보호 등)을 담당한다. <표 10-1>과 <표 10-2>는 현재 지방정부가 담당하는 주요 기능과 그 핵심 내용을 보여 주는데, 내막을 살펴보면 우리나라의 지방자치단체가 적극적으로 수행하는 수송 및 교통, 농림해양수산, 국토 및 지역 개발, 산업 개발 분야의 기능이 거의 없거나 경미하게 다루어지고 있음을 알 수 있다.

2012년 통계에 의하면 지방재정의 기능별 지출은 교육, 사회 서비스(social services),

표 10-1 영국 지방정부 수준별 주요 행정 서비스 책임 기능

구분	Metropolitan areas			Shire areas		London area		
	Single purpose authorities	District councils	County councils or unitaries	District councils or unitaries	Single Purpose authorities	City of London	London boroughs	GLA
교육		V	V			V	V	
도로		V	V			V	V	V
교통		V	V			V	V	V
승객 수송	V		V					V
사회 서비스		V	V			V	V	
주택		V		V		V	V	
도서관		V	V			V	V	
레저·레크리에이션		V		V		V	V	

환경 · 보건		V		V		V	V	
쓰레기 수거		V		V		V	V	
쓰레기 처리	V	V	V			V	V	
계획 신청		V		V		V	V	
전략 계획		V	V			V	V	V
경찰	V				V	V		V
소방	V		V		V			V
지방세		V		V		V	V	

자료: DCLG (2011c).

표 10-2 영국의 지방정부가 제공하는 주요 행정 서비스

기능	주요 서비스 예시
교육	유치원, 초 · 중등 및 특수교육(nursey, primary, secondary and special pre-school education), 학교 급식 · 교육복지(특수교육 수요층 대상) 성인교육 등(Youth, adult, family and community education) 각종 학생 지원
교통	도로(non-trunk roads) 및 교량 건설 · 유지 가로등 교통관리, 도로안전, 주차 서비스(new line parking services) 대중교통 공항 · 항만 등(Airports, harbours and toll facilities)
Social Care (구 사회 서비스)	아동 · 가족 서비스와 지원, 복지, 양육 및 입양(fostering, adoption) 청소년 서비스(Youth justice-secure accommodation, youth offender teams) 노인 서비스(nursing, home, residential and day care; meals) 장애인 서비스 망명객 보호(Asylum seekers) 고용 지원(Supported employment)
주택	공영주택(Council housing; Housing Revenue Account) 주택 전략 및 조언(Housing strategy and advice), 재건축 등 주택 혜택, 복지 서비스(Housing benefits; welfare services) 노숙자 · 무주택자(Homelessness)
문화 서비스	문화 · 유산(archives, museums and galleries; public entertainment) 레크리에이션, 스포츠(Recreation and sports) 관광(marketing and development; visitor information) 국립 · 근린공원 등(open space) 도서관 · 정보 서비스

환경 서비스	공동묘지, 화장장 등 지역안전, 소비자 보호, 해안선 보호, 상거래 표준 환경보건식품안전; 오염 · 해충 통제; 주택표준, 환경 관련 허가 농업, 수산업 서비스 쓰레기 수거 · 처리, 가로 청소
계획 및 개발	건축 · 개발 통제(building and development control) 계획정책(보전, 등재 건물 업무 포함) 환경정책 조치(environmental initiatives) 경제 개발, 커뮤니티 개발(economic and community development)
보호 서비스	경찰 서비스 소방 · 구제 서비스 법정 서비스(coroners 등)
기타 서비스	지방세 징수 출생 · 사망 · 결혼 등록 비상계획(emergency planning) 선거 업무 지방토지부담금(local land charges) 민주적 대표(democratic representation), corporate management

자료: DCLG (2011c).

주택, 경찰의 네 분야에 치중하고 있다 (이들 4개 부문은 전체 지출의 약 80%를 차지한다).2) 영국에서는 전통적으로 지방정부가 직접 공영주택을 건설하고 임대하는 역할을 맡아 왔고(공영주택제도 실시) 경찰 기능도 수행해 왔는데, 이는 우리나라 지방자치단체의 기능과 본질적으로 다른 면모 중 하나이다.

제 2 절 영국의 지방재정 개요

영국의 지방재정 규모는 영국 공공 부문 전체의 약 1/4에 불과하다 (2010년 현재 지방재정의 지출 규모(잉글랜드)는 1,680억 파운드로서 전체 영국 공공 부문의 26%

2) 참고로 우리나라의 지방자치단체 기능별 세출(2012년 예산 기준)을 살펴보면, 사회복지가 전체 지출의 20%로 가장 많고, 그 다음이 수송 및 교통(10%), 환경보호(10%), 일반공공행정(9%), 국토 및 지역개발(8%), 농림해양수산(7%) 등의 순으로 나타나는데, 이는 영국의 경우와 매우 대조적이다.

를 차지한다). 이는 우리나라의 지방재정(지방교육재정 포함, 2012년 기준)이 재정 사용액 기준으로 전체 국가재정의 약 57%를 차지하는 것과 대조적이며, 단적으로 영국 지방정부의 행정·재정 기능이 우리나라에 비해 크게 제한적이고 협소함을 시사한다. 2011/12 회계연도 예산을 토대로 주요 기능별 지출을 살펴보면, 교육에 전체 지방재정의 34.3%가 사용되고, 그 다음으로 사회적 케어(social care; 구 special service와 유사) 18.6%, 주택 혜택 17.1%, 경찰 10.1%의 순으로 사용되고 있다.[3]

지방재정의 예산회계(펀드)는 일반회계(general fund revenue account), 주택회계(housing revenue account: HRA), 자본회계(capital account)의 세 유형으로 구성된다. 통상 일반회계가 전체 예산회계의 80% 이상을 점유하고, 자본회계가 10% 초반, 그리고 주택회계가 5% 내외를 점유한다. 일반회계는 경상적 수입과 지출(current revenue·expenditure)을 다루는 회계이고, 자본회계는 자본적 수입과 지출을 다루는 회계이다. 주택회계는 영국 지방정부가 전통적으로 담당하고 있는 공영주택의 수입과 지출을 다루는 예산회계이다.

일반회계의 수입(재원)은 크게 보아 지방정부의 노력에 의한 자체수입(지방세수입+세외수입)과 중앙정부 보조금수입, 그리고 기타 수입으로 구성된다. 자체수입 중 지방세수입은 영국 특유의 단일 지방세목인 카운슬세를 통해 조달되고,[4] 세외수입은 사용료, 수수료, 판매수입, 개발업자의 부담금·기여금(contribution) 등에 의해 조달된다. 중앙정부 보조금 수입은 세입지원교부금(Revenue Support Grant: RSG), 비주거 레이트 재분배보조금(redistributed Non-Domestic Rates; 구 NNDR), 특정·특별보조금(specific and special grants; school grant, police grant 등 포함)의 세 유형을 통해 조달된다.[5] 기타 수입에는 지방채 발행 수입,[6] EU 보조금 등이 포함된다.

3) 주택 혜택(housing benefits)은 크게 임대료 보조(Rent Allowances)와 임대료 환급(Rent Rebates)의 두 유형으로 구분된다.

4) 영국의 지방세는 전통적으로 단 한 개의 세목만으로 운영되어 왔다. 대처 행정부가 지방세제도 개혁을 단행하기 전인 1980년대 말까지는 'Rates'라는 부동산세 하나만 존재했는데, 그 후 한 차례 세제 개편을 거친 다음 현재의 카운슬세(Council tax) 체제가 정립되었다. 카운슬세는 재산과세와 소득과세 등이 혼합된 지방세인데, 조세 감면의 혜택 대상이 매우 광범위하고 지역별로 실효세율의 격차가 심한 특징을 보인다.

5) 보조금 이론에 비추어볼 때, 세입지원교부금과 재분배 비주거 레이트 보조금은 보조금의 사용 용도가 정해지지 않고 공식에 의해 배분되는 일반보조금이고, 특정보조금과 보충특별보조금은 보조금의 사용 용도가 정해진 특정보조금이다.

일반회계의 주된 재원은 중앙정부 보조금이고, 지방 세수입 등이 보조재원으로서 역할을 한다. 통상 지방재정 수입의 약 70% 내외가 보조금에 의해 충당되고, 나머지 약 30% 내외가 자체수입(지방세, 사용료 및 수수료, 임대료, 자본이득 등에 의한 수입)에 의해 조달된다(다만, 재분배 비주거 레이트 보조금을 사실상의 지방재원으로 간주할 경우 의존재원의 점유 비율은 떨어진다). 2011/2012년도 일반회계예산에 의하면 지방재정의 27.1%가 지방세로 조달되고, 나머지는 각종 공식보조금(RSG, 재분배 NNDR, 경찰보조금) 28.4%, 특정보조금 44.4%에 의해 조달되고 있다. 참고로 우리나라 지방재정의 자체수입과 의존수입이 약 6 대 4로 자체수입이 높은 점을 감안한다면(2012년 당초예산 기준으로 의존수입은 전체 지방재정의 40.6%를 차지한다), 오늘날 영국의 지방재정은 우리나라에 비해 훨씬 더 많이 중앙정부 보조금에 의존하고 있다고 말할 수 있다.

자본회계의 재원 조달 방식은 일반회계와 상당히 다를 뿐 아니라 일반회계에 비해 그 규모가 크게 작다. 구체적으로 언급하면, 자본회계의 자체수입은 자산임대·매각수입이 주를 이루며(지방세와 일반적인 세외수입은 포함되지 않음), 자체수입 이외의 재원으로는 중앙정부의 자본보조금(capital grants)과 지방채 발행 수입이 있다. 다만, 지방채 발행은 일반회계와 달리 중앙정부가 원리금 지급을 지원해 주는 제도적 장치(Supported Capital Expenditure(Revenue))를 내장한다.[7]

제 3 절 영국의 보조금제도와 성과관리

1 영국의 보조금제도(재정이전제도)

2012년도 현재 영국의 중앙정부가 지방정부에 대해 지원하는 보조금은 크게 세입

---

6) 지방채 발행은 중앙정부가 원리금 상환을 지원해 주는 지방채와 지방정부가 자신의 노력에 의해 원리금을 변제해야 하는 지방채의 두 종류로 구분된다(과거에는 후자만 존재했다).

7) 지방정부의 순채무(net debt)는 과거(예: 1991년)에 GDP 대비 8%에 육박하는 높은 수준을 보인 적도 있었으나, 최근에는 GDP 대비 3% 수준에서 안정성을 보이고 있다. 지방채는 대부분 공공자금의 성격을 갖는 공공사업대부위원회(PWLB)의 대출로써 충당되고 일부는 금융기관 등을 통해 조달된다.

지원교부금(Revenue Support Grant: RSG), 비주거 레이트 재분배보조금(종전의 NNDR: National Non-Domestic Rates), 특정・특별보조금(Specific and Special Grants)의 세 유형으로 구분된다. 2000년대 초까지는 세입지원교부금(RSG)이 전체 보조금액의 절반 이상을 차지하는 가운데 특정보조금(Specific Grants), 보충・특별잠정보조금(Supplementary and Special Transitional Grants), 비주거 레이트(NNDR)가 중앙정부 보조금의 주류를 형성해 왔다. 그러나 2000년대 중반 이후부터 보조금제도가 크게 변화되면서 보조금 체제와 각 보조금의 역할, 그리고 보조금제도 간의 역학 관계 면에서 큰 변화가 생겼다. 그 중에서도 가장 두드러지는 변화는 세입 지원교부금의 규모와 비중이 크게 감소한 점과 특정보조금제도의 통폐합 및 재조정이 이루어진 점을 지적할 수 있다.

세입지원교부금은 우리나라의 지방교부세와 유사한 일반보조금(General Grant)이다. 비주거 레이트(또는 기업 레이트) 재분배보조금(Redistributed NNDR)은 전통적으로 지방세이던 세원(기업용 부동산에 대해 부과되던 지방세)을 국가가 징수한 다음 전체 수입을 인구 수 등에 따라 지방으로 재분배하는 일종의 양여세이다. 특정보조금은 크게 두 유형으로 구분되는데, 여기에는 AEF 외 특정보조금과 AEF 내 특정보조금이 있다.[8] 특정보조금은 공식에 의해 자동적으로 배분되는 공식보조금(formula grant)이 아니고, 중앙부처의 정책 방향과 기준 등에 의해 배분되는 성격을 지닌다.

지역기반보조금(Area Based Grant: ABG)은 2008/09 회계연도에 도입되었으며, 다수의 유사 특정보조금을 통합한 일종의 정책 목적 보조금이면서 포괄보조금의 성격을 지닌다. 지역기반보조금은 국가가 제시하는 보조금 정책(비교적 넓은 사용 조건)의 범위 내에서 지방이 자금을 임의로 사용할 수 있도록 구조화되었다. 이러한 면에서 지역기반보조금은 비록 제한된 범위이지만 일반보조금의 면모를 지닌다(조건과 제약이 없는 'non-ringfenced funding'으로 간주됨).[9] 하지만 지역기반보조금은

8) 주택회계를 제외한 중앙정부 보조금을 총체적으로 AEF(Aggregate External Finance)라고 하며, 여기에는 세입지원보조금, 비주거 레이트 재분배보조금, 그리고 다양한 유형의 특정보조금이 포함된다.

9) 2000년대 후반부터는 영국의 보조금제도와 관련하여 "ring-fence(d) grants", "non ring-fence(d) grants"라는 용어가 자주 등장한다. 이는 사용 용도와 조건을 매우 구체적으로 지정하는 특정보조금, 그리고 정부가 제시하는 정책의 범위 내에서 지방이 자율적으로 자금을 활용할 수 있는 포괄보조금을 각각 의미한다.

배분 공식이 아닌 정부의 특정 정책 기준(policy criteria)에 의해 배분되고 있는 점이나 지방의 자율성이 특정 정책의 범위에 한정하여 보장되는 점 등에서 통상의 일반보조금과는 차이가 난다.

특별보조금으로는 경찰보조금(Police Grant), 런던지역일반보조금(General GLA Grant), 카운슬세혜택보조금(Council Tax Benefit Grant), 주택회계정부보조금(Government Subsidies), 자본회계자본보조금(Capital Grants) 등이 있다.

2006/07 회계연도부터 지방교육재정에 대한 지원 방식이 바뀌면서 세입지원보조금의 기능과 중요성이 크게 줄어들었다. 그 이유는 기존 세입지원교부금이 7개의 블록으로 구성되어 있는데, 그 중에서 가장 큰 비중을 차지하는 것이 교육 블록이었기 때문이다. 당시 영국 정부는 새로운 교육재정보조금으로서 '헌신학교보조금(Dedicated Schools Grant: DSG)'을 도입했는데, 이는 블레어(T. Blair) 행정부가 가장 중요시해온 교육 분야를 좀 더 적극적으로 지원하기 위해 취한 재정적 조치이다. DSG는 블레어 행정부가 교육개혁을 강력하게 추진하는 과정에서 지방교육청(Local Education Authorities)이 그 역할을 제대로 수행하지 못하고 있음을 간파하고 보조금제도의 구조개편을 통해 지방에 압력을 가하기 위해 도입된 새로운 보조금제도이다. DSG는 현재 중앙정부가 지방에 지원하는 보조금 중에서 가장 규모가 크며, 지방교육재정을 지원하는 핵심 수단으로서 기능을 한다. DSG는 교육부가 관장하며, 보조금이 지방정부가 아닌 단위 학교로 직접 지급되는 특징을 지닌다. 이러한 점에서 DSG는 일반지방정부의 관리 영역 밖에 있는 것으로 간주할 수 있다.

특정보조금제도(예: DSG, 기타 학교 관련 보조금 등)는 특정 조건을 충족하는 지방정부를 대상으로 보조금이 배분되는 것으로 우리나라의 국고보조금과 유사하다. 특정보조금 중에서 상당수가 대인 서비스 분야와 보건·복지 분야(예: 2013 회계연도부터 신설되는 Public Health Grant(2013/14) 등) 그리고 교육 관련 분야(학교재정지원 등)에 집중되고 있다. 일반적으로 보조금의 사용 용도와 사용 방법에 대해 조건이 붙는 것들은 교육부와 보건부가 관장하는 보조금 가운데 많이 있다. 지역기반보조금을 포함한 기타 보조금은 다양한 지방공공 서비스 분야를 지원하고 있다. 최근에는 서비스 블록(기능별 세출)을 넘어 복합적 공공 서비스를 지원하는 특정보조금이 늘어나는 경향이 있다. 이는 한편으로 서비스 블록별 통계의 산정을 어렵게 만들기도 하지만, 보조사업의 종합적 효과를 고려할 때 우리나라도 이러한 유형의 보조금제도를 도입하는 방안을 적극적으로 검토할 필요가 있다.

영국의 보조금제도(재정이전제도)는 시대적·정치적 환경 변화에 따라서 그 체제와 기능과 정책 목표의 주안점을 달리해 왔고, 특히 지난 10여 년간 수차례에 걸쳐 많은 변화를 보였다. 그러나 이와 같은 변화 속에서도 영국 정부는 보조금제도를 통해 다음의 기능은 일관되게 유지하고자 노력해 왔다. 그것은 지역 간 누출 효과(spill-over effect)의 효율적 처리, 전국적 표준 서비스와 중앙정부 선호사업의 장려, 정부 간 수직적·수평적 재정불균형(fiscal imbalance) 완화, 중앙정부의 지방재정에 대한 관리·통제이다. 이 중에서도 특히, 영국 정부는 보조금제도(단, RSG와 같은 형평화보조금은 예외)를 통해 국가정책을 적극적으로 실현하고, 국가 차원에서 재정성과를 효과적으로 관리(지방의 재정책임성, 성과관리)하고자 다방면에 걸쳐 많은 노력을 기울였다. 이에 관해는 다음 절에서 구체적으로 다룬다.

2 영국의 지방재정 성과관리의 기조: 2010년 이전

1) 개요

여기서는 영국에서 시행해 온 지방자치와 지방재정에 대한 성과관리의 기조와 주요 내용에 대해 현재의 연립정부 출범 이전 기간을 중심으로 간단히 살펴보고자 한다.[10]

1980년대 이후 영국은 지속적이고 체계적으로 공공 부문 개혁을 진행해 왔다. 지난 20여 년 동안 지속되어 온 공공 부문의 개혁 프로그램은 크게 보아 민영화(privatization), 기업적 관리(corporate management), 분권화(decentralization), 성과측정(performance evaluation), 시민(국민)에 대한 인식 변화로 구분할 수 있다. 이들은 그 과정과 결과 면에서 공공 부문의 규모 축소와 구조 변화를 초래했을 뿐 아니라 지방정부의 운영 목표와 운영 방식, 그리고 서비스 공급 방식에 큰 변화를 초래했다.

민영화는 광의적으로 해석하면, 공공재산의 민간 매각, 계약을 통한 민간위탁, 규

10) 여기에서 다루는 내용은 임성일의 글("영국의 지방재정 개혁과 지방세제 개혁," 2008)을 인용하고 있음을 밝혀 둔다.

제 완화, 그리고 정부활동이나 공공 서비스의 공급 과정에 시장 원리를 적용하는 시장화(marketization)를 망라하는 포괄적 개념으로 정의될 수 있다. 예를 들어, 지방행정 서비스의 공급 체계에 일대 변화를 초래한 의무경쟁입찰제도(CCT)를 비롯하여 국가보건 서비스(NHS)에서 적극적으로 활용하는 공급자와 구매자의 분리 형태를 띤 준시장(quasi-market)제도, Next Step, 교육 부문에서의 증서제도(voucher scheme), 기타 경쟁촉진제도 등은 민영화와 시장화가 복합적으로 적용되는 사례에 해당한다.[11] 민영화와 시장화는 궁극적으로 정부활동에 시장 기능을 확대시키는 것으로 공공 부문의 역할과 규모를 축소시키는 결과를 초래했다.

기업적 관리는 정부의 운영에 민간기업의 경영 방식을 접목시켜 행정의 효율성을 높이는 정책으로 민영화 정책과 맥을 같이한다. 여기에는 기업가적 전문 관리, 성과측정과 인센티브, VFM, 소비자 · 고객 만족 등을 강조하는 관리 방식이 핵심을 이룬다. 분권화는 공공 부문의 의사결정 권한과 활동을 분산시키고 위임하는 데 초점을 둔다. 여기에는 중앙과 지방, 그리고 지방과 지방 간의 권한 이양 등 다양한 형태의 분권 프로그램들이 포함된다.

주민에 대한 인식 변화는 전통적인 주민 인식을 고객 내지 소비자로 새롭게 인식하는 변화를 의미하며, 이는 시민헌장(Citizen's Charter)제도[12]의 도입과 각종 서비스 질 향상 및 고객정신 등을 통해 구체적으로 나타나고 있다. 성과측정은 지방정부가 제공하는 행정 서비스가 합리적인 비용으로 양질의 서비스를 효과적으로 공급하는지를 측정하고 관리하는 데 초점을 둔다. 압축적으로 표현하자면, 당시 영국 정부가 실시한 다양한 성과관리 정책 프로그램들은 '최고 가치(Best Value)'와 2000년대 중반에 활성화된 종합 성과평가(CPA) 프로그램을 중심으로 만들어지고 실시되었다. 이에 대해서는 바로 뒤에서 비교적 상세하게 다룬다.

---

11) 정부 부문에 시장 기능을 도입하는 일련의 정부개혁 프로그램으로는 민영화(privatization), 민자유치(private finance), 민간위탁(contracting-out), 시장성평가(market testing), 책임운영기관(agency) 운영, 내부시장제도(internal market) 등이 있다.

12) 1991년에 도입된 시민헌장제도는 주민을 고객(customer)으로 인식하고 양질의 행정 서비스를 주민에게 효과적으로 제공하는 데 초점을 두는 것으로 민간관리 방식을 공공 부문에 접목시킨 대표적인 제도이다. 이 제도는 서비스 질 향상, 시민의 서비스 선택폭 확대, 주민에 대한 정부의 책임성 제고, VFM 확보 등에 정책의 목표를 부여했다. 시민헌장제도는 나중에 '서비스 우선(Service First - The New Charter Programme)'제도로 바뀌었다.

2) 지방재정 개혁 정책과 성과관리

영국은 1980년대의 대처 행정부 시절부터 현재에 이르기까지 다양한 지방정부 개혁 프로그램을 적극적이고 지속적으로 추진해 왔다. 이들은 효율성, 효과성, 책임성, 투명성과 같은 원리에 입각하여 추진되었다. 개별 원리의 중요성은 정권과 시기에 따라 차이가 있으나 그 중에서도 특히, 효율성과 책임성 원리가 가장 기본적이면서 지속적으로 강조되어 왔다. 이를 위해 영국 정부는 행정 서비스의 공급 방식과 정부 관리의 기본 틀을 근본적으로 바꾸는 일대 변화를 단행했고, 동시에 재정 부문에서 공공지출의 계획성과 재정집행의 효율 및 성과를 강화하는 정책들을 지속적으로 전개했다. 후자의 구체적인 예로서는 자원예산회계제도(Resource Accounting and Budgeting), 중기예산제도, 종합지출검토(Comprehensive Spending Review), 하향식 자율예산제도(Top-down Budgeting), VFM 감사제도, 성과평가제도 등을 지적할 수 있다.

2000년대에 들어와서는 특히, 재정지출의 질을 높이고 납세자가 부담하는 세금의 경제적 가치(VFM)를 극대화하는 정책에 공공관리의 가장 큰 역점을 두었다. 이와 관련하여 지방 부문에서는 '최고 가치' 프로그램의 구현과 최고가치 성과평가를 발전시킨 '종합성과측정(CPA)제도'를 통해 서비스의 품질과 지방정부의 성과를 총체적으로 제고하는 접근이 전면적으로 추진되었다. 지방정부의 활동에 대한 성과측정은 1990년대 말에 블레어 행정부가 '지방정부 현대화(To modernize local government)' 정책을 적극적으로 추진하는 가운데 '최고 가치'라는 창의적인 정책철학을 주창하면서 급격히 발전되었다. 최고 가치 체제는 행정 서비스 공급의 경제성(economy), 효율성(efficiency), 효과성(effectiveness)을 추구하면서 궁극적으로 서비스 향상을 통해 VFM과 재정의 책임성을 확보하는 데 그 목적이 있다. 이를 위해 영국 정부는 '최고가치 성과지표(BVPI)'를 개발하고 이를 계량적으로 측정하도록 해주는 '최고 가치 회계제도(Best Value Accounting)'를 구축하는 등 관련 인프라를 체계적으로 정비했다.[13] 최고 가치 성과측정은 지방정부의 총체적인 기관 역량과 개별 행정 서비스

13) '최고 가치 회계 기준(best value accounting code of practice: BVACOP)'은 공회계위원회(CIPFA)에서 관장하는데, BVACOP에는 주요 사업에 소요되는 총비용과 간접비 배분 기준, 서비스 그룹화를 통한 서비스 지출 분석(service expenditure analysis)에 필요한 지침 사항 등이 포함된다. 참고로, 1999년도 지방정부법(Local Government Act 1999)은 지방정부의 BVPI 설정에 관

의 성과를 측정하는 데 초점을 두었다.

2002년에는 최고 가치 성과평가제도를 발전시킨 '종합 성과평가(Comprehensive Performance Assessment: CPA)제도'가 도입되었고, 그 후 이 제도는 지속적으로 개선과 발전을 거듭해 나갔다. CPA제도는 각 지방정부가 수행하는 전 행정 서비스 부문-교육, 주택, 환경, 문화, 사회복지, 사회급부, 아동 및 청소년, 소방 등-을 대상으로 평가를 실시하며, 2000년대 중반부터는 특히 지역 주민을 위한 서비스 성과와 VFM의 개선에 중점을 두는 방향으로 정책을 전환했다.

영국 정부는 종합 성과평가 결과를 토대로 행・재정상의 자율과 혜택을 확대하거나 각종 규제와 점검을 완화하는 등 인센티브를 부여했고, 성과평가가 부진한 지방정부에 대해서는 성과 개선계획(improvement plans)을 요구하고 각종 제재 조치 및 불이익을 가했다.[14] 그리고 모든 지방정부에 대해 효율성 달성 정보를 수록하는 「효율성보고서」를 의무적으로 발행하도록 하고, 성과평가 결과의 인터넷 공개와 일부 지표에 대한 이용자 만족도 조사를 의무적으로 실시하도록 조치했다.

영국 정부는 중앙정부가 지방정부에 지원하는 보조금제도에 대해서도 효율성과 책임성이 입각한 성과관리를 실시했다. 특히, 블레어 행정부(특히, 2000년대 초・중반)는 특정보조금제도를 운영하면서 그 운영 성과를 측정한 다음 그 결과를 토대로 재정(보조금) 인센티브를 부여하는 정책을 밀고 나갔다. 이러한 보조금정책 외에 중앙정부는 지방재정 전반에 걸쳐 거시적 통제와 성과관리를 실시했다.[15] 이는 국가 차원에서 명분과 합리성이 있지만, 지방의 입장에서는 지방자치의 독립성과 자율성에 상당한 제약이 가해지는 조치로 인식된다. 그리고 이러한 정책 기조는 뒤에서 언급되

한 주요 사항-성과측정 대상 서비스의 범위, 지표 선정, 성과 달성 수준 등-을 결정하는 권한과 아울러 '성과 기준(performance standard)'을 구체화할 수 있는 권한을 중앙정부에 부여했다.

14) 2002년 이후 중앙정부는 각종 규제에 대한 부담을 줄여주는 정책을 실시했고, 특히 CPA제도가 도입된 이후에는 성과평가 결과가 양호한 지방정부에 대해 각종 감찰 및 규제(inspection and regulation)를 대폭 줄여 주었다.

15) 보조금 분야 외에 영국 정부는 지방자치 전반에 걸치는 성과관리를 시도했다. 그 대표적인 정책 조치로서 2003년에 시작한 종합 성과평가(Comprehensive Performance Assessment)와 종합 지역평가(Comprehensive Area Assessment), 그리고 2005년에 시범자치단체를 선정하여 실시한 지방평가협약(Local Assessment Agreements: LAAs) 등을 지적할 수 있다. 이들은 모두 중앙정부가 지방정부의 행정, 재정활동을 대상으로 정책 목표를 설정한 다음 그 달성도(성과)를 측정하고, 그 결과에 따라 재정적 인센티브를 지급하는 기본 운영 방식을 취했다. 한마디로 말해서, 당시 중앙정부는 다양한 거시・미시적 정책 수단을 고안하여 적극적으로 지방의 성과를 관리하는 정책을 추진했다.

는 바와 같이 현재의 캐머런 행정부에서 상당 부분 수정된다.

3 영국의 보조금제도 성과관리: 현재

1) 개요

영국에서 재정 운영과 관련된 성과관리는 재무성을 중심점으로 하면서 총리실, 국가감사원(National Audit Office), 지방감사원(Audit Commission), 커뮤니티·지방정부부(Department for Communities and Local Government: DCLG) 등 다양한 기관이 관계되어 이루어진다. 2010년에 현재의 연립정부(캐머런 행정부)가 출범하기 이전에는 국가재정의 성과관리가 1990년대 말부터 가동된 공공서비스협약(Public Service Agreement: PSA)을 중심으로 이루어졌다. 공공서비스협약은 각 중앙부처 단위로 3년간의 활동에 대해 협약을 체결하는 것을 골자로 하는데, 그 속에는 성과목표와 세부 실천 사항, 서비스전달협약(Service Delivery Agreement) 등이 포함된다. 초기에는 공공서비스협약이 각 중앙부처 단위로 행정 서비스의 산출(output)에 중점을 두는 성과관리 기조를 취했으나, 2000년대 중·후반부터는 관계 부처들을 서로 연계하는 결과(outcome) 중심의 성과관리 방식으로 바뀌었다.

현재의 연립정부는 기존의 다부처 성과관리 시스템을 2000년대 초반에 시행했던 개별 부처 대상의 성과관리 방식으로 다시 환원시켰다. 이는 '공공 부문 투명성 틀(Public Sector Transparency Framework)'이라는 새로운 정책 구조 속에 천명되었다. 새로운 정책 틀을 추진하는 배경에는 유럽의 경제위기 와중에서 현재 영국 정부가 겪고 있는 재정적 어려움을 극복하기 위해서는 공공 부문의 성과관리(효율성, 효과성, 세금의 돈 가치(value for money) 관리)와 재정 투명성 확보가 반드시 필요하고, 재정 압박 상황에서 정부가 계속해서 국(주)민에게 적정한 질과 양의 서비스를 공급하려면 재정의 효율성과 효과성을 담보하는 성과관리가 필수적이라는 인식이 자리하고 있다. 여기에는 재정 운영에 대한 책임성 제고와 성과 달성뿐 아니라 조직을 구조 개혁하고, 일 하는 방식을 새롭게 하는 변화('new ways of working')가 포함된다. 새로운 성과관리 시스템은 효과적인 성과관리(중앙부처 단위)를 위해 재무관(Finance Director)의 역할과 권한을 강화하고, 각 부처별로 비전과 사업별 정보를 상세하게 제시하도록 요구하는 한편 그것을 지속적으로 모니터링하는 정책을 강화했다.

캐머런 행정부는 최근에 중앙정부의 권한을 지방과 민간으로 이양하는 분권화(decentralization) 정책을 추진하고 있다.[16] 영국 정부는 그 일환으로 분권부(Department of Decentralization)를 신설하는 한편 지방재정 운영(중앙정부 보조금 포함)의 책임성과 성과 향상 문제에서도 기존의 접근과 달리 지방의 자율성과 민주성을 담보하는 방식으로 접근하고 있다. 이러한 기조에 따라 ① 지방예산 활동에 대한 국가의 간섭 및 규제행위(소위 'ring-fencing' 행위) 자제, ② 지방정부의 투명성(transparency) 강화,[17] ③ 유연하고 새로운 일하는 방식 도입[18] 등이 적극적으로 추진되고 있다.

그러나 주목해야 할 사실은 영국 정부가 지방분권을 강화하면서도 국가적 관점에서 지방이 반드시 실천해야만 하는 영역, 즉 지방의 재정 책임성, 투명성, 성과관리에 대해서는 중앙정부가 거시적 관리를 계속 해나간다는 점이다. 이는 한편으로 자원 및 성과관리 면에서 '지방의 유연성(local flexibility)'을 보장해 주는 정책을 추진하면서 또 다른 한편으로 강력한 지방 거버넌스(local governance)의 변화를 요구하는 양면적 정책 접근을 통해 엿볼 수 있다. 예를 들어, 중앙정부가 직접 서비스를 공급하지 않고 지방에 보조금을 지급해서 서비스를 공급하는 경우 지방이 재무회계 책임과 성과관리를 충실히 이행하도록 유도하는 각종 정책과 조치 수단을 강화하는 사례를 지적할 수 있다. 현재 영국 정부는 보조금의 사용에 대한 재정 책임성 확보와 성과관리

---

16) 1997년에 출범한 노동당의 블레어 행정부는 지방분권의 기치를 표방했으나, 실제로는 오히려 중앙집권을 강화하는 정책을 추진했다. 블레어 정부는 1980년대에 영국을 개혁하면서 중앙집권을 강화한 보수당의 대처 행정부의 정책 기조와 많은 면에서 비슷한 정책노선을 채택했다. 단적인 예로 지방세를 강화하기보다 중앙정부 보조금을 강화하는 정책을 추진한 점을 지적할 수 있다(블레어는 공약으로 대처 행정부에서 국세화했던 비주거 레이트 재분배보조금을 다시 지방세목으로 환원하는 정책을 표방했지만, 당선 후에는 이를 실천하지 않았다). 현재의 캐머런 행정부는 2011년 말 현재 기업 레이트(현 재분배 비주거 레이트보조금)를 다시금 지방으로 환원하는 방안을 적극적으로 검토 중에 있으며, 현재로서는 그 실현 가능성이 높다(이 경우 지방의 자체재원과 중앙정부 보조금에 큰 영향을 줄 것으로 예상된다).

17) 예컨대, 지방이 집행하는 500파운드 이상의 모든 자금 지출을 주민에게 공개하도록 하는 투명성 기준을 제시하고 있는데, 이는 주민, 의회, 시민사회, 언론 등이 지방재정 활동에 대해 견제하고 그 성과를 점검할 수 있도록 해준다.

18) 이는 지방이 좀 더 유연한 자세로 중복 업무를 조정하고, 부서 간·기능 간에 틈새가 있는 서비스를 보완·조정하는 업무 시스템의 개선 조치이며, 협력적 업무 추진에 중점을 둔다.

를 위해 지방 단위에서 신뢰 가능한 책임성 시스템을 구축하고자 다방면에 걸쳐 노력하고 있다. 지방정부의 재정 책임성 및 성과관리의 향상 과제는 '강한 지방재정 책임성 시스템(strong local accountability system)'의 구축이라는 기치 하에서 추진되고 있다.

새로운 지방분권 정책이 추진되면서 종전에 중앙정부가 주도했던 지방에 대한 성과관리 방식(성과목표의 범위와 수 및 전략을 제시하고 그 이행 상태를 점검·관리하는 방식)은 기본적으로 축소되었다. 그러나 중앙정부가 지방의 행·재정활동에 대해 거시적으로 성과를 관리하고 개선책을 모색하는 정책적 기조와 수단적 조치들은 그대로 유지되거나 오히려 보강되는 추세이다. 특히, 국가적 관점에서 정책적 의미와 유용성이 큰 분야에 대해서는 중앙정부가 전국의 지방정부를 상호 비교할 수 있도록 관련 성과정보를 계속해서 수집·분석하여 공개하고 있다. 이는 실제로 지방의 '책임성 및 효율성 증진'을 독려하는 성과관리전략으로서 그 유용성과 효과성을 인정받고 있다(이를 위해서는 다양한 방법으로 다양한 성과 관련 통계와 각종 정보를 수집해야 하는데, 여기에는 국고보조사업에 관한 내용이 포함된다).

이와 관련하여 정부의 투명성 어젠다(Government's transparency agenda)에서는 ① 지방정부가 반드시 공표해야 할 의무적 정보와 데이터를 명시·확대하고(지방단위의 감시·감독장치), ② 중앙정부가 지방자치와 주민복지에 핵심적인 행·재정활동 정보(민생, 주민복지 관련)를 수집하여 전국의 지방정부를 비교·공개해서 정보의 질과 양을 적극적으로 확대할 것을 요구하고 있다. 영국 정부는 이러한 조치가 지방정부의 책임성과 성과를 증진시키는 데 크게 기여할 것으로 기대하고 있다. 아울러 영국 정부는 이러한 정책들이 실효성을 확보할 수 있도록 지방정부의 책임성과 성과관리를 향상시켜야 할 대상과 영역(여기에는 자체사업과 보조사업이 포함됨)에 대해 좀 더 분명히 규정하고자 힘쓰고 있다.

중앙정부의 행정 서비스 공급은 직접 공급 방식과 간접 공급 방식으로 구분된다. 전자는 중앙정부 부처 내지 산하기관을 통해 서비스를 직접 제공하는 것을 말한다. 후자는 중앙정부가 정책의 틀과 자금을 제공하면 지방정부가 해당 서비스를 직접 공급하는 것을 말하며, 통상 국고보조금(특히, 특정보조금)제도를 통해 실현된다. 중앙정부가 실시하는 국고보조사업에 대한 성과관리는 앞서 언급한 바와 같이, 지방의 자율성과 민주성을 존중하는 새로운 정책에 의해 미시적 성과관리보다 거시적 비교관리 차원에서 접근되고 있다. 그러나 거시적 관리에 중점을 둔다는 것이 국고보조사업의 회계적 책무나 법령 준수에 대한 기본적 관리를 소홀히 한다는 의미는 결코 아니다. 이들에 대해서는 매우 엄격한 관리가 이루어진다.

공회계위원회(Public Accounts Committee)는 「공공자금 책임성(Accountability for Public Money)」이라는 보고서를 통해 중앙정부가 지방분권을 지원하면서 견지해야 할 5대 재무책임성 원리(fundamentals of accountability)에 대해 강조하고 있다. 국고보조금은 이러한 기본 원리를 충실히 준수해야 할 대상에 속하며, 그 중에서도 특히 공공자금의 수탁 책임(stewardship of public money)을 확보하는 원리를 좀 더 충실히 준수해야 한다. 국고보조금제도에 대한 성과관리는 크게 보아 재무회계 책임 부분과 사업 성과 부분으로 구분 관리된다.

공회계위원회는 지방정부의 재정 책임성을 확보하고 성과관리를 향상시키는 장치로서 먼저 각 중앙부처별로 회계관(Accounting Officer)의 권한과 역할을 강화하는 회계관 시스템(Accounting Officer System)의 활성화를 강조하고 있다. 이에 따르면 회계관은 부처가 직접 집행하는 예산은 물론 각 중앙부처가 지방정부에 지원하는 보조금이 효과적이고 적절히 사용되고 있는지, 그리고 보조금이 실질적으로 지방분권에 부합하는 방식으로 사용되고 있는지에 대해 전반적으로 관장하는 책임을 진다.

오늘날 영국에서는 공공자금의 집행에 대한 회계 책임과 성과는 규칙성(regularity), 타당성(propriety), 세금의 금전적 가치(Value for Money: VFM)의 세 가지 기본 원리에 입각해서 관리된다. 현재 이를 뒷받침하는 제도적 장치와 수단이 이미 마련되어 있거나 개발 중에 있다. 여기에서 규칙성이란 예산이 국회에서 의결된 목적에 맞도록 사용되었는지를 점검하는 기준이고, 타당성이란 관련 법규 내에서 예산이 집행되었는지를 점검하는 기준이다. 그리고 세금의 금전적 가치란, 예산이 국민이 부담한 세금의 경제적 가치가 극대화되는 방식(값있게)으로 사용되었는지를 점검하는 기준이다. 이들 세 기본 원리는 영국의 국가와 지방재정을 포함하여 모든 공공 부문 재정지출의 책임과 성과를 판단하는 판단 준거 내지 기본 잣대로서 활용되고 있다. 따라서 국고보조사업의 재정 책임성과 성과관리에 대한 점검도 규칙성, 타당성, VFM이라는 검증장치를 통과해야만 한다. 각 중앙부처의 회계관은 부처의 자체사업과 부처가 지원하는 보조사업의 예산회계(행·재정활동) 전반에 걸쳐 이들 세 원리가 충실히 구현되고 있는지의 상태와 결과를 점검해야 하는 책무를 지닌다. 이와같이 국고보조사업의 재무회계와 사업 성과에 대해 전반적으로 관리하고 책임을 지는 중앙부처의 책임점을 설정하고 있는 정책은 우리나라에 시사하는 바가 크다.

영국 정부는 예산집행 주체들(중앙정부, 지방정부, 공공기관 등)이 특히 규칙성과 타당성을 충실히 준수할 수 있도록 재무활동 관련 법령과 규제 요건을 정비하는 동시에 예산·회계·재정정보의 투명한 공개와 독립기구에 의한 감사 시스템의 확보를 위해 박차를 가하고 있다(예: 지방정부의 감사 시스템을 외부 독립기구 중심으로 전환하는 방안이 현재 적극적으로 추진되고 있다). 그리고 영국 정부는 VFM의 구현을 위해서는 지방정부 간에 재정지출(행정 서비스)의 상태와 성과를 객관적으로 비교해서 공개하는 것이 필수 조건임을 인식하고, 이를 위해 양질의 객관적 비교 통계와 정보를 적극적으로 수집하고 있다. 이것은 영국 정부가 지방재정지출(공공 서비스)의 책임성과 성과를 확보하기 위해 계속해서 중점을 두고 발전시켜 나가는 정책적 접근인데, 이는 우리나라에 시사하는 바가 크다.

지방정부가 지출하는 전체 예산(자체예산+보조금예산)에 대해 회계 책임 시스템이 효과적으로 가동되기 위해 갖추어야 할 견제·균형 수단과 관련된 핵심 이슈는 다음과 같다(이는 회계관이 책임을 지고 업무에 검토·반영해야 될 사안이기도 하다). 그것은 ① '선택과 경쟁 메커니즘(choice and competitive mechanism)'을 통한 효과적 VFM 달성, ② 공공 서비스 공급 주체의 다양성(공급자 수, 유형 등) 인식 및 활성화, ③ 지역간 다양성, 지역간 협력(자원의 공동 활용 도모 등)을 인식하는 회계 책임 시스템, ④ 공공자금의 성과 미흡 또는 실패의 사전 예방을 완화하는 지속성 주체(continuity regime) 확보 등이다. 특히, 영국 정부는 지방의 책임성을 담보하는 접근에서 단일 수단에 의지하기보다 다양한 견제와 균형 장치를 확보하는 방법을 채택하고 있다. 여기에는 예산회계 시스템과 성과관리 시스템(중앙·지방정부)을 포함하여 지역 주민, 시민사회, 선거제도, 지방의회, 언론 매체, 선택과 경쟁 장치, 자원 공동활용(pooling resources) 등이 포함된다.

중앙정부가 지방정부에 제공하는 국고보조금에 대해 거시적·미시적 관점에서 이루어지는 성과관리에 관해 좀 더 구체적으로 언급하면 다음과 같다.

국고보조사업은 기본적으로 계약적 속성을 지닌다. 이는 자금을 제공하는 중앙정부가 국민의 세금으로 조달된 공공자금(국민 세금)이 적절하고 효과적으로 사용되고 있음을 입증하고 담보할 책임이 있고, 따라서 이를 보장해 줄 수 있는 제도적 장치를 마련해야 함을 의미한다. 제도적 장치에는 자금 사용의 적정성과 성과를 입증해 주는 재무회계 정보의 제시(작성 및 공개), 필요 시 국가감사원(National Audit Office) 또는 규제기구(regulator)에 의한 감사 및 조사 조치, 정부의 '투명성 전략(transparency strategy)' 점검 요건에 입각한 정보 공개(보조금 선정 및 집행 절차와 내역, 성과 및 결과 등을 점검하고 확인할 수 있는 조치), 사업 성과 부진 지방정부에 대한 교정장치(경쟁 압력, 재원 인센티브 장치 등)와 사업 실패에 대한 비상계획 등이 포함된다(이 경우 성과 부진, 사업 실패에 대한 구체적 판정 기준도 제시되어야 한다).

국고보조사업의 운영과 관련된 성과관리는 다음의 내용에 초점을 맞추고 있다. 그것은 자금의 배분 결정 과정과 자금 배분 실태, 지방의 보조금 사용의 규칙성과 타당성을 담보하는 정책의 틀, VFM을 담보하는 정책의 틀, 성과 부진 및 사업 실패에 대한 대응책 등이다. 그리고 일반적인 지방회계 책임 시스템의 점검 요인도 보조사업의 책임성 및 성과관리 차원에서 적용된다. 예를 들면, 보조금의 할당·배분(객관적 기준 근거) 메커니즘, 보조사업 관련 입법 및 규제 틀(중앙·지방 간 권한과 의무에 대한 규정, 공식적 재무보고 요건 포함), 보조금 수혜기관의 책임성을 확보하는 전략과 성과(strategy and outcomes)의 구현 수단, 보조사업에 대한 독립적 감사, 보조사업 서비스 실패(파탄) 시 공익 보호 장치, 보조사업 관련 정보공개 투명성 장치 등이 그에 해당한다.

그리고 지방정부가 행하는 중요한 재정지출(주요 국고보조사업 포함)과 서비스에 대해서는 국가감사원 등이 주관하는 외부감사가 실시되고, 지방정부는 독립적인 외부감사 기구에 의해 감사를 받고 그 결과를 공표하도록 조치되고 있다. 그러나 전체적으로 보아 앞서 지적한 바와 같이, 중앙정부가 국고보조사업이나 지방재정의 운영에 대해 직접적으로 성과를 관리하는 방식은 현 정부의 출범 이후 크게 축소되었다(예외적 상황에 한해 중앙정부가 직접 관리한다).

2) 국고보조사업 성과관리 사례: 커뮤니티·지방정부부(DCLG) 사례

다른 중앙부처와 마찬가지로 DCLG 또한 재정 책임성 확보와 성과관리는 반드시 '공공자금 관리 재무부 지침(HM Treasury Guidance Managing Public Money)'에서 요구하는 세 가지 원리, 즉 규칙성(regularity), 적정성(propriety), 세금의 금전적 가치(VFM)에 입각하여 실시되어야 한다(이에 대해서는 DCLG의 회계관이 그 준수 여부에 대한 업무적 책임을 갖는다). DCLG의 예산 중 대부분은 배분 공식을 통해 지방에 보조금으로 지급되고 있는데,[19] DCLG는 보조금의 배분 및 사용 과정에서 규칙성, 적정성, 세금의 금전적 가치 원리가 충족되고 있는지를 점검할 의무가 있다. 여기에는 보조금을 지급하는 중앙정부가 보조사업을 선정하고 보조금을 배분하는 과정에서 적정성과 공정성을 실천하고 있는지에 대한 점검과, 또한 보조금 수혜 지방정부가 재정지출의 책임성과 성과를 효과적으로 담보하고 있는지를 점검하고 관리하는 것이 포함된다.[20] 그리고 극단적으로 보조사업이 실패하거나 문제를 초래하는 사태를 방지할 수 있는 관리 사항도 포함된다.

중앙정부는 보조금 외에도 중앙정부의 재정이 관여되는 주요 예산 지원(core funding)에 대해서는 지방이 해당 재정자원을 규칙성, 적정성, 세금의 금전적 가치의 세 요소에 부합해서 사용하도록 유도하고, 그 결과를 점검할 수 있는 시스템을 확보해야 한다. 이는 어떤 의미에서 현재 영국의 지방정부가 재정(자체재원, 이전재원 모두)을 사용할 때 총체적으로 기대되고 요구되는 기본 준칙이자 거시적 재정관리 시스템이라고 말할 수 있다.

지방정부가 중앙정부로부터 지원을 받는 보조금 등에 대해서는 지방정부법(Local Government Act), 지방재정법(Local Government Finance Act) 등에 의한 법적 책임과 행정적 통제가 항상 뒤따른다. 일반적으로 적용되는 법적 책임으로는 균형재정을 유지하는 지방세(council tax) 수준 설정(예산관리), 공회계협회(Chartered Institute of Public Finance: CIPFA)와 재무성 회계관리규칙(Accountancy Treasury Management Code of Practice)을 준수하는 지방채 발행, 위험관리, 철저한 내부감사 준수 등이 포함된다. 그리고 지방정부는 1988년도 감사위원회법(Audit Commission Act 1988)에 의해 매년 외부감사를 받아야 한다. 이때 외부감사의 대상에는 자체사

---

19) DCLG의 경우 2011/12 회계연도에 약 250억 파운드의 공식 보조금을 지방에 지원한다. 이는 지방의 재정 수요와 재정력을 토대로 배분되며, 기본적으로 안정성과 예측성이 담보된다. 영국에서는 매년 보조금이 배분되는 과정에서 특정 지방정부가 배분 공식 등으로 인해 큰 폭의 증감을 겪지 않도록 일정 범위에서 제한(예: 전년 대비 감소 비율의 하한(flower) 설정)을 두고 있다.

20) 지방정부재정법(Local Government Finance Act 1988)에서는 보조금이 확정, 배분되기 이전에 반드시 지방정부와 관련 사항을 협의하도록 규정하고 있고, 이러한 내용을 포함하는 지방정부재정보고서(Local Government Finance Report)는 영국 의회로부터 승인을 받아야 한다. 그리고 배분 공식과 배분 결과는 인터넷을 통해 공개된다.

업은 물론 보조사업도 포함되며, 감사 과정에서는 재무보고의 정확성을 비롯하여 재정활동의 효과성, 효율성, 경제성의 달성 여부(행·재정활동의 VFM을 점검)에 중점이 주어진다.

DCLG는 향후의 감사 방향 내지 정책과 관련하여 공공감사 원리를 천명했고, 여기에는 재무보고서, 규칙성, 타당성, VFM에 대한 감사가 망라된다. 한편 영국에서는 현재 그동안 중요한 역할을 담당해 왔던 감사위원회를 폐지(중앙정부 주도의 감사시스템을 지양)하고 지방정부가 자율적으로 독립 외부감사 기구를 선임하여 감사를 실시하는 방향으로 정책을 선회 중에 있다. 그리고 DCLG는 국고보조사업이나 자체사업의 서비스 실패 가능성을 사전에 방지하고자 많은 노력을 기울인다. 특히, 아동·노인 보호나 취약계층과 관련되는 국고보조사업이 제대로 수행되는지의 여부에 대해 감시 점검(inspection) 장치를 통해 관리하고 있다.

그리고 DCLG가 보조금의 배분을 관장하더라도 업무의 성격상 주무부처가 성과를 관리해야 할 경우에는 관계 당국이 직접 서비스(재정지출)의 집행 과정과 결과를 종합적으로 점검한다. 예를 들어, 아동 서비스(children's service) 보조사업의 경우 OFSTED가 아동법(Children Act 2004)에서 명시하는 사항의 준수 여부를 전국적으로 집중 점검하고 있고, 성인 사회 케어(adult social care) 보조사업의 경우 CQC가 주축이 되어 법적 의무 사항의 이행, 위험성 점검, 성과지표 점검 등을 점검함으로써 지방정부의 책임성과 성과를 관리하고 있다.

종합적으로, DCLG가 지방정부에 대해 책임성을 확보하고 거시적 성과를 관리하는 접근은 기본적으로 규칙성, 타당성, 세금의 금전적 가치 세 원리이다. 규칙성과 타당성은 지방정부의 재정지출이 예산회계 법규와 준칙을 준수하는지 집중적으로 점검하는 것이고, 여기에는 감사제도가 중요한 수단적 장치로서 활용된다. 이에 비해 세금의 금전적 가치를 구현하는 수단적 장치로는 재정 투명성 장치와 최선의 가치 의무(best value duty)가 활용된다.

3) 내무부 사례

DCLG와 동일하게 내무부 또한 부처가 관장하는 재정지출의 책임성 확보와 성과관리는 「공공자금 관리 재무부 지침」에서 명시하는 규칙성, 적정성, VFM의 세 원리에 입각해서 이루어진다. 이에 대한 주무 책임은 다른 중앙부처와 마찬가지로 내무부

(Home Office)의 회계관(Accounting Officer)이 담당한다.

내무부가 관장하는 예산의 대부분은 경찰보조금(Police Main Grant)과 각종 특정 보조금(안전 및 테러 방지 보조금, DCLG 보조금 등)으로 구성되어 있는데, 이들은 지방자치단체(구체적으로, 지방경찰청(Police Authorities))에 배분된다.[21] 따라서 내무부는 지방자치단체(지방경찰청)가 보조금을 적절히 관리하고 있는지를 점검하고 확신할 수 있는 제도적 장치를 확보해야 한다. 아울러 내무부는 지방경찰청이 내무부 이외의 다른 중앙부처로부터 받는 보조금에 대해서도 재정 책임성과 성과 달성이 이루어질 수 있도록 관리해야 할 의무를 지닌다. 이러한 내무부의 역할과 관련하여 특별히 내무부의 회계관은 경찰활동과 범죄 감소와 관련된 예산회계의 책임성을 확보해야 하는 개인적 책임을 갖는다. 내무부는 국고보조사업이 제대로 이행되고 있는지를 파악하기 위해 예산회계감사와 함께 점검(inspection) 등 다양한 방법을 통해 규칙적으로 해당 지방정부를 감독한다.

내무부의 보조금을 대표하는 경찰보조금은 지방경찰청의 재정 수요(need)와 기타 요인을 반영하는 배분 공식을 토대로 각 지방에 배분된다(상당히 복잡한 배분 공식을 사용하고 있다). 지방경찰청 이외에도 치안 및 범죄 예방 업무를 담당하는 기관들도 내무부로부터 보조금을 받는데, 이들에 대해서도 규칙성, 적정성, 세금의 금전적 가치 원리가 제대로 준수되고 있는지를 점검함으로써 책임성과 성과를 관리하고 있다. 이러한 점검은 내무부 외에도 지방감사원(Audit Commission), 국가감사원(National Audit Office), 경찰감찰기구(Inspectorate Constabulary) 등의 기관에 의해 실시된다.

참고로 지방경찰청이 받는 여러 가지 보조금 중에서는 사용 용도와 사용 조건이 부여된 보조금(ring-fenced grants)이 있는가 하면, 사용 용도와 사용 조건이 부여되지 않는 보조금(non-ring-fenced grants)이 있다. 특히, 사용 용도와 사용 조건이 부여된 특정보조금에 대해서는 내무부를 중심으로 지방정부가 그 용도와 조건에 맞게 보조금을 사용했는지에 대해 사업 실적과 회계에 초점을 두고 점검한다. 통상 중앙정부와 지방정부 간에 체결되는 '보조금 협약(grant agreements)'에는 보조금 수혜 단

---

21) 현재 내무부가 관장하는 보조금은 크게 보아 경찰활동과 범죄 감소, 테러 방지 등의 사용 용도를 갖고 있다.

체가 재정지출 내역과 지출에 따르는 성과 및 영향을 중앙정부에 제시하도록 규정되어 있다. 국고보조금사업에 대해서는 때로 보조금 관장 부처(또는 입법 과정)에 의해 성과목표(지표)가 제시되는데, 이는 보조금 협약 조건에서 구체적으로 확정된다. 보조금 협약은 보조금 제공 주체와 수납 주체 간에 분명한 대화와 협의를 거쳐 확정되는데, 그 속에는 보조사업의 내용, 재무회계, 중앙・지방의 권한과 책임 구분, 성과관리 등 중요한 사항이 수록된다. 관련 법령과 보조금 협약을 토대로 주무부처는 보조사업의 전달 과정을 감독하고, 보조금이 지역의 필요성을 실질적으로 충족시켜 주고 있는지에 대해 감시・감독을 한다. 그리고 감시・감독 과정에서 중앙정부가 의문과 의혹을 갖게 될 경우 해당 사안을 중심으로 감사가 실시된다. 아울러 보조금 협약에는 중앙정부와 국가감사원의 감사가 필요하다고 판단될 경우 이들 기관이 보조금의 운영과 관련된 모든 자료와 내용에 접근할 수 있는 권한에 관한 사항이 포함되어 있다.

지방경찰청은 매년 감사를 받아야 하며, 이때 감사기구는 감사 결과에 대한 '감사소견(audit opinion)'을 제시해야만 한다. 감사 소견에는 재무제표의 정확성에 대한 의견, 3E 정책(효과성, 효율성, 경제성)을 구현하는 재정지출의 달성 여부에 대한 의견, 기타 각종 법령 및 규칙의 준수 여부에 대한 의견이 제시되어야 한다. 필요 시 감사기관은 국(주)민 관심 보고서(report in the public interest)를 작성할 수 있다.

종합적으로, 영국에서는 지방정부가 보조금을 사용할 경우 그에 대해 누가, 어떤 책임을 져야 하는지에 대해 법적, 공식적으로 명확히 구분되고 통제(legal and formal control)된다. 이러한 책임 소재의 명확성은 우리나라가 배워야 할 점이다. 그리고 국고보조사업을 추진하면서 중앙정부와 지방정부 간에 보조금 협약을 체결하는 것도 우리에게 시사하는 바가 크다. 이는 국가와 지방의 권한과 책임을 명확히 할 뿐 아니라 국(주)민의 관점에서 재정집행의 책임성과 성과를 확보하기 위해 국가가 언제, 어떤 수준에서 지방을 감시・감독하고 감사를 실시할 수 있는지에 대해 합의를 통해 명확히 한다는 점에서 중요한 의미가 있다.

내무부도 VFM과 지방의 성과를 향상시키기 위해 객관적인 비교 통계를 적극적으로 활용하고 있다. 그리고 다른 중앙부처와 마찬가지로 감사를 거친 예산회계 정보의 공개, 500파운드 초과 재정지출에 대한 정보 공개를 실천하고 있다. 이러한 가운데 특히 비용・성과에 대한 비교정보(예: 범죄 관련 통계, 서비스 비용 관련 통계)와 특정 성과 주제의 지역 간 비교 정보를 공개함으로써 국고보조사업에 대한 거시적 성과관리를 실시하고자 주력한다. 이 과정에서는 동일한 서비스를 제공하는 서비스 공급 주체들을 상대 비교하는 데 주력하는 한편, 가능한 표준화(규격화)된 성과 영역을 구축해서 표준화된 성과자료(standardized performance data)를 활용하는 성과관리 방식을 도모하고 있다.

끝으로, 내무부는 보조사업이 제대로 추진되지 못해 실패하거나 비효율적으로 운영되는 상황을 방지하기 위해 여러 가지 제도적 수단과 장치를 강구하고 있다. 그 중에서도 가장 강력한 것은 보조금 수혜 지방정부가 자금을 오·남용하거나 명백히 낭비하는 것으로 판명이 날 경우 극단적으로 보조금을 환수할 수 있는 '보조금 환수장치(claw back funding)'이다 (내무부는 이를 보조금 협약 조건에 포함시키고 있다). 이 조항은 국고보조사업이 지방에서 규칙성, 타당성, 세금의 금전적 가치를 확보하는 데 매우 중요한 역할을 수행한다. 그리고 재무 책임성과 성과관리의 상태에 대한 종합 점검 결과 좋은 평가를 받지 못하는 지방정부에 대해서는 인력, 재정적 측면에서 불이익이 가해진다.

제 4 절 종합 및 결론

영국은 1980년대의 대처(M. Thatcher) 행정부 시절부터 현재에 이르기까지 지속적으로 정부개혁을 추진해 왔고, 이 과정에서는 국가재정과 지방재정에 대해 거시·미시적 성과관리를 실시했다. 재정성과관리는 효율성, 효과성, 책임성, 투명성 등의 원리에 입각해 추진되었고, 이를 위해 영국 정부는 행정 서비스의 공급 방식과 정부관리의 기본 틀을 바꾸는 동시에 공공지출의 계획성과 재정집행의 효율 및 성과를 강화하는 정책들을 지속적으로 전개했다.

2000년대에 들어와서는 재정지출의 질을 높이고 납세자가 부담하는 세금의 경제적 가치(VFM)를 극대화하는 데 공공관리정책의 무게를 실었다. 이를 구현하는 핵심적 수단으로 지방 부문에서는 '최고 가치(Best Value)' 프로그램의 구현과 최고 가치 성과평가를 발전시킨 '종합 성과평가(CPA)제도'가 적극적으로 활용되었다. 특히, 최고 가치 체제는 행정 서비스 공급의 경제성(economy), 효율성(efficiency), 효과성

(effectiveness)을 추구하면서 궁극적으로 서비스 향상을 통해 VFM과 재정의 책임성을 확보하는 데 그 목적을 두었다. 이를 위해 영국 정부는 '최고 가치 성과지표(BVPI)'를 개발하고 이를 계량적으로 측정하게 해주는 '최고 가치 회계제도(Best Value Accounting)'를 구축하는 등 관련 인프라를 체계적으로 정비했다. 그 후 최고 가치 성과평가제도를 발전시킨 '종합 성과평가(Comprehensive Performance Assessment: CPA)제도'가 도입되었고, 이 제도는 지속적으로 개선, 발전을 거듭했다. 영국 정부는 종합 성과평가 결과를 토대로 행·재정상의 자율과 혜택을 확대하거나 각종 규제와 점검을 완화하는 등 인센티브를 부여했고, 성과평가가 부진한 지방정부에 대해서는 성과 개선계획을 요구하고 각종 재제 조치 및 불이익을 가했다. 그리고 모든 성과평가 결과를 인터넷에 공개하고, 일부 성과지표를 중심으로 이용자 만족도 조사를 의무적으로 실시하도록 조치했다.

영국 정부는 국고보조금제도에 대해서도 효율성과 책임성에 입각하는 성과관리를 실시했다. 특히, 블레어 행정부(2000년대 초·중반)는 특정보조금제도를 운영하면서 그 운영 성과를 측정한 다음 그 결과를 토대로 재정적 인센티브를 부여하는 정책을 추진했다. 이러한 보조금정책 외에 중앙정부는 지방재정 전반에 걸쳐 거시적 통제와 성과관리를 실시했다. 이는 국가 차원에서 명분과 합리성이 있지만, 지방의 입장에서는 지방자치의 독립성과 자율성에 상당한 제약이 가해지는 조치로 인식된다.

그러나 이러한 정책 기조는 2010년에 들어선 현재의 캐머런 행정부에 의해 크게 수정되었다. 캐머런 행정부는 중앙정부의 권한을 지방과 민간으로 이양하는 분권화(decentralization) 정책을 추진하면서 지방재정 운영(중앙정부 보조금 포함)의 책임성과 성과 문제를 다루는 데 기존의 접근과 달리 지방의 자율성과 민주성을 담보하는 방식으로 접근하고 있다. 이러한 기조 위에 ① 지방 예산활동에 대한 국가의 간섭 및 규제행위 자제, ② 지방정부의 투명성 강화, ③ 유연하고 새로운 일하는 방식 도입 등이 적극적으로 추진되고 있다. 새로운 지방분권 정책이 추진되면서 종전에 중앙정부가 주도했던 지방에 대한 성과관리의 범위·전략·방법은 기본적으로 축소되었다.

그러나 영국 정부는 지방분권을 강화하면서도 국가적 관점에서 지방이 반드시 실천해야만 하는 영역들, 즉 지방의 재정 책임성, 투명성, 성과관리에 대한 중앙정부의 거시적 관리를 포기하지 않았다. 중앙정부가 지방의 행·재정활동에 대해 거시적으로 성과를 관리하고 개선책을 모색하는 정책적 기조와 수단적 조치들은 그대로 유지되거나 오히려 보강되는 추세이다. 대표적인 예로서 영국 정부가 지방이 반드시 공표해야 할 의무적 정보와 데이터를 확대하고, 중앙정부가 지방자치와 주민복지에 핵심적인 행·재정활동 정보를 수집하여 전국적으로 비교·공개하는 정보의 질과 양을 적극적으로 확대하는 정책을 추진하고 있는 점을 지적할 수 있다.

종합적으로, 영국에서는 국고보조금제도의 운영과 관련하여 누가, 어떤 범위에서 어떤 책임을 져야 하는지에 대해 법적·공식적으로 명확한 구분을 짓고 통제하고 있다. 그리고 이와 동시에 '재정 책임성과 성과관리' 차원에서 보조사업을 실질적으로 점검·평가·반영하는 수단과 방법을 지속적으로 개발하여 발전시켜 나가고 있다. 이는 국(주)민의 관점에서 재정지출의 효율과 성과를 향상시키고자 하는 데 취지가 있는 것으로 우리나라에 많은 교훈과 가르침을 준다. 그리고 국고보조사업을 추진하면서 중앙정부와 지방정부 간에 대화와 협의를 통해 보조금 협약을 체결하는 것도 우리에게 시사하는 바가 크다.

참고 문헌

김순은(2007). 영국 지방정부의 성과관리: 성과관리 정책의 관점에서. 한국거버넌스학회보, 14(2): 115-148.

임성일·최영출(2011). 영국의 지방정부와 공공개혁. 법경사.

임성일(2008) 영국의 지방재정 개혁과 지방세제도의 동향. 2008년도 추계 지방세 세미나 발표논문집. 한국지방재정학회.

HM Government (2006). Risk: Good Practice in Government.

——— (2010). Europe: UK Draft National Reform Programme 2010.

HM Treasury (2010). The Spending Review Framework.

DCLG (2008). Area Based Grant(General Guidance).

——— (2011a). Future of Local Public Audit(Consultation).

——— (2011b) The Code of Recommended Practice for Local Authorities on Data Transparency.

——— (2011c). Local Government Financial Statistics England.

——— (2011d). Accountability: Adapting to Decentralization.

——— (2011, April). Statistical Release.

——— (2012). Specific and Special Revenue Grants Budget 2012-13.

Chapter 11

사업 성과평가: R&D사업-EU*

제 1 절 유럽연합 R&D사업과 배경

유럽의 고민은 유럽이 세계 지식 생산의 3분의 1을 차지하고 있지만 유럽과 미국, 일본 등 다른 나라들과의 차이가 넓어지고 있다는 것이다. 첨단 기술상품의 무역 역조가 커지고 있고, 산업 인력에 대한 연구자 비율이 미국이나 일본에 비해 훨씬 낮다는 것이다. 따라서 유럽의 통합과 경쟁력 강화 등의 관점에서 과학기술이 그 어느 때보다도 중요하게 인식되고 있다. 유럽연합의 R&D에 대한 지원과 관심은 유럽공동체가 설립된 이래 직·간접적인 연구개발 프로그램이나 공동연구센터(Joint Research Center)의 설립 등 다양한 형태의 노력으로 이어져 왔다. 최근 유럽에서는 정치 및 경제적인 통합과 아울러 R&D에서 통합을 위한 유럽 연구 영역(European Research Area: ERA) 구축을 위한 노력이 이루어지고 있다.

유럽연합의 과학기술정책 기조는 회원국들 간의 공동 연구 등을 통한 협력과 유럽 전체의 이익을 위한 과학기술의 역할에 초점이 맞추어져 왔으며, 특히 많은 회원국의 재정 부담으로 이루어지고 있어 사업의 성과평가가 더욱 철저하다는 것이 특징이다. 초기에는 '유럽원자력공동체'와 '유럽석탄철강공동체'의 양 공동체 간의 조약에 기초를 둔 원자력이나 석탄 및 철강의 생산기술에 관한 연구개발에 중점을 두어 왔으나

* 홍형득: 강원대학교 행정학과 교수

1970년대의 오일 쇼크를 계기로 하여 비원자력 에너지에 관한 연구개발이 추가되었으며, 점차 기타 기술 분야까지 연구개발 활동 범위가 확대되어 왔다.

유럽연합은 1984년 1차 프레임워크 프로그램(Framework Program: FP)을 시작한 이후 본격적이고, 종합적인 연구개발정책 및 전략을 수립해 오고 있는데, 1990년대 이후 유럽연합이 주도하는 연구개발 프로그램의 투자 및 전략 방향 설정 등에서 그 정책 기조의 변화와 방향을 읽을 수 있다. 1990년대 초에 그 대표적인 정책 방향 설정은 1993년에 발표된 유럽연합의 「경제 성장, 경쟁력 및 고용에 관한 백서: 21세기를 향한 도전과 전진의 길」에 나타나 있다(European Commission, 1993). 여기에서 유럽연합은 GDP 대비 연구개발 투자 및 인력이 미국이나 일본에 비해 저조하고, EU 회원국 간 연구개발 조정 기능의 부족, 그리고 과학적 돌파구나 연구 결과의 상업화 부족 등의 문제점에 대한 자체 진단과 향후 산업경쟁력 강화 및 고용 창출 등을 통한 지역경제 성장을 위한 유럽연합 회원국들의 과학기술정책 기본적 방향을 제시했다. 구체적으로 회원국 간 규제를 완화하고, 연구개발비 세액공제제도의 확충, 새로운 대규모 연구개발 프로젝트의 실시, 연구개발 지원제도의 개선 및 회원국 간 각종 지원의 조정 등의 방향을 제시했다.

한편 2000년 들어 유럽연합은 유럽의 만성적인 저성장 원인이 지식기반 경제로의 전환에 소홀히 대처한 것이라는 반성과 함께 2000년 3월 리스본 선언(Declaration of European Council in Lisbon)을 통해 2010년까지 경쟁력 있고 역동적인 지식기반 경제를 이룩하겠다는 청사진과 각 분야별 실행계획을 수립했다. 유럽연합은 2000년 리스본회의 이후 세계에서 가장 경쟁력 있는 동태적인 지식기반 경제를 목표로 설정하고, 이러한 목표 달성을 위한 가장 핵심적인 수단으로 과학기술 개발정책을 설정했다. 리스본 회의 결과를 달성하기 위한 수단으로 FP와 새로운 환경 변화에 적응하기 위한 더욱 유동적인 정책 수단과 전략이 필요하다는 것이다. 따라서 미국에 필적할 수 있는 강력한 지식기반 경제를 건설하기 위해 연구개발 투자를 대폭 확대하는 동시에 사업의 효율성을 높이기 위해 EU 전체 차원의 유럽연구 영역(ERA)이란 단일 연구체 구축을 위한 노력을 하고 있다. 아울러 FP를 통해 개별 프로젝트들의 통합과 조정을 강화하는 동시에, 이를 촉진하기 위해 다양한 수단을 마련하여 시행하고 있다.

제 2 절 유럽연합 R&D 현황과 제도적 변화

유럽연합의 과학기술정책은 1980년대에 들어서서 본격적으로 EU 차원의 R&D정책 제도화가 추진되었다. 1984년 새로운 프로그램과 기존의 프로그램을 통합하여 4~5년 단위의 다년 프로그램으로 FP를 설립했다. 여기에는 정보기술에 대해 EU의 주요 기업 사이에 초국가적인 공동 연구를 추진하는 ESPRIT와 통신기술에 대한 RACE 프로그램 등이 포함되었다. 1987년 발효된 유럽 단일 의정서(Single European Act)에 유럽연합 R&D 정책의 필요성이 공식적으로 제기되었고, 1992년 마스트리히트조약에서 재확인했다. 이후 EU가 주도하는 R&D정책은 대부분 FP로 통합되어 2012년 현재 7차 프로그램이 진행 중이다. EU의 R&D정책 밖에서는 1985년 프랑스 정부 주도 하에 EUREKA 프로젝트가 시작되었다. FP가 기술 지향적인 연구가 중심이 된 데 반해 EUREKA는 시장 지향적 개발 연구가 중심이 되었다. 또 EU 회원국이 아닌 다른 유럽국가 기업들의 참여도 허용되었다. EU의 R&D정책은 EU 회원국 기업, 연구소 또는 대학 사이의 공동 연구를 통해 회원국 간 연구 인력의 교류 및 지식 확산을 도모해 왔다. 이는 EU의 경제 통합과 지역 내 지식 전파의 활성화, 지식의 공유, 연구활동의 통합적 조정을 통해 지역 내 단일 과학기술 연구 영역(ERA)을 지향하는 기술 통합의 단계에 이르렀다는 것을 의미한다. 유럽에서 단일 연구개발 지역으로의 통합의 중요성이 부각되고 있는 것은 슘페터(Joseph A. Schumpeter) 이래 자본주의 경제의 동력으로서 혁신의 중요성이 강조되어 왔고, 한 나라의 경제 성장과 후생 수준의 증대가 새로운 지식을 만들어 내고 지식을 구성원이 공유할 있도록 하는 능력에 달려 있다는 사실에 대한 새로운 관심을 나타낸 것이다. 실제로 지역 내에서 상품 및 생산 요소의 자유로운 이동으로 얻어지는 경제적 이득은 일회적인 성격인 데 반해 혁신 또는 기술 진보로 얻어지는 이득은 영구적이라는 측면에서 ERA의 구축을 위한 다양한 노력이 이루어지고 있다. 그러나 지금까지 유럽연합 회원국들은 유럽연합 단일 연구 지역의 필요성에 공감하면서도 R&D정책의 주도권을 초국가적인 유럽연합에 양도하지 않으려는 모순적 성향을 보여 왔다. 점차 FP를 설립한 이후 투자 규모와 대상 분야의 확대와 연구자 간의 활발한 네트워크 형성을 통해 문제점을 극복해 보려는 EU 차원의 노력이 있었다. FP는 회원국으로부터 파트너와 협동기술 개발 프로그램을 통해 유럽의 경쟁력 향상과 과학기술 능력을 강화하는 데 첫 번째 목적이 있다.

EU의 FP는 <표 11-1>에서 보는 바와 같이 4~5년 단위 연동계획으로 2012년 현재 7차 프로그램이 진행되고 있으며, 단계별 성과의 피드백 및 연속성을 위해 해당 FP의 첫해와 마지막 해는 전후 FP와 중복되도록 하고 있다.

FP의 기본적인 실행 절차는 우선 EU 차원에서 집행위원회(European Commission)에서 전략적인 연구 분야와 연구 목표를 수립하고, 이에 따라 구체적인 세부

표 11-1 FP 시기별 특징

시기	특징
1차 (1984~1987)	• 기존 개별 프로그램을 통합 • 정보통신기술, 재료기술 등 분야 한정 • 주요 사업: ESPRIT(정보기술), RACE(통신기술), BRITE/EURAM (신소재 및 재료 특성)
2차 (1987~1991)	• 단일 시장 실현 강화를 위한 프로그램 기획 • 에너지, 환경, 농업 등으로 분야 확대, 10개 연구 중점 분야(삶의 질 향상, 단일시장, 정보통신사회의 발전, 산업 선진화 등)를 설정하여 추진
3차 (1990~1994)	• 정보통신기술 및 인력 개발 및 교류에 대한 급격한 예산 확대 • 3개 부문 6개 연구 중점 분야(정보통신, 산업 · 재료, 환경, 생명과학, 에너지, 인적자원 개발 · 이동) 설정
4차 (1994~1998)	• 4개 연구활동 분야 설정 1) 연구 · 기술개발 및 실증 프로그램(IT, 산업기술, 환경, BT, 에너지, 교통, 사회 · 경제연구), 2) EU 이외 국가 및 국제기구와 협력, 3) 연구 결과의 응용 · 확산, 4) 연구 인력자원의 개발 및 이동 촉진 • 인문사회과학 분야, 국제 협력, 연구 성과 활용 및 확산 부분 신설
5차 (1998~2002)	• 유럽의 사회경제적 당면 과제 해결 노력 • 4개 주제별 프로그램(Thematic Programmes): 삶의 질 향상과 생명자원의 관리/사용자 친화적 정보사회/경쟁력 있고 지속 가능한 성장/에너지, 환경, 지속 가능한 발전 • 3개 수평적 프로그램: EU 공동체 연구의 국제적인 역할 강화/기술혁신의 촉진과 중소기업의 참여 확대/연구잠재력 및 지식기반 경제사회의 증진
6차 (2002~2006)	• 소규모 과제보다는 컨소시엄 형태의 대형 과제 위주로 진행 • 기반 조성, 협력 강화를 위한 사업성 프로그램 강화
7차 (2007~2013)	• 유럽 사회에 고부가가치를 창출할 수 있는 분야에 연구 재원 집중 • 신규 지원 방식 및 분산형 행정절차를 통한 의사결정 간소화

자료: Vinnova (2009).

프로그램이 구성되는 형태로 이루어진다. FP는 7차 계획까지 이어오면서 그 내용과 방식이 변화되어 왔으며, 당초 소극적인 EU 회원국 간 공동 연구 과제에 대한 연구개발비의 분담 성격을 가지고 있었으나 2000년 리스본 선언 이후 단일 유럽연구 체제(ERA) 구축을 위한 적극적인 제도적인 수단이 동원되고 있다. 또한 현재까지 예산이 지속적으로 증가하고 있으며, 특히 4차 프로그램을 기점으로 하여 예산이 급증했고, 7차 프로그램에서 다시 많은 변화가 있었다.

1차부터 4차 FP까지는 기술 분야를 중심으로 종합적인 지원이 이루어졌으며, ESPRIT, Brite Euram 등과 같은 유명 프로그램이 등장하게 된 배경이기도 하다. 4차 프로그램에서는 EU의 모든 연구개발과 관련된 활동을 총 4개 영역 18개 분야로 구분・정리하여 추진했다.[2] 연구 및 기술개발 영역은 정보, 통신, 생명, 운송 등 15개 분야로 다시 나누어 세부 프로그램들이 기획되었다.

특히 5차 및 6차에 와서 크게 변했다. 4차까지는 광범위한 기술 분야를 중심으로 세부 사업이 이루어졌지만, 5차 FP부터는 '삶의 질' 또는 '지속 가능한 성장' 등의 당면 사회문제 해결에 사업의 초점을 두고, 그동안의 사업들이 재조정되었다. 5차 FP는 사회문제의 해결을 포괄하는 4개의 주제별 프로그램, 주제별 프로그램의 수행을 지원하고 조율하는 3개의 수평적 프로그램, 그리고 기타 프로그램으로 구성되었다. 이처럼 5차 FP에서는 사회문제 해결이라는 목표를 효과적으로 달성하고 효과를 극대화하기 위한 노력이 이루어졌다. 집중과 효율의 원칙에 따라 몇몇 제한된 영역에 투자 배분을 집중하고 내용을 단순화했으며, 관리 절차의 합리화 및 간소화와 핵심 연구 인력 간의 네트워크 형성을 강조했다.

한편 6차 FP는 각 국가별로 추진되고 있는 유럽 내의 연구들을 통합과 조정을 통한 유럽 연구 영역(ERA)의 건설을 목표로 하고 있다. EU는 ERA를 실현하기 위한 전략으로 2001년 당시 EU 전체 GDP 대비 1.9% 수준인 연구개발 투자를 2010년까지 3%로 확대하는 목표를 세웠다. 또한 2002년 말 출범한 6차 FP(2002~2006)도 ERA 실현을 뒷받침하기 위한 다양한 수단을 동원했다. EU의 6차 FP는 Network of Excellence, Integrated Project 등과 같은 새로운 개념을 도입하여 EU 회원국들의

2) 4개 영역은 다음과 같다. ① 연구 및 기술 개발, 실증실험, ② 제3국 및 국제기관과의 협력, ③ 성과의 보급 및 활용, ④ 교육훈련과 연구자 교류 촉진.

표 11-2 FP6와 FP7 주요 내용 비교

구분	6차 프로그램	7차 프로그램
구조	3대 목표/7대 주요 분야	4대 목표/10대 주요 분야
목표	• 연구개발 집중 및 통합 • 유럽연구개발지역 구축 • 유럽연구개발지역 기반 강화	• 다자 협력 강화(cooperation) • 창의적 아이디어 발굴(idea) • 연구자 유동성 강화(people) • 유럽공동 연구 역량 강화(capacity)
분야	• 생명과학, 유전공학, 바이오 • 정보사회기술 • 나노기술 • 우주항공 • 식품 질, 안전 • 지속 가능 발전 • 지식기반 국민, 정부	• 보건, 식품, 농업 및 바이오 • 정보통신기술, • 나노과학, 재료 및 신생산기술 • 에너지, 환경(대기 변화 포함) • 운송(항공 포함), 안전기술 • 사회과학, 경제학 • 우주

자료: 교육과학기술부(2009).

연구활동을 조정·통합시키고 있다.

특히 <표 11-2>에서 보는 바와 같이 6차에 비해 현행 7차 프로그램은 '성장을 위한 지식 기반의 연구개발 지역 구현'을 핵심 목표로 하고, '협력' 부문의 연구과제에 큰 폭의 예산을 배정한 점이 특징이다. 단일 연구개발 프로그램상 세계 최대 규모인 총 532.7억 유로의 예산을 편성했다. 협력 부문 예산이 324억 유로로 전체 예산 가운데 60% 이상을 차지(창의 부문: 75억 유로, 인간 부문: 47.5억 유로, 역량 부문: 40.9억 유로)하고 있다.

제 3 절 유럽연합 FP평가제도 및 운영 방식

1 평가 체계

유럽연합에서 FP평가는 "FP가 목표로 한 결과, 영향 및 필요성에 따른 FP의 실적평가"로 정의하고 있다. 이러한 정의에는 평가는 프로그램의 필요성, 성과 및 영향에 초점을 두고 있다는 것이다. FP평가는 1980년대 초에 도입된 이후 변화되어 왔으며, FP에 참여하고 있는 DG(Directorate General)에서 독자적으로 평가를 수행하고 있다. FP를 위한 평가 및 성과관리는 1980년대 초 처음으로 실시된 이후 지속적인 변화를 해왔다. 특히 1990년대 중반에 많은 변화가 있었으며, 현재 진행 중인 7차 FP에서도 사전 영향평가 등 변화가 있었다. FP 전체에 대해서는 연구개발 DG의 담당 부서에서 관리하는 평가와 모니터링 시스템이 있다. FP의 복잡한 구조와 넓은 대상 연구 영역만큼 평가를 위한 메커니즘 역시 복잡하다(European Commission, 2002). 유럽 연합 FP의 평가는 집권화되어 있는 정보사회 미디어 DG 외에는 대부분이 분권화되어 있어 관할 기관에서 독립적으로 평가 및 성과관리하고 있다.

FP의 평가 체계는 [그림 11-1]에서 보는 바와 같이 과제평가와 세부 사업평가 및 전체 FP평가로 구분된다.

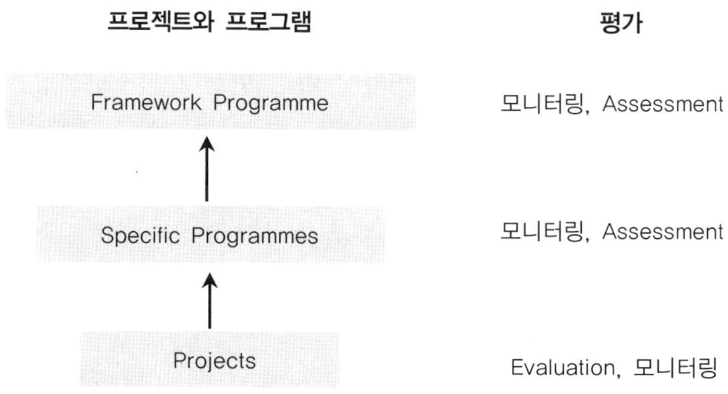

그림 11-1 FP의 과제와 사업평가 체계

1995년부터 이 시스템은 주로 1년 단위 FP평가와 모니터링, 그리고 5년 단위 평가로 이루어져 있었다. 현행 프레임워크(framework) 프로그램 평가는 [그림 11-1]과 [그림 11-2]에서 보는 바와 같이 1996년부터 적용되어 오고 있는 평가 시스템으로 1년 단위의 모니터링(monitoring)과 5년 평가(5-year assessment)의 두 가지로 구분되며, 각각 구체적인 세부 프로그램과 FP를 위한 모니터링과 5개년 평가로 나뉜다. 새로운 평가 시스템은 지속적인 실시간 평가를 전제로 하고 있다.

표 11-2 유럽연합의 프로그램 평가 체계

	개별 프로그램(SP)		프레임워크 프로그램(FP)
모니터링	매년 모니터링	→	매년 전체 종합 모니터링
5개년 평가	↓ 매 4년차에 종합평가	→	매 4년차에 전체 종합평가 ↓

FP는 [그림 11-3]에서 보는 바와 같이 모니터링과 평가를 혼합하여 지속적이고 체계적인 평가(continuous and systematic evaluation)가 이루어지는 평가 시스템을 가지고 있다. FP의 평가는 1996년부터 적용되어 오고 있는 새로운 평가제도로 세부 프로그램과 전체 프로그램을 위한 모니터링과 5년 평가의 두 가지로 나뉘고, 모두 독립적인 외부 전문가에 의해 이루어진다. 따라서 유럽연합의 FP를 위한 평가는 프로그램이 진행되면서 지속적으로 평가가 이루어지기 때문에 1년과 5년 단위의 모니터링과 평가의 네 가지 유형의 평가가 항상 일어나고 있는 것이다.

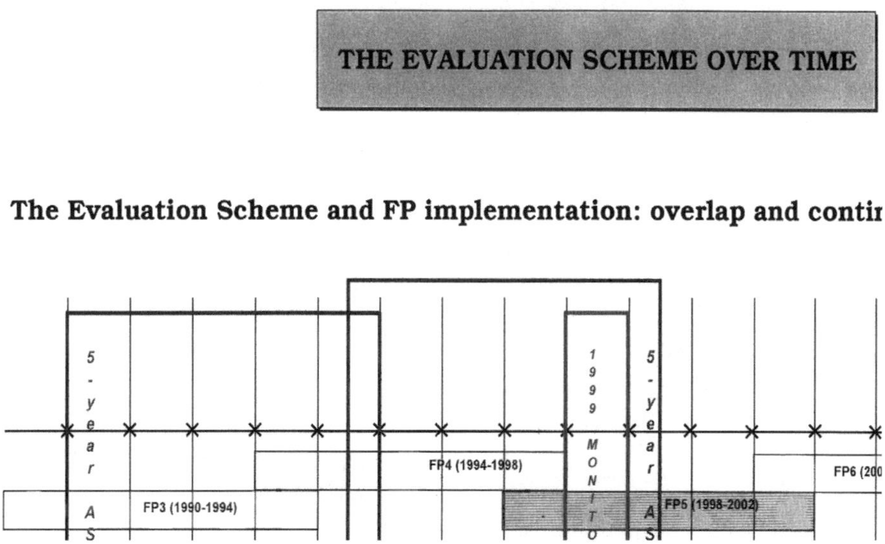

그림 11-3 FP 평가 및 모니터링 주기

2 평가의 목적

유럽연합(EU)은 연구개발 활동의 평가에 대한 기본 지침을 제정하여 다음과 같은 프로그램의 평가 기준을 제시했으며, 이러한 평가 기준에 입각한 평가제도 운영을 통해 프로그램의 효율성 향상과 공공책무성 확보라는 두 가지 이념을 달성하고자 하고 있다. 연구개발 프로그램에 대한 EU의 평가 기준은 전통적으로는 미국이나 일본과의 경쟁에 대응하여 유럽의 산업경쟁력 강화를 도모하는 것을 중시했으나, 1990년대 후반부터는 고용, 환경, 의료 등의 사회적인 목표에 대한 기여를 강조하고 있다(황용수 외, 2001).

① 과학기술적인 연구 성과와 혁신에의 기여
② 유럽공동체의 가치 창출과 정책에의 기여
③ 사회적인 목표에 대한 기여
④ 경제 발전과 과학기술의 미래 비전(vision) 제시
⑤ 자원의 효율적인 활용, 연구 주체 간 파트너십(partnership) 강화, 프로그램 관리의 개선

<표 11-3>에서 보는 바와 같이 1년 단위 모니터링은 구체적인 프로그램과 전체 프레임워크 차원에서 집행 상태를 점검하고 보고하기 위한 목적으로 이루어진다. 반

표 11-3 유럽연합 프로그램 모니터링 및 평가 시스템

	대상	시기	목적	방법
모니터링	구체적인 프로그램	지속적, 1년 단위	집행 상태 보고 FP 모니터링과 5년 단위 평가에 반영	전문가 패널, 핵심 지표, 질적인 증거, 인터뷰, 구체적인 프로그램 차원에서의 진행 및 중간 성과 보고
	FP	지속적, 1년 단위	집행 상태 보고 FP 모니터링과 5년 단위 평가에 반영	전문가 패널, 핵심 지표, 질적인 증거, 인터뷰, FP 차원에서 진행 및 중간 성과 보고
평가	구체적인 프로그램	5년 단위	5년 단위 평가정보 제공, 미래 프로그램 설계에 반영	전문가 패널, 핵심지표, 질적인 증거, 인터뷰, 조사, SP모니터링 패널 및 기존 평가로부터 보고, SP 차원에서의 진행 및 중간 성과 보고
	FP	5년 단위	설정한 목표에 대한 달성도 측정, 과학기술 정책 및 새로운 FP설계에 반영	전문가 패널, 핵심 지표, 질적인 증거, 인터뷰, 조사, SP모니터링 패널 및 기존 평가로부터 보고, FP 차원에서의 진행 및 중간 성과 보고

면 5년 단위 평가는 개별 프로그램과 전체 프로그램이 설정한 목표에 대한 성과 달성도를 측정하고 유럽연합의 향후 과학기술정책 및 새로운 프로그램 설계에 반영하기 위한 목적으로 이루어진다.

구체적으로 중간평가는 프로그램의 목표, 연구 우선순위 및 재정적 지원 등과 관련한 프로그램과 세부 프로그램의 전체적인 집행 현황을 모니터링하기 위해 일상적인 프로그램 관리와 정책적인 우선 분야의 추진 및 설정 사이에 피드백 및 상호작용이 이루어질 수 있도록 하고, 정책결정자와 프로그램 관리자에게 프로그램의 진행 상황을 보고한다. 특히 유럽연합 전체 연구개발 활동에 관한 연차보고서와 5개년 평가 및 관련 부처의 연차별 활동보고서의 형태로 이루어진다.

세부 프로그램 중간평가에서 제시하고 있는 평가의 목적은 프로그램 관리, 유럽연합 차원에서의 프로그램 실행으로 인한 편익, 유럽연합의 사회경제적 발전에 대한 프로그램의 기여, 과학기술적인 성과, 상품화와 벤처기업 설립 등을 포함한 프로그램 결과의 실제 관련성 및 질의 측정이다(EU, 1993).

평가에서의 외부 전문가(패널)의 지원은 프로그램의 관리에 모니터링 결과의 빠른 피드백을 위한 것으로, 매년 주요 이슈에 대한 외부 전문가의 의견을 듣기 위한 것이라고 한다면, 5개년 평가는 좀 더 광범위한 목표, 성과 및 실행 등을 평가하기 위한 것이다.

3 평가 과정 및 절차

1) 전담평가단의 운영

EU는 외부 전문가의 DB를 갖고 있으며, 항상 새롭게 갱신하고 있다. 프로그램 평가는 전문 패널을 구성하여 전담평가를 수행한다. 패널은 모니터링의 경우 3~4명의 전문가로 구성하며, 5개년 평가의 경우 6~10명의 전문가로 구성된다. 평가단 구성은 개인적인 경험과 재능을 바탕으로 산업계, 학계, 연구기관 등의 균형을 이루도록 가능한 한 노력하고 있으며, 국가별, 혹은 남녀의 성별 안배도 고려하고 있다. 평가자 선정은 EC(European Commission)에서 책임자에게 의뢰하는 형식으로 이루어진다.

지속적인 평가를 위해 패널 중의 적어도 한 사람은 그 이전 모니터링에 참여한 사람으로 하도록 하고 있으며, 중립적인 의견(Recommendation)을 프로그램 운영에 반영하기 위해 외부 전문가의 의견을 1년에 한 번 제시하도록 하고 있다.

2) 평가 기준의 설정 및 초점

EU의 FP평가를 위한 통합지표는 [그림 11-4]에서 보듯이 관리 및 투입지표와 과학적 성과와 기술적 성과, 그리고 영향의 논리구조로 되어 있고, 이러한 일련의 과정이 ERA에 대한 구조적 효과에 어느 정도 기여하는지의 평가에 초점을 두고 있다.

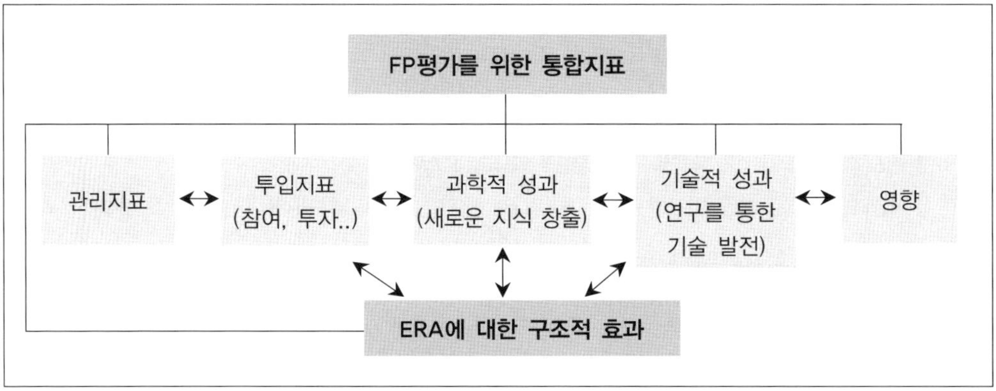

그림 11-4 FP평가를 위한 통합지표

자료: EU (2009).

FP평가에서의 정보 수집은 모니터링을 통해 지속적으로 평가를 위한 실시간 정보를 수집하고, 수집된 정보가 FP의 연차별 모니터링과 5개년 평가에 활용되도록 하고 있다. 모니터링과 5개년 평가에 적용되는 평가 기준은 상당한 차이가 있다. 모니터링에서는 ① 프로그램 운영의 효율성, ② 선정된 프로젝트들이 EU의 정책 목표와 어느 정도 일치하는지 여부, ③ 구체적인 측정 방법 사용, ④ 설정된 목표의 달성 정도, 그리고 ⑤ 변화하는 환경의 관점에서 사회의 요구에 대한 신축적 대응 여부 등이 중요한 평가 기준이다.

5개년 평가는 프로그램의 전략, 집행, 성과 또는 영향에 대한 전반적인 내용을 다루게 되고, 이에 따라 평가 기준도 다음에서 제시하는 ① 적합성, ② 효율성, ③ 효과성 등과 같이 좀 더 포괄적인 것이다. 한편, 프로그램 차원에서의 평가에서는 EU의 과학기술정책과 개별 국가의 정책 간의 연계성 여부를 중요한 평가 기준으로 삼고 있다.

중간평가에서 모니터링의 초점 및 대상을 파악할 수 있는 방법 중의 하나는 보고서 내용 및 범위이다. 여기서 발견할 수 있는 몇 가지 시사점은 우선 중간평가에서 필수적인 전반적인 프로그램 집행 현황 및 관리 과정을 중점적으로 다루고 있고, 프로그램의 장기적인 정책 방향이 제대로 진행되고 있는지를 점검하고 있다는 것이다. 둘째는 결론 부분에서 나타나는데, 구체적이고 실질적인 정책 제안을 하고 있다는 것이다. 단순하고 추상적인 방향 제시가 아니라 구체적인 정책 제안을 함으로써 즉각적인 반영 정도를 알 수 있게 하고 있다. 셋째는 부록에서 구체적인 자료를 제시하고 있는데 규정에 의해 전 단계 평가에서 제안한 정책 제안들에 대해 EU에서 어떤 결정을 했고 정책적인 반영 정도에 대해 검토하게 함으로써 평가의 연속성과 피드백 효과를 높이고 있다는 점이다.

프랑스의 BETA그룹이 수행한 1993년 구체적인 프로그램(Brite/Euram)의 중간평가 사례에서 평가의 초점 및 체계는 더욱 전형적인 중간평가로서의 역할에 충실하고 있다. 보고서의 주요 내용은 프로그램 성과, 목표 달성 정도, 프로그램 집행의 효과성 등으로 구성되어 있다. 구체적으로 프로그램 성과는 직접적 결과, 간접적인 결과, 프로그램 관리, 정책 제안의 집행 현황 분석 등으로 구성되어 있고, 평가 결과 목표 달성 정도는 과학기술적 목표 달성, 경쟁력 향상에의 기여, 부가가치 증가, 사회적 요소, 중소기업, 그리고 프로그램 집행 효과성은 프로그램 내용, 관리비용, 프로그램 집행 및 사용자 지향성, 과제 채택 과정, 프로젝트 관리, 참여자의 역할 등으로 구성되어 있다.

3) 평가 방법

평가 방법은 다양한 방법을 동원하고 있다. 전문가 패널의 의견 및 질적인 판단, 정책 방향 및 중점 지원 분야 등 핵심 지표, 반구조적 설문에 의한 인터뷰, 조사분석, 모니터링 패널과 기존 평가 결과 보고, 프로그램 차원에서의 진행 및 중간성과 보고 등을 사용하고 있다. 구체적으로 평가 진행 과정에서 평가단은 12개월 정도의 기간 동안 통상적으로 여러 차례 관련자들과의 인터뷰를 포함한 모임을 갖는다. 그 대상자들은 대체로 프로젝트 관리팀, 프로그램 고위 책임자 및 프로그램에 참여하고 있는 컨설턴트 등이다. 두 번째는 컨설턴트 그룹이 프로그램 내의 대표적인 프로젝트를 표본 추출하여 공동 참여 기업을 포함한 기업들과의 심층 인터뷰를 중심으로 한 조사연구를 수행하고, 평가 패널에게 결과를 보고한다. 여기에서는 그동안의 유럽연합 경쟁력 증가 보고서나 프로그램에 대해 수행된 개별 조사연구의 자료들이 활용된다. 셋째는 평가 패널들은 개별적으로 프로그램 관련자들과 광범위한 교차 질문을 통해 구체적인 프로그램 진행 상황 및 이슈를 파악한다. 주요 면담 대상자들은 중앙정부 관리, 기업 고위관리, 선정되지 않은 프로젝트 책임자, 학자 및 프로젝트 참여자 등이다. 모든 패널은 각기 인터뷰 결과를 패널회의에서 발표하도록 하고 있다.

특히 프로그램 현황 정보는 프로그램 진행 중에 정기적인 프로그램 진행 상황 및 향후 계획에 대한 보고를 제도화하고 있다. 1년 단위로 과거 12개월간의 실적과 향후 18개월간의 연구 진행 계획을 제출하도록 함으로써 지속적으로 프로그램 진행 상황에 대한 평가정보를 DB화하고 있어 실시간 프로그램 정보의 제공이 가능하게 하고 있다.

평가를 위한 정보는 모니터링 패널들이 지속적으로 평가를 위해 주요 이슈별로 실시간 정보를 수집하고, 이렇게 수집된 실시간 정보가 프로그램의 연차별 모니터링과 5년 단위평가에 활용될 수 있도록 하고 있다. 주요 모니터링 이슈는 과제 선정 과정, 프로그램의 관리 운영, 선정 프로젝트의 특성 및 주요 정책적 지향 관련 측정 변수, 연구 성과, 결과의 활용 및 확산 등이다. 평가를 위한 핵심적인 정보를 1차 회의에서 사무국에 요구를 하고 프로그램 사무국에서 구체적인 데이터를 제공하고 있다.

4 평가 결과 및 결과의 활용

FP평가의 결과보고서는 앞서 논의한 바와 같이 매년 연차별 모니터링 보고서와 5개년 평가보고서가 각각 세부 프로그램들과 전체 프로그램에 대해 발간된다. 특히 모니터링 보고서에는 평가 대상기관이나 프로그램 관리자의 보고서에 대한 의견을 동시에 싣도록 함으로써 평가 과정에서의 신중성과 프로그램 관리자의 의사결정에 도움을 주도록 하고 있다.

각 평가보고서는 EC 및 유럽의회에 보고되어 정책결정에 중요한 자료로 활용된다. 앞에서 본 바와 같이 모니터링 및 5개년 평가의 기본 목적은 프로그램 관리를 개선하고 집행의 효율성을 향상시키며 차기 프로그램을 기획하는 데 기초 자료로 활용하기 위한 데 있다.

FP의 경우 평가보고서를 통해 전문가들이 제시한 정책 제안(Recommendation)에 대해서는 EU가 철저한 검토 과정을 거쳐 내부적으로 그 반영 여부를 결정한다. 그리고 평가 결과는 차년도의 모니터링이나 평가 과정에서 검토되도록 하여 평가 과정이 평가보고서의 발간으로 그치는 것이 아니라 정책적인 피드백을 가져오는 제도적인 메커니즘을 만들어 두고 있다. 그런데 실제 평가 결과가 집행상의 문제점을 개선하는 효과를 달성했는지는 별도의 검토가 필요하다고 할 수 있다. 따라서 평가 결과의 활용도를 높이기 위해 EU위원회로 하여금 평가 및 모니터링 결과와 그들의 정책 제안에 대해 수용 여부를 결정하도록 하고 있다. <표 11-4>에서 보는 바와 같이 항상 평가 패널들은 사전에 전 단계 평가에서의 정책 제안들에 대한 EU 집행부의 의견과 결과 반영에 대한 패널들의 의견을 제시하도록 규정하고 있다. 한편 EU의 연구개발성(Research DG)의 평가부서(Research Evaluation Unit)가 주관하는 평가회의를 매년 당시 유럽연합의 의장국에서 개최하여 의장이 참여하도록 하고, 그 의견이 반영되도록 하는 등 적극적이다.

표 11-4 패널의 정책 제안 반영 여부 검토 양식

전년도 프로그램 정책 제안	EU 집행부 의견	차기 연도 평가 패널들의 정책 제안 추진 사항 검토

5 FP평가 변화 과정과 특징

FP평가의 기본적인 틀은 유지되어 왔지만 각 차수별로 특징적인 변화가 이어져왔다. <표 11-5>에서 보는 바와 같이 평가 빈도는 대부분의 차수에서 2회 이상 이루어졌다. 다만 사전평가는 FP7에서 이루어졌고, FP7의 최종 평가는 사업 종료 2년 후

표 11-5 FP평가 변화 과정과 특징

	FP4(1995~1998)	FP5(1999~2002)	FP6(2003~2006)	FP7(2007~2013)
평가 빈도	2회(중간, 최종). 최종평가는 FP5 중간평가와 동시 수행	2회 동시 평가(중간)	1회 평가(전체 FP과 3개 세부 프로그램	최소 5회 평가(사전, 중간, 최종평가), 중간평가 전 진도 보고 포함
사전평가	사전평가 없음	사전평가 없음	사전평가 없음	사전평가, FP7에 대한 위원회 제안의 영향평가의 일부
중간평가	5년 평가 중간, 후속 프로그램 전(1977)	후속 프로그램 제안 전 5년 평가(2000), 진행 중간 점검(2001)	수단의 효과성 평가(2004); 차기 프로그램 제안 전 5년 평가(2004), 정기 진도 보고	FP6 종료 2년 후 사후평가, 중간보고서 전 평가
최종평가	종료 연도 평가(1999)	없음	없음	종료 2년 후 평가(2015)

자료: EU (2009).

에 이루어진다는 점이 특징이다.

특히 FP7에서 평가 시스템의 변화는 1년 단위 모니터링, 2009년 진행보고서(Progress Report), FP7 중간평가, FP6 사후평가 등 많은 평가가 이루어지고 있다. FP7에서 모니터링은 사전영향평가 및 모니터링이 과거 외부 전문가에 의한 평가에서 유럽연합 내부 인력에 의해 이루어지도록 했다. 이것은 FP 운영을 위한 정보 수집을 위한 신뢰할 만한 소스를 제공하는 데 목적이 있었다. 한편 EU 집행부는 FP7을 기획하면서 2010년 전에 외부 전문가의 도움으로 증거 기반의 중간평가를 수행하도록 했다. 이 평가는 연구활동의 질과 목표를 향한 발전 및 프로그램 운영의 질적인 면을 평가했다.

FP7에서 새로운 모니터링 시스템의 특징은 내부 인력에 의해 모니터링 수행, 양적 지표 사용, 고위 관리자의 수요에 초점을 맞추며, FP의 종합적이고 포괄적인 현상을 보여줄 수 있고, 정치적으로 민감하거나 중요한 이슈를 다룰 수 있는 지표의 사용 등이 특징이다.

FP6의 사후평가는 FP6의 성과의 적절성, 집행 과정 및 성과를 평가하도록 설계되었다. 평가 결과나 제안은 미래 FP의 기획뿐만 아니라 FP6의 집행에 반영되었다. 이 평가는 독립적인 외부 전문가에 의해 이루어졌다. 특히 패널 구성은 국가별, 성별, 전문 분야별, 대학 및 기업 배경별 안배가 이루어지도록 했다.

7차 FP부터 변경된 평가 시스템의 특징 중 하나는 프로그램의 사전 영향평가의 수행이다. FP7과 세부 프로그램의 실행이 지속적이고 체계적으로 모니터링된다는 것이다. 2010년 이전에 증거 기반의 중간평가(an evidence-based interim evaluation)가 수행되었고, 프로그램 종료 2년 후인 2015년에 프로그램의 적합성, 실행 및 성과에 대한 외부평가가 이루어질 것이다.

<표 11-6>에서 보는 바와 같이 EU는 성과평가와 그 결과를 활용하고, EU의 연구정책에 대한 전략적 정보 서비스인 'ERAWATCH 네트워크', 유럽연합위원회의 연구개발 정보 사이트인 'CORDIS' 등 과학적이고 객관적인 근거에 기반한 FP의 성과관리를 위한 다양한 노력을 기울이고 있다.

표 11-6 FP 관련 성과정보관리와 주요 요소

구분	기능			목표 집단			비고
	기본 정보	분석	진단	정책 결정자	프로그램 관리	이해 관계자	
통계	V					V	
CORDIS	V					V	
온라인 DB	V				V		미공개
연차 보고서		V	V	V	V	V	
FP7 모니터링 보고서		V	V	V	V	V	
연간 운영 계획		V	V		V		미공개

자료: EU (2009). Tools and Indicators for Community Research Evaluation and Monitoring.

제 4 절 제도의 성과 및 개선 방안

유럽연합의 R&D사업은 다양한 국가와 참여자들로 이루어지기 때문에 특히 철저한 성과평가가 이루어졌으며, R&D 평가의 한 전형으로 다른 국가들의 R&D사업 성

과 관리에 많은 영향을 미친 것이 특징이다. 유럽 각국에 연구평가의 확산은 유럽연합을 중심으로 한 FP평가와 그 프로그램 평가에의 참여로 인한 학습 효과 등의 영향이 크며(Luukkonen, 1998), 반대로 영국의 ROAMEF 시스템과 같이 회원 국가의 평가제도가 유럽연합이나 회원국에 영향을 미치는 경우도 많았다(Hills & Dale, 1995; Luukkonen, 1998).

FP의 복잡한 구조와 넓은 대상 연구 영역만큼 지금까지 FP를 대상으로 한 연구들이 줄을 이어 왔다. 특히 유럽연합의 FP와 회원국들의 연구평가 시스템을 중심으로 한 대표적인 연구는 기본스와 조지우(Gibbons & Georghiou, 1987)의 OECD 지원에 의한 연구평가이론(Research Evaluation) 정립, 그리고 1989년 *Research Policy*의 특별호 논문집에서 메이어-크래머와 몬티니(Meyer-Krahmer & Montigny, 1989)의 주요 유럽 국가들의 혁신 프로그램 평가, 오말라(Ormala, 1989)의 노르딕 국가들의 연구평가 경험 및 연구평가모형 등의 연구가 초기 프로그램 평가연구의 분수령을 이루었던 연구들이다.

1990년대 이후 국가 연구개발 프로그램을 중심으로 한 평가에 관한 연구로 특히 유럽연합의 연구개발 프로그램인 FP를 중심으로 많은 다양한 평가에 관한 연구와 방법이 개발되고 있다. 대표적인 연구로는 조지우(Georghiou, 1999)의 협동연구의 사회·경제적 효과평가에 관한 연구, 조지우(Georghiou, 1995)의 FP에 관한 메타평가, EUREKA Initiative에 관한 오말라 등(Ormala et al., 1993), 데일과 베이커(Dale & Baker, 1994) 및 홍형득(2002) 등의 연구가 이루어졌다.

유럽연합의 FP를 위한 평가 시스템은 체계적으로 잘 정립되어 있으며, 특히 7차 프로그램부터 적용한 사전 영향평가는 중요한 평가 요소 중의 하나가 될 것으로 보인다. 아울러 평가 시스템을 통한 사업의 관리 및 피드백 과정이 잘 적립되어 있어 체계적인 성과관리가 이루어질 수 있는 기반을 갖추고 있다. 유럽연합은 사전에 설정한 평가 기준에 따른 모니터링을 통해 프로그램 관리의 효율성과 설정된 목표의 달성 정도 등의 검토한 보고서는 EU의 이사회 및 유럽의회에 보고되며, 연간 R&D 예산의 우선순위 결정 및 제도 개선 등에 활용 메커니즘을 갖추고 있다.

그러나 FP7 평가에서의 변화에서 보듯이 지나친 평가가 가지고 오는 한계도 고려할 필요가 있다. 역시 평가 과정에서 제시된 바와 같이 프로그램의 관리와 관련하여 많은 참여자가 지원 과정과 연구비 지원의 지연 등에 많은 불만을 가지고 있었고, 평가 패널들도 지원 과정을 단순화하고 이해하기 쉽도록 변경할 것을 제안했다. 특히 지원 절차가 까다롭고 불필요한 제출 서류가 많고, 연구계획서 제출과 연구과제 시작 시기 사이가 너무 오래 걸린다는 문제 제기도 평가 결과에서 제안된 바 있다.

R&D 성과관리는 지식 생산 그 자체로부터 이러한 변수들의 역량을 제고하며, 시스템의 상호작용적 학습을 촉진하는 데에 역점을 두어야 한다. 기술혁신의 모든 과정에는 지식 그 자체뿐 아니라 제도적 역량, 사회적 자본, 문화적 근접성이 영향을 미치며, 이러한 변수들의 상호작용적 학습 과정에 따라 영향을 받게 되는 것이다. 그동안 R&D사업의 성과에 대한 평가는 주로 미국이나 일본과 같은 경쟁 상대국에 대한 기술적 우위의 확보 혹은 열세의 만회가 이루어졌는지와 R&D정책의 제도적 결함에 집중되었다. 그러나 EU R&D정책이 궁극적으로 지향하고 있는 ERA의 구축 목표와 유럽연합 회원국 간 자유로운 지식 전파와 지식의 공유 등의 영향 평가에 대한 검증이 우선되어야 할 것이다.

참고 문헌

교육과학기술부 (2009). EU 공동연구 프로그램의 기획과정분석.

홍형득 (2002). 공동연구개발 프로그램의 성공 요인에 관한 연구. 한국정책학회보, 11(4): 219-242.

황용수 외 (2001). 주요 선진국의 전략연구개발사업 추진체계. 과학기술부.

Dale, A. & Barker, K. (1994). The Evaluation of EUREKA: a Pan-European Collaborative Evaluation of a Pan-European Collaborative Technology Programme. *Research Evaluation*, 4(2): 66-74.

EU (2009). *Tools and Indicators for Community Research Evaluation and Monitoring*. European Commission-DG Research.

Georghiou, L. (1995). Assessing the Framework Programme—A Meta-evaluation. *Evaluation*, 1(2): 171-188.

———(1999). Socio-Economic Effects of Collaborative R&D European Experiences. *Journal of Technology Transfer,* 24: 69-79.

Gibbons, M. & Georghiou, L. (1987). *Evaluation of Research*. OECD.

Hills, P. V. & Dale, A. J. (1995). Research and technology evaluation in the United Kingdom. *Research Evaluation*, 5(1): 35-44.

Luukkonen, T. (1998). The Difficulties in Assessing the Impact of EU Framework

Programmes. *Research Policy*, 27: 599-610.

Meyer-Krahmer, F. & Montingny P. (1989). Evaluations of Innovation Programmes in Selected European Countries. *Research Policy*, 18: 313-332.

Ormala, E. (1989). Nordic Experiences of the Evaluation of Technical Research and Development. *Research Policy*, 18(6): 343-359.

Ormala, E. et al. (1993). *Evaluation of EUREKA Industrial and Economic Effects*, EUREKA Secretariat, Brussels.

VINNOVA (2009). *Priority Setting in The European Research Framework Programmes*. VINNOVA Analysis VA 2009: 17.

Chapter 12

사업 성과평가: R&D사업-미국*

제 1 절 서론

연구개발(R&D)사업을 수행하는 데에 책임성과 효율성이 제고되어야 할 필요성이 커짐에 따라 외국의 사례 등을 바탕으로 연구개발사업 성과평가제도가 어떻게 추진되고 있으며, 정부 부처 및 관련 기관들이 어떤 역할을 수행하고 있는지에 대해 탐색하고자 했다.

이에 따라 이 연구는 좀 더 효과적으로 연구개발사업을 수행하고, 이를 바탕으로 한 사업의 성과 향상에 도움이 되기 위해, 현재 미국의 국가 연구개발(R&D)사업이 어떻게 이루어지는지 탐색하고자 했다. 그리고 미국의 연구개발 체계를 검토하고 「정부성과와 결과에 관한 법률(Goverment Performance and Result Act: GPRA)」과 사업평가 도구(Rrogram Assesment Rating Tool: PART)로 대변되는 미국의 성과평가제도 도입과 체계에 대해 알아보고자 했다. 또한 R&D 관련 주요 부처 및 기관을 대상으로 연구개발 성과평가제도에 어떻게 대응하고 있는지 체계적으로 분석해 보고자 했다.

* 윤지웅: 경희대학교 정경대학 행정학과 교수

제 2 절 미국 R&D 성과평가제도의 도입 및 변천사

1 미국 R&D 성과평가제도의 도입 배경

미국 정부에서 성과주의 평가제도를 도입하게 된 배경은 크게 세 측면에서 볼 수 있다. 먼저 행정부의 책임성(accountability) 확보에 대한 의회의 요구가 지속적으로 강화되어 왔다는 점, 둘째, 공식적으로 프로그램 평가에서 관리적인 문화(managerial culture)가 도입되어 확산되어 왔다는 점, 셋째, 지속적으로 결과 중심(result-oriented)의 행정활동이 행정 각 부처에 도입되었다는 점이다(Roessner, 2002).

이렇게 성과를 중요시하는 문화 형성과 행정활동은 1950년 후버위원회(Hoover Commission)의 권고로 의회에서 제정한 「예산회계절차법(Budget and Accounting Procedure Act: BAPA)」을 필두로 1965년 존슨 행정부의 계획예산제도(PPBS), 닉슨 행정부의 목표관리제도(MBO), 카터 행정부의 영기준예산(ZBB), 레이건과 부시 행정부의 품질관리(Total Quality Management: TQM)를 거쳐 클린턴 행정부에 이르러 「정부성과와 결과에 관한 법률(GPRA)」이라는 법 제정으로 성과평가에 대한 제도 형성이 이루어졌다. 미국에서 R&D에 대한 성과평가도 이러한 성과주의 행정개혁 선상에서 보는 것이 필요하다.

제2차 세계대전 당시 미국은 전쟁의 성공적 수행을 위해 국가항공학자문위원장이자 카네기연구소의 총재였던 부시(Vannevar Bush) 주도하에 국가국방연구위원회와 과학연구개발처(Office of Scientific Research&Development: OSRD)를 통해 막대한 연구자금을 투입해 정부 및 대학의 연구활동을 조직해 나갔고(KISTEP, 2008), 전쟁은 과학기술 관련 연구의 가시적인 성과를 요구했다.

이에 따라 과학기술 연구개발 활동에 대한 지원이 급속히 증가하고, 성과의 창출과 활용에 대한 관심이 집중되었으며, 연방정부의 행정부 각 기관은 연구지원기관의 설립과 무관하게 독자적인 연구예산을 확보하기 시작했다(Morin, 1993). 또한 다양한 행위자들이 자율성을 바탕으로 정책 형성 및 결정 과정에서 경쟁하는 다원주의적인 연구개발 시스템을 바탕으로 연방정부 산하에는 다양한 부처 및 기관이 연구개발(R&D) 관련 활동에 종사했으며, 프로그램의 관리와 평가는 주로 자율적으로 이루어져 왔다(NSF, 2001).

연방정부의 과학기술 투자는 1950~1960년의 냉전 고착과 더불어 급격한 성장을 경험했으나 1970년대에 들어서 베트남전쟁과 워터게이트 사건으로 정부에 대한 불신 증대와 각종 연구 부정사건으로 인해 연구개발사업에 공적인 감사가 필요하다는 인식이 확산되었다. 정부의 재정적자 증가와 R&D 프로그램의 대규모화, 공공 부문 투자가 공공에게 다시 돌아갈 수 있어야 한다는 책임성(accountability)의 대두로 인해 지속적으로 성과 중심의 프로그램 평가와 예산 편성이 필요해졌다(NSF, 2001).

2 미국 R&D 성과평가제도의 변천사

미국의 R&D사업의 성과평가는 동료평가(peer review)가 기본 또는 표준 방법으로 자리 잡고 있다. 이 동료평가 방법은 제안서를 평가하는 사전적인 평가 방법으로서, 그리고 지원된 R&D사업 또는 과제가 지원 목표 또는 목적으로 달성했는지 사후적으로 평가하는 데도 지배적인 방법으로 활용되고 있다(GAO, 2011).

국립과학원(National Academy of Sciences)은 1986년에 동료평가 이외에 다른 평가 방법은 R&D 과정을 제약하지 않고 명백하게 개선시킬 경우에만 활용하는 것을 원칙으로 한다고 결론지었다(US Congress, Office of Technology Assessment, 1986). 또한 1984년도 설문조사에서 동료평가가 미국의 각 행정부에서 활용하는 방법으로 조사되었으며(Logsdon & Rubin, 1984), 최근 연구 결과 정성적 평가 방법(quality review), 연관성 검토(relevance review), 벤치마킹 등 전문가평가(expert review) 방법이 R&D사업 평가에 매우 효과적이라고 보고되었다(The National Academies, 1999).

그럼에도 불구하고, 1960년대 이후 미국에서는 좀 더 혁신적이고 정밀한 평가 방법을 개발하는 노력이 상당히 다양하게 이루어져 왔다. 예를 들어, 1969년 State Technical Service Program은 ADL에서 경제적인 비용과 편익을 금전적으로 평가하여 그 경제적 효과를 평가했으며, 국방성의 Hindsight 프로젝트는 기초 및 응용 연구 지원에 대한 비용과 편익을 비교하여 이에 대한 이해를 높이고자 했다. 구체적으로 Hindsight는 20개 주요 무기 시스템을 20년간 추적 조사하여 그 프로젝트의 실현된 핵심 성과와 비용을 분석했다. 이 추적조사 분석 방법은 수행 비용이 많이 든다는 점에서는 비판이 있었지만, 이러한 시도로 구체적이고 가시적인 효과분석이 가능하다는 점에서 상당한 반향을 일으켰다(Battelle Memorial Institute, 1973; Roessner, 2002).

1970년대는 R&D를 사회적 투자로 보고, 이러한 투자에 대한 경제적 이익, 즉 사회적 투자수익률(social rate of return)에 대한 평가를 분석하는 기법들이 개발 및 활용되었다. 특히 NASA의 우주 관련 R&D사업 등 공공 투자에 대해 소비자잉여 모형을 활용한 사회적 편익 또는 투자수익률을 측정했다. 사회적 투자수익률은 세금으로 지원되는 R&D사업으로 개발되는 제품의 소비자잉여와 생산자잉여 모두를 합해 사회적 후생을 측정하는 것이 기본적인 아이디어이다(Mansfield et al., 1977; Mansfield, 1980). 나아가 지식의 확산으로 인해 NASA의 사회적 공헌까지 분석 및 평가하는 작업도 이루어졌다(Roessner, 1993).

1980년대는 참고문헌분석(bibliometric) 기법이 R&D 성과평가에서 꽃을 피웠으며, 경제학적인 접근을 통한 R&D 조세 감면(tax credit) 효과에 대한 분석이 상당히 진척되었다. NIH의 참고문헌분석을 통한 R&D사업의 성과분석이 랜드연구소(RAND Institution)를 통해 이루어졌다. 이는 최초의 연구로서 상당한 주목을 받았으며, 이후 피인용(citation)에 대한 측정지표가 개발되었고, 피인용 분석(citation analysis)이라는 이름으로 다양한 분야에 응용되었다.

1990년대 들어와 NIST에서는 ATP(Advanced Technology Program)와 MEP-(Manufacturing Extension Partnership) 등 두 개의 새로운 R&D사업이 만들어졌다. 이들 사업은 기획-관리-평가의 모든 과정이 통합적으로 관리된다는 측면에서 기존 R&D사업과 구별된다. 특히 각 과정별로 각 과제의 특성에 맞는 다양한 평가기법을 활용했다는 점에서 R&D사업 평가의 새로운 장을 열었다고 볼 수 있다.

ATP는 클린턴 행정부에서 시작하여 지금까지 지원되는 R&D사업으로서, 다양한 사업이 제안되고 지원되면서 이에 적합한 다양한 평가 기법이 활용되어 성과평가가 이루어지고 있다(Ruegg, 1998). 특히 APT는 사업 특성상 민간에서 자발적으로 수행할 가능성이 있는 R&D사업을 지원해 준다는 점에서 상당한 비판을 받고 있어,

GAO가 준실험적인 방법으로 사업의 지원 효과를 평가했지만, 분석 결과 사업의 성과가 사업 지원을 받지 못한 민간의 성과와 다르다는 결론을 내지 못했다(US General Accounting Office, 1996).

미국 R&D 사업평가에서 가장 중요한 제도적 혁신은 「정부성과와 결과에 관한 법률(GPRA)의 제정이다. 1993년 의회는 연방정부기관에 대한 국민들의 신뢰를 제고하기 위해 「정부성과와 결과에 관한 법률(GPRA)을 제정했다. 특히 프로그램의 중·장기적 성과에 대한 기관의 책무성 강화를 위해 이 법은 연방부처 및 기관들로 하여금 장기전략 보고서를 1997년부터 OMB와 의회에 제출하도록 의무화했다. 그러나 이 법의 집행은 2000년 이후 본격적으로 추진되었으며, 연방정부 부처 기관 수행 프로그램의 전략성 강화와 사업 성과의 주기적인 점검을 목적으로 하고 있다. 부처 및 기관은 중장기적인 전략계획서를 통해 자신의 목표를 명확히 설정하고 그 추진 실적을 대통령과 의회에 보고함으로써 효과적인 수행을 입증해야 한다(Knezo, 2001).

또 연방정부의 예산 편성을 담당하는 관리예산처(Office of Management and Budget: OMB)는 2002년부터 프로그램별 성과측정과 예산 편성을 위한 의견 작성을 위해 사업평가 도구(PART)를 도입했다. 이는 정부 차원의 규정으로 가급적 정량화된 측정 방법을 이용해 프로그램 단위의 사업 실적 및 성과를 판단하고 이를 통해 「정부성과와 결과에 관한 법률(GRPA)」을 보완하는 역할을 수행했다. 미국 정부는 2002년 사업평가 도구(PART) 제도 도입 이후 2008년까지 15개 부처의 127개 R&D 프로그램을 평가했다(GAO, 2011).

제 3 절 미국의 R&D 성과평가제도 및 운영 방식

1 개관

미국의 R&D사업에 대한 평가 체계는 크게 세 가지가 존재한다. 첫째, 미국의 연방정부 R&D 프로그램이 적극적으로 개발된 이후 널리 자리 잡은 동료평가(peer review)의 전통이고, 둘째는 1993년 입법화된 GPRA이며, 셋째는 부시 행정부에서 도입된 PART이다. 이를 바탕으로 각 부처 및 연구기관은 프로그램 특성에 따라서 세가지 체계를 응용하여 성과평가에 활용하고 있다.

동료평가제도는 미국 정부가 R&D사업을 체계적으로 시작한 이래 지금까지 표준평가 방법으로 활용되고 있으나, GPRA와 PART 등 동료평가제도 이후에 새롭게 도입된 제도들은 1990년대 들어와 제도화된 것으로, 정착되는 데 시간이 필요했다. 의회는 1993년 GPRA 도입에서도, 이 GPRA를 1997년까지 모든 부처가 따라줄 것으로 권고했고, R&D사업에 적용하는 데에도 상당한 노력과 시간이 소요되었다. 이러한 어려움을 극복하고 급속한 성과평가제도의 확산을 위해 2001년에는 대통령의 관리의제(PMA)의 프로그램 의제 중 하나로 기획된 연구개발 투자 기준(R&D Investment Criteria)을 마련하고, R&D사업 질(quality), 연관성(relevance), 성과(performance)라는 일관성 있는 투자 기준을 설정했으나, 이러한 기준에의 합의만으로는 확고한 평가제도의 틀을 제공할 수 없었다. 결국 2002년 OMB의 PART 시행으로 비로소 계량화된 평가 기준에 근거한 평가와 예산이 유기적으로 연결된 완성적인 평가틀을 마련할 수 있었고, R&D사업 관련 부처의 예산-기획-평가 과정의 연결이 시도되고 있다.

GPRA의 성과관리 및 평가 체계는 성과에 근거하여 프로그램을 운영하고 이를 예산 배분과 연계하는 것을 시스템화하고자 했다. 이를 위해 성과를 정확하고 신뢰성 있게 측정하기 위한 객관적 지표 및 평가 방법 개발이 매우 중요한데, 이를 위해 다음의 세 가지 활동을 의무화하고 있다. 전략계획(Strategic Planning)은 5년 이상의 기간을 상정하여 부처의 목표와 이의 달성을 위한 미래 전략을 계획하도록 하고, 이를 매 3년마다 수정 보완하여 새로 계획하는 과정이다. 연간성과계획(Annual Performance Plan)은 전략계획에 기반하여 예산 연도 시작 전에 연간 성과계획을 작성하여 보고하도록 하고 있다. 연간성과보고서(Annual Performance Report)는 한 예산 연도가 끝난 다음 당해 연도의 성과를 최근 3년간의 성과와 비교하여 매년 보고서를 작성하여 제출하는 것이다(김기완, 2005).

이러한 GPRA 보고서의 작성을 위해 OMB(2000)는 매년 'Circular No. A-11'이라는 지침을 만들어 각 부처에 배포하고 각 보고서에 포함되어야 할 주요 내용을 규정하고 있다. 이렇게 각 부처가 작성하여 의회에 제출한 GPRA 보고서 및 이들에 포함된 성과에 대해 의회 차원의 체계적인 평가는 없다. GPRA 보고서에 대한 직접적인 평가는 대학연구소에서 성과보고 스코어카드(Performance Report Scorecard)라는 이름으로 이루어지고 있으며, 그 연구소는 조지메이슨대학교(George Mason University)의 머카터스센터(Mercatus Center)에서 매년 성과보고 스코어카드 보고서를 발간하고 있다. 머카터스센터는 전주기(full-life cycle) GPRA 보고서가 시작된 1999 회계연도 이후로 매년 GPRA에 대한 각 부처의 노력을 평가한다. 머카터스센터의 GPRA 평가는 각 부처의 성과 결과에 대한 평가가 아니라 각 부처가 발간하는 GPRA 보고서에 대한 평가이지 개별 R&D사업에 대한 평가는 아니다.

2009년 10월, 관리예산처(OMB)는 정부 프로그램 평가 강화 방법에 대해 발표했다. 주요 골자는 알맞은 산출이 나올 수 있도록 프로그램이 구성되어야 하며, 효과적인 목표 달성에 기여할 수 있는 프로그램이어야 한다는 정책의 효과성 제고와 공공자산 사용에서 내외부의 책무성을 높이고, 회계적 책임성과 개별적인 성과계획이 조화를 이루어야 한다는 재원의 효율적 활용이다. 이는 공동의 목표 달성을 위한 넓은 차원의 시스템을 정립해야 한다는 것이다. 이에 따라 연방정부 담당관 및 프로그램 평가자들은 이로 인해 제기되는 이슈들을 검토하고 보완하기 위해 관리예산처(OMB)에서 새롭게 발표한 정부 R&D 평가 제안에 따른 개별적인 R&D 평가를 시행하게 되었다. 새로운 R&D 평가 제안에 따르면 프로그램 평가는 체계성, 목적부합성, 이행성 등의 특징을 지녀야 하며, 개별 기관의 특성에 알맞은 세부 내용으로 구성되어야 한다는 것이다(GAO, 2011).

각각의 기관 및 부처는 비슷하지만 자율성이 보장되는 평가계획 프로세스를 가지고 있다. 개별 기관 및 부처의 평가 관계자, 프로그램 관계자, 외부 관계자, 기관장 등이 평가의 구성원으로 포함되며, 특별히 평가 관계자들은 아이디어를 전면적인 제안으로 재구성하거나 현재의 자원을 바탕으로 제안들을 평가하는 업무를 맡게 된다. 이에 대한 프로세스는 기관 및 부처에 따라 다양하게 나타나며, 우선순위에 따라 순위를 매기거나 중견간부(senior officer)에게 권한을 부여하기도 한다.

한편 미국 연방정부에서 사업성과평가 기법으로 주로 사업평가 측정기법(PART)이 사용되고 있으나, 사업평가 측정기법이 성과를 계량적으로 측정 가능한 지표 위주로 R&D 사업을 평가하게 되어 있어 가시적인 성과가 나오는 데 시간적 측면에서 불확실성이 많은 R&D사업의 특성상 사업평가 측정기법의 적용에 한계가 있음을 인식했고, 회계감사원(Government Accountability Office: GAO)과 관리예산처(OMB)에서는 이에 대한 정보를 2010년부터 R&D 사업평가에 사용하지 않기로 결정했다(GAO, 2010).

2 성과평가 체계 및 지표

R&D사업의 성과평가에서는 크게 프로그램의 산출물과 그 산출물의 사회경제적 파급력에 대해 주로 평가하고 있다. 미국의 경우 R&D사업의 담당 기관별로 또는 사업 특성에 따라 과정평가, 성과평가와 같이 다양한 용어를 사용하고 있지만 큰 흐름은 연구의 성과와 연구의 영향력에 관한 것을 측정하고 평가하고자 하는 것이다. 구체적인 성과지표의 항목은 각 부처, 기관마다 상이하게 나타나지만 큰 흐름을 파악하기 위한 요소로 활용되고 있으며 그 안에서 프로그램 특성에 맞추어 성과지표의 조정이 자율적으로 이루어지고 있다. 모든 기관에서는 기관의 특색에 맞는 비전을 설정하고 이에 부합하는 성과를 측정하기 위해 노력하고 있다. 이에 더해 SBIR 등 특정한 대상을 위한 R&D사업은 중소기업청(SBA) 등의 전담기관과 협의하여 그 사업에 맞는 평가를 각 부처별로 수행한다.

먼저 미국의 대표적인 R&D사업 정부기관인 과학재단(NSF)에서는 예산재정국(Office of Budget, Finance and Award Management) 제안서평가 및 성과평가에 대한 업무를 담당하고 있다. 과학재단은 연중 내내 R&D사업 제안서를 받고 이를 평가하여 연구자금 지원 여부를 결정하고, 지원한 연구사업 또는 과제에 대한 평가를 통해 지원을 계속할지 여부를 결정한다. 이를 제안서에 대한 평가인 사전적 평가와 수행 결과에 대한 평가인 사후적 평가로 나누어 볼 수 있다. 사전적 평가가 동료평가와 내부평가로 이루어지는 반면 사후평가는 외부위원회(COV) 평가와 내부평가로 이루어진다.

<표 12-1>에서 보듯이, 사전적 평가 중 동료평가에 사용되는 평가는 탁월성평가(merit review)라는 개념을 도입해 이를 평가 기준으로 삼고 있다. NSF는 1998년 국립과학재단이사회(NSB)의 승인을 받아 크게 두 가지 차원의 탁월성 평가 기준을 사용하고 있으며, 한 차례의 수정을 거친 후 현재도 사용하고 있다. 연구로 인해 나타나는 파급 효과의 성격, 결과, 규모를 평가하는 것이며 구체적인 평가 기준은 다음과 같다.

표 12-1 '탁월성'에 대한 평가 항목 세부 내용

	지적 탁월성	영향력
1	신청 과제의 지적 탁월성은 무엇인가?	신청 과제의 영향력은 어느 정도인가?
2	신청 과제가 해당 분야 혹은 연관된 다른 분야의 지식과 이해를 증진시키는 데 얼마나 중요한가?	신청 과제는 교육, 훈련 및 학습을 촉진시키면서 과학적 발견과 이해를 증진시키는 데 기여하는가?
3	연구자(팀)는 과제를 수행할 역량을 얼마나 갖추고 있는가?	신청 과제는 소수집단의 참여를 확대시키는 데 기여하는가?
4	신청 과제는 어느 정도 까지 창의적이고 원척적이며 잠재적 혁신의 개념을 제안하고 탐구하는가?	시설, 장비, 네트워크 및 협력 등 연구와 교육을 위한 인프라 향상에 기여할 것인가?
5	신청 과제는 얼마나 잘 표현되고 조직되었는가?	연구 결과는 광범위하게 전파되어 과학 및 기술적 이해를 향상시킬 것인가?
6	연구에 필요한 자원에 충분히 접근할 수 있는가?	신청 과제는 사회에 어떤 이익을 제공할 수 있을 것인가?

자료: NSF (2011).

첫 번째 평가 기준인 지적 탁월성(intellectual merit)은 연구과제의 혁신성에 관한 것으로 창의성, 원천성, 지적 탁월성에 관련된 평가 기준이다. 또한 이와 함께 연구과제의 실현 가능성과 연구진의 역량 또한 평가 대상이 된다. 두 번째 평가 기준인 영향력(impact)은 그 연구가 사회에 미치는 영향에 관한 것이다. 그러나 NSF가 모든 연구과제 평가에서 위에 언급한 기준을 획일적으로 사용하는 것은 아니다. 연구의 목표와 목적에 따라 프로그램의 평가 기준을 가감하여 연구과제 평가에 탄력성과 유연성을 부여하고 있다(박태식 · 이한진, 2010).

R&D사업에 대한 사후적 평가 중 외부 전문가위원회(Committee of Visitors: COV) 보고서가 제공하는 정보는 크게 두 가지로 나뉜다. 첫째, 사업의 진행 정도와 기술적 한계 등을 살펴본 후 이에 대한 상태에 대해 정성적인 방법을 통해 질적으로 평가한다. 둘째, 프로그램의 산출과 성과가 각 기관의 미션, 목표와 밀접한 연관이 있는지에 대한 정보를 제공한다(Committee of Visitors Report, 2011).

구체적으로 외부 전문위원회의 보고서는 프로그램 프로세스와 관리의 통합성(integrity) 및 효율성(efficiency)에 대해 평가하는 Part A, NSF의 투자의 결과(Result of NSF Investment)에 대해 평가하는 Part B로 크게 나뉜다.

Part A에서는 프로그램의 프로세스 및 관리가 적절하게 이루어지고 있는지에 대

표 12-2 NSF 외부 전문가위원회 보고서 평가 항목-PART A 예시

	질문	척도
A.1	**탁월성 평가(merit review)의 질과 효과성**	그렇다(Yes) 아니다(No), 데이터 불충분 (data not available), 적용 불가능 (not applicable)
	리뷰 방법들이 적합한가?	
	탁월성 평가가 개개인의 평가, 패널 평가, 프로그램 관리자의 평가 기준에 부합하는가?	
	평가자들은 제안서 평가를 잘했는가?	
	패널 평가자들은 합리적으로 의견 일치를 이루었는가?	
A.2	**평가자 선택(selecion of reviewers)**	
	평가자들이 전문성과 자격을 가지고 있는가?	
	평가자들이 지역, 기관, 대표하는 그룹 등이 균형을 이루고 있는가?	
A.3	**지원 포트폴리오의 결과(resulting portfolio of awards)**	적합(appropriate), 부적합 (not appropriate), 데이터 불충분 (data not available)
	프로그램에 의해 수행되는 리서치의 전체적인 질은?	
	포트폴리오가 연구의 통합성을 높여주는가?	
A.4	**프로그램 검토 관리 (management of the program under review)**	각각의 내용에 대해 정성적으로 논평
	프로그램 검토가 어떻게 이루어졌는가?	
	새롭게 생겨난 리서치의 기회에 대해 프로그램의 민감하게 반응하는가?	

자료: NSF (2011).

해 논의된다. 각각의 문항에 대한 답변은 매우 적합(awards), 다소 적합하지 않음(declinations), 부적합(withdrawals)들로 나뉘는 평가에 기반을 두고 이루어진다. Part A에서 평가되는 항목들은 <표 12-2>와 같다. 각각의 문항에서 적합하지 않다(not appropriate), 적용 불가능(not applicable)으로 판단될 때에는 그 내용에 대해 상세하게 기재하도록 되어 있다.

Part B는 과학의 발전을 도모하고, 국가의 발전 및 번영에 기여해야 한다는 NSF의 미션에 합당한 결과가 도출되었는지를 평가하게 된다. 구체적으로 PART B는 NSF의 투자에 관한 결과를 나타내기 위해 시행된다. NSF는 발견(discovery), 학습(learning), 연구(research), 기반시설(infrastructure)을 산출 목표로 제시하고 있으며, 이 연구가 의미 있는 성과를 만들어 냈는지, 지원받은 연구가 앞으로 수행될 NSF의 연구와 전략적 산출 목표에 긍정적인 영향을 끼쳤는지, 현재의 상태를 기반

표 12-3 NSF 외부 전문가위원회 보고서 평가 항목 - PART B 예시

PART B. NSF의 전략적 산출 목표들과 연관지어 활동에 대해 답하시오.	관련 프로젝트와 정량적인 답변의 예
B.1 발견 분야에서의 산출 목표 (OUTCOME GOAL for Discovery) 지식의 발견을 가져왔거나 잠재적 기회 및 편익을 극대화한 부분에 대해 기술하시오.	**Coupling of lower and upper atmosphere:** Sky Imager를 사용함으로써 고유의 중력 파동을 관찰할 수 있었으며 이 파동의 특성을 파악할 수 있었다.
B.2 학습 분야에서의 산출 목표 (OUTCOME GOAL for Learning) 세계적인 수준으로 향상되거나 과학기술 분야에서 공헌한 점에 대해 기술하시오.	**Space Weather Educational Video:** Haystack Observatory의 우주 날씨(Space Weather)에 관한 관측 결과를 에피소드 시리즈로 만들어 대중이 쉽게 접할 수 있도록 YouTube 및 I-Tunes에 개재했으며 이는 대중의 과학적 지식에 많은 도움을 줄 수 있을 것으로 파악된다.
B.3 연구 기반시설에서의 산출 목표 (OUTCOME GOAL for Research Infrastructure) 연구장비, 시설들의 발전을 통해 국가 연구 능력이 향상된 점에 대해 기술하시오.	**New Insights into Ionospheric Irregularities:** 음파 및 전파를 이용해 탐색 가능하며 새로운 이미지를 더 손쉽게 얻을 수 있다. GPS와 결합되면 더 뛰어난 성능을 발휘할 수 있을 것을 기대된다.

자료: NSF (2011).

으로 한 미래의 성과에 대한 기대가 어떠한지에 대해 살펴보고 있다(NSF, 2011).

이러한 외부 전문가의 정성적인 평가 과정을 통해 연구진과 외부 전문가 및 정부 관료는 협력할 수 있으며, 다양한 환경 변화에 대해 쉽게 대응할 수 있는 유연성을 발휘할 수 있다. 공급자 입장에서 수요자 입장에 대한 고려가 외부 전문위원회의 피드백을 통해 진행되며 효과적인 사업이 가능케 만들어 준다(박태식 · 이한진, 2011).

NIST 내의 경제성평가과(Economic Assessment Office: EAO)는 ATP의 평가 프로그램을 계획(plan)하고 개발(development)하며 시행(implement)하고 있다. 경제성평가과는 경제적 평가 프로그램을 계획하고 개발하며 R&D 기회를 명확하게 하기 위한 경제 및 경영평가 기능을 수행한다. 특히 ATP의 동료평가를 통해 제안서를 바탕으로 이들이 경제 및 경영 지원을 받을 수 있도록 도와주며, 투자된 프로젝트의 수행에 대해 모니터링할 수 있도록 지원한다. 나아가 ATP, NIST, DOC와 관련된 경제 및 경영 이슈들에 대해 전문가의 조언 및 컨설팅을 제공하는 역할을 수행한다.

특히 ATP사업은 미국 정부 내에서도 매우 독특한 사업이라서, 이에 대한 다양한 평가 방법 소개와 이를 적용하는 데 필요한 성과평가 지침서, 그리고 성과평가에 대

표 12-4 ATP의 과정평가 항목와 그 지표

항목	지표
연구 집단이 효과적으로 움직이는가?	배부된 신청서 수
	제출된 제안서 수
	제안서 상의 직접적인 참여 연구기관 수
	신청 부분, 신청 규모, 기술로 본 제안서 제출의 대표성
새로운 연구 아이디어가 형성되고 잠재적인 상업 가치를 지닌 기술이 식별되는가?	제출된 제안서 수
	재제출된 제안서의 수

자료: 과학기술부 (2007).

한 연구 결과도 상세히 제공되고 있다 (Ruegg & Feller, 2003). 이러한 평가 방법은 통상적으로 크게 과정평가와 성과평가로 나누어 볼 수 있다. 과정평가에서는 연구집단이 효과적으로 움직이고 있는가? 새로운 연구 아이디어가 형성되며 그 안에서 잠재적 상업 가치를 지닌 기술이 식별되는가? 연구의 수준이 어느 정도인가? 등을 파악하고자 한다.

성과평가의 경우, ATP사업은 논리모형(logic model)을 기반으로 하여 통상적으로 개별 사업의 성과를 단기, 중기, 장기로 나누어 성과를 측정 및 평가하고 있다. 단기 성과 척도는 프로젝트 목표, 예산, 장비 및 기타 자원, R&D의 가속화 등이 있으며, 중기 성과 척도는 향상된 새로운 제품, 논문, 특허, 기업 성장 등이 있다. 장기 성과 척도에서는 해당 산업 및 연관 사업에 대한 변화, 경제적 영향력, 환경, 고용, 삶의 질과 같은 사회적 영향, 연관 산업의 지식 확산 등이 이에 속한다 (과학기술부, 2007). 구체적으로, 프로그램 평가를 구성하는 논리모형의 기본은 프로그램이 미션에서 활

그림 12-1 평가 논리모형

동으로, 활동에서 산출로, 산출에서 장단기 성과, 장단기 성과에서 영향에 이르기까지 체계적으로 연계되어 있어야 한다는 것이다([그림 12-1] 참조).

ATP사업은 이러한 논리모형에 따라서 ATP사업 특유의 미션을 발굴하는 데 몇 가지 원칙에 대한 평가지표가 있다. 프로그램 평가를 수행하는 데 기본적인 원칙은 <표 12-5>와 같다. 기본 원칙 중에 하나는 우리의 미션(mission)과 관련된 측정을 해야 한다는 것이다. 중요 미션과 목표들 중 어느 것이 프로그램의 성과를 측정하게 할 수 있을지에 대해 살펴보았다. <표 12-5>는 ATP의 상태에 대한 핵심 요소이며, 다시 말해 이는 우리가 무엇을 측정해야 하는지 알려주는 지표의 역할을 수행한다.

NASA는 거대 과학기술 관련 R&D사업을 주로 추진하는 기관으로서, GPRA의 성과관리 체계를 바탕으로 NASA의 R&D사업 특성에 적합한 성과평가 체계와 지표를 개발하여 R&D사업을 관리하고 있다. 특히 NASA에서는 프로그램분석평가실(PA&E)을 두고 기관 내 독립적인 자문 및 평가기구로서 활용하고 있다.

프로그램분석평가실은 성과평가 관련 업무 지원을 포함한 기관의 전략기획 또한 책임지고 있으며, 연구와 분석(studies and analysis), 비용분석(cost analysis), 전략투자(strategic investments)와 프로그램평가부(independent program assessment), 미션 지원(mission support) 등의 다섯 가지 기능을 수행하는 것으로 구성되어 있다.

전략 투자에서는 기획, 프로그램, 예산 집행 등에 관한 총체적인 관리 책임을 지고 있으며, 이에 따라 각 프로그램 및 프로젝트의 예산, 일정, 성과정보를 추적한다. 프로그램 평가에서는 각 프로그램 및 프로젝트가 이정표에 다다랐을 때 독립적인 평가가 이루어질 수 있도록 지원하고 있다(이기종 외, 2009)

NASA는 기관의 비전에 기초하여 6대 기관 전략목표를 세우고 있으며, NASA의

표 12-5 미션 관련 평가지표

√	위험도가 높고,일반적인(generic)한 기술의 발명 및 응용
√	R&D 상업화의 촉진
√	제조 프로세스의 개선
√	협업 활동
√	미국 상업(business)의 경쟁력
√	광범위한 지원과 폭넓은 혜택

표 12-6 NASA 중장기 목표

전략목표 1. 우주왕복선(Space shuttle)을 안전하게 운행한다.			
목표	목표 내용	프로그램명	주제명
중장기 목표 (Outcome) 1.1	우주왕복선 관련 인력, 시스템, 정차 등을 하자 없이 안전하게 운용하여 임무를 완수함		
연간 목표 (APG) 9SSP1	A형(100억 달러 이상의 손실 및 인명 피해) B형(25만 달러 이상의 손실 또는 3인 이상이 중상) 사고가 한 건도 발생하지 않도록 함	우주왕복선 프로그램	우주왕복선

자료: NASA (2012).

6대 기관 전략목표를 평가의 지표로 설정하고 이를 바탕으로 평가를 수행하고 있다. <표 12-6>은 NASA의 전략목표와 그와 연관되는 목표 내용 중 일부이다(NASA, 2009).

전략목표는 여러 해에 걸쳐 이루게 될 결과에 해당하는 중장기 목표(Multi-year Outcome: Outcome)와 연간 성과목표(Annual Performance Goal: APG)로 평가지표가 나뉜다. 또 이렇게 설정된 전략목표에 대한 목표 달성 평가 등급 시스템은 <표 12-7>과 같이 나타낼 수 있다(NASA, 2008).

표 12-7 중장기 목표와 연간 목표의 평가 등급

평가 등급	중장기 목표/결과 등급	연간 목표 평가 등급
초록	연간 목표 대부분 달성, 결과 달성 예상	연간 목표 달성
노랑	연간 목표 일부 달성, 결과 달성 미지수	연간 목표 미달성, 내년도 중 달성 예상됨
빨강	연간 목표 대부분 미달성, 결과 달성 어려움	연간 목표 미달성, 내년도 중 달성 어려움
백색	장기 목표 취소/사업 주관 부서 이전	사업 중단/목표 설정 취소/올해 해당 사항 없음

자료: NASA (2012).

위와 같은 평가 체계에 따라 NASA는 매년 평가보고서를 내고 있는 바, <표 12-8>에서 보듯이 전략계획의 목표 달성 정도를 초록, 노랑, 빨강, 백색 등 평가 등급을 표시하여 최근 연도를 중심으로 비교하여 평가보고서를 제출한다(NASA, 2011).

표 12-8 연간 전략계획 목표의 사례

2011 전략 계획 목표		FY 2010	FY 2009	FY 2008	FY 2007
1.1.1	국제우주정거장(ISS)을 운영하고 활용하기 위한 자원을 획득한다.	2.2 초록	2.2 초록	2.2 초록	2.2 초록
1.1.2	국제우주정거장(ISS)에서의 엔지니어링, 기술, 연구 능력을 발전시킨다.	2.1 초록	2.1 초록	2.1 초록	2.1 초록
		2.3 초록	2.3 초록	2.3 초록	없음
1.2.1.	국제우주정거장(ISS)에 상업적 분야의 화물 및 승무원 서비스가 가능하도록 한다.	5.2 노랑	5.2 초록	5.2 초록	5.2 초록
1.3.1.	저지구 궤도를 넘어선 인간의 우주 탐사를 수행할 수 있도록 통합된 구조의 개선을 실행한다.	6.4 백색	6.5 초록	6.5 초록	없음
1.3.2	우주 환경이 인체에 미치는 영향을 조사한다.	2.3 초록	2.3 초록	2.3 초록	없음

자료: NASA (2011).

3 평가단 구성

R&D성과평가는 내외부의 전문가 풀(pool)을 활용하여 이루어지고 있다. 주로 사용되는 평가 방식인 동료평가와 외부 전문가위원회 평가에서는 이 전문가 풀을 적극적으로 활용하는 모습을 보인다. 외부 전문가의 경우에는 학계뿐만 아니라 관련 정부기관, 산업계 인사 등으로 구성되어 있으며, 객관적인 시선에서 관련 프로젝트를 평가하게 된다. 다양한 관점에서 프로젝트는 평가되며 이러한 평가 과정을 통해 사업평가의 객관성 및 공정성을 확보할 수 있고 효과적인 프로젝트 수행이 가능하며 유연성을 확보할 수 있다.

내부 전문가의 경우에는 학문 분야의 전문가로 구성되며, 논문, 특허, 기술적 특성들이 주로 평가된다. 이러한 연구물의 심사를 통해 연구의 성과가 좀 더 심도 있게 파악 가능하다. 또한 각 기관은 인증된 평가자를 확보하기 위해 과학 및 공학 분야의 소수그룹과 관련된 협회 및 기관의 관련 인력자료를 꾸준히 공유 및 수집하고 있으며, 워크숍 및 학회와 같은 문헌조사나 연구활동을 통해 평가자를 찾기도 한다.

평가는 프로세스의 평가, 결과 평가, 파급력 평가 등 세 부분의 평가로 나뉘며, 프로그램의 의도가 프로세스에 반영되어 있는지를 평가하는 프로세스 평가와, 투입-산출에 대한 이해를 바탕으로 어떻게 산출되었는지 평가하는 결과평가, 산출과 구별되는 개념인 '영향'을 측정 및 평가하는 영향평가 등이 이에 속한다. 이를 바탕으로 정부조직이 R&D사업을 직접 진행하고 있고, 부처에 따라 과제 선정 및 지원 방식, 재원에 따른 계약 형태도 다양한 형태가 존재한다. 부처 차원에서 R&D 평가는 사업 단위의 다양한 평가와 분석을 실시하고 있으며, 과제의 평가도 별도로 존재한다.

NSF의 경우, 프로그램 성과평가에서 민간 참여는 외부 전문가위원회(COVs), 자문위원회(Advisory Committees), 외부 컨설팅 업체, 국가과학위원회의 감독위원회(NSB Audit and Oversight Committee) 등 다양한 위원회의 구성을 통해 이루어진다. 이공계 연구자 및 교육자로 구성되어 있는 외부 전문가위원회는 주요 프로그램을 대상으로 매 3~5 주기로 평가 절차의 효율성 및 연구비 지원 결과에 대해 평가한다. 각 부처 및 기관은 이공계 연구자 및 교육자로 구성되어 있는 자문위원회를 두고 있으며, 자문위원회는 외부 전문가위원회의 평가 결과 및 내부 의견을 검토해 가이드라인을 제시해 주는 역할을 하고 있다. 이 밖에도 성과측정 기법에 대한 적합성, 타당성을 검증해 주는 외부 컨설팅 업체와 재단의 프로그램과 미션에 대한 연계성을 평가하는 외부 전문가위원회, 최종 평가 결과를 재검토하는 감독위원회 등으로 구성되어 있다(우창화, 2008).

NSF의 외부 전문가위원회 평가는 개방적인 평가 방법으로 사업 관련 정부기관, 산업계, 학계 전문가 등 외부 인사로 구성되어 있다. 외부 전문가위원회는 프로그램과 관계 기관에 대해 대략 3년 정도의 일정한 간격으로 평가를 진행한다. 또한 연간 보고서에 사업에 관련된 기관들이 나아가야 할 핵심적인 방향에 대한 정보를 제공한다.

또한 NSF에서는 특정 분야, 지역, 기관에 편중되지 않도록 평가 인력 중 30% 정도를 여성 인력으로 채우거나, 소수민족 출신에게도 일정 비율을 할당하고 있으며, 지역 안배 프로그램을 마련해 특정 지역이 소외되지 않도록 배려하고 있다.

NIST의 ATP의 경우에는 연구개발 사업의 성과와 사회경제적인 영향의 평가를 위해 정량적·정성적 평가 등 다양한 평가에 적합한 평가단을 구성하고 있다. 정성적인 접근법에는 동료평가가 있다. 이는 논문을 비롯한 학문 연구에서 같은 분야의 전

표 12-9 외부 전문가위원회(COVs)가 관여하고 있는 NSF사업과 관계 기관 종류

<table>
<tr><th>기관명</th><th>사업명</th></tr>
<tr><td>OCI: 사이버 기반시설 기관
(Office of Cyberinfrastructure)</td><td>BIO: 생물학 분야
(Bio Science)</td></tr>
<tr><td rowspan="2">OIA: 인종 차별 폐지 활동기관
(Office of Intergarative Activiteis)</td><td>CISE: 컴퓨터와 정보공학기술 분야
(Computer and Infomative Science and Engineering)</td></tr>
<tr><td>EHR: 교육과 인적 자원 분야
(Education and Human Resource)</td></tr>
<tr><td rowspan="2">OISE: 국제 과학공학기술 기관
(Office of International Science & Engineering)</td><td>ENG: 공학기술 분야
(Engineering)</td></tr>
<tr><td>GEO: 지질학& 지구과학 분야
(Geoscience)</td></tr>
<tr><td rowspan="2">OPP: 북극 사업기관
(Office of Ploar Programs)</td><td>MPS: 수학과 물리학 분야
(Mathmatical and Physical Science)</td></tr>
<tr><td>SBE: 사회과학, 행동과학경제학 분야
(Social, Behavior and Economic Science)</td></tr>
</table>

자료: NSF (2012).

문가들이 저자의 연구물을 심사하는 과정이며 효율적인 자원 배분부터 연구개발의 사회경제적 영향의 예측까지 목표의 범위가 다양하다. 이 방법은 본질적으로 전문가의 과학기술적 전문지식에 의존하여 수행되기 때문에 사회경제적 영향을 정확히 판단하는 데 한계가 있다. ATP는 내부 직원과 외부 전문가로 구성되는 평가집단이 사업의 성과를 측정 평가하는 동료평가를 주로 사용한다.

NIH는 동료평가를 활성화하여 가장 높은 질의 연구에 대한 지원을 계속하고자 노력하고 있다. 이를 위해 두 단계의 동료평가 시스템을 검토하고 연구자집단과 대중의 수요에 지속적으로 응답할 수 있는 역량을 강화하기 위해 NIH의 내부의 전문가들을 소집했다. 이러한 내·외부의 평가단 구성을 통해 기관 및 부처들은 다양한 투입물의 분석 및 요약, 수집된 데이터와 폭넓은 아이디어를 관계자들에게 제공하고 결정을 내릴 수 있도록 돕고 있다(박소희·김성진, 2009).

4 평가 단계 및 절차

미국 R&D 성과평가는 크게 사전적인 평가와 사후적인 평가로 나눌 수 있다. 사전적인 평가는 프로젝트에 대한 제안서를 기관 및 부처에 제출하고 그 프로젝트가 어떠한 성과를 낼 수 있는지를 평가하는 것을 뜻한다. 이러한 사전적 평가를 통해 프로젝트 제안서가 제출되고 기관 및 부처의 심사를 거친 후 연구비 지원을 통한 프로젝트 실행이 이루어진다. 즉, 사전적 평가는 과제 선정의 절차 또는 갱신 절차로 이해할 수 있다.

일반적으로 사전적 평가 단계에서는 연구 과제 신청 및 프로젝트의 구체적인 내용이 명시된 연구계획의 제출이 이루어진다. 그 후 내·외부의 평가단이 사회에 미치는 영향(impact), 혁신 정도(innovation)와 같은 기준을 바탕으로 평가를 하게 된다. 이를 통해 과제의 적합(award), 부적합(declination)의 여부가 결정되며, 관리예산처(OMB)에 의해 행정적 사항이 검토를 거쳐 최종적으로 지원 여부가 결정된다.

NIH에서는 공정성(equitable), 시기성(timely), 공평성(free of bias)에 근거하여 프로세스를 진행하고자 한다. NIH에서는 사전적인 성과평가에서 동료평가를 주로 사용하고 있으며, 크게 과학적 평가단체(Scientific Review Group)에 의해 수행되는 평가와, 자문위원회(Advisory Board)에 의해 수행되는 평가로 나눌 수 있다.

첫 번째 단계의 평가는 과학적 평가단체에 의해 수행되며, 이 단계의 주요 초점은 재정 지원 기회에 대해 공표하는 것이며, 주로 과학적·기술적 탁월성(merit)에 관한 논의를 수행한다. 주요 단계로는, 제안서가 NIH의 평가 기준인 중요도(significant), 혁신 정도(innovation), 접근 방법(approach) 등의 기준에 적합한지를 먼저 판단한

1단계		2단계		3단계		4단계		5단계
연구 신청 및 연구계획의 제출	▶	내·외부의 관계자들의 평가	▶	과제의 적합 여부 판단	▶	행정적인 검토	▶	최종 지원 결정

그림 12-2 일반적인 사전적 성과평가의 절차

후, 이를 바탕으로 그룹별로 선정된 평가자들이 자유롭게 논의를 진행한다. 마지막으로 전반적인 이 제안의 영향력과 각 프로젝트 간의 우선 정도에 대한 점수가 비밀투표에 의해 매겨지고 그 결과가 집계된다.

두 번째 단계에서는 자문위원회에 의해 평가가 수행된다. 자문위원회의 구성원은 주로 외부의 리서치 구성원이나 공공기관의 대표로 구성된다. 평가 단계에서 프로그램 구성원들은 영향력, 우선순위 점수와 같은 관련 정보들이 기관과 단체의 목적에 부합하는지에 대해 평가한 후, 앞으로의 투자계획을 자문위원회에서 제공한다. 그 후 자문위원회가 기관 및 단체의 목적에 이 프로젝트가 부합하는지를 평가하고 이를 바탕으로 NIH 산하의 기관 및 단체장이 최종적인 자금 지원 결정을 내리게 된다.

NSF의 사전적 평가는 [그림 12-3]과 같은 단계를 거치게 되며 신청서가 적정한 평가 방법이 결정된 이후 평가되고, 이해관계의 상충 여부를 검토한 후 평가 의견을 종합해 선정 또는 탈락으로 의견이 제시된다. 이러한 과정을 거쳐 과제가 승인되면 행정적 검토를 통해 최종적으로 승인이 이루어진다.

사후적인 평가는 당해 연도의 평가 대상으로 협의된 주요 성과 목표뿐만 아니라 기관 및 부처의 운영 전반과 관련된 관리 측면의 성과를 평가하고자 하는 것이다. 각

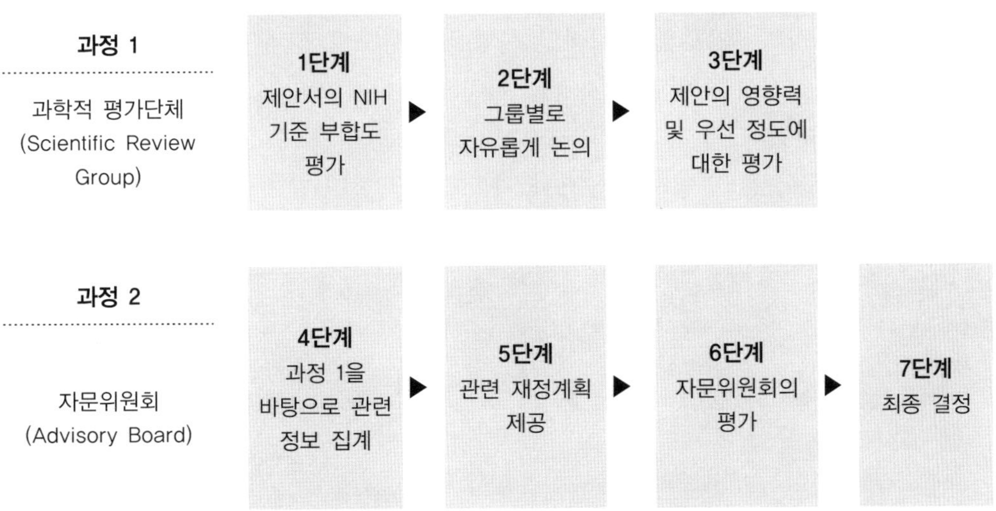

그림 12-3 NIH의 사전성과평가의 단계

자료: NIH (2011).

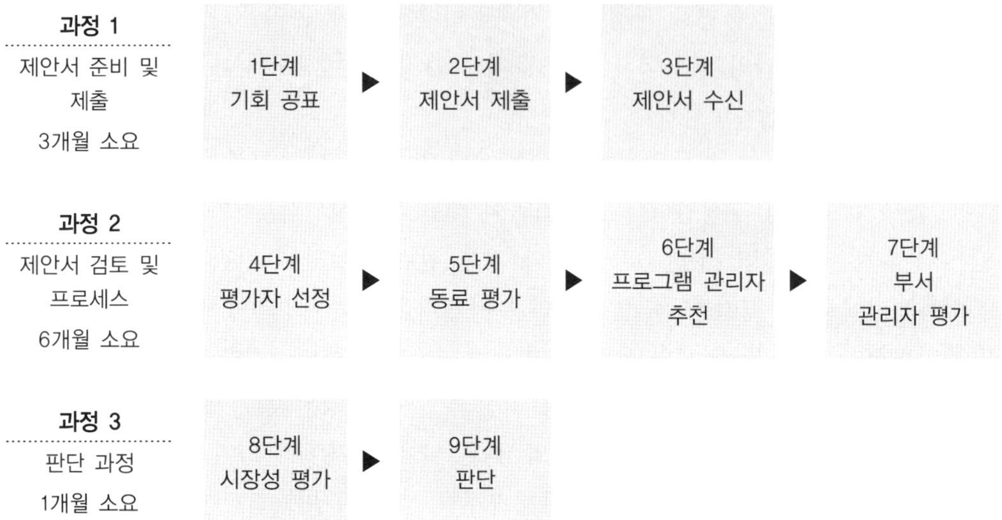

그림 12-4 NSF의 탁월성 평가(merit review) 과정

자료: NSF (2012).

기관 및 부처의 운영 주체들은 회계연도 초에 당해 연도 주요 사업 평가 목표 및 항목을 설정하고 이에 대한 평가 기준을 작성한다. 그 후 회계연도가 끝나면 이전에 수립한 정량적인 성과 목표 및 정성적인 사항을 바탕으로 성과평가를 시행하고 이에 대한 보고서를 작성하는 일련의 과정을 거치게 된다([그림 12-5] 참조).

R&D 성과평가는 크게 목적평가, 과정평가, 산출물 평가로 나눌 수 있다. 목적평가는 프로그램의 목표를 반영하여 중요한 과학기술적 발견과 기술의 상업화를 촉진하

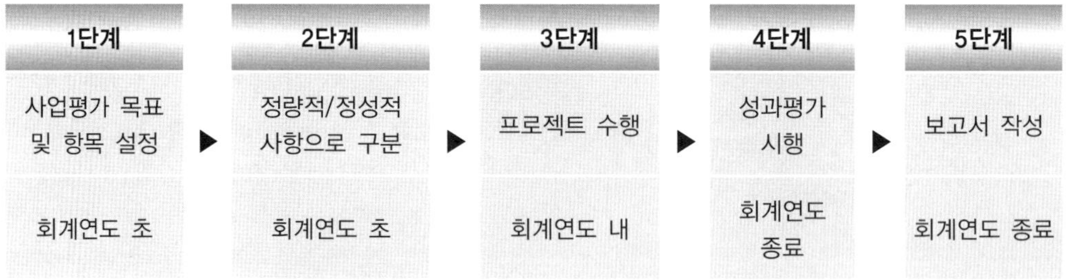

그림 12-5 일반적인 사후적 성과평가의 절차

고 있는가와 같은 평가 기준을 가진다. 과정평가에서는 특정 연도의 연구 실적, 상황을 파악하고 프로그램이 효과적이고 효율적으로 관리되고 있는지를 평가하는 기준이다. 이러한 과정평가의 결과는 프로그램의 관리효율성을 파악하는 데 활용된다. 성과평가에서는 사회경제적으로 어떠한 영향력을 행사하는지, 연구개발 수행 정도와 연구 결과의 공유로 나타나는 변화에 대한 평가가 이루어진다. 이를 바탕으로 연간별로 의미 있는 결과물(significant achievement)에 대해 평가가 이루어지고 변화가 이루어진 정도(transformative), 질(quality), 적절성(relevance) 관점에서 보고서를 작성한다 (감사원, 2008).

이러한 보고서들은 프로그램 실적 목표 및 평가와 프로그램 행정에 책임성을 부여해 주며 시간의 경과에 따른 프로그램의 질적 향상과 유사한 프로그램 간의 비교가 가능하도록 도와준다. 이를 통해 프로그램의 장점과 단점을 파악할 수 있으며, 프로그램의 목적과 설계, 실적 측정, 평가, 전략적 계획 및 프로그램 결과를 포함하는 프로그램의 성과에 영향을 끼치는 모든 요소에 대해 파악이 가능해진다.

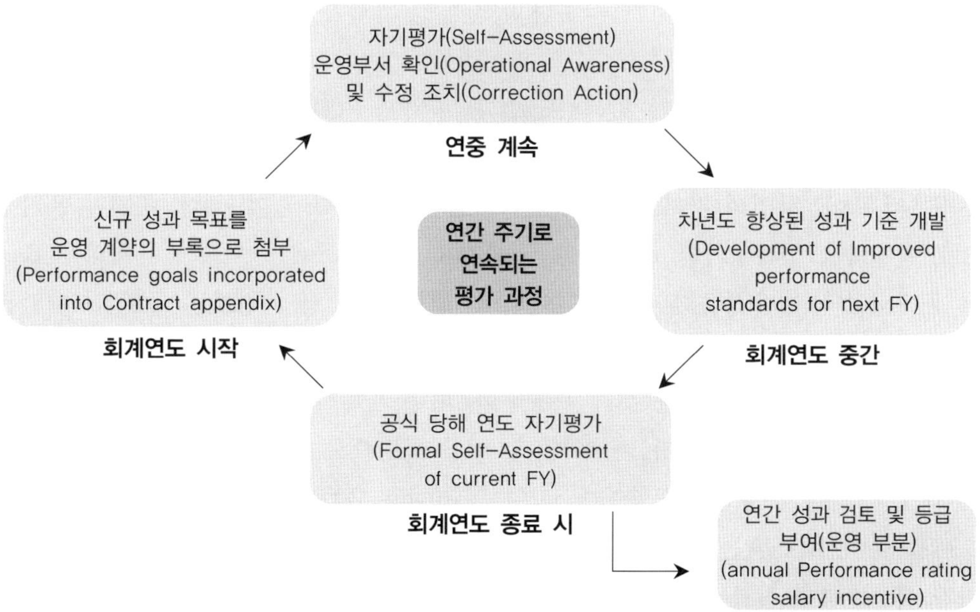

그림 12-6 LANL의 평가 과정

자료: NNSA (2012).

LANL의 경우 성과평가계획(Performance Evaluation Plan)을 수립한다. 전년도 성과평가계획과 성과보고서를 참조한 당해 연도 성과평가계획을 준비하고, 당해 연도 주요 사업평가 목표와 항목들을 설정하고 회계연도 초에 작성하는 여러 항목을 조정한다. 각각의 성과목표의 세부목표와 목표 달성을 위한 구체적인 방법을 기록하고 계획에 포함함으로써 계량적인 평가가 가능하도록 한다. 그 이후 회계연도가 끝나면 회계연도 초에 수립한 성과평가를 시행하고 보고서를 작성한다. [그림 12-6]은 LANL의 사후적 성과평가의 과정을 보여준다(이기종 외, 2009).

5 평가의 활용

이전의 평가 방법인 「정부성과와 결과에 관한 법률(GPRA)」 및 사업평가 도구(PART) 제도는 이를 통해 얻어진 점수나 평가 등급을 국회 및 관리예산처(OMB)에서 예산 등에 반영하기 위해 도입했다. 그러나 이들 평가 방법을 통해 산출된 정보는 예산편성의 참고자료로 쓰이기는 하나 실질적인 결과가 예산편성에 직결되지 않는 문제점을 보였다.

이러한 문제점을 해결하기 위해 프로그램 평가를 기관별로 다양하게 시행했으며, 다원주의(pluralism)에 입각해 기관별로 미션을 부여하고 있다. 특히 프로그램 수행 초기부터 R&D 사업의 평가 주체가 되어 직접 '기획-관리-평가-예산' 주기를 유기적으로 연결하고 성과평가의 결과를 모든 과정에 피드백하게 함으로써 부처의 자율성이 증대되었다. 자율성을 보장하는 개선된 개별 기관의 성과 평가는 국회 및 백악관에 보고되는 보고서와 내부의 관리를 위한 것으로 크게 구분될 수 있다. 성과평가는 외부 및 내부의 관리 감독을 위해 사용된다. 매우 체계적이며 통합적인 전략 경영의 일부로 일상적인 업무평가가 이루어지고, 이를 바탕으로 한 평가 자료 및 분석 결과는 내부 정책에 다방면으로 활용되고 있다(Ruegg, 2007).

예를 들어, NASA는 기관 임무의 특수성으로 인해 정량적 평가가 어려워 평가 결과가 예산편성에 직결된다고 보기는 어려우며, 기관 내 프로그램 관리 감독 시스템을 구축하여 전략경영의 일부로서 일상적이고 활발한 업무평가가 이루어지고 있다. 또한 LANL의 경우에는 평가 결과를 운영계약 과정과 차년도 성과 목표 선정에 반영하고, 운영 성과의 경우는 인센티브 운영 보수 지급 기본 자료로 활용하고 있다.

연구기획 단계에서 정부의 R&D 지원 범위가 확대되기 위해서는 R&D 참여 범위가 명확히 구분되어야 할 필요가 있다. R&D 정부 참여 분야를 결정하기 위해 어디서 시장 실패가 이루어졌는지 파악해야 할 필요가 있으며, 이를 위해 사전 및 사후 성과평가 단계에서 영향분석(impact analysis)을 실시하고 있다. R&D 사전 성과평가(기획평가) 시 프로젝트 매니저에게 정책 방향, 동료평가 의견, 연구자 의견, 외부 전문가위원회(COVs) 의견을 감안하여 최종적으로 연구 과제를 선정하는 권한을 부여하고 예산 집행 권한 및 책임성을 강조하고 있다.

성과평가제도는 R&D 관련 기관들 간에 협동문화 정착 및 인적 교류 활성화에도 기여하고 있다. 사전적 R&D 성과평가를 거쳐 예산을 포함한 최종 결정 과정에서는 관리예산처(OMB) 및 과학기술정책실(OSTP)이 함께 심의하고 있으며, 기관 간의 연구 과제 중복 문제를 해결하기 위해 기관 간 협력 그룹을 만들어 운영하고 있다. 또한 외부 전문가위원회(COVs)가 평가에 참여하고 있는데, 이는 사업 기획 및 추진에 투명성을 확보하고 기관 간의 협력 채널 및 인적 교류 활성화에 기여하고 있다. 이들 기관은 성과평가를 예산안에 적극적으로 반영하고 있으며, 이는 투명성과 공정성을 더 확보할 수 있게 도움을 주고 있다(우창화, 2008).

실제적으로 LANL에서는 평가 결과를 운영계약 과정과 차년도 성과 목표 선정에 반영하고, 운영 성과의 경우는 인센티브 운영 보수 지급 기본 자료로 활용하고 있다(NNSA, 2011). 또한 NIST의 경우에는 성과평가는 성과관리의 완결 절차로 조직의 목표 달성 여부를 식별하고 자원의 효율적 활용 여부를 점검한다는 차원에서 중요성을 지니며 매년 예산안에 이를 반영하고 있다(우창화, 2008). NIH는 평가 결과를 프로그램 개선 관리에 활용하며 예산 배정에 이를 반영하고 있다. 프로그램의 목적 및 성과, 그리고 과정 및 결과의 공개는 연방정부 프로그램에 대한 미국 국민의 신뢰를 증진시키고, 그 결과 프로그램의 성공적인 수행을 가능하게 한다. 이를 통해 대중의 신뢰와 프로그램의 효용성이 증진되는 것이다. 또한 프로그램의 비용 대비 산출(benefit-cost)에 대한 정보를 제공함으로써 연방정부 의사결정에 도움을 주며, 내부 관리를 효율적으로 할 수 있도록 활용된다.

제 4 절 미국 R&D 평가제도의 성과 및 한계

미국 정부에서 각 부처에서의 R&D사업에 대한 동료평가 방법은 성과평가의 주요 수단으로 활용되어 왔으며, 그 성과는 의미가 있다고 평가되고 있지만 한계도 인식되고 있다. 이에 대한 보완 수단으로 GPRA와 PART는 미국의 평가 체계를 분권화적 체계에서 중앙집중적 체계로의 진화, 분파적 구조에서 표준화된 구조로의 진화로 표현할 수 있다(Valdez, 2005).

이러한 진화는 다음과 같은 특징을 가지고 있다(Roessner, 2002). 성과측정에 대한 중요성이 크게 부각되고 새로운 평가 방법에 대한 관심이 크게 증대되었을 뿐만 아니라 연방정부 연구개발 프로그램의 기획-관리-평가-예산의 통합에 대한 필요성이 증대되었다. 특히 뢰스너(David Roessner)는 이러한 진화 과정에서 계량경제학, 생산함수, 비용편익분석 등의 정량적인 기법이 비록 한계가 있기는 하지만, 명확하고 정치한 성과평가 결과를 제시함으로써 정책적 판단에 기여했다고 주장한다. 즉, 이러한 평가제도는 각 부처에게 개별 R&D사업별로 임무 및 목표를 더욱 명확히 하고 목표와 설치된 프로그램 간의 관계를 재정립하는 기회를 제공했으며, 분산된 R&D 프로그램의 전략적 조정을 가능케 하는 환경을 제공했다.

미국 정부의 R&D사업에 대한 긍정적인 진화에도 불구하고, 「정부성과와 결과에 관한 법률(GRPA)」과 사업평가 도구(PART) 제도는 연방정부 산하의 부처 및 기관의 효과적인 활동과 프로그램의 효율적 운영에 크게 기여했다고 평가받고 있으나, 사업평가 측정기법의 경우에는 정량화에 대한 지나친 강조나 이분법적인 측정 수단 등에서 논란이 제기되었다. 이러한 논란으로 인해 관리예산처(OMB)와 회계감사원(GAO)에서는 사업평가 측정기법의 개선 및 새로운 성과평가제도의 도입의 필요성이 대두되었다(Wren, 2004).

실제로 2003년에 미 연방정부의 R&D 프로그램 평가 관계자와 기타 전문가 200명이 모인 워크숍의 결과로 사업평가 도구 제도에서 개선되어야 할 부분으로 크게 절차상 쟁점(process issue)과 구조적 쟁점(structure issue)을 들고 있다. 여기서 절차성의 쟁점은 기존의 시행 절차의 개선을 통해 극복될 수 있는 것들을 의미하며, 구조적인 쟁점은 좀 더 근본적인 고민과 대응을 필요로 하는 것을 뜻한다(김기완, 2005).

그 중에서 구체적으로 고민해야 할 사항을 제시하면, 먼저 지나치게 단순화한 PART 평가지표들은 오히려 연구개발 프로그램의 본질을 훼손할 수 있다는 점이다. 나아가 성과 결과와 예산 간의 단순 기계적 연계는 오히려 연구개발 프로그램의 전략적 미래 가치를 훼손할 가능성도 있다. 따라서 국가 R&D사업의 성과평가를 하는데 평가 기법의 포트폴리오를 다양한게 조합하여 활용하는 것이 필요할 것이다. 예를 들어, 동료평가 점수 체계와 4개 별점 포트폴리오(four-star portfolio) 평가 시스템, 그리고 비용편익분석 결과 등의 평가지표에 대한 포트폴리오 구성을 합리적으로 하게 되면, 좀 더 다양하고 유용한 정보를 활용하여 성과평가 및 예산과의 연계가 이루어질 수 있을 것이다(Ruegg, 2007).

또한 평가자 간의 차이 및 기관별 평가 시스템 구축 및 운영의 차이 때문에 성과측정의 일관성 결여(inconsistencies)로 인한 성과 활용의 혼동을 초래할 우려도 잠재해 있다. 예를 들어 각 정부부처 및 기관은 자체적인 성과관리 체계를 구축하고 이의 효과적인 운영을 통해 제시한 전략적인 목표를 달성하려는 움직임을 강화하고 있다. 이는 성과평가제도 도입이 심지어 정부 차원에서도 일률적으로 진행되는 것이 아님을 보여주는 좋은 예라 할 수 있다. 성과평가제도의 기획은 하향식으로 이루어질 수밖에 없다 하더라도 실제 제도의 시행 과정은 평가를 담당하는 주체와 평가 대상이 되는 부처 기관 간의 끊임없는 상호작용에 의해 결정된다 할 수 있다(김기완, 2005). 따라서 평가 시스템의 관리자와 평가자 간 긴밀한 협조와 관계 정립 및 유지가 평가 시 발생 가능한 일관성 결여 및 평가 결과의 활용 시 발생하는 문제를 극복할 수 있을 것이다(Gray, 2008).

성과평가를 통해 스스로의 업무와 조직을 개선하고 좀 더 발전할 수 있는 기회로 인식하게 해야 성과평가가 개별 부처 및 기관에 도움이 된다고 인식할 것이다. 또한 구체적인 수행에서 업무 및 조직상의 특성을 담아내고, 평가를 위한 평가가 아닌 기관 및 부처의 운영과 조직 개선이라는 목적 의식을 가지고 특성을 충분히 반영한 평가가 시행되어야 조직의 자발적이고 유의미한 노력이 이루어질 것이다.

공공 부문의 성과평가제도 도입은 이 부문의 예산 및 조직 운영의 효율성을 높이기 위한 것이지만, 평가의 궁극적인 목표는 평가 대상 개선, 조직 및 기관의 조직적 학습에 기여해야 더욱더 의미 있을 것이다(김기완, 2005). 이를 위해 조직이 수행하는 업무의 내용과 운영 방식을 비판적으로 성찰함으로써 스스로의 운영 방식을 개선해 나갈 수 있도록 해야 하며, 이를 위해 평가 과정에서 기관의 능동적인 참여를 유도하고 일방적인 평가가 아닌 상호 의사소통을 바탕으로 한 성과평가가 이루어지도록 해야 할 것이다.

참고 문헌

감사원 (2008). 미국의 연구개발사업 성과평가제도.

과학기술부 (2007). 국가연구개발사업에 대한 추적평가 실시 방안 연구.

김기완 (2005). 미국의 성과평가제도 도입이 정부부처 기관의 R&D 관리평가 활동에 끼친 영향분석. 한국과학기술기획평가원.

박소희 · 김성진 (2009). 주요국 R&D 기관평가제도 사례분석 및 시사점. 한국과학기술기획평가원.

박태식 · 이한진 (2010). 미국과학재단(NSF) 평가 백서. 한국연구재단.

우창화 (2008). 미국 R&D 지원기관의 평가관리체계 출장조사 결과. 한국산업기술평가관리원.

이기종 외 (2009). 공공부문 R&D 기관평가 해외 동향: 미국, 일본, 독일, 영국을 중심으로. 한국과학기술기획평가원.

임홍섭 (2006) 국가연구개발사업평가시스템의 효율적 개선 방안: 과학기술계 정부출연연구기관을 중심으로.

한국과학기술기획평가원 (2008). 미국 R&D 예산결정 과정의 특징과 시사점.

Committee of Visitors Report (2011). *National Science Foundation.* Washington, DC: NSF.

EERE (2007). *Overview of Evaluation Method for R&D Programs.* Washington, DC: DOE.

Government Accountability Office (2011). Program Evaluation; Experienced Agencies Follow a Similar Model for Prioritizing Research. Washington, DC: GAO.

——— (2010). Managing for Results: Enhancing Agency Use of Performance Information for Management Decision Making. Washington, DC: GAO.

Knezo, G. J. (2001). *Government Performance and Results Act: Brief History and Implementation Activities.* Congressional Research Service, Order code RS20257.

Morin, A. (1993). *Scienece Policy and Politics. Englewood Cliffs.* NJ: Prentice-Hall.

National Science Board (2001). *The National Science Board: A History in Highlights, 1950-2000.* Washington, DC: NSB.

National Nuclear Security Administration (2012). *FY2011 Performance Evaluation Report*. Los Alamos National Laboratory, Los Alamos, NM: DOE.

Roessner, David (2002). *Outcome Measurement in the United States: State of the Art. Annual Meeting of the American Association for the Advancement of Science*. Boston.

Ruegg, Rosalie (2007). Quantitative portfolio evaluation of US federal research and development program. *Science and Public Policy,* 34(10): 723-730.

Valdez, Bill (2005). Public Sector R&D in the United States: Prioritizing & Evaluating Programs, Presentation to 2005 CISTP Training Program for KISTEP, Washington, DC., September.

<웹 사이트>

www.nsf.gov
www.nih.gov
www.nasa.gov
www.doe.gov
www.atp.nist.gov
www.lanl.gov

Chapter 13

사업 성과평가: R&D사업-일본*

제 1 절 일본의 성과평가제도

일본의 일반적인 정부사업에 대한 평가는 「행정기관이 실시하는 정책의 평가에 관한 법률」[1)]에 의해 실시되는데, 평가를 총괄하는 추진 주체는 총무성의 행정평가국이며, 각 성・청의 행정평가 담당부서에서 해당성・청의 평가 관련 업무를 총괄한다.[2)]

총무성은 전(全)성・청을 평가하기 위해 ① 평가일정을 계획하고, ② 평가 관련 관점 및 일반적 사항을 평가에 관한 기본 방침으로 설정하고, ③ 이를 각 성(省)・청(廳)에 전달한다. 각 성・청에서는 이를 토대로 기본계획과 실행계획을 마련하고 자체평가를 시행하게 된다. 이와 같은 평가 과정 수행을 위해 총무성은 '정책평가・독립행정법인평가위원회'를 구성하고 있으며, 각 성・청에는 평가담당관실이나 행정평가과 혹은 총무과의 평가계를 설치하고 있다.

각 성・청은 자율에 의해 평가를 수행하는데, 사업을 평가하는 항목, 기준, 평가지

---

* 구교준: 고려대학교 행정학과 교수.

1) 行政機關が行う政策の評價に關する法律, 2001년 6월 제정, 2002년 3월 공포, 2002년 4월 본격 실시되었다. 일본의 정부사업 평가에 대한 법률은 1997년 12월 3일 행정개혁회의 최종보고서에 포함된 정책평가의 도입 제언에서부터 시작되었다. 1998년 6월 12일 「중앙성청등개혁기본법」을 공포했는데, 여기서 중앙성청 개혁의 기본 방침으로서 평가 기능의 강화를 포함했다.

2) 일본의 정부사업 평가에 대한 전반적인 내용은 김주환(2006)을 중심으로 정리했다.

표 등을 자유롭게 설정할 수 있다. 이 과정에서(총무성의 일정과 기본계획을 받은 후) 각 성·청은 기본계획(평가에 대한 3~5년 계획)과 사후의 실시계획(평가에 대한 1년 계획)을 작성하며, 각 성·청의 사업평가는 이 계획에 따라 이루어진다. 총무성의 일정에 따라 이상의 평가가 종료되면 각 성·청은 평가 결과를 총무성에 보고함으로써 평가에 대한 업무가 마무리된다. 하지만 경우에 따라 평가의 통일성, 객관성, 엄정성이 요구되는 경우에는 총무성에서 직접평가를 시행하는 경우도 있다.

일본의 정부사업평가 대상은 행정평가의 기초적인 단위인 사무사업 수준부터 행정활동의 일정 단위인 시책 수준까지 다양(정책, 시책, 사무사업)하게 포함된다.[3] 또한 정부사업의 평가는 사업평가, 실적평가, 종합평가의 세 가지로 구분되어 이루어진다. 우선 사업평가는 사전적 의미의 평가로서 사업 시행 이전에 평가를 진행하고 중간 혹은 사후에 검증한다. 실적평가는 대표적인 사후평가로서 사업의 목표 달성 정도를 평가한다. 마지막으로 종합평가는 특정 테마의 정부사업이 도입된 이후 일정 시점이 경과한 이후에 다양한 각도에서 사업의 성과 및 문제점 파악 등 종합적 평가를 시도한다. 다만 이와 같은 평가의 대상, 종류, 방법은 성·청 및 사업의 특성과 환경에 따라 달라질 수 있다. 총무성은 최소한의 평가 가이드라인만을 제시하며, 각 성·청은 이에 따라 기관 및 사업의 고유한 특성을 반영할 수 있는 기준과 지표를 자유로이 개발하여 평가하고 있다.

일본의 R&D사업의 경우도 예외는 아니어서 R&D사업이 가지는 고유의 특징을 고려하여 과학기술기본법에 기초한 독자적인 평가가 이루어지고 있다(홍형득 외, 2011). 이 연구에서는 일본의 R&D 성과평가제도를 소개하고, 우리나라 R&D 성과평가제도에 대한 시사점을 논의하고자 한다.

제 2 절 일본의 R&D 성과평가제도 도입 배경과 변천

1990년대 장기 불황의 경제적 위기를 겪은 일본은 위기의 극복을 과학기술에서 찾

3) 일본에서 시책은 정책 목표를 달성하기 위한 구체적인 방편으로, 사무사업은 시책에 해당되는 구체적인 방편을 구현하기 위한 가장 기초가 되는 행정활동으로 정의된다(한국연구재단, 2009).

고자 했다. 특히 혁신 과정의 가속화를 통해 세계 최고의 과학기술 수준을 확보하기 위해 1995년 「과학기술기본법」을 제정했고, 이를 바탕으로 1차(1996), 2차(2001), 3차(2006) 과학기술 기본계획(Science and Technology Basic Plan)이 내각에 의해 입안되었다. 새롭게 입안된 과학기술 기본계획은 일본의 R&D 성과평가 시스템의 근간이 되었는데, 1, 2차 과학기술 기본계획을 거치면서 좀 더 체계적이고 엄격한 국가 R&D사업에 대한 평가 체계가 구축되었다.

「과학기술기본법」은 기초 연구의 중요성을 인식하고 기초 연구 육성을 위한 중앙정부 및 지방자치단체 역할의 중요성을 강조한다. 특히 과학기술정책의 종합적이고 체계적인 추진을 위해 과학기술 발전을 도모하기 위한 기본 계획의 수립을 규정하고 있다. 그 밖에도 우수한 연구인력 확보, 연구시설 정비, 연구기관 및 연구자의 상호교류를 통한 지식 융합 등을 위한 구체적인 시책을 강구하도록 하고 있다.

1차 과학기술 기본계획(1996~2000)에서는 17조 엔에 달하는 대규모의 R&D 투자가 계획되었으며, 이러한 대규모 정부투자사업을 적절히 평가하기 위한 R&D 평가제도의 기본 가이드라인이 제시되었다. 특히 1차 계획은 체계적인 R&D 평가제도가 처음으로 도입되면서 외부평가가 강화되었다는 특징을 가진다. 2차 과학기술 기본계획(2001~2005)에서는 1차 계획 기간보다 늘어난 24조 엔의 R&D 투자가 계획되었으며, 특히 지식기반 연구를 중심으로 한 전략적 투자 우선순위의 조정이 이루어졌다.

한편 R&D사업 평가와 관련해서는 1차 계획에 포함된 평가에 관한 가이드라인이 수정되었는데 공정성 및 투명성 강화, 예산 연계 강화, 평가 인프라 구축 등에 초점을 맞추고 있다. 현재 대규모 국가 수준의 R&D사업에 대한 평가와 우선순위 선정의 역할을 담당하고 있는 Council for Science and Technology Policy(CSTP)는 바로 2차 계획 기간(2002년)에 설립되었다. 3차 과학기술 기본계획(2006~2010)은 25조 엔에 이르는 정부 R&D사업의 투자계획과 과학기술 분야의 인적 자원 육성과 같이 새로운 투자 우선순위에 관한 내용뿐 아니라 R&D사업의 편익을 일본 사회 전체에 좀 더 효과적으로 전하기 위한 평가 시스템 전반에 대한 혁신도 포함하고 있다. 특히 개정된 평가 가이드라인은 연구자의 창조적인 도전을 독려하고, 평가에서 책임성 강화를 도모하며, 평가 결과의 좀 더 적극적 활용을 꾀하는 데 초점을 두고 있다.

1990년대 이후 일본 R&D 성과평가 시스템의 대략적인 변천 과정은 <표 13-1>에 요약되어 있다.

표 13-1 일본의 R&D 성과평가 시스템 변천

시기	내용
1995. 11.	• 과학기술 관련 핵심 법안 수립
1996. 7.	• 제1차 과학기술 기본계획 수립(1996년~2000년, 17조 투자)
1997. 8.	• 연구개발 평가에 대한 기본적인 가이드라인 수립 – R&D 평가제도의 도입, 외부 평가 강화, 효율적인 자원 배분 할당에 초점을 둠
2001. 1.	• 중앙정부 조직 개편
2001. 3.	• 제2차 과학기술 기본계획 수립(2001년~2005년, 24조 엔 투자)
2001. 4.	• 중앙정부로부터 세부 운영기관으로서 독립행정기관(Independent Administrative Institution) 설립
2001. 6.	• 정부정책 평가활동
2001. 11.	• 연구개발 평가에 관한 기본적인 가이드라인 수정 – 공정성과 투명성의 강화, 예산과 연계를 강화, 평가에 관한 인프라 구축에 초점을 둠
2002. 1.	• 종합과학기술회의(Council for Science and Technology Policy: CSTP) 설립
2002. 4.	• 정책평가법 수립
	• 기술평가를 위한 경제산업성(Ministry of Economy, Trade and Industry: METI) 가이드라인 수립
	• MET 평가 기본 사항 및 기준 수립
2005. 3	• 연구개발 평가에 관한 기본적인 가이드라인 수정 – 창조성을 위한 연구자의 도전 강화, 책임성을 증가시키기 위해 평가 스킬을 개발, 평가 결과의 활용 공고화에 초점을 둠
2006. 3	• 제3차 과학기술 기본계획 수립(2006년~2010년, 25조 엔 투자)

자료: 이도형(2010).

제 3 절 일본의 R&D 성과평가제도 및 운영 방식

1 과학기술 R&D 추진 체계[4)]

일본의 과학기술정책과 관련된 R&D사업에서 가장 중요한 역할을 하는 기관은 국

4) 일본 과학기술정책 관련 주요 플레이어에 대한 좀 더 자세한 내용은 Concert Japan(2011) 참조.

가 전체 과학기술 관련 사업의 총괄과 조정 기능을 담당하는 수상과 내각부라고 할 수 있다. 그 중에서도 과학기술 정책을 총괄하고 과학기술 기본계획에 따라 정부 R&D사업의 우선순위와 성과평가의 가이드라인을 제시하는 Council for Science and Technology Policy(CSTP)가 가장 핵심적인 역할을 담당하고 있다. 좀 더 구체적으로 CSTP는 국가적 · 사회적 필요에 따라 한정된 과학기술 투자 자원을 적절히 분배하기 위한 기획 기능, 과학기술과 관련된 사안에 대해 수상 및 관련 성 · 청에 필요한 정보와 의견을 제시하는 참모 기능, 서로 다른 이해와 목적을 가진 성 · 청 단위의 과학기술사업을 국가적 관점에서 통합 관리하는 조정 기능, 정부 R&D사업의 거시적 성과를 분석하는 평가 기능을 수행한다. CSTP는 수상을 의장으로 하고 14인의 위원으로 구성되어 운영되며, 특히 12개의 과학기술 분야를 관장하는 디렉터를 두어 분야별 사업을 관리한다.

국가 수준에서 과학기술과 관련된 거시적 정책결정 및 평가가 CSTP를 중심으로 이루어진다면, 좀 더 미시적인 수준의 정책결정 및 평가는 개별 성 · 청을 단위로 이루어진다. 특히 그 중에서도 가장 큰 규모의 R&D 예산을 집행하면서 중요한 역할을 하는 기관은 Ministry of Education, Culture, Sports, Science and Technology (MEXT)와 Ministry of Economy, Trade, and Industry(METI)이다. MEXT는 정부 R&D 예산의 65%를 담당하는 과학기술 분야의 중추 기관으로서 기관 고유의 과학기술 관련 연구개발 사업 및 평가 프로그램을 운영한다. 특히 순수과학과 우주, 원자력 등 거대과학 분야 연구에 집중적으로 투자한다. METI는 정부 R&D 예산의 약 14%를 담당하고 있으며, 주로 상업화가 가능한 대학 및 연구소의 연구와 산업체와 대학 간의 협력 연구 등 응용과학의 성격이 강한 분야에서 주로 R&D사업을 추진하고 있다. METI에서 운영하고 있는 R&D사업의 성격이 MEXT와 다르다 보니 성과평가에서도 기관 고유의 독자적인 시스템을 운용하고 있다. MEXT와 METI 이외에도 여러 정부기관이 R&D사업을 운영하고 있다. 그러나 이 연구에서는 일본 전체 R&D 시스템에서의 중요성을 고려하여 정부 성 · 청 중에서는 MEXT와 METI만을 살펴보기로 한다.

내각부, 정부성 · 청과 함께 일본 과학기술 체계의 한 축을 담당하는 곳이 독립행정기관(Independent Administrative Institutions)이다. 독립행정기관은 연구개발예산의 실제 집행 기능을 정책 기능과 분리하기 위해 만들어졌으며, 일본의 과학기술

행정 체계에서 정부 성·청과 실제 연구를 담당하는 대학 및 연구소를 연결하는 자원 배분 기능을 담당하고 있다. 대표적인 조직으로는 MEXT 산하의 Japan Science and Technology(JST)와 METI 산하의 NEW Energy and Industrial Technology Development Organization(NEDO)이 있다. 실제 R&D 활동은 독립행정법인을 통해 연구비를 수혜받은 대학, 연구소 및 민간 부문을 통해 이루어진다. 지금까지 논의한 일본의 과학기술 R&D 추진 체계를 도식화하면 [그림 13-1]과 같다.

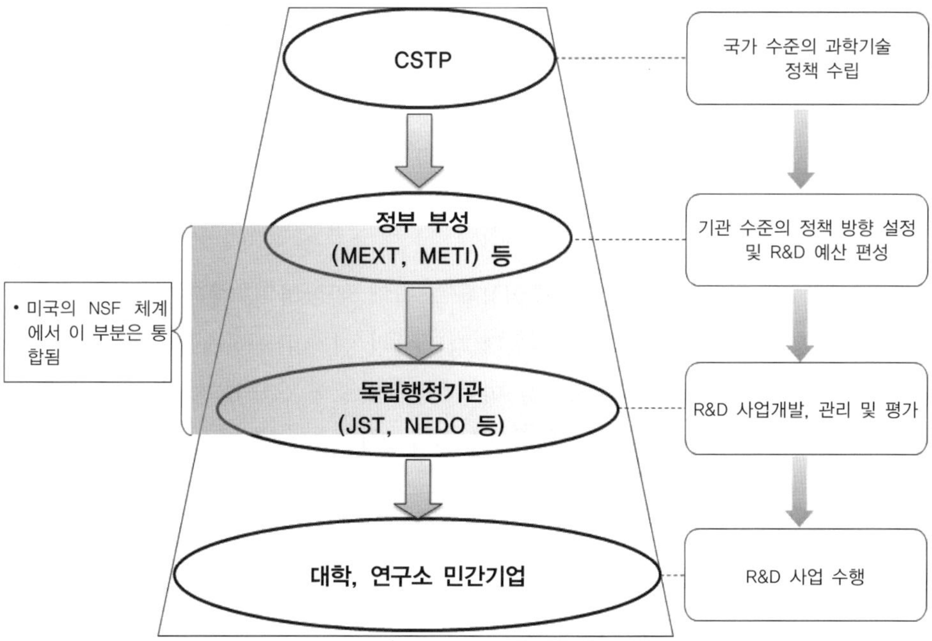

그림 13-1 일본의 과학기술 R&D 추진 체계
자료: Takakashi (2009).

2 R&D 성과평가 체계

일본의 R&D 성과평가 체계는 기본적으로 앞에서 설명한 R&D 추진 체계와 맞닿아 있다. 우선 CSTP가 국가 수준의 R&D 사업평가 가이드라인(National Guidelines

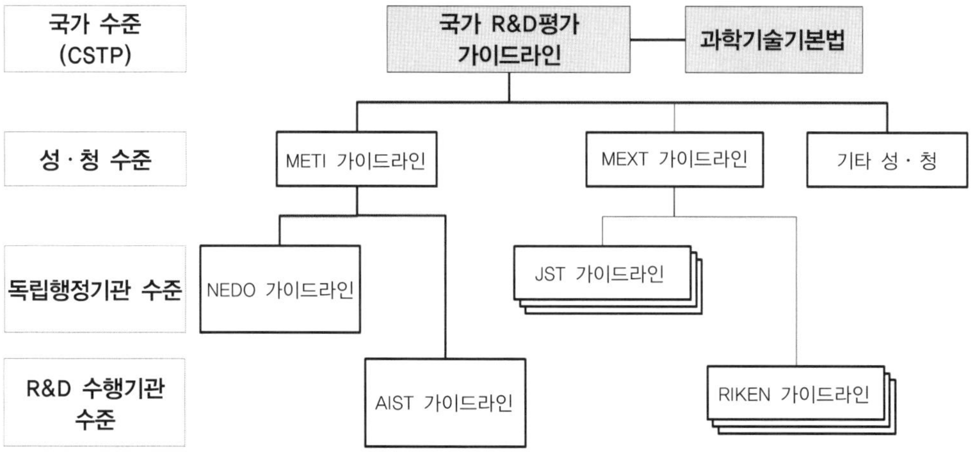

그림 13-2 일본의 R&D 성과평가 체계

자료: Okubo (2008).

for Evaluating Government Funded R&D)을 수립해 제공하면, 각 성·청은 기관의 특성을 고려한 개별 지침을 마련하고, 독립행정기관과 실제 R&D 수행기관은 성·청의 지침에 따라 별도로 세부 평가 지침을 마련한다(이도형, 2010). 이와 같은 일본의 R&D 성과평가 체계를 도식화하면 [그림 13-2]와 같다.

1) CSTP 평가

CSTP 평가의 주된 목적은 국가 R&D 사업 전체의 우선순위를 설정하는 데에 있다. CSTP는 성·청 수준의 R&D 사업에 대한 사전평가를 통해 사업별 우선순위를 설정하고, 재무성은 그 결과를 예산편성에 반영하는 구조이다. 한편 CSTP의 R&D 평가 가이드라인에서 드러난 R&D사업 평가에 대한 기본적인 인식은 다음과 같이 요약될 수 있다(Prime Minister of Japan, 2008).

- 뛰어난 연구 성과를 창출하고, 이를 다음 단계로의 연구개발로 연결하며, 그 결과를 일본 사회 전체에 좀 더 신속하게 환원할 수 있도록 실효성 있고 효과적인 평가가 요구됨.
- 연구자의 불필요한 평가 업무 부담을 줄이고 적극적이고 과감하게 연구개발에 전념할 수 있도록 효율적인 평가가 요구됨.

• R&D사업이 국제경쟁력 제고와 인류 번영에 기여할 수 있는 새로운 지식의 창출을 통해 일본의 국제적 위상을 향상시킬 수 있도록 국제적인 관점에서의 평가가 요구됨.

CSTP의 가이드라인에 따르면 CSTP의 평가 대상은 앞에서 언급한 「행정기관이 실시하는 정책의 평가에 관한 법률」이 정한 '정책'에 해당하는 연구개발 시책과 연구개발 과제이다. 좀 더 구체적으로 연구개발 시책에서는 연구개발사업 추진을 위한 전략과 제도 등이 평가의 대상이 되고, 연구개발 과제에서는 10억 엔 이상 예산이 소요되는 사업이 평가(연구개발 과제의 경우엔 사전평가)의 대상이 된다. 따라서 연구개발기관과 일반 연구자들에 대한 평가는 CSTP 수준에서 이루어지지 않는다(한국연구재단, 2009).

2) MEXT(문부과학성) 및 JST 평가

(1) MEXT 평가 개관

MEXT는 2005년 3월부터 내부기관 R&D 활동의 적절한 성과평가를 위한 지침(Guideline for Evaluation of Research and Development in MEXT)을 개정하여 제공하고 있다(MEXT, 2005). 이 지침의 주요 내용을 살펴보면 아래와 같다.

평가의 주요 목표는 ① 창조적 연구를 하고 있는 연구자들에게 힘을 실어주고 뛰어난 R&D 활동을 찾고 홍보하며 개발함, ② R&D를 위해 유연하고 경쟁적이면서도 개방적인 환경을 만듦, ③ 거시적 관점으로 R&D사업 방법을 검토하고 개선함, ④ R&D 활동의 투명성, 책임 이행을 강화하고, 국민적 지지와 이해를 구함, ⑤ 평가 결과를 반영하여 효과적 자원을 활용하고, 새로운 연구 영역으로의 확장을 꾀함 등으로 요약된다.

R&D 방법과 주제들에 대해 평가가 시행되는데, 좀 더 구체적으로 ① 일반적 규칙으로서 사전(ex-ante)평가와 사후(ex-post)평가, ② 3년마다의 중간(interim)평가, ③ 효과와 편익, 그리고 파급 효과의 조사를 위해 필요에 따른 후속평가가 이루어진다.

한편 MEXT 평가 가이드라인에서 강조되는 기본적인 원칙은 다음과 같이 정리할 수 있다. ① 평가조직은 분명하고 구체적으로 평가 대상과 목적에 따라 평가 실무를 규정해야 하며, 관련 정보는 평가 수행 전 평가받는 당사자에게 제공되어야 한다. ②

평가조직은 R&D 환경의 변화에 따라 평가 실무를 재검토해야 하며, R&D 활동의 특징에 따라 적절한 평가를 실행해야 한다. ③ 평가를 통해 R&D 활동을 진보시키고 질을 향상시키는 것이기 때문에, 지나치게 관료적이거나 연구원의 도전 열정을 저해하는 사례를 피하는 방법을 찾는 것이 중요하다. 예를 들어 획일적이고 근시안적인 시각에 빠져 단기 성취를 하는 데 초점을 맞추는 것은 기본적 연구 및 다른 관련 활동을 어렵게 하므로 지양해야 한다. 또한 같은 맥락에서 R&D 활동의 성질과 규모를 기반으로 하여, 평가의 효율을 위해 가능한 한 단순화, 합리화해야 한다. ④ R&D 정책 또는 주제에 대한 효과적인 평가를 보장하기 위해 충분한 금융자원이 있어야 하며, 평가를 위한 인적 자원(평가사무실 담당자, 사업요원, 평가자 등)을 획득하기 위해 종합적으로 노력해야 한다.

MEXT 평가 가이드라인에서는 R&D 정책, R&D 주제, R&D 연구소, 연구원 성과의 네 가지로 평가 대상을 나누고 있다. 대상별 구체적인 지침의 내용을 살펴보면 다음과 같다.

① R&D 방법의 평가를 할 때에는 정책의 목표는 적절한 평가를 수행하기 위해 계획(planning) 단계에서 분명히 규정되어야 한다. 그뿐만 아니라, 질적・양적 지표는 가능할 때마다 평가 목적을 위해 구축되어야 한다.

② R&D 주제의 평가는 세 범주로 나눌 수 있는데 구체적 사항은 다음과 같다. 첫째, 경쟁펀드형(competitive fund type) 주제는 동료평가(peer review) 수행이 일반적이며, 경쟁적 기금의 목적과 성질에 맞게 과학기술적 측면뿐만 아니라 사회경제적인 관점을 고려해야 한다. 평가는 신청서의 내용과 사업 실행 능력에 초점을 맞춘다. 그리고 사전평가를 위해, 혁신적 아이디어나 독창성과 같은 요소를 간과하지 않도록 소수의 의견들 또한 존중되어야 하며, 연구활동의 계속성 보장을 위해 적시 평가를 수행해야 한다. 둘째, 프로젝트형(project type) 주제에서는 사용된 방법의 적절성뿐만 아니라 R&D 정책과 함께 프로젝트 계획의 일관성을 평가할 것, 조사 의뢰와 같은 외부 평가를 활용할 것이 주문된다. 대형 프로젝트의 경우, 특별관리와 함께 사전평가를 수행하고 중간평가에서 미리 계획하지 않은 현상에 대해 고려할 것, 사후평가에서 성공과 실패의 이유를 분석할 것, 필요에 따라 후속평가를 수행할 것 등이 주문된다. 셋째, 기초 비용형(basic expense type) 주제에서는 연구소관리자가 정한 규칙 세트에 따라

평가를 실행할 것, 필요에 따라 연구소 평가 결과 및 계속적 연구활동을 위한 전체적 개선을 위해 결과를 활용할 것이 요구된다.

③ R&D 연구소의 평가에서는 제도적 관리의 두 가지 측면(기관 내 제도적 관리와 자원분배의 개선)과 R&D 활동의 실행 및 촉진에 대해 평가해야 한다. 그리고 평가 결과는 연구소에 대한 책임이 있는 관리자의 평가에 영향을 미쳐야 한다.

④ 연구원의 성과평가에서는 연구소(연구자가 소속된)의 관리자가 평가를 위한 규칙을 준비하는 것뿐만 아니라 평가를 수행할 책임이 있다. 또한 수행된 광범위한 활동이 고려 대상이며, 대담한 도전을 장려하고 연구원이 도전에 소극적이지 않도록 하는 방법을 찾는 것이 필요하다.

(2) JST의 성과평가

① JST 연구개발사업 개관

MEXT 산하 연구관리기관인 JST는 주로 기초연구 프로그램에 대한 지원을 담당한다. JST는 특히 전략적 기초연구사업(Strategic Basic Research Program)이라고 정의되는 순수과학 연구, 목적 있는 기초연구, 응용 연구개발의 세그먼트를 지원하고 있다([그림 13-3] 참조). JST의 예산은 선진 기술 창조, 선진 기술 사용 사업 촉진, 과학기술 정보의 보급, 연구 지원, 과학기술의 대중적 이해 등의 목적을 위한 사업에 사용된다.

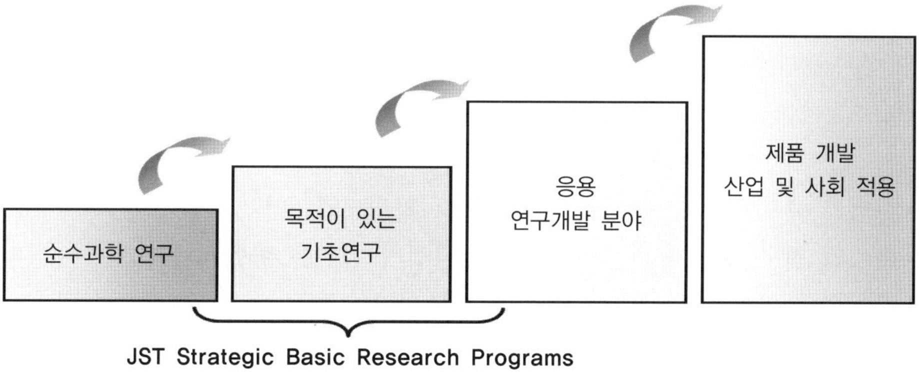

그림 13-3 JST 전략적 기초연구사업의 범위

자료: 한일평가포럼(Sasa, 2009).

한편 JST가 지원하는 신기술 창조를 위한 과학기술 기초연구는 크게 네 가지 사업 목표를 가지는데, 상이한 목표에 따라 평가도 차별화되어 이루어진다. 우선 ERATO(Exploratory Research for Advanced Technology) 프로젝트는 과학기술의 새로운 흐름을 만드는 데 목표를 둔다. ICORP(International Corporative Research Project)는 일본을 비롯한 파트너 국가들 간 협력 연구를 촉진하는 것을 목표로 하는 국제 협력 프로젝트이다. CREST(Core Research for Evolutionary Science and Technology) 프로젝트는 혁신적인 기술의 발전 및 지적 재산권 구축을 위한 특정 영역에서의 기초연구 촉진을 목표로 한다. 마지막으로 PRESTO(Precursory Research for Embryonic Science and Technology) 프로젝트는 혁신적인 젊은 연구자들의 독창성을 기반으로 하는 기초연구 촉진을 목표로 두고 있다. PRESTO는 주로 개인 연구, CRESTO는 팀 연구, ERATO와 ICORP은 주로 그룹 연구를 지원한다.

② JST 기초연구 사업의 성과평가

JST의 기초연구 사업평가는 MEXT의 평가 가이드라인에 따라 사전평가, 중간평가, 사후평가, 후속평가의 과정으로 진행된다([그림 13-4] 참조). 특히 주로 개인 연구로 이루어진 PRESTO 프로젝트는 중간평가가 생략됨을 알 수 있다.

JST가 지원하는 사업 대부분이 기초연구이기 때문에 가시적인 성과의 획득이 쉽지 않다. 따라서 성과측정은 각 해당 분야 전문가로 구성된 JST의 지원을 받는 사후평가단(ex-post evaluation panel)이 수행한다. 사후평가단에 의한 전체 성과평가 지표는 아래 다섯 가지 항목과 같다. 더불어 성과평가지표를 보완하고, 대중들에게 사업의 성과를 알리기 위해 심포지엄, 워크숍, 설문조사 등이 실시된다(Takahashi, 2009).

- 사업의 새로운 연구 분야가 국제적으로 확립되었는가?
- 확립된 연구 분야가 다른 재정 지원 사업의 지원을 받았는가?
- 사업이 유의미하게 설계되고, 운영되었는가?
- 창조적인 가치나 연구 결과가 달성되었는가?
- 사업이 일본의 연구 잠재력 성장에 기여했는가?

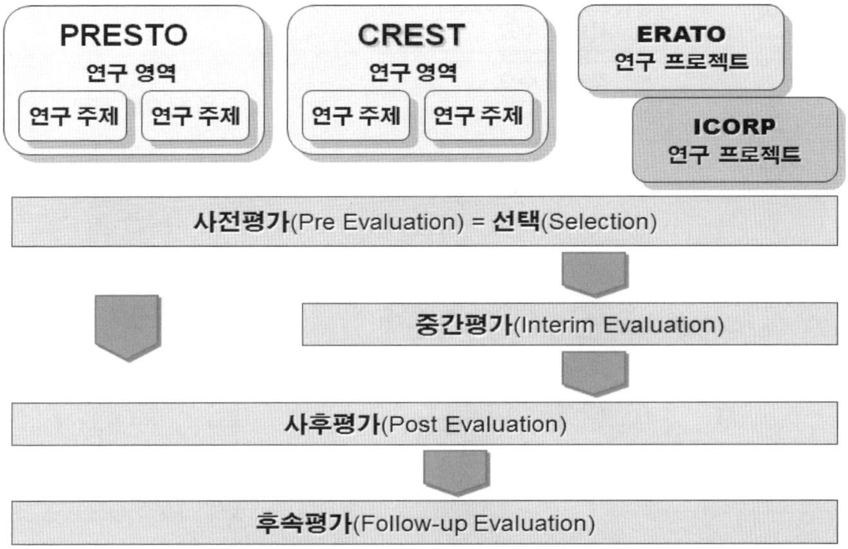

그림 13-4 JST의 사업평가 과정

자료: 한일평가포럼(Sasa, 2009).

한편, 사후평가는 다음과 같은 과정을 통해 시행된다. ① 사후평가단을 선정 → ② 사업 관리자는 평가를 위해 작성된 문서를 평가단 구성원에게 발송 → ③ 평가회의를 통해 사업의 주요 산출물과 성과에 대한 정보 수집 → ④ 평가단 구성원 개인별 평가 의견을 작성 및 평가단 단장의 JST 지원 하에 평가서 작성 → ⑤ 평가문서가 사업 관리자에게 전달 → ⑥ 사업 관리자는 의견을 덧붙여 평가단 단장에게 전달 → ⑦ 평가단 단장은 평가서를 바탕으로 최종 평가문서를 작성하고 JST 이사회의 승인을 마지막으로 평가가 종료된다(Takahashi, 2009).

[그림 13-5]는 JST의 전략적 기초연구 사업에 대한 평가의 위치를 좀 더 광범위한 사회적 관점에서 보여준다. [그림 13-5]에 나타난 흐름을 살펴보면 사회적 수요 및 경제적 수요를 통해 사업 목표와 목적이 설정되면 전략적 기초연구사업을 통해 산출물이 발생하고, 이는 다음 단계의 연구로 연결된다. JST의 평가의 특직은 '산출물과 창출된 가치의 평가'와 '다음 단계로 진행된 결과 평가' 라는 두 가지 흐름의 논리구조를 가진다는 점인데, 이는 연구사업 성과가 현시되는 시간적 흐름에 맞추어 평가가 진행됨을 의미한다.

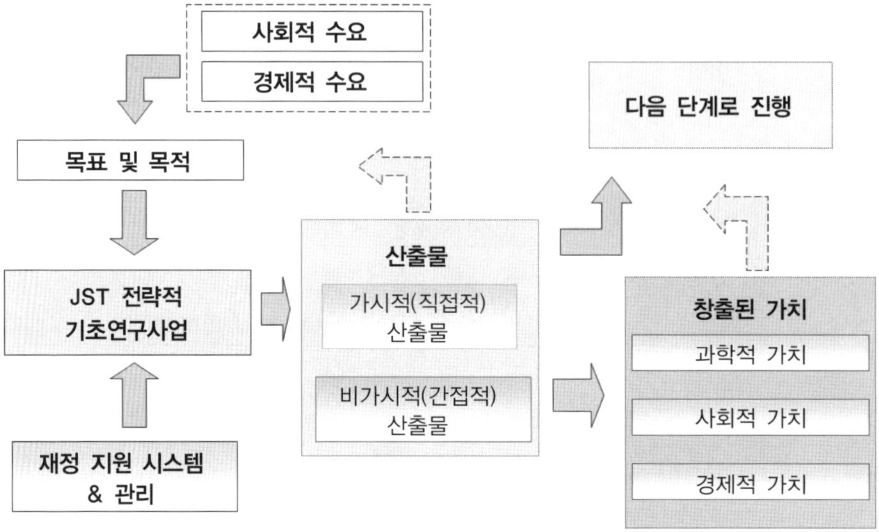

그림 13-5 JST 전략적 기초연구사업 평가 관점

자료: 한일평가포럼(Sasa, 2009).

연구 산출물은 가시적 산출물과 비가시적 산출물로 나눌 수 있다. 가시적 산출물은 다시 양적인 부분과 질적인 부분으로 나뉘는데 전자는 논문 게재 수, 출원된 특허 수 등으로 측정되고, 후자는 논문 인용 건수, 수상 여부, 기술 이전 실적, 결과물의 산업적 적용 등으로 측정된다. 또한 비가시적 산출물은 연구원 및 연구그룹 육성, R&D 인프라 구축, 과학기술 잠재력 축적 등을 대상으로 평가된다. 한편 창출된 가치는 과학적 측면, 사회적 측면, 경제적 측면으로 나뉘어 평가되는데 과학적 측면에서는 신개념, 새로운 분야, 새로운 흐름, 신기술, 신지식 등이 만들어졌는지, 사회적 측면에서 환경, 사회제도, 평화와 안전, 삶의 질 등 문제 해결에 공헌했는지, 경제적 측면에서는 새로운 산업이나 새로운 서비스 창출에 기여했는지 등을 중심으로 평가가 이루어진다.

한편 두 번째 '다음 단계로의 이행'에 대한 평가에서는 목적이 있는 기초연구에서 응용연구로 직접 개발하는 수준으로 도약되었는지, 추가적 자금 지원으로 인해 응용연구 분야로 발전되었는지, 예상치 못한 새로운 주제로 발전했는지, 아니면 현재 수준보다 더욱 기초적인 연구로 돌아갔는지 등의 주제를 중심으로 사업의 성과를 평가한다(이도형, 2010).

3) METI(경제산업성) 및 NEDO 평가

(1) METI 평가 개관

METI의 평가 시스템을 논의하기 위해서는 1997년에 마련한 METI R&D 평가 가이드라인(METI Guidelines for Technology Evaluation: 経濟産業省政策評価基本計畵)을 2001년 개정함으로써 화석연료 대체 에너지 개발을 위해 설립된 후 독립행정법인으로 재편된 신에너지 산업기술 종합개발기구(New Energy and Industrial Technology Development Organization: NEDO)의 역할을 함께 고려해야 한다.

우선 METI의 평가 가이드라인은 일본의 「행정기관이 실시하는 정책평가에 관한 법률(行政機關が行う政策の評価に關する法律)」 제3장 제6조(행정기관이 정하는 정책평가)에 의거하여 마련되었다. 이 가이드라인은 정책평가에 대한 기본 방침, 정책평가의 실시 방법, 평가 관점에 관한 사항(필요성, 효율성, 효과성, 우선성, 기타 등), 정책 효과의 파악에 관한 사항, 사전평가의 실시에 관한 사항, 사후평가의 실시에 관한 사항, 전문가의 지식을 활용한 평가, 정책평가 결과의 반영에 관한 사항, 정보의 공포에 관한 사항, 정책평가의 실시 체제에 관한 사항 등을 간략하게 제공하고 있다(経濟産業省, 2008). 평가를 실시할 때 꼭 필요한 사항만을 규정하여 사업의 특성, 환경, 기관 등에 따라 유연한 평가가 가능하도록 하고 있는 것이다.

METI의 평가 가이드라인에서 규정하는 평가의 목적은 다음과 같은 네 가지로 요약된다. ① 평가의 결과를 정책·시책에 반영함으로써 더 나은 정책·시책으로의 발전과 더불어 연구자의 창조성 등을 확보할 수 있는 연구개발의 환경을 창출함, ② 연구개발의 질적 향상, 독창/유망/우수한 연구개발 및 연구자의 발굴, 연구의 의욕 향상 등 연구개발의 효과성, 효율성을 제고함, ③ 평가 결과를 통해 국가에서 시행하는 고도의 전문적 내용을 포함하는 기술 관련 시책·사업에 대한 전반적 사항(의의, 내용 등)을 국민들에게 쉽게 전달함, ④ 연구개발 사업의 지속, 확대, 축소, 중단 등의 결정을 통해 자원의 효율적 배분을 촉진한다.

한편 METI는 평가를 시행할 때 다음과 같은 기본 이념을 중시한다. ① 투명성: 평가를 진행할 때는 추진 주관 기관 및 연구개발 기관에서는 그 성과를 공개하고, 그 내용에 대해 전문가 등의 의견을 들을 수 있도록 하기 위해 평가사무국은 투명하고 공정한 평가 시스템을 마련하고 평가 절차, 평가 항목, 평가 기준을 포함한 평가 시스템 전반을 명확하고 투명하게 공개한다. ② 중립성: 평가의 중립성을 확보하기 위해 해당 연구에 직접 관련이 없는 외부 전문 평가 시스템을 운영한다. ③ 연속성: 개별 연구개발사업에 대한 평가 자체에 의의를 가지는 것이 아니라, 해당 연구개발에 대한 평가를 다음 연구개발사업, 시책에 반영함으로써 연구개발 및 평가의 연속성을 확보한다. ④ 실효성: 정책의 목표에 비추어 효과적인 기술에 관한 시책·연구개발사업을 하고 있는지를 판단하기 위한 효율적 평가가 이루어질 수 있도록 명확하고 실효성 있는 평가 시스템을 구축·유지한다. 또한 평가 과정에서 시책·사업에 운영에 지장을 주지 않으며, 평가자/피평가자 모두에게 불필요한 비용이 발생하지 않도록 유의한다.

(2) METI의 평가 체계

METI의 평가는 R&D사업과 관련된 전반(프로젝트 평가, 프로젝트를 포함하는 정책 전반 평가, R&D 시스템 평가, 현장평가, 조직평가 등)을 대상으로 하여 이루어지는데, 특히 평가 대상에 따라 NEDO와 업무 구분을 하고 있다. 좀 더 구체적으로 2002년 METI 가이드라인 변경 이전에는 평가 업무 전체를 METI가 주관했으나, 그

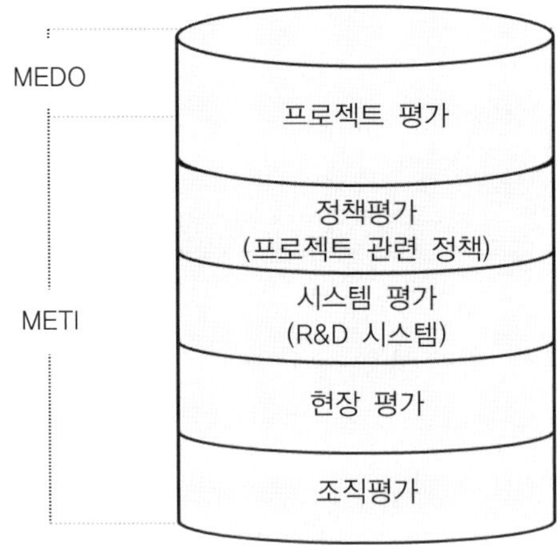

그림 13-6 METI와 NEDO의 평가 업무 구분

자료: Takenaka (2002). 수정 보완.

표 13-2 METI 프로젝트 평가의 단계별 내용

	사전평가 (Ex-Ante Evaluation)	중간평가 (Interim Evaluation)	사후평가 (Ex-Post Evaluation)	추적평가 (Follow-up Evaluation)
평가 시기	예산책정 이전	프로젝트 중반	프로젝트 완료 후 1년도	프로젝트 완료 후 5년
평가자	프로모션 사업부	외부 평가자 (패널 리뷰)	외부 평가자 (패널 리뷰)	외부 평가자 (패널 리뷰)
담당 기관	프로모션 사업부	관리조직 프로모션 사업부 평가사업부	관리조직 프로모션 사업부 평가사업부	관리조직 프로모션 사업부 평가사업부
내용	-매년 7~8월 실시 -예산 요구와 함께 8월 말 '사전평가서' 공표 -시책에 따른 개별사업 평가서 작성, 측정 목표, 지표 개발	-경제산업성정책평가기본계획에서 정하지 않으며, 필요에 따라 실시 -3~5년마다 정기적으로 평가 실시	-예산, 세제, 정책 금융 등의 '개별사업' 및 '규제령' 까지 평가 실시 -평가를 통한 차년도 방향성 결정	-프로젝트 진행 정도 및 성과 발현 유/무 평가

자료: Takenaka (2002). 수정 보완.

이후엔 개별 프로젝트에 대한 평가 업무를 NEDO에서 수행하도록 조정했다([그림 13-6] 참조). 특히 프로젝트 평가의 경우 다시 사전평가, 중간평가, 사후평가, 추적평가로 구분되는데, 프로젝트 평가의 자세한 단계별 내용과 절차는 <표 13-2>와 [그림 13-7]에 정리되어 있다.

(3) NEDO의 성과평가

NEDO의 평가는 프로젝트 평가에서 중간, 사후, 추적평가에 큰 비중을 두고 있으며, 특히 중간평가와 사후평가에서는 ① 프로젝트의 전략 및 목표, ② 프로젝트 관리, ③ 프로젝트 성과, ④ 프로젝트의 실용성 및 파급 효과에 초점을 맞추어 평가한다. 평가는 <표 13-3>과 같이 각 평가 항목에 대한 등급 표기로 이루어지며, A, B, C, D의 등급은 3, 2, 1, 0으로 점수화하여 계량화한다.

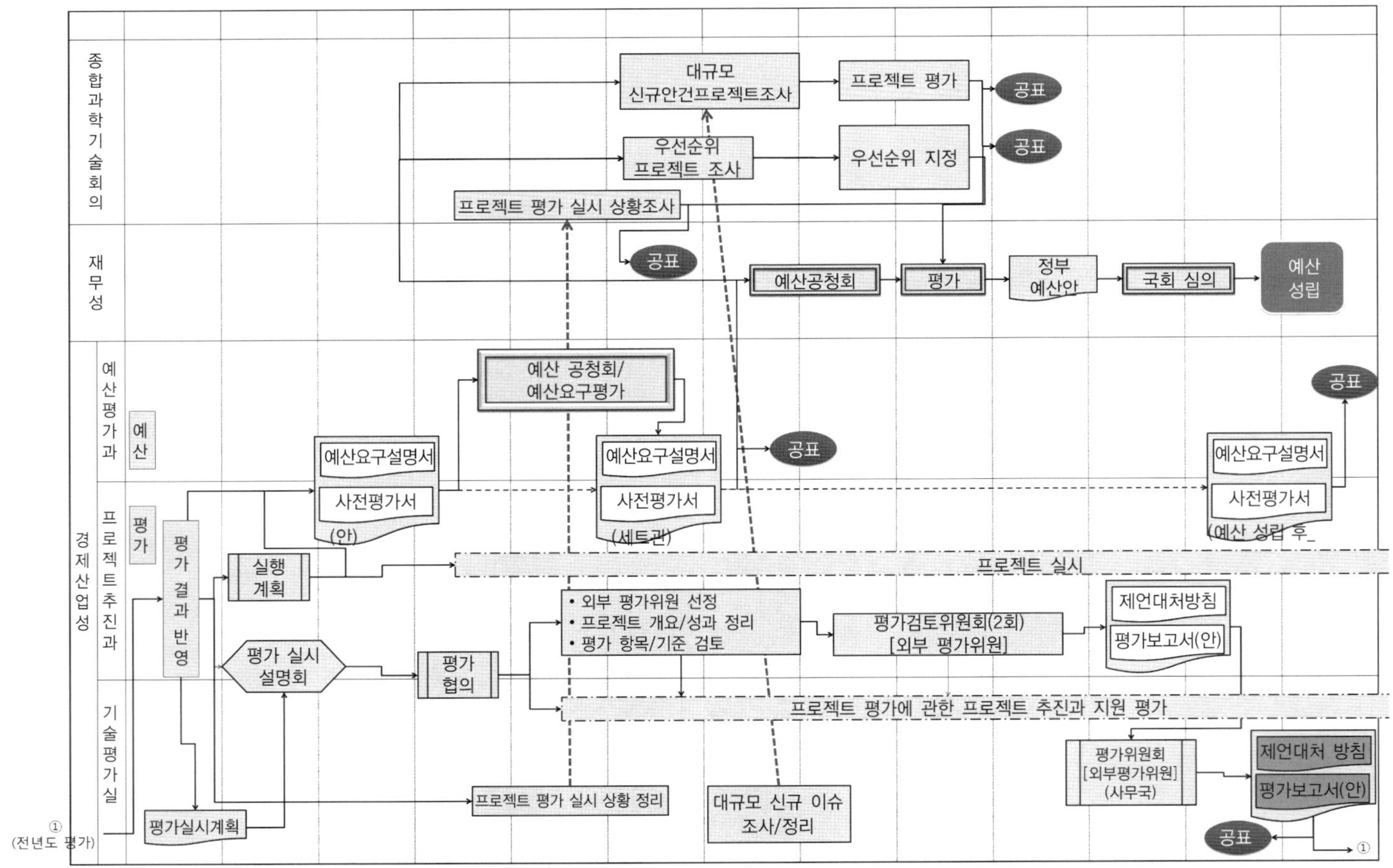

그림 13-7 METI 프로젝트 평가 절차

자료: 大久保(2008: 18). 수정 보완.

표 13-3 NEDO의 중간, 사후평가 항목 및 예시

평가 항목	평균	위원 1	위원 2	위원 3	위원 4	위원 5	위원 6
1. 목표 및 전략	2.3	A	A	B	B	B	B
2. 프로젝트 관리	1.8	A	B	C	B	C	B
3. 프로젝트 성과	1.5	B	C	C	C	B	B
4. 파급 효과 및 실용성	1.2	B	B	D	C	C	C

자료: Okada (2005).

추적평가는 2004년부터 시작된 평가 방법으로 ① R&D 프로젝트의 결과가 대중에게 어떠한 혜택을 제공하는가, ② NEDO의 계획 수립, 관리 등의 개선을 위해 종료된 R&D 프로젝트로부터 어떠한 점을 보완, 반영해야 하는가에 대한 고민으로 시행하게 되었다. 좀 더 구체적으로 파급 효과는 기술 파급 효과, 연구개발 능력 향상 효과, 경제 효과, 국민생활 향상 효과, 정책 피드백 효과 등을 중심으로 평가되고, 프로젝트 피드백은 국가 프로젝트로의 타당성, 목표 설정, 프로젝트 수행 방법, 프로젝트 사후평가 타당성 등을 중심으로 이루어진다. 추적평가는 기술평가 지침에 따라 <표 13-4>와 같은 표준평가 항목을 가진다. 이러한 체계에 따른 추적평가는 대체로 장기적인 관점에서 연구개발 프로젝트를 평가하는 데 목적을 두고 있다.

한편 NEDO의 추적평가는 4단계 프로세스를 거쳐 진행된다. 첫 번째 단계는 추적조사의 대상이 되는 과제를 정리하고, 과제별 평가 단계를 설정하는 사전 준비 단계이다. 두 번째는 제1단계 간이추적 조사 단계로, 과제가 종료된 후 사업화 진행 상태를 파악하는 단계이다. 이 단계에서는 5년간 매년 1회의 평가를 받으며, 평가의 내용은 R&D 프로젝트를 통한 상품화 유무, 특허, 논문 등이 주를 이룬다. 세 번째 제2단계 상세 추적 단계에서는 간이 추적조사에 근거한 좀 더 상세한 조사를 진행한다. 이 단계에서는 설문조사와 의견 청취 조사 방법을 통해 매출액, 경제적·기술적 파급 효과, 중단된 경우 그 이유 등에 대한 내용을 파악한다. 마지막으로 3단계 추적평가의 단계에서는 연구 성과 및 제도적 측면에서의 개선점을 평가하는 단계로 연구 성과, 개선 요구 사항, 연구개발 전략에 반영할 사항 등을 파악하는 데 중점을 두고 있다(박재간, 2009).

표 13-4 NEDO의 기술평가지침에 따른 표준평가 항목(추적평가)

평가 목적	평가 요인	평가 요인 분류	평가 요인 세분
프로젝트 진행 정도 파악	Ⅰ. 파급 효과에 대한 평가	Ⅰ-1. 기술파급 효과	1) 실용화 전진 정도
			2) 프로젝트 성과의 기술 확산 정도
			3) 국제 경쟁력에 미친 영향 평가
		Ⅰ-2. 연구개발 능력 향상 효과	1) 지적 스톡의 축적 정도
			2) 연구개발조직의 개선 및 전략에 미친 영향 평가
			3) 인재 개발에 미친 영향
		Ⅰ-3. 경제 효과	1) 시장 창출 기여도
			2) 경제적 영향력 평가
			3) 산업구조의 전환·활성화 촉진 정도 평가
		Ⅰ-4. 국민 생활·사회 수준의 향상 효과	1) 에너지 문제에 미친 영향력 평가
			2) 환경문제에 미치는 영향 평가
			3) 정보사회의 추진에 미친 영향 평가
			4) 안전, 안심, 삶의 질 향상에 미친 영향 평가
		Ⅰ-5. 정책에 대한 피드백 효과	1) 해당 사업에 대한 영향력
			2) 산업전략 등에 대한 영향력
성과 발현 유/무 요인 파악	Ⅱ. 현재 관점에서의 프로젝트 평가	Ⅱ-1. 국가 프로젝트로의 타당성 평가	
		Ⅱ-2. 목표 설정에 대한 평가	
		Ⅱ-3. 프로젝트 시행 방법에 대한 평가	
		Ⅱ-4. Ⅱ-1~3의 평가 결과를 바탕으로 프로젝트 종료 시의 사후 평가의 타당성 평가	
		Ⅱ-5. 프로젝트 종료 후 후속 방법 평가	

자료: 大久保(2008: 18). 수정 보완.

제 4 절 일본의 R&D 성과평가제도가 가지는 함의

지금까지 살펴본 일본의 R&D 성과평가제도의 특징은 다음과 같은 세 가지 정도로 요약될 수 있다.

첫째, R&D사업의 평가는 기본적으로 연구개발을 추진한 소관 부처가 주체가 되어 시행한다. 이러한 특징은 평가의 근거가 되는 과학기술기본법의 상위법인 정책평가법에 의해 연구개발의 특수성을 고려한 대략적 평가지침만을 과학기술기본법에 둔 결정에 영향을 받았다.

둘째, 사업평가가 장기적인 시각을 가지고 진행된다는 것이다. 이는 평가 수준에 관계 없이 평가의 기본 방향에 거의 공통적으로 포함된 다음 단계로의 연구로 이어졌는지에 대한 고려에 잘 드러나 있다. R&D 사업의 단기적 평가는 우리나라와 마찬가지로 논문 게재 수, 특허 출원 수 등으로 이루어졌으나, 이에 더해 장기적인 관점에서 대상 사업이 다음 단계의 연구로 연계가 되었는지(예를 들어 기초연구였다면 관련된 응용연구나 혹은 개발연구로의 발전이 있었는지) 혹은 과학기술 인력 배양이나 R&D 역량 강화와 같은 눈에 잘 보이지 않는 장기적이고 사회적인 효과가 있었는지에 대해 관심을 기울이고 있다.

셋째, 사업평가가 연구자에게 지나친 행정적 부담을 주거나 연구 의욕을 꺾지 않도록 해야 함을 강조하고 있다. 우리나라에서도 자주 지적되는 문제이기는 하나 R&D 성과평가에 대한 부담이 자칫 연구자의 연구 역량 약화로 이어질 수 있다는 점을 고려하면 이 부분은 아무리 강조해도 지나치지 않다.

참고 문헌

김주환 (2006). 한국과 일본의 중앙정부 정책평가제도 비교연구: 정책평가 관련법 및 제도를 중심으로. 정책분석평가학회보, 16(4): 57-87.

박재간 (2009). 일본 국가연구개발사업 추적평가 조사 분석. 한국과학기술기획평가원.

이도형 외 (2010). 국가연구개발사업 유형별 성과평가 논리모형 개발에 대한 연구. 서울: KISTEP.

한국연구재단 (2009). 일본 정책평가와 연구개발평가 비교조사.

홍형득 · 구교준 · 윤지웅 (2011). R&D 성과평가제도 분석 및 개선 방안 모색. 한국정책분석평가학회 추계학술대회 발표논문.

Concert Japan (2011). Informative Report on Japanese STI Funding Policy.

MEXT (2005). Guideline for Evaluation of Research and Development in MEXT.

Okada, M. (2005). Introduction of Research and Development Project Evaluation System at NEDO. CES/AEA Conference.

Okubo, Y. (2008). National R&D Evaluation System of Japan. Ministry of Economy, Trade, and Industry.

Sasa, T. (2009). Evaluation of JST Basic Research Programs. 한일평가포럼.

Takahashi, H. (2009). Program Evaluation in Japan Science and Technology Agency. Japan-KISTEP Workshop on R&D Evaluation.

Takenaka, H. (2002). Short Comments for METI technology evaluation. Future Electron Devices Meeting, 2002.6.27.

The Prime Minister of Japan (2008). National Guidelines for Evaluating Government Funded R&D.

経済産業省 (2008). 経済産業省政策評価基本計畫.

大久保 (2008). 経済産業省における今後の評価の在り方. 経済産業省, 平成20年度研究開發評価フォーラム. 資料4.

Chapter 14

개인 성과평가 -미국*

제 1 절 성과 중심 인사관리제도의 도입

미국의 성과 중심 인사관리제도의 도입과 운영은 정치적·역사적 맥락에서 보면 정치 부패 방지와 행정의 정치적 중립을 확보하기 위한 인사개혁의 과정으로 이해될 수 있다. 이러한 인사관리제도의 개혁 과정은 1930년대 브라운로위원회(Brownlow Committee)부터 1965년 그리고 1978년의 「공무원제도개혁법(Civil Service Reform Act)」에 반영되어 왔으며, 1990년대에 '정부재창조(Reinventing Government)'와 '신공공관리(New Public Management)'로 진행되어 왔다. 구체적으로 「1993년 정부성과와 결과에 관한 법률(Government Performance and Results Act: GPRA)」을 제정하여 모든 연방정부 행정기관은 측정 가능한 성과와 연계된 5개년 전략계획을 수립하여 이를 토대로 연간 운영계획 및 개별 사업계획을 측정 가능한 목표와 지표로 제시하도록 요구했다 (Kravchuk & Schack, 1996). 아울러 국가성과보고서(National Performance Review: NPR)의 권고에 따라 연방정부는 물론 주(State)와 지방정부의 경쟁력 강화를 위한 작고 효율적인 정부를 위한 인력 감축과 목표관리제도 도입, 성과주의 예산제도 도입, 인사 기능의 분권화 등의 주요 개혁 과제를 발굴하여 각 기관의 상황에 맞게 채택·운영하도록 했다. 특히 공공 부문의 인사관리에서 근무 실적

---

* 최상옥: 고려대학교 행정학과 교수

과 보상을 연계한 성과급제(Pay-for-Performance System) 강화, 공무원을 위한 실적주의 보호(Merit Systems Protection)의 축소, 인사 기능 분권화, 다양한 성과평가 방법 도입 및 운영, 직위 계층의 축소, 급여 밴드(pay bands)의 확대, 합리적 노사관계 구축 등 다양한 개혁 과제와 수단이 논의되고 채택 · 운영되어 왔다.

이렇듯 미국의 성과 중심 인사관리제도의 도입과 발전은 공공 부문의 경쟁력 강화를 위한 신자유주의적 사고와 정책을 추진하는 정부개혁의 일환으로 진행되어 왔으며, 이러한 성과 중심의 인사관리제도는 연방정부, 주정부 및 지방정부에서 일률적으로 진행되었던 것이 아니라, 개별 정부 및 기관이 자율적으로 사전에 충분히 검토하고 정치적 상황 등을 고려하여 인사개혁 수단과 내용을 결정하고 운영했다.

제 2 절 성과 중심 인사관리제도의 기본 방향과 특성

미국의 인사개혁 기본 방향은 무엇보다도 공공 부문의 경쟁력 강화를 위해 젊고 유능한 인재를 확보하고 유지함과 동시에, 효율적으로 인적 자원을 활용하여 효율적인 정부를 구축하는 데 목표가 있다. 이러한 인사개혁의 기본 방향과 목표를 달성하기 위해, 연방 및 주정부는 물론 지방정부에서 개별 부처의 자율적이고 분권적인 인사권 운영에 초점을 맞추고 있으며, 그 초점의 핵심은 실적과 성과 중심의 인사관리제도의 운영이다. 특히, 젊고 유능한 인재의 확보에서 민간 부문과의 경쟁에서 상대적으로 어려움을 겪는 공공 부문의 경우, 관리자의 요구와 실제 응시자의 관심과 요구에 부응할 수 있는 인적 자원의 채용 기획, 선발, 배치, 교육훈련, 평가 등의 전략적 인사관리제도의 운영이 미국 행정개혁의 중요한 목표가 되었다. 구체적으로 민간 부문과의 경쟁에서 비교 우위를 달성하기 위한 인사개혁의 주요 내용과 특징으로 인사 기능의 분권화, 인사 관련 업무의 위탁, 계층 축소, 보수 간격 확대, 노사 파트너십 형성(노사 협조, 전략적 인력기획) 등이 주로 논의되고 운영되어 왔다.

그러나 최근에 와서는 과거의 신공공관리적 효율성 지향에서 벗어나, 즉 '더 빠르게'와 '더 싸게'를 넘어서(Beyond faster and cheaper) 인적 자원의 능력 개발 및 효율적 활용 등에서 품질(quality)을 강조함으로써 인적 자원 관리의 효율성과 더불어

질적 수준의 향상을 강조하는 등 효율성과 품질 사이의 조화의 확보를 기본 목표로 하고 있다. 인사관리의 기본 방향에서도 과거에는 투입 요소에 대한 통제에 초점을 두었으나, 현재는 결과에 대한 통제를 강조하게 되면서 결과 및 성과 지향적 인사관리제도의 운영으로 변화했다. 이러한 결과 및 성과를 강조하는 공공 부문의 인사관리제도는 평가 및 보상 강화, 분권화와 신축성의 확대로 이어지고 있으며, 근무 실적과 보상 간의 연계를 강화하면서 동시에 공공 부문의 인력에 대한 실질적이고 포괄적인 재정적(financial) 혹은 비재정적(non-financial) 동기부여(motivation) 방안을 포함하여 운영되어 오고 있다.

특히, 1993년「정부성과와 결과에 관한 법률(GPRA)」 제정으로 모든 연방정부가 사업의 성과목표를 설정하고 그 결과를 측정할 수 있도록 했는데, GPRA에 따르면 각 부처는 전략계획을 수립하고, 이에 근거하여 연도별 성과계획을 수립하며, 성과보고서를 작성하도록 했다.

한편, 미국 주정부의 성과 중심의 인사관리제도는 1990년대 초기 이래로 광범위하게 시행되어 오고 있는데, 지방정부 수준에서의 성과관리는 연방정부 수준보다 더욱 활발히 전개되고 있으며, 성과측정은 상당히 다양한 방식으로 이루어지고 있다 (Selden, Ingraham, & Jacobson, 2001; Ingraham & Selden, 2002). 예를 들어 오리건, 미네소타, 플로리다 주는 개인 및 조직의 성과는 물론 주 전체 차원의 성과측정에도 관심을 두었고, 피닉스, 샬럿(Charlotte) 등과 같은 일부 도시도 도시의 성과측정을 활용하고 있다 (Seldon, 2006; Kellough & Nigro, 2006; Battaglio & Condrey, 2007 참조). 구체적으로, 메릴랜드와 조지아 같은 몇몇 주는 공공 부문의 인력 채용의 전반적인 개혁을 추진하는 경우가 있는가 하면, 뉴욕 주와 같이 공공 부문의 인력관리 과정과 절차 중심으로 공무원제도 개혁을 단행했는데 하와이, 아이다호, 오하이오, 텍사스, 워싱턴 주 등도 이러한 점진적 부분적인 개혁 방향을 채택했다 (Seldon, 2006: 59). 특히 미국의 일부 주정부들은 공무원들에 대한 과도한 신분 보호와 이에 따른 무사안일을 타파하고 고용에 재량을 갖고 고용의 자율성을 강화하는 근본적인 개혁을 단행하기도 했다. 먼저 조지아 주의 경우 1996년 7월 1일 이후 고용되는 공무원들이 신분 보장을 받을 수 없도록 법률을 개정했으며, 주의 각 기관이 자율적으로 채용, 해고할 수 있도록 권한을 대폭 위임했다. 이러한 개혁은 다른 분야의 개혁으로 연계되어 개인의 성과평가와 보수제도도 개혁했다. 또한 플로리다 주는 2001년 '서비스 우선(Service First)' 프로그램 입법 제정을 통해 인사개혁을 단행하여 연공제도를 종식시키고 인사제도와 보수 체계를 간소화했다. 즉, 오직 적법 절차라는 복잡한 과정을 통해 공무원을 해고할 수 있는 것은 문제라는 지적에 따라 공무원의 신분 보장을 박탈한 것이다. 이러한 변화는 다른 인사제도에 더 많은 유연성을 가져오게 되었다. 이러한 급격한 개혁은 노동조합의 강한 저항을 야기하기도 했으며 성과에 대한 논란도 야기되었다. 텍사스 주는 집중화된 공무원제도를 가지지 않은 주였지만 점진적이고 유연한 개혁을 확산시켰으며, 보수와 직위분류제의 관리에 대한 복잡한 통제를 없애는 방향으로의 개혁이 이루어졌다(Kellough & Nigro, 2006).

그리고 지방정부의 경우 앨라배마 주의 제퍼슨 카운티(Jefferson County)는 인사위원회의 개편을 통해 공무원의 임금과 모든 직업 분류 조사의 5년 실시, 창의적 직업훈련·발전 프로그램 평가, 직업 분류 절차 발전 및 능력 개발 등을 위한 자격 있는 고문 모집, 능률적인 직업 선택과 승진 절차 개발, 발전 계획 수립 등을 추진했으며, 노스캐롤라이나 주의 채플힐(Chapel Hill) 시는 인적 자원 관리 관련 위원회에 시의 모든 계층과 모든 부문의 대표자의 참여를 확대하여 인적 자원 관리의 효율성을 강화했다. 이러한 사례는 인적 자원 관리의 전략적 접근을 나타내며, 인적 자원관리의 존중과 조직적 목표 순응, 행정관, 직원, 시의회 의원, 시민들이 다방면으로 참여하는 소통 패턴, 인적 자원 지도자를 위한 역할, 필수 조직적 관리와 자문을 통한 서비스 전달 협력 시스템 구축이라는 특성을 갖는다(Battaglio & Condrey, 2007).

제 3 절 현행 성과 중심 인사관리 체계 및 주요 내용

미국은 1993년 제정된 GPRA법에 따라서 연방정부의 전략적 계획과 성과측정을 의무화하여, 직무 성과에 대한 계약과 평가가 일반화되면서 과거의 직무 노력에 대한 점검보다는 직무 성과 및 결과에 대한 관심과 점검을 강조하게 되었다. 즉, 당초 계획된 직무 성과와 결과에 대한 목표관리와 이에 의거한 실적 및 성과 중심의 인사관리 체계가 운영되면서 직무에 대한 평가와 보상이 중요한 키워드로 등장하게 되었다. 이하에서는 현행 미국의 인사관리제도의 주요 내용과 운영상의 특징을 중심으로 서술하고자 한다.

1 중앙인사기관[1)]

미국 중앙인사기관은 1978년 공무원제도개혁법(Civil Service Reform Act)이 제정되어 연방공무원인사위원회가 폐지되고, 여러 기관이 신설되어 인사 기능을 분담하여 자율적으로 운영하고 있다. 인사관리처(Office of Personnel Management: OPM), 실적제보호위원회(Merit Systems Protection Board: MSPS), 연방노사관계청(Federal Labor Relations Authority: FLRA) 등이 연방정부 중앙인사기관에 포함된다. 우선, 인사관리처는 대통령 직속의 중앙인사기관으로 전정부적 인사정책의 수립과 집행에 대한 책임을 진다. 인사관리처의 처장은 상원의 동의를 얻어 대통령이 임명하도록 되어 있고 특별한 사유가 없는 한 임기가 4년으로 보장되어 있다(박천오 외, 2005). [그림 14-1]은 2011년도 인사관리처의 조직도이다.

미국의 인사관리처는 다음과 같은 기능을 수행하고 있다(박희봉 외, 2004: 126-127 참조).

① 인사관리에 관해 대통령에게 정책 또는 주요 방침 결정에 대해 조언하고 효율적인 인사 처리를 가능하게 하는 막료적 기능을 수행한다.

② 인력관리 모형(work-force planning models)을 개발하여, 각 부처가 소속 직원 개인의 능력과 조직에서 필요한 능력 수요의 차이를 파악하여 개인의 능력을 향상시키고, 특히 신규 충원, 보수 지급 등 인적 자원 관리의 기법과 고위공무원단(SES)의 채용계획에 활용하도록 한다.

③ 정부부처 및 기관의 인사 권한을 분권화하여 각 부처의 인사관리가 신축성과 신속성을 가지게 하고, 유능한 공직 응모자를 확보하기 위해 채용정보 시스템(USAJOBS)을 구축・운영하고 있다.

④ 효과적인 급여 체제 및 성과관리 프로그램에 관해 협력하며, 연방정부 종사원들에 대해 공정하고 차별 없는 환경에서 다양한 노동력 확보 및 실적제에 기초

1) 미국의 중앙인사기관에 대한 내용은 행정연구원(2006) 및 국내 문헌의 일부와 개별 중앙인사기관 홈페이지에서 발췌하여 정리했음을 밝혀 둔다.

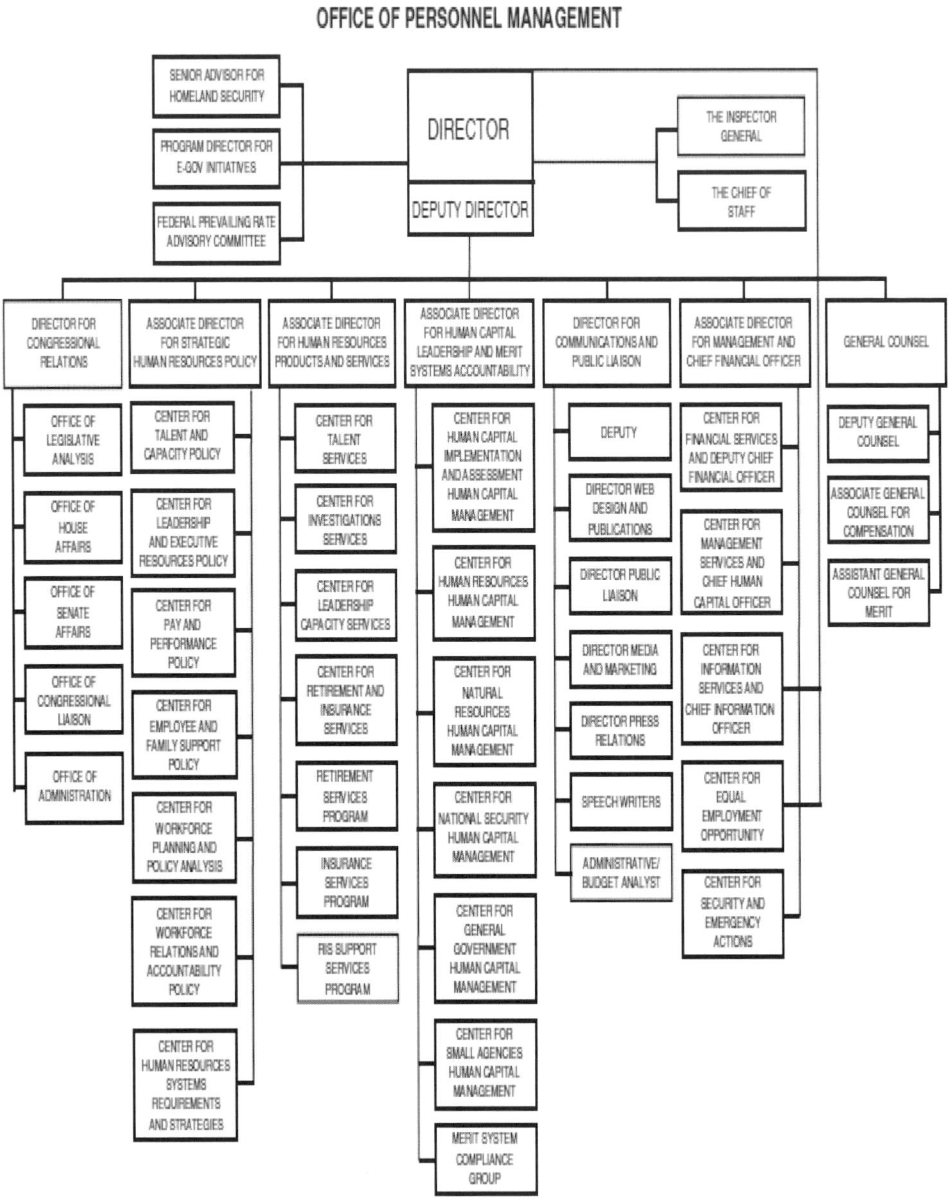

그림 14-1 미국 인사관리처 조직도(2011년)

자료: U.S. Government Manual (2011: 428).

하여 인적 자본 관리를 수행하고 있는지에 대해 감독한다.

⑤ 각급 연방기관이 좀 더 효과적인 인적 자본 프로그램을 수행하도록 협조하기 위해 모범 프로젝트의 승인, 개발, 평가 등을 수행한다.

⑥ 각급 연방기관이 전략 목표를 달성하도록 협력하기 위해 각급 정부기관 간 의사소통을 원활히 할 수 있는 중간자의 역할을 수행하며, 인사관리의 모범 사례를 공유하도록 한다.

⑦ 연방정부기관과 공무원, 퇴직자 및 직업 탐색자에게 인적 자원 정책 리더십과 기술적 자문 및 협조를 제공한다. 인사관리처는 공무원 실적제, 보수 체계, 성과관리 시스템을 감독한다. 또한 연방기관 종사자, 퇴직자, 기타 혜택 대상자들에게 신속하고 친절하며 정확한 비용 효과적인 퇴직, 건강보험 등을 제공한다.

⑧ 공무원에 대한 교육환경 개선을 통한 공무원의 실적 향상을 도모하기 위해 '교육훈련 기법 개발을 위한 대통령기획단'을 설치・운영한다.

⑨ 급여 체계를 개편하여 개인의 능력과 기술 수준의 향상을 조직의 목표 달성도와 연계시켜 보수로 보상하는 '총보수(Total Compensation)'의 개념을 도입하고, 특히 민간기업에서 시행하고 있는 '목표 공유제(Goal Sharing)'를 도입하여, 비용・효과분석 측정이 가능한 업무를 대상으로 시행한다.

둘째, 실적제 보호위원회는 위법, 부당한 인사 조치에 대한 소청심사와 인사제도에 대한 평가를 담당하는 합의제 독립기관이다. 또한 이 위원회는 대통령이 상원의 동의를 얻어 임명하는 세 명의 위원으로 구성된 양당적 합의체 조직이다(박천오 외, 2005: 85). 위원회는 증인을 조사하고 증거서류를 수집하기 위해 소환장을 발부할 수 있다. 위원회의 신청이 있을 경우 관할 지방법원은 증인이 지정된 장소에 출석하거나 기타 증거서류를 제출하도록 할 수 있다(김일재, 2003: 185). 실적제보호위원회는 연방공무원의 해임이나 면직(removals), 보류(suspensions), 강등(demotion)과 같은 불리한 인사 조치를 받게 되는 연방공무원들의 청원을 경청하고 심사를 하는 책임을 가진다. 또한 이 위원회의 주요 업무는 공무원 재임용 권리를 포함하는 경우, 정기적인 임금 상승의 거부, 행정법에 거스르는 조치, 금지된 인사 조치의 부과(고발 또는 밀고와 연계된 부과) 등을 해결한다. [그림 14-2]는 2011년도 실적제보호위원회 조직도이다.

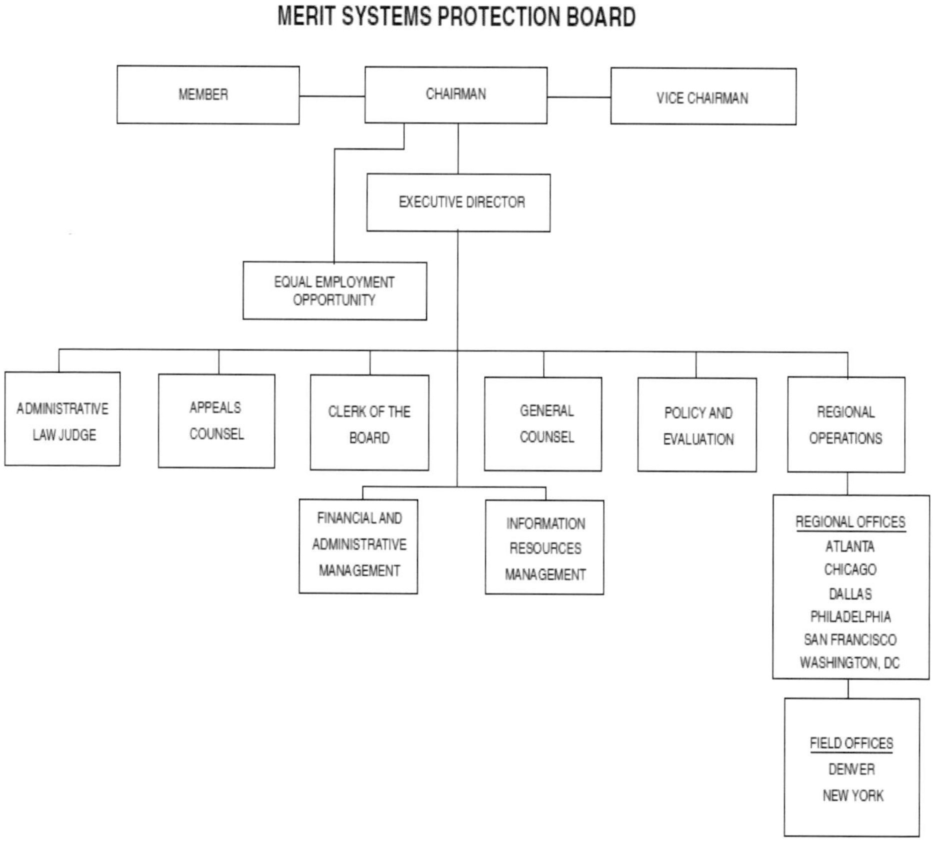

그림 14-2 미국 실적제보호위원회 조직도(2011년)

자료: U.S. Government Manual (2011: 376).

셋째, 연방노사관계청(Federal Labor Relations Authority: FLRA)은 1979년 노사분쟁의 재결 기능을 담당하기 위해 설립되었다. 과거 노사문제에 관한 기능은 연방공무위원회가 담당했으나, 이후에 노사분쟁 해결 기능은 연방노사관계청(FLRA)이 담당하게 되고, 노사관계에 대한 자문 기능은 인사관리처(OPM)에서 담당하는 것으로 분리되었다. 미국 연방노사관계청은 행정부로부터 독립되지는 않았으나 집단적 의사결정을 하는 비독립합의형의 조직 형태를 띤다(박천오 외, 2005: 85). 미국 연방노사관계청은 상원의 동의를 얻어 대통령이 임명하는 5년 임기의 세 명의 위원으로 구성

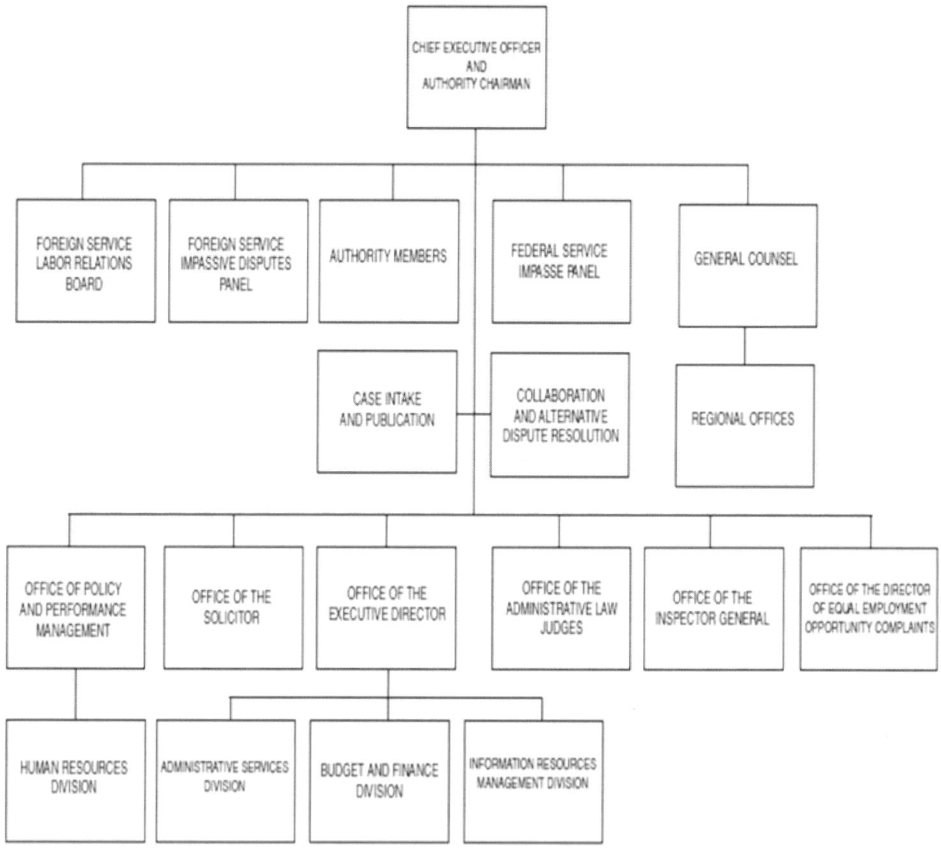

그림 14-3 미국 연방노사관계청 조직도(2011년)

자료: U.S. Government Manual (2011: 376).

되는데 위원 전원이 동일 정당 소속이어서는 안 된다(박천오 외, 2005: 85). [그림 14-3]은 2011년도 연방노사관계청의 조직도이다.

비록 인사관리처의 일반적인 인사 채용과 승진 등의 가이드라인과 기준 등을 제시하고 있지만, 미국의 인사관리의 특징은 과거 인사관리처에서 일괄적으로 제공되었던 인사지침서(Federal Personnel Manual)가 1994년 폐지되어 인사관리 기능의 분권화가 지속적으로 진행되어 각 연방기관이 자율적으로 인사관리 기능과 방식을 결정해 추진하고 있다. 구체적으로, 각 부처가 채용 권한을 가지고, 부처의 실정에 맞는 채용계획과 선발 방식을 결정한다는 것이다. 각 부처에 공무원 선발시험관리 부서(Delegated Examining Units)를 운영하여 자율적으로 공무원을 채용하고, 각 부처가 기관 실정에 맞게 인사관리처의 가이드라인을 준수하면서 실적 승인 계획을 작성하여 자율적으로 승진제도를 운영하고 있다.

2 목표관리제도

목표관리제도(MBO)는 성과중심관리를 담보하기 위한 기법으로, "조직의 상위 관리자와 하위 관리자들이 공동으로 그들의 공통된 목표를 확인하고 기대되는 결과의 측면에서 개개의 중요 책임 분야를 규정하고, 이것을 그 단위를 운영하기 위한 지침으로서 이용하여 개개 조직 성원의 기여도를 평가하는 하나의 과정"이다(Newland, 1976: 26). MBO는 목표관리 및 자기통제(Management by Objectives and Self-Control)라는 개념으로 민간 부문에서 실시되었는데, 공공 분야에서도 주요 연방정부 부서에서 도입, 시행했으나 관료들이 감당할 수 없는 계량적 측정을 요구함으로써 제대로 정착하지 못하고 있다고 평가되고 있다(총무처 직무분석기획단, 1997).

구체적으로, 미국의 GAO(Government Accountability Office)의 목표관리제를 예시적으로 보면(한국행정학회, 2003), GAO의 목표관리제의 목적은 소속 공무원의 직무 관련 기준을 기초로 직원들의 직무 성과를 평가하기 위한 체계적이고 일관된 수

표 14-2 GAO 목표관리의 직무 관련 기준과 내용

직무 분야/차원	내용
기본 직무 소양/차원 (Required Performance Dimensions)	공무원이 기본적으로 갖추어야 할 소양과 업무 태도이며, 관리 책임을 가진 피평정자의 경우에 관리 기능도 평가되어야 한다.
담당 직무 분야/차원 (Suggested Performance Dimensions)	해당 직무 내의 소속 공무원에게 적용되는 차원이며, 담당 직무 분야가 명확히 제시되지 않았을 경우, 관리자는 Menu of Performance Dimension(직무분야 목록)으로부터 적절한 직무 분야를 선택한다
직무 분야/차원 목록 (Menu of Performance Dimensions)	각 평가 하부 체계에 대한 성과 체계를 제공한다. 관리자는 이 매뉴얼을 이용해 피평정자 직무에 적합한 성과 차원을 채택해야 한다.

자료: GAO(1999/2000) 참조.

단을 제공하는데 있다. 소속 공무원의 직무를 세 가지 차원에서 평가하는데, 각각의 차원은 해당 직무에 대해서만 유효하고, 상급자는 직원 평가 시 적절한 직무 분야와 주요 내용을 고려하여 평가해야 한다.

3 근무성적평정 및 평정 방법

미국의 공무원 직무에 대한 평가에서 무엇보다 중요한 점은 바로 직무 결과와 성과를 강조하고 있으며, 이를 위한 근무성적평정제도의 분권화와 신축성를 특징으로 하고 있는 것이다.

첫째, 분권화는 인사관리처가 근무성적평정제도와 관련된 기본 지침과 관련 가이드라인을 각 부처에 제공만 하고, 각 기관에서 인사관리처의 기본 지침에 따라 부처의 특성에 맞는 근무성적평정제도를 운영한다.

둘째, 신축성은 인사관리처가 각 부처에서 근무성적평정제도를 개발하는 데 필요한 기술을 지원하는 반면, 각 부처가 개발한 근무성적평정제도가 적법한지 여부는 신축적으로 평가한다.

각 부처 및 기관은 자체적으로 근무성적평정제도를 개발하여 공무원의 근무성적을 정기적으로 평가하고, 실적평가 기준을 공무원의 교육훈련 및 신분 변동 등의 기초자료에 공무원들의 참여와 평가 결과를 반영하게 되어 있다. 구체적으로 미국의 근무평정제도를 예시적으로 살펴보면 <표 14-3>과 같다.

표 14-3 미국의 근무평정제도

구분	내용
평정 절차	평정자와 피평정자 간 협의
평정 대상	각 부처 공무원
평정 시기	개별 부서나 기관이 자율적으로 정함
평정 방법	개별 부서나 기관은 인사관리처가 정한 규칙에 의거 세부적인 평정 기준을 정하고, 평정자와 피평정자 간 협의에 의해 평정 실시

자료: 한국행정학회 (2003: 64) 재구성.

일반적으로, 평정은 관리자와 대상 공무원의 협의에 의해 평정절차를 결정하는데, 대개 평정 개시 1개월 전까지 평정의 방침을 서면으로 통지하고, 양자간 합의를 통해 근무 업적 기준과 평정 주요 요소를 결정한다(한국행정학회, 2003). 평정 대상과 시기는 각 부처 공무원이 평정 대상이며, 평정 시기는 각 부서나 기관이 자율적으로 결정한다. 평정 방법은 각 기관이 인사관리처의 평정 가이드라인이나 규칙에 의거하여 평정 기준을 정하는데, 주로 평정 요소로는 업무 수행의 양, 질, 적시성, 정확성, 협력성 등이 포함된다. 평정 결과가 당초 기대했던 것보다 낮은 경우, 피평정자는 주무 감독자의 협조를 얻어 교육훈련이나 카운슬링을 받을 수 있다(한국행정학회, 2003).

대표적인 근무성적평정 방법으로는 360도 다면평정, 조직과 개인의 실적평정, 성공 또는 실패 이분법 평정, 균형점수카드 평정 등 있다(한부영 · 강기홍, 2007: 58-59 참조).

첫째, 360도 다면평정(360-degree Assessment)은 상관에 의한 평정뿐만 아니라 자기 자신, 상관, 부하, 동료, 고객에 의한 다양한 평가이다.

둘째, 조직과 개인의 실적평정은 공무원 개인의 목표뿐만 아니라 각 부처 및 기관 전체, 조직의 실적을 강조하기 시작한 것에 기원한다. 기존의 개인 평가에만 치중했던 것에서 탈피하여 조직의 성과를 평가하게 된 것이다.

셋째, 성공 또는 실패의 이분법 평정은 '충분히 성공적인(fully successful: pass)'이나 '수용 불가(unacceptable: fail)' 점수 중 하나로 평가되는 것이다. 고위공무원단(Senior Executive Service: SES)을 제외한 소속 공무원의 근무성적평정 시 성공/실패의 이분법적인 평정 방법을 사용할 수 있다.

넷째, 균형점수카드 기법은 공무원 및 소속된 조직 및 부처의 성과를 종합적으로 평가하기 위한 기법으로 공무원 개인의 행태나 행동에 대한 평가를 단편적인 관점이 아닌 종합적인 관점에서 개인 평가를 넘어 조직 수준에서 평가한다. 균형점수카드(balanced scorecard)에 의한 평정 방법이 핵심적으로 평가하는 관점은 크게 네 가지로 재정적 관점(요구되는 결과 지향적인 수단), 고객 관점(고객 수요의 충족 여부), 학습과 성장 관점(조직학습과 혁신을 통한 조직 성장), 내부 과정 관점(업무 수행 과정 및 운영절차)에서 공무원과 부처 조직의 성과를 종합적인 관점에서 평가하는 것이다.

4 실적보상제와 급여 통합 및 탄력적 직위분류제

미국의 공무원 보수는 철저히 근무 실적과 성과에 의거하여 지급해야 한다는 원칙이 지속적으로 유지되어 왔다. 미국의 실적급 제도는 1984년에 개정되어 '성과관리·인정제도(Performance Management and Recognition System)'라고 새로 이름이 붙여졌으나 프로그램의 근본적인 한계는 극복되지 못하고, 이후 계속되는 문제들과 1989년과 1991년의 추가적인 개정 후 1993년에 그 프로그램은 최종적으로 폐기되었다(Kellough, 2000). 이후 실적과 보상을 연계시키는 원칙은 1993년 제정된 GPRA의 제정으로 재강조되면서 근무 실적과 보상을 연계하는 제도로 발전했다. 그러나, 근무 실적과 보상을 연계하는 실적보상제(Pay for Performance)가 그동안 미국에서 제대로 정착되고 있지 않다고 보고되고 있다. 그뿐만 아니라, 실적보상제를 실시하는 대상도 제한적이어서 주로 고위직과 관리직 공무원으로 한정되고 있다. 이러한 실적보상제가 공무원들의 보수와 성과 간의 인과 관계에 대한 높은 상관성을 찾는 데 실패하고, 경험적인 분석 또한 인사제도 개혁이 직원들의 동기부여와 생산성을 상당히 증진시켰다는 어떠한 증거도 발견하지 못한 것으로 조사되었고, 몇몇 연구는 성과급제가 공직사회 내부의 신뢰 저해와 공무원의 소외 정도를 높이는 부정적인 결과를 잉태하거나, 실적급제의 긍정적 기여에 대한 상황은 상당히 과장되었다고 보고되고 있다(Kellough, 2000; Kellough & Lu, 1993). 몇몇 연구는 그 개혁이 직원들과 감독자들의 신뢰를 떨어뜨렸으며 조직으로부터 직원들의 소외 정도를 높였기 때문에 사실상 반대되는 효과를 가져왔다고 보고되고 있다(Perry, Petrakis, & Miller, 1989: U.S. General Accounting Office, 1984).

한편, 급여 통합이나 탄력적 직위분류제의 확대로 직무 성과와 목표 보상을 강화하여 인사관리의 유연성을 증가시키고 전통적인 공무원제도의 엄격함을 벗어났다. 공직 분류와 보상에서의 변화는 새로운 인력관리 체계에서 많은 직업을 만들어 냈으며, 광범위한 급여 밴드 안에서 관리자들은 피고용인들의 급여를 바꿀 수 있게 되었다. 즉, 과거에는 관리자들이 공무원을 복잡한 등급과 단계로 관리해야 했을 뿐만 아니라, 근속연수 및 기타 다양한 제약으로 인해 인사 이동이 제한되었으나, 새로운 체계에서는 관리자들에게 인사 이동과 관리면에서 많은 유연성이 허용된 것이다. 특히 브로드 밴딩(broad banding) 시스템은 많은 임금 등급을 줄였으며, 관리자들에게 자율성과 융통성을 부여함으로써 결과적으로 특정 직위에 대한 보수 수준을 결정할 때 상당한 차별을 야기했다. 즉, 감독자들에게 상당히 넓은 범위에서 더 높거나 낮게 임금을 줄 수 있는 차별적인 권한을 허용함으로써 직위 간 차별성이 확대된 것이다. 이러한 급여 밴딩(pay banding)과 브로드 밴딩의 조정은 성과를 증진시키고 전통적인 행정 서비스의 엄격성으로부터 벗어나는 관리적 유연성을 증진시키는 데 큰 도움이 되었다.

5 주정부 성과 중심 인사관리제도의 운영과 특성

위에서 언급한 연방정부의 성과 중심의 인사관리제도 운영에서 볼 수 있는 자율화, 분권화, 유연성 등의 특성은 주정부에서도 확인할 수 있다.

첫째, 자율적인 주정부의 성과 중심의 인사관리제도의 운영으로 몇몇 주는 인사관리제도 운영에서 주 정부기관의 재량권을 확대하고 운영상의 자율권을 확대하여 운영했다. 구체적으로, 조지아 주는 급진적 인사개혁을 통해 직원을 능률적으로 모집하고, 특정 인력의 경우 수요와 상황에 적합하게 운영할 수 있도록 공무원에 대한 신분보장(고용안정 보호) 금지를 강력히 추진했다. 플로리다 주는 서비스 우선(Service First) 제도를 운영하여 주정부와 공무원 사이의 임의고용 관계를 강화하여 공무원의 반응성과 생산성을 향상시키는 것을 주요 내용으로 하는 법률 개혁을 단행했다(Kellough & Nigro, 2006; 김판석 · 정성호, 2010). 특히 플로리다 주는 서비스 우선 제도를 운영하여 승진을 연공서열에 의하지 않고 공무원의 능력에 기초하도록 했다.

둘째, 인사관리 기능의 분권화로 일부 주정부의 경우 성과관리제도의 체계를 구축하기 위해 주정부의 인사 관련 정책과 관리에 대한 권한을 중앙으로부터 위임을 받아 새로운 시스템을 마련하도록 하여, 젊고 유능한 인재를 모집 · 채용하고, 적극적인 동기부여를 위한 재정적 · 비재정적 인센티브를 제공할 수 있도록 변화를 유도했다(한부영 · 강기홍, 2007). 이러한 변화에 따라 주정부 기관은 유연한 성과 중심의 인사관리제도를 운영할 수 있게 되었다. 구체적으로 주정부 기관은 인력채용계획과 선발에 대해 중앙인사부서와 협의해서 상당한 자율성을 갖고 젊고 유능한 공무원을 선발 · 채용할 수 있도록 도움을 주고 있다(Battaglio & Condrey, 2007).

셋째, 전략적 성과 중심 인사관리 기능의 강화로, 사전에 계획된 성과목표와 계획에 기초한 인사관리로 개인은 물론 조직의 성과를 향상시키는 것에 초점을 두고 있다. 조지아 주는 GeorgiaGain이라는 새로운 성과 중심의 인사관리제도를 도입했다. 이 제도는 문서화된 성과 목표, 기대, 성과계획들을 기초로 인사제도의 성공적 정착을 위해 끊임없는 기술 지원을 위한 정보 시스템을 구축하여, 인사관리 경비를 절감했음은 물론 정보 시스템에의 이해와 참여를 통한 교육훈련 효과와 학습의 효과를 제공할 수 있었다.

넷째, 행정개혁을 위한 수단으로 점진적인 인사개혁을 활용했다. 루이지애나 주는 전략적 관리를 통한 개혁을 시도했던 사례로 8년 동안의 주지사 임기 내내 이루어졌다. 즉각적이고 신속한 인사개혁을 추진함에 따른 공정성 및 형평성 문제에 대응하기 위해, 점진적 개혁 수행을 통해 문제를 최소화하고 종국적으로 개혁을 성공할 수 있었다고 평가받고 있다(Battaglio & Condrey, 2007).

제 4 절 성과 중심 인사관리제도의 성과와 한계

미국의 성과 중심 인사관리제도는 작고 효율적인 행정을 구현하기 위한 인사개혁의 노력으로 인사관리 기능의 자율화, 분권화, 효율화를 주요한 지향점으로 삼고 있다. 무엇보다도 미국의 성과 중심 인사관리제도의 도입과 운영의 긍정적인 측면은 그동안 실적주의에 입각한 직업공무원의 신분 보장을 완화하거나 축소하여 행정의 민주성과 대응성을 강화하는 노력을 기울여 왔다는 점이다. 당초 직업공무원의 신분 보장을 정치 권력으로부터의 독립과 정치 부패를 극복하기 위한 제도적 장치로 활용했으나, 공무원의 직무 태도와 경쟁력 저하에 따른 직업공무원제도에 대한 비판을 극복하기 위해 적극적으로 성과 중심의 인사관리제도의 개혁을 통한 행정의 효율화를 도모했다. 비록, 공무원의 정치적 중립이나 권익 보호에 대한 개혁 수단은 성과 중심의 인사관리제도의 운영에서는 거의 발견할 수 없을 것으로 평가되고, 더 나아가 공무원의 권익 보호는 상당히 약화되는 추세라고 평가할 수 있지만 공직사회의 효율성 확대를 위한 인적 자원의 효율적 활용이 강조되고 있다는 점에서 성과 중심 인사관리 제도의 도입과 운영은 행정의 효율성을 강조하고 국민을 위한 인사개혁으로 행정의 민주성과 대응성을 제고하는 데 기여하고 있다.

특히, 주정부는 다양한 인사개혁을 통해 행정의 분권화, 자율성, 유연성을 강화할 수 있었다. 몇몇 주는 공무원제도 개혁을 통해 공무원의 신분 보장을 폐지하는 등 체제 전체의 근본적인 변화를 추구했고, 성과평가와 보수제도도 대폭적인 개혁을 단행했다. 특히 플로리다 주의 경우 '민간 부문 모델'의 도입을 통해 재량 고용, 신분 보장 철폐, 연공서열 폐지, 보수 단순화, 브로드 밴딩(broad banding)을 통한 공직 분류 개혁 등을 통해 유연성을 확대하는 등 근본적이고 구조적인 변화를 추구했다. 그러나 대부분의 미국 주정부는 근본적인 개혁을 시도하기보다는 점진적인 제도의 개선을 추구하고 있다.

그럼에도 불구하고, 성과 중심 인사관리제도의 한계점 또한 나타나고 있다. 그 중에서 실적보상제의 직접적인 효과가 확실하지 않거나 오히려 조직구성원 간의 갈등을 유발하는 등 부정적인 측면이 있다고 보고되고 있다. 연방정부가 1978년의 「공무원개혁법(Civil Service Reform Act)」에 따라 중간층의 연방 관리자(General Schedule의 Manager와 그에 상당하는 13~15등급)들을 대상으로 실적급(merit pay) 프로그램을 실험했으나, 그 효과에 대한 연구에 의하면 실적급을 받은 공무원들의 보수와 성과 간의 확실한 관련성을 발견하지 못한 것으로 드러났다(Kellough, 2000). 또한 이 프로그램에 대한 공무원의 인식을 조사한 연구 결과, 실적급제도의 적용을 받고 있는 공무원 중 상당수가 성과와 관련 없는 요인들이 평가와 그에 뒤따르는 보수 결정에 영향을 미치고 있다고 믿고 있는 것으로 드러났다(Milkovich & Wigdor, 1991; Kellough, 2000). 더 나아가, 성과주의 인사 체계가 공직사회를 지나친 경쟁으로 몰아넣어 갈등을 유발하고 조직의 안정성을 해친다는 비판적 시각이 존재하는 것 또한 사실이다. 물론, 성과 중심 인사관리제도의 운영을 통한 정부의 생산성과 경쟁력 제고는 당면한 문제의 해결을 위한 노력의 일환으로 이해될 수 있다. 문제는 실적과 연계된 보상제는 단편적 인사개혁의 사안에만 치중하다 보니 전체적인 접근(holistic approach)이 결여되었고(정권택, 2002), 그에 따라 한계를 노출했던 것이다.

성과 중심의 인사관리는 기본적으로 조직구성원들이 자신의 이익 극대화를 위해 노력할 수 있는 경쟁적 조건에 초점을 두고 있는데, 이러한 경제적 효율성의 추구를 통한 인사관리는 공공 부문에 적용을 하여 공무원들이 스스로 정한 업무 목표에 대해 책임을 지고 그 목표를 완수하도록 하는 공무원의 책임성을 보장하는 것이다(차성덕 · 최호진, 2003). 그런데 문제는 성과 중심 인사관리의 초점이 '목표'가 아니라 '결과'에 맞추어져서 목표 자체에 대한 타당성에 문제가 발생할 수 있다는 것이다. 공공조직의 목표는 단순하지 않고 더 나아가 목표의 추진 결과보다는 사회의 다양한 가치 체계와 이해관계 속에서 어떠한 목표를 설정하고, 그에 따른 정책의 우선순위를 어떻게 정하며, 정책을 둘러싼 갈등은 어떻게 해결하느냐 하는 것이 매우 중요하다(김선명, 2005). 그래서 결과 중심의 관리 방식은 목표 설정에 내포된 이러한 중요한 가치 문제를 도외시할 위험성이 많으며, 나아가 조직구성원으로 하여금 객관적 결과를 많이 낼 수 있는 목표에만 전념하도록 만들어 공공조직의 본질적 사명을 간과하는 위험을 초래할 수 있다.

따라서 성과 중심의 인사관리 체계를 종합적 · 체계적으로 접근하는 것이 요구된다. 이를테면 인사 부문에만 국한되지 않고 조직 목표의 타당성 및 가치, 조직, 재정, 사업별 집행관리 등 종합적이고 체계적인 통합 성과관리 체계의 모색이 필요하다(이재원, 2002). 예컨대 성과급을 포함하여 승진, 승급, 보직, 보수, 교육훈련 등과 실적 및 보상관리가 하나의 평가에 의해 이루어지고 이것이 점진적 제도 개편과 통합 연계될 때 실효성을 제고할 수 있을 것으로 본다. 예를 들면, 많은 비용과 혼란, 그리고 조직 내의 위화감과 갈등만을 야기하는 직위분류제의 도입과 성과급제도의 시행을 중단하고, 공무원 한 사람 한 사람에게 정성을 들이는 '사람 중심적' 인사행정을 해야 한다고 주장하는 이도 있다(정성호, 2001). 성과주의 인사제도에 반대 입장을 취하는 주장에 따르면 '경쟁력'이라는 기업 경영 논리로 개방형 임용제, 성과급 도입 등으로 공무원에게 국민에 대한 '공공 봉사성'보다는 인사권자에 대한 '명령 복종성'이 더 강조되고 있다고 비판한다. 이를 극복하기 위한 대안으로 행정의 정치사회적 역할 수행에 적합한 사람을 채용하여 이들이 만족스러운 조직생활과 업무 활동을 할 수 있도록 고충을 들어주고, 개개인의 능력 발전을 위한 각종 프로그램을 운영하는 등 채용한 사람을 퇴직 때까지 돌보는 사람 중심적 인사행정을 펼쳐야 할 것이다.

결국, 공공 부문의 불안정과 갈등을 완화하는 것도 필요하지만 노동 유연성(labor flexibility) 확보와 공공 부문의 경쟁력을 강화할 수 있는 성과 중심의 인사관리 체제를 유지하면서 공무원의 책임성을 제고할 수 있는 인사관리제도를 동시에 정비하는 접근이 요구된다 할 것이다. 다시 말하면, 성과주의 인사제도의 바람직한 방향은 기존의 사후적인 업적평가를 통한 통제보다는 미래의 관점에서 바라본 현재의 상황을 점검하고 공공 부문의 경쟁력을 높이기 위한 개인과 조직의 목표를 조화시키는 전략적인 성과 중심의 인사관리제도를 운영하도록 하는 것이다. 그래서, 단순히 주어진 업무 실적만을 평가하는 차원에서 벗어나 미래에 근거한 현재의 근무 실적을 다각적으로 검토·분석하고 그 결과를 피드백하여 미래에 더 나은 개인 및 조직 성과를 제고할 수 있는 종합적이고 전략적인 성과 중심의 인사관리제도 개선에 초점을 맞추어야 할 것이다.

참고 문헌

김선명 (2005). 공공 부문 혁신의 접근 방법에 관한 인식론적 비평 : 현상학적 접근 방법을 중심으로. 한국행정학보, 39(4): 1-18.

김일재 (2003). 인터넷 시대의 미국 인사행정론. 서울: 집문당.

김판석·정성호 (2010). 미국 주정부의 임의고용제도 연구: 조지아, 플로리다, 텍사스 주 사례를 중심으로. 한국인사행정학보, 9(2): 59-87.

박천오 외 (2005). 비교행정. 서울: 법문사.

박희봉·백종섭·임승빈 (2004). 각국의 주요한 인사제도 개혁과 중앙인사행정 관장기구 역할에 관한 비교연구. 한국인사행정학보, 3(1): 119-152.

이재원 (2002). 지방정부의 성과관리 시스템 개발에 관한 연구. 한국행정학보, 36(1): 215-230.

이종수 (2006). 정부혁신과 인사행정. 서울: 다산출판사.

정권택 (2002). 성과주의 인사의 명암과 제언. *CEO Information*, 제357호.

정성호 (2001). 계급제와 직위분류제. 계간 인사행정, 제9호.

정재명 (2006). 주요국의 인사제도에 관한 연구. 한국행정연구원.

차성덕·최호진 (2003). 한국에 있어서 기업가적 정부혁신모형 도입의 적실성에 관한 연구. 한국정책과학학회보, 7(2): 159-188.

총무처 직무분석기획단(1997). 신정부혁신론. 서울: 동명사.

한부영·강기홍 (2007). 지방자치단체 성과중심 인사제도의 효율적 운영 방안. 지방행정연구원.

Battaglio, Paul & Condrey, Stephen (2007). Framing Civil Service Innovation, *American Public Service-Radical Reform and the Merit System*, 28-29.

GAO (1999/2000). Performance Appraisal System for Administrative Professional and Support Staff.

Ingraham, P. W. & Selden, S. C. (2002). Human Resource Management and Capacity in the States. In *Public Personnel Management: Current Concerns, Future Challenges*, edited by Carolyn Ban and Norma M. Riccucci, eds. New York: Longman, 210-224.

Kellough, J. Edward (2000). 미국 공무원제도 개혁의 최근 경향, 계간 인사행정, 제3호.

Kellough, J. Edward & Lu, Haoran (1993). The Paradox of Merit Pay in the Public Sector: Persistence of a Problematic Procedure. *Review of Public Personnel Administration*, 13(2): 45-64.

Kellough, J. Edward & Nigro, Lloyd G. (2002). Pay for Performance in Georgia State Government: Employee Perspectives on GeorgiaGain after 5 Years. *Review of Public Personnel Administration,* 22 (Summer): 146-166.

——— (2006). *Civil Service Reform in the States*. New York, Albany: State University of New York Press.

Kravchuk, R. S. & Schack, R. W. (1996). Designing Effective Performance-Measurement System under the Government Performance and Results Act of 1993, *Public Administration Review*, 56(4): 348-358.

Milkovich. G. & Wigdor, A. (1991). *Pay for performance*. National Academy Press, Washington. DC.

Newland, C. A. (1976). Policy/Program Objectives and Federal Management: The Search for Government Effectiveness. *Public Administration Review*, 36(1): 20-27.

Perry, James L., Petrakis, Beth Ann, & Miller, T. (1989). Federal Merit Pay, Round II: An Analysis of the Performance Management and Recognition System. *Public Administration Review*, 49(1): 29-37.

Selden, Sally C. (2006). Classifying and Exploring Reforms in State Personnel System, *Civil Service Reform in the States*, 59-76.

Seldon, S. C., Ingraham, P. W., & Jacobson, W. (2001). Human resource practices in state Government: Findings from a National Survey. *Public Administration Review*, 61: 598-614.

Chapter 15

개인 성과평가 -영국*

제1절 영국 공무원 성과관리의 역사적 배경

영국의 인사행정은 1870년 추밀원령에 의해 실적주의가 확립된 뒤 오랫동안 재무부 중심으로 운영되다가 1968년 풀턴위원회(Fulton Committee)의 보고서가 나오면서 다시 큰 변화를 겪는 과정을 거친다(강성철 외, 2008). 오늘날 영국의 인사행정에의 성과관리에 중요한 영향을 미친 역사적 배경은 풀턴위원회의 인사개혁과 1980년대 대처(Margaret Thatcher) 수상의 개혁이라고 볼 수 있다. 제2차 세계대전 이후 영국 인사행정 개혁에서 가장 중요한 의미를 갖는 것은 1968년 풀턴위원회의 인사개혁이다. 풀턴위원회는 당시 영국 공무원제도를 현대화시킨다는 목표를 가지고, 제도가 갖고 있는 문제점에 관한 근본적인 개혁을 시도했다. 우선 새로운 인사기관인 인사부(Department of Civil Service)를 설립했고, 모집제도와 공직분류제도를 개혁했다. 풀턴위원회는 관리(management)의 중요성을 주장하면서 전통적으로 영국 공무원사회를 지배하고 있던 아마추어적 풍토를 포기하고 전문직업인으로서의 관리전문가들이 우대받을 수 있는 공직사회를 만들고자 했다(Johnson, 1985). 한편, 1979년에 집권한 대처 수상은 신자유주의 정책을 추구했으며 과거의 복지국가적 사회주의 정책을 포기했다. 인사행정의 개혁을 위해 공무원 수를 감축했고, 보수제도도 새롭게

* 양승범: 건국대학교 행정학과 교수

정비했다. 공무원 계급구조 또한 개편했는데 이는 대처 정권 이후 1990년대에 도입된 고위공무원단 제도의 토대가 되었다(한인근, 2010).

대처 수상에 이어 1990년 집권한 메이저(John Major) 수상은 주요한 행정개혁으로 고위공무원단의 설립을 추진했다. 고위공무원단의 설립은 「오튼보고서(Oughton Repert)」를 토대로 했으며, 「오튼보고서」의 주요 내용은 그 기원을 1968년의 풀턴위원회의 보고서에서 찾을 수 있다(Chapman, 1994). 고위공무원단 도입으로 일반 행정가 중심의 공무원 제도에서 탈피하여 전문가 중심의 공무원 제도를 설립하고자 했다. 이와 동시에 고위공무원의 전문성과 고위공무원 상호간 및 전정부적인 연계성을 획기적으로 제고하여 정부효율성을 극대화하고자 했다(중앙인사위원회, 2000). 이러한 고위공무원단의 설립으로 영국 고위 공무원의 충원 방식이 계급 중심에서 전문성을 중심으로 공무원을 충원하는 방식으로 크게 변화하게 된다.

제 2 절 영국 공무원제도의 개요

영국의 공무원은 원칙적으로 국왕(Crown)에 의해 임명된다. 그러나 실질적으로는 각 장관의 소속하에 업무를 수행하게 된다. 영국 공무원의 종류는 고위공무원단 소속으로 되어 있는 Grade 1~5 정도의 고위직과 Grade 6~7 정도의 중간관리층, 그리고 실무급으로 나눌 수 있다. 실무급 공무원의 경우에는 부처에 따라 다양한 명칭과 종류로 만들어질 수 있으나, 대체로 SEO, HEO, EO, AO, AA를 기준으로 구분될 수 있다.

현재 영국 공무원의 종류는 개방구조와 실무급으로 크게 나눌 수 있다. 전자는 전체 공무원의 4~5%를 차지하고 Grade 1~5 정도에 해당하는 고위직이다. 실무급 공무원은 서기와 같이 실무적인 업무에 종사하는 사람들로 영국 공무원의 대다수를 차지한다(임도빈, 2011). Grade 5 이상의 고위직 공무원은 모두 고위공무원단(Senior Civil Service: SCS)에 속하게 되는데, 이들의 인사 업무를 관장하는 기관은 내각사무처(Cabinet Office)이다.

영국의 고위공무원단은 메이저 수상이 재직하던 시절인 1994년에 도입되었으며,

SCS 소속 공무원에 대해 1996년부터 새로운 보수 체계와 계약 체계가 적용되었다. 즉, 단체교섭에 의해 결정되는 임금 체계에서 벗어나 개인별로 결정되는 보수를 지급받게 되었으며, 문서화된 근무계약서(written contract service)를 적용받게 되었다(한인근, 2010). 각 부처 또는 기관에서 SCS 공직을 정하고, SCS에 대해서는 일반직과 전문직의 구분을 해소하여 기술직 · 전문직 공무원에게도 고위직에 진입할 수 있는 문호를 개방했다. 초기 SCS의 크기는 약 3,500명 정도였으며, 오늘날에는 약 3,800명 수준을 유지하고 있다.

중간관리층에 해당하는 Grade 7의 일부는 속진임용제(fast stream development program)의 적용을 받아서 승진한 공무원들이 포함된다. 속진임용제는 우수한 인재를 선발하여 3 내지 5년 정도의 시보임용(apprenticeship)을 거친 후에 Grade 7로 승진시키는 제도를 말한다. 이들은 젊고 우수한 인재로 대부분은 그 이후에 SCS로 승진한다.

실무급 공무원은 부처와 기관에 따라 다양한 이름으로 구성될 수 있는데, 일반적으로 주사급(Executive Level)과 서기급(Administrative Level)으로 크게 나누어 볼 수 있다. 주사급에는 SEO(Senior Executive Officer), HEO(Higher Executive Officer), EO(Executive Officer) 등이 포함된다. 서기급에는 AO(Administrative Officer),

표 15-1 영국 공무원의 등급

	등급	계급 명칭 (예시)	Pay Band
고위 공무원단 (SCS)	Grade 1	Cabinet Secretary	
	Grade 2	Permanent Secretary	PB 3
	Grade 3	Director General	PB 2
	Grade 4	Director	PB 1A
	Grade 5	Deputy Director	PB 1
중간관리층	Grade 6		
	Grade 7		
실무급	SEO(Senior Executive Officer) HEO(Higher Executive Officer) EO(Executive Officer) AO(Administrative Officer) AA(Administrative Assistant)	다양한 형태로 구성됨	

자료: Cabinet Office 재구성.

AA(Administrative Assistant) 등이 포함된다. 그러나 대체적으로는 앞의 <표 15-1>과 같은 내용을 따른다.

공무원 수에 관한 통계를 살펴보면 다음과 같다. 2011년 기준으로 영국의 정규직 공무원은 모두 498,433명이며, 이들 외에도 15,000명 정도의 비정규직 공무원이 있다. 고위공무원은 전체 공무원의 약 1% 정도를 차지한다. 전체 공무원 중 약 53% 정도가 여성 공무원이다. 비정규직 공무원만 살펴보면 비정규직 공무원의 약 84% 정도가 여성이다. 공무원의 구성 비율을 직급별로 살펴보면 <표 15-2>와 같다. 공무원의 급여 수준을 살펴보면, 연봉 기본급을 기준으로 중간값(median)이 23,760 파운드로 조사되었다(Office for National Statistics, 2011).

표 15-2 영국 공무원의 구성 비율(2011년 현재)

	퍼센트
Senior Civil Service	0.9
Grades 6 and 7	7.1
Senior and Higher Executive Officers	19.9
Executive Officers	25.0
Administrative Officers and Assistants	47.1

자료: Office for National Statistics (2011). Statistical Bulletin: Civil Service Statistics 2011, Office for National Statistics.

영국은 공무원의 등급이 부처에 따라 매우 다양하게 설계될 수 있기 때문에 개인 수준에서 전체적으로 통일된 성과관리 체계를 설명하기 어렵다. 급여나 성과급의 지급에 관해서도 재무성에서 제시하는 기준선 내에서 매우 자유롭게 설계될 수 있는 것이 특징이다.

제 3 절 영국 공무원 성과관리제의 변천

영국 관료제에서 공무원 개인의 업무에 대한 평가(staff appraisal)는 새로운 현상이라기보다는 승진과 경력 개발 등을 위해 인사행정에서 전통적으로 행해져 오고 있던 업무 평가의 연장선으로 볼 수 있다. 그러나 전통적인 공무원의 업무평가 제도는 상급자에 의해 일방적으로 평가되는 하향식(top down)으로 유지되어 오고 있었던 반면, 새로운 성과평가제도는 다면평가(360 degree appraisal)를 도입한 것이 특징이다.

영국에서는 1970년대 말에 신공공관리(New Public Management: NPM)가 소개되고 성과 중심(result-oriented)의 접근이 강조되기 시작하면서, 공무원의 업적 평가에 대한 개혁이 진행되었고 기존과 다른 새로운 방식의 공무원 성과관리 인사제도가 확립되어 오늘에 이르고 있다. 이러한 과정은 Modernizing Government 백서(Cabinet Office, 1999), Reform of the Civil Service 윌슨 보고서(Wilson, 1999) 등의 문헌에서 잘 나타나 있다.

영국의 모든 관료조직은 부처별뿐만 아니라 부처 내의 하위 부서별로 자신들에게 특화된 성과관리와 업적평가 체계를 갖추고 있다. 급여는 단체협약(collective bargaining)에 의해 결정되며, 현재 약 90개 정도의 협약 단위가 있다. 이러한 다양성이 존재하지만, 내각사무처(Cabinet Office)는 전체적인 방향을 제시하고(guidance) 조정하는(coordination) 기능을 수행한다. 내각사무처는 인사행정에 대한 기능을 담당하는 중앙인사행정기관으로 볼 수 있다.

1999년의 개혁으로 기존의 인사관리처(Office of Public Service)가 폐지되고 영국 중앙정부의 인사행정은 수상 직속의 내각장관(Secretary of the Cabinet) 겸 국내 인사처장(Head of the Home Civil Service)과 내각사무처 장관(Ministry of the Cabinet Office)이 담당하게 되었다. 내각장관 겸 국내 인사처장 아래에는 관리 및 정책연구센터(Center of Management and Policy Study)를 두고 있으며, 그 아래에 인력 개발 및 훈련국과 정책연구국, 기업 및 자원국, 그리고 공무원 대학을 운영하고 있다. 한편 내각사무처 장관은 과거 인사관리처에서 수행하던 인사 기능을 인사과리처장(Head of Civil Service Corporate Management)이 담당하도록 하고, 여기에 다시 인사관리국(Civil Service Employer Group)과 고위공무원단 관리국(Senior Civil Service Group)을 두어 이를 직접 관리한다. 영국의 중앙인사기관은 필요에 따라 다양하게 설립되어 운영되고 있으나, 실질적으로 중앙정부 인사행정을 담당하는 중심기관은 내각사무처 장관 소속의 인사관리처장이라고 볼 수 있다(강성철 외, 2008).

제 4 절 고위공무원단(SCS)의 성과관리

1 개관

영국에서 개인 수준의 성과관리제도는 매우 분권화되어 있다. 따라서 각 부처나 기관마다 그리고 하위 부서마다 다양하게 자신들의 성과관리 시스템을 설계할 수 있다. 실무급 공무원과 비교할 때 SCS 소속 공무원의 경우는 상대적으로 덜 분권화되어 있다고 볼 수 있다. SCS 공무원의 기본 보수 체계는 중앙집권적으로 일정하게 관리되고 있어서, 개별 부서별로 자유롭게 결정할 수 없다. 그러나 SCS 공무원의 경우에도 개인별 보너스를 통해 성과에 대한 차별적 보상은 가능하다. 또한 공무원관리법(Civil Service Management Code)에는 SCS 공무원의 개인별 성과는 부서별 및 부처별로 관리되어야 하지만 내각사무처(Cabinet Office)에서 제시하는 기준에 부합해야 한다고 규정하고 있다. 여기에서는 영국의 고위공무원단을 중심으로 하여 영국 공무원의 성과관리를 살펴보고자 한다.

모든 고위공무원 소속 공무원에게는 직무기술서(description)가 있는데, 이는 보통 4년 주기로 계약이 된다. 성과 연도는 4월에서 이듬해 3월까지가 된다. 성과계약(performance agreement)은 최대 4개까지의 목표를 포함할 수 있다. 성과계약서는 또한 직무가 어떻게 수행될 수 있는지를 정의한다. 이와 더불어 핵심 역량(key competencies), 기준(standard)과 행동(behavior)을 규정하게 된다. 연중 성과심사는 진행 상황을 점검한다.

연말 성과심사는 목표 달성도, 전체적인 기여도, 기술과 리더십 역량의 향상도 등을 평가한다. 이러한 평가는 다면평가(360 appraisal)에 의해 평가된다. 연말 성과심사는 개인별 성과 향상 계획(Personal Performance Improvement Plan: PPIP)이 필요한지 여부를 결정한다. 보수와 보너스 그리고 후속 계획(succession planning)에 대한 정보를 별도로 제공한다.

심사 결과가 나온 후 1개월 이내에 피평가자와 관리자가 만나서 개인별 발전계획을 준비해야 한다. 통상적인 발전 심사는 단기간 및 장기간 발전을 포함하며, SCS 역량에 대한 특정 피드백과 360도 피드백이 포함된다.

계선 관리자(line managers)는 활동, 측정, 시간, 결과 등을 보여주는 성과 향상 계획을 만들 수 있다. PPIP는 하위 20%에 해당하는 공무원들에게 요구된다. 이들 하위 20%는 보수 권고 시 최하위 집단에 속하게 된다.

SCS 보수 시스템은 단순한 광역구조(broad band structure)이다. 대부분의 부서에서는 3단계 급여 밴드(pay bands)를 채택하고 있으며, 4단계를 채택하고 있는 곳도 어느 정도 있다. SSRB(Senior Salaries Review Body)에서 밴드(band)를 향상시킬 것인가의 여부, 향상 목표, 기본급, 최소한의 보너스 등을 권고한다. 보너스는 통일적으로 결정되지 않으며 개인별 목표 달성도에 따라 지급된다.

기본급(base pay)의 증가는 직무가 어떻게 수행되었으며, 어떤 직무를 완수했는지를 반영한다. 관리자는 직원들이 3개의 집단 중 한 집단에 속하도록 권고한다. 최고 성과를 보여준 상위집단은 25%, 양호한 성과를 보여준 중간집단은 65~75% 사이, 그리고 상대적으로 가장 낮은 성과를 보여준 집단은 5~10% 정도로 할당된다. 부서 조정위원회에서는 급여 향상을 승인하고, 다른 부서와의 일관성을 점검한다.

2 단계별 과정

1) 성과관리 체계

영국 공무원의 성과관리 체계는 성과계획(Performance Planning), 성과평가 (Performance Assessment), 성과 분류(Performance Differentiation) 등을 포함하는 일련의 과정으로 나뉠 수 있다. 이는 시간적 흐름에 따른 체계이며 1년을 주기로 하여 순환하는 구조이다. 먼저 성과계획은 성과관리가 시작되는 단계이며, 여기서는 조직의 목표를 고려하여 각 개인별 성과 목표를 설정하게 된다. 그 다음 단계인 성과평가 단계에서는 공식 또는 비공식적으로 성과 달성도를 점검하게 된다. 비공식적으로는 연중 상시적으로 개인의 성과목표 달성 정도에 대한 진행 상황을 점검한다. 공식적인 평가는 두 차례에 거쳐 이루어지도록 하고 있는데, 중간평가(mid-year assessment)

와 최종평가(end-year assessment)로 나뉜다. 중간평가는 전반기 6개월간의 성과목표 달성도를 평가하고, 최종평가는 1년 전체에 대해 성과목표 달성도를 평가한다. 성과평가 다음 단계는 성과 분류의 단계이다. 이 단계에서는 개인별 성과에 대한 상대평가가 이루어진다. 개인별 성과목표 달성도를 조직의 다른 구성원들과 상대적으로 평가하여 서열을 매기게 된다. 성과 분류가 끝나면 이에 기초한 환류 과정이 이루어진다. 성과가 낮은 공무원에 대해서는 낮은 성과에 대한 원인과 향상 방안에 대한 조언이 제공되고, 높은 성과를 보여준 공무원에 대해 성과급 등의 보상(reward)이 이루어진다. 이상에서 설명한 영국의 성과관리 체계를 간단히 표현하면 [그림 15-1]과 같다.

영국 공무원의 성과관리 과정을 시간별로 살펴보면, 4월부터 시작하여 다음해 3월에 끝나는 1년간의 과정으로 구성된다. 당해 연도 4월 말까지 개인별 성과목표를 설정하고 이 목표에 기초하여 당해 10월 말까지 중간평가(mid-year review)를 실시

1. 성과계획 피평가자와 상급자인 평가자가 함께 조직의 목표를 고려하여 개인의 성과목표를 설정함	2. 성과평가 피평가자와 상급자인 평가자가 중간평가와 최종평가를 실시함	3. 성과 분류 각 피평가자들은 다른 조직원들과 비교하여 조직에 대한 상대적인 공헌도에 따라 분류됨
↓	↓	↓
• 목표는 다음 세 가지 분야 중 하나에 속해야 함: - 업무 수행 (Business delivery) - 재정/능률성 (Finance/Efficiency) - 인력/능력 (People/Capability) 개인의 목표는 질적 향상을 위해 또는 조직목표와의 부합을 위해 조정 가능	- 목표달성 정도 - 리더십 기술과 행동 - 강점과 개선할 분야 중간평가 과정에서의 변경 사항은 기록되고, 그 변경 사항대로 추진됨	• 높은 성과를 낸 직원에 대한 포상과 개발 • 낮은 성과를 낸 직원에 대한 성과 향상 관리 개인 성과의 하락은 즉시 시정되어야 함

그림 15-1 영국 공무원 성과관리 단계별 과정

자료: UK Cabinet Office (2012b).

하고, 다음해 3월 말까지 최종평가(end-year review)를 완료하도록 시간이 계획되어 있다. <표 15-3>은 시간적 흐름에 따른 영국 공무원의 성과관리 과정을 요약해 보여준다.

표 15-3 영국 공무원의 성과관리 시간별 과정

1. 4월 말까지: 상급자와의 합의하에 개인별 발전계획(personal development plan) 작성
2. 4월 말까지: 목표치 계약(target agreements)에 관한 토론
3. 4월 말까지: SMART(specific, measurable, attainable, relevant and timed)에 따라서 목표가 설정됨
4. 상급자는 피평가자와 함께 어떤 목표가 우선권이 있는지를 토론
5. 매 3개월마다 비공식적 평가회의를 개최하고, 설정된 목표와 현재 상태를 비교(7월, 10월, 익년 1월, 익년 4월)
6. 10월 또는 11월까지 중간평가(mid-year assessment) 완료
7. 익년 3월 또는 4월: 최종평가(end-year assessment) 실시. 내각사무처는 인트라넷을 통해 연말평가의 분위기와 분석틀이 적절한가에 대해 점검(비밀 보장, 충분한 시간, 예상치 상황이 발생했는가 등)

자료: Demmke (2007).

2) 성과계획

성과계획(Performance Planning)은 효과적인 성과평가를 위한 기본이 된다. 개별 공무원은 정해진 기일까지 개인별 성과목표들(objectives)을 설정하고 제출하여 상급자의 승인을 받아야 한다. 개인별 성과 목표는 소속된 부서의 목표와 일관성이 있어야 하며, 해당 부서는 각 개인이 부서의 목표와 일관성 있는 목표를 설정할 수 있도록 조력해야 한다. 목표는 복수로 설정되는데, 각각의 목표는 업무 수행(business delivery), 재정/능률성(finance/efficiency), 인력/능력(people/capability)의 세 가지 항목 중 적합한 하나의 항목에 속하도록 해야 한다.

업무 수행 항목에 속하는 목표들은 주어진 업무계획(business plan) 또는 구조개혁계획(structural reform plan)의 추진과 관련하여 해당 공무원이 수행해야 하는 목표들이다. 재정/능률성 항목은 비용 절감 및 효율적인 예산 사용과 관련된다. 이 항목에 속하는 목표들은 개별 공무원이 비용을 최소화하기 위해 어떤 노력을 할 것인가를 반영해야 한다. 또한 주어진 예산으로 납세자들에게 최상의 가치를 제공하기 위해 무엇을 할 것인가 하는 점도 반영한다. 인력/능력 항목은 관할 팀과 부서를 이끌

고 변화를 이루어 낼 수 있는 능력을 포함한다. 자신이 담당하고 부서의 인력 개발과 팀의 능력 발전을 위해 무엇을 할 수 있을 것인가에 관한 목표를 이 항목에서 제시해야 한다.

설정되는 목표들은 SMART 기준을 따라야 한다. SMART 기준이란 목표가 특정되어야 하고(specific), 측정이 가능해야 하며(measurable), 달성 가능성이 있어야 하고(achievable), 적합하며(relevant), 시한이 정해진(timed) 것이어야 한다는 원칙을 말한다. 다시 말하면, 각각의 목표에 대해 주된 활동이 무엇이고, 가능한 마감 시한이 언제이며, 달성될 결과는 무엇이고, 어떻게 측정할지 등이 반영되어야 한다.

목표가 설정되고 승인이 끝난 후에는, 설정된 목표를 해당 공무원의 하급자들에게 전달하도록 하고 있다. 그 이유는 우선 목표를 수립한 공무원의 책임성을 확보하도록 하기 위한 것이며, 또한 팀 전체를 위한 목표를 설정하도록 유도하기 위함이다. 여기에 더해, 목표를 하급자들에게 공개하게 되면 목표 설정에 더욱 신중을 기해 목표의 질을 높일 수가 있으며, 다면평가(360 degree feedback)의 효과성을 높일 수 있고, 하급자들이 자신의 상급자가 무엇을 하고자 하는지를 명확히 이해하는 데에도 도움을 줄 수 있다.

내각사무처는 무작위 추출을 통해 각 부처 또는 부서에서 개인별 목표 설정 정도를 감독한다. 내각사무처의 요청이 있을 시에는 각 부서는 개인별 수립된 목표의 샘플을 수집하여 익명으로 내각사무처에 제출해야 한다. 해당 공무원은 각 분기별(즉, 매 3개월마다)로 상급자로부터 자신의 목표 달성의 진행 상황에 대해 심사를 받는다. 이때 필요하면 목표의 적절한 수정이 가능하다.

3) 성과평가

성과평가(Performance Assessment)는 비공식적 성과평가(performance reviews)와 공식적 성과평가(formal performance assessment)로 나뉜다. 비공식적 성과평가는 필요에 따라 연중 수시로 진행된다. 해당 공무원과 상급자가 만나서 설정된 목표가 적절한지를 수시로 점검하고, 진행 상황을 살펴보고, 장·단기적 발전 방향에 대해 논의하는 과정이다. 비공식적 성과평가에서는 또한 리더십 모델(Leadership model), 각종 역량 기준, 공무원법 등에 비추어 해당 공무원이 목표를 잘 수행해 나가고 있는가도 평가한다. 공식적 성과평가는 중간평가와 최종평가로 나누어 두 번 실시된다. 피평가자인 해당 공무원은 수시로 실시되는 비공식적 성과평가를 통해 자신의 성과를 어느 정도 파악하고 있으므로 공식적 성과평가 결과를 예상할 수 있으며, 자신의 예상에서 크게 벗어나는 공식적 성과평가 결과는 거의 없게 된다.

공식적 성과평가 중 중간평가는 당해 연도 10월 또는 11월에 실시된다. 중간평가에는 피평가자와 상급자인 평가자가 평가의 주체가 되며, 다른 외부 평가자는 개입하지 않는다. 그러나 필요하다고 인정될 때에는 두 평가 주체의 합의에 따라 제3자의 견해를 평가에 반영할 수 있다. 이때에는 이 사실을 기록으로 남겨야 한다. 목표의 변경이 필요한 때에는 원래 설정된 목표의 기록을 그대로 남겨두고 변경된 목표를 추가 기록하는 방식으로 변경이 가능하다. 중간평가 때는 성과평가 결과를 서열화하지 않는다.

최종평가는 1년의 성과평가 주기 중 마지막 달인 이듬해 3월 또는 4월에 실시된다. 상급자는 설정했던 목표의 달성 정도에 따라서 각각의 목표를 달성(Met), 미달성(Not met), 초과 달성(Exceeded)의 세 가지 중 하나로 평가한다. 상급자의 평가 시에 기준으로 사용되는 몇 가지 고려 사항이 있는데 이를 살펴보면, 무엇을 달성했는가(What you achieve), 어떻게 달성했는가(How you achieve it), 공공의 가치를 실현했는가

표 15-4 상급자 최종평가 기준

기준	설명
무엇을 달성했는가?	당초에 설정했던 업무 수행(business delivery)과 관련한 목표들, 재정/능률성(finance/efficiency)과 관련된 목표들, 그리고 인력/능력(people/capability)과 관련된 목표들이 제대로 달성되었는가 아닌가, 달성되었다면 어느 정도 달성되었는가
어떻게 달성했는가?	목표 달성 과정에서 리더십 모델과 기타 다른 핵심 역량 기준에 부합하는 행동을 했는가
공공의 가치를 실현했는가?	공무원법을 준수하고, 공공의 가치를 모범적으로 실현하고자 했는가?
난이도	실제 주어진 상황을 고려할 때, 목표의 달성은 어느 정도의 난이도가 있었는가?

자료: UK Cabinet Office (2012b).

(Demonstration of Civil Service values), 난이도(Degree of difficulty) 등이다. <표 15-4>는 이 네 가지 기준에 대한 구체적인 설명을 보여준다.

최종평가에서는 중간평가에서와는 달리 다면평가가 실시된다. 다면평가에는 동료들, 하급자들, 그리고 기타의 이해당사자들이 평가자로 참여한다. 다면평가는 최종평가가 실시되기 전에 미리 실시가 이루어져 그 결과가 최종평가 실시 시기에 피평가자 개인에게 통보될 수 있도록 한다. 하급자들의 평가는 리더십, 성과관리, 능력 개발 등을 평가할 때 유용하다. 다른 부서에 근무하고 있는 동료들에 의한 평가는 협동적인 리더십을 평가할 때 유용하다. 이해당사자들의 평가는 피평가자의 민원 업무 능력을 평가하기에 유용하다.

4) 성과 분류

성과평가가 완료되면, 해당 부서는 각각의 피평가자들의 성과평가 결과를 서열화하는 성과 분류(Performance Differentiation) 작업을 진행한다. 각 개인의 성과는 다른 피평가자들과 상대적으로 비교하여 등급이 매겨진다. 각 개인은 상중하 세 등급 중 하나의 등급에 속하게 되는데, 전체 100% 중에서 상급에는 25%, 중급에는 65%, 하급에는 나머지 10%가 할당된다.

각 개인의 성과평가 결과를 세 등급으로 분류하는 과정은 최종평가 때에 결정되는데, 이때 조정(moderation) 과정을 거친다. 조정은 조정위원회(moderation panel)가 구성되어 진행한다. 조정이 필요한 이유는 다음과 같다. 첫 째는 앞서 언급한 바와 같이 평가자와 피평가자인 개별 공무원은 연중 수시로 실시되는 비공식적 성과평가 기회를 갖게 되고, 이를 통해 피평가자는 자신의 성과 정도를 파악할 수 있고 최종평가의 공식적 성과평가 결과를 어느 정도 예상할 수 있게 된다. 그러나 최종평가 결

표 15-5 성과 분류 등급표

성과 분류 집단	비율(%)
상급(top)	25%
중급(achieving)	65%
하급(low)	10%

과는 상대적으로 등급을 매기기 때문에 개인의 예상이 빗나갈 수도 있다. 피평가자가 자신의 예상이 크게 빗나가서 설명을 필요로 하는 경우를 위해 조정이 필요하다. 두 번째 이유는 공무원 수가 적은 작은 부서 단위에서는 부서 자체 내에서 등급을 매기기 곤란한 경우가 있으므로, 다른 부서와 통합하여 등급을 매겨야 하는데, 이 과정에서 조정을 필요로 한다. 위원회는 조정은 직급(grade) 단위 내에서 진행되는 것이 원칙이다. 조정에 관한 세부 내용과 형식은 각 부서 단위에 따라 다양하다.

조정위원회에서 등급을 조정할 때는 크게 네 가지 기준을 중심으로 평가한다. 첫째는 리더십이다. 목표를 달성하는 과정에서 리더십을 보여주는 행동을 했는가를 평가한다. 둘째는 자원관리이다. 목표를 달성하는 과정에서 자원을 관리를 얼마나 잘했는가 하는 점이다. 조정위원회에는 가급적 재무 관련 전문가가 참여하여 자원관리의 정도를 평가한다. 셋째는 구성원의 자발성 고양이다. 해당 공무원이 담당하는 팀이나 부서에서 구성원들의 자발성을 이끌어 낼 수 있는 분위기(ethos of volunteering)를 얼마나 잘 조성했는가 하는 점이다. 넷째는 업무에 대한 가중치이다. 다른 조건들이 모두 같다면, 업무의 종류에 따라서 좀 더 크고 어려운 업무를 맡은 사람에게 좀 더 작고 쉬운 업무를 맡은 사람보다는 더 가중치를 준다.

앞서 말한 조정위원회의 일반적인 네 가지 평가 기준에 덧붙여서, 2012~2013년 성과평가에는 두 가지 특별한 기준이 추가되었다. 하나는 재정/능률성 관련 목표의 달성 여부이다. 성과계획에 포함되는 개인의 성과 목표 항목 중 하나인 재정/능률성 관련 목표들의 달성 여부를 평가하여 이 목표들을 달성하지 못한 경우에는 상급(top) 성과집단에 포함될 수 없다. 다른 하나는 비록 재정/능률성 관련 목표들을 달성했다 하더라도, 최소한 하나 이상의 재정/능률성 관련 목표는 초과 달성을 해야 상급 성과집단에 포함될 수 있다는 것이다. 이러한 추가된 기준은 최근의 세계적인 경제위기와 더불어 악화된 영국 정부의 재정 상황을 반영한 결과로 볼 수 있다.

5) 보상

최종 성과평가 결과 상급(top) 성과집단에 포함된 공무원은 각 부처의 능력관리(Talent Management) 프로그램으로 관리되며, 더 나은 발전과 전직 예방을 위한 관리에 초점이 맞추어진다. 반면, 하급(low) 성과집단에 포함된 공무원은 성과발전계획(performance development plan)을 작성해야 한다. 이 계획의 중심 내용은 해당 공무원이 최소한 중급(achieving) 성과 집단으로 발전할 수 있는 방안에 모아진다. 평가 결과가 하급인 경우에는 우선 비공식적 절차를 통해 낮은 성과에 대한 대처가 이루어진다(informal poor performance procedures). 비공식적인 절차가 효과가 없거나, 또는 개인의 성과가 주어진 기준에 미달할 때는 공식적인 절차를 통해 낮은 성과에 대한 대처가 이루어진다(formal poor performance procedure). 공식적인 절차는 기본적으로 네 단계로 요약되는데, 1차 서면경고(First Written Warning), 최후 서면경고(Final Written Warning), 해임 결정(Dismissal Decision), 그리고 마지막으로 이의신청(Appeals)의 과정으로 진행된다(UK Cabinet Office, 2012b).

영국에서 SCS 공무원 급여 체계는 기본급(consolidated base pay awards)과 성과급(non-consolidated bonuses)으로 크게 구분할 수 있다. 기본급은 개인별로 매년 일정한 반면, 성과급은 매년 성과에 따라 변동된다. 기본급과 성과급에 관한 일반적인 기준은 독립기관인 SSRB(Senior Salaries Review Body)에서 매년 결정하며, 여기서 내린 결정을 수상에게 권고하는 절차를 거친다. 성과에 따른 급여의 지급을 위한 일반적인 기준은 보통 이상의 성과를 낸 개인들을 4개의 집단으로 나누는 것이다. 이들 4개의 집단에는 저조한 성과를 낸 개인들(poor performers)은 포함되지 않는다. 즉, 이들은 상대적인 차이는 있으나 모두 기본적인 성과를 낸 사람들(performers)이다.

이렇게 성과집단을 구분한 뒤, 성과급의 지급 범위는 주어진 한도 내에서 각 기관에 따라 자율적으로 설계가 가능하다. 그러나 하위 5~15%(Group 4)에 포함된 개인은 저조한 성과자로 평가되지는 않지만, 상대적으로 성과의 정도가 낮으므로 성과급의 지급 대상에서 제외된다.

표 15-6 성과급 분류 집단

성과급 분류 집단	기준
Group 1	상위 25% 성과
Group 2	다음 40% 성과
Group 3	다음 20~30% 성과
Group 4	하위 5~15% 성과

2009/10 회계연도 기준으로 50,000 파운드 이내의 성과급에 대해서는 사전 승인이 필요없으나, 그 이상의 액수에 해당하는 성과급 지급에 대해는 재무부(Her Majesty's Treasury)와 내각사무처의 사전 승인이 필요하다. 2010년 진행된 영국 정부의 공무원 급여 동결 조치(Emergency Budget in June 2010)는 2012/13년도 성과평가에도 그대로 유효하게 적용이 되고 있다. 따라서 2012/13년도 최종 성과평가 결과에 따른 성과 등급이 기본급(base pay) 인상으로 직접 연계되고 있지는 않다. 2010/11 회계연도 기본급 지급에 대한 상한선과 하한선 기준은 제시된 <표 15-7>과 같다.

표 15-7 SCS 급여 지급 기준

구분	Deputy Director	Deputy Director	Director	Director-General
	Pay Band 1	Pay Band 1A	Pay Band 2	Pay Band 3
상한선	£117,800	£128,900	£162,500	£208,100
내각사무처 권고안	£90,000	£100,000	£120,000	£140,000
하한선	£58,200	£67,600	£82,900	£101,500

자료: UK Cabinet Office (2010).

3 중 · 하위직 공무원의 성과관리

고위공무원단 소속 공무원을 제외한 중·하위직 공무원의 개인 수준에서의 성과관리는 각 부처별로 또는 지방자치단체별로 폭넓은 자율성을 갖고 다양하게 설계될 수 있다. 즉, 영국의 성과주의 인사제도는 중·하위직 공무원의 인사권을 각 부처에 위임하고 있다(박영원, 2008). 이는 영국 공무원의 등급이 자치단체나 부처에 따라 상당히 다양하게 설계될 수 있도록 보장하고 있기 때문이다. 따라서 개인 성과에 대한 보상(rewards)으로서 성과급의 지급에 대해서도 각 부처별로 다양하게 구성되고 있다. 중·하위직 공무원들의 개인 성과관리제도가 다양한 형태를 보이고는 있지만, 많은 경우에 앞서 설명한 고위공무원단 소속 공무원의 성과관리 모델을 따라 설계되고 있다. 이하에서는 영국 내무부(Home Office)에서 실시하고 있는 경찰 공무원의 개인 성과평가 방식인 성과발전계획, 즉 PDR(Performance and Development Review)에 대한 내용을 사례로 소개한다.

PDR는 대부분의 공무원은 훈련과 경험을 정상적으로 수행한 경우에는 높은 상급 수준의 성과를 낼 것으로 가정한다. 이러한 상급 수준의 성과 이외의 분류로는 최상급 성과(excelling performers), 저급 성과(low performers), 경력 개발(career development), 신규 임명자(those new to role, rank of grade) 등이 있다. 이러한 예외적인 경우에는 당사자가 직접 적절한 증명 서류를 제출하도록 하고 있다(UK Home Office, 2011).

PDR에 포함되는 사항은 다음과 같다. 기본 정보(administration), 목표(objectives), 발전계획(development plan), 평가회의(review meetings), 평가와 근거(assessment and evidence), 평가 기준(grading mechanism). 목표는 고위공무원단과 마찬가지로 SMART(specific, measurable, attainable, relevant and time related) 기준에 따라 작성하도록 하고 있다. 목표는 복수로 설정하며 개인별 목표의 수는 상황에 따라 탄력적으로 설정될 수 있으나, 4~6개를 권고하고 있다.

이러한 기본 사항을 포함하여 PDR 보고서 양식을 작성하도록 하고 있다. PDR 보고서는 상급자가 작성하며, 작성한 후에는 피평가자가 확인하고 서명한다. 최종적으로 해당 부서에서 확인하고 부서장이 서명한다. 보고서 양식의 첫 페이지에는 개인의 인적 정보와 더불어 지난해의 목표에 대한 평가와 다음해의 목표를 각각 작성하여 기록하도록 하고 있다. 각 성과지표에 대한 평가 등급은 A, B, C 의 세 단계로 나누고 있는데, A는 상급(Exceptional), B는 중급(Competent), C는 하급(Not Yet Competent)으로 하고 있다. 발전계획은 필요한 경우에 한해 각 목표별로 작성한다. 목표에 대한 평가는 업무에 관련된 목표들과 행태에 관련된 목표들로 크게 항목을 나누어 평가한다.

4 제도의 성과와 한계

영국의 성과주의 인사제도는 고위공무원단 제도를 중심으로 운영되고 있으며, 이러한 성과주의 인사제도의 성과와 문제점을 살펴보면 다음과 같다.

Senior Salaries Review Body(2004)의 보고서에 의하면, 영국의 성과주의 인사제도는 잘 작동되고 있으며, 각 정부 부처와 공무원 개인들에게 실질적인 혜택을 주고 있다고 평가하고 있다. 영국의 고위공무원단 제도는 모든 직위에 대해 직무평가를 실시하고 이에 따라 보수를 차등 지급함으로써 공공 부문의 효율성을 향상시키려는 노력을 기울이고 있다. 특히 하위 20% 그룹에게는 개인적인 성과향상계획(performance improvement plan)을 작성하게 하며, 이 계획에는 긴급한 성과 향상을 위해 필요한 조치와 목표 달성을 위한 방안에 대해 기술하도록 하고 있다. 이러한 성과관리를 통해 개인 개발 및 경력 개발을 지원하고, 지식・기술・경험의 성장을 관리하며, 나아가 성과 중심 문화를 창조함으로써 고위공무원의 기여도를 지속적으로 높이고자 한다. 또한 'Bringing in and Bringing on Talent' Program을 마련하여 채용 방식 개선, 이동성 강화, 능력 발전 기회 확대 등을 도모하고 있으며, 'Career Anchors'를 통해 자신의 전공을 갖추고 있으면서 폭넓은 경험과 시야를 위해 다른 분야로 이동할 수 있도록 하고 있다. 그리고 고위공무원 후보자 과정, 국장급 교육, 고위공무원 진입자에 대한 교육, 기타 교육 등의 교육훈련 프로그램을 운영하고 있다(이재호 외, 2008).

그러나 호튼(Horton, 2006)은 이에 대해 좀 더 비판적인 입장에서 문제점을 지적하고 있다. 설문조사에 의하면, 전체 공무원의 3분의 1 이상이 성과급 제도를 잘 이해하지 못하고 있었으며, 3분의 2 이상은 새로운 성과급 제도가 기존 제도에 비해 향상된 점이 없다고 응답했다. 대부분의 공무원은 집단별로 비율을 정해 강제 배분하는 할당 방식에 대해 거부감을 갖고 있었다. 또한 많은 SCS 공무원은 제도 자체가 공정하지 않다고 생각하고 있었다. 중간평가(mid term review)가 실제로 이루어지지 않는 경우도 있었다. 일부의 일선 관리자들의 경우에는 업무의 특성상 객관적인 목표를 설정하는 것이 어렵다는 점도 지적되었다. 낮은 성과를 보여준 직원에 대한 후속 조치가 부족하다는 것 또한 한계점으로 지적된다.

맥애덤 등(McAdam et al., 2005)의 연구에서는 공무원들이 성과관리제도와 장점에 대해서는 어느 정도 이해하고 있으나, 공무원에 대한 성과평가가 지속적으로 유지되지 못하고 연례행사 중의 하나로 진행되고 있다는 점을 지적하고 있다. 또한 성과관리 체계에서 평가 결과와 이에 대한 보상이 잘 연계되고 있지 않다는 점도 지적한다(McAdam et al., 2005). 반면, 의료 분야에서의 성과급 제도를 연구한 밀렛 등(Millett et al., 2009)의 연구에서는 심장병과 관련된 의료 분야에서 적용된 성과급

제도가 어느 정도 성공적이었다고 결론내리고 있다.

지금까지 살펴본 것처럼 고위공무원단 제도를 중심으로 한 영국의 성과주의 인사제도는 그 효용성에도 불구하고, 아직까지 충분한 성과를 달성하지 못했다는 평가가 일반적으로 제시되고 있다(OECD, 1999; 김연수 · 김근세, 2007; 김국현, 2009). 고위공무원단 제도가 드러내고 있는 문제점은 다음과 같다.

첫째, 부처 간 고위공무원의 이동이 활발하게 이루어지지 못하고 있는 실정이다.

둘째, 성과급 제도의 집행 과정에 어려움이 발생하고 있다. 특히 고위공무원단의 보수가 민간 부문에 비해 낮아 유능한 인력을 공직에 유인하지 못하고 있는 실정이다.

셋째, 훈련의 강조에도 불구하고 고위공무원에 대한 훈련과 경력 발전의 기회가 크게 확대되지 못하고 있다.

넷째, 분명한 정체성과 범정부적으로 공직에 충성심을 가지는 통일적이고 응집력 있는 고위공무원단의 구축은 아직 미흡한 상태에 있다.

이러한 측면에서 영국의 성과주의 인사제도가 좀 더 성공적으로 운영되기 위해서는 다음과 같은 사안에 초점을 맞추어야 할 것이다(Barker, 2004; 남궁근 외, 2005).

첫째, 성과가 저조한 공무원에 대한 관리를 더욱 강화해야 한다. 영국에서는 고위공무원단 임용 시 성과계약제도를 유지하고 매년 성과평가를 강화하며, 이에 따른 신축적 보수제도를 통해 성과관리를 지속적으로 강화할 계획이다. 이와 관련하여 저성과자에 대한 퇴출 등 관리문제가 핵심 이슈 중의 하나이다. 앞에서 설명한 것처럼 성과가 낮은 20%에 대해서는 성과 향상 계획을 제출하도록 하고 있으며, 그 목적은 성과를 향상시키거나 아니면 자발적으로 퇴직을 유도하는 것이다. 그러나 이 제도는 당사자에게 지나친 부담을 주고 있기 때문에 폐지를 고려하고 있다.

둘째, 고위공무원의 전문성을 좀 더 강화해야 한다. 2005년부터 고위공무원의 리더십 기술 개발 프로그램이 도입되었으며, 이는 '정부를 위한 전문적 기술(Professional Skill for Government)' 프로그램이라고 불리고 있다. 이러한 프로그램은 모든 고위공무원단의 기술을 강화하여, 일반 행정가 개념을 일련의 전문적 기술을 갖춘 경력경로(career stream)로 대체하는 것이다.

셋째, 공개경쟁과 외부 임용률의 제고가 필요하다. 고위공무원단의 공개경쟁직위에 외부 임용자를 더 많이 채용하도록 장려해야 하며, 이들에 대한 성과관리를 지속적으로 강화해야 한다.

참고 문헌

강성철 외 (2008). 새인사행정론. 서울: 대영문화사.

김국현 (2009). 고위공무원단제도의 평가에 관한 연구: 공무원과 전문가 집단 간 인식의 차이를 중심으로. 성균관대학교 국정관리대학원 박사학위논문.

김연수 · 김근세 (2007). 고위공무원단 제도 비교분석: Huddleston 모형을 중심으로. 한국거버넌스학회보, 14(1): 31-63.

남궁근 외 (2005). 고위공무원단 도입에 따른 문제점 분석과 개선 방안 연구: 주요 국가 사례연구. 서울: 한국행정연구원.

박영원 (2008). 고위공무원단제도의 평가와 개선 방안. 한국인사행정학회보, 7(1): 147-177.

이재호 외 (2008). 고위공무원단제도 평가와 개선 방안 연구. 서울: 한국행정연구원.

임도빈 (2011). 비교행정강의. 서울: 박영사.

중앙인사위원회 (2000). 14개 OECD 회원국의 고위공무원단제도.

한인근 (2010). 영 · 미 고위공무원단 설립의 역사적 배경에 관한 연구. 한국인사행정학회보, 9(1): 59-82.

Barker, John (2004). Challenges and Impending Issues for the Senior Civil Service in the United Kingdom. 고위공무원단 국제컨퍼런스 자료집: *The Senior Civil Service System among Developed Countries: A Lesson for Korea.*

Chapman, Richard A. (1994). Change in the Civil Service. *Public Administration*, 72(4): 599-610.

Demmke, Christoph (2007). *Performance Assessment in the Public Services of the EU Member States*. Netherlands: European Institute of Public Administration.

Horton, Sylvia (2006). General Trends and Challenges Regarding Performance Eevaluation of Staff: The UK experience. *Paper presented at the Seminar on Civil Service Performance Appraisal*. 23-24 May 23-24, Vilnius, Lithuania.

Johnson, Nevil (1985). Change in the civil service: Retrospect and prospects, *Public Administration*, 63(4): 415-433.

McAdam, Rodney, Shirley-Ann Hazlett, & Christine Casey (2005). Performance management in the UK public sector, *International Journal of Public Sector Management*, 18(3): 256-273.

Millett, Christopher, Jeremy Gray, Martin Wall, & Azeem Majeed (2009). Ethnic Disparities in Coronary Heart Disease Management and Pay for Performance in the UK, *Journal of General Internal Medicine*, 24(1): 8-13.

OECD (1999). *The State of the Higher Civil Service After Reform: Britain, Canada and the United States.*

Senior Salaries Review Body (2004). *Twenty Sixth Report on Senior Salaries*. London Stationery Office.

UK Cabinet Office (1999). *Modernising Government White Paper*. London: Cabinet Office.

——— (2010). *HR Practicioners' Guide to SCS Reward, Benefit and Recruitment for 2010-11*. London: Cabinet Office.

——— (2012a). *Managing Poor Performance Policy Procedures for the Senior Civil Service.* London: Cabinet Office.

——— (2012b). *Performance Management Arrangement for the Senior Civil Service 2012/13*. London: Cabinet Office.

UK Home Office (2011). Home Office Circular: 013-2011. http://www.homeoffice.gov.uk/about-us/corporate-publications-strategy/home-office-circulars/circulars-2011/013-2011/(2012.9.1).

UK Office for National Statistics (2011). *Statistical Bulletin: Civil Service Statistics 2011*. London: Office for National Statistics

Wilson, Richard (1999). *Reform of the Civil Service*. London: Cabinet Office.

Chapter 16

공공기관 성과평가 -영국*

제 1 절 제도 도입 배경

1 공공기관의 등장

영국[1)]은 제2차 세계대전 이후 1945년부터 1950년 사이 대규모 국유화 정책에 따라

* 오철호: 숭실대학교 행정학부 교수
이 글은 저자의 독창적인 연구라기보다는 연구 주제와 관련한 다양한 기존 자료를 활용하여 체계적으로 정리한 것이다.

1) 영국에서는 통계청(Office National Statistics: ONS)이 1995년의 유럽 회계 기준에 근거하여 매년 공공 부문(public sector)을 분류・규정하고 있음.
-공공 부문의 분류에서 가장 중요한 기준은 기관의 일반적인 정책을 누가 결정・관리하는가이며, 일단 ONS에 의해 공공 부문으로 분류되면 그 기관은 구체적인 특징에 따라 하위 부문으로 분류됨.
-중앙정부, 지방정부, 다른 공공기관이 관리감독 권한을 가지고 있는 경우는 모두 공공기관으로 분류하고 있음.
영국의 공공기관(Public Body)은 정부부처에 속하지 않지만 중앙정부와는 어느 정도 독립적으로 공적 기능을 수행하는 기관으로 정의할 수 있음.
-이 기준에 따라 비각료급부처(Non-Ministerial Departments)나 책임행정기관(Executive Agencies)은 정부부처 내지 그 기관에 해당하므로 공공기관 분류에서 제외됨. 장관은 공공기관의 활동에 대해 의회에 보고할 의무를 지니며 거의 모든 경우에 이사선임권을 행사함.
-공공기관의 재정과 경영관리에 대한 책임은 여전히 해당 정부부처에 있음(조세연구원, 2010: 49-51).

많은 철도, 전력, 가스사업 등 기간산업을 국유화하고 다수의 공기업을 설립했다(이하 조세연구원, 2010: 47-49 내용을 발췌하여 보완 정리함). 대규모적인 국유화 조치가 단행된 가장 중요한 이유는 모든 산업의 국유화를 신조로 하는 노동당이 1945년부터 1951년까지 집권했기 때문이었다. 특히 노동당 내각은 독점적 경향이 있는 산업, 현대화나 개편을 실현할 능력을 사기업이 못 가진 경우, 국민경제에 많은 영향을 미치는 산업 등 비교적 합리적 기준에 따라 국유화 정책을 단행했다(좀 더 자세한 내용은 김지홍 외, 2007 참조).

영국의 공기업 역사는 1850년에 설립된 우체국이 시초이며, 1908년과 1919년에 런던항만공사(The Port of London Authority)와 전기위원회 및 임업위원회가 각각 공기업으로 출범했다. 영국에서도 1947년 주요 산업의 국영화는 영국의 산업 발전에 상당히 기여한 것으로 평가되었다. 예컨대, 국영화를 통해 중소 규모의 지방기업들을 대규모 산업으로 재편하여 규모의 경제를 실현하고 설비 현대화를 도모했으며, 대표적으로 전력산업의 경우 국영화를 통해 획기적인 효율성의 개선과 3분의 1가량의 전력요금 인하를 달성하기도 했다.

영국은 국가의 주요 산업을 정부 소유로 하여 노동자의 고용 안정성을 정부가 보장해 주는 경제정책을 실시했고, 이러한 경제정책 기조가 1970년까지 지속적으로 정책에 영향을 주었으며 1979년 민영화가 시작될 때까지 영국 경제에서 공기업이 차지하는 비중은 매우 높았다(자세한 내용은 이기환 외, 1998 참조). 1979년 영국 공기업은 GDP의 10%, 국내 총투자의 7분의 1, 도매물가지수의 10%를 차지하고 있었으며, 약 1,500만 명의 근로자들을 고용하고 있었다. 또한 영국의 공기업은 광범위하게 분포되어 있었지만, 특히 운송, 에너지, 통신, 철강, 조선 산업에서 압도적인 위치에 있었으며, 전력, 통신, 가스 등 공익산업에서 자연독점과 정부 소유의 논리가 득세했다.

그러나 1980년 영국 국민총생산(GDP)의 12%를 차지했던 영국 공기업은 1982년을 기점으로 그 비중이 작아져 1990년에는 4% 정도에 그쳤으며, 이후 6%까지 상승했으나 과거에 비해서는 미미한 수준이라 할 수 있었다. 대처 정부가 집권한 1970년대 후반부터 대대적인 공기업 민영화를 통해 공공 부문의 개혁을 선도했으며, 현재 영국은 미국 등과 더불어 공기업이 상대적으로 적은 나라로 분류되고 있다.

영국에서는 전통적으로 공기업 및 산하기관은 원칙적으로 주무부처 장관의 책임하에 성과관리를 하고 있으며, 전체 중앙정부 차원에서 총괄적으로 파악하고 관리하는 체계가 존재하지 않았다. 그러나 2003년 이후 분산적으로 관리되고 있던 공기업의 소유권을 '공기업실(Shareholder Executive)'의 설치·운영을 통해 집중화를 추구했다. 이러한 소유권의 집중화는 OECD의 권고 사항이었으며, 공기업실의 주된 역할은 기업에 대한 직접적인 통제보다는 조언 및 자문을 통한 성과 증진에 있다고 할 수 있다.

영국의 공공 부문 개혁 사례는 김대중 정부의 신공공관리론(NPM)적 개혁의 모델로서 큰 관심을 받은 바 있으며, 책임운영기관(Agency)의 도입, 공기업 민영화 등에 영향을 준 것으로 평가된다.

2 제도 도입 및 변천 개괄

1) 제도의 도입

영국은 공공기관에 대한 정부의 재정 지원이 확대되면서 공공기관에 대한 성과관리(평가)를 중요시했으며, 공공기관을 민영화하고 민간위탁 추진 과정에서 공공기관 경영에 대한 감독과 평가의 중요성을 재인식했다.[2] 기본적으로, 영국은 정책 과정의 합리화와 공공 서비스 증진의 효율화를 위해 성과평가를 적극적으로 활용하는 국가로서 일찍부터 정책평가의 제도화에 많은 노력을 경주했다.

영국 공기업의 성과관리 체계는 외부평가 중심이며, 크게 세 가지로 분류할 수 있다. 첫 번째는 Shareholder Executive(공기업실, 일부 저자는 주주이사 또는 정부주식관리국 등으로 번역하여 사용)의 정부 소유기업의 성과에 대한 과정 모니터링인데, 이는 월 1회 주기적으로 Shareholder Executive에게 성과를 보고하는 관리 체계라고 할 수 있다. 두 번째는 의회에 의한 정부 소유기업과 Shareholder Executive의 경영성과평가이며, 연 1회 정부 소유기업 관리자와 이사회는 「연례재정보고서」(비재정 종합 이슈 포함)를 의회에 제출하고 의회는 정부 소유기업의 성과에 대한 사후 모니터링을 하는 체계를 말한다. 연례 재정보고서는 의회에 제출되어 성과평가를 받으며 연례 비재정보고서는 재정보고서에 첨부되어 제출되며, 또한 이 보고서는 연례 종합

---

2) 이하 공공기관 성과관리 또는 평가에 관한 내용은 배준호 외, 2008과 이찬구, 2009의 내용을 요약, 보강하여 작성했으며, 편의상 인용 부호는 생략하고 특별히 추가적인 참조가 필요한 경우 인용 출처를 포함함

보고서에 첨부하게 되어 있다. 마지막으로 국가감사실의 정부 소유기업과 Shareholder Executive에 경영성과감사이며, 연 1회로 독립적 외부 감사기관인 국가감사실의 경영성과감사 결과는 연례보고서에 첨부되어 의회에 제출된다(김지홍, 2008: 7).

좀 더 구체적으로 보면, 영국도 다른 국가와 비슷하게 감사원이 회계감사의 일환으로 넓은 의미의 공공기관평가를 수행하고 있다. 그러나 감사원의 평가는 예산회계적인 측면이 좀 더 강조되고 상위 평가적인 성격이 강하다. 다른 한편으로, 공공성보다는 기업성이 강한 28개 공공기관에 대해서는 관리감독 부처의 평가 외에 사업·기업·규제개혁부(Department of Business, Enterprise and Regulatory Reform: BERR) 산하의 Shareholder Executive가 경영활동을 상시적으로 모니터링하는 제도를 운영하고 있다. 이러한 Shareholder Executive의 상시 모니터링 제도는 관리감독 부처들의 사업성평가를 보완하고 있으나, 최종평가보다는 중간점검의 성격이 강하다(이찬구, 2009: 339).

영국의 공공기관 평가제도는 1988년부터 2002년도까지는 5주년 평가가 핵심이었다. 공공기관의 5주년 평가를 통해 내각사무처(Cabinet Office)는 공공 서비스를 제공하는 모든 책임운영기관(Agency)과 비부처 공공기관(NDPB)을 대상으로 책임성과 업무 효율성을 매 5년마다 정기적으로 평가하고 있다.

각 부처는 자신의 공공서비스협약(PSAs)과 이 협약에 명시된 목표(PSAs target)에 연계하여 산하 공공기관을 포함한 전 부처 차원에서 정책목표의 전략성과 연계성을 평가하는 종합평가(landscape review), 그리고 각 부처의 특정 정책목표 집행과 관련된 산하 공공기관의 정책 과정 전반을 평가하는 사업성 평가(business review of the end-to-end process)를 시행하고 있다.

2) 제도의 변화

10여년 이상 운영되던 영국의 공공기관 평가제도는 2002년도에 실시된 5주년 평가에 대한 상위평가로 인해 변화가 발생하게 된다(좀 더 자세한 내용은 조세연구원, 2010 참조). 내각사무처가 주관한 상위평가는 5주년 평가의 가장 큰 약점으로 제도 자체보다는 운영상의 문제와 공공 서비스 집행 체계가 조직 전체의 다른 사항들과 유리되어 있다는 한계가 있었다. 그럼에도 불구하고 모든 공공기관은 계속하여 외부 평가를 받아야 하며, 이러한 관점에서 앞에서 설명한 5주년 평가의 기본 원칙은 여전히 유효하다고 결론지었다.

5주년 평가는 기본적으로 2단계로 분리하여 수행되었는데, 1단계(종합평가)에서는 평가 대상 기관의 조직 형태의 적정성과 목적 달성 여부에 중점을 두었으며, 2단계(사업성평가)에서는 1단계의 평가 결과에 따라 해당 기관의 업무 수행의 효율성 및 효과성 제고에 초점이 맞추어졌다. 1단계에서 목적 달성이 미흡한 것으로 평가된 경우에는 해당 조직의 폐쇄 및 통폐합을 포함한 다양한 형태의 조직 변경도 가능하다.

기존의 5주년 공공기관 평가는 개별 기관 하나하나를 평가할 뿐 부서 전체 또는 전 정부적인 관점에서의 조직 존립의 타당성과 업무 수행의 효율성을 판단하지 못한다는 한계를 내포하고 있었다. 영국 정부는 기존 5주년 평가의 기본 원칙과 내용들은 대부분 유지하면서도, 평가 주체를 내각사무처에서 개별 관리 감독 부처로 전환하고, 평가 목적을 개별 공공기관의 관점이 아닌 전 정부 차원에서 재설정했다. 해당 기관의 경영 성과 자체보다는 관리 감독 부처의 정책 목표와 연계된 정책 과정 전반의 합리성과 효율성을 강조하는 등의 방향으로 공공기관 성과관리 및 평가제도의 운영 기조를 변경했다.

영국 정부는 이상과 같은 정책 변화를 뒷받침하기 위해 2004년 9월에 공공기관의 설립, 운영, 인사, 예산, 평가, 폐지 등을 규정한 「공공기관 관리지침서」를 발간했고, 2006년 6월에는 적용 범위를 확대한 새로운 지침서를 발간했다. 이에 따르면 공공기관 평가는 관리 감독 부처의 전체적인 정책목표 관점에서 이루어지는 종합평가(5주년 평가의 보완)와 해당 공공기관의 정책 과정 전반을 검토하는 사업성 평가가 상호 연계되어 이루어지게 되었다(이찬구, 2009: 347).

이러한 종합평가는 ① 부처 차원에서 정책목표들이 좀 더 전략적인 연계성을 가지고 있는지, ② 좀 더 개선된 서비스 목표와 고객을 설정하고 있는지, ③ 부처의 전 정책집행 체계를 포괄하는 좀 더 개선된 관리구조를 가지고 있는지 등을 평가하도록 했다. 따라서 개별 공공기관에만 한정되는 평가제도라기보다는 관리 감독 부처 전체를 포함하는 좀 더 전략적이고 광의적 관점에서의 평가제도라고 할 수 있다. 반면에, 사업성 평가(business review of end process)는 공공기관의 성과(outcome)를 대상으로 정책결정, 서비스 전달, 고객만족 등의 정책 과정 전체를 심층적이며 사실 증거에 근거하여 평가함으로써, 해당 정책(사업)의 변화를 유도하고 국민들에게 더 좋은 성과 또는 영향을 제공하고자 하는 데 목적을 두고 있다(이찬구, 2009: 347).

결과적으로, 2002년 평가 체제는 모든 공공기관을 대상으로 실시하던 중앙정부 주도의 중앙집권적 5주년 평가제도에서 관리 감독 부처에 의한 사업성 평가를 중시하는 분권적 체계로 변화했다. 즉, 관리감독 부처가 자신들의 공공서비스협약(PSA)에서 명시하고 있는 각종 정책목표의 2차 성과(outcome) 및 3차 결과(results)를 산출하기 위한 전 부처 차원에서, 정책목표의 집행과 관련된 산하 공공기관의 정책 과정 전반을 평가하는 사업성 평가의 분권적 체계로 전환했다.

새로운 제도에서는 개별 공공기관의 경영 성과보다는 관리 감독 부처의 정책목표와 연계된 해당 기관의 업무 성과와 정책 과정 전반의 전략적 연계성, 합리성 및 효율성을 좀 더 강조했다. 재무부 등 중앙정부에 의한 타율적인 기관평가보다는 관리 감독 부처가 자신들의 정책목표 달성을 위한 관점에서 공공기관의 경영 실적을 자체적으로 신축성 있게 평가할 수 있도록 평가 권한의 위임이 이루어졌다. 영국의 공공기관 평가는 평가 주기가 엄격하게 일률적으로 정해져 있는 것이 아니라, 공공기관의 업무가 효율적이며 수준 높게 수행되기 위해 필요한 범위 내에서 관리 감독 부처가 적절하게 평가 주기를 조정할 수 있도록 되어 있다.

참고로, 두 가지 유형의 엄격한 기관평가를 실시하기에 적절하지 못한 소규모 공공기관의 경우에는 간소화된 평가 체계(light-touch review)를 적용하도록 하여 이원화된 절차로 기관평가 제도를 운영하고 있다.

표 16-1 영국 공공기관 평가제도의 신구 비교(2002년 기점)

주요 내용	2002년 이전(5주년 평가제도)	2002년 이후
평가 주체	내각사무처(중앙집권적 평가 체계)	관리감독 부처(분권적 평가 체계)
평가 프레임	–	종합평가와 사업성 평가의 연계 필요
평가 주기	매 5년	5년 이내에서 자율 결정
평가 목적	책임성과 업무효율성 확보	전 부처 차원의 업무 성과 증진
평가 대상	개별 공공기관의 경영 성과	관리감독 부처의 정책목표와 연계된 정책 과정 전반
평가 단계	1단계(조직 형태 및 목적 달성)와 2단계(업무 효율 증진 방안) 분리	소규모 공공기관의 경우 1·2단계 통합 가능(간소화된 평가 체계 도입)

자료: 이찬구 (2009: 348)를 조세연구원 (2010: 94)에서 재인용.

제 2 절 현행 성과관리제도의 이해

1 일반적인 모습

영국 정부의 성과관리는 1990년대 말 블레어(Tony Blair) 행정부가 도입, 시행하기 시작한 공공서비스협약(Public Service Agreements: PSA)이라는 국가 전체의 성과관리 체계 하에서 운영되고 있으며, 재무부와 내각사무처, 각 부처의 긴밀한 협력 하에 이루어지고 있다.[3] 재무부의 일반지출정책국 성과능률팀은 지출분석(SR) 합의의 주도적인 역할을 하면서 이후 지침과 목표를 제공·지원함과 동시에 예산을 총괄 조정하는 역할을 수행하고 있다. 내각사무처는 총리 직속기관으로 전략국 개혁집행실의 역량점검팀을 구성하고 있고, 이 팀은 각 부처의 공공서비스협약(PSA) 목표 달성 과정을 지원하고 감독하는 상설 팀으로서 PSA를 점검할 뿐만 아니라 성과관리의 전반에 영향력을 미친다. 또한 내각사무처는 평가 대상 선정, 평가설계·관리 등의 지원 총괄 기능을 수행하고 있다([그림 16-1] 참조).

각 부처는 종합지출분석(CSR)과 지출분석(SR)의 협의 과정에 적극적으로 참여하며, 협의된 PSA를 실행하는 역할을 수행한다. 이후 1년에 두 번 각각 6개월간에 걸친 성과를 재무부와 내각사무처가 제시하는 지침에 따라 보고서로 작성하게 되는데, 이것이 바로 부처별 보고서와 가을 성과 보고서이다. 또한 범부처적인 협력을 요구하는 PSA 목표를 설정하여 긴밀한 협조 하에 공조하고 이때 책임의 한계를 명확히 하여 범정부적 활동의 단점을 보완하고 있다.

PSA 중심의 부처별 주요 업무 자체평가는 성과목표의 달성 수준에 대한 연간, 분기별, 또는 월별 성과 모니터링으로 이루어지며, 성과 모니터링은 성과지표에 따라 이루어진다. 또한, 결과 보고서는 세밀한 영역별 데이터를 근거로 작성된다(윤수재 외, 2008). 특히, 영국은 결과 지향적 성과관리를 위한 전제 조건인 데이터 관리를 중요시하고 있다. 예를 들어, PSA 성과지표 설명에는 해당 지표의 데이터 품질 관리자가 누구인지 명시되고 있는데, 여기서 다수의 데이터 품질 관리자는 데이터를 전문적

3) 이하 일반적인 모습은 윤수재·이광희(2009: 4-8)의 내용을 요약 정리함.

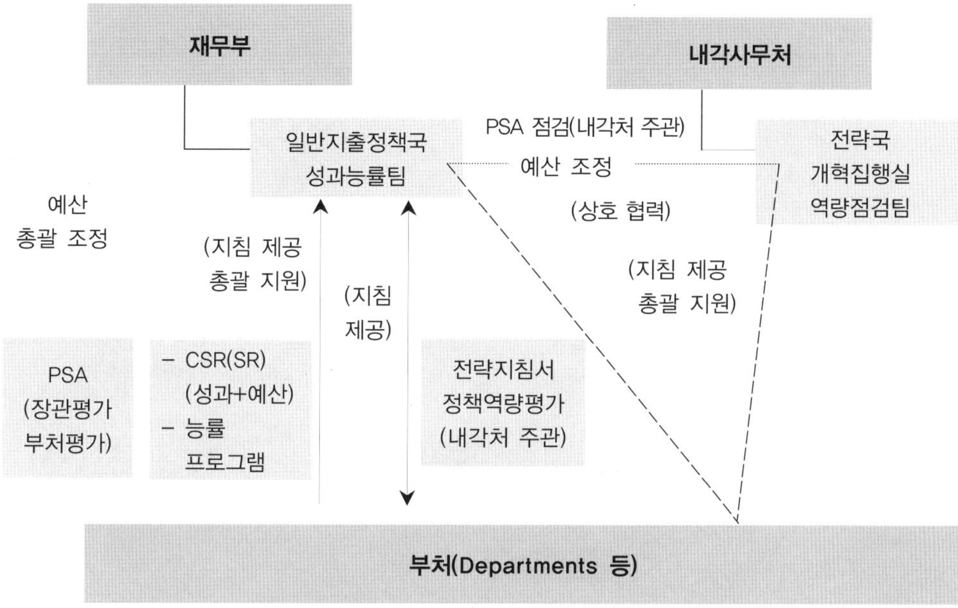

그림 16-1 영국 성과관리의 전체 운영 체계

자료: 윤수재 · 이광희 (2009: 4).

으로 분석, 관리하는 팀 또는 직원이다 (김주애, 2011: 15-16).

1) 성과관리의 구성 요소

영국의 성과관리제도는 '계획 - 집행 및 모니터링 - 보고'라는 성과관리의 핵심 요소들로 구성된다. 성과관리계획에 해당하는 PSA는 영국의 성과관리제도에서 핵심 역할을 담당한다. PSA는 중앙행정기관의 성과를 측정하기 위한 가장 중요한 제도로, 각 부처는 정책(사업)에 대한 달성 목표를 설정하고 있다. 가장 상위의 개념으로서 기관 목적(aim)이 제시되어 있고, 이를 달성하기 위한 전략목표(objectives)와 PSA 성과목표를 제시한다. [그림 16-2]가 보여주는 것처럼 최상위에 위치하고 있는 PSA 전략은 하위의 서비스 제공(service delivery)을 비롯한 각 사업계획을 전체적으로 관리하는 위치에 있으며, 부처별 설정한 PSA는 하나의 목적과 여러 개의 목표로 구성되는 것으로 알 수 있다.

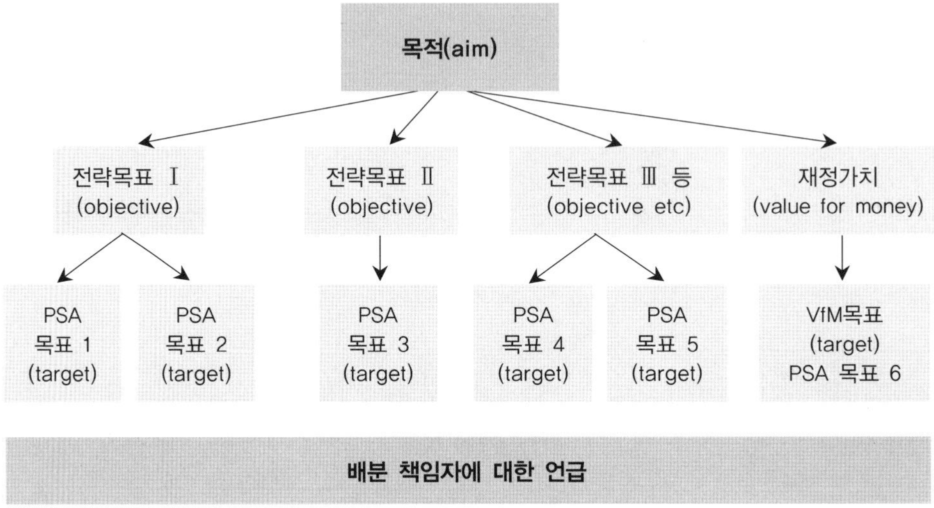

그림 16-2 PSA 구조

자료: HM Treasury(2008: 3)를 윤수재·이광희(2009: 5)에서 재인용.

영국 부처는 각 부처별 성과관리를 위해 다단계 계층별 성과협약 형태를 지니는 특징이 있다. 최상위 PSA는 결과 위주의 성과관리를 지향한다. 이 PSA는 각 부처 내의 세부적인 사업계획 과정으로 연계되고, 이는 다시 부처 및 서비스 집행기관 내 개별 성과목표들로 연계되는 단계별 배분 체계를 구성한다. 여기서 단계별 성과관리 체계는 PSA-SDA-부처 전체 사업계획(Departmental Business Plans)-부처 내 실국별 사업계획(Business Group Plans)-개인별 성과계획(Individual Staff Performance & Accountability Plans)의 단계별 구조를 갖고 있다([그림 16-3] 참조).

공공서비스협약(PSA)은 각 부처가 달성하고자 하는 향후 3~5년간의 주요 정책 우선순위와 정책목표를 제시하는 것으로, 공공 서비스 부문에서 성과목표 및 목적, 자원, 성과 및 효율성 달성 목표치를 구체적이고 계량적으로 제시한다. 그리고 사업 관련 성과목표 이외에 재정가치(VfM) 관련 성과목표를 포함한다. PSA는 성문법 형식이 아닌 일종의 정부와 국민 간의 협약의 성격을 지닌다. 모든 장관급 부처는 PSA를 작성해야 하는 반면, 비장관급 부처는 PSA를 작성할 의무는 없다. 다만, 비장관급 부처의 경우에도 PSA에 제시된 성과목표를 달성하기 위한 좀 더 구체적 방안을 설명하기 위해 작성되는 서비스제공협약(Service Delivery Agreement: SDA)을 작

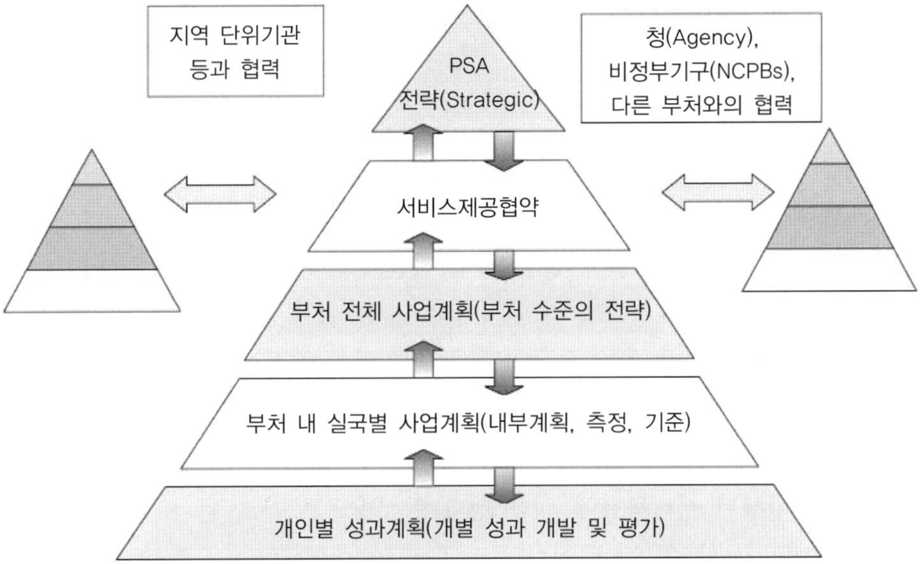

그림 16-3 PSA와 세부 사업계획과의 연계구조

자료: HM Treasury(2008: 2)를 윤수재 · 이광희(2009: 6)에서 재인용.

성해야 한다(김주애, 2011: 13-14 참조).

CSR(종합지출분석)은 향후 10년에 대한 장기 업무계획이며, 부처의 사업을 미션 및 전략목표에 따라 체계적으로 분석하여 지출의 우선순위를 5년 주기로 결정한다. SR(지출분석)은 PSA와 서비스제공협약(SDA)을 기초로 하여 10년 동안의 장기계획 안에서 3년 단위로 계획을 세우는 제도이다. 즉, 과거 2년간의 성과를 평가하고 이를 근간으로 향후 3년간의 정책목표를 보완하면서 이에 대한 예산을 2년 주기로 배정하는 것을 말한다.

SR은 정부의 중장기 기본계획이 담겨 있는 국정 운영의 가장 중요한 요소라 할 수 있다. 이 제도는 각 부처의 PSA를 달성하는 데 소요되는 정부의 지출을 매 2년마다 종합 점검하고, 각 점검 시점으로부터 향후 3년간의 '부처별 총지출 한도'와 효율 목표(efficiency target)를 정하는 제도라고 할 수 있으며, 결과적으로 3년 단위의 중기분석을 의미한다. SR의 1단계 절차는 각 부처의 장관이 재무부와의 협의 하에 전략적 우선순위를 정하는 것이며, 2단계로는 경상지출과 자본지출이 포함된 지출요청안과 PSA안을 재무부에 제출하고, 3단계는 내각사무처에서 검토한 후 부처요청안을 전원 합의로 결정하는 것이다.

효율 프로그램(efficiency programme: EP)은 영국의 성과관리제도의 독특한 측면이며, 재무부의 주도 하에 과도한 공공지출을 정비할 목적으로 기존의 정부 규모를 축소하고 효율성을 확립하기 장치로 이해할 수 있다. 효율성이란 같은 자원을 투입하여 더 나은 결과를 산출하거나 더 적은 자원을 투입하여 같은 결과를 산출하는 것으로, 이 프로그램에서는 정부의 조직, 업무, 사업 전반에 걸쳐 운영상의 효율성을 제고하는 것을 의미한다. 따라서 재정 효율과 인적 효율을 실현하기 위해 효율 이익 향상, 인력 감축, 인력 재배치라는 세 가지 효율 목표를 설정하고 효율 목표 달성을 지원하기 위해 효율기금(Efficiency Challenge Fund)을 마련하고 목표 달성 방안을 제시한다.

PSA 기술설명서(TN)도 성과관리 운영에 매우 중요한 제도로서 부처의 TN은 PSA에 따라 설정된 성과목표에 대한 성과측정 방법과 자료 출처 등을 구체적으로 기술한 부록이라고 할 수 있다. 이는 목표 연도, 데이터 출처, 기준, 측정 범위 및 측정 방법, 모호한 개념 정의 및 세부 자료들의 타당성 언급 등을 포함하며 웹 사이트에 공개한다. TN이 영국 정부에 운영되기 시작한 것은 2000년 SR부터인데, 2000년 SR에서는 PSA 성과목표 달성을 위해 하위 수준의 목표를 설정하는 SDA제도와 PSA 성과목표를 어떻게 측정할 것인지에 대한 TN 제도가 새롭게 도입되었다.

2) 부처 성과보고서와 연간 성과보고서

성과보고서는 두 번 작성되는데, 부처 성과보고서(Departmental Report)는 봄에 작성하고, 연간 성과보고서(Autumn Performance Report)는 가을에 작성하게 되어 있다(이에 대한 자세한 내용은 원자료인 DEFRA, 2007a, 2007b 참조). 이 보고서들은 기본적으로 PSA 성과목표에 대한 성과보고를 하는 것이기 때문에 유사한 구조를 가지고 있지만 보고서를 쓰는 양식과 내용에서 약간의 차이가 발생한다. 부처 성과보고서는 부처의 전략 영역을 기준으로 각 영역에 해당하는 PSA 목표의 성과를 보고하므로 PSA 목표를 포함하지 않는 부분까지도 포함하고 있는 반면, 연간 성과보고서는 PSA 목표를 기준으로 각 성과를 평가하고 효율 프로그램의 성과도 포함한다. 각 장(chapter)의 내용을 기준으로 양 보고서를 재구성하면 총 4개의 영역(section)으로 구분이 가능하다.

2 공공기관 성과관리 및 평가

1) 개괄

영국에서는 공공기관에 대한 평가가 별도의 독자적인 체계에 의해 수행되기보다는 넓은 맥락에서 정부성과관리제도의 일환으로 수행된다고 할 수 있다. 영국은 종합지출분석(CSR) 외에 2000년부터 2년 단위의 지출분석(SR)을 도입하여 재무성(HM-Treasury)이 공공기관(공기업)을 관할하는 각 부처와 공공서비스협약(PSA)을 맺고 그 이행 상황을 각 부처가 중심이 되어 매년 꼼꼼히 점검하도록 감시함으로써 관할 공기업의 방만한 경영이 각 부처 평가에 마이너스가 되지 않도록 하는 관리 체계가 마련되어 있다.

공공기관(공기업) 평가는 크게 직무계약에 의한 경영실적 평가와 정기 기관평가로 구성된다. 재무장관은 각 부처 장관과 공공서비스협약(PSA), 서비스제공협약(SDA)을 체결, 과거 2년의 추진 실적을 평가(SR)하고 이를 바탕으로 향후 3년의 정책목표를 발전, 보완하며 이를 토대로 소요 예산을 배정한다. 공공기관(공기업) 성과관리(즉, 경영평가)는 재무부가 시행하는 각 부처 정책평가와 연계되어 이루어지며, 각 부처는 산하 공공기관이 자신들의 공공서비스협약에 명시되어 있는 정책 목적 및 목표를 최대한 실현할 수 있도록 다양한 형태의 관리 감독 기능을 적절하게 활용하고 있다. 이때에도 각 부처가 공공기관의 일상적 업무 수행 관련 의사결정에는 최대한 간여하지 않는다.

영국 정부는 공공 서비스를 제공하는 책임운영기관과 비부처형 공공기관을 중심으로 한 모든 공공기관을 대상으로 책임성 확보와 효율성 향상을 위해 최소한 5년 주기 이내로 정기적인 기관평가를 시행하고 있다. 이러한 공공기관의 평가는 2단계로 분리하여 수행되는데, 제1단계에서는 평가 대상 기관의 '조직 형태의 적정성'과 '목표달성 여부'에 중점을 두며, 제2단계에서는 제1단계의 결과에 따라 해당 기관의 '업무수행의 효율성 및 효과성 제고 방안'에 초점을 둔다.

공공기관(공기업)의 성과관리 체계 경우, 공기업실(Shareholder Executive)[4]이 성

4) 영국은 공기업 운영과 감시구조의 측면 지원을 위해 전문성과 통일성을 겸비한 자문기구로 사업 ·

과에 대한 과정 모니터링을 월 1회 실시하며, 주기적으로 공기업실에 성과 보고하도록 되어 있다.

표 16-2 공기업실의 상시 점검 항목

점검 항목	세부 점검 항목
정부 주주와의 관계 (5개)	- 정부 주주와 비상임 이사진과의 정기적인 정보 교환 모임 여부 - 정부 주주와 의장/고위 집행부와의 정기적 정보 교환 모임 여부 - 정부 주주 관심사에 의장단의 대응 정도 - 언론매체와의 상시적인 접촉 여부 - 정부 주주와의 관계의 전반적인 만족도 정도
공기업실 모형의 적용 상태 (7개)	- 지배구조/정부 주주 관계에 관한 최근의 공식 서한 존재 유무 - 이사장의 공식 서한 유무 - 해당 업무에 대한 정부 정책목표의 명확한 기술 여부 - 정부 부처 내에서의 정책과 지분관리의 명확한 분리 여부 - 정부 주주에 의한 상시 점검 체계의 적절성 여부 - 월 단위의 사용 가능한 재정정보의 적절성과 시기성 - 이사진의 임금 체계 운영의 적정성 여부
경영진의 질적 수준 (9개)	- 적합성과 추진력을 갖춘 이사회 여부 - 적합성과 추진력을 갖춘 CEO 여부 - 적합성과 추진력을 갖춘 FD 여부 - 적합성과 추진력을 갖춘 계선조직 여부 - 고위 집행부의 승계전략 여부 - 강력한 NED팀의 존재 여부 - 이사회의 관련 법령 준수 여부 - 이사회의 역동성의 적절성 - 이사회 성과에 대한 최근 평가 여부

기업·규제개혁부(Department for Business, Enterprise, Regulatory Reform: BERR) 내에 공기업실을 설치하여 공기업의 소유권 기능 집중화를 추구함.

-공기업실의 설치를 통한 소유권 기능의 집중화는 영국만의 현상이 아니며, 최근 선진 각국의 공기업 관리감독 체계 정비 노력의 일환으로 볼 수 있음.

-공기업실은 대개 직접 소유권 기능을 행사하지는 않으며 개별 공기업과 시장 상황에 대한 분석을 통해 해당 부처의 소유권 행사와 소유권 지배구조 조정과 관련한 조언과 자문 역할이 주요 업무임(대외경제연구원, 2008).

-공기업실이 설치되기 전까지 주주로서 정부의 일관된 접근이 부재했음.

경영전략 (5개)	- 정부정책과의 일치성이 확보된 사업전략에 대한 이사회와 정부 주 주간의 공유 정도 - 전략계획에 대한 적절한 검증 여부 - 전략계획에 의한 기업가치 보호 또는 창조 가능성 - 전략계획과 핵심 업무와의 합일성 정도 - 전략계획의 신뢰성과 재정 지원 가능성
재정성과 (4개)	- 긍정적인 경제적 성과의 창출 여부 - 경영성과의 예산과의 일치성 정도 - 예측 가능한 미래에 재정성과의 유지 또는 개선 여부 - 최근 회계상의 실질적인 이상 여부(자산 폐기, 주식 손실 등)
성과의 균형성과 위험 (5개)	- 긍정적인 경제적 성과의 창출 여부 - 경영성과의 예산과의 일치성 정도 - 예측 가능한 미래에 재정 성과의 유지 또는 개선 여부 - 최근 회계상의 실질적인 이상 여부(자산 폐기, 주식 손실 등)
성과의 균형성과 위험 (5개)	- 합의된 균형성과 추진전략의 여부 - 향후 3~4년의 중기 투자전략을 위한 합의된 자본구조 여부 - 합의된 이자 지불 정책 유무 및 지급 가능성 여부 - 연금 지급상의 주요한 결함 요소 유무 - 기타 책임성, 환경 변화, 외부 규제에 따른 주요 이슈 여부

자료: 배준호 외(2008)의 내용을 조세연구원(2010: 85)에서 재인용.

의회의 정부 소유 기업과 공기업실의 경영성과평가는 연 1회 실시하며, 정부 소유 기업 관리자와 이사회는 「연례 재정보고서」(비재정, 종합 이슈 포함)를 의회에 제출하며, 의회는 정부 소유 기업의 성과에 대한 사후 모니터링을 실시한다.

- 연례 재정보고서를 의회에 제출 및 성과평가
- 연례 비재정보고서를 재정보고서에 첨부
- 연례 종합보고서를 재정보고서에 첨부

상업기금을 제외한 정부 소유 기업과 공기업실의 경영성과감사는 연 1회 실시하며, 외부의 독립감사기관인 국가 감사원의 경영성과감사 결과는 연례보고서에 첨부되어 의회에 제출된다.

- 상업기금을 제외한 공기업은 외부의 독립적 감사기관인 국가감사원(NAO)에서 감사함.
- 상업기금은 내부감사기관인 'Auditor General'에서 감사함.

2) 성과관리(평가)의 내용

(1) 평가 원칙 및 목적

평가 원칙은 평가 주체가 평가기획부터 평가 보고에 이르는 전 평가 과정에서 준수해야 하는 가장 기본적인 사항으로서, 영국의 내각사무처는 평가지침서에서 각 정부 부처들이 산하 공공기관을 평가할 때 지켜야 할 원칙을 다음과 같은 일곱 가지로 제시하고 있다(더 자세한 내용은 Cabinet Office, 2006: 7 참조).

① 충분한 준비: 평가를 시작하기에 앞서 평가 주체는 평가의 주요 이슈는 물론 필요한 정보와 자료가 무엇인지를 충분히 검토할 것

② 명확한 일정관리: 평가 주체는 본격적인 평가에 앞서 시작과 종료 시점, 그리고 중간 일정 및 목표 등을 명확하게 설정할 것

③ 다른 평가와의 관련성 고려: 평가 대상인 업무와 관련이 있는 기존 또는 현재 진행되고 있는 다른 평가 사례를 고려할 것

④ 집중화된 평가: 평가영향을 극대화 할 수 있도록 평가 대상 및 과정을 설정할 것

⑤ 적절한 융통성: 평가를 수행하는 과정에서 발생할 수 있는 새로운 이슈나 대안 등을 폭넓게 고려할 수 있는 충분한 융통성을 지닐 것

⑥ 공개적인 평가: 평가 과정 내내 이해관계자들과 충분히 협의하고 평가 대상인 공공기관과도 긴밀한 관계 하에서 평가를 진행할 것

⑦ 미래 지향적 평가: 공공기관 평가의 핵심적인 목적은 미래에 서비스 집행을 개선하고자 하는 것임을 명심할 것

영국 공공기관의 평가 목적은 최상위 수준에서는 광의의 '업무 성과 증진'이라는 것을 알 수 있으며, 여기에서의 업무 성과는 목표 달성도, 고객만족도, 업무 수행의 능률성과 효율성 등을 포함하는 광의의 개념으로 파악할 수 있다. 하위 수준에서 개별적인 공공기관의 구체적인 평가 목적은 기관별로 다소 상이할 수 있으나, 공통적으로 해당 조직의 존재 여부, 조직목표의 달성 여부, 업무 수행 과정에서의 이해관계인들과의 관계, 업무 성과 향상 방안 등을 주요한 평가 목적으로 제시하고 있다(이찬구, 2009: 350-352 참조).

(2) 평가 대상 및 평가 기조

영국 공공기관의 평가 대상은 '횡단적 평가 대상'과 '종단적 평가 대상'으로 구분한

다음 종단적 평가 대상은 다시 '대외적' 관점과 '대내적' 관점으로 분류하여 설명할 수 있다.[5] 횡단적 측면에서 평가 대상은 사업성 평가의 핵심 내용으로서 정책 과정 전체를 대상으로 하여 공공기관의 성과를 판단함을 의미한다. 반면에, 종단적 측면에서의 평가 대상은 평가 대상의 계층제적 위치를 의미하는 것으로서 대외적으로는 해당 공공기관이 관리 감독 부처의 공공서비스협약과 어떠한 관계인지를 평가하고, 이어 이해관계자들과의 역할 분담 및 협조 체계 등을 평가하는 것이다.

대내적 관점의 평가 대상은 조직 형태의 적정성과 성과 향상에 초점을 두며, 두 단계로 나뉜다. 제1단계에서는 개별 기관의 설립 근거, 임무, 과거 성과 등에 근거하여 '조직 형태의 적정성'과 '목적 달성 여부'를 평가하고, 이를 바탕으로 하여 제2단계의 평가에 필요한 구체적인 평가 기준을 제시한다. 제1단계에서는 공공기관의 현행 조직 형태의 적합성과 유효성에 대한 평가가 핵심을 이루게 되는데, 향후 가능한 조직 형태로서 ① 폐지, ② 현행 조직 형태의 유지, ③ 시장성 검토, ④ 다른 기관과의 통합 또는 기능 재조정, ⑤ 민영화, ⑥ 전략적인 업무 위탁이라는 여섯 가지의 정책대안을 의무적으로 검토하게 되어 있다. 다른 한편으로, 제2단계에서는 제1단계의 평가 결과가 '적정'으로 판단될 경우 해당 공공기관이 향후에 '업무 수행의 효율성 및 효과성'을 증진하기 위한 대안 탐색에 초점을 맞추어진다.

대안 탐색의 구체적인 방안으로는 장기적인 조직 목적 및 연차 목표, 성과목표, 책임성, 관련 기관과의 협조 체계, 효율성 증진을 위한 신기술의 사용, 조직 운영의 자율성과 유연성, 지배구조 및 보고 체계 등을 중점적으로 검토하게 되어 있다.

영국의 공공기관 평가는 대외적인 측면과 대내적인 측면을 동시에 포함하고 있는데, 대외적인 평가 대상을 위한 평가 기준은 별도로 제시되어 있지 않다. 그러나 대내적인 평가 대상의 핵심인 조직 형태의 적정성과 성과 향상 방안을 위한 평가 기준은 상세하게 제시되고 있다. 영국의 공공기관 평가에서는 평가 대상이 조직 내·외부적인 사항을 포함하면서 관련 정책 과정 전체를 포괄하고 있어 단층적이기보다는 복층적인 매트릭스 구조를 지니고 있는 것으로 이해할 수 있다.

---

5) 이하 내용은 조세연구원(2010: 94-101)의 내용을 요약·정리했으며, 추가적인 내용은 이찬구(2009)를 참조했음.

표 16-3 영국 공공기관 평가제도의 평가기조 특징

분석 요소	주요 내용
평가 원칙	- 일곱 가지 평가 원칙 제시 (치밀한 평가기획, 평가 과정의 공개와 융통성, 이해관계자 의견 최대 반영, 공공 서비스 개선의 발전 지향성 등)
평가 목적	- 전 정부 수준: 업무성과 증진(목표 달성, 고객만족, 능률성/효율성) - 개별 기관 수준: 조직 존재여부, 목표달성도, 이해관계자의 관계, 업무 성과 향상 등
평가 대상	- 횡단적 측면: 정책 과정 전체(정책결정, 전달 · 집행 체계, 고객 만족) - 종단적 측면 * 대외적 관점: 관리 감독 부처 공공 서비스 협약과의 관계, 이해관계자와의 역할 분담 및 협조 체계 * 대내적 관점: 조직 형태 적정성, 업무 성과 향상 방안

자료: 이찬구(2009: 353)를 조세연구원(2010: 95)에서 재인용.

(3) 평가 기준

영국의 공공기관 평가는 제1단계에서 먼저 개별 기관의 설립 근거, 임무, 과거 성과 등에 근거하여 조직 형태의 적정성을 평가한 다음에, 제2단계는 제1단계의 평가 결과가 적정으로 판단된 경우에 한해 해당 공공기관의 향후 성과 향상을 모색하기 위한 대안 탐색에 초점을 맞추고 있다.

표 16-4 영국 공공기관의 평가 기준

평가 기준		구체적인 평가 문항
조직 형태의 적정성	정책 목적 달성에 대한 기여도	- 공공기관이 해당 업무의 공공서비스협약에 제시되어 있는 관리 감독 부처 또는 전 정부 차원의 정책 목적 달성에 어느 정도 기여하고 있는가?
	다른 공공기관과의 관계	- 평가 대상 공공기관의 업무 수행이 다른 공공기관들과 어떻게 연결되어 있거나 연결되어야 하는가? - 이를 위해 관련 책임운영기관이나 NDPB 등 다른 공공기관과의 합동평가를 수행해야 하는 범위가 어디까지인가?
	성과목표의 적절성	- 성과목표는 공공기관의 목적과 목표를 어느 정도 반영하고 있는가? - 성과목표가 충분히 포괄적이면서도 개선을 촉진할 수 있을 정도로 높게 설정되어 있는가? - 연도별로 성과목표 간의 연속성이 확보되어 있는가? - 성과는 어떤 방법으로 검증하고 있는가?

성과 향상 방안	협력적 업무 수행 정도	- 공공기관이 서비스 제공의 능률성과 효과성을 제고하기 위해 다른 공공기관과 협력적인 업무 수행 협약을 체결했는가?
	신기술의 사용 여부	- 공공기관이 서비스 제공과 업무 수행을 개선하기 위해 신기술, 특히 정보통신기술(ICT)을 잘 활용하고 있는가?
	고객 견해의 반영	- 공공기관의 고객들은 공공기관이 서비스 제공이나 역할 수행을 개선하고자 하는 방안에 대해 어떻게 생각하고 있는가?
	개방성과 책임성 확보	- 공공기관은 자신들이 제공하는 서비스에 대해 고객 및 이해관계자들에게 어느 정도 책임감을 느끼고 있는가? - 공공기관은 제공 서비스와 일하는 방법에 대해 전문적인 자문을 어느 정도 받고 있으며, 개선의 여지가 있는가? - 공공기관은 적절한 때에 고객 및 이해관계자들과 열린 모임을 갖고 있는가? - 공공기관은 고객 및 이해관계자들의 정보접근성을 보장하기 위해 얼마나 노력하고 있는가?
	자율성과 신축성의 조화	- 공공기관은 각기 다른 자율성의 정도에 따라 어떤 편익을 얻을 수 있는가? - 공공기관에 더 많은 신축성이 부여되면 서비스나 기능 수행의 개선이 가능하게 될 것인가?
	기업 지배구조와 보고 의무	- 공공기관, 부처, 장관의 역할, 업무 보고 간의 정합성이 잘 정의되어 있으며, 어떻게 하면 이를 개선할 수 있는가? - 기업 지배구조가 조직 운영과 정책집행을 잘 지원해 주고 있는가?
	지속 가능 발전의 추구	- 공공기관의 서비스와 기능은 정부가 추구하고 있는 지속 가능한 발전 목표를 어느 정도 충족시키고 있는가? - 공공기관은 자신들의 서비스가 사회적 배제에 어떤 영향을 미치고 있는지를 생각하고 있는가? - 공공기관은 사전주의 의무를 적용하고 있는가? - 공공기관은 환경을 보호하기 위해 자원을 효율적 · 효과적으로 사용하고 있는가?
	과거 성과의 수준	- 공기관이 설립 목적, 정책 목적, 핵심 목표, 품질 표준 등에 비추어볼 때 어느 정도의 성과를 달성했는가? - 해당 공공기관의 과거 성과가 유사한 기능을 수행하고 있는 공공 부문이나 민간 부문의 다른 기관과 비교해 볼 때 어느 정도 수준인가? - 업무 수행에 필요한 자율성과 탄력성이 적절히 부여되어 있는가? - 공공기관은 업무 수행 과정에서 관리감독 부처와 원만한 관계를 유지하고 있는가?
	고객 관점의 고려	- 공공기관의 고객과 이해관계자 집단은 해당기관의 역할과 성과에 대해 어떻게 생각하고 있는가?

미래의 조직 형태	- 공공기관이 제공하는 서비스가 미래에는 어떤 방법으로 제공되어야 하는가? - 미래에 해당 서비스를 대응성있게 능률적이면서도 품질 높게 제공하기 위해서는 어떤 형태의 조직이 가장 적합한가?
모범 사례 발굴	- 공공기관이 서비스를 제공하는 방법과 관련하여 타의 모범 사례를 가지고 있는가?

자료: 이찬구(2009: 355-357)를 조세연구원(2010: 96-97)에서 재인용.

(4) 기타: 평가단 운영, 평가 결과 활용 등

영국의 공공기관 평가에서는 모든 공공기관의 평가를 관장하는 단일 평가단이 존재하는 것이 아니라 개별 기관별로 독립된 평가단이 구성·운영되고 있다. 평가 주체란 평가기획, 평가관리, 결과 활용 등 평가활동 전반을 책임지는 권위 있는 기관을 의미하며, 평가단은 평가 주체의 평가계획에 따라 실제적으로 평가 업무를 수행하는 전문가로서의 개인 또는 위원회 등을 의미한다. 영국의 공공기관 평가에서 평가 주체는 앞에서 이미 설명한 것처럼 2002년을 기점으로 재무부와 내각사무처의 중앙부처에서 해당 공공기관을 관리, 감독하는 개별 부처로 변경되었다.

평가단의 구성·운영과 관련해서는 중앙정부는 최소한의 원칙만 제시하고 있는데, 이에 따르면 공공기관의 평가위원들은 평가 대상 기관과는 독립적이어야 하며, 특히 평가위원장은 해당 공공기관의 일상적인 관리 감독 업무와는 직접적인 관련이 없는 인사여야 한다(자세한 내용은 Cabinet Office, 2006: 6 참조).

구체적인 평가단의 구성·운영은 두 가지 형태로 나타나고 있는데, 평가 주체의 주관으로 한시적으로 평가단을 운영하거나 또는 평가 업무 자체를 외부의 전문기관에 위탁하는 경우로 구분된다. 다른 한편으로, 평가단을 내부적으로 구성·운영할 경우에 구체적인 평가위원의 선정은 관리감독 부처의 자체적인 판단에 따르도록 되어 있다. 따라서 영국의 공공기관 평가에서는 평가단이 개별 기관별로 구성·운영될 뿐이지 산하의 공공기관 전체를 관장하는 단일의 평가위원회 등은 존재하지 않는다(이찬구, 2009: 354).

평가 방법의 경우, 내각사무처의 평가지침서에는 공공기관 평가에서 사용해야 할 평가 방법에 관한 구체적인 언급은 없다. 따라서 실질적으로 평가 수행을 책임지는 평가단이 평가 목적과 평가 대상 기관의 특성을 반영하여 구체적인 평가 방법을 결정한다(이찬구, 2009: 357). 영국의 공공기관 평가에서는 문헌분석, 의견 청취, 설문조사, 워크숍, 사례분석, 심층면접 등의 방법이 기관에 따라 복합적으로 사용하고 있다. 특히, 정책 대상 집단인 고객은 물론 관련 단체 및 산업계의 대표자 등 간접적인 이해관계자들도 서면이나 온라인을 통해 의견을 개진할 수 있게 하고 평가단이 이들과의 심층면담을 수행하고 있다(이찬구, 2009: 368).

영국의 공공기관 평가 주기는 일률적으로 정해져 있는 것이 아니라, 관리 감독 부처의 정책적 또는 사업적 판단에 의해 자율적으로 결정된다. 개별 사례를 분석해 보면, 영국에서는 특정 연도에 모든 공공기관을 대상으로 단일 평가단이 일시에 평가를 수행하는 것이 아니라, 5년 이내의 기간에서 필요한 시점마다 별도의 평가단을 구성하여 개별적으로 공공기관 평가를 시행한다(이찬구, 2009: 359).

영국의 공공기관 평가 결과는 해당 공공기관의 존속 여부 자체를 결정하는 정책적 측면의 활용과 좀 더 효율적인 업무 추진 방안을 찾고자 하는 관리적 측면의 활용이 동시에 가능한 것으로 논의된다. 정책적 측면의 활용으로는 먼저 중앙정부 차원에서 공공기관 정책을 관장하는 재무부나 내각사무처가 해당 공공기관이 제공하는 공공 서비스가 국가 전체적인 차원에서 합리적·효율적으로 제공·집행되고 있는지를 판단하는 자료로 활용한다. 다음으로 관리감독 부처는 제1단계의 조직 형태의 적정성 평가 결과에 근거하여 해당 공공기관이 신설되어야 했던 상황의 지속 여부를 확인하고,

표 16-5 영국 공공기관 평가제도의 평가 수행 특징

분석 요소	주요 특징
평가 주체 및 평가단	- 평가 주체: 중앙부처(내각사무처)에서 개별 부처로 변경(2002년) - 평가단: 평가 주체의 자율로 공공기관별 평가단 구성·운영 한시 평가단, 외부 전문기관 위탁, 양자 혼합 등
평가 기준	- 대외적 평가 대상 기준: 별도의 기준 제시되어 있지 않음 - 대내적 평가 대상 기준: 정성적 평가 기준 제시 - 조직 형태의 적정성: 여섯 가지 상세 기준 제시 - 성과 향상 방안: 여덟 가지 상세 기준 제시
평가 방법	- 질적 평가 방법의 복합적 채택 * 문헌분석, 의견 청취, 설문조사, 워크숍, 사례분석, 심층면접 등
평가 주기 및 평가 기간	- 평가주기: 5년 이내에서 평가 주체가 자율 결정 - 평가 기간: 6개월 이내

자료: 이찬구(2009: 360)를 조세연구원(2010: 98)에서 재인용.

기능의 존립 필요성이 확보되지 않으면 해당 기관을 폐지하는 조치를 취한다. 다른 한편으로, 해당 공공기관의 존립 필요성이 인정될 경우에도 현행 조직 형태의 적정성 여부를 평가하고 그 결과에 따라 민영화를 포함한 새로운 조직 형태 채택이 가능하도록 되어 있다. 관리적 측면의 활용으로는 제2단계의 성과 향상 방안의 결과에 근거하여 관리감독 부처와 해당 공공기관이 공동으로 미래의 성과 증진을 위한 다양한 관리전략을 개발하고 있다. 여기에서의 관리전략은 지배구조(governance), 조직, 예산, 인력, 이해관계자와의 관계, 고객 관계 등 업무 효율을 증진하기 위한 모든 사항을 포괄하는 것으로 이해된다(이찬구, 2009: 361).

영국은 평가 결과가 우수한 정부 소유 기업에 대해서는 차년도 평가를 면제해 주는 인센티브를 부여하고 있다(설광언·박재신, 2005: 203). 재무부는 주무부처를 통해 공공 서비스 계약을 체결할 때 평가 결과가 좋은 기관은 차기 평가를 면제하고, 평가 결과가 좋지 않은 기관은 집중적으로 평가받게 함으로써 경영 성과 향상을 유도하고 있다.

표 16-6 영국 공공기관 평가제도의 평가 활용 특징

분석 요소	주요 내용
평가보고서	- 내용: 평가 수행의 근거 자료와 논의 상세 기술 - 구성: 일목요연한 평가 구성 요소의 제시
결과 활용 형태	- 정책적 활용 * 중앙정부: 공공 서비스 제공의 합리성 · 효율성 판단 * 관리 감독 부처: 해당 공공기관의 존립 필요성 확인 - 관리적 활용: 미래의 성과 증진을 위한 관리전략 개발 * 지배구조, 조직, 예산, 인력, 이해관계자 관계, 고객 관계 등

자료: 이찬구(2009: 362)를 조세연구원(2010: 98)에서 재인용.

제 3 절 결론

영국의 공공기관 성과관리(평가)와 관련하여 성과관리제도의 효과성 측면에서 몇 가지 특색을 정리하면 다음과 같다(더 자세한 내용은 윤수재·이광희, 2009 참조).

계획과 성과와의 연계 경우, 전략, 성과목표 등 부처의 성과계획뿐만 아니라 성과측정에 관한 계획도 구체적으로 제시되어 있어, 성과측정 및 성과 보고 자체가 계획에 따라 이루어지고 있다. PSA 성과목표는 기술설명서(TN)를 통해 구체화되는데, 성과목표치를 측정하기 위해 성과의 기준선, 데이터의 출처, 정책 성과에 대한 타당성 검증 등을 통해 성과측정을 하고 이를 성과보고서에 포함한다.

부처의 성과지표들이 대체로 결과에 초점을 두고 있다. 영국의 성과관리제도는 투입·과정보다는 산출·결과 위주의 평가로 운영되며, 결과를 보고하는 방식에서도 가능한 성과 달성도에 대한 영향까지 파악 가능하도록 정보를 제공하고 있다.

국가 수준 성과와의 연계 측면에서 살펴보면, 범정부 수준에서의 성과전략이 있으며, 이는 부처의 전략과 연계되어 운용하고 있다. 부처의 전략이나 목표가 단절적으로 부처 수준에서만 수립되는 것이 아니라, 범정부전략, 국가발전전략, 국가 역량 강화전략 등과 유기적으로 연계되는 것을 의미한다. 영국 내각사무처가 범국가적 전략 가이드라인을 수립하면 각 부처는 이를 기준으로 하여 부처별 전략을 설정한다.

정책의 최종 수혜자인 고객에 대한 만족도 조사를 실시하고 있다. 사업 단위 만족도 조사와 서비스 이용자에 대한 고객만족도 조사 등이 있다. 예를 들어 고용연금 담당 부처에서 집행한 서비스에 대해 이를 이용한 고객(일반 국민, 이해관계자 포함)을 대상으로 매년 고용연금 이용자 만족도 조사를 실시하고 있으며, 이용 방식에 따른 만족도, 작년 결과와의 서비스 품질 변화 비교, 최고와 최악의 서비스 결과 등을 분석한다. 또한 교통부의 철도·버스 관련 사업에 대한 만족도 조사를 실시하고 있으며, 만족도 평가 대상으로 서비스 전달, 직원의 품질, 고객과의 커뮤니케이션, 문제해결 차원을 설정하여 운영하고 있다.

다른 한편으로 공공기관의 성과관리 발전을 위해 지속적인 개선 노력도 필요한데, 몇 가지를 제시하면 다음과 같다.

공공기관 경영정보의 접근성과 실시간 관리 제고가 필요하다. 공기업의 경우, 연례 재정보고서가 공개되고 있으나, 이해관계자 또는 일반 국민의 정보접근성과 정보공개의 투명성을 제고가 필요하다. 연례보고서에는 기관장(Chief Executive)의 개관, 의장의 성명서, 사업 발전에 대한 검토, 미래의 사업전략, 기업 지배구조, 이사회 이사의 보수·경력·책임에 대한 구체적 기술 등과 같은 비재정적 정보를 포함한다. 특히, 공공기관의 유형에 관계 없이 공통적인 경영 공시 항목과 기관에 따른 차별적인 항목 등을 설정하여 보고서뿐만 아니라 전자적 공시, 즉 해당 기관의 웹 사이트와 공기업실 등의 웹사이트를 통해 공개할 필요가 있다. 전자적 경영 공시는 실시간 관리와 접근 제고를 위한 이용자들의 의견(만족도)조사 등을 통해 지속적 개선이 가능하다.

공기업 등의 이사회에 대한 내부 견제 시스템의 강화가 필요하다. 영국의 경우, 공기업(즉 정부 소유기업) 이사회의 성과에 대한 내부 평가 체제가 미흡한 실정이다. 일부 공기업의 경우 이사회에 대한 자체평가제도를 가지고 있기는 하나, 이사회의 효과성에 대한 공식적, 총체적인(global) 평가 사례는 지금까지 거의 없는 실정이다. 2003년 설립된 공기업실은 이사회에 대한 좀 더 체계적이고 정기적인 검토를 추천하고 있으나(OECD, 2005: 106), 더욱 강력한 견제 시스템이 필요하다. 이를 위해 참여 이사들의 적극적이며 전문적인 활동을 독려하고, 제도적으로 이사회의 모든 활동에 대한 정보 공개나 감사활동의 강화도 고려할 수 있다. 예컨대, 공공기관 전체의 투명성이나 부정부패뿐만 아니라 이사회의 투명성과 업무 타당성 등에 대한 상시적인 감사활동을 수행할 수 있도록 이른바 상임 감사제도를 구축하여 운영할 필요가 있다. 그러나 처음부터 전면적인 실시가 현실적으로 어렵다면, 몇몇 기관을 대상으로 시범적으로 실시한 후 그 결과에 따라 추가적인 실시 여부를 판단해 보는 것도 현실적이다.

참여적 성과관리를 통한 순응 제고가 필요하다. 영국 공공기관의 성과관리는 기본적으로 정부성과관리의 체계와 절차에 따라 이루어지고 있다. 정부성과관리의 핵심은 PSA의 작성이며, 구체적으로 경영 평가 항목 등이 설정되어 평가에 반영되고 있는데, 이 과정에서 평가 대상 기관들의 경영평가 과정 또는 성과관리계획 및 구체화 과정에 참여를 제고할 필요가 있다. 참여를 통해 성과관리의 의미와 목적을 좀 더 분명하게 인식할 수 있으며, 특히 공공기관 종사자들 입장에서는 자기들을 평가할 항목이나 평가 지표의 의미 등에 대한 의견을 투입할 수 있는 기회를 갖게 된다. 그럼으로써 일반적인 통제 수단으로서의 평가가 아닌 기관의 활동과 성과를 좀 더 적합한 기준으로 평가받고 기관 관리나 경영상의 현안에 대한 해결 방안 등을 도출할 수 있는 기회를 발견하는 이른바 컨설팅 중심의 평가나 성과관리가 가능할 것이다. 이를 위해 평가 실기기관(예: 공기업실 등)과 공공기관들의 의사소통 채널을 강화하여 예컨대, 평가 결과에 대한 설명회, 새롭게 설정된 평가 기준 등에 대한 설명과 기관들의 의견을 청취하는 워크숍 또는 평가보고서를 최종 확정하기 전 해당 기관에 회람함으로써 사실관계의 왜곡을 줄이려는 노력 등은 어렵지 않게 시도해 볼 수 있을 것으로 생각한다.

참고 문헌

김주애 (2011). 주요국 정부업무 자체평가지표 비교연구. 한국행정학회보 세미나 발표 자료, 1-33.

김지홍 (2008). 공기업 평가 해외 사례와 개선 방안. 한국행정학회 기획세미나 발표논문집, 420-454.

김지홍・김준기・박정수・곽채기・Jody Zall Kusek (2007). 공기업평가 해외 사례와 개선 방안. 서울: 한국개발연구원.

대외경제정책연구원 (2008). 주요 국가의 공공기관 제도. 서울: 대외경제정책연구원.

배준호・박기찬・이찬구 (2008). 공기업 경영실적평가. 서울: 감사원 감사연구원.

설광언・박재신 (2005). 정부산하기관 관리정책에 관한 연구. 서울: 한국개발연구원.

윤수재・이광희 (2009). 영국과 캐나다의 성과관리제도에 대한 비교연구. 한국행정학회 추계 학술대회 발표 논문, 1-29.

이찬구 (2009). 영국의 공공기관 평가제도 분석 및 한국에의 시사점 논의. 정책분석평가학회보, 19(3): 337-373.

조세연구원 (2010). 주요국의 공공기관 I. 서울: 조세연구원산하 공공기관 정책연구센터.

Cabinet Office (2006). *Public Bodies*. Making government work better.

DEFRA (2007a). *Autumn Performance report*. http://archive.defra.gov.uk/corporate/-about/reports /documents/apr2007.pdf

——— (2007b). *Departmental Report*. http://archive.defra.gov.uk/corporate/about/reports /documents/2007-deptreport.pdf

OECD (2005). *OECD Comparative Report on Corporate Governance of State-Owned Enterprises*. http://www.oecd.org/corporate/corporateaffairs/corporategovernan-ceofstate- ownedenterprises/34803211.pdf

Chapter 17

공공기관 성과평가 -프랑스*

프랑스는 중앙집권 체제가 발달된 국가로 널리 알려져 있다. 정부가 국민경제 활성화를 위해 중앙정부 주도의 산업정책이나 공공기관을 리더십 전개의 중심축으로 활용하곤 한다. 프랑스의 공공기관은 국가경제에 실질적으로 큰 비중을 차지하고 있으며, 그들에게 요구되는 역할 또한 수익 창출은 물론 사회적 책임에 이르기까지 포괄적이다.

여기서는 강력한 정부를 표방하고 있는 프랑스 공공기관 평가제도의 변천 과정, 제도 운영의 핵심 및 시사점을 살펴본다. 우리나라 경영평가제도의 발전 방향을 설정하는 과정에서 프랑스식 평가제도의 강점이 어떻게 반영될 수 있는가도 부분적으로 제시해 보고자 한다.

제 1 절 프랑스의 공공기관과 공기업

프랑스의 정부산하기관은 정부의 재정 지원을 받아 공공 기능을 수행하는 국가공공기관(National Public Establishment: EPNs), 산업 및 상업형 공공기관(Industrial & Commercial Public Establishment), 그리고 독립관리기관(Autorités administra-

---

* 신완선: 성균관대학교 시스템경영공학과 교수
박기찬: 인하대학교 경영대학 교수

tives indépendantes)으로 분류된다. 이러한 분류 체계는 우리나라와도 유사하며, 정부산하기관, 산업진흥 준정부기관, 기타 공공기관, 공기업 등과 직접적으로 비교될 수 있는 명칭이다.

이들 기관의 설립 취지는 국가정책 수행, 산업 진흥, 그리고 독립적인 기능 수행에 근거를 두고 있으며 적용 범위는 광범위하다. 2008년 프랑스 통계청 발표에 따르면, 전체 공공기관은 867개에 이르며, 이들 중에서 92개 기업을 정부가 직접 통제하고 있다. 동일한 보고서에 1998년 2001개의 공공기관이 있었던 것으로 발표하고 있으므로 민영화 내지는 통폐합 노력이 20년간에서 걸쳐서 지속되었음을 알 수 있다. 국가투자청에서 관리하는 기업형 공공기관인 공기업은 총 55개에 이르며, 이 중에서 34개가 통계청 발표 자료에 포함되어 있다.

프랑스의 공기업은 공적 자본이 투입된 상장 주식회사와 상공 분야 공기업(Établissements publics à caractère industriel et commercial: EPIC)으로 구분될 수 있다. 이들 공기업은 다시 크게 세 가지 유형, 즉 상장 주식회사형 공기업, 정부 지분 51% 이상의 비상장 공기업, 정부 지분 50% 이하의 비상장 공기업으로 구분된다.

① 상장 주식회사형 공기업

상장 주식회사로서 과거에 공기업이었거나 정부에서 지분을 보유하고 있는 기업으로서 경영평가 대상이 되는 기업을 의미한다. 2,000억 유로 이상의 기업에 해당되며, 예를 들어 EDF, GDF, Air France, Areva 등이 여기에 포함된다.

② 정부 지분 51% 이상의 비상장 공기업

정부가 최대 주주인 비상장 기업으로서 51% 이상의 지분을 가지고 있는 경우에 해당하며, 상당히 많은 경우 100% 지분을 보유한 형태로 운영되고 있다. 예를 들어, La Banque Postale, Nexter, SNPE 등이 여기에 포함된다.

③ 정부 지분 50% 이하의 비상장 공기업

정부가 50% 이하의 주식을 보유하고 있는 공기업의 경우에는 1983년 발효된 「공공 분야에 관한 기업 민주화법」에 의거하여 지배구조에 참여하는 형태로 정부가 관여하고 있다. 이사회를 구성하는 과정에서 정부 관계자, 외부 전문가, 노조 추천 종업원 대표를 각각 1/3씩 참여하도록 규정하여 균형된 지배구조를 유지하고 있다(OECD, 2007).

프랑스의 공기업 역시 국가적 혹은 사회적 필요에 의해 탄생되었으며 국가 경제에 중요한 역할을 하고 있다. 설립 근거에 기초한 고유 사업 이외에도 물가 유지와 같은 추가적인 책무가 주어져 있지만, 이 또한 정부 권장정책 이행에 적극적으로 대응해야 하는 우리나라 공기업의 경영환경과 크게 차이가 나지 않는다. 구조적으로 보면 프랑스의 공기업 출범, 운영, 관리 방식은 보편적인 조직 운영의 틀을 준수하고 있는 것으로 볼 수 있다.

1980년대 이후 석유공사, 금융기관, 프랑스 텔레콤 등 대규모 공기업에 대해 민영화를 시행하여 점진적으로 공기업의 기능을 축소하려는 노력이 이어지고 있다(조택, 2005: 17). 중앙집중 체계를 중시하는 프랑스에서의 이러한 민영화 추세에서 수익성과 효율성을 기반으로 전개되는 글로벌 경쟁이 얼마나 심화되고 있는가를 이해하게 된다.

제 2 절 프랑스 공기업의 성과관리제도

1 공기업 성과관리제도의 변천사

프랑스 공기업 성과관리제도는 크게 3단계에 걸쳐 발전되어 왔다. 첫 번째 단계는 경영평가제도가 출범한 시기로서 경영계약제도의 본격적인 운영에 초점이 맞추어져 있다. 두 번째 단계에서는 사회보고서 시행을 통해 공기업의 사회적 책임을 부각시켰다. 세 번째 단계는 평가 주체를 재정립하는 단계로서 정부 주도의 성과관리에서 독립기구 중심의 제도 운영이 핵심이다. 이러한 세 가지 단계를 거치면서 프랑스 성과관리제도가 정착되었는데, 흥미롭게도 우리나라 역시 유사한 발전 과정을 거치고 있다.

경영평가제도가 도입되던 첫 번째 단계는 1967년 프랑스 정부와 공기업 사이에 체결되는 경영계약제도에 중심을 두고 있다. 경영계약에 따라서 기관을 운영하고 그 실적을 바탕으로 경영보고서를 작성한다. 경영보고서는 이사회 및 주주총회의 자체 평가를 거쳐 정부 주무부처와 재정경제산업부에 제출하도록 되어 있다. 경영평가 지표는 경영계약에 구체적으로 포함되어 있어서 이미 계약 단계부터 '정부가 무엇을 기대하고 있는가'를 명문화한다는 점이 주목할 만하다.

사회적 책임을 평가제도에 포함시킨 두 번째 단계는 1984년에 시작되었다. 종업원 50명 이상 기업을 대상으로 사회보고서 작성을 의무화했으며, 이 보고서 역시 이사회와 주주총회의 평가를 거친 후에 노동부에 제출하도록 되어 있다. 물론 이러한 제도적 변화는 비단 공기업에만 해당되는 것은 아니지만, 공기업에 사회적 책임에 대한 요구도 구체적으로 평가에 포함되었음을 의미한다.

성과관리제도 주체를 재정립한 세 번째 단계는 2003년에 설립된 국가투자청(APE)을 기반으로 설계되었다. 2001년에 법령으로 제정된 신재정법(LOLF)의 실시와 더불어 발족된 투자청의 역할을 새롭게 정립하면서 정부 기획위원회(Comissariat Genenral au Plan: CGP) 주관으로 진행되던 성과관리를 투자청, 전략분석원, 회계감사원(Cour des Comptes: CdC) 등의 공조 체계로 전환시켰다(박기찬, 2008: 30). 투자청은 성과 검토와 컨설팅을 포함한 관리 감독 기능을 수행하게 되었다. 기존 기획위원회는 전략분석원(Centre d'Analyse Strategique: CAS)으로 재편하여 전략적 판단 및 지원에 초점을 맞추게 했고 회계감사원에게는 사후감사를 맡겼다. 즉, 공기업의 경영에 대한 과정적 이행 노력과 실적관리를 유관 조직과의 협조 체계를 통해 중장기 목표관리제 도입, 성과관리 전문화, 평가 기능 자율화 등을 도모한 것이다.

경영평가 주기 역시 매년 주기적으로 평가가 이루어졌으나, 현재는 공기업의 중기 경영전략에 의거하여 연도별로 또는 중기 경영전략의 기간 말에 평가를 시행하고 있다.

구분	평가제도 발전 추세	핵심 내용	추진 연도
1단계	평가제도 도입	제도 도입, 경영계약 체결, 평가지표 적용	1967년
2단계	평가제도 확대	사회보고서 작성, 사회보고서 평가	1984년
3단계	평가제도 정착	공기업 관련 유관 기관 정비, 평가제도 정비	2003년

그림 17-1 프랑스 공기업 경영평가제도의 변천 과정

2 공기업 평가관리제도의 구조

프랑스의 공기업 평가관리 시스템의 중심에는 경영계약서, 경영보고서, 사회보고서가 있다. 이들 보고서 내용을 중심으로 평가가 이루어지고 있으며, 자체적인 피드백 체계를 중시한다.

경영계약서(Contrat de plan)는 정부가 공기업을 통해 달성하고자 하는 사회적·정치적 목표를 문서에 기반을 두고 체결된다. 경영보고서(Annual Report)는 대차대조표, 손익계산서 및 현금흐름표 등과 같은 경영 실적을 보고서로 작성하는 것을 의미한다. 마지막 사회보고서(Bilan Social)는 노사관계, 근로 조건, 복리후생과 같은 사회적 성과들에 대한 실적을 지표에 근거하여 작성된 것이다. 우리나라와 비교하여 볼 때, 경영계약은 사장경영이행계약, 경영보고서는 경영실적이행보고서, 그리고 사회보고서는 지속가능보고서(Corporate Sustainability Report: CSR)와 대응되는 보고서들이다.

평가제도는 민간기업의 내부 평가 시스템을 공기업 평가에 적용한 형태로 설계되었으며, 정부와 공기업이 체결하는 3년~5년 단위의 경영계약서(Contrat de Service Public)를 바탕으로 제도가 운영되고 있다. 경영계약을 체결하는 과정에서 공기업에 경영전략 및 이행계획을 세우는 자율권을 허용하고 대신 연도별 경영보고서와 사회보고서를 중심으로 객관적 평가 및 목표관리를 추구하고 있는 것이다.

	평가 관련 문서	문서 내용	계약 제출처
1	경영계약서	정부과 공기업의 경영계약, 평가지표	주무부처, 회계감사원
2	경영보고서	경제적 지표(투자수익률, 시장수익률 등)	이사회, 주주총회
3	사회보고서	사회적 성과 지표(고용, 인사, 노사관리 등)	근로감독관 노동부

그림 17-2 프랑스 공기업의 경영평가 관련 자료

제 3 절 공기업 평가관리제도 및 운영 방식

1 경영평가 주관기관 및 평가 시기

1) 경영평가의 주체

공기업 경영평가는 2003년까지 기획위원회(CGP)가 주관했다. 평가자도 정부부처의 관료가 주도적으로 참여했던 시기였으므로 공기업의 기능을 정부 업무의 일부로 보았음을 의미한다. 2003년 국가투자청의 출범과 더불어 기획위원회는 전략분석원(CAS)으로 개편되었고, 역할 역시 제도 운영 지원에 초점을 맞추기 시작했다. 각 공기업에 대한 전담 인력을 확보하고 투자 및 경영 성과에 대한 모니터링 및 컨설팅에 초점을 맞추었다. 흥미롭게도, 투자청이 독립적 전문기관을 표방하기 위해 경영평가 업무를 업무에 포함하지 않았다는 사실이다.

국가투자청의 역할이 좀 더 전문적이고 세분화되는 시점에 때를 맞추어 회계감사원이 매년 사후감사 기능을 맡게 되었다. 공기업의 주요 이해관계자 그룹이 전문성을 갖고 공기업의 경쟁력 향상을 위해 지원하려는 성숙된 국정관리 방향을 읽을 수 있다.

평가의 주체는 공기업 자율경영이며, 평가지표는 국회를 거쳐서 확정되어 공기업의 운영에 대한 방향 제시를 하고 있다. 주무부처와 투자청은 경영에 대한 모니터링과 자원 배분에 대한 관리감독을 실시하고, 그러한 과정에서 요구되는 전문적 컨설팅 역할을 지원하고 있다. 경영평가를 자율적으로 실시하고 자체 개혁을 강화하는 것을 주문하고 있으며, 각 공기업은 그러한 경영 결과를 경영보고서나 사회보고서를 통해 정부와 이해관계자에게 능동적으로 공유하고 있는 것이다.

[그림 17-3]은 공기업 경영평가와 관련된 정부와 유관 기관의 역할과 기능을 도식적으로 보여준다. 정부, 의회, 회계감사원, 전략분석원, 주무부처, 투자청이 공기업의 자구적 경영 개선과 실적 관리를 위해 체계적으로 협조하고 있다.

공기업의 성공적인 경영을 위해 주무부처가 먼저 정부정책에 근거하여 업무 목표를 경영계약의 형태로 제시한다. 의회는 국민과 사회적 관점을 반영하여 평가 기준을

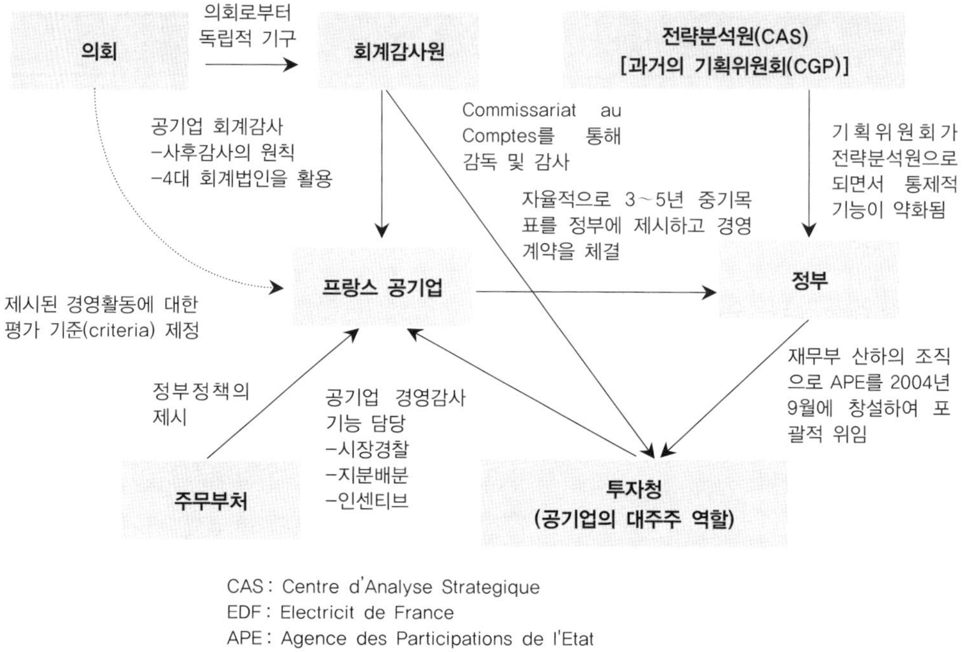

그림 17-3 공기업 평가기관 간의 전체 역할 관계도

자료: 박기찬(2008: 38).

제정하고, 투자청이나 분석원이 전문적 컨설팅 기능을 지원하고 있다. 또한, 회계원에서 재무회계 수준을 감사하고 있으며, 공기업은 이들 종합 결과를 경영보고서를 제출하여 경영평가제도를 완성시키고 있다. 정부의 방향 제시, 기업의 책임 경영, 그리고 전문기관의 혁신 지원으로 프랑스 공공기관의 경쟁력 강화가 이루어지고 있다고 볼 수 있다.

2) 평가 시기

정기 감사 및 경영평가는 연도별 경영보고서와 사회보고서에 대해 주무부처, 유관부처와 각 공기업간의 3~5년 경영계약에 의해 이루어진다(한국조세연구원, 2010: 161). 한때 매년 주기적으로 평가했던 시기도 있었지만, 현재는 중기 경영전략에 초점을 맞추어 계약 기간을 중시하고 있다. 매년 평가를 하여 인센티브 수준을 결정하는 우리나라와는 달리 경쟁 개선과 자체 피드백을 강조하는 평가제도의 강점이 돋보이지만, 반면에 구성원의 동기부여와 몰입력 확보에는 한계가 있을 것으로 판단된다.

3) 평가위원회

공기업 경영평가를 위한 별도의 평가위원회 또는 평가전담반을 구성하거나, 전문가 그룹을 외부에 형성하지는 않는 것으로 나타나 있다. 국가정책평가위원회(CNE)도 공기업 평가를 위한 평가위원회가 아니라 정부의 정책평가를 위한 기구에 해당한다. 피평가 기관에서 자체적으로 평가위원회를 구성하여 평가 절차를 진행시키는 내부평가 체계의 일환으로 내재화시킨 것이 핵심이다(박기찬, 2008: 41).

다만 투자청의 공무원이 전임 또는 계약직 형태로 전직 관료나 외부 전문가 집단으로 구성되어 있어, 공기업의 평가단 구성과 운영을 측면 지원할 수 있는 전문성을 충분히 확보하고 있다. 평가위원 교체에서 비롯될 수 있는 연속성 내지는 전문성 부재가 투자청의 컨설팅과 지원에 의해 최소화될 수 있는 구조를 유지하고 있다.

2 평가지표 및 세부 내용

평가지표는 각 산업 분야별로 차별적으로 설계되어 있으며 단순히 공기업(협의의 의미)에 대한 것이 아니라, 공공 서비스를 통한 고객만족도 지표와 함께 정부정책(행정 서비스) 수행도 지표까지 포함하여 가능하면 계량지표를 활용하고 있다. 1998년 총리 직속기구로 설립된 국가정책평가위원회(CNE)에서 정부 및 공기업의 평가관리를 총괄해 왔으나, 재경산업부 산하 투자청을 설치하여 경영 시스템과 공공 서비스에 대한 종합적인 성과관리를 주도하고 있다(박기찬, 2008: 33).

1) 경영계약서

프랑스 정부는 1967년부터 공기업 관리의 기본 틀로 정부와 공기업 사이에 체결하는 경영계약제도를 도입했다. 정부와 공기업 사장이 3년 내지 4년간의 계약을 체결하여 중장기적인 관점에서 경영 지원 및 목표관리에 초점을 맞추고 있다. 이러한 경영계약제도는 해당 공기업을 통해 달성하고자 하는 사회적·정치적 목표를 분명히 하고 자율권을 부여하는 기본 수단으로 정착되고 있다.

공기업은 경영계약에 의거하여 매 분기마다 경영 성과를 정부에 보고하고 있으며, 정부는 경영 성과 점검을 통해 공기업을 통제하고 있다. 경영계약제도는 간접적인 규제 방식으로 투명성 향상은 물론 공기업의 자체적인 경영 개선 활동을 권장하는 역할을 하고 있다(한국조세연구원, 2010: 159).

경영계약의 대표적인 예시로서, 프랑스 총리, 재경산업부 장관, 환경지속가능부 장관과 프랑스 전력공사 EDF 사장 간에 체결된 계약서를 살펴보자(EDF 내부자료, 2007). EDF가 달성해야 할 목표와 임무는 다음과 같다.

> 전력은 국민의 일상생활에 필수적인 자원이자 기타 재화와는 다른 전략적 에너지로 관리될 것이 요구된다. 즉, 전력은 사회적 통합과 지역균형 개발 및 기술혁신 등과도 연관된 주요 산업이자 공공 서비스 활동으로서 국가적 차원에서의 전력 확보 및 일반대중의 관심 영역이라는 점을 염두에 두어야 한다. 1996년 12월 19일자의 정부 방침(96/92/CE)에 따라 전력시장의 개방 원칙이 설정되었으며, 2004년 7월부터는 정부 방침(2003/54CE)으로 해외에도 개방함으로써 프랑스 전체 전력 공급의 약 70% 정도가 경쟁 체제로 이루어지고 있다. 정부와 EDF 공히 전력은 고객(국민)의 이익을 보장하고 유럽경제 전반에 기여하도록 해야 하는 의무를 갖고 있으며, 새로운 서비스의 제공 및 연구경쟁력 강화를 위한 경쟁 체제를 갖추도록 협력해야 한다. 이를 달성하기 위한 정부의 에너지 정책은 다음과 같은 사항에 기반하고 있다.
>
> ① 에너지의 독립성 및 안정 공급
> ② 환경보존과 지구 온난화 현상 방지
> ③ 에너지 기업에 의한 최고의 에너지 시장 구축
> ④ 지역 및 사회적 통합 추진
> ⑤ 에너지 공급 설비의 확보 및 유지를 위한 재원과 인력 조달 등

위와 같은 정부의 정책 방향 제시는 정부가 공기업 경영의 목표와 임무 설정에 적극적으로 관여하고 있음을 의미한다. 기관의 최고경영자로서 경영 방침을 천명하는 과정에서 정부의 정책 방향과의 정렬성(alignment)을 확보해야 한다는 주문이기도 하다. 이러한 정부의 정책 기조에 따라, 정부는 공기업과 구체적인 경영계약을 체결하게 된다. 예컨대, 정부와 EDF 간의 공공 서비스 계약 내용은 다음과 같다.

① 전력 판매가 설정: 이 계약은 일반 전력 사용 고객 대상 전기요금 설정 원칙을 정한 바, 향후 5년간 인플레이션 이상 비율로 요금이 인상되어서는 안 된다.

② 경영계약 실천에 대한 평가와 보상 방식: 2004년 8월 9일 법령에 근거하여, 이 경영계약은 평가와 보상 방식을 계약상의 각 항목별로 구분하여 확정한다.

③ 일반 고객 대상 전력 공급 및 공공 서비스: 전력의 공급가격은 전국 차원에서 결정되며, 국민 누구나 전력 공급의 혜택을 받을 수 있도록 한다. 특히 전력 사용의 혜택이 어려운 소비자 집단에 대해서는 특별한 보호와 투자를 실시한다.

④ 전력의 생산 및 상업화: 프랑스 전력 생산의 핵심 기업인 EDF는 재생 에너지는 물론 새로운 연구개발에 의해 생산되는 모든 에너지를 구입하여 정부의 에너지 정책에 부합되는 공헌 활동을 해야 한다. 특히 EDF는 원자력 발전 등과 같은 생산시설의 안전성과 환경 보존 및 투명 경영이 강조되는 수준에 따라 새롭게 계약 체결을 맺도록 해야 한다.

⑤ 전력 시스템의 안전성에 대한 공헌: 전력 수급의 균형과 함께 이상 현상의 발생에 대비한 전국 및 지역 차원의 전력 공급과 재고 확보에 노력해야 한다(박기찬, 2008: 12-13).

내용적으로 볼 때, 전력 가격, 평가와 보상, 고객 서비스, 연구개발, 사회적 책임 등에 대해 비교적 구체적인 요구 사항을 제시하고 있다. 가격정책에 대해 중장기적 관점에서 계약을 체결한 내용도 포함되어 있는 반면 안정적 전력 공급에 대한 사회적 책임 부분도 다루고 있다.

프랑스 공기업의 경영계약서에서 가장 주목할 만한 특징은 계약서의 후반에 포함된 구체적인 평가지표이다. 경영계약 목표나 임무에서 언급된 내용을 평가지표를 통해 세부적이고 구체적인 형태로 제시하고 있는 것이다. 예를 들어, 프랑스 전력회사인 EDF의 평가지표가 <표 17-1>에 나타나 있다.

ISO9001이나 ISO14001과 같이 시스템 정착이 요구되는 사안에 대해서는 중장기 전략에 의해 평가 주기를 명확하게 설정하고 있는 반면, 다른 지표들은 계량 척도에 근거한 연도별 비교가 핵심이다.

우리나라와 비교해 볼 때, 세부적인 계량 척도의 발굴 및 활용이 두드러지며 주요 사업 관련 비계량지표는 최소화하려는 노력을 하고 있는 것으로 판단된다. 즉, 평가의 객관성 확보를 통해 좀 더 가시적인 경영성과 확보를 중시하고 있는 것이다. 이러

표 17-1 프랑스 전력공사(EDF) 평가지표(2005~2007)

항목	CSP 2005-2007	목표 수준	평가 주기
목표지표	총 광고비 중 에너지 경제 홍보비	10%	매 연도
	에너지 산업 발전기금	20M/년	매 연도
	고객 욕구 대응 기간	8일 이내	매 연도
	ISO 9001 기준의 수력발전 활동 수준	100%	2007년
	ISO 14001 기준의 생산 활동	100%	2005년 말
실행지표	에너지 사용 고객의 고충 처리 건수		매 연도
	전력 사용이 어려운 고객 대응 처리		매 연도
	전력 사용 기금 지원 영세 고객 수	244,480명	매 연도
	노사 간 중재 건수		기간 말기
	지역사회 관련 단체협약 체결 건수		매 연도
	장애인 채용 실적(%)		매 연도
	전력 공급 말소 대상		매 연도
	NOx 배출 감소 투자		매 연도

자료: 원윤희(2010: 166).

한 유형의 평가지표는 자율과 책임을 중시하는 프랑스식 평가문화에 적합한 것으로서, 주요 사업에 대해 자체적인 성과관리가 원활하게 이루어지도록 설계한 것이 큰 장점이다.

2) 경영보고서

경영보고서는 통상적으로 연차보고서의 성격이지만, 여기서는 경영보고서 혹은 경영성과보고서의 의미에 가깝게 사용된다. 공기업이 매년 작성하여 이사회 및 주주총회의 확인 및 자체 평가를 거쳐 주무부처와 재정경제산업부에 제출하고 있는 것으로서, 주요 사업에 대한 경영 실적을 정리하는 데에 초점을 맞추고 있다. 투자수익률, 시장수익률 등과 같은 세부 경제적 지표는 물론 해당 공기업에서 중점적으로 관리해야 하는 사업 관련 각종 지표에 대한 실적을 포함하고 있다.

표 17-2 사회보고서의 평가 내용

항목	내용
1.고용기관	인원, 외부 인력, 채용, 이직, 승진 및 전환 배치, 실업, 장애인, 결근
2.근로 시간	근로 시간, 근로조직과 내용, 근로 조직의 변형
3.교육훈련	교육훈련비 총액, 교육훈련 인원과 시간, 실습
4.임금지표	임금 총액, 임금계층, 임금 계산 방식, 제수당, 외부 근로자 지급 총액, 퇴직금, 부적응 종업원
5.복리후생	복리후생비 총액, 현물 지급 비용, 법정복리비, 법정외 복리비, 보육시설 설치 및 운영
6.산업안전 보건	안전사고, 원인별 사고 분류, 특성별 사고지 분류, 안전관리 비용, 작업환경, 건강진단 및 보건관리, 산업보건의, 산업안전 보건위원회
7.노사관계	노동조합, 노사협의회, 정보와 커뮤니케이션, 정당한 절차

자료: 원윤희(2010: 160).

3) 사회보고서

경영평가의 주요 내용에 해당되는 사회보고서는 종업원 50명 이상 민간기업은 물론 모든 공기업에서 작성하고 있다. 사회보고서(노동법 'L438-3조' 명시)에서의 평가 내용과 평가지표는 <표 17-2>에서의 대항목을 통해 간략하게 살펴볼 수 있다. 사회보고서상의 지표 및 내용은 기업의 사회적 성과를 평가하기 위한 것으로 구체적으로 사회적 책임(Corporate Social Responsibility: CSR) 수준이나 '일자리 창출 효과' 평가 등에도 다양하게 활용된다(박기찬, 2008: 37).

사회보고서는 기업의 조직사회적 운영 활동상 표출되는 역기능적 현상을 파악하기 위해 마치 재무제표와 유사한 형태로 작성되지만, 기본 목표는 구성원들 간의 정보 공유, 노사 화합 및 인력계획의 수립에 있다(Peretti, 1992). 보고서에는 전년도 사회적 성과평가 결과, 사회적 성과평가 종합, 사회적 책임 수행 실적이 다음과 같이 포함된다.

① 사회적 성과평가 결과: 사회적 성과평가 지표별로 분석하며, 평가지표별로 전년도 대비 성과 개선도와 최근 3년간의 성과를 보고

② 사회적 성과평가 종합: 가중치 없이 전체 지표의 성과를 종합하고, 근로감독관이 동종 산업의 평균 성과와 비교하여 개별 기업의 종합평가 결과를 공시

③ 사회적 책임 수행 실적: 평생학습과 사회적 책임 실천 성과를 평가하는 것으로

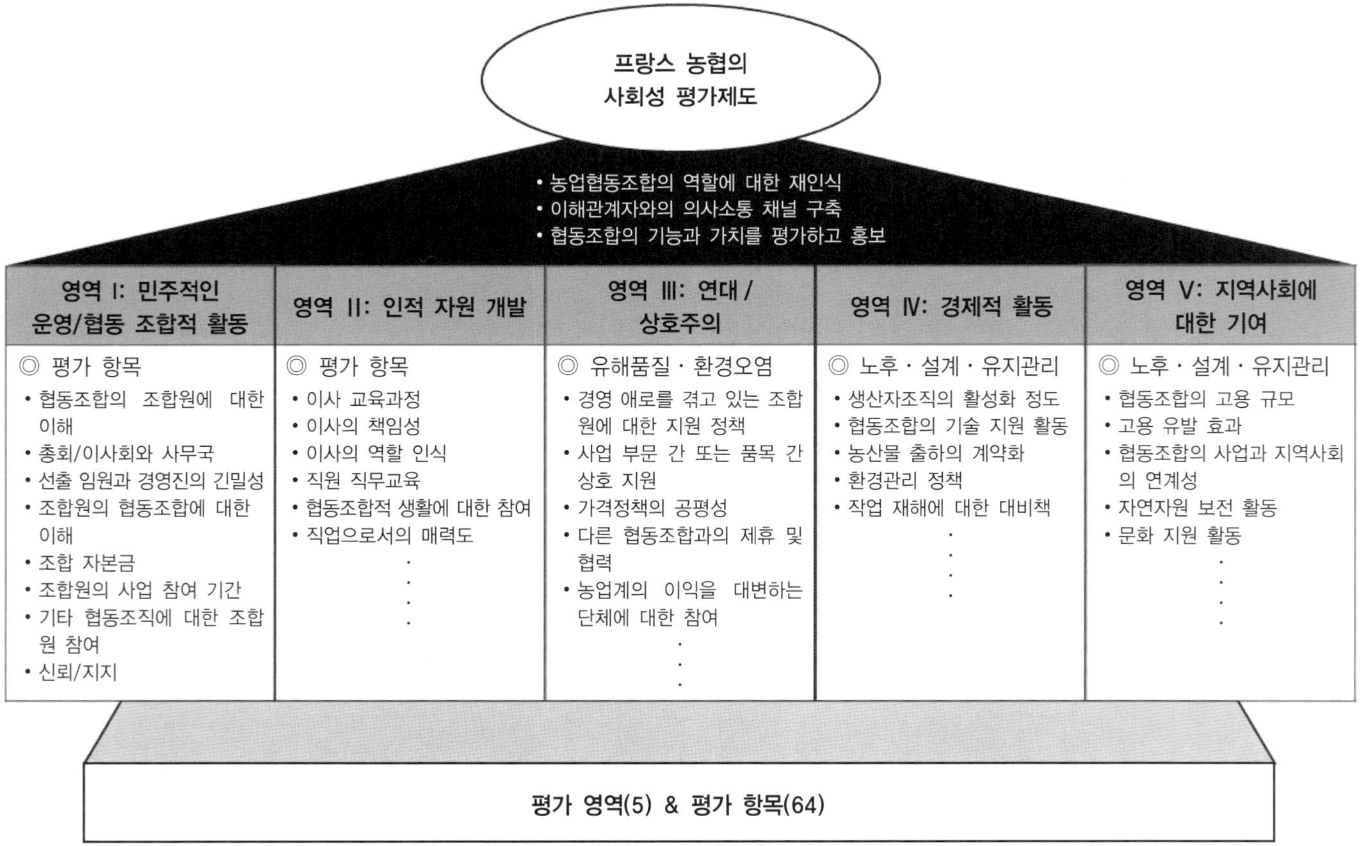

그림 17-4 프랑스 농협의 사회성 평가 영역 및 평가 항목

자료: 최재학(2004: 16-17)의 재구성.

기업 간 비교분석 및 지원 우선순위 항목을 결정하는 기준으로 활용(박기찬, 2008: 37)

예를 들어 프랑스 농협의 사회성 평가 영역과 항목은 [그림 17-4]에 제시된 내용을 포함하고 있다. 또한, 각 평가 항목에 대해서는 좀 더 세부적인 체크리스트를 운용하고 있다.

사회성 평가지표의 운영 방향은 농업협동조합에 대한 역할의 재인식, 이해관계자와의 의사소통 채널 구축, 그리고 협동조합의 가치를 평가 및 홍보임을 제시하고 그러한 전략목표 달성을 위해 관리해야 할 성과지표를 세부적으로 구분하여 나타내고 있다.

평가지표는 민주적인 운영/협동조합 활동, 인적 자원 개발, 연대/상호주의, 경제적 활동, 지역사회에 대한 기여 등 리더십과 책임 경영을 비롯하여 사회적 책임에 이르는 경영 시스템 전반에 걸친 내용을 평가하고 있다. 경영보고서가 주요 사업에 초점을 맞춘 평가인 반면에 사회성 평가는 기업의 지속가능성과 공익성을 중심으로 평가하고 있다.

3 경영평가 방법

프랑스 공기업 평가제도의 3대 원칙은 자율성, 객관성, 혁신성으로 요약되는데, 자율성은 정부 개입보다 공기업의 자율적 투명 경영 중시, 객관성은 기업의 특수성을 고려한 계량지표 확대, 그리고 혁신성은 목표관리(Management by Objectives: MBO)에 입각한 고객 만족의 제고에 초점을 두고 있다(Albert, 2002).

모든 공기업은 경영성과보고서와 사회보고서를 이사회와 주주총회의 확인을 거쳐 경영성과보고서는 공기업 담당 부처(예: EDF의 경우에는 에너지청)와 재경산업부에 제출하고, 사회보고서는 근로감독관을 통해 노동부에 제출하는 절차를 밟게 된다. 그러므로 경제적 및 사회적 성과평가에 대한 제1차적 책임과 의무는 공기업 자체에 있으며, 재경산업부 및 노동부에서는 이를 집약하여 동종 산업 내 기업 간 실적 비교 및 정책 수행도 평가를 통한 예산 지원과 제재 수준을 결정하는 자료로 활용한다(박기찬, 2008: 32).

성과평가의 1차적 책임이 공공기관에 있다는 사실의 의미는 평가 방법이 위임되어

단계	사회성 평가 절차	주요 내용	주관 조직
1단계	평가 준비	이사회에서 사회성 평가를 승인	공기업 이사회
2단계	운명조직 설치	사회성 평가 운영위원회 구성	공기업 이사회
3단계	평가자료 수집	조합 관계자를 대상으로 평가자료 확보	평가운영위원회
4단계	평가 실시	다양한 이해관계자의 의견 수렴 및 평가	평가운영위원회
5단계	결과 종합 및 분석	점수 종합 및 평가 결과 분석	평가운영위원회
6단계	피드백과 개선 방안	공기업 관련 유관 기관 정비, 평가제도 정비	평가운영위원회
7단계	실천계획 수립	개선 방안 실천계획 수립	운영위원회 · 이사회
8단계	실천계획의 선택	개선 방안 추진을 위한 실천계획 선택	이사회
9단계	평가 결과의 공시	사회성 평가 결과 공시(감점 및 개선점)	이사회

그림 17-5 프랑스 농협의 사회성 평가 프로세스

있음을 의미한다. 해당 공기업이 자체적으로 구성하는 평가단 혹은 평가위원회를 중심으로 진행될 수 있으며 평가 프로세스 또한 자율적으로 진행시킬 수 있다.

프랑스 농협의 사회성 평가 프로세스를 예로 살펴보자 농협의 사회성 평가 프로세스는 [그림 17-5]에 제시되어 있듯이 총 9단계로 구성되어 있다. 준비 단계와 운영조직 설치는 이사회가 중심이 되어 추진되며, 그야말로 평가의 시점을 결정하고 평가 절차를 위임하는 단계라고 볼 수 있다. 평가단(즉 평가위원회)에서는 이사회의 위임을 받아 다양한 이해관계자와 전문가로 구성되며 자료 수집, 평가, 결과 종합, 피드백 및 개선 방안 제시, 실천계획의 수립에 이르는 모든 과정을 진행시킨다. 마지막으로, 이사회는 평가위원회의 평가 결과와 실천계획을 채택하여 대외적으로 공시하고 개선 활동을 추진하는 것으로 일련의 평가 절차는 마무리된다. 자율, 전문, 피드백 등의 평가 관련 핵심 성공 요소들이 적절히 녹아 있음에 주목할 필요가 있다.

4 평가 결과의 활용

프랑스 공기업 평가제도의 특징은 정부의 내부평가단 구성, 계량지표 위주의 평가, 사회보고서의 반영 등으로 나타나지만, 이보다 중요한 사항은 정부와 공기업 간 중장기 경영계약 체결(보통 3~5년에 의한 목표관리) 및 평가 결과에 따른 투자청의 전략적 지원에 있다. 이미 2001년 공표된 신재정법(LOLF)에서 공기업의 혁신적 목표관리와 자율적 책임 경영을 강조하고 있으며, 투자청에서는 공기업의 자체 보고서(경영보고서 및 사회보고서)와 중장기 경영계약 체결 사항을 중심으로 취약 부분에 대한 투자 자문과 예산 지원을 위한 컨설턴트형 평가관리를 하도록 한 것이다(박기찬, 2008: 33).

1) 평가 결과의 공표

연도별 경영보고서 및 사회보고서는 이사회와 주주총회를 거쳐 외부에 공표된다. 공기업에 대한 경영평가 결과는 외부 공개를 원칙으로 하고 있으며, 회계감사원에 의한 감사 결과도 책자로 발간하여 공유하고 있다. 정부의 정책과 연계된 평가지표별로 미흡한 부분에 대한 국가투자청(APE)의 지도와 지원 역할에 더 초점을 두고 있다(한국조세연구원, 2010: 162).

2) 예산통제 및 예산외 제재

프랑스 공기업은 전략의 수립 및 추진이 공기업 자율적·독립적으로 이루어지며, 이에 따라 예산 심의(기본적으로 3년 단위) 역시 회사 내 감사위원회에서 자체적으로 시행되고 정부의 통제가 전제되지 않는다. 경영계약에 관한 평가 외 사회보고서와 경영보고서에 따른 제재는 동종 산업의 성과 평균치를 기준으로 평가하며, 평균 이하의 성과를 보인 기업은 다음 연도에 미흡한 사업에 대해 시정 및 투자 증대를 요구한다.

3) 인건비 등 각종 인센티브

공기업 및 경영진의 업무 성과가 미진할 경우, 이에 대한 사항이나 제제는 공식화되어 있지 않는 것으로 알려져 있다. 인센티브, 보너스, 수당, 임금 인상 문제는 기업 내부의 고유 문제이므로 경영진이 결정하게 되어 있는 것이다. 즉, 공기업의 경영 성과가 미흡한 경우에도 이를 임금이나 수당, 인센티브 등과 연결하여 제재를 가하지 않는다. 이와같이, 미흡한 업무 성과에 대해 공식적 제재 수단을 이용하기보다는 국가투자청이 이를 지도 및 지원하는 것으로 이용하고 있다(허경선, 2011: 24).

이러한 제도는 장단점이 있는 것으로 자율과 책임 경영 수준이 높은 국가에서는 경쟁력 유지 관리에 걸림돌이 될 수 없지만, 자율경영이 정착되지 못한 상황에서는 공기업의 문제점을 양산시키는 원인이 될 수도 있다.

제 4 절 공기업 평가관리제도의 종합 및 시사점

프랑스는 강력한 중앙집권 체제를 추구하면서도, 주요 산업정책을 수행하고 있는 공공기관(공기업 포함)에 자율권을 부여하여 조직의 효율성 강화에 초점을 맞추고 있다. 지배구조의 객관화 혹은 투명화를 통해 리더십 기능을 확보하고 이를 기반으로 경영효율화와 주요 사업에 대한 자체 혁신을 요구하는 선순환 관리 개념으로 통제하고 있다.

이러한 전체적인 국정 운영 철학을 기반으로 공공기관의 역할에 대해서는 경영계획서에 기초하여 경영보고서(Annual Report)와 사회보고서(Social Bilan)를 주기적으로 작성 및 제출하도록 요구하고 있으며, 경영 실적 평가에 대한 지표 체계 또한 구체적이다. 그러나 자체 혁신을 권장하는 책임 운영 기능의 정착으로 평가 주체, 평가 방법, 그리고 피드백 기능은 유연하게 설정되어 있다.

프랑스 공기업의 성과관리제도를 정리하면서, 다음과 같은 시사점을 도출할 수 있었다.

① 피평가 기관의 분류: 프랑스는 공공기관의 분류를 조직의 미션과 규모에 근거하여 관리감독 범위를 결정했다. 이는 국가적 혹은 사회적 필요성에 근거하여 운영되는 기관의 고유 기능이 중요한, 전문화된 시대 상황에 적합한 것으로서 지속적으로 발전시켜 나갈 부분이다.

② 평가 주체: 초기에는 특정 조직에서 종합적인 모니터링, 평가 및 지원을 총괄하

는 관점에서 최근에는 유관 조직이 역할을 나누어 공공기관의 경쟁력 강화를 도모하고 있다. 사회의 요구와 핵심 사업 수행에 적합한 평가지표를 제시하여 정부, 주무부처, 회계원, 투자청 등에서 경영과 실적관리를 세분하여 관리하고 있다.

③ 평가 방법: 평가의 객관성을 확보하는 데 초점을 맞춘 외부 전문가 활용보다는 자체평가와 혁신을 주문하고 있다. 즉, 내부 구성원의 경영관리 역량을 신뢰하는 방향으로 평가제도가 운영되고 있는 것이다. 이러한 관리 체계를 적용하기 위해서는 공공기관 스스로 윤리 경영과 투명 경영에 대한 사회적 신뢰를 확보해야 할 것이며, 전문성에 기반을 둔 책임 경영이 가능하도록 구성원의 리더십과 경영관리 역량 제고를 위해 노력해야 할 것이다.

④ 결과 활용: 평가 결과는 내부적으로는 지속적인 개선을 위한 피드백 기능으로 활용하고 있으며, 대외적으로는 경영 수준과 이행 실적을 공개하고 확인시켜 주는 방향에서 운영되고 있다. 평가제도를 인센티브와 연계시키는 방식에서 비롯되는 내부 경쟁 혹은 업무 부담이 최소화될 수 있는 방식이지만 경영 개선에 대한 몰입도는 제한적일 수밖에 없다. 경영평가 결과 활용은 국정 운영 방식이나 공공기관의 경쟁력 수준에 근거하여 중장기적으로 판단하는 것이 필요하다.

종합적으로 볼 때, 프랑스 공기업의 성과관리제도를 통해 공공기관 통제 방법이 선진화되는 과정에 어떤 요소들이 체계적으로 관리되어야 하는가를 배울 수 있었다. 방향은 정부가 제시하되 운영은 자구적 노력에 맡긴다는 것이 함축적인 결론이다. 물론 그런 체제 운영의 중심에는 지배구조, 책임 경영, 구성원 조직 운영에 대한 높은 신뢰감이 자리 잡고 있다. 한마디로 말해서, 상호 신뢰하는 사회문화가 공공기관 운영의 기본이 되고 있다고 볼 수 있다.

참고 문헌

김철 (2009). 공공기관 경영평가제도의 실체와 문제점. 연구보고서 09-05, 1-178. 사회공공연구소.

박기찬 (1999). 전략적 인적자원관리를 위한 사회감사론. 한국능률협회.

——— (2008). 공기업 경영평가시스템에 대한 특성 비교: 프랑스 공기업의 평가 사례를 중심

으로. 경영교육연구, 12(2) : 12-20.
신해룡 (2008). 공공기관 경영평가제도 평가. 서울: 국회예산정책처.
윤수재 · 이혜승 (2008). 효율적인 지방공기업 평가모형 정립을 위한 서설적 연구. 한국행정학회 하계학술대회(새 시대, 정부정책의 실천 과제). 부산. 6.20~6.21.
원윤희 (2010). 주요국의 공공기관 I . 한국조세연구원.
조택 (2005). 정부산하기관 관리체계 개선 연구. 한국행정연구원.
최재학 (2004). 프랑스 농협의 사회성 평가제도의 시사점. 농협조사월보: 8-23.
허경선 (2011). 해외 주요국 공공기관의 성과관리와 시사점. 한국조세연구원 재정포럼, 2011(9): 8-35.
Albert, S. & Buisson, C. (2002). *Entreprises publiques*. Documentation Française.
OECD (2007). *Vieillissement et service public*. OECD.
Peretti. J. M. (1992). *Ressources Humaines*. Vuibert Gestion.
프랑스 정부 투자청(APE) 공식 홈페이지. www.ape.minefi.gouv.fr

Chapter 18

공공기관 성과평가-싱가포르*

제1절 제도 도입 배경 및 현황

1 싱가포르의 정치, 경제적 배경

싱가포르의 공식 국가명은 싱가포르 공화국(Republic of Singapore)이고, 사회민주주의를 국가 이데올로기로 하는 공화제를 채택하고 있다. 싱가포르는 1959년 영국으로부터 자치정부를 수립하고, 1963년 말레이시아 연방 일원으로 참가했다가, 1965년 말레이시아 연방에서 독립하여 주권국가가 되었다.

공화제의 싱가포르는 내각책임제를 채택하고 있으며, 내각은 총리를 비롯한 10여 명의 각료로 구성되고, 총리와 각료는 의원 중 대통령에 의해 임명된다. 내각은 모든 정부정책과 행정 업무를 담당하며 의회에 대해 책임을 진다.

대통령은 헌법에 의해 국가를 대표하고, 국민에 의해 선출된다. 대통령의 임기는 6년이며, 정부 예산에 대한 거부권과 주요 공무원의 임명권을 가진다. 1965년 유소프 빈 이삭(Yusof bin Ishak)이 초대 대통령으로 취임했고, 지난 2011년 토니 탄(Tony Tan, 陳慶炎)이 제7대 총리로 취임했다. 실제 총리가 실질적인 권한을 가지고 있으

* 박상규: 중앙대학교 응용통계학과 교수

며, 자치정부가 수립된 1959년부터 1990년까지 리콴유(李光耀) 총리가 초대 총리로 장기 집권을 했고, 2004년까지 고척통(吳作棟) 총리가 제2대 총리에, 2004년부터 현재까지 초대 총리를 역임했던 리콴유 총리의 아들인 리셴룽(李顯龍) 총리가 3대 총리로 집권하고 있다. 여당인 인민행동당이 2011년 총선에서 60.1%의 득표율로 전체 의석 87석 중 81석을 차지하는 등 40년간 정치적으로 안정적인 집권을 유지하고 있으나, 최근 들어 현 집단대표선거구의 불만이 고조되고 있고 야당의 득표율이 증가하는 추세이다.

싱가포르의 정치 이데올로기는 매우 복합적이다. 사회주의 국가 체계를 가지고 있으면서도 사유재산을 인정하고, 개인과 다국적 기업 활동을 장려하는 한편, 파업을 법률로써 금지하고 철저하게 실적주의(meritocracy)를 시행하고 있다(양승윤 외, 2004). 국가 이익을 보호하고 공동선(commonwealth)을 유지하는 것이 싱가포르의 국가 목표이다. 그러므로 민주주의가 하나의 수단일 뿐 목적 그 자체가 아니며, 필요하다면 국가와 사회의 공동선을 위해 과감하게 고쳐나가는 것이 싱가포르식 사회민주주의 방식이다.

싱가포르는 2010년 국제경영개발원(IMD)에서 조사한 세계 경쟁력 순위 1위를 차지할 정도로 지난 40여 년간 고도 성장을 달성하면서 국제적인 금융, 교역, 물류 중심지로서 눈부신 발전을 해왔다. 싱가포르는 서울 면적의 1.17배 정도의 크기를 가지고 있는 해양 도시국가이며, 2011년 6월 현재 싱가포르 통계청에서 발표한 인구는 거주자 3,789,300명, 외국인을 포함하면 약 5,183,700명의 인구를 가지고 있다. 이렇듯 협소한 국토, 절대적으로 부족한 자원, 한정된 노동력과 소규모 국내 시장이라는 여러 가지 제약 요건에도 불구하고, 싱가포르가 지속적인 경제 발전을 이룩할 수 있었던 것은 정부가 적극적으로 개입하여 일관되게 개방경제 체제를 유지하면서 대외 지향적인 경제 성장 전략을 지속적으로 추진해 온 결과라고 할 수 있다(양승윤 외, 2004).

싱가포르의 경제정책은 국가에서 통제하는 권위주의식 자본주의이다. 싱가포르 정부는 개방경제 체제를 목표로 외자 주도형 성장정책을 시행하여 제조업의 기반을 크게 확대했고, 주변 국가들과의 생산과 교역 체제를 강화했다. 1990년대에는 금융, 서비스 부문의 역할이 강조되면서 싱가포르는 국제비즈니스센터로 성장을 거듭하여 다국적 기업의 투자가 지속적으로 확대되었다.

싱가포르의 경제 성장을 위한 기본 전략은 국적기업 주도의 공업화를 추진하면서 성장의 엔진은 무역 확대와 외자를 중심으로 한 자본 축적이라 할 수 있고, 정부 주도 하에서 비교 우위를 창출하기 위해 지속적으로 경제 전반에 개입하고 있다.

싱가포르는 2010년 기준으로 전체 GDP에서 22%를 공공 부문이, 42%가 다국적기업 부문이 차지하고 있을 정도로 공기업 부문과 다국적기업 부문이 경제와 산업을 선도하고 있다. 싱가포르 재무부는 공기업 운영과 관련한 실질적인 책임과 권한을 행사하고 있다.

2 제도 현황

기본적으로 싱가포르 정부는 우리나라와 같은 공기업 성과관리제도를 운영하고 있지 않다. 싱가포르 공기업은 정부에서 출자하여 설립한 지주회사가 공기업을 자회사로 편입시킨 후 일반 기업과 동일하게 운영하고 있다.

싱가포르는 정부의 경제정책과 보조를 맞춘 공기업이 경제 발전을 주도해 왔으나, 1980년대 후반부터 세계화 및 규제 완화 추세에 맞추어 시장 진흥, 민간기업 육성을 목표로 민영화 정책을 시도하고 있다. 싱가포르 정부는 1985년에 공식적으로 민영화 계획을 발표했으며, 국가안보 및 공공정책 등 전략적으로 정부와 연계가 깊은 부문을 제외한 나머지 부문의 민영화를 추진해 왔다. 그러나 민간 부문의 자본 이동은 표면적일 뿐 주요 공기업의 거대화, 정부의 해외투자 확대 등 경제적 비중은 더욱 커지고 있다(권율, 2001).

싱가포르 공기업은 민간기업과 같이 회사법(Company Act)의 적용을 받는다. 싱가포르 회사법은 회사의 설립과 결과, 기업 지배, 기업의 권리 집행, 주주 권한과 책임, 차입과 지불, 구제, 해산 등을 규정하고 있다. 싱가포르 공기업은 정부에서 출자하여 설립한 지주회사가 공기업을 자회사로 편입시킨 후 일반 기업과 동일하게 운영하고 있으며, 공기업은 민간기업과 동일한 조건에서 경쟁하고 시장의 평가를 받고 있다.

제 2 절 제도 변천사: 싱가포르 공기업/공공기관 변천사, 현황 및 구조

1 배경

공기업 부문과 다국적기업 부문을 중심으로 한 싱가포르의 경제 발전 전략은 매우 성공적이었다. 싱가포르 공기업은 국영기업이면서도 다국적기업과의 합작 경영을 수용하고 이들 기업의 경영기법을 받아들임으로써 민간 방식 수준 이상의 성과를 내고 있다.

싱가포르 공기업은 싱가포르 정부(재무부)가 회사의 지분을 직접 혹은 간접적으로 소유한 기업을 의미하고, 통계적으로 정부에 의해 영향을 받는 지분이 20% 이상인 경우를 의미한다. 싱가포르 정부는 정부연계기업(Government Linked Company: GLC)을 민간기업과 동일한 조건하에서 수익을 추구하는 상업적 기관으로서 운영하며, 이들 기업은 정부로부터 어떠한 보조금이나 특혜를 받지 않는다.

현재 싱가포르에서 GLC라 불리는 약 600여개의 공기업은 지주회사를 통해 정부가 직접 소유하고 있다. 지분 매각 후에도 20% 이상은 정부가 지분을 소유하고 있으며, 민간의 동일인 지분은 5% 이내로 제한하고 있다(이강국, 2008). 싱가포르 GLC는 지주회사 형태로 테마섹 지주회사가 대표적이며, 다수의 출자회사들을 두고 있는 형태이다(양승윤 외, 2004).

싱가포르 공기업 관리 방식은 정부에 의한 1960년대 후반부터 직접 통제 방식에서 지주회사라는 중간 규제기구의 설립을 통한 간접 규제 방식으로 전환되었으며, 그동안 공무원들이 직접 행사하던 공기업 통제권은 지주회사로 이관되었다(송대희, 1995). 1974년 싱가포르 정부는 산하 공기업을 좀 더 효율적으로 관리하기 위해 투자지주회사 테마섹(Temasek Holdings)을 설립하고, 36개 GLC를 자회사로 편입시켰다. 즉, 싱가포르 모형의 핵심은 GLC가 경제 개발의 선봉에 서고, 그들의 성과가 그들을 관리하는 지주회사의 효과성으로 연결되는 방식이다.

지주회사형 공기업은 국적기업에 대해 선점 공모 인수 방법으로 다국적기업에 대항할 수 있으며, 민간의 독과점 기업에 의한 불공정거래행위에 대한 규제정책의 수단으로 유용하다. 그리고 산하 공기업을 일원화된 재무구조 하에 결합함으로써 높은 수익이 발생하는 부분의 재원을 국가적으로 중요하지만 아직 수익성이 미진한 공공 부문에 투자하는 데도 유용하다. 그리고 지주회사형 공기업을 통해 다방면에서 새로운 투자 기회를 확대하고, 산하 기업들 간의 상호 보완 기능을 강화할 수 있다(정성훈, 2008).

지주회사형 공기업은 산하에 여러 개의 공기업을 가지고 있는 지주회사로서, 산하의 회사만 통제할 뿐 자체적인 생산활동을 하지 않는 경우와 산하기업의 통제와 더불어 자체적인 생산활동을 하는 경우도 있다.

국가개발부 산하의 국토, 주택, 산업단지 관련 공기업은 공적 기능을 수행하도록 투자기업인 지주회사 내 자회사로 편입하지 않고 독립법인 형태로 존재하며, 국토정책 계획, 관리기관과 국토 및 주택정책 집행기관을 분리 운영한다. 국토정책은 국토자원의 종합적 관리 차원에서 접근하고 주택정책은 복지적 시각으로 접근한다.

재무부 산하의 싱가포르 투자청(Government of Singapore Investment Corporation: GIC) 역시 정부나 의회로부터 독립되어 운영되고 있는 투자기관이다. 1981년에 싱가포르 정부의 자산을 운영하는 국부 펀드로서 설립되었으며, 정부의 외환보유액 관리와 재정잉여금 및 국채 매각대금 중 일부를 해외에 투자하는 업무를 담당하고 있다.

실제 싱가포르 정부, 특히 재무부와 지주회사, GLC 간의 지배구조와 관련한 상세한 정보는 잘 알려져 있지 않고, 공식적으로 재무부는 지주회사, GLC의 경영에 관여하지 않는다는 입장이다.

2 테마섹 모형

1974년 싱가포르 정부가 산하 공기업을 좀 더 효율적으로 관리하기 위해 투자지주회사 테마섹(Temasek Holdings)을 설립하고, 재무부가 3.54억 싱가포르 달러를 투자하고 100% 지분을 가지고 있다. 재무부는 지주회사 테마섹을 설립하고 재무부는 산하 36개 공기업 주식을 테마섹으로 이전했고, 이를 통해 공기업 관리 체계는 정부에 의한 지배 방식에서 지주회사 체계로 전환했다.

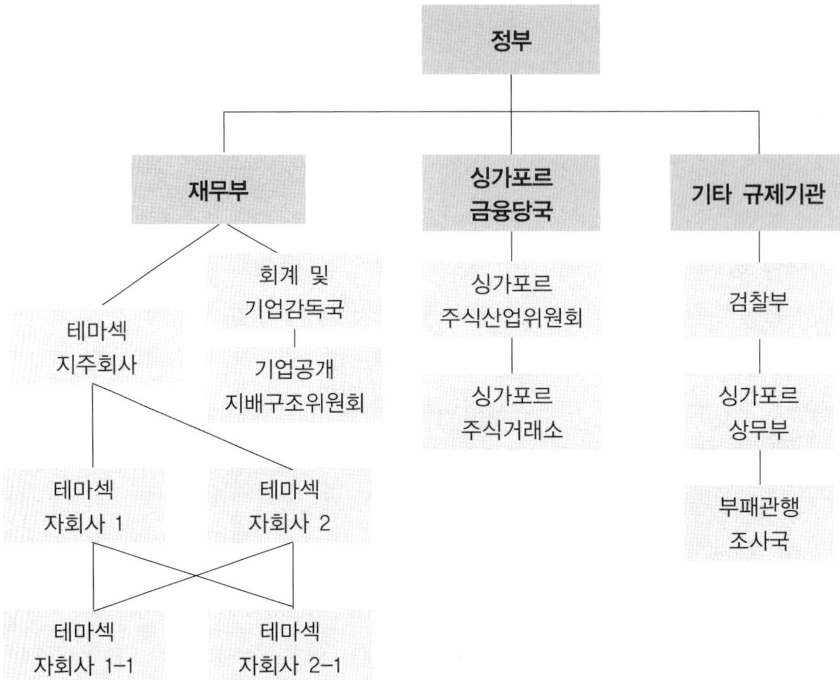

그림 18-1 싱가포르 공기업과 지주회사 지배구조

테마섹 지주회사와 그 자회사들은 싱가포르 회사법 아래 등록된 기업들로, 민간기업과 동등한 요건을 갖추고 있고, 민간 부문의 기업과 동일한 토대 위에 수익 추구를 위해 운영되고 있다. 테마섹에 1974년 설립 당시의 출자금 외에는 정부의 추가 지원이 없었으며, 이후 테마섹은 자회사로부터의 배당금, 자회사 매각 지분에 따른 자본 이득, 채권 발행을 통해 투자자금을 조달하고 있다(김진석, 2008).

싱가포르 재무부는 테마섹의 경영 성과를 모니터링하면서 주주로서의 권한만 행사하고, 경영에는 직접 관여하지 않는다고 알려져 있다. 테마섹은 자회사의 경영에 대한 관여 대신 성과를 모니터링하고 투자 수익을 극대화하기 위해 전체적인 투자 포트폴리오를 조정하는 것이 공식적 업무이다. 따라서 테마섹은 보유 지분에 기초하여 주주의 자격으로서만 자회사의 경영에 영향을 미치며 자회사들은 정부나 테마섹으로부터 독립적으로 경영되고 있다. 테마섹은 1990년대 초반 싱가포르 정부가 통신, 항만, 에너지 분야 민영화를 추진하면서 싱가포르 텔레콤, PSA, SingPower 등도 산하에 편입시켰다. 이후 테마섹은 교통, 금융, 부동산 등 분야의 공기업을 인수하면서 막대한 이윤을 창출하고 있다(유진기, 2008).

테마섹은 상가포르 회사법에 의해 설립된 회사이기 때문에 국회나 감사청의 피감기관이 아니며, 그 결과 경영관리 면에서 상당한 자율성을 확보하고 있다. 다만, 테마섹은 헌법(Fifth Schedule)상의 적용을 받게 되어 대통령이 임원 임면 동의권과 예산 승인권 등을 가지고 있다(김진석, 2008). 하지만 상징적인 성격인 대통령이 테마섹에 대해 인사권을 행사하는 경우는 거의 없다.

테마섹은 설립 이후 2000년대 초반까지는 자회사를 관리하는 업무를 주로 했으나, 지금은 자회사들에 대해서는 대주주로서 이들 자회사의 지속 가능한 장기적 가치를 실현하고, 적극적인 투자자로서 국내외 기업을 대상으로 장기적 관점의 전략적 투자를 하고 있다. 테마섹은 다양한 경로를 통해 마련된 자금력을 바탕으로 국내외에 걸쳐 적극적인 투자를 하고 있다. 국부 펀드(sovereign wealth fund)를 관리하는 GIC와 달리 테마섹은 자기 자산을 국내외 기업 및 자산에 직접 투자하고 운용 수익이 직접 자산에 귀속되는 자기 자산 관리자이다. 테마섹은 싱가포르 회사법에 의해 감사받은 재무제표를 공표할 의무가 없지만 2005년부터 테마섹 연차보고서(Temasek Review)를 발간하기 시작했다.

3 테마섹 지배구조

테마섹은 싱가포르 정부(재무부)가 주식을 전액 소유하는 국영기업이지만, 정부는 테마섹의 상업적 운영, 즉 투자, 매각, 사업적 결정에 직접 개입하지 않는다. 테마섹은 싱가포르 회사법의 틀 안에서 이사회의 결정에 의해 재량과 유연성을 가지고 자산을 소유하고 관리한다.

테마섹은 최고 의사결정기구인 이사회가 있으며, 테마섹 운영에 관한 전반적인 방침을 설정하고 정책 방향을 제시한다. 이사회의 구성은 2009년 현재 의장과 부의장을 포함하여 10명인데, 비상임이사가 과반 이상을 차지하고 있다. 이사진의 대부분이 자회사의 전현직 이사 또는 고위관료 출신들로, 전문성과 풍부한 행정 경험을 가지고 있다.

이사회 임원의 임면은 상가포르 헌법에 의해 대통령이 최종 임면권을 가지고 있다. 세부 절차는 이사회에서 이사 및 CEO 후보를 추천하고, 추천된 후보는 재무부의 동의를 거쳐 대통령에 추천된다. 이처럼 테마섹 이사회의 이사진은 공식적으로 이사회 추천, 재무부 동의, 그리고 대통령의 임면권 행사로 결정되지만, 실제로는 총리를 포함한 집권층의 사전 조율을 거쳐 내정된다.

GLC의 기업 지배구조는 대부분 민간 부문 출신으로 구성되는 투명한 이사회 운영에 기초하여 임원의 선출과 보상 등에서 효과적인 감시구조를 보여주고 있다. 하지만 테마섹의 이사들이 일부 GLC의 이사를 겸직하기도 하며, 한 GLC의 이사가 다른 GLC의 이사를 겸하는 경우도 있다. 현실에서는 GLC들은 정부에 의해 암묵적으로 보호되고 정책의 영향을 받으며 자금 조달 등에서 사기업보다 우월한 지위에 있어서 과다한 다각화 등 비효율성의 가능성이 상존한다는 비판도 존재한다(이강국, 2008).

테마섹 본사 조직은 크게 투자그룹(Investment Group)과 회사그룹(Corporate Group)으로 구성되어 있으며, 투자그룹은 업종별 조직으로 세분화되어 있다(김진석, 2008). 또한 내부 감사기구(Internal Audit Unit)를 가지고 있으며, 감사 결과는 이사회 산하의 감사위원회에 보고된다. 테마섹의 내부조직과 종업원 관리는 철저하게 실적주의 가치를 구현하는 방향으로 운영된다.

테마섹은 자회사의 경영에 관여하지 않고 역시 주주로서의 권리는 주주총회를 통해 행사한다. 자회사 경영에 간여할 인력과 전문성을 보유하고 있지 않으며, 경영 간여보다는 자회사의 성과를 모니터하고 투자 수익 극대화를 위해 전체적인 투자 포트폴리오를 조정하는 것이 주요 업무이다. 다만, 자회사 경영에 도움이 될 경우 임원을 파견하는 경우가 있기는 하나, 그 비율은 점차 감소하는 추세이다.

테마섹은 회사법에 의해 설립되었기 때문에 국회의 감독을 받거나 보고를 할 의무가 없으며, 감사청의 감사도 받지 않는다. 이 점에서 테마섹은 매우 자율적으로 운영되지만, 다른 한편으로는 독점적이고 폐쇄적인 조직이다(유진기, 2008). 하지만 테마섹은 많은 자회사를 거느리는 거대 지주회사로서 다양한 이해관계자가 존재한다(양현모 외, 2010).

1) 대정부 관계

테마섹의 지분은 정부(재무부)가 소유하고 있기 때문에 일상적인 경영활동에 대해 상당 부분 자율성을 보장한다 하더라도, 정부의 사후 감독이나 평가는 받지 않을 수 없다. 테마섹은 싱가포르 헌법(Fifth Schedule)에 의한 회사로 과거 적립금을 보호할 책임이 있다. 따라서 적립금은 현재 적립금과 과거 적립금으로 구분하여 관리한다. 현 정부 임기 이전에 축적된 수익은 과거 적립금으로 분류된다. 만약 총 적립금이 과거 적립금보다 적거나 현재 적립금이 적자이면 과거 적립금으로부터 인출할 수 있는데, 이 경우에는 대통령의 동의가 필요하다. 테마섹은 일 년에 두 차례 대통령에게 적립금 상황을 보고하고, 대통령은 테마섹의 운영에 대해 점검을 행한다.

재무부는 경영 성과를 감독하면서 주주로서의 권한은 행사하지만, 경영에 대한 직접적인 개입은 하지 않고 있다. 반면에 테마섹은 재무부에 매년 회계감사보고서를 제출하고, 연평균 7%의 현금 배당을 행하고 있다(박동창, 2007). 실제 재무부는 테마섹 경영에 관여하지 않고 있어 왔지만 그 이유는 경영진이 정치적 거물급으로 충원되어 왔기 때문이기도 하다. 또한 테마섹이 고도의 전문성을 바탕으로 33년간 연평균 18%의 주주 수익률을 달성해 온 사실도 정부의 개입을 줄이는 역할을 해왔다.

2) 대국회 관계

테마섹은 상가포르 회사법에 의해 설립된 회사이기 때문에 국회의 출석 및 보고의 의무가 없다. 국회가 질의를 원할 경우에도 테마섹의 경영진이 아닌 재무부 장관이 국회에서 답변을 한다. 또한 싱가포르 국회는 인민행동당에 의해 절대적으로 지배되고 있기 때문에 테마섹과 같은 국영기업을 비판적으로 감독하기도 어렵다.

3) 대감시정 관계

테마섹은 회사법상의 회사이면서 설립 초기의 출자금을 제외하고는 정부 지원을 받지 않고 있기 때문에 감사청 피감기관이 아니다. 따라서 자체감사를 행하고 이를 재무부에 보고서로 제출한다.

4) 대자회사 및 포트폴리오사 관계

테마섹은 산하 자회사나 투자 포트폴리오회사의 상업적, 관리적 결정에 직접 개입하지 않는다. 반면에 주주총회를 통해 주주로서의 권리를 행사하며, 건전한 기업지배구조와 지속적인 비교 우위를 촉진한다. 실제 테마섹은 자회사나 포트폴리오사의 경영에 관여할 수 있는 인력과 전문성을 보유하고 있지 않으며, 경영 개입보다는 자회사의 성과를 감독하고 장기적인 투자 수익 극대화를 위한 전체적인 투자 포트폴리오를 조정하는 데 역할을 한다.

4 테마섹 재무 현황

테마섹은 싱가포르 회사법에 의해 설립된 회사로서 재무 상태의 공개가 면제되는 회사지만, 2004년 이후부터 테마섹 연차보고서(Temasek Review)를 통해 재무 상태와 투자 현황을 공개하고 있다. 테마섹 연차보고서는 감사보고서를 포함하고 있지 않아 주주들에게 제공되는 연례 보고서와는 다르다. 전반적인 성과에 대한 정보를 제공하고 있으며, 주요 투자 현황과 함께 포트폴리오를 설명한다. 예를 들어, 테마섹 연차

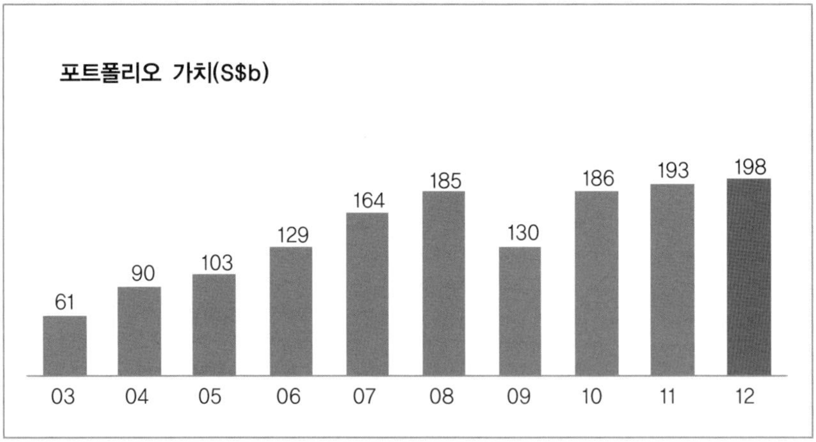

그림 18-2 테마섹 2012 재무 성과

자료: Temasek Review 2012.

표 18-1 테마섹 재무 상태 및 손익계산서 (단위: S$b)

손익계산서	2004	2005	2006	2007	2008	2009	2010	2011	2012
총자산	180.8	199.1	213.7	242.4	295.5	247.9	284.8	297.9	302.6
자본	64.5	70.9	90.6	114.0	144.1	118.4	149.7	155.5	158.2
순부채	21.9	26.9	16.7	23.6	33.8	22.1	17.8	9.5	16.1
매출	56.5	67.5	79.8	74.6	83.3	79.6	76.7	83.5	83.5
총수익	18.8	23.7	26.5	25.3	30.0	22.1	26.0	30.5	27.2
기타 영업이익	5.9	4.1	9.4	8.4	15.9	16.2	4.5	4.9	6.3
순이익	9.7	10.4	16.5	13.0	22.5	9.1	6.8	15.8	13.4

자료: Temasek Review 2012.

보고서(Temasek Review) 2012에 보면 [그림 18-2]와 같은 포트폴리오 가치의 10년간 변화상을 보여주면서, 2002년 3월을 기준으로 1,210억 싱가포르 달러 증가했다는 메시지를 전하고 있다. 또한 <표 18-1>과 같이 테마섹 재무 상태 및 손익계산서의 변화를 보고하고 있다.

제 3 절 현 제도 운영 방식

1 싱가포르 정부기관의 성과관리

1) 배경

싱가포르 정부는 경제 성장과 안보라는 목표를 효과적으로 달성하기 위해 철저히 경제적 실용주의와 이념적 중립주의를 표방하고 있다. 이러한 목표를 달성하기 위해 싱가포르 정부는 중앙행정기관을 진실성의 원리(principle of integrity), 실적주의(meritocracy), 합리성(rationality), 실용주의(pragmatism), 그리고 결과중심주의(result orientation), 경제적 인센티브라는 원칙을 기반으로 조직했다.

싱가포르 정부는 공공 부문의 성과를 제고하기 위해 1970년대 초반 관리서비스부(Management Service Department: MSD)를 설립하여 효율성(efficiency)과 효과성(effectiveness) 평가를 실시했다. MSD는 재무부 소속으로 부처들의 계획(임무, 목표, 기능, 발전 방안 및 집행계획, 성과지표 등)에 대한 평가를 수행했지만, 시민 서비스 개선을 위해 업무 개선, 성과주의 예산, 회계 시스템, 법인화/민영화 위원회 설립, 조직화된 평가, 정보화 등의 제도를 도입하는 데 큰 역할을 했다.

1980년대 중반 성과주의 예산제도가 도입되고, MSD는 실제 비용에 근거하는 회계 시스템을 도입하여, 비용과 관련된 재정성과지표를 도출할 수 있게 했다. 이후 MSD는 모든 부처의 예산서에 성과지표를 제시하도록 했다.

1990년대 중반부터 성과주의를 반영하여 급여 및 인사제도를 개혁했고, 공공 부문의 법인화와 민영화를 추진했고, MSD 역시 법인화했다.

2) 성과관리

공공 부문의 성과관리는 기업과 달리 최근 행정환경의 변화에 대한 공공 부문의 대응전략으로 이해할 수 있다. 최근 들어 공공 부문의 성과측정 및 관리가 강조되는 이유는 공공정책의 성과에 대한 환류를 통해 공공정책의 개선과 혁신을 도모하는 데 있다.

재무부의 목표는 예산과 성과지표를 직접 연결시키는 것이 아니라, 부처에서 달성한 성과에 대한 평가를 보증하고, 성과측정의 품질을 향상시키는 것이다. 성과와 예산 사이의 기계적 연결은 숨어 있는 요인들이 성과에 영향을 미칠 수 있기 때문에 부처에 대한 성과 평가는 특정 시점의 변화보다는 장기간 경향에 초점을 맞추고 있다.

성과 지향적 문화를 강화하고 내각의 감독을 촉진하기 위해 싱가포르 정부는 2006년에 성과보고서라 할 수 있는 부처보고카드(Ministry Report Card)를 도입했다. 부처보고카드는 두 장 정도로 간략하게 전년도 성과에 대해 성과지표에 근거하여 계량적이면서 질적인 성과를 제공한다. 부처보고카드에는 부처의 자원관리, 핵심 전략, 향후 5개년 계획, 조직의 장점 및 혁신 사례들을 제시하고 있으며, 성과가 충족되지 못했을 경우 그 원인들에 대한 해명도 포함하고 있다(양현모 외, 2010).

높은 성과의 정부를 추구하기 위해 재무부는 범정부적(Whole-of -Government, WOG) 성과를 달성하기 위한 효율적인 방법을 제시했으며, 부처 간의 협동과 통합을 촉진했다. 재무부는 또한 정부정책을 지원하고 서비스 전달을 개선하기 위해 정부 내의 혁신을 지원하고 있다. 그 내용은 다음과 같다.

첫째, 자원의 효율적인 사용을 위해 재정가치(value of money)를 강조하고 있다.

둘째, 범정부적 조직과 통합의 향상을 위해 정부는 공무원 사이에의 WOG 사고 방식을 강조하고 있다.

셋째, 미래를 준비하는 선도적인 아이디어를 키우기 위해 싱가포르 정부는 정부 서비스 전달에서 전자정부의 새로운 혁신 방안을 모색하고 있다.

3) 핵심 성과지표 설정을 위한 가이드라인

싱가포르 정부는 성과관리를 강화하기 위해 핵심 성과지표 설정을 위한 가이드라인을 제시하고 있다. 가이드라인은 매년 KPI(Key Performance Indicator)에 대한 점검을 통해 적절성을 제고하고, 성과의 초점과 명료함을 유지하기 위해 소수로 결정하며, 미래 대비를 위한 장기간 목표 설정 및 3~5년간 KPI 성과에 대한 분석을 통해 장기간 경향을 도출하는 데 도움을 준다.

성과평가를 위해 강화된 성과지표, 성과목표, 체계적인 결과 평가지표 개발이 필요하고, 이를 위해 산출의 양과 질, 효율성, 결과 및 영향성을 측정했다. 이들 지표를 바탕으로 성과를 향상시키는 수단으로서 부서는 성과목표를 회계연도에 맞추어 설정한다.

싱가포르 정부는 성과와 결과 정보를 종합적으로 사용한다. 현재의 성과보다는 결과 지표에 더 중점을 두고 있다.

싱가포르 정부기관은 해마다 부처보고카드를 발행한다. 부처보고카드는 다섯 가지의 구성 요소로 이루어져 있다(양현모 외, 2010).

첫째, 지난해의 성과와 결과의 달성, 운영상의 강조점을 포함한다.

둘째, 핵심 성과지표로 구성된다.

셋째, 박스 형식으로 부처 자원관리를 요약한다.

넷째, 향후 5년 동안의 부처의 중요 전략 및 계획이 논의된다.

다섯째, 조직의 우수성과 혁신성에 대한 요약이다.

2 공공기관의 성과평가

싱가포르 재무부는 테마섹 및 자회사들에 대해 우리나라에서 시행하는 것과 같은 공기업/공공기관 경영평가제도를 시행하지 않고 있다. 하지만 재무부는 싱가포르 정부기관의 성과관리에 익숙하기 때문에 주주로서 공공기관의 성과평가를 적절한 평가지표에 의해 모니터링하고, 주식에서 나오는 배당금의 재투자 등의 정책결정에 어느 정도는 참여하는 것으로 생각된다(이강국, 2008).

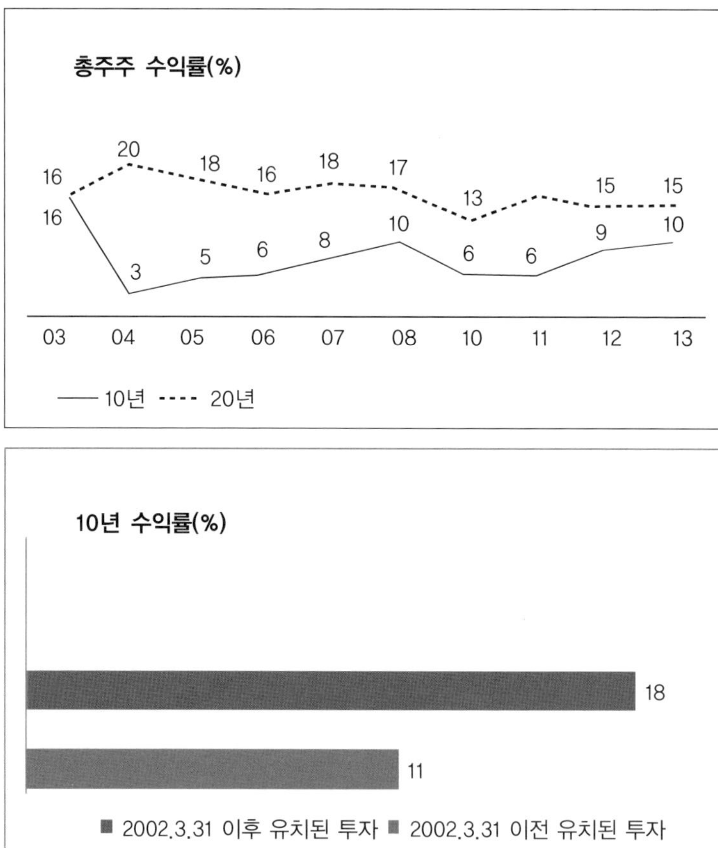

그림 18-3 테마섹 핵심 성과지표

자료: Temasek Review 2012.

테마섹은 상업적 목적을 지향하기 때문에 성과평가는 민간회사와 유사하다. 테마섹 및 자회자들은 시장에 정기적인 보고서를 발간하는 것을 통해 성과평가를 받고 있다. 즉, 성과평가의 핵심 지표로 출범 당시부터 평가 시점까지의 복합 수익률을 나타내는 총주주 수익률(Total Shareholder Return: TSR)과 경제부가가치(Economic Value Added: EVA) 등의 향상을 강조하고 있다. TSR은 특정 기간에 걸친 연간 수익으로 구성되고, 시장가치와 주주자금으로 측정하는 지표이다. 또한 EVA란 자본비용을 초과하는 운영 소득, 즉 회사의 자본비용에 대한 수익률을 의미하는 지표이다.

테마섹은 해마다 테마섹 연차보고서(Temasek Review)를 통해 테마섹 재무 상태 및 성과를 발표하고 있다. 특이한 것은 그 해 당기순이익 등에 연연해 하지 않고 10년간의 수익률에 초점이 맞춰져 있다는 점이다. 이 점은 싱가포르 정부기관의 성과평가와도 그 맥을 같이한다. 테마섹 자회사 역시 연차보고서와 같은 보고서를 해마다 발간하면서 시장의 평가를 받는다. 테마섹 연차보고서에 의하면 2012년 3월에 계산된 1년 TSR은 1.5%, 3년 TSR은 14.86%, 10년, 20년, 30년 TSR은 각각 10%, 15%, 15%라고 보고하고 있다. 테마섹과 자회사들의 1차적 목표는 주주 가치의 극대화이므로 EVA를 성과평가의 주요 지표로 사용하는 것으로 알려져 있다.

테마섹은 성과 중심 평가 및 보상 체제를 도입하여 운영하고 있다. 즉, 단기적 성과와

표 18-2 테마섹 일부 자회사의 성과지표 (단위: S$b)

자회사	지분	EVA		EVA 변화		TSR(%) years		
		2011	2010	2011	2010	1	3	5
Bank of China	2	53.9	43.1	10.4	0.04	−24.6	12.9	−0.2
China Construction Bank	8	88.2	70.6	17.6	10.3	−14.5	15.4	10.5
DBS	30	0.1	−0.3	0.4	−0.3	0.7	23.5	−1.1
Danamon	67	−0.6	−1.2	0.7	0.6	−26.3	28.6	1.3
Standard Chartered	18	0.3	0.5	−0.2	−0.1	−0.1	27.1	8.5
ICICI Bank	2	−24.0	−13.2	−10.8	20.0	−19.2	40.7	2.3

자료: Temasek Review 2012.

지속 가능한 장기적 가치 창출을 연계하는 보상계획을 통해 직원 이익과 주주 이익을 일치시킨다(Temasek Review, 2012).

평가 결과는 직원 공동투자 계획과 같은 장기적인 성과 인센티브 상여금에 반영된다. 직접 투자를 통해 부가적 이윤을 창출하면, 그 일부를 부가가치 상여금제도(wealth added bonus plan)에 출연하고, 또는 테마섹 직원 공동투자 계획(Temasek Staff Co-investment, T-Scope)에 참여할 수 있다.

테마섹의 보수 체계는 경쟁에 기반한 보수와 인센티브 제도로 이루어진다. 보수는 크게 4부분으로 구성된다. 급여 및 후생과 현금 보너스, 유보상여금(deferred compensation at risk), 부(-)의 부가가치 보너스이며, 이 중 급여 및 후생을 제외한 부분은 변동 보수이다.

인센티브 계획은 개인, 조직 또는 회사의 연간 목표에 연계된 현금 보너스와 부가가치 상여금 또는 TSR에 연계된 장기간에 걸친 위험-보수 공유 인센티브를 포함한다. 부가가치는 공유할 인센티브의 크기를 결정하며, 인센티브의 몫은 테마섹의 가치와 팀워크의 제고 등 전반적인 성과와 성공에 대한 직원들의 직·간접적인 기여도에 따라 결정된다.

성과 처리와 관련하여 테마섹은 스톡 옵션 제도를 채택하고 있지만 강력하게 활용하지는 않고 있다.

제 4 절 결론: 제도의 성과 및 한계

싱가포르 공기업 부문은 다국적 기업과 더불어 오랫동안 싱가포르 경제를 견인하는 역할을 해왔다. 그러나 1980년대 들어 자유화가 급격하게 진행되면서 1985년 -1.6% 성장을 경험하는 등 싱가포르 경제 상황이 악화되자 공기업 민영화 논의가 시작되었다.

싱가포르의 경우 모든 주요 분야가 공기업이 점유하고 있어 민간기업은 나머지 군소 영역을 관할하는 등 매우 취약한 상태에 놓여 있었고, 이에 대한 민간기업의 불만이 제기되고 있었다. 또한 공기업 부문이 지나치게 국내 금융자산을 독점하고 있을 뿐만 아니라 일부 공기업의 높은 공공요금 부과는 국제 경쟁력을 떨어뜨리는 요인으로 지적되었다. 공기업의 범위가 다양해지고 사업 내용이 전문화됨에 따라 정부의 효율적인 통제가 어려워지고, 급속히 변하는 기술 발전 등 기업환경 변화에 신속하게 대응하기 위해서는 공기업보다 민간기업이 더 유리해졌기 때문에 싱가포르 정부는 민영화를 추진했다. 공기업 민영화 계획의 수립은 재무부가 담당하며, 공기업의 인수 및 재매각에 따른 손익은 테마섹이 담당했다.

결과적으로 싱가포르 공공기관의 민영화는 크게 진전되지 않았다. 이는 싱가포르 민영화 정책의 목표가 다른 나라와는 달리 공기업의 효율성 상승이 아니었으며, 민영화된 기업을 인수할 민간 부문이 취약했기 때문이다. 2003년 체결된 미국과 싱가포르 FTA 협상 과정에서 미국은 싱가포르의 공기업 민영화를 명시할 것을 요구했다. 그러나 싱가포르 정부는 이에 반대하여 협정문에 명시하지 않았고, 최근에도 정부와 테마섹은 추가적인 민영화의 추진을 이야기하고 있지만 단기적으로 쉽지 않을 전망이다(이강국, 2008).

싱가포르 정부는 여전히 테마섹을 경제 발전의 기폭제로 활용하고 있다. 특히 민간 부문이 투자하기를 주저하는 부문이나 향후 부족한 자원과 좁은 지역의 한계를 지닌 싱가포르의 생존을 위해 전략적인 부문의 투자 수단으로서 테마섹을 활용하고 있다. 그러나 일각에서는 공격적인 투자로 인한 손실에 대해 문제점을 제기하기도 하고, 정부 실력자가 이사회를 장악하고 있다는 점에 따른 임의적인 운영에 대한 문제점을 지적하기도 한다(공공기관정책연구센터, 2011). 특히 싱가포르 전 수상인 리콴유 가족들에 의해 운영되는 주식회사라는 점과 이로 인해 정부 정책을 대신 집행해 주는 공기업이라는 비판은 지속적으로 제기되어 왔다.

특히 2009년 회계연도에 싱가포르 기업 12개에 대한 테마섹 손실은 약 500억 싱가포르 달러에 달하고 있다. 이 손실은 지금은 많이 회복된 것으로 알려져 있다. 시장의 반발이 있자 2009년 테마섹은 기업 가치의 극대화와 해외 진출 등을 강조하고, 테마섹의 경영 목표와 싱가포르 정부와의 관계를 새롭게 명시한 테마섹 헌장(Temasek Charter)을 발표했다. 이 헌장에서 테마섹 지주회사는 주주를 위한 지속 가능하고 장기적인 가치를 창출하고 전달하기 위해 상업적 원칙으로 운영되는 투자회사라는 점을 다시 강조했다.

테마섹 헌장(Temasek Charter)

테마섹 지주회사는 주주를 위한 지속 가능하고 장기적인 가치를 창출하고 전달하기 위해 상업적 원칙으로 운영되는 투자회사이다.

테마섹은 적극적인 가치 지향의 투자자로서, 주주 가치를 창출하고 극대화하기 위해 그들의 자산 또는 기업에 대한 투자를 증감 또는 유지할 수 있다.

테마섹은 적극적인 주주로서, 포트폴리오 기업의 이사회와 경영에 참여함으로써 지속 가능한 수익을 획득하기 위해 노력한다.

- 가치(value): 통합과 실력주의, 우수한 문화를 창달한다.
- 초점(focus): 핵심 기능, 고객 만족, 혁신, 상업적 원칙, 일관된 가치 창출을 유지한다.
- 인적자원: 책임감 있고 헌신적인 직원뿐만 아니라 높은 역량의 이사회와 경영 리더십을 육성한다.
- 지속 가능 성장: 우수한 사업 리더십, 재무 원칙, 운영상의 우수성, 합리적인 기업 거버넌스를 제도화한다.
- 기업적 옵션: 중요한 국제적 또는 지역적 연대와 사업을 확립하기 위한 전략적 옵션을 세운다.

테마섹은 책임감 있는 기업 시민으로서, 수익의 일부분을 좀 더 넓은 지역사회의 발전과 성장에 기여하도록 헌신한다.

현재 싱가포르 공공기관은 우리나라와 같은 경영평가제도를 가지고 있지 않고, 지주회사 테마섹 모형으로 운영되고 있다. 테마섹 모형으로 알려진 지주회사 방식의 싱가포르 공공기관 관리 방식은 인민행동당이 장기 집권하는 사회민주주의 국가 체계 및 사기업의 구조가 취약한 싱가포르에서 글로벌 다국적 기업과 경쟁하기 위해 만들어진 모형이라 할 수 있다. 싱가포르 정부는 지속적으로 테마섹 경영에 간섭하지 않는다고 강조하고 있고, 테마섹도 자율적으로 운영되며 상업적 기초 하에 주요 의사결정을 한다고 공시하고 있다. 하지만 정부 요직 경험이 있는 이사회 임원들을 통해 테마섹 경영에 실질적으로 개입하고 있는 것으로 보이며, 이와 관련한 각종 비판이 존재한다. 이러한 비판 때문에 더더욱 싱가포르 정부와 테마섹 경영의 관련성 관련 자료는 2005년 이후부터 발간되는 연차보고서를 제외하고는 찾기 어렵다. 자유경쟁을 기반으로 하는 글로벌 경제에 적응하기 위한 어쩔 수 없는 선택이라고도 볼 수 있다.

공공기관의 공공성, 효율성 및 책임 경영을 강조하고 있는 우리나라 공공기관 경영평가제도도 공공기관의 경쟁력을 높이는 데 크게 기여해 왔다고 생각하지만, 가장 문제가 되고 있는 부문이 정부의 정책 수용도와 당해 연도 평가만을 강조하는 경향이 많았다고 생각된다. 이런 관점에서 정부의 간섭이 없는 자율적인 경영 환경과 중장기 평가지표 등은 우리가 벤치마킹해 볼 수 있다고 생각된다. 하지만 싱가포르는 통제된 시장경제 체제를 운영하는 사회민주주의 국가로서 정치, 행정적인 측면에서 우리나라와 직접 비교하기 어렵고 우리와는 경제의 작동 방식이 다르다. 또한 정부의 간섭 문제는 시각에 따라 다른 의견이 있을 수 있다는 점도 존재하기 때문에 주의 깊은 해석이 필요하다(양현모 외, 2010).

싱가포르 공기업 관리는 우리나라와 같이 공기업의 효율성 향상 등이 목적이 아니고, 시장환경 변화에 대한 신속한 대응과 외국 시장의 진출이라 볼 수 있다. 따라서 경영효율화 및 책임 경영을 주 평가지표로 활용하는 우리나라 공공기관 경영평가와는 직접 비교 대상이 되지 않는다. 다만 싱가포르식 공기업의 운영을 통해 얻을 수 있는 교훈은 철저한 성과주의를 기초로 핵심 성과지표를 포함하여 성과관리 시스템이 체계적으로 잘 구축되어 있다는 점이다. 또한 개방된 경영환경을 가지고 있다는 점, 정직한 기업문화, 우수한 인력을 확보하고 있는 점 등이 시스템적으로 잘 운영되고 있다는 점이다.

참고 문헌

공공기관정책연구센터(2011). 주요국의 공공기관 III-싱가포르, 중국, 이탈리아. 한국조세연구원.

권율(2001). 싱가포르 개방경제체제의 평가와 전망. 정책보고서 01-08. 대외경제정책연구원.

김진석(2008). 싱가포르 Temasek의 지배구조 및 시사점 : 공기업 개혁 관점 중심으로. 삼성경제연구소.

송대희(1995). 싱가포르 공기업 부문의 국민경제적 중요성과 민영화 방안. KDI 정책포럼. 한국개발연구원.

양승윤 외(2004). 싱가포르: 동남아 선진 복지국가. 한국외국어대학교출판부.

양현모 외(2010). 싱가포르 행정과 공공정책. 한국행정연구원 비교 및 지역연구 총서. 신조사.

유진기(2008). 공공부문 구조조정과 정부투자지주회사: 싱가포르 테마섹 방식을 중심으로. 비정규노동, 66, 132-41.

이강국(2008). 동남아시아 지역의 에너지산업 민영화의 경험과 교훈. 민주사회와 정책연구, 14.

이민원 · 강정석(2010). 공공기관 인사제도의 개선 방안. 한국행정연구원.

정성훈(2008). 싱가포르의 공기업 민영화. 파란미디어.

지식경제부(2008). 싱가포르 테마섹의 지배구조 및 시사점: 공기업 개혁 관점 중심으로.

Temasek Review(2012). Temasek Holdings.

찾아보기

ㄱ

ㅇ

ㅈ

ㅊ

ㅋ

ㅌ

ㅍ

저자 약력

공동성 (dkong@skku.edu)
미국 애리조나주립대 행정학 박사
미국 캘리포니아주립대(SJSU) 정치학과 교수(1991-2005)
현, UN Project Office on Governance 자문위원
기획재정부 국고보조사업 운용평가단장 (2011, 2012)
현, 성균관대학교 행정학과 · 국정관리대학원 교수
현, 성균관대학교 사회과학연구원장
전, 한국행정학회 부회장

구교준 (jkoo@cau.ac.kr)
미국 노스캐롤라이나대학교 채플힐캠퍼스 도시계획학 박사
세계은행 컨설턴트(2002~2003)
미국 클리블랜드주립대 교수(2003~2005)
서울특별시 투자심사위원(2007~현재)
고려대학교 행정학과 교수(2006~현재)

박기찬 (kichan@inha.ac.kr)
프랑스 정치대학(Science-Po. Paris) 및 HEC Paris 경영학 박사
중앙인사위원회 정책자문위원(2001~2002)
인하대학교 경영대학원장 및 경영대학장 (2005~2007)
인하대학교 경영대학 교수(1988~현재)
한국공항공사 비상임 이사(2010~현재)

박노욱 (npark@kipf.re.kr)
미국 미시간대학교 경제학 박사
세계은행 컨설턴트(2004~현재)
문화재청, 관세청, 특허청, 원자력안전위원회, 관세청 자체평가위원(2012~현재)
한국조세연구원 연구위원(2003~현재)
한국조세연구원 성과관리센터 센터장(Founding Director)(2007~현재)

박상규 (spark@cau.ac.kr)
미국 뉴욕주립대버팔로대학(SUNY-Buffalo) 통계학 박사
미국 하버드대학교와 UMASS-Amherst 방문 및 연구교수(역임)
중앙대학교 입학처장, 기획처장, 전국대학교 기획처장협의회 회장(역임)
공공기관 경영평가위원(역임)
중앙대학교 응용통계학과 교수(1995~현재)

박성민 (sm28386@skku.edu)
미국 조지아대학교 행정학 박사
미국 네바다대주립학교(UNLV) 조교수 (2007~2010)
성균관대 행정학과 · 국정관리대학원 교수 (2010~현재)
한국행정학회, 한국정책학회 편집위원(현재)

박중훈 (pjunghoon@kipa.re.kr)
미국 조지아대학교 행정학 박사
관세청, 기상청, 국민권익위원회 자체평가위원
정부업무평가위원회 특정평가(정책관리역량평가) 전문위원
책임운영기관 평가위원, 국고보조사업 평가위원

한국행정연구원
선임연구위원(기획조정본부장) (현재)

송상훈 (herrssh@gri.re.kr)
독일 Karlsruhe대학교 경제학 박사
위덕대학교 경제학과 조교수(1998~2003)
영국 버밍엄대학교 School of Public Policy 객원연구원 (2004~2005)
정부혁신지방분권위원회 평가국/재정세제국
전문계약공무원(2005~2006)
경기개발연구원 연구위원(2006~현재)
국민권익위원회 청렴포럼,
지방재정부담심의위원회 위원(2012~현재)

신완선 (wsshin@yurim.skku.ac.kr)
미국 오클라호마대학 산업공학박사
기획재정부 공공기관 경영평가단 총괄간사 (역임)
행정안전부 책임운영기관 평가단장(역임)
성균관대학교 시스템경영공학과 교수
한국품질경영학회 차기 회장(2012-현재)

양승범 (sbyang@konkuk.ac.kr)
미국 플로리다 주립대학교 행정학박사
미국 캘리포니아 주립대학교 행정학과 교수 (역임)
국무총리실 정부업무평가위원회 위원(역임)
건국대학교 행정학과 교수(현재)
한국행정학회 이사, 한국인사행정학회 이사 (현재)

오철호 (coh@ssu.ac.kr)
미국 일리노이대학교(Urbana-Champaign)
정책학박사
미국 아칸소주립대학교 행정학교수, Delta 연구소 소장 (역임)
숭실대학교 행정학부 교수(현재)
대통령국가정보화전략위원회 위원
전자정부전문위원장(현재)
공공기관장평가단 간사, 한국정책학회 차기 회장(현재)

윤기웅 (lycos7998@gmail.com)
성균관대학교 국정관리대학원 행정학박사
성균관대학교 사회과학연구원 선임연구원 (2012~현재)
성균관대학교 글로벌리더학부 강사 (2012~현재)

윤지웅 (jiwoongy@gmail.com)
카네기멜론대학교 하인즈정책대학원 정책학박사
경희대학교 정경대학 행정학과 교수(현재)
한국정책학회 지식정보 이사(현재)

이정욱 (leejungwook@yonsei.ac.kr)
미국 조지아대학교 행정학 박사
일리노이대학교(Springfield) 행정학과 조교수(역임)
연세대학교 행정학과 교수(현재)
연세대학교 법학전문대학원 겸직교수(현재)

임도빈 (tobin@snu.ac.kr)
프랑스 파리 정치대학(l'Institut d'Etudes Politiques de Paris) 사회학 박사
충남대학교 자치행정학과 교수(1993~1999)
프랑스 파리정치대학 초빙교수(2005)
미국인디애나대학교 인디애나폴리스캠퍼스 (IUPUI) 교환교수(2005~2006)
서울대학교 행정대학원 교수(1999~현재)

임성일 (lsi@krila.re.kr)
미국 텍사스대학교 오스틴(Austin)캠퍼스 경제학 박사
국가균형발전위원회 지방재정지원제도 개편
특별위원회 위원(역임)
기획예산처 디지털 예산회계기획단
자문위원(역임)

행정안전부, 경상남도 정책자문위원, 서울시 주민참여예산지원협의회 부회장(현재)
한국지방행정연구원 선임연구위원(현재)

정문기 (mgjeong@skku.edu)
미국 플로리다주립대학교(FSU) 행정학박사
샌안토니오 소재 텍사스주립대학교(UTSA) 조교수(역임)
성균관대학교 행정학과 및 국정관리대학원 교수(현재)
한국 정책학회 연구이사(현재)

최상옥 (sangchoi@korea.ac.kr)
미국 플로리다주립대학교(FSU) 행정학박사
Florida Department of Education 주 공무원(full-time)(2003~2005)
캘리포니아 주립대학교 조교수(2005~2008)
Virginia Tech 행정학과 조교수(2008~2011)
고려대학교 행정학과 교수

최영출 (ycchoe@chungbuk.ac.kr)
영국 뉴캐슬대학교 정책학박사
행정안전부 지방기금평가단장, 경실련 정부개혁위원장(역임)
교육과학기술부 외국인유학생관리평가위원회 위원장(현재)
국무총리실 자체평가위원회 위원(현재)
충북대학교 행정학과 교수, 사회과학연구원 원장(현재)

홍형득 (hdhong@kangwon.ac.kr)
영국 맨체스터대학교 과학기술정책학박사
조지아 공대 School of Public Policy 객원교수(2002)
강원대학교 행정학과 교수(2004~현재)
국방부, 국토해양부 정부업무 자체평가위원(2011~현재)
강원대학교 기획처장(2012~현재)

김선아 (seonakim@hanmail.net)
성균관대학교 국정관리대학원 행정학 박사과정

민나온
서울대학교 행정대학원 박사과정
미국 플로리다 주립대 행정 및 정책대학원 방문연구원(2012~현재)

조문석 (lucianocho@gmail.com)
연세대학교 행정학과 박사과정

성과관리

외국 제도편

펴낸날 / 제1판 제1쇄 2013년 3월 15일
엮은이 / 공동성
펴낸이 / 임춘환
펴낸곳 / 도서출판 대영문화사
주소 / 서울 용산구 청파동 1가 178-2 ㊐ 140-869
등록 / 1975년 12월 26일 제3-16호
전화 / (02)716-3883, (02)714-3062
FAX / (02)703-3839
홈페이지 / http://www.dymbook.co.kr

ISBN 978-89-7644-433-2

〔값 25,000원〕